涿郡
（北京）
沽
河
桑
干
水
武清
（天津）
清苑
泒
滹
沱
水
河间
静海
长芦
永
（石家庄）
东光
德州
水
济
清河
临清
河
水
历城
（济南）
漳
馆陶
沁
渠
内黄
济
卫县
濮阳
水
白马
任城
（济宁）
河内
黄
谷
水
洛
水
洛阳
板渚
浚仪（开封）
宁陵
商丘
通
夏邑
宋城
谷熟
永城
彭城
（徐州）
下邳
颖
济
宿县
灵壁
夏丘
汝
临涣
渠
山阳
水
盱眙
山阳渎
水
水
江都
寿春
（扬州）
淮
江宁
（南京）
京口
（镇江）
江
曲阿
江
无锡
南
吴
（苏州）
太湖
运
嘉兴
河
长
余杭
（杭州）

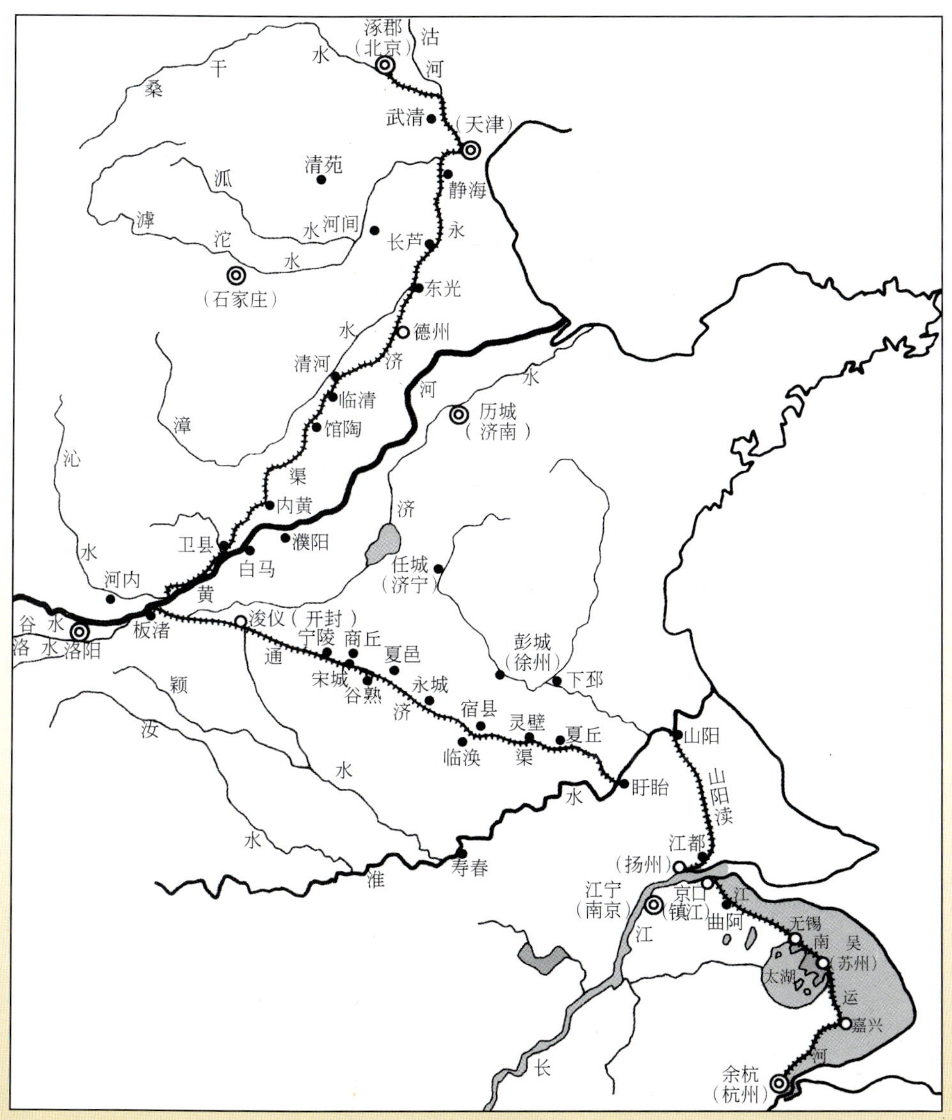

隋代运河示意图

大都
（北京）
通州
白
河
海津镇
（天津）
卫
滹
沱
河
真定
（石家庄）
沧州
冀宁
（太原）
河
陵州
（德州）
会通镇
临清
聊城
阿城
河
消
大
（济南）
历城
寿张
东平路
兖州
济
任城（济宁）
州
河
枣庄
沛县
徐州
黄
汴梁路
（郑州）
河
黄
宿迁
河
淮安
邗
清江
（淮阴）
沟
颍
水
水
淮
江都
（扬州）
真州
（仪征）
镇江
长
江宁
（南京）
庐州路
（合肥）
江
江
常州
南
无锡
吴县
（苏州）
太
湖
运
嘉兴
河
杭州
萧山
杭
甬
运
河
（宁波）
余姚
会稽
（绍兴）

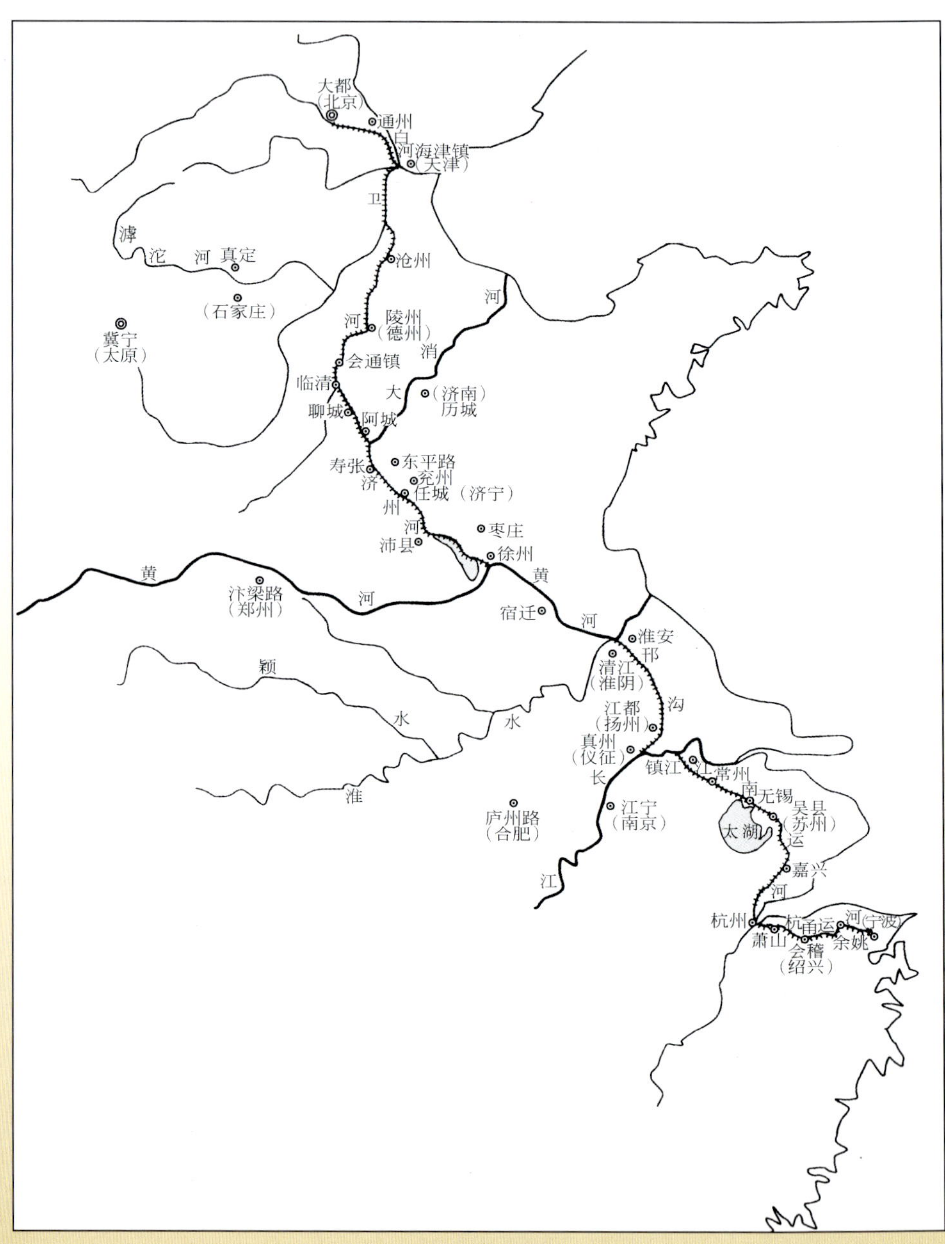

元代运河示意图

辽
东
北京
通州
北运河
永定河
天津
北直隶
子牙河
南运河
渤海
沧洲
德州
清河
大
济南
东
黄
临清
卫河
会通河
聊城
东平湖
汶水
山
张秋
洸水
南旺湖
戴村坝
大清河
济宁
夏镇
台庄
微山湖
湖运河
邳州
江
黄河
徐州
骆马湖
中河
清江浦
河南
宿迁
淮安
高宝应
宝运
洪泽湖
高宝湖
河
安
高邮
淮
河
扬州
苏
江
海
镇江
长江
南
无锡
苏州
上海
太湖
江
运河
嘉兴
杭州湾
杭州
浙东运河
绍兴
宁波
徽
浙
长
江

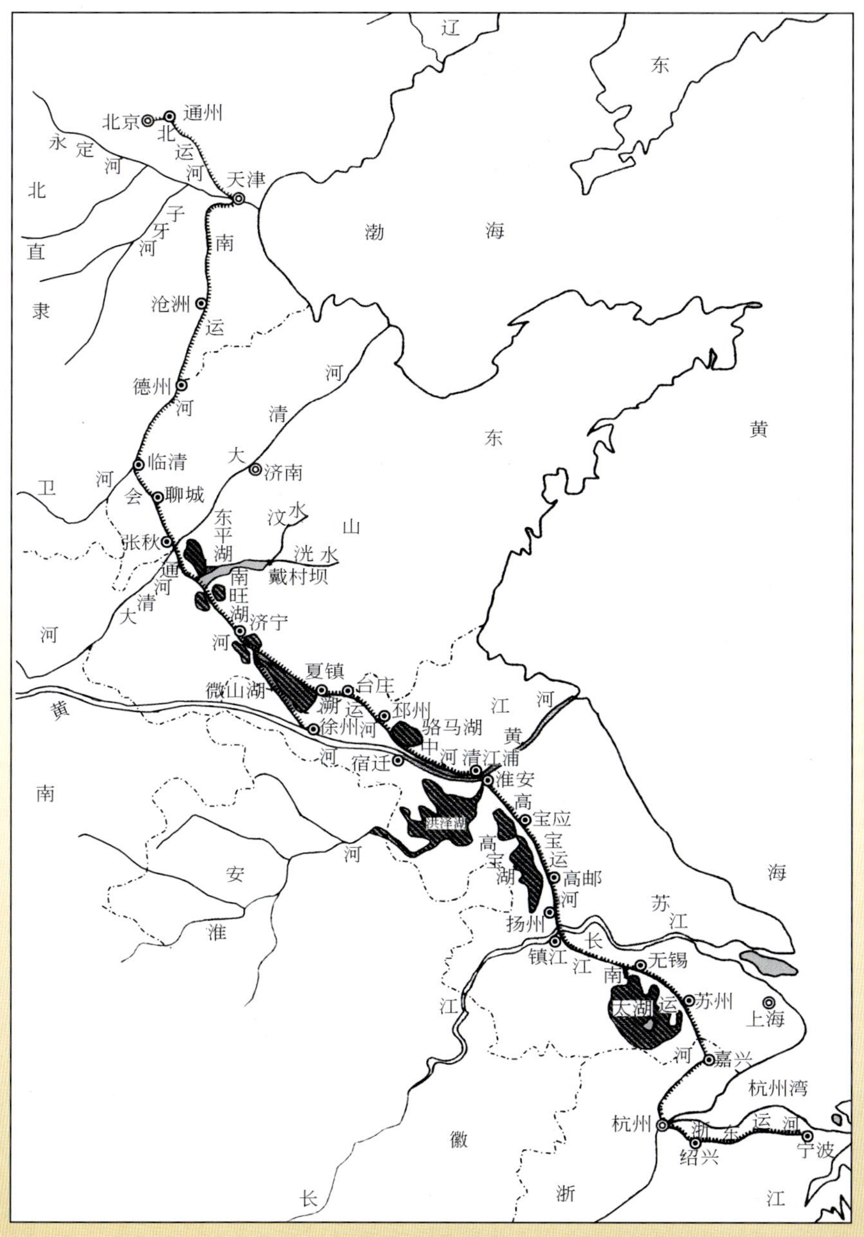

明清运河示意图

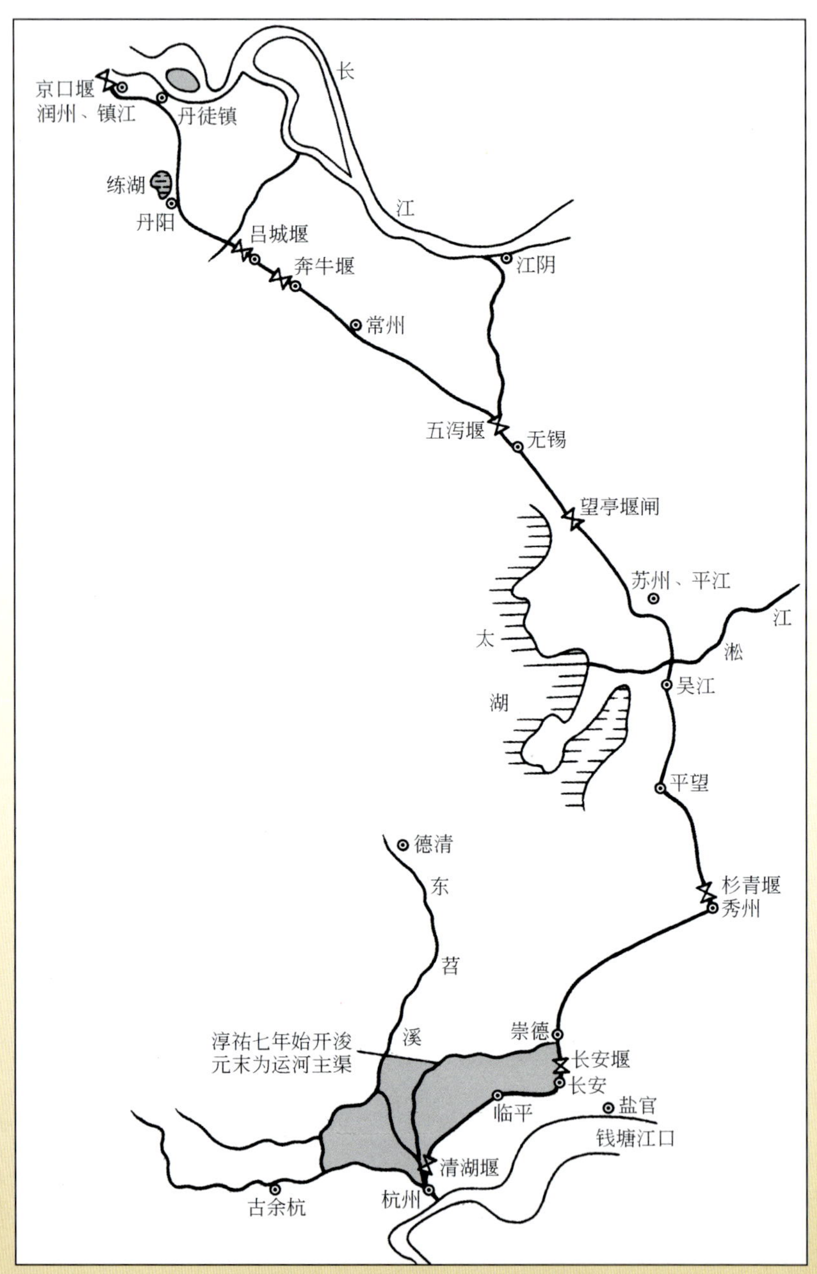

元代以前江南运河（苏南运河）示意图

苏南运河示意图
镇江市
扬中
谏壁船闸
辛丰
泰兴
大泊
靖江
丹阳
陵口
江阴
吕城
九里
奔牛
常州市
戚墅堰
金坛
横林
武进
石塘湾
洛社
锡山
无锡市
硕放
新安
望亭
浒墅关
苏州市
枫桥
吴县
吴江
平望
坛丘
鸭子坝
京杭运河在江苏的位置
连云港市
上海市

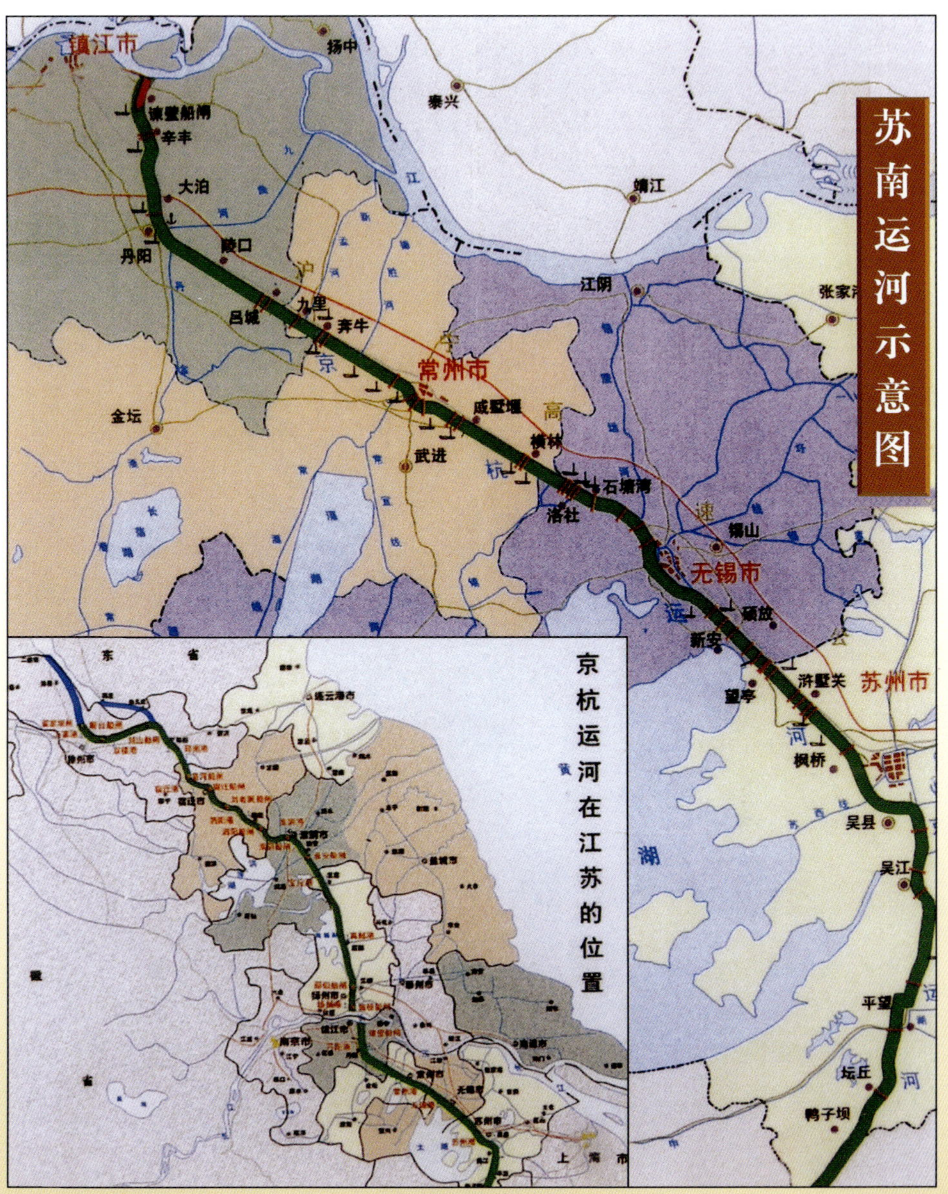

苏南运河示意图

苏南运河漕运画作

乾隆皇帝南巡苏州画作

镇江陵口段断航施工

镇江辛丰段断航施工

正在施工中的无锡吴桥改建工程

镇江越河口段断航施工

苏州浒关段拓宽航道施工

镇江越河口段护岸施工

整治前拥挤狭窄的常州段运河

试航船队航行在镇江段运河上

全面整治后，试航船舶驶入苏南运河谏壁船闸

泰山弯段航道

宽阔的苏南运河长江口门

镇江谏壁船闸

常州市区段

改造后运河无锡市区段

苏州狮山大桥

改线后的运河常州段

协会领导、省航道专家与《京杭运河志（苏南段）》编写人员合影

《京杭运河志（苏南段）》书稿审稿会

京杭运河志(苏南段)

JINGHANG YUNHEZHI SUNANDUAN

江苏省交通厅航道局
江苏省航道协会　编

人民交通出版社
China Communications Press

内 容 提 要

本书是交通运输专业志，从苏南运河的形成与变迁、自然地理、航道维护、跨河设施、港口、运输、机构管理等12个方面收录了相关资料。内容涉及从古至今对苏南运河的开发、利用、治理、改造及运河沿岸经济、派生出的运河文化等方方面面，全面而系统。

图书在版编目(CIP)数据

京杭运河志.(苏南段)/江苏省交通厅航道局 江苏省航道协会 编—北京：人民交通出版社，2009.3

ISBN 978-7-114-07507-0

Ⅰ.京… Ⅱ.京… Ⅲ.大运河—概况—苏南地区 Ⅳ.K928.42

中国版本图书馆CIP数据核字(2008)第197520号

书　　名：京杭运河志(苏南段)
著 作 者：江苏省交通厅航道局　江苏省航道协会
责任编辑：张征宇　赵瑞琴
出版发行：人民交通出版社
地　　址：(100011)北京市朝阳区安定门外外馆斜街3号
网　　址：http://www.ccpress.com.cn
销售电话：(010)59757969,59757973
总 经 销：北京中交盛世书刊有限公司
经　　销：各地新华书店
印　　刷：北京密东印刷有限公司
开　　本：880×1230　1/32
印　　张：25.25
插　　页：8
字　　数：665千
版　　次：2009年3月　第1版
印　　次：2009年3月　第1次印刷
书　　号：ISBN 978-7-114-07507-0
印　　数：0001～4300册
定　　价：80.00元

《京杭运河志》(苏南段)

编委会及编审人员

编　委　会

名誉主任　蒋华年　周世忠
主　　任　董文虎
副 主 任　孙宝林　陆维让　薛连坤
委　　员　刘　社　胡　峥　虞国俊
　　　　　张　庆　徐秋敏
编委会办公室　主　任　孙宝林
　　　　　　　副主任　薛连坤　徐秋敏

编 审 人 员

特聘审定　周赤民　施　因
特聘顾问　张纪成　束方崐
主　　编　陆维让
副 主 编　徐从法　李保华　韩云辰
　　　　　薛连坤　朱恩浩
编　　辑　龚海波　周晓尉　刘　彬
　　　　　卞友良　李东晨
图照编辑　王虹军

序　一

江苏是全国著名的舟楫之乡，有得天独厚的水利资源。长江横贯东西，常年可通航万吨级船舶，两岸建有众多深水泊位，能江海互通转运。京杭运河纵贯南北，江苏段是全河船舶通过量最大的航段。煤炭、石油、建筑材料等大宗物资以及外贸进出口商货，绝大部分由水运承担。水运是江苏经济持续、稳定发展的重要支柱，在江苏国民经济发展中具有举足轻重的作用。

航道是发展水运的基础和保证。改革开放以来，在国务院的重视关心，国家发改委、交通部等有关部门的大力支持下，继京杭运河苏北段大规模整治之后，又对苏南运河按四级航道标准进行了全面整治。但由于受资金等条件的限制，目前江苏航道建设仍然滞后，不适应运量增长的矛盾还很突出，并制约着江苏国民经济的发展。

江苏人口密度全国最高，物质性资源全国最少，人均环境容量全国最小，这个特殊省情决定江苏交通必须坚持科学发展观，走资源节约型、环境友好型、可持续发展的道路。这也是综合利用水资源的重要途径。

近几年来，江苏省委、省政府高度重视水运发展，把加快水运发展作为新一轮交通发展的重点，调整投资结构，积极推动江苏航道、港口等基础设施建设，充分调动各方面发展水运的积极性，把水运打造成江苏交通的又一新亮点。当前，要努力完成京杭运河苏北段三级航道改二级航道、苏南段四级航道改三级航道以及沿线船闸扩容任务，同时，加快沿江、沿海港口和运河重要港口建设步伐，实现从水运大省到水运强省的历史性跨越。

盛世修志，是我国历来的传统。江苏省交通厅在组织编写《京杭运河志》（苏北段）以后，又续编了《京杭运河志》（苏南段）。这样，京杭运河江苏段就有了一部完整的志书，是办了一件值得称赞的好事，不仅可帮助今人和后人了解运河的过去和现在，也为进一步探索江苏水运发展规律，开创水运事业现代化建设新局面提供了有益的历史借鉴，起承前启后、继往开来之功效。

史和平

2008 年 9 月

序　二

苏南运河沿线城镇是目前全国产业经济最活跃的地区之一，也是江苏省经济的精华所在。作为地区经济发展重要轴线的苏南运河，凭借干支互通、江河湖海衔接的河网优势，不仅成为京杭运河最繁忙的河段，也是全国内河航运最发达的一条河流。2005 年货物通过量已突破 1.9 亿吨，占全省水运总量的 40%。它对促进地区经济可持续发展所起的作用已越来越明显。沿河两侧年货运量在万吨以上的企业已超过千家，产值超亿元的单位比比皆是。运河带动经济发展的优势也引起了世界企业家的广泛关注，许多知名的跨国集团纷纷落户沿河开发区。苏南运河已把沿线城镇串成了一条光彩夺目的产业经济带。

现实是历史的延续，未来的发展更离不开现实的基础。当前苏南经济正处在由粗放型向节约型、环保型、循环型、科学型过渡的阶段，运河作为经济构成不可或缺的要素，如何适应新形势的需要，更好地发挥综合利用水资源的作用，服务于经济发展，这是摆在我们面前的新课题，需要继续不断地去研究、探索，其中借鉴历史就是题中应有之义。江苏省交通厅航道局继《京杭运河志》(苏北段)出版后，组织编写的《京杭运河志》(苏南段)志书，对苏南运河发生、发展、演变的历史及其经验教训作了全面的记载，并重点对建国后运河的发展过程进行了系统的阐述，这无疑是今后规划沿河经济和进一步开发利用运河所必备的参考资料。“温故而知新，可以为师矣。”希望这部志书能成为全省交通工作者和研究运河历史的专家学者们的益友。

杨根林

2008 年 9 月

凡　例

一、本志坚持科学编纂、存真求实的原则，实事求是地记述京杭运河（苏南段）有关历史和现状。

二、本志贯通古今，上限因事溯源，下限至2005年，综述、大事记延至定稿时。

三、本志采用章、节、目结构，横排门类，以类系事，纵向叙述，辅以照片、图、表。全志设综述及12章专志，志末设大事记、附录、后记。

四、本志行文除引用文言文外，一律使用语体文。标点符号按《江苏省志》编写行文通则规范使用。

五、本志纪年，清代及以前采用朝代纪年，并用阿拉伯数字括注公元纪年，中华民国亦括注公元纪年，同段朝代年号连续出现则予省略。中华人民共和国成立后以公元纪年。

六、本志行文，“建国前（后）”一律写成“中华人民共和国成立前（后）”；“解放前（后）”首次出现时需注明这一地区的解放时间；“国家第X个五年计划”简称“X五”；“京杭运河（苏南段）”，简称“苏南运河”。

七、本志中政区及机构名称、官衔职称，均用当时名称。历史地名以当时名称为准，必要时加注今名。

八、本志计量单位，除引用古近代记载仍用原文外，余采用国务院1984年颁布的中华人民共和国法定计量单位。

九、1955年3月前使用的旧人民币按10 000∶1换算成新人民币。

十、本志所记高程采用“吴淞基准面”，凡采用废黄河或黄海高程另予注明。

十一、本志以京杭运河（苏南段）为主线。为陈述事物完整性，其记述内容涉及支线河流或超越苏南运河者，则从略记述。

十二、本志资料多取自有关古籍和地方志、档案、书刊、报纸、专著及口碑资料，书后附主要参引书目。

目　　录

综　述

一

京杭运河是世界上开凿时间最早流程最长的一条人工运河，创始于春秋时期，至今已有2 500年历史。它北起北京，南迄杭州，全长1 794公里，流经北京、天津、河北、山东、江苏、浙江4省2市，沟通海河、黄河、淮河、长江、钱塘江五大水系，既是中国唯一的南北水上交通大动脉，又是一条集通航、灌溉、防洪、排涝、城市供水等综合利用的多功能河道，对中国历代的政治、经济、文化曾产生过巨大影响。这一巨大工程，无论是建设规模还是水工技术成就，在当时世界上都处于领先地位，充分显示了中国历代劳动人民的聪明才智和创造能力，是中华民族的骄傲。它与万里长城并称为中国古代两项伟大工程而闻名于世界。

京杭运河自北向南纵贯江苏全省，长690余公里，占全河的2/5。其中长江以北段称苏北运河，长江以南段(即古代江南河的江苏区段)称苏南运河。

江苏是京杭运河的起源地。地处长江、淮河下游的江苏，水域面积占全省总面积的17%。尤其江南太湖地区，河港众多，湖塘密布，雨水充沛，气候温和。水，是生命之源，也是人类文明之母。据考古发掘表明，早在30多万年前这里就有人类活动，镇江丹徒发现2～3万年前的人类化石，苏州太湖三山发现了1万年前人类活动遗址，宜兴、武进等地还挖掘出先民们使用的独木舟，经鉴定是距今2 500年左右的遗物。《史记·河渠志》载古代运河“于吴，则通渠三江五湖"。《越绝书》也载有吴古故水道的走向。这里曾"以船为车,以楫为马",充分说明太湖地区很早就有舟船交通和开凿运河沟通河湖的活动。

据史料记载:公元前11世纪周太王长子泰伯偕弟仲雍自岐山(今陕西)来到江南之地,居梅里,立勾吴国,泰伯于吴地开渎,名"泰伯渎"。春秋时期定都今苏州的吴国,为称雄列国,于周敬王六年(前514)吴王阖闾派大将伍子胥伐楚,开凿了自苏州至安徽芜湖入江的胥溪。二十五年,吴王夫差为向北扩张,自苏州开凿了经望亭、无锡,达常州孟河入江的常州府运河。秦统一中国后,在太湖东岸"发会稽(今苏州)谪戍卒造通陵,治陵水道。"秦始皇三十七年(前210)在镇江"使赭衣徒三千,凿京岘至南垄",在云阳"凿北岗,截直使曲"。西汉武帝(前140~前87),又从苏州以南沿太湖东缘沼泽地带,"开河通闽越贡赋,首尾亘震泽东壖百余里"。经春秋吴王和秦汉的开凿,至东汉三国初,苏南运河已经大体形成。东晋元帝(317~322)时司马裒镇守广陵,"运粮出京口,为水涸,奏请立埭,名丁卯埭",此为丹徒有堰闸之始。这说明苏南运河至此,其走向已与今日大体相似。

中国的主要河流绝大多数是东西走向,缺少南北水道,制约着全国各地的交通往来。尽管人们很早就设法开凿南北走向的人工运河,但直到隋朝以前它们的规模都不大,且互不通连,时兴时废,没有形成一个完整的水运体系。

隋王朝的建立,结束了自魏晋南北朝以来400多年长期分裂的局面,使社会生产力获得了恢复和发展,为兴建南北大运河积蓄了强大的物质力量。从隋文帝开皇四年(584)到隋炀帝大业六年(610)20余年间,在过去开凿的运河和天然河流基础上,先后开凿山阳渎及从洛阳到泗州入淮的通济渠并重开邗沟,又开凿了从洛阳到涿郡(今北京)的永济渠,疏通江南河,终于凿成和拓宽了以国都洛阳为中心,北抵涿郡,南达余杭,全长2700余公里的南北大运河,把中原同燕赵、江南地区连接起来，形成“之”字形的南北水运大动脉。唐宋时期的运河基本上沿袭隋代大运河的体系，只是做了一些局部的变更和整修。所以后人有“隋朝开河，唐宋受益”之说。唐永泰年间(765)，转运使刘晏、润州刺史韦损全面修治练湖，灌田济运，每遇徒阳段运河水浅，则泄湖水相济，所谓“湖放一寸、河涨一尺”，使漕运无浅涩之阻。

隋唐以后，伴随着中国古代政治中心的东渐北移和经济重心的逐步南移，开凿疏浚连接南北重要交通运输干线的大运河，已经成为历代封建统治者的共识和奉行的基本国策。北宋定都东京(开封)，离江南益近，为了保持庞大军队的食用和冗官制度，时有疏浚运河和修复、改进堰闸之举。即使南宋偏安临安(杭州)，对此也未曾偏废。

元、明、清三朝都建都北京，更进一步开凿沟通河北、山东运河河道以南接江淮各地。尤其是元世祖忽必烈为了巩固大一统帝国，加强南北经济文化交流，于至元二十六年至三十年(1289～1293)先后开凿济州河、会通河、通惠河等运道，完成了大运河的重大改线，形成由北京直达杭州纵贯南北的人工运河，比隋朝大运河缩短900公里，成为中国运河变迁史上自隋代以后的又一次重大改变，确定了京杭运河的基本走向及规模。此后，明、清两朝也在整修运河工程方面做出了积极的贡献。特别是清帝康熙、乾隆多次沿京杭运河南巡，对大运河的治理有着重要的影响。明清大运河的畅通，维系了中国古代王朝的经济全盛时代。

近代中国备受侵略和欺凌，内外交困，大运河随之衰败。清咸丰五年(1855)黄河北徙经山东利津入海，导致大运河南北隔绝，黄河以北全线断航。中华人民共和国成立以来，大运河得到局部复兴，国家交通部对济宁以南运河的全面整治改造，形成了今天长达900公里的南北货物运输的重要通道，同时也发挥着水利灌溉、防洪、南水北调、城市用水、生态保护等重要功能。正可谓国家兴，运河畅。

二

大运河作为沟通中国南北最重要的运输通道,是水运时代的“高速公路”,为历代王朝的巩固和经济发展做出了巨大贡献。首先是大运河把中国政治中心与经济重心紧密地联系起来,使大一统的封建体系有了完整的脉络和供给系统。运河的畅通与滞塞,都足以影响国运的兴隆和衰替。从秦始皇统一中国到隋朝大运河开通的826年间,国家统一的时间为478年,占57.9%;国家处于分裂状态的时间为348年,占42.1%。而从隋朝大运河开通到清王朝结束的1306年间,国家统一的时间为1090年,占83.5%;国家分裂时间为216年(包括南宋时期),只占16.5%。这说明大运河对中国政治的影响。

京杭运河苏南段,以其开凿较早和连接南北的区位优势,在全河中凸显其重要作用。沿线的苏州、无锡、常州、镇江以及浙江区段的杭嘉湖地区,是富甲天下的鱼米之乡,也是中国的经济重心。漕粮作为历代王朝的天庾正供,半数以上要仰赖这一地区。唐代初期所需江南漕粮并不多,但此后国用日广,漕运负担日益加重,不得不对漕运制度实行改革。开元二十一年(733),裴耀卿将漕运长运法改为分段转运法,漕运量有了较大的提高,“凡三岁,漕七百万石,省陆运庸钱三十万缗”,平均每年运漕粮230多万石,其中有近百万石漕粮自苏南运河转输。宋朝定都开封,转运江南漕粮更为便利。太宗太平兴国六年(981),定漕粮运额为300万石,到真宗大中祥符年间(1008~1016)即升至700万石,仁宗时甚至高达800万石,是历代漕运量最多的年代。一般由江南运河运出的漕粮在250万石上下。时至南宋,只剩下半壁江山,大运河的江南河段显得格外重要。苏南运河成为宋室联系江淮间诸州郡及全国各地内河航运的重要通道。其时南宋临安军民每日耗粮8 000~9 000石左右,每年合计超过300

万石,加之还要储备2~3年的粮食,每年由苏南运河运往临安的漕粮当不低于400万~500万石,这是苏南运河历史上漕运量最大的时代。元代虽完成运河改线的大工程,但终元之世,漕运以海运为主,河运为辅,河漕运量不大。但苏南运河与海运港口浏河相通,上江部分漕粮多取苏南运河以避风涛之险。明代自永乐十九年(1421)迁都北京以后,为供应京师官员及军队粮食的需要,进一步完善了前代漕运制度,由苏南运河北运的漕粮每年不少于250万石。清王朝漕运基本沿袭明代,且漕运制度较明代更为完善,从苏南运河出江的漕粮每年当在300万石左右,数量和明代不相上下。光绪二十七年(1901)漕粮改征折色(即征缴漕粮改为折征银两),实行近两千年的漕运制度宣告结束,但大运河在中国漕运史上所发挥的巨大作用,对中国历史发展产生的影响是深远的。

三

京杭大运河作为中国南北唯一的水路运输大通道,"公家运漕,私行商旅,舳舻相继",极大地推动了南北经济文化的交流。运河加快了南北方商品流通和生产要素的流动,促进了社会分工、全国统一市场的形成和生产技术水平的提高。漕运在大运河沿线城镇形成了巨大的运输产业链,造船、运输、装卸、仓储、维修、配套服务等成为沿河城镇的主要产业,大大推动了沿河城镇的经济发展。由于交通运输条件有了很大改善,从隋唐起,手工业和商品得到迅速发展,并在专业化、规模化生产的基础上形成了各地的特色。苏南地区货物和手工艺品源源北上,北方的土特产品浩荡南流,南北地区经济交流日益频繁,商品流通空前活跃,为沿线许多明星商业城市的出现和经济的繁荣创造了必要条件。

"安史之乱"以后,北方人口南迁,经济中心逐渐南移,凭藉得天独厚的太湖流域水利条件和气候、土质条件,稻麦种植和栽桑养蚕遍及苏南，纺织业随之兴起。苏南运河成为历代王朝经济的命脉，京师除漕粮外，大量的贡品、手工业品和土特产品也都仰赖于江南。此后，随着宋室南迁，北方人口再次南下，加快了黄河文化和长江文化的交流融合，增加了苏南大地的人气，苏南运河沿线农业、手工业和城镇经济再次得到迅速发展。明清朝廷允许漕船附载土宜，漕船成为运河物资交流的主要运输载体之一，使得漕运沿线的许多城镇成为漕船修造和交换商品的场所。苏南运河沿线出现了五里一集、十里一镇、五十里一城的盛况。苏州、常州、无锡等沿河重要城市，莫不"帆樯如林，百货山积。"明中叶以后，资本主义萌芽在苏南运河沿线地区孕育发展，为中国近代工业的诞生奠定了基础。

镇江自古以来就是一座港口城市，长江和大运河在这里交汇，构成了国内最大的黄金十字水道。镇江，又是一座手工业城市。南朝刘宋时酿酒业就相当出名，唐宋时土贡绸缎已很发达，清道光年间即出产风味独特的镇江香醋。鸦片战争后，镇江被辟为通商口岸，凭藉港口交通对运河南北商品辐射的优势，进入华洋杂处、百业兴旺时期。近代工业起步，服务行业兴起成为水陆码头的另一标志。凭藉港口交通优势，镇江成为当时全国少数繁荣城市之一。

京杭运河的贯通使常州成为南北粮运的集散中心。唐武宗会昌四年(844)，升常州为望，成为全国州府十望之一。明永乐年间，常州成为全国33个较大商埠中的一个。清代前期，常州的粮食、棉花、蚕桑的生产，以及棉布、绸帛等手工艺品，都达到了很高水平。民国年间，常州的民族工业依托运河得到较快发展。到抗战爆发前，常州已初步形成以纺织工业为中心，包括面粉、碾米、油厂、毛巾厂在内的准工业城市。

无锡享有苏南运河及太湖的水利和水运优势，早在唐宋时期农业生产已形成稻麦两熟制，手工业、商业更见发达。明清时期，无锡社会经济更趋繁荣，逐步发展成江南地区的粮食、棉布贸易中心，成为有名的"布码头"。清末民初，无锡沿运河两侧的米粮行有140多家，堆栈30余处，仓储容量达200多万石，无锡与芜湖、长沙（亦说沙市）、九江并称为全国的四大米市。鸦片战争后，许多有识之士在实业救国思想的影响下，于无锡兴办工厂，至宣统三年（1911），兴办各类工厂达12家，成为中国民族工业的发祥地之一。无锡逐步发展成为江南的经济中心城市，有"小上海"之称。

苏州位居江南腹心，西濒太湖，北枕长江，江海连通，倚运河而兴。自唐宋以来，丝织业逐步从农家分离出来，进行专业织造，号称"日出万绸，衣被天下"，并很快成为国内丝绸生产和贸易中心之一。明万历年间，苏州拥有的丝绸染工多达数千人。乾隆年间，经营丝绸业的有57家，周边地区出现了一批如盛泽、震泽、黄溪、蠡口等以丝绸生产为主的新兴市镇。从明清开始，苏州的枫桥一带就成为商品粮消费市场的中心。其他如印刷业、草编业、珠宝玉器制作业都具有规模。苏州正是以其繁华加小桥流水的独特风光，以及宜人的气候，吸引了众多富商大贾、文人雅士到此寓居。他们精心构筑私家花园，移山水之胜于闹市之中。至明清时期，这种私家园林数以百计。人口也从明中叶的50万增至清中叶的100万人以上。中日甲午战争后，在"工业救国"思潮的推动下，苏州成为最早出现近代民族工商业的城市之一。民国元年（1912），苏州有工厂26家，工人万余人，年产值300万元，仅次于上海、无锡和南通。

京杭运河的开凿和贯通，有力地促进了南北文化交流。苏南运河沿河两岸形成独具特色的地域文化，被统称为吴文化。具有浓郁水乡风情的古城名镇、园陵胜迹、街坊民居，以及丝绸、刺绣、工艺珍品等物化形态和昆曲、苏州评弹、锡剧、吴门画派等门类齐全的艺术形态，为人们所瞩目。特别是有史以来涌现了众多杰出的历史人物，其中为运河开凿整治和流域水利治理做过杰出贡献的不乏其人。记录运河演变和人文景观的华章，也使人们从中感知运河文化光辉之万一。

从苏南地区经济文化的发展可以看出，它们与苏南运河这条黄金水道关系十分密切。无论古代和近代,苏南经济文化发展的轨迹,正是沿着这条水运通道的变迁而不断前进的。

四

清咸丰五年(1855)京杭大运河南北断航后,晚清和民国时期曾进行过局部治理,但步履艰难。此后又连遭战火的蹂躏,年久失修,无法扭转运河日益衰落的趋势。到中华人民共和国成立之初,苏南运河基本处于自然状态。1957 年苏南运河货运量仅为 305 万吨,占全省内河货运量的 17.8%。

中华人民共和国成立后,京杭大运河的历史翻开了新的一页。随着经济的迅速恢复和发展,运河开始复兴。1955 年交通部对京杭运河全线组织查勘后,编制了整治工程建设规划。1958 年,国家成立了大运河建设委员会,制定了"统一规划,综合利用,分期建设,保证重点,依靠地方,依靠群众"的整治方针。对苏南运河的整治,明确提出以航运、灌溉、排洪相结合,入江口门采用谏壁口镇武运河方案,在谏壁设置水利枢纽;常州、无锡、苏州市河段避开老城区、另开新运河等。这些规划要点,一直成为苏南运河整治建设的目标。自 1958 年以来,苏南运河先后进行了先通后畅的初期整治和解决严重"卡脖子"河段的重点整治。但到 1992 年苏南运河仍未得到彻底整治,有一半地段低于六级航道标准,底宽小于 15 米地段占全线1/2,水深小于 1.5 米地段占全线 1/4。而沿河地区在改革开放后经济社会快速发展,特别是乡镇企业蓬勃兴起,1988 年苏南运河货运量达 9 018万吨。航道等级低与运量大的矛盾十分突出,对经济社会发展造成重大影响。江苏省委、省政府审时度势,根据国家计委 1982 年对《京杭运河(济宁至杭州)续建工程计划任务书》的批复和交通部 1992 年《关于京杭运河苏南段"八五"期间按规划标准分段实施的通知》,决定将苏南运河整治工程列入全省"八五"跨"九五"交通基础设施建设六大重点工程之一，要求1997年底基本建成。1992年8月，江苏省交通厅组织苏南沿运河四市，按照通航500吨级驳船的四级航道标准和交通部建设样板航道的要求，对苏南运河进行全面整治，经历5年多时间，工程于1997年10月告竣，全线达到国家四级航道标准。鉴于谏壁一线船闸通过量已处于极度饱和状态，为和苏南运河全面整治后航道通过能力相适应，于1999年至2001年又建成可通行千吨级船舶的谏壁二线大型船闸。

在苏南运河全面整治的同时，水利部门按照《太湖流域综合治理总体规划方案》进行了治太工程建设，先后完成太浦河、望虞河、环太湖大堤"两河一线"工程和沿江引排等工程，太湖流域的引、排、蓄、泄骨干工程布局基本形成，使太湖洪水得到初步控制，有效地增补了太湖地区的水源。"引江济太"的实施，以清释污，改善了水环境。苏南运河及其相关航道通航保证率随之得到提高，航运效益进一步得以发挥。

在苏南运河全面整治中，十分重视保护沿线的历史文物古迹和文化遗产；全河段堤岸护坡绿化，营造了不少新的景点；全线布设了中英文标识的航行指示标志标牌，在全国内河航道建设中尚属首创；江苏省人民政府专门颁布了《江苏省苏南运河交通管理办法》，使运河管理走上法制化道路；同时持续开展创建"全国文明样板航道"活动，使苏南运河文明建设达到了一个新高度。2001年4月，通过交通部组织的验收，苏南运河被交通部命名为全国第一条"文明样板航道"，并正式授牌。

五

江苏省在中国东部地区运输大通道中具有重要的战略地位。至"十五"期间，初步形成以国家铁路干线、公路主骨架、水运主通道为主轴的交通大通道格局，具备了铁、公、水、管道、航空5种运输方式的综合运输体系及综合运输能力。2005 年全省各种运输方式完成货运量 11.29 亿吨,其中公路占 67.6%,铁路占 4.5%,水运占 25.9%,管道占 2.0%;完成货物周转量 3 068.88 亿吨公里,其中公路占 15.0%,铁路占 15.7%,水运占 67.0%,管道占 2.3%。水运在大宗货物运输中的优势和服务经济社会发展中所起的作用,是其他运输方式无法替代的。

古代,京杭运河"南粮北运",发挥了沟通北方政治中心和南方经济重心的功能;今天,"北煤南运",京杭运河又承担着连接北方能源生产基地与南方制造业中心的重任。

苏南运河连接着长江三角洲的江、浙、沪两省一市,这是中国经济最繁荣的地区之一,大量的煤炭、建材、农产品、工业原材料和产成品,通过运河源源不断地运进运出,使这一地区发展如虎添翼。1992 年整治前的苏南运河货物运输就非常繁忙,年货运量达 9 000 多万吨。自 1997 年 10 月完成全面整治工程后,航道条件大为改善,船舶向大型化发展,年货运量平均增长率达 7.7%,至 2005 年已达到 1.91亿吨,比全面整治前翻了一番。从长江和苏北运河下行的运输船舶,多从谏壁船闸取道苏南运河,比经江阴船闸进口既可避风涛之险,又可缩短 35 公里航程。苏南运河的煤炭年通过量比整治前增长了近 3 倍,2005 年达 4 156 万吨,占全线总运量的 21.8%,为南方制造业中心提供了可靠的支撑。苏南运河全面整治后全线布设的港口码头 355 座,拥有岸线 43 584 米,2005 年完成吞吐量达 12 700 万吨。沿河 4 市实行"一城一港"管理体制后,内河港区与长江港区联动,以河江海直达、公铁水联运的优势,为区域经济社会发展提供了更加便捷的物流运输服务。

运河的整治,给沿河地区城乡经济社会带来了新的发展生机。一批跨国公司看好苏南区位优势和便捷的水陆运输条件,纷纷在沿河地带投资建厂,成为助推江苏经济发展的重要力量。目前苏南运河两岸,年运量达万吨以上的企业已发展到 2 000 多家,建成 30 多个国家和省级开发区,进区项目1万多个。

苏州市自20世纪90年代起,抓住国际产业转移的机遇,积极引进外资,参与国际竞争,一园(工业园区)、三区(苏州新区和吴中、吴江开发区)沿河兴起,成为世界制造业的重要生产基地。世界500强企业中有113家在苏州投资兴办了349家企业。2005年实现地区生产总值达4 026.5亿元,占全省的22.04%,自营进出口总额达1 406.8万美元,占全省的61.7%。

无锡市拥有4个国家级开发区、11个省级开发区,世界500强企业中已有72家在无锡投资兴办137家企业。几年中,沿运河的企业增加到500多家,其中民营企业占90%以上,年产值超亿元的大企业有50多家,成为无锡工业增长的支柱。2005年实现地区生产总值2 804.7亿元,占全省的15.35%,自营进出口总额291.9万美元,占全省的12.81%。

常州市沿运河大型厂矿企业有186家。日产16万立方米焦炉放射性煤气的常州炼焦制气厂、生产大型变压器的日本东芝公司以及戚墅堰电厂扩建工程等,都是看好整治后运河的通航和供水条件而沿河兴建的。全市10大支柱产业中有7大产业沿运河分布,构成常州工业城市的中坚。2005年实现地区生产总值1 303.4亿元,占全省的7.13%,自营进出口总额83.4万美元,占全省的3.66%。

镇江市凭藉运河和长江交汇的区位优势,在运河腹地内建立起丁卯、丹阳等省级经济开发区。中外合资江苏大亚集团是目前国内最大的铝箔生产厂家,曾三迁厂址,最终看好运河优越的运输条件,落户丹阳开发区。其中大亚木业每年60余万吨原材料都依赖苏南运河运输,每年节约运输成本达3 900多万元。2005年实现地区生产总值871.7亿元,占全省的4.77%,自营进出口总额39.7万美元,占全省的1.74%。

苏南运河的全面整治,努力修复运河的生态系统和扩展绿化面积,航道的标准化美化,桥型的千姿百态,形成了运河上的新景观。

加上运河整治中保存和修复的两岸众多名胜古迹，与新景点交相辉映，为开拓以运河为依托的旅游业创造了有利条件。苏州市因大量的货运船舶不再穿城而过，为城内古运河创造了宁静的水上环境。运河沿线寒山寺、宝带桥、越城遗址、盘门三景等近20处著名文物景观得到妥善保护，使苏州古城更显魅力。有8家企业先后开辟了苏州水上风光特色旅游项目，并向无锡、上海、杭州等著名旅游城市辐射，2005年水上观光游客超过100万人次。常州市在城市整体发展规划中，结合运河整治，移建了广济桥、文亨桥，改造了篦箕巷仿古建筑步行街，修复了毗陵驿、御码头，新建了半月岛、迎宾亭、运河整治碑亭等8处新景点，将沿河分布的园、亭、岛、桥、巷、码头串成一条融自然景色与人文景观于一体的运河观光旅游带。无锡近40公里的运河经过绿化、美化，成为无锡市旅游的新景观，和原有的太湖等旅游资源相结合，吸引了更多的境外游客。2005年接待入境旅游者65万人次，比上年增长20.5%，接待国内游客达3 200多万人次，比上年增长19.4%。

可以说，正是苏南运河的全面整治，使这条母亲河焕发青春，在综合运输体系中独具魅力，给苏南地区经济社会快速发展提供了重要支撑。历史上曾经是民族工业兴起的发祥地，改革开放中创造了中国经济社会发展的“苏南模式”，如今沿河四市又以占全省20.9%的土地面积、22.4%的人口，创造出2005年占全省49.29%的地区生产总值和占全省79.9%的自营进出口总额的骄人业绩，令人刮目相看。

六

2006年3月全国人大、全国政协两会召开期间，58位全国政协委员联名提交了《应高度重视京杭大运河的保护和启动“申遗”工作》的提案。同年5月，国务院将京杭大运河列为全国重点文物保护单位,12 月国家文物局公布新筛选的申请世界文化遗产预备清单,京杭大运河名列首位,大运河沿线 18 座城市也积极行动联合申请世界文化遗产。2007 年 4 月 22 日温家宝总理做重要批示:“要把京杭运河综合治理特别是航道港口等基础设施建设列入议事日程,会同交通、水利、环保等部门以及有关地方,充分论证,抓紧制定规划,并按程序报批,以进一步发挥京杭运河的水运作用。”当年 7 月 5 日,国务院副总理曾培炎就全国水运工作会议的召开做出批示:“水运是国民经济重要的基础性和服务性产业,在新形势下要深入贯彻科学发展观,按照健全综合运输体系的要求,注重发挥水运占地少、污染小、成本低的优势,积极发展水路运输,加快推进我国水路交通现代化,为经济社会发展提供有效服务和有力保障。”以上保护运河、综合治理运河、贯彻科学发展观、进一步发挥京杭运河水运作用的理念,已成为当今中国政府和沿河地区的共识。京杭运河未来必定更加美好。

京杭运河是拥有 2 500 年历史而至今仍然通航的人工运河,开创大运河的美好未来,不仅要把它作为历史遗产加以保护,而且要让它更好地发挥作用,为中国的现代化建设做出新贡献。

就京杭运河苏南段而言,随着长江三角洲地区经济进入高速发展的快车道,运输量迅速增长,日平均船舶通过量已经超过 5 000 艘,大部分船舶在 500 ~ 600 吨,有的上千吨。近 10 年来,其运量之大,增长之快,运输之繁忙,使之已严重超负荷运行。为此,研究和探讨运河的保护和未来的发展,已成为亟待解决的问题。

京杭运河的保护和未来的发展,应以科学发展观为指导,坚持全面、协调、可持续发展的原则。

贯彻落实科学发展观的第一要务是发展,坚持以经济建设为中心,不断增强综合国力。京杭运河不但是中国古代最重要的南北运输通道,也是现在和未来对经济社会发展具有重大影响的基础设施。当今作为“北煤南运”的主通道,对中国的经济重心、世界制造业生产基地的长江三角洲地区更是至关重要。未来,不仅是沟通南北的水运大通道,还承担南水北调、引江济太、改善生态环境等重要功能。因此,京杭运河的未来发展必须以经济建设为中心,以有利于生产力的发展为标准,以推进中国现代化建设为目标。

贯彻落实科学发展观,要以人为本,不断满足人民群众日益增长的物质文化需要。京杭运河保护与开发的根本目的就是要继续发挥沟通南北水运主通道的作用,为沿河经济社会发展服务,而且成为东部沿海地区的生态走廊和文化走廊,为两岸居民提供更加美好的人居环境。

贯彻落实科学发展观,要坚持全面、协调、可持续发展。京杭运河是多功能的河道,包括航运、防洪、水源引调、生态调节及旅游等,更要着眼全局,统筹兼顾,协调发展,综合利用。

贯彻落实科学发展观,要处理好保护与利用的关系。首先,京杭运河是使用中的文物,是中华民族的宝贵遗产,需要不断的维护和建设。在维护建设中,要坚持保护历史文物的原则,宁可改线让道,也不要使文物古迹受到损害。要充分听取专家意见,尽可能地保存和恢复历史原貌。特别是对那些历尽沧桑的古镇、古桥、古建筑及风俗文化等,要采取抢救性保护措施,这也是开创大运河美好未来的基础和前提。

21 世纪前 20 年,中国正处于经济发展的重要战略机遇期,也是内河航运新一轮发展的黄金时期。应从世界交通发展趋势、发展规律的角度审视运河航运的发展水平,从国民经济发展全局的角度审视运河航运的适应能力,从人民群众需要的角度审视运河航运的服务水平,采取行之有效的措施加快运河航运建设步伐。

江苏是水运大省,每年全社会完成水运货运量和货物周转量都占到全省综合运输量的 1/4 和 2/3。水运在现代化交通运输体系中将占有越来越重要的地位,它对于交通运输业落实科学发展观,改变传统的资源投入式的发展模式,建设循环经济和节约型社会有着重要意义。为此，江苏十分重视航道规划和建设。省政府和交通部于2005年联合批准《江苏省干线航道网规划》，确定以长江干线、京杭运河为核心，三级以上航道为主体、四级航道为补充，形成"两纵四横"（"两纵"为京杭运河、连申线；"四横"为淮河出海航道、通扬线、长江干线、芜申线）3 455公里高等级航道网的建设蓝图，使之更好地发挥航道联网畅通运输功能。省政府还专门召开全省水运工作会议，下达"关于加快水运发展的意见"，落实"十一五"时期江苏水运发展的目标、任务和要求，明确对水运发展的政策扶持。《江苏省航道管理条例》也于2006年11月30日经江苏省第十届人大常委会第二十七次会议通过，自2007年3月1日起施行。《条例》明确"航道作为公益性基础设施。县以上地方人民政府应当将航道建设纳入本行政区域国民经济和社会发展规划，保障航道建设、养护的资金投入"。为加快内河船舶技术进步，提高运输生产力水平，近年来江苏省按交通部要求，积极组织实施"京杭运河船型标准化示范工程"，水泥船、挂桨机船已在运河一线禁航，新建符合主尺度系列标准的一批500吨级以上的机动驳船和货驳船投入了运河运输生产。并积极研究以"前河后场"为依托，发展多式联运和综合物流，使运河港口成为物流主枢纽。交通行业管理部门大力推进信息化、智能化管理，苏南运河船舶安全管理已实施"一卡通"、"监控一体化"，航标管理已实施遥测遥控，船闸也实施了自动化管理。依据江苏省人大常委会颁布的《江苏省内河水域船舶污染防治条例》和江苏省政府发布的《关于加强太湖水域船舶污染防治工作的通告》要求，加强了对船舶污染的监管工作。特别是进入"十一五"时期，江苏省航道基础设施建设规模空前，每年完成投资高达20亿~30亿元，京杭运河江苏段升级改造建设、苏南干线航道网建设和连云港疏港航道建设全面展开。被列入交通部"十一五"发展规划的重点水运基础设施项目——京杭运河常州市区段按三级航道标准建设的南移改线工程，由部、省、市联合投资，于2004年12月动工，2008年1月建成交工通航。运河南移与312国道改线同步实施,将运河开挖的土方综合利用于路基建设,并同太湖流域防洪工程武宜运河共线8公里联合建设。同时新建11座跨河大桥和两处年吞吐量达1 200万吨的新港区和物流园区。"路河联动"、"航运水利共建",形成"一路一河三林带",路、河、桥、林相互协调,成为交通部环境友好型、资源节约型水运示范工程,也是苏南运河美好未来的一个缩影。与此同时,苏南运河的镇江陵口段、苏州沧浪新城段、无锡洛社段等"四改三"升级改造先导工程也相继开工。江苏省交通航道部门多次组团赴西欧莱茵河、罗纳河等运河参观访问,京杭运河江苏段还和瑞典王国约塔运河结为"友好运河",建立跨国交流协作机制,更好地探讨运河建设与管理的新理念、新作为。

苏南运河的美好明天,已经展现在我们面前。

第一章　形成与变迁

京杭运河长江以南的江浙河段古称江南河（即江南运河）。其中自镇江至江浙交界的江苏段，到民国以后多称苏南运河（即京杭运河苏南段），是京杭大运河最早形成的河段之一。由于地势平缓，水流比降小，故自开凿以来，河道变迁远比其他河段为少。

第一节　苏南运河形成

司马迁的《史记》载古代运河“于吴，则通渠三江五湖”。《越绝书》载有吴古故水道的走向。说明太湖地区很早就有开凿运河沟通湖河的水运活动。据有关史料记载，作下列分述。

一、泰伯渎

公元前11世纪，周太王长子泰伯偕弟仲雍自岐山（今陕西）来到江南荆蛮之地，居梅里（今无锡梅村一带），立勾吴国。泰伯于吴地开渎，名“泰伯渎”。据清·顾祖禹《读史方舆纪要》载：“泰伯渎在无锡县东南五里，西枕运河，东连蠡湖，入长洲县界，渎长八十一里，相传泰伯所开”。今无锡伯渎港是其遗迹。

二、胥溪

周敬王十四年（前506），吴王阖闾督役开凿胥溪，至苏州通太湖，经宜兴、溧阳、椆汭（今高淳）至安徽芜湖以达江，大大缩短吴楚之间的水路里程。明嘉靖年间韩邦宪所著之《广通坝考》载：“广通镇，在高淳县东五十里，世所谓五堰者也。西有固城、石臼、丹阳、南湖，受宣、歙、金陵、姑孰、广德及大江水；东连三塔荡、荆溪、震泽（即太湖）；中可三五里，颇高阜。春秋时，吴王阖闾伐楚，用伍员（子胥）计，开河以运粮，今尚名胥溪”。

三、胥浦

周敬王二十五年（前495），吴王夫差命伍子胥开凿胥浦。据《河渠纪闻》引《治水述要》载：“胥浦西连太湖，东通大海，自长泖接界泾而东，尽纳惠高、彭巷、处士、沥渎诸水”。利用了太湖东南天然河湖沟通而成。

四、百尺渎

据《吴俗记》载：“越从松江北开渠至横山东北，筑城伐吴”。此河南段在今浙江海宁县盐官镇西南40里，原钱塘江北岸；横山在苏州西南20里，有人说是后来的百尺渎。

五、常州府运河

据《通志》载：“周敬王二十五年（前495），运河在（常州）府南，自望亭入无锡县界，流经郡治西北，抵奔牛镇，达于孟河，行百七十里，吴夫差所凿”。

六、吴古故水道

据《越绝书·吴地记》载：“吴古故水道，出平门，上郭池，入渎，出巢湖；上历地，过梅亭，入杨湖，出渔浦，入大江，奏广陵”。这条出江水道大致走向是，从苏州平门北上，经古泰伯渎，至无锡北行，穿越古芙蓉湖，在常州北面的江阴利港入长江，溯江而上直达扬州。

七、徒阳水道

秦始皇三十七年（前 210）第五次东巡，在今镇江与丹阳之间开山辟岭，凿丹徒水道。据《太平御览》引南朝宋刘桢《京口记》载："始皇东巡，观地势云此有天子气，使赭衣徒凿湖中长岗使断，因改为丹徒，令水北注江也"。又据《世说新语注》引《太康地记》载："曲阿，本名云阳。秦始皇以有王气凿北坑山以败其势，截其直道使其阿曲，故名曲阿也"。

八、陵水道

据《越绝书·吴地记》载："秦始皇造通陵，南可通陵道至由拳塞，同起马塘，湛以为陂，治陵水道到钱塘越地，通浙江"，"秦始皇发会稽谪戍卒治通陵，高以南陵道，县相属"。"造通陵"即筑由水乡通陆地之路。南面陆路可到嘉兴（古由拳县）。"治陵水道"，即修筑陆路和水道。用的人力是会稽郡（郡治当时在苏州）谪戍兵卒。汉武帝时（前 140 ~ 前 87），为解决福建、浙江贡赋物资的运输，继秦代后，从苏州以南沿太湖东缘地带拓浚了苏州至嘉兴之间的运河，史有"开河通闽越贡赋，首尾亘震泽东壖百余里"的记载。

九、破岗渎

孙权自京口迁都建邺（今南京），为避大江风涛之险，于赤乌八年（245）令校卫陈勋凿破岗渎。据《吴录》载："句容县，大皇时，使陈勋凿开水道，立十二埭，以通吴会诸郡，故舡行不复由京口"。唐许嵩在《建康实录》卷二中言："吴赤乌八年（245），使陈勋作屯田，发屯兵三万，凿句容中道，至云阳西城，以通吴会船舰，号破岗渎，上下一十四埭。其渎在句容县东南二十五里，上七埭入延陵界，下七埭入江宁界。于是东郡船舰不复行京江矣"。

十、上容渎

南北朝时梁武帝(502~547),于破岗渎北开凿上容渎。在句容县城东北13里处,从五里岗(现五里墩)分流,一股西南流20里接句容河入秦淮河,一股东南流25里接洛阳河入通济河,全河筑埭21处。陈高祖即位(557)后,因航行艰难而堙废。

十一、江南河

据《资治通鉴·卷一八一·隋记》载:"隋大业六年(610)十二月敕穿江南河,自京口至余杭八百余里,广十余丈,使可通龙舟,并置驿宫、草顿,欲东巡会稽"。

以上史料表明,隋之前苏南地区历代所开人工运河,虽当时走向不一,也未能完全贯通,但为隋统一中国后"敕穿江南河",形成自京口至余杭八百余里水上运输主通道创造了历史条件。自隋以后,苏南运河走向基本没有变化。按其地形和水源条件,可分为北段、中段和南段。北段,自镇江至望亭,地势自西北向东南倾斜,其中镇江至丹阳段,地势高仰,岗阜绵延,汛期可引江潮内灌,枯水季节常患水源不足,古代于此建练湖(水库),补充运河水源,设堰闸,调节水量。中段,自望亭至平望,地势低洼,水源靠太湖自然调节,吴江南北原为太湖泄水口,是苏南运河全线最低的一段。南段,自平望南行进入浙江境内,地势由西南向东北倾斜,其水源来自杭州西湖,湖水不足,则引钱塘江水补给。

第二节 历史变迁

一、江岸变迁

距今5 000至7 000年以前,长江入海口在今镇扬之间,当时海浪直拍镇江附近的象山、北固山麓以及扬州北郊的蜀岗，长江从镇江扬州之间入海，形成一个喇叭形的长江河口。为避免江流和海浪的冲刷，吴王夫差所筑邗城，以及战国时期的广陵城均筑在蜀岗之上。

秦汉以后，长江河口已伸展至海陵（今泰州）。此时，奔流澎湃的江流和海潮，可从江南各通江河口灌入运河，因而苏南运河徒阳段水源还较充沛。

随着长江口向海域延伸，长江下游泥沙不断淤积，著名的瓜洲在晋时已渐露水面，因其形似瓜而得名。金山东北有一庞大的沙洲群名开沙，今名和畅洲，“长六十里，阔三十七里，周围百八十里”，至北宋大中祥符年间（1008～1016）已有民田1.3万亩，为焦山寺庙产。

唐开元二十六年（738）开伊娄河前，扬子桥是京江北岸重要渡口，《读史方舆纪要》卷二十三记有：“扬子桥，府南二十里，自古为滨江津要”。时江面宽尚有40余里。自开伊娄河后，长江北岸向南推进20余里。宋代，江北继续淤涨，江面渐趋狭窄，《太平环宇记》有大江“南对丹徒之京口，旧阔四十余里，谓之京江，今阔十八里”的记载。这时金山是江中的中流砥柱，江流直冲云台、北固山一线山麓，经焦山东去，蒜山也一度沦为江中孤山。

南宋末，江泓北移，南岸自高资附近至牌湾一线开始淤滩，并与江中滩之南岸相连。由于海口东移，江面收缩，“可怜扬子渡，不见海潮生”。为了引江潮济运，有宋一代曾不断开港、建闸，修建练湖水库，以丰富运河水源。

元末明初，南岸继续淤滩，江面宽仅10里，潮引江水济运深受影响。至元初年（1271），“京口旧闸久废，江皋一里，皆成淤塞”。天历二年（1329），改建京口闸。明初（1368），闸外仍淤涨，“沙渚延袤二十丈”，建文年间，“京口闸废，转漕者道新河出江”。自永乐以后，镇江运口时浚时淤，漕运“往往兼取孟渎、德胜两河，东浮大江”。

清初，西起蒜山，东迄北固山、象山间，淤滩已与南岸连成一片。随着江岸的摆动，金山在江面的位置也时左时右。康熙年间，江泓北移,瓜洲开始坍江,南岸淤涨,金山渐靠大江南岸。乾隆三十五年(1770),江泓冲刷南岸,沿江沙滩坍势趋猛,江面南移,至道光三年(1823),金山偏近北岸。咸丰年间,金山又渐靠南岸,此时,江面宽为8里。未久,上游征润洲淤滩下移,金山继续逼近南岸。至清同治初(1862),老瓜洲城坍没,光绪七年(1881),瓜洲全部沦为大江(今瓜洲镇是瓜洲之北四里铺),征润洲不断扩大下移。金山南滩也于光绪五年和江中十多个小沙洲及征润洲连为一体,并与南岸相连。蒜山古渡码头在枯水期船只已难泊岸。光绪二十六年,长江主泓尚在焦山与象山之间,此后,征润洲继续向下伸展,至民国18年(1929),其面积已从0.6万亩扩展至1.8万亩,镇江港池为征润洲包围,淤塞严重。民国25年大水后,征润洲继续下移,主航道已从焦南转向焦北。

焦山以东江流,其南汊大港水道,主泓紧靠右侧凹岸,绕过五峰山即转入扬中河段。这段岸线由下蜀黄土台地组成,在大港与五峰山之间则多处有基岩裸露,并有马鞍矶等伸入江中,岸线比较稳定。

自长江南岸江滩不断淤涨,大京口、小京口、甘露港等通江运口深受影响,清同治、光绪后,漕船客舟改由丹徒横、越二闸进出长江。

常州孟渎、德胜两通江运口,也常因江滩淤涨,舟船进出受到影响,因而两河的出江口门也曾多次改道。

二、运口变迁

(一)镇江运口

为确保漕船从镇江安全出江北上,历代曾先后在镇江开辟过5个运河入江口门,按其开辟的年代,依次为丹徒口、大京口、越河口、小京口和甘露港(图1-1)。随着上述口门的先后开辟以及埭闸的逐步设置和完善,使镇江从唐宋开始就发展成为苏南运河五口皆通大江的重要商埠和港口城市。

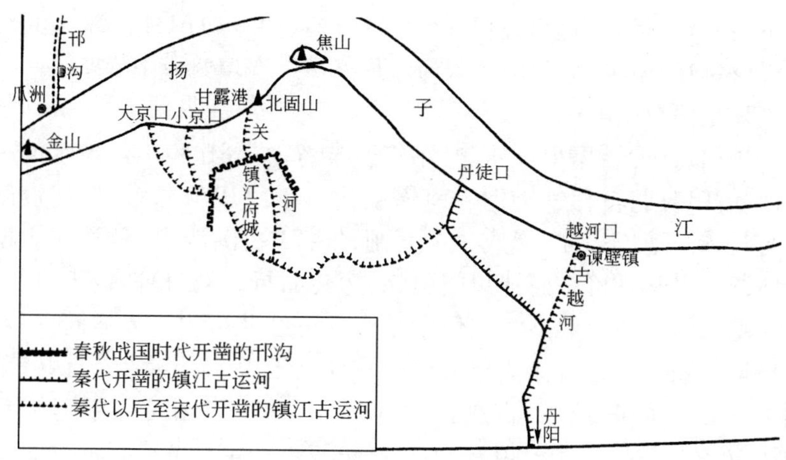

图 1-1　镇江运河入江口门变迁情况示意图

1. 丹徒口

丹徒口是秦代开辟的运河最早入江口门，古称“徒儿浦”，系今丹徒团结河的自然入江口门，原有东、西两港皆通大江，是隋以前运河入江的主要口门。南宋淳熙十六年（1189）废埭建闸（时称丹徒横闸）。元天历二年（1329）改建斗门石闸。民国 25 年（1936），重建丹徒闸。

建国后经多次改建和维修，最大可通航 100 吨级船舶，全年最大通过量可达 80 万吨。1980 年谏壁船闸建成后，该闸通航渐趋停止。

2. 大京口

大京口是秦代以后为避长江风险，经历代继续开凿丹徒至京口段运河，把运河入江口门从丹徒口向西移至大京口（亦称京口），使苏南运河入江口门与苏北古运河（即邗沟）入江的瓜洲口门隔江相望。东晋初年立京口丁卯埭（镇江城南三里处），拥水通舟入江。唐开元二十二年（734）改至江口建埭（京口埭）。北宋淳化元年（990）废埭建闸。北宋元符二年（1099）改建成集航运、拦潮、供水和仓储为一体的多级澳闸。南宋嘉定十一年（1218）又和甘露港一并改建成大型通江综合澳闸,使镇江成为水运枢纽。大京口一直是唐以后的主要入江口门。直至民国22年(1933),由于口门外江滩不断淤涨,已将口门淤平,口门内城区河段最终被废弃填筑成中华路。

3. 越河口

越河口(今谏壁电厂西侧)系集辛丰、黄墟等丘陵山区来水的古越河入江口门,古称铁锚港。南宋庆元三年(1197),在该口门设闸并与丹徒闸连成一体,形成一个套闸,发挥"引潮济漕"的作用。据史料载:"从运河经古越河口门出江,弯转曲折,距江口四倍于丹徒,向来重载漕船不由此出江",但空载漕船可经此口门进入运河,以对丹徒口的船舶进行分流。越河口旧闸址已于1958年冬拓浚谏壁节制闸入江口门时挖废,古越河也先后于1958年拓浚徒阳运河和1976年兴建谏壁船闸时填塞,如今已正式被选定为苏南运河的直接通江口门。

4. 小京口

小京口(今京口闸)系北宋天圣年间,为分流大京口船舶,避免出江拥塞,从大京口以东的城区运河开新河至江口(今宝塔路北端)另辟的一个口门。民国23年(1934)尚存的旧闸址已堙没,直至建国初期,口门无闸控制。1957年建节制闸,最大通过船舶为60吨,全年最大通过量为35万吨。

5. 甘露港

甘露港(今北固山西麓)系为减轻京口漕船压力开辟的又一个入江口门。据《丹徒县志》载:北宋"天圣年间凿关河,自甘露港入北水关,穿城至南水关入运河"。南宋嘉定十一年(1218),镇江知府史弥坚浚镇江漕渠,重修京口闸时,在甘露港置上、下二闸,西与京口闸有渠相通,南由关河入运河。该港已于20世纪30年代淤废,关河也填筑成解放路(即民国时期的中正路),遗址已湮没。

镇江运口历经了一个自东而西、最终又由西而东的变迁。自东而西,是为缩短长江航程,并与长江北岸运口相对;再次东迁,则是长江主泓北移，南岸淤积。在海口东移，江滩淤涨，南岸淤积的情况下，于宋代即形成大京口、小京口、甘露港、丹徒口、越河口等多口通江的格局。在较长的历史时期，镇江运口一直是苏南运河进出大江的主要运口。

镇江五运口之东丹阳境内，有九曲河向西南至访仙桥镇转西与运河连接，亦通漕济运，且广灌溉之利，历代多有浚治。

（二）常州运口

常州主要通江运口有孟渎、德胜二河。另有藻子港、申港等通江港浦引江济运和灌溉农田。

1. 孟渎河

常州武进之西奔牛镇，唐代有一自然通江河港为引江灌溉之渠，唐元和八年（813）孟简为常州刺史，在原有河渠基础上开河 41 里，引江水南注，灌溉农田，后称孟渎河。

明代，孟渎、德胜二河，已成江南漕运主要通江运口。永乐四年（1406）又大兴工役，"发苏、松、镇、常民丁十万浚之"。洪熙元年（1425），曾定"三年一浚"制度。成化三年（1467）总督漕运副都御史滕昭言："孟渎河港三年一浚，浚不以时，虽浚无实，请自后每于冬初即为兴工"。可见孟渎河疏浚之频繁。

清代，漕运仍从徒阳运河入江，但常州孟渎、德胜两河，"犹恃江潮济运，修浚工程，以时兴举"。康熙二十年（1681），江苏巡抚慕天颜疏浚孟渎河，自武进奔牛镇万缘桥起，至孟河镇出江，计 48 里，总用人夫 84 万工日，费银 4.8 万两。雍正五年（1727），又疏浚孟渎河，并造犁船 4 只，混江龙（清淤工具）4 具，招募水手，每年春秋二季，于江口拖刷淤垫泥沙。道光十年（1830），两江总督陶澍大浚孟渎河，以三年为期。因孟河尾闾江滩淤涨，改从超瓢港出江。光绪十三年（1887）委员季程钧、李庆沂会同武进知县金孟澜、阳湖知县金士準疏浚孟渎河，并自石桥开小河，下穿荫沙出江，后名新孟河。

民国 19 年（1930），武进县孟河工程委员会主任冯嘉锡等疏浚新孟河，整个工程分南、北、中 3 段，自 12 月开工，21 年全线工竣。挖土 80 余万立方米，费银 18.5 万余元。

2. 德胜河

德胜河旧名烈塘河，亦名南新河。宋绍熙五年(1194)常州知府李嘉言曾浚烈塘河，并置闸。嘉泰元年(1201)，知府李珏又因农田苦旱而浚烈塘河。

明洪武初(1368)，镇江京口闸废，江南漕运自江阴、烈塘二港出江，自后习以为常。洪武二十四年(1391)，武进县又浚烈塘河，深 2 丈，宽 12 丈，并改烈塘河为德胜新河。原建之闸改名魏村闸。次年，又于德胜新河之西另开一支线河道，名剩银河，南与德胜河相连，北流 18 里入江，于江口置闸。既增一引江济运口门，又可与德胜河分流运舟。宣德六年(1431)，疏浚德胜河 40 里，于是漕河(徒阳运河)与孟渎、德胜三河并通，有利漕运。正统八年(1443)，因孟渎、德胜河淤阻，漕船曾改从江阴之夏港出江。

清代，德胜河已不行漕，因引江济运和农田灌溉而时有疏浚。

(三)江阴运口

宋天禧年间，知江阴军崔立浚利港(在江阴县西 50 里)，可通漕运。乾道九年(1173)，江阴知县贝钦世浚治江阴运河(今锡澄运河)。至南宋嘉定六年(1213)，因"镇江闸口河道淤塞，不复通舟，……凡有纲(漕)运，悉自江阴宽转，由五泻堰入运河。"江阴运口通漕尚早于孟渎、德胜两河。

元至元二十六年(1289)，镇江路江口闸又废，江南漕运由江阴入江。

明代，漕舟除从镇江大京口、小京口、甘露港出江外，遇徒阳运河或镇江运口淤阻，均经孟渎、德胜两运口过江北上。江阴运口一般通行回空漕船。但江阴运口有引江济运功能，故仍时有疏浚。永乐九年(1411)、十一年，正德、嘉靖间，万历末(1620)，天启三年(1623)、六年，崇祯间，均曾疏浚。

清康熙三十七年至光绪三十一年(1698～1905)200余年间曾16次疏浚江阴运河。其中光绪十三年，委员周莲江、江阴知县许元轸疏浚江阴运河时，曾用挖泥机船开挖大江口门拦门沙。

民国4年(1915)，江阴知县谢崇礼疏浚江阴运河。1915年1月，江阴知县王家锦疏浚运河，于4月竣工。

三、运道变迁

苏南运河，自常州至苏州平望，环太湖而行，地势平缓，水源条件较好，河道无大的变迁。仅徒阳段自然条件较差，疏浚颇繁，但兴大役尚少(疏浚详见第五章第一节)。

(一)隋唐宋时期

隋南北大运河工程浩大，前后征发200多万人应役，“役丁死者什四五”，有“尽道隋亡为此河”之说。虽然后代王朝咸称“而今千里赖通波”，但治理不断。隋代苏南运河，未兴大的工役，唐宋时江南运河的治理，主要是解决水源和疏浚河道两个方面。苏南运河镇江至丹阳一段，岗阜连绵，是苏南运河地势最高河段。这段运河在长江水位较高时，可利用江潮引江水济运，航运尚可畅通。但当十一月至翌年四月之间长江枯水季节难以引江，则以练湖蓄水补给，另以堰闸节水通航。因此，苏南运河治理，主要是镇江至常州段，疏浚河道、堰闸修缮、练湖治理等屡有兴役。

唐代京口埭可节制水流；孟简开孟渎，引江水南注通漕；转运使刘晏、润州刺史韦损重开练湖，置斗门，以通灌注，均属改善苏南运河通航条件的有效措施。

宋代对江南运河治理以北宋后期及南宋时较多，北宋天圣至宣和年间均有运道治理的记载，南宋绍兴至咸淳年代治理更为频繁。

(二)元明清时期

元代漕粮以海运为主，但其他供奉官物仍从漕河运输，故元代对运河治理非常重视,除北方会通河、通惠河时兴大役外,长江以南的苏南运河亦屡屡兴役。元朝至元、大德、至大、延祐、至治、泰定、天历年间均有治理苏南运河的记载。至治三年(1323),江浙行省奏言:"镇江运河,全藉练湖之水为上源,官司漕运,供亿京师,及商贾贩载,农民来往,其舟楫莫不由此。宋时专设人夫,以时修浚练湖,潴蓄潦水,若运河浅阻,开放湖水一寸,则可添(运)河水一尺,近年淤浅,舟楫不通,凡有官物,差民运输,甚为不便"。元代曾浚治自镇江程公坝至吕城坝运河,(编者注:元代堰、埭均改称坝)长 31 里 146 步,拟浚深 4 尺,面宽 50 尺,底宽 30 尺,浚后水深 6 尺,"夫役出自平江、常州、镇江、江阴州及溧阳田多上户内差雇"。至正年间(1341 ~ 1368),常州为适应当时的经济发展,在前河(原运河)之南开"城南渠",又称"西兴河",与前河分流过往船舶。明正德十六年(1521),穿城运河不再经前河,全部改行城南渠。万历九年(1581)又在城南渠之南开新运河,即今常州之古运河。

明初洪武、建文两帝建都金陵,西以大江为主要漕运所经,浙江、吴中一带则由江南运河,亦有经胥溪、胭脂河,由太湖之西直达南京。明成祖朱棣迁都北京后,开会通河、通惠河,漕运仍由江南运河渡江北上。洪武元年(1368),曾开浚镇江至常州漕渠;二十五年命崇山侯李新疏浚杭、嘉、湖、苏、松、常、镇七府运河;二十七年疏浚常州府运河;二十九年、三十一年疏浚常州奔牛、吕城二坝河道。自永乐以后,运舟大都经孟渎、德胜等运口出江,从白塔河、瓜洲运口等北上。天顺三年(1459)为避江程风涛之险,曾以三万民夫疏浚自京口至奔牛 160 里运道,并修缮京口、甘露、吕城、奔牛旧闸,但依然时通时阻,江南漕舟仍以孟渎、德胜等运口出江为常。明代以前无锡市区段运河是穿城而过,即今胜利门至南门一线,名直河。嘉靖末年(1566)于城东另开辟新河,即今工运桥、亭子桥至南门外跨塘桥、清名桥一线运河。清代以后,又开凿城西经西门、西水墩、梁溪河的运河,南行与城东运河交汇,形成"穿城加抱城"三河并存的局面(图 1-2)。

原苏州市区段运河是从枫桥经上塘河至阊门、胥门、盘门、觅渡桥南下吴江的。明末清初曾因上塘河河窄水浅而改道从枫桥至横塘,然后经胥江东行至胥门进入护城河(即古运河),由此古胥江更为繁忙。

图1-2 无锡运河一角

清朝定都北京后,其漕粮运输仍沿明制,以京杭运河为其漕运线路。每年仅漕粮运输即达400万石左右,清皇朝不惜耗费巨资全力经营这一生命线。江南运河镇常段,水源恃江潮吐纳,由于江水含沙量高,每每停蓄于河床之上,有"一日厚一钱"之说,常常造成运道河枯水浅。在运道阻塞影响漕船正常航行的情况下,清政府都要动用大量人力、财力、物力来疏浚运河,整治航道。光绪《丹徒县志》、《丹阳县志》均载:"康熙六年(1667)重浚(徒阳运河)。七年、九年、十二年、十四年无岁不浚,无岁不阻,役工数十万,用银一万八千两有奇。民甚病之"。原徒阳运河疏浚,无论"大浚"、"小浚"工伕物料"率派诸民间,五年大浚,用人夫十余万,水车千余部,费白金六七万两,小浚亦五六千两"。自雍正二年(1724)后,"所需工料,遵谕旨动用国帑,岁修仍资徒阳二邑,而以六郡协济之。"

徒阳运河除丹阳之西北，土耸而浮，极易崩塌较难治理外，丹阳之东南陵口段治理亦难。陵口大竹园地方，原有石碑一座，立于乾隆二十四年(1759)，碑文中记有“圣墅庵基庄至陵口镇北首六百余丈，俱有地泉”。光绪三年(1877)候补知县汪定勲查勘运河时发现此碑，当地乡耆对汪言：此碑立后，陵(口)镇一带河口久未兴挑，皆缘河中地泉甚多，有如列星，前人开浚，深受其累，因此勒石为记。历年久远，泉眼渐淤，是处故觉尤浅。是年对此段运河疏浚时，排车赶戽，至二月初五时，河底水面，仅存二寸有余，泉眼尽露，量见有七百余丈之长，界连义、礼、智三坝，密如星布，水皆上沸。遵用闭泉成法，迅将石灰掩遏，闭未一时，水从旁出，势难使用闷桶，以致戽无底止。是以车尽昼夜之力，尚不敌泉源之盛。此段运道，历史上即为难治工程之一。

常州东南，运河临近太湖，水源较为充沛。但江潮自西北而来，湖水由东南而注，交汇之区，两水相顶，亦难免停淤。乾隆五十年(1785)，夏秋缺雨，农民于运河两侧戽水，昼夜不停，致使无锡伍牧、洛社一带浅阻。除加以疏浚外，官府于运河一带设立志桩，按漕船吃水3尺以上，规定水深至4尺以外，方许农民戽水灌田，以保漕运。

有清一代，对苏南运河治理是不遗余力的，古籍和地方志中有“比年一小挑，五年一大挑”，以及“六年一大挑”，改“三年一大挑”，还有“岁岁捞浚”的记载。

(三)民国时期

漕运虽停，但苏南运河为太湖流域之干渠，“江湖吞吐，不殊畴昔”，既有航运之利、亦赖之引水灌溉与排泄洪涝，自清末民初以来，疏于浚治，部分河段日渐浅涩，舟楫难通。沿线地方士绅从当地及自身利益出发，或由民间集资，或官民合办，多次局部施工，勉强维持通航。

第三节　练湖与吴江塘路变迁

苏南运河丹阳至镇江地段,地势高仰,运河水源除靠江潮补给外,晋唐以来即已修治练湖蓄水济运。吴江地段古时为太湖的泄水口,湖河不分,直至修建吴江塘路使河湖分隔,过往舟船方免风涛之险。

一、练湖形成与修治

练湖又称练塘,位于丹阳城西北,创建于晋,扩建于唐。除农田灌溉外,又被作为苏南运河徒阳段补给水源的重要水柜。

(一)练湖形成

太湖西北部为丘陵地区,地势高昂,其地势自西北向东南倾斜。每遇大雨或暴雨,山水泛滥,浸没田畴;久晴不雨,大片农田又因缺水灌溉而龟裂。为解决水旱矛盾,以利农业生产的发展,早在创建练湖之前,先民们已在今丹阳西北,利用开姓的一片低洼地筑堤蓄水,时称"开家湖",但面积较小,不能解决这一地区水旱之忧。晋永兴元年(304)之后,"陈敏为乱,据有江东,务修耕织,令弟遏马林溪以灌云阳,亦谓之练塘,溉田数百顷"。陈敏之弟陈谐是在开家湖的基础上,环山抱洼,倚河筑堤,围成一个平原水库,用以滞蓄高骊山、长山、马鞍山、老宫山一带84条溪流的来水,通过练湖潴蓄和调节,除害兴利,灌溉农田。唐代李华所著之《练湖颂》写道:"大江具区,惟润州其薮曰练湖,幅员四十里,菰蒲茭芡之多,龟鱼螺鳖之产,餍沃江淮,膏润数州"。东晋南朝时期这一地区农业经济的发展,与练湖兴建是分不开的。

唐代以后,练湖却常为周边豪强地主侵占,泄流为田,专利致富,使练湖面积日益缩小,调蓄机能削弱。后至永泰年间,转运使刘晏,润州刺史韦损,对练湖进行全面整治,广湖为八十里,以湖水灌注官河，调节水深，并设官立制，规定在练湖水量不丰时禁引溉，以保证河漕不涸，漕粮物资得以顺利北出京口，越江循运河接济中原。南宋绍兴年间，复建横堤，全湖分为上下两部分，北为上练湖，南为下练湖，设涵闸节制，湖之东堤设斗门泄水济运，湖之西、南堤上设涵闸引水溉田。元泰定元年(1324)疏浚练湖，共用人夫1.3万人，正月十七日兴工，三月初四告竣。并增加湖兵，设专员管理。至清初，练湖仍被誉为“东南第一水利”。《重修练湖碑记》载有：“丹徒界内(练湖)有中埂，分湖为上、下，上湖置二金斗门、一石础；下湖置三金斗门、二石础，视时溢、干而蓄泄之。环湖之堤高八尺五寸，各有渠支分联络以达于田，约计数千顷，使农作无旱涝之忧，其为利一也。堤之东有漕河，北亘淮楚，南连闽浙，凡朝觐贡赋、商旅舟船往来，皆取道此河，以避大江之风涛，每河水浅，则泄湖水以灌济之，所谓湖放一寸，河涨一尺，使漕运无浅涩之阻，其利二也”。

从唐代以后，占湖为田屡见不鲜，宋、元、明、清则愈演愈烈。因而历史上围绕着占湖为田和退田还湖曾有多次反复。唐永泰元年(765)，韦损主持大修练湖后，曾刻石立碑，严申湖禁，“盗决者罪比杀人”。由于湖禁严，管理好，使练湖溉田济运的效益维持了百余年。宋代前期对练湖管理亦较严，明确标出湖的四界，不许侵占，设巡检司官和湖夫10名，专职管理。自宋室南渡之后，湖禁渐弛，练湖工程“多废不治，岸堤废阙，不能贮水，强家因而专利，耕以为田”，围湖侵垦之风又起。转运使向子 諲亦曾题奏：练湖因“堤岸弛禁，致有侵佃冒决，故湖水不能潴蓄，舟楫不通，公私告病。若夏秋霖潦，则丹阳、金坛、延陵一带良田，亦被淹没”。并建议令丹阳县令朱穆加以修复。后至元明清时期，侵湖围垦日渐增多，水面不断缩小，湖貌变迁较大。元代对侵占练湖之事，已不像宋代采取“回收还湖”，而是“验亩加赋”。明初曾严立禁令，不许侵湖佃种。但永乐以后官豪依势侵湖佃种仍屡禁不止。及至明末清初，“一时侵佃者多至九千余亩”。清顺治六年(1649)，因大水，佃户齐日洪等恐淹其围垦之湖田，乃盗挖黄金坝百余丈，致使湖水一泻而尽，造成运河为泥沙淤塞，低田为湖水淹没，高田无水灌溉之灾。康熙十九年(1680)巡抚慕天颜以“上湖高仰，召民佃种，下湖低洼，仍留蓄水”，从此上湖尽成农田，下湖在不到20年时间之内，先后4次垦殖达7 221.6亩。清道光以后，河漕为海漕所代，运河逐渐萧条，练湖转为以农灌为主。图1-3为古练湖图。

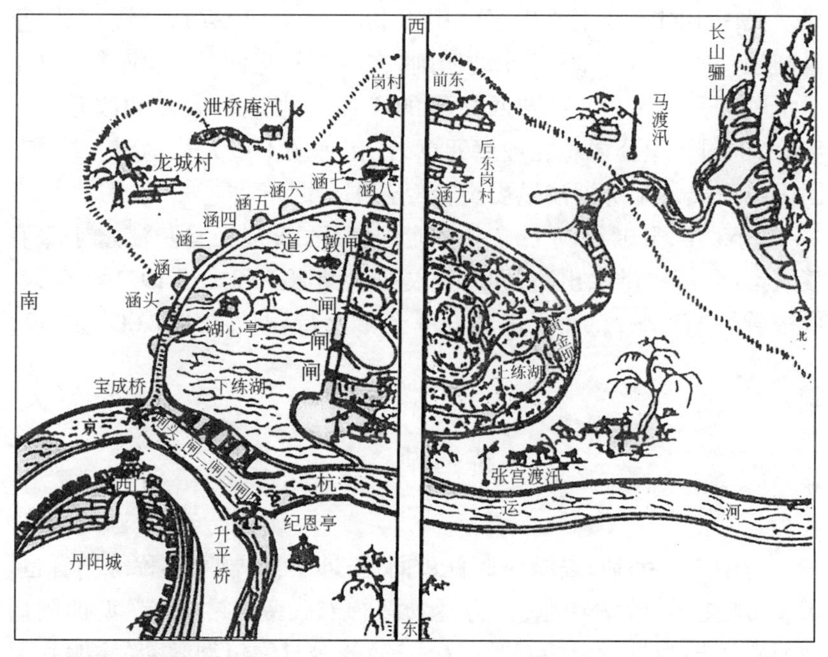

图1-3　古练湖图

(二)练湖修治

早期对练湖治理，主要是围绕滞洪、灌溉，对湖堤、斗门进行检修，服务于农业生产。有史可稽者，最早见于唐广德、永泰间，缘于丹徒农民于湖中筑横堤14里，开渎口泄水，侵湖围垦，致使湖面缩小，暴雨横潦，农田受淹；稍遇亢阳，无水灌溉。唐末兵乱之后，练湖斗门圮废，堤亦残缺。后于南唐升元中，丹阳知县吕延桢，加以修复，“筑塞环岸，疏凿斗门，大泽既陂，大水既潴，望知若海，莫知其涯”。此后农田免旱涝之忧。自宋至清，漕运处于鼎盛时期，徒阳运河段有赖练湖引水济运，因而练湖治理较为频繁。练湖效益是“三分灌溉，七分济运”。许多工程措施与苏南运河整治计划紧密相连，有些工程是与苏南运河治理统一组织实施的。

民国年间练湖主要用于农田水利。16 年（1927），于湖口处，重修闸坝一段。25 年，拆除东埂四闸，在湖东靠运河处，建钢筋混凝土泄水闸 1 座。26 年，对湖西毁坏的 4 座涵洞进行大修和改建。36 年，前中国纺织公司总经理束云章，曾在练湖围垦大片荡田。37 年，国民政府设丹阳练湖浚垦委员会经营围垦之事。

1963 年，开通练湖上游中心河内各坝，直接导马陵溪水于张官渡入运河，解决洪水出路，同时发展机电灌溉工程。至 1971 年冬，建成国营练湖农场，总面积达 21 000 余亩（包括湖外耕地 8 000 余亩）。

附：

练　湖　考

清 · 盛符升

丹阳之有练湖，去城西北百步而近，即所称丹塘，亦称练塘者也。宋文帝（注一）曾幸其地，名为胜景湖。宋武帝（注二）有《游曲阿后湖》诗，不知当日所云惊澜旷津（注三）与今日之沮洳灌莽（注四），果如何也。自晋唐迄今，废兴不一。要而论之，用之之法有三：一曰灌田，一曰济运，一曰半以灌田、半以济运。如晋之陈敏（注五），遏马林溪，引长山八十四汊之水，以灌云阳，周回筑塘，由张堰之龙头冈，约四十里，得田一万三千亩有奇。至唐而居民筑一横塘，截十四里，分上下二湖，取下地作田，设斗门者四。永泰初，刺史韦损（注六），复修其利，广为八十里，民皆刻石颂德。而李华（注七）为之序曰：旱则放，潦则蓄。此专以灌田者也。

自唐转运使刘晏以横塘壅碍，雨霖泛滥南注，金坛等县常被淹没，有障水为湖、泄水注河之议，而湖禁以兴。南唐升元初，县令吕延桢增修斗门，偃为土堰。会河道旱竭，赖以通济，远近称之。至宋而设斗门五，石础六，涵口十三，凡民间占塞，及盗决河水者，如擅杀人律。至元而设湖兵百，提领二，专司启闭。至明而设三闸，上闸之高湖心者三尺，中闸之低上闸者二尺，下闸又低二尺，设巡司专董之。因著在漕单，有岁修之令。此专以济运者也。

然前代之湖禁严矣。如元臣翟思忠曰："春淫夏亢，潴之泄之，官漕民田，悉得灌溉。"陈膺曰："大旱不减，大涝不溢，可溉而田，可运而河，未尝尽废民田也。"明郭思极曰："夏秋则戽水溉田，冬春则放水济运。"林思训曰："田之在上湖者，如魏家庄为公庄田，傍堤高冈，无碍水利；在下湖者，如道人墩一围，离水十丈有余，不须摊革，亦未尝尽废民田也。"此灌田济运两利兼存之说也。

因得取而遥计之：凡湖之水有源，而练湖无源。以长山诸汊之水，无所自出，不过天雨时行，山水奔注，来不可御，去不可留也；凡湖之中可航，而练湖无航，以其形势本高浅而易竭，非若洮、滆诸湖，常为水汇也；凡湖皆潴以天然，而练湖独成于人力。自长山以达辰溪，入上湖，入下湖，无不束以堤埂。复就湖之埂，为闸为础，环湖之堤，为涵为洞，节以高低，时其蓄泄，非有深沟大壑，长流不匮者也。

试就昔人之议济运者言之：每曰冬春。然冬春之月，河水皆枯，此湖早已浅涸，何从得其灌注邪？其言湖水一寸，河水一尺者，特于夏秋久旱，霖潦适盈之际仅见之耳。更就有人之议治湖者言之：每曰旱不减，潦不溢。然如庚申之秋，久雨泛涨，苏松尚未全淹，而毗陵高阜之区，先成巨壑，无不咎此湖之水奔溢为害，则所谓旱放而潦蓄者，其法又安在邪？况运道流通，全藉京江一水，浊潮日至，岁多壅积，大挑捞浅，总须力役，不闻以此湖之济，可代民劳。较之山左，用诸湖为水柜者，其功非可同日语也。

然则修而治之,其说安在?窃以为一则高低之地势,宜因就其高者,围之塍之;就其低者,浚之疏之。则小为沟洫,大为陂塘,何一非蓄水之地?水得所蓄,而可引之以灌田,即可泄之以济运,无二法也。二则上下之节宣宜办。上湖为诸汊之水所由来,势如建瓴,不能蓄者,贵潴之使蓄;下湖为诸湖之水所由去,每忧冲决。易于泄者,贵泄之有时。昔人为减水闸,界上下之中,高于湖心者六尺,未满闸面而留,既满闸面而去,此善法也。三则公私之责成宜分。向来闸座之设,引二湖以达外河,备运道之盈涸。涵窦之设,引二湖以注田间,防民田之旱涝。今豪民有私取涵洞,各擅其利者,而有司或视闸础为缓图,以致大水时至,多被崩冲,一决之余,涸可立待,是当取在官在民者,各任其成毁,又当取时启时闭者,峻立其防闲。昔陈膺有云:牢捍御以防冲决,深浚导以治淀淤,多门涵以备蓄泄,坚木石以俟悠久,四者其不易之定论乎!我朝之初,湖中之佃为民田者不少,所出赋税,载在全书。迨顺治八年,按臣秦公奏申湖禁,三十年来,遂为弃地。今科臣张公鹏特以垦辟上请,其间经画便宜,非可悬论,而推本晋唐遏溪溉田之初,原以重民间之耕作,颜延之所云"衍漾绿时",刘长卿所云"春风满顷",元稹所云"提携翁孙,捧载妇姑者,俨然有鸡犬桑麻之盛。"其漕政之岁修,特详于宋明之世耳。特为纪古今之沿革,以俟当道之采择焉。

【作者介绍】

盛符升(1615～1690后)明末清初江南昆山人,字珍示,号诚斋。张溥、夏允彝弟子。入清,康熙三年(1664)进士,官内阁中书,荐修《大清会典》。擢礼部主事,官至御史。著有《诚斋诗文集》等。

【注释】

注一　宋文帝:指南北朝时宋之皇帝刘义隆,刘裕子,公元424～453年在位。在位时加强集权,整顿吏治,取得了暂时的稳定局面。但反击北魏时,迭遭挫败,宋势渐衰。后被太子刘劭杀害。

注二　宋武帝:即刘裕(363～422),祖为彭城(今徐州)人,后迁居京口(今镇江)。南朝宋的建立者。公元420~422年在位。原为东晋北府兵将领,后因功官至相国,封宋王。元熙二年(420)代晋称帝。国号宋。

注三 惊澜旷津:惊澜,使人惊骇的波涛;旷津,旷远宽广的湖泊。此谓当年练湖湖面宽广,多惊涛骇浪。

注四 沮洳灌莽:沮洳,沼泽地或湿地;灌莽,草木丛生之地。此句意谓当年宽广的大湖,今日已成为灌木野草丛生之沼泽地。

注五 陈敏:字令通,江西庐江人,晋惠帝时以郡廉吏补尚书仓部令史,出为广陵度支,迁广陵相。时惠帝幸长安,四方交争,敏自谓勇略无敌,遂据历阳以叛,据有吴越之地。后因敏刑政无章,子弟凶暴,将士叛离,兵溃而被杀。

注六 韦损:时任润州刺史。

注七 李华:(715~766)字遐叔,唐代文学家,赵州赞皇(今河北)人。开元二十三年(735)进士。天宝二年(743),举博学宏词科,后迁监察御史。安史乱起,奉母以逃,为叛军所获,授伪职凤阁舍人。乱平,贬司户参军。后屏居江南,擢检校吏部员外郎。因病辞官,隐居山阳。善古文,与萧颖士齐名。《吊古战场文》是其代表作,后人辑有《李遐叔文集》。自宋至清代练湖的修治情况见表1-1~表1-4。

宋代练湖修治年表 表1-1

序 号	年 代	史料摘要	史料出处
1	绍圣间	丹阳县令苏京募民重浚练湖,易置斗门十数	《江苏水利全书》卷二十七
2	大观四年(1110)	……运渠赖湖以济,……仍令提举常平官考求前人规划修筑	《宋史·河渠志》
3	宣和五年(1123)	练湖堤岸损缺,不能贮水,乞农隙次第补葺。诏东路漕臣并本州县官评度利害,检计工料以闻	《宋史·河渠志》

续上表

序号	年代	史料摘要	史料出处
4	绍兴七年(1137)	两浙转运使向子諲增置丹阳练湖二斗门一石䃮及修补堤防,尽复旧观	《江苏水利全书》卷二十七
5	乾道七年(1171)	诏两浙漕臣沈度,专一措置修筑丹阳练湖	《宋史·河渠志》
6	淳熙三年(1176)春	修练湖堤,及斗门石䃮、涵管	《嘉定镇江志》
7	淳熙十一年	……缘湖水日浅,不能济运,雨晴未几,便觉干涸,运河浅狭,莫此为甚,所当先浚。上以为然	《宋史·河渠志》
8	淳熙十三年	总领钱良臣修丹阳练湖横坝,及诸斗门石䃮、涵	《江苏水利全书》卷二十七
9	淳熙十六年	修练湖横堤及诸斗门、石䃮、涵管,斗门柱易之石	《宋史·河渠志》
10	嘉定元年(1208)	丹徒县主簿马荣祖修筑练湖堤岸	《嘉庆练湖志》卷二
11	淳祐初(1241)	知镇江府何元寿修复练湖,增高涵、䃮	《至顺镇江志》
12	景定三年(1262)	知丹阳县赵必杕修筑练湖岸埂、斗门、石䃮	《至顺镇江志》

元代练湖修治年表 表1-2

序号	年代	史料摘要	史料出处
1	至元三十一年(1294)	诏浚丹阳县练湖	《雍正江南通志》
2	大德九年(1305)春	重修练湖堤埂、斗门、石䃮,暨诸涵窦	《至顺镇江志》
3	至大三年(1310)	设丹阳县练湖提领官,添补湖兵,令专任修筑	《光绪丹阳县志》

续上表

序号	年代	史料摘要	史料出处
4	延祐六年(1319)	浚镇江练湖	《江苏水利全书》卷二十七
5	至治三年(1323)十二月	议开浚镇江路漕河，及修筑练湖	《江苏水利全书》卷二十七
6	泰定三年(1326)	修浚练湖	《江苏水利全书》卷二十七

明代练湖修治年表　　表1-3

序号	年代	史料摘要	史料出处
1	洪武二十八年(1395)	作练湖堰塘	光绪《重修丹阳县志》卷三《水利》
2	建文三年(1401)	知府刘辰、知县董复重修(练湖)埂闸	《光绪重修丹徒县志》卷三《水利》
3	建文中	……修筑练湖三斗门	《江苏水利全书》卷二十八
4	永乐八年(1410)三月	修镇江府丹阳县练湖塘	《江苏水利全书》卷二十八
5	正统六年(1441)	知县陈谊令耆民督役，筑(练湖)埂、植柳及修东埂二斗门，驾桥于上，以便行者	光绪《重修丹阳县志》卷三《水利》
6	景泰二年(1451)	修练湖	《雍正江南通志》
7	景泰五年	修练湖	《江苏水利全书》卷二十八
8	景泰六年(1455)	巡抚周束学檄同知俞端、主簿郑贤修治(练)湖埂、陂塘，以蓄水利	光绪《重修丹阳县志》卷三《水利》

续上表

序号	年　代	史料摘要	史料出处
9	成化二年	丹阳知县蔡实浚练湖堤,置斗门、涵管	《雍正江南通志》
10	成化六年	每岁春首,召民修筑练湖坍塌,加修斗门,涵管,禁民侵占湖田	《光绪丹徒县志》
11	弘治十三年(1500)	丹阳知县高谦修筑练湖堤岸	《雍正江南通志》
12	弘治十七年	修复练湖,导引水源,以防岁旱	《江苏水利全书》卷二十八
13	嘉靖间(1535年前)	知县高谦复修筑之。申禁侵佃湖田	光绪《重修丹阳县志》卷三《水利》
14	嘉靖十五年(1536)	巡抚都御史夏、巡按御史舒檄禁练湖侵田,夷其圩,各治以罪	《光绪丹阳县志》
15	隆庆三年(1569)	巡抚海瑞修练湖堤岸	光绪《重修丹阳县志》卷三《水利》
16	隆庆五年	复奏请通修,悉令完固	光绪《重修丹阳县志》卷三《水利》
17	万历四、五年(1576~1577)	巡按御史郭思极、陈世宝先后请修复练湖。御史林应训集夫兴工	《江苏水利全书》卷二十八
18	万历十四年	练湖工成,立钦依湖禁碑于堤上,以镇江知府吴撝谦条议也	《光绪丹阳县志》
19	天启四年(1624)	巡漕御史徐卿伯请清练湖地,以济漕运	《光绪丹阳县志》
20	崇祯四年(1631)	巡按御史饶京疏请修复练湖济漕。奉旨修复。其经费准将协济河工筹银动支	《光绪丹阳县志》
21	崇祯五年	丹阳知县王范修筑练湖堤闸,工竣	《光绪丹阳县志》

清代练湖修治年表　　表1-4

序　号	年　　代	史 料 摘 要	史 料 出 处
1	顺治九年(1652)	巡按监察御史秦世桢奏请清还丹阳练湖占业,修复故址,以利漕苏民,将废闸湖堤照旧修理	《江苏水利全书》卷二十八
2	康熙十三年(1674)	江宁巡抚马祐以奸豪朦佃练湖,关系漕运民生,题请再申承禁,酌议复各涵闸,以全水利	《光绪丹阳县志》
3	康熙四十七年	巡抚于准修复练湖,剷废下湖田七千余亩,仍留蓄水	《江苏水利全书》卷二十八
4	雍正二年(1724)	修葺练湖滚水坝四座	《江苏水利全书》卷二十八
5	嘉庆十五年(1810)	知镇江府黎世序饬丹阳县徐学瀚重修练湖堤闸	《光绪丹阳县志》
6	嘉庆二十一年二月	巡抚给事中陶澍奏请修复丹阳练湖	《江苏水利全书》卷二十八
7	道光七年(1827)	巡抚陶澍……筹蓄下练湖水,以利漕渠	《江苏水利全书》卷二十八
8	道光九年	巡抚陶澍奏,徒阳运河水浅,……启放练湖东南角涵洞,放水济运。现议修复练湖黄金闸	《江苏水利全书》卷二十八
9	道光十四年五月	总督陶澍、巡抚林则徐奏,修筑丹阳练湖坝堰,裨益农田、运河	《江苏水利全书》卷二十八
10	道光十五年	劝民于练湖西南两面,培筑堤埂蓄水……	《江苏水利全书》
11	道光二十五年(1845)	疏浚丹阳县练湖	《江苏水利全书》卷二十八

续上表

序号	年代	史料摘要	史料出处
12	同治七年(1868)春夏间	春夏间,修筑丹阳练湖闸三座	《光绪丹阳县志》
13	光绪九年(1883)十二月	丹阳知县陈炳泰修筑练湖第四闸	《光绪丹阳县志》
14	光绪十九年	镇江知府王仁堪开浚练湖引河,自头涵起,至九涵止,加筑湖堤	《民国丹阳县续志》

二、吴江塘路形成与修治

吴江塘路,位于苏州以南,是古代苏南运河与太湖的分隔工程。唐以前,苏州至平望湖河不分,车无陆路,舟无纤道,船舶经此极其艰险。

(一)塘路形成

吴江塘路形成可追溯至秦代。据《越绝书·吴地记》载:"秦始皇发会稽适戍卒治通陵,高以南陵道,县相属"。秦时会稽郡治在今之苏州,今吴江塘路正处苏州以南,此为吴江塘路的初创。后至汉武帝时(前140~前87),"开河通闽越贡赋,首尾亘震泽东壖百余里",也在今之吴江塘路一线。尔后,隋炀帝开江南河,其开河之土堆积于运河两岸。上述3次筑路开河工程,因处东太湖下游,地当太湖泄洪孔道,在"风涛冲击,日夜无休"的情况下,是很难持久的,但为日后吴江塘路的形成,奠定了初步基础。

唐元和五年(810),苏州刺史王仲舒筑松陵堤,通苏州驿路,并建宝带桥。即今北自苏州、南至吴江之运河塘,后称吴江塘路,皆历代修筑。吴江塘路的建成,初步沟通了苏州至松陵镇的驿道,来往船只避免了风涛之险。

平望之西为荻塘，唐开元十一年(723)乃乌程县令严谋达所筑。贞元八年(792)，苏州刺史于頔又进行全线整修，发展了荻塘的综合效益，“民颂其德，改名頔塘”。

吴江塘路，古人在兴筑时，就建有许多桥涵，以通泄湖水。随着水利和建筑技术的发展，桥涵的孔径与结构不断调整和改进，使之适应水利和水运的要求。从唐代始建算起，随塘路建成的大桥有长达300米以上的宝带桥、垂虹桥两座，1孔以上至7孔的小桥有37座，还有小窦(涵洞)134座。宝带桥位于苏州东南7公里，跨越澹台湖，建于唐元和五年(810)，为古太湖出水口之一，随古娄江入海。垂虹桥位于吴江城，建于北宋庆历八年(1048)，横跨吴淞江，是太湖洪水进入吴淞江的口子。

塘路的建成，解决了驿道和航船的风涛之险，为南来北往的舟船提供了纤道，同时对太湖地区的开发起了重要作用。塘路未筑之前，太湖有滞无拦，湖东淼然一片，茫无边际。大片浅滩湖沼，无法利用。塘路建成后，把太湖约束在一定范围之内，不仅为湖东沼泽地垦殖创造了条件，而且经过长时间的太湖浪涛的激荡，泥沙淤积，塘路两岸也逐渐淤淀出大片可供垦殖的土地。明嘉靖年间，在距离吴江县城西南30里的太湖中，浮涨出30里的平沙滩，盛产蒲苇。至万历四十五年(1617)，平沙滩已发展为水稻圩田。由于塘路限制了太湖洪水倾泻而下，对湖东圩田起到了防洪减灾作用。此外，塘路还有提高太湖蓄水和调节盈亏能力的功能。

(二)塘路修建

吴江塘路始筑时，大都是水中筑堤，两面临水，在风涛日夜冲击的情况下，时有崩塌。培修时，曾在“塘路两岸，每以竹条捍卫，率数年一修，历败决”。百余年后，塘岸几乎废圮。

北宋天圣元年(1023)，“苏州水，坏太湖外塘，诏转运使徐奭、江淮发运使赵贺督治之”。徐奭奉旨后，至实地视察，“尽得旧迹，请于朝；市泾以北，赤门之南，筑土石堤九十里，起桥梁十有八，计工七十万。舟徒无垫溺之忧,堤上下复良田数千顷,苏人德之”。市泾即平望南 24 里苏浙交界之王江泾,赤门即今苏州葑门。这一工程至庆历二年(1042)建成,历时 20 年,吴江塘路复又全线贯通。此时吴淞江源头仅留下不足一里的主流,以渡舟联络两岸陆路交通。八年,吴江知县王庭坚始建利往桥,又名垂虹桥。

塘路复建后,修建工程不断。北宋治平三年(1066)、政和元年(1111),曾“建苏州运河石塘”。南宋嘉定五年(1212)、绍定五年(1232),“知吴江县李桃修石塘”,“知吴江县李椿年重修塘(路)及桥梁”。

元天历二年(1329),吴江知州孙伯恭大修石塘,原石塘石块较小,常被水冲击随波而去,此次大修采用巨石砌成两道石墙,中填小石以加固,并建泄水孔百余,以泄太湖之水。至正六年(1346),达鲁花赤(官名。蒙古语,意为镇守者,掌实权。汉人不得任此职)那海与知州孙嗣运修吴江石塘,发现前以巨石加固的石塘,因其数量少,工艺简单,仍挡不住湖水冲击,“必厚积之,乃能挡其势”,因“劝市民巨石垒之,长一千八百丈”。另在“石塘下开水窦百三十只,以疏横流”。建桥九座,三孔、五孔、七孔不等,自北而南名三江桥、三山桥、定海桥、万顷桥、仙槎桥、甘泉桥、七星桥、彻浦桥、白龙桥。因塘于至正年间所建,故名“至正石塘”。

明洪武八年(1375)、九年,两次修理吴江塘路、石塘官路桥梁及长洲县至嘉兴县塘路 70 余里。后至永乐八年(1410),苏州南至平望、嘉兴,塘路坍塌,桥梁断坏,通政赵居任督修。正统十年(1445),巡抚周忱命修吴江石塘,“其土塘三十里间亦以石固之”。万历五年(1577),巡抚下江兼督水利御史林应训督修吴江石塘与长桥,疏浚江南运河,以利漕舟通航。万历三十三年,吴江知县刘时俊修石塘,自长洲县至秀水县共长 88 里,除土塘坚固不用石者 10 里,原有石塘坍塌扶砌者 9 里,实际筑塘路 65 里,长 12 000 丈。皆用巨石,长阔四面如一,计用巨石 80 000 块,石皆 4 层,高 6.5 尺。又修桥 9 座,水窦

28 处,里塘 8 398 丈。三十五年竣工,费银 27 340 两。崇祯八年(1635),巡抚都御史张国维督修吴江塘路垂虹桥至九里石塘,全坍 1 050 丈,半坍 2 086 丈,筑内外塘 760 丈,疏导吴江县垂虹褂并修垂虹桥、三江桥、翁泾桥。

自清康熙十三年至宣统元年(1674 ~ 1909)200 多年间,吴江塘路历经十多次大修。其中,嘉庆二年(1797)重修吴江塘路共修旧塘 4 000 丈,里塘 300 丈,建桥 28 座,修桥 15 座,用银 34 900 余两。同治十年(1871),重修元和、震泽 2 县塘岸,计水窦 110 座,桥梁 37 座,历 3 年竣工。十三年,吴江知县万青选捐款修吴江塘路,自三里桥起,至大浦桥止,计长 3 310 余丈。宣统元年(1909),自平望至王江泾石塘坍塌,地方官绅筹款建土塘,完工半年即坍坏。史料记载吴江塘路频繁大修,足以说明吴江塘路工程的艰巨。

第二章　自 然 地 理

苏南运河位于长江下游太湖平原，北起镇江谏壁长江口门，南讫江浙交界的鸭子坝。其地理坐标在东经 118°58′～121°20′，北纬 30°47′～32°19′区间。沿线气候温和，雨量充沛，水资源丰富。它将太湖地区 6 000 多公里航道沟通成网，并在水利上发挥着江湖吞吐转输作用。

第一节　地貌　地质

一、地貌

苏南运河沿线地形地貌不尽相同。镇江的西北属宁镇丘陵山区地带，呈稍向北突出的东西向展布，略成弧形，弧顶拐点在镇江市区南郊一带。在拐点以西，山体宽大，高度可达 300 米以上；拐点以东，山体窄小，并逐渐倾伏。常州的西部属茅山丘陵山系，作南北走向，成为秦淮水系与太湖水系的分水岭。丹阳以北的运河两岸为平缓的岗地，时有残丘出现，在地貌上属长江一级阶地类型，系堆积侵蚀而成。由于水流侵蚀切割作用，往往形成陡坎突变的景象，地面高程在 10.0 米左右。丹阳以东至常州市境内，地势宽广平坦，地面高程一般为 10.0～5.0 米，为现代堆积平原和长江下游古平原，地貌上属长江漫滩平原。陵口附近地带由于长江泛滥，地表土层沙性大，组成为第四系全新统 Q_4 的粉砂、亚砂土。从戚墅堰至吴江以北地段，地面高程一般在 5.0～3.0 米，地势平坦，以约万分之一的坡降由西北向东南缓倾,地貌属太湖流域堆积平原,湖泊水系发育。吴江以南至平望、鸭子坝则属于低洼湖荡平原,区域内湖荡密集,地面高程为3.0~1.0米,是苏南运河沿线最低部分,历次海侵时常为滨海泻湖环境,大约6 000年前长江和钱塘江砂嘴砂坝合拢,使该区形成内陆湖沼地,接受湖沼相、泻湖相堆积。

二、地质

苏南运河沿线在其漫长的地质历史时期,经历了印支、燕山、喜山、新构造运动以及若干亿年的地层沉积和多次海进、海退的沧海桑田的变化,最终形成今天的地质面貌。长江就是在新生代第三纪(距今67万~300万年)地表断裂带发育而成,太湖则是在第四纪最后一次海进、海退过程中形成。

从地质构造来看,苏南运河段位于第二巨型隆起带,区域内新华夏系、华夏系和东西向构造较发育,由于各构造形迹均隐伏于第四系之下,并大部分被巨厚的第四纪松散层所覆盖,出露面积很少。苏南运河沿线无活动断裂存在,场地区域稳定性较好。根据江苏省地震烈度图所确定的地震烈度和交通部水运工程抗震设计规范的要求,无需特别考虑地震活动对航道及沿线构筑物的影响。

(一)沿线工程地质状况

1.镇江段

该段运河两岸地形起伏较大,地质变化万千。谏壁至丹阳人民桥一线,主要沉积层为灰、黄灰或灰黄色的亚黏土、黏土层,系第四系上更新统沉积、坡积或冲积成因,为阶地的主要组成物质。在岗地、残丘等地势地表即有出露,硬塑状态,中等压缩性,土质较好,其上部由于后期冲沟或河流的切割,间断沉积了灰色软亚黏土层,如泰山湾、练湖农场一带,软土分布形态与老河道及沟渠走向有密切关系,土质较差。谏壁至越河口一线,因受长江沉积环境的影响,土层略有不同,该地段上部 2~3 米为黄灰、灰黄色亚黏土,其下 6~10 米为灰黄色粉砂夹薄层黏性土。此外,在辛丰大桥上游,下浮基岩埋藏浅,在辛丰大桥新桥址工程地质勘察中,在 26~28 米左右即钻至下伏基岩的风化层。丹阳人民桥至丹金溧漕河口一线,上部为棕黄、黄褐色亚黏土,硬可塑状态,一般底板高程 0.0 米以上,局部为冲沟沉积的软土所切割。陵口附近在高程 1~2 米以下为灰黄、灰色亚黏土混粉砂或粉砂层,呈饱和松散状态,该层土自丹金溧漕河口向东砂性渐大,航道施工开挖时极易发生流沙现象。吕城段下部为灰色、绿灰色亚黏土,硬可塑状态,中等压缩性,土质较好,一般分布于 -0.5 米以下,是良好的下卧层地基。

2. 常州段

该段土质东、西两段略有不同。西段九里至西涵洞一线,上部为灰、灰黄色黏土或亚黏土,层厚 3~5 米左右,硬可塑状态,中等压缩性,土质较好;中部为灰黄、灰色亚黏土混粉砂,软可塑状态,层底高程在 0.0 米以下,在奔牛镇及五星桥一带为冲沟切割,沉积了灰色淤泥质亚黏土混夹粉砂,厚薄不一,最厚处达 10 米左右,是边坡圆弧滑动的控制层位;下部为灰黄、黄灰色粉砂夹黏性土,局部可见到贝壳,饱和、稍密至中密状态。东段三号桥至直湖港一线,上部为褐色、灰黄色黏土或亚黏土,可塑至硬塑状态,中等压缩性,厚层 1~5 米不等,该层土质好,强度高,可作为一般建筑物的持力层,在横林以东局部缺失,此外,该层顶部分间断沉积了层厚约 2.0 米的软塑至可塑状态的中高压缩性的灰棕色亚黏土,设计、施工中尚需注意边坡稳定;中部灰棕色亚黏土混粉砂,软塑至可塑状态,中等压缩性,层厚 1~7 米,土质中等,在横林镇以东及以西局部地段,该层为灰色淤泥质亚黏土所取代,最厚处达 12~15 米,土质差,在 3 号桥至戚墅堰一带其下可见 3~6 米不等厚的灰黄色粉砂层;下部为灰色、灰黄色黏土,可塑至硬塑状态,土质较好,是良好的下卧层。

3. 无锡段

无锡东、西两段土质比较接近。上部为灰黄、灰棕色黏土和亚黏土，含铁锰结核，硬塑状态，中等压缩性，全线分布，但层厚不一，一般层厚2.5~4米，具有较好的边坡稳定性和较高的承载能力，其顶部由于后期冲沟切割，间断沉积了灰色淤泥质亚黏土地层，形似倒锥，在无锡西段较为常见；中部为灰黄、灰色亚黏土，混夹粉砂，软塑至可塑状态，中等压缩性，层厚2~4米，其下为灰色粉砂土、稍密至中密状态，层厚6~8米，多见于无锡东段，在无锡西段仅在东方红大桥附近有揭露；下部为绿灰、灰黄色亚黏土、黏土层，硬塑状态，是地基良好的下卧层，仅局部夹少量灰色软亚黏土混腐殖物，验算结果表明，对一般边坡稳定无直接影响。

4. 苏州段

苏州段以西的望亭、浒关、枫桥一线，土质与无锡段相近，不同的是，自浒关兴贤大桥向东局部在近地表2米左右以内有一层灰褐的黏土，可塑至软塑状态，中高压缩性，应作边坡稳定验算。自宝带桥向南经平山大桥至吴江三里桥段一线，上部为灰黄色黏土（亚黏土），含铁锰质，可塑至硬塑状态，中等压缩性，该层土质较好，分布连续，层厚4~5米，可为一般建筑物的持力层，自吴淞港河流向南地段，该层顶部分布一层厚度为1.4~6.65米的灰色淤泥质黏土层，流塑状态，高压缩性，该层土质差，不利边坡稳定；中部为灰黄色亚黏土混粉砂，可塑至软塑状态，中等压缩性，该层土质中等，厚度2~4米，系过渡层位；下部为灰色亚黏土混粉砂或粉砂呈互层状，软塑至流塑，中等压缩性，该层分布较广，厚度不一，土质较差，顶板高程-1.50米以下亦为过渡层，底部为灰色粉砂，稍密至中密状态，一般顶板高程-7.00米以下，局部出露，顶板在-2.00米左右。自吴江三里桥段向南经八坼、平望至鸭子坝，土质与三里桥以北又有所不同，该段上部土质为灰黄、黄灰色亚黏土，可塑状态，局部软塑，中等压缩性，层厚一般1~2米，系地表弱持力层；中部为灰色淤泥质亚黏土、淤泥质黏土或淤泥,流塑状态,高压缩性,该层南厚北薄,一般地说,八坼以南厚度大,延续性好,层厚10~15米左右,最厚处达20米以上,在接近终点4公里范围内,该层内夹一厚2.5~8.0米的透镜体状灰色软亚黏土混夹粉砂层,顶板高程0.0~4.0米,软塑至流塑状态,中等压缩性,八坼以北该层相对较薄,层厚4.5~8.0米左右,冲沟最深处大于12米,总体而言,该层土质差,是边坡稳定的控制层位;下部地层为灰黄色黏土、亚黏土混粉砂,该层主要见于平望以北地区,由于后期冲沟切割而间断分布,顶板高程0.0米左右,层厚5~8米不等。此外,运河东岸部分钻孔揭示底部有一层灰色亚黏土,多直接分布于软土层以下,软塑至可塑状态,局部硬塑,中等压缩性,未见底。

(二)不良地质地段及其特征

苏南运河沿线各段,因地质成因的差异,形成区域地质条件不同,即软土地基的沉积环境、分布特征及性质亦不相同。在镇江、常州、无锡以至长江以北地区,软土沉积多为冲、湖积相,分布于古冲沟、近代河流湖沼附近,如丹阳练湖农场及无锡西段的五牧河一带即为此种情况,且近河谷处软土层厚,土质差,远河谷处层厚渐薄。此外,这些地段软土多以淤泥质土为主,相对而言,力学指标也较高,多数经稳定分析,1:3的边坡基本能自然稳定。在吴江以南经八坼、平望至江浙交界的鸭子坝,软土厚度大,分布范围广,地层连续性好,一般在表层2米以下即遇软土层,层厚达20米左右,该层软土系湖沼相或浅海相,土质差,结构性强,灵敏度高,地基处理的设计多采用抛石基床,甚至粉喷桩处理的办法。

第二节　气　　象

苏南运河沿线地区属北亚热带湿润性季风海洋性气候,具有四季分明,温暖湿润,热量丰富,雨量充沛,无霜期长的特点,气候条件比较优越,但时有气象灾害发生。

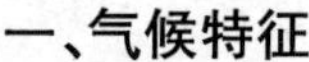

一、气候特征

春、秋两季较短，冬、夏两季较长，春与秋、冬与夏基本上相互对称。春季回暖早、升温快，冷暖变化大，阴雨天气多，光照不足；夏季，一般从6月中旬进入梅雨季节，持续20～30天，雨量丰沛，盛夏高温酷暑，伏旱比较严重，台风影响频繁；秋季降温缓慢，气温偏高，夏末秋初多连续阴雨和“秋老虎”天气，10～11月秋高气爽；冬季时间长，寒期短，最低温度偏高，冷空气活动频繁，时冷时暖，雨雪量少。

二、光照

全年无霜期237天，无霜期长，日照充足。夏至日可照时间为14小时左右，冬至日10小时左右，常年平均日照数为2 000小时左右。日照时数的季节分布是：春季（3～5月）450小时左右，夏季（6～8月）630小时左右，秋季（9～11月）480小时左右，冬季（12～2月）400小时左右。

三、气温

常年平均气温15.0℃～15.5℃左右，四季明显，全年平均温差变化不大。最热的7月份，平均气温27.8℃～28.6℃左右；最冷的1月份，平均气温2.3℃～3℃左右。据30年气象资料，沿线4市气温主要特征值如表2-1。

气温主要特征值 表2-1

市　别	平均气温（℃）	最高气温（℃）	最低气温（℃）
镇江	15.4	40.9	－12.0
常州	15.4	39.4	－15.5
无锡	15.3	38.9	－12.5
苏州	15.7	38.8	－9.8

最高气温多出现在7、8月份,最低气温一般出现在元月份。

四、降水

常年平均降水量约在1 000 ~1 150毫米之间,为沿线径流的主要来源。年降雨日160天,多集中于6 ~9月。根据沿线4市气象资料,降雨主要特征值见表2-2。

降雨主要特征值

单位:毫米　　　　表2-2

市　别	镇　江	常　州	无　锡	苏　州
多年平均降雨量	1 066.2	1 076.0	1 057.0	1 089
最大年降雨量	1 601	1 462.7	1 400	1 554.7
最小年降雨量	457.6	507.6	569.1	604.2
最大月降雨量	610.1	387.7	388.3	484.4
最小月降雨量	0.0	0.0	0.2	0.2
日最大降雨量	262.5	172.1	202.9	343.1

五、风况

冬季盛行西北风,夏季盛行东南风,常年主导风向为东南偏东风。在7 ~9月受台风影响。最大风速14.7米/秒,平均风速3.0米/秒。风力情况见表2-3。

主要风力情况　　　　表2-3

市　别	平均风速(米/秒)	最大风速(米/秒)	大风年平均天数(天)
镇江	3.6	23.0	14.4
常州	3.1	20.3	5.9
无锡	3.3	20.5	7.9
苏州	3.9	20.0	12.4

六、湿度

沿线多年平均相对湿度为76% ~80%,多年平均最小相对湿度为6% ~12%。

七、雾、霜、雪

沿线地区每年有雾、霜、降雪等情况,具体见表2-4。

雾、霜、雪主要情况

单位:天　　表2-4

市　　别	年平均雾日	年平均霜日	年平均降雪日
镇江	25.8	42.2	8.3
常州	29.9	60.1	8.1
无锡	34.3	54.8	6.7
苏州	24.5	42.6	7.0

八、雷暴

苏南运河沿线多在4 ~9 月期间会出现雷暴天气,各市平均雷暴日数为:镇江市 29.6 天,常州市 35.7 天,无锡市 37.4 天,苏州市28.1 天。

九、水、旱、冰冻灾害

(一)历史上太湖流域水旱灾害频发

据《太湖水利史稿》记载和统计,自东晋建武元年(317)至民国38 年(1949)的1 633 年间,共发生水灾328 次,旱灾153 次。其中受灾范围在10 至20 个县以上的大水和特大水灾98 次,大旱和特大旱灾45 次。自北宋以后,水旱灾害明显增多。太平兴国四年(979)以前的662年,发生水灾38次,平均17.4年一次;发生旱灾20次,平均33.1年一次。而以后的971年中,发生水灾290次,平均3.3年一次,其中大水和特大水灾87次,平均11.2年一次;发生旱灾139次,平均7年一次,其中特大旱灾39次,平均24.9年一次。水旱灾害多发生在夏秋季节,历史上的328次水灾,发生在夏秋的占80%以上;153次旱灾,发生在夏秋的接近90%。但同一年亦有地区间此旱彼涝、此涝彼旱,或同一地区旱涝交错、旱涝急转的情况,水旱灾害差异亦较大。唐至民国38年就出现过14次连续两年以上大水、8次连续两年以上大旱。

(二)1949年以来苏南地区发生的主要洪涝灾害

1949年　7月,无锡连续阴雨。11~13日遭台风暴雨袭击,江、湖、河水上涨,南门水位达4.6米左右,21.5万亩农田被淹。常州6~7月间,淫雨不止,8月份又连降暴雨。镇江大水,5~9月共降雨554.5毫米,潮水位达7.83米。苏州6月25日入梅,梅雨量达303毫米,7月24日~25日又有强台风、暴雨、高潮三者并袭,风力最大达12级,雨量120毫米,运河枣市桥水位高达4.03米,造成惨重灾害。

1954年　镇江大水,6~9月连绵降雨1 024.2毫米。8月17日镇江水位达8.38米,超过历史记载,高水位持续时间长,至10月初始退。全市倒圩419处,受灾面积达64万余亩。常州夏秋间暴雨成灾,淹没农田11 659亩。无锡,4月,阴雨连绵,汛期(5~9月)雨量965.4毫米,7月28日南门水位高达4.73米,城区13家工厂被迫停工,郊区3.7万亩圩田全部被淹。苏州从5月上旬进入雨季,连绵至7月底结束,3个月雨量近800毫米,太湖最高水位出现4.24米,超历史记录,沿江受高潮顶托,出现罕见的洪涝灾害。

1956年　镇江大水,市区5~9月降雨939.1毫米。丹阳9月18~24日降雨255.7毫米,受灾农田26.63万亩。丹徒受灾面积18.7万亩。苏州5~6月雨量达436毫米,8~9月相继受4次台风袭击,降雨356毫米。

1957年　无锡4月~5月阴雨连绵,6月下旬至7月下旬出现6次暴雨和6次大雨,城区3 000多户民房及20多家工厂进水,水运停航。苏州6月下旬至7月上旬受梅雨台风影响,总雨量达480毫米,为常年雨量3倍,7月下旬至8月上旬又降8次中暴雨,雨量235毫米,使灾情加重。

1962年　9月5日~7日,无锡受14号台风袭击,连续降雨46小时,雨量259毫米,南门水位由3.2米涨至4.64米,冲坏桥梁191座,造成特大洪灾。无锡至苏州、江阴等地客轮被迫停航。9月5~7日,台风袭击苏州,市区及各县普降大雨,36小时内降雨量达437毫米,城区普遍积水,水深没膝,郊区4.1万亩农田被淹,6 750户居民住宅进水,36家工厂停产。常州7月4~7日,连降暴雨,淹没农田9 594亩。航运受阻。

1970年　7月12日~17日,无锡连续大雨,水位猛涨,13日南门水位高达4.08米,城区5 926户民宅进水,32条客运航线停航。

1972年　7月3日前后,镇江全市普降暴雨,最大日降雨量达250毫米。全市被毁桥梁167座、塘坝3 980处、涵闸182座、10万立方米以上水库7座,破圩85处,市内71家工厂停产,倒塌房屋13 402间,死亡26人。航运中断。

1980年　8月12日~22日,无锡连降大雨、暴雨,8月30日南门水位达4.24米,9 180户民房进水,郊区2.44万亩农田被淹,10条水上航线中断。苏州6月10日~8月21日共降雨800余毫米,太湖西山水位高达3.96米,郊区16 082亩稻、菜田受淹。

1983年　由于长江流域降雨量大,范围广,长江洪峰和太湖高水位相继出现,大量客水涌入无锡地区。7月18日南门水位达4.45米,城区2 551户居民房屋及58家工厂进水,无锡县3.6万亩农田一度被淹。镇江沿江遭遇仅次于1954年的洪水,7月13日最高潮位达8.01米。苏州自6月18日至7月19日出现三次暴雨,太湖最高水位上升到3.89米,超警戒水位40天,造成较重洪涝灾害。

10月1日~23日又连续阴雨,总雨量239.2毫米,数十万亩低田重复受涝成灾。常州7月大暴雨,淹没农田4 200亩。

1984年　汛期5~9月,苏州全市平均降雨703毫米。6月13日全市普遍降雨,最大日雨量超过200毫米。吴江出现仅次于1954年的洪涝灾害。

1987年　汛期5月~9月,苏州雨量全市平均883毫米。7月28日7号台风中心经太湖,6小时降雨平均达49毫米。9月10日受12号台风影响,苏州雨量达120毫米,西山超过警戒水位,造成严重灾害。

1989年　汛期5月~9月,苏州雨量724毫米。8月3日~4日受13号台风影响,平均雨量59毫米,9月13日~16日又连续遭受21号、23号台风暴雨,全市平均降雨116毫米,19日太湖水位达3.74米,沿江各闸排出水量达28.15亿立方米。

1991年　镇江自上年11月至本年5月中旬,遭受百年未遇的洪涝灾害,雨量累计达588.7毫米,运河水位陡涨至7.47米,陵口段工程施工受阻,运河水倒灌,两岸农田受淹。常州亦遭受历史罕见的特大洪涝灾害,4月16日~17日普降暴雨,苏南运河市区段超警戒水位,6月13日~16日,又连续暴雨,洪涝成灾,1 462家工厂企业停产或半停产,52座桥梁被冲毁。6月30日~7月4日,暴雨再次袭击常州,37小时降雨250~350毫米,运河船舶大量受阻,直至7月23日恢复通航,160万亩农田受淹,4 395家工矿企业停产或半停产,8万间民房倒塌。6月12日~19日,苏州市持续普降暴雨,苏嘉段运河停航,引起蔬菜和燃料供应紧张,浙江湖州电煤告急,全市共有54.2万亩农田受涝,7 465户民宅和47家工矿企业进水,倒塌房屋835间,全市有19万名干部群众投入抗洪救灾。6月30日~7月8日,苏州遭第二次特大洪涝袭击,全市平均降雨256毫米,太湖水位高达4.11米,7月9日~11日,中央及省委、省政府领导到苏州视察灾情。6月30日傍晚至7月2日中午,无锡市区降雨量250毫米,南门水位达4.88

米,超过1954年最高水位,北塘一线运河水位高出陆地平均1米多,148万亩农田被淹,5 000多家工厂、20多万户城乡民宅进水,4万多间房屋倒塌,尤以芙蓉湖地区和黄埠墩周围的北塘圩区受灾最重。

(三)1949年以来苏南地区发生的主要旱灾

1950年　夏,常州久晴不雨,6月中旬后形成旱象,新闸等地区部分沟河干涸。

1953年　7月~9月,无锡降雨仅116.2毫米,高温伏旱,造成旱灾。苏州7月上旬和8月中下旬,高温干旱,沟港干涸。

1958年　无锡7月近一月无雨,运河水位仅2.49米,造成伏旱。6月,苏州市区雨量少于常年的53%,255条沟河干涸。

1978年　镇江遇大旱。全市13座500万立方米以上的大水库到9月初仅存水48万立方米。运河水位比常年低1米以上。常州5~10月大旱,内塘干涸。无锡全年降雨量仅569.1毫米,9月13日南门水位2.41米,出现严重旱象。苏州全年雨水仅600~700毫米,伏秋旱长达70多天。

(四)1949年以来苏南地区发生的主要冰冻灾害

1955年　1月4日起,苏南地区连日大雪,1月6日奇寒,无锡太湖冰冻断航。常州积雪达15厘米,气温降至零下15.5度,运河结冰可走人。

1957年　2月14日,无锡因严寒冰冻,内河不能通航。

第三节　水系　水文

一、水系

太湖流域河道纵横交错、湖泊星罗棋布,是著名的水网地区(图2-1)。京杭运河苏南段及浙北段沿太湖北侧绕过太湖东侧,穿越流域腹地和太湖下游水系,全长312公里,起着水量调节与承转作用。

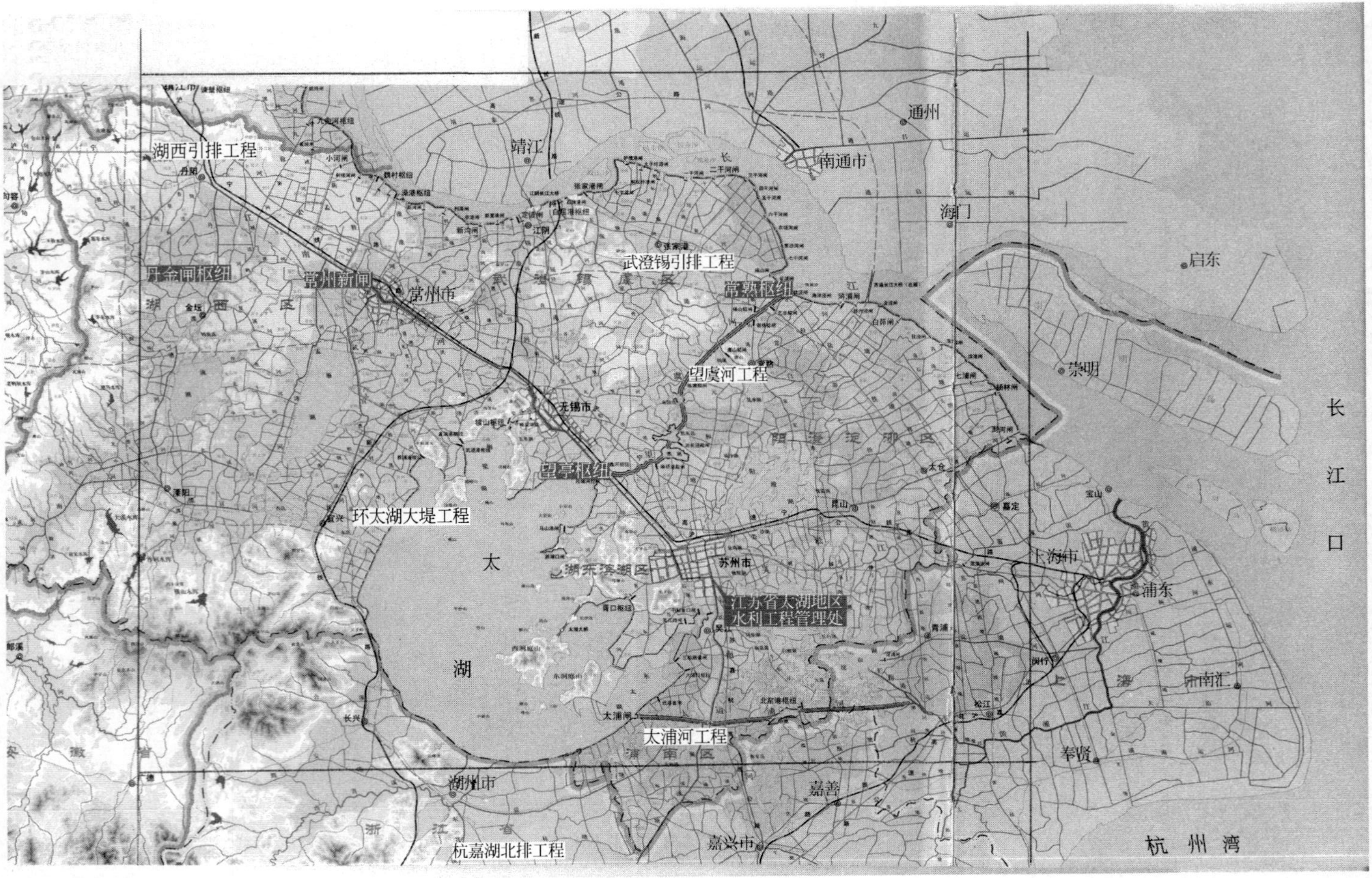

图 2-1　太湖流域水系示意图

(一)太湖流域水系

太湖流域是长江干流入海河口段的支流,流域水系以太湖为中心分上游入湖水系和下游出湖水系两大部分,与之交叉的有北部沿长江水系和南部沿杭州湾水系。上游入湖水系主要为西部山丘区独立水系,包括浙江省境内的苕溪水系和合溪水系、江苏省境内的南河水系和洮滆水系,以及太湖以北、运河以南沿太湖周边的入湖河道。下游出湖水系为平原河网,主要以黄浦江为主干形成黄浦江水系。太湖下游的两大排洪河道,望虞河属沿长江水系,太浦河属黄浦江水系。

1. 苕溪水系

苕溪水系是太湖上游最大的水系,分为东西两支,各发源于天目山南北麓,在湖州汇合后入太湖。

2. 合溪水系

合溪发源于宜溧山地南侧,由合溪新港入太湖。泗安塘发源于泗安广德丘陵,由长兴港入太湖。

3. 南河水系

南河水系发源于茅山丘陵,沿途纳宜溧山地北侧诸溪,串联西氿、团氿、东氿三个小型湖泊,于宜兴大浦港、城东港、洪巷港入太湖。南河穿过丹金溧漕河、武(锡)宜运河等南北向调节河道,与洮滆水系连通。南河上源称胥溪,溯溪西上至茅山分水岭过东坝,古称胥溪运河。

4. 洮滆水系

发源于茅山丘陵,汇集丹阳、金坛岗坡来水入洮湖,向东经湟里河、中干河、北干河入滆湖,再经太滆运河、漕桥河、烧香港等入太湖。洮滆水系又穿过丹金溧漕河、扁担河、武宜运河等南北向调节河道,向南连通南河,向北连通运河。

此外,太湖以北、运河以南沿太湖周边地区有众多小河道,南入太湖,北连运河,主要有武进港、直湖港、梁溪河、小溪河、浒定运河、胥江等。这些河道,西部以入湖为主,东部以出湖为主。

5. 黄浦江水系

黄浦江水系是太湖流域唯一敞口的入江河流,干流从米市渡到吴淞口长82.5公里,上游分为北支斜塘、中支园泄泾、南支大泖港。斜塘承泄太湖从太浦河下泄的洪水往泖河汇合淀山湖拦路港来水,园泄泾上接红旗塘等河道承泄嘉兴、嘉善北部来水,大泖港上接上海塘等河道承泄平湖、金山来水。黄浦江两岸有支流50多条,西、北岸主要支流有油墩港、淀浦河、苏州河、蕴藻浜等,东南岸主要支流有金汇港、大治河等,其中苏州河上游为吴淞江,源于东太湖瓜泾口。

6. 沿长江水系

沿长江水系主要由流域北部入长江河道组成,共有40余条,大都呈南北向,主要河道由西向东依次为九曲河、新孟河、德胜港、藻港、新沟河、夏港、锡澄运河、白屈港、张家港、十一圩港、望虞河、常浒河、白茆塘、七浦塘、杨林塘、浏河等。这些河道南连运河,北通长江,入江口均建闸控制,各河之间大多有东西向调节河道连通,如横套河、胥河、九里河、盐铁塘等。张家港上段为南北向、下段转为东西向与黄浦江水系吴淞江沟通。

7. 沿杭州湾水系

沿杭州湾水系包括浦东入长江口和杭嘉湖平原南部入杭州湾的河道,自北向南主要有上海浦东境内的川杨河、大治河、金汇港和浙江境内的长山河、海盐塘、盐官下河、上塘河等。

(二)运河苏南段水系

京杭运河苏南段和浙江段,自镇江谏壁船闸由长江进入太湖流域,至杭州三堡船闸出杭州湾,全长312公里,中间经过常州、无锡、苏州、嘉兴等城市。运河虽不单独形成水系,但沿途与洮滆水系、沿长江水系、黄浦江水系、沿杭州湾水系的众多河道直接交汇,既沟通太湖流域各水系,构成水量交换的河网,又是航运要道,构成四通八达的航道网。运河在吴江平望与太浦河相交,平望以南运河分成东、中、西三线,东线沿苏嘉运河、中线沿澜溪塘、西线沿頔塘抵达杭州,中线现为京杭运河的主航道。以澜溪塘鸭子坝为界,以北称苏南段,以南称浙北段。

京杭运河苏南段从谏壁至鸭子坝,长 208.126 公里。其中镇江段自谏壁至丹阳吕城荷园里,长 42.6 公里,常州段西接镇江吕城、东连无锡直湖港,长 44.486 公里,无锡段自直湖港至望亭五七桥,长 39.24 公里,苏州段自望亭五七桥至江浙交界鸭子坝,长 81.8 公里。

1. 运河镇江段水系

镇江市境内京杭运河,南岸与洮滆水系、北岸与沿长江水系沟通。

南岸洮滆水系入运河的主要河道有香草河、丹金溧漕河、越渎河。丹金溧漕河从丹阳市云阳向南经金坛市金城到溧阳市溧城与南河(吴中运河)相接,全长 66.5 公里,其中丹阳境内长 18.4 公里。

北岸沿长江水系入运河的主要河道为九曲河,自丹阳市云阳向东经访仙转北至新桥接长江,长 27.6 公里,长江口有九曲河闸、九曲河船闸控制。

2. 运河常州段水系

常州市境内京杭运河,南岸与洮滆水系、北岸与沿长江水系沟通。

南岸洮滆水系入运河的主要河道有扁担河、武宜运河、采菱港、武进港。扁担河自运河至滆湖,长 15.5 公里。武宜运河,又称常溧漕河,从常州新闸向南绕滆湖东侧经坊前汇锡溧漕河(太滆运河)至宜兴宜城,全长 51.3 公里,其中常州武进境内长 30 公里。武进港自运河至太湖长 29 公里,在戴溪与锡溧漕河交叉并共线,入太湖口有水闸、船闸控制。采菱港自运河向西入武进港,长 15 公里。

北岸沿长江水系入运河的主要河道有新孟河、德胜河、藻港河、北塘河、三山港。新孟河从九里向北至小河入长江,长 19.1 公里。德胜河从新闸向北至魏村入长江,长 20.7 公里。藻港河从市区向北经龙虎塘至圩塘入长江,长 19.7 公里。北塘河从市区向东北、三山港从戚墅堰向北接新沟河入长江。新孟河、德胜河、藻港河、新沟河入江口均有水闸控制,德胜河、藻港河入江口设船闸。

3. 运河无锡段水系

无锡市境内京杭运河,南岸与众多入湖河道通连,北岸与沿长江水系沟通。

南岸入湖河道连接运河的主要有直湖港、梁溪河、曹王泾、大溪港以及锡溧漕河。直湖港自运河向南与武进港共闾江口入太湖,长21公里。入湖河道入太湖口均有水闸控制,直湖港、梁溪河入湖口设船闸。锡溧漕河从洛社向西南穿过直湖港、武进港,沿太滆运河接武宜运河,长26公里。

北岸沿长江水系入运河的主要河道有五牧河、锡澄运河、白屈港、北兴塘、九里河、伯渎港。锡澄运河从运河向北至江阴黄田港入长江,是锡北地区重要航道,全长37.5公里。北兴塘向东北接锡北运河,九里河、伯渎河向东,均汇入望虞河向长江排水。锡北运河在东湖塘接东青河向北穿过张家港河,连接十一圩港入长江,称锡十一圩线航道。

4. 运河苏州段水系

运河出无锡向东南到望亭与望虞河立交后进入苏州市境内,至苏州城东宝带桥折向南行,在吴江平望与太浦河平交,沿澜溪塘到苏浙边界鸭子坝。上段南岸与众多入湖河道连接,上段北岸与沿长江水系沟通,下段与黄浦江水系上游河道相交。

上段南岸入湖河道主要有浒光运河、胥江、苏东河,入湖均有水闸、船闸控制,其中胥江是苏州至太湖西山的航道。上段北岸沿长江水系入运河的主要河道为望虞河、元和塘、阳澄湖、娄江。望虞河与运河立交,是排泄太湖洪水和引长江水入太湖的骨干河道,与长江、运河、太湖均有水闸控制和船闸沟通。元和塘、阳澄湖、娄江均通过苏州环城河与运河相通,元和塘向北经常熟接常浒河入长江;阳澄湖向东北有白茆塘、七浦塘、杨林塘分别穿过张家港河入长江;娄江向东经昆山接浏河入长江,入江口均有水闸、船闸控制。

运河下段向南主要与黄浦江水系的吴淞江、苏申外港线、太浦河、頔塘等河道相交。吴淞江出东太湖瓜泾口,过运河后向东经昆山石浦进入上海境内,连接苏州河、蕴藻浜,为苏申内港线,江苏境内长161.6公里。苏申外港线起自宝带桥,向东南串联同里湖、白岘湖经昆山周庄进入淀山湖,江苏境内长29.7公里。太浦河是太湖最大的排洪河道,又是向上海供水的主要河道,在平望与运河相交后向东汇入黄浦江。頔塘西通浙江湖州,在平望与运河相交后入太浦河,称长湖申线。

二、水文

太湖流域洪水有两种类型,一种是梅雨型洪水,总量大、历时长、范围广;一种是台风型洪水,雨强大、历时短、范围较小。梅雨一般发生在6、7月间,台风雨一般发生在7月下旬至9月中旬。受季风强弱变化影响,降水的年际变化明显,年内雨量分配不均,6~8月降水量约占全年降水量的40%。

1956~2000年太湖流域多年平均天然径流量为161.5亿立方米。年天然径流量最大值出现在1999年,达到327.8亿立方米;最小值出现在1978年,为25.7亿立方米。由于枯水年地面耗水比例大,因此径流年际变化的倍比大于降水量年际变化倍比。径流年内分配与降水相应,春夏季大,冬季最小。

太湖流域虽然河网交织、湖泊众多,调蓄容量较大,但地势低平、地貌起伏、水流缓慢、水位敏感,加上缺乏骨干河道,又受长江洪水及海洋潮汐影响,排水十分困难。天然径流形成的本地水资源,只占流域用水量的一半,需要从长江引水补充水资源量。

太湖流域主要口门分布在长江和杭州湾沿岸,除黄浦江口门敞开外,其他口门均已建闸控制,各口门排水、引水均受东海潮汐影响。东海潮流进入长江口后,由于水深变浅及上游径流作用,形成非正规半日潮,潮汐沿江上溯,潮差逐渐减小。黄浦江中等感潮,潮流界可达淀山湖及浙沪边界,潮区界可达太浦闸。流域沿长江及黄浦江主要测站潮位特征见表2-5。

沿长江及黄浦江主要测站潮位特征表

单位:米　　　　表2-5

站　名	历史最高潮位	历史最低潮位	多年平均高潮位	多年平均低潮位	多年平均潮位
长江·镇江	8.59	1.24	4.75	3.81	4.28
长江·江阴	7.22	0.99	4.04	2.41	3.23
长江·吴淞	6.25	0.01	3.52	1.29	2.41
黄浦江·黄浦公园	5.98	0.5	3.4	1.55	2.48
黄浦江·米市渡	4.53	0.9	3.01	1.98	2.5

太湖流域地势低平,河网水位变幅大都在2~3米左右。随着太湖流域综合治理工程的实施,流域骨干河道排水能力增强,最高水位有所下降;从长江引水的河道规模扩大,最低水位有所抬高,枯水位持续时间缩短。河网主要测站水位特征见表2-6。

太湖流域河网主要测站水位特征表

单位:米　　　　表2-6

河(湖)名	站名	历年最高水位	出现日期	历年最低水位	出现日期
太湖	西山	5.08	1999.7.9	2.25	1978.8.26
丹金溧漕河	溧阳	6.00	1991.7.2	2.14	1971.8.23
京杭运河	丹阳	7.47	1972.7.3	2.20	1970.1.18
京杭运河	常州	5.52	1991.7.2		
京杭运河	无锡	4.87	1991.7.2		
京杭运河	苏州	4.58	1999.7.1		
锡溧漕河	青阳	5.29	1999.7.1		
太浦河	平望	4.39	1999.7.3		
阳澄湖	湘城	4.31	1954.7.24		
陈墓塘	陈墓	4.24	1999.7.1		

苏南运河沿线有关水文站历年水位情况见表2-7～表2-11。

谏壁闸上下游历年水位

单位:米 表2-7

年份	上游					下游				
	平均水位	最高水位		最低水位		平均水位	最高水位		最低水位	
		水位	月/日	水位	月/日		水位	月/日	水位	月/日
1960	—	6.14	8/8	2.69	12/26	—	6.14	8/8	2.69	12/26
1962	—	—	—	—	—	4.35	6.44	7/7	2.63	3/15
1963	—	—	—	—	—	4	5.96	7/22	2.34	2/3
1964	—	—	—	—	—	4.52	6.68	7/11	2.44	12/18
1965	—	—	—	—	—	4.43	6.79	7/30	2.28	1/10
1966	—	6.45	7/20	1.81	12/27	—	6.44	7/20	2.1	12/4
1967	4.72	6.73	7/11	1.52	2/5	—	6.18	6/26	2.55	12/28
1968	4.78	7.05	7/28	1.59	1/15	4.39	6.72	7/30	2.31	3/9
1969	4.82	7.4	7/29	1.98	12/28	4.28	7.08	7/17	2.32	3/14
1970	4.96	7.07	7/21	1.73	1/18	4.2	6.15	8/20	2.09	1/18
1971	4.53	6.6	6/25	1.84	12/16	4.1	6.07	7/11	2.33	2/5
1972	4.51	6.27	7/14	1.71	1/27	4.13	6.41	7/3	2.3	1/26
1973	5.1	7.34	7/4	1.81	12/25	4.05	6.16	8/28	2.29	12/26
1974	4.74	7.53	8/20	1.74	1/21	4	6.3	8/1	2.39	1/21
1975	5.12	6.77	7/11	2.01	1/23	4.12	6.64	6/25	2.67	4/10
1976	4.74	6.89	7/28	1.86	12/27	4.15	6.55	6/30	2.24	12/18
1977	4.9	7.39	7/3	1.85	1/15	4.2	6.64	7/31	2.05	2/4
1978	4.43	6.24	6/24	1.83	12/23	4.31	6.22	6/24	1.96	12/25
1979	4.55	6.54	9/23	1.62	1/23	4.32	6.27	8/10	2.1	1/15
1980	5.07	7.65	8/29	1.57	2/1	4.18	6.52	7/10	2.06	2/27
1981	4.91	7.21	9/1	1.79	1/3	4.3	6.24	9/16	2.2	1/19

续上表

年份	上游					下游				
	平均水位	最高水位		最低水位		平均水位	最高水位		最低水位	
		水位	月/日	水位	月/日		水位	月/日	水位	月/日
1982	5.07	7.06	8/8	1.63	1/18	4.24	6.46	7/20	2.29	1/19
1983	5.41	8.01	7/13	2.13	12/31	4.21	6.19	6/25	2.77	2/8
1984	4.98	7.11	7/31	1.81	3/12	4.13	6.28	6/14	2.96	1/15
1985	4.87	6.81	8/1	1.68	2/1	4.2	6.04	8/18	2.47	12/11
1986	4.62	6.94	7/24	1.69	1/6	4.15	6.02	9/20	2.3	1/10
1987	4.91	7.09	7/15	1.75	2/28	4.3	6.42	8/25	3.03	1/22
1988	4.79	7.19	9/27	1.83	1/18	4.25	6.24	8/29	2.8	1/15
1989	5.18	7.55	7/21	1.91	1/3	4.39	6.17	9/17	2.87	2/14
1990	5.04	7.1	6/24	1.93	12/28	4.44	6.43	8/10	3.21	2/13
1991	5.2	8.06	7/14	1.66	12/30	4.5	7.47	7/11	3.17	12/29
1992	4.92	7.16	7/16	1.88	12/23	4.34	6.38	7/29	2.97	11/21
1993	5.14	7.45	8/20	1.79	2/2	4.42	5.91	6/30	2.99	2/17
1994	4.91	7.07	6/27	1.92	1/23	4.5	6.82	6/25	3.03	1/21
1995	5.07	7.75	7/13	2.08	12/31	4.44	6.28	6/21	2.63	12/20
1996	5.04	8.34	8/1	1.83	2/29	—	6.58	7/5	2.75	1/24
1997	4.84	8.01	8/19	1.85	1/8	—	5.85	6/24	3.09	11/22
1998	5.67	8.02	8/9	2.05	12/31	4.37	6.12	6/28	2.88	12/30
1999	5.21	7.88	7/14	1.75	1/15	4.04	6.69	6/28	2.67	2/18
2000	4.98	7.19	8/31	2.01	2/1	4.33	6.45	8/30	2.78	2/12
2001	4.8	6.43	9/19	2.23	12/25	4.29	6.15	6/24	2.82	3/24
2002	5.17	7.6	9/8	1.95	1/23	4.12	5.63	6/22	2.77	1/23
2003	5.17	7.74	7/17	2.02	12/19	4.22	7.22	7/5	2.96	1/29
2004	4.75	6.73	7/5	1.81	2/7	4.22	6.27	8/30	2.71	1/31
2005	4.99	7.5	9/6	1.82	12/23	4.26	6.16	8/5	2.68	12/27

常州站历年水位

单位:米 表2-8

年份	平均水位	最高水位		最低水位	
		水位	月/日	水位	月/日
1924	3.06	3.59	7/7	2.65	12/22
1925	—	(3.34)	9/23	(2.38)	2/13
1926	—	(2.59)	1/1	(2.36)	2/25
1928	3.12	4.30	9/16	2.71	4/15
1929	3.02	3.82	7/6	2.61	6/19
1930	3.40	4.09	7/17	2.81	2/11
1931	3.92	5.59	7/25	2.91	1/27
1932	3.11	3.62	7/10	2.66	12/23
1933	3.18	3.81	7/27	2.61	1/13
1934	2.73	3.15	10/15	2.31	12/20
1935	—	(3.47)	9/18	(2.29)	1/28
1936	3.25	4.04	8/5	2.82	12/13
1937	—	3.69	8/17	(2.79)	1/11
1947	—	3.65	8/5	(2.57)	12/24
1948	3.22	3.98	7/23	2.40	2/18
1950	3.45	3.89	2/14	2.96	12/28
1951	3.41	4.69	7/15	2.72	2/5
1952	3.62	4.45	9/20	3.03	1/25
1953	3.26	4.64	6/28	2.99	1/26
1954	3.82	5.24	7/23	3.02	1/10
1955	3.30	4.84	7/7	2.68	12/22
1956	3.38	4.94	6/10	2.49	3/8
1957	3.39	5.04	7/4	2.77	1/13

续上表

年份	平均水位	最高水位		最低水位	
		水位	月/日	水位	月/日
1958	3.10	3.94	9/10	2.64	1/30
1959	3.13	3.87	6/30	2.68	10/29
1960	3.42	4.12	8/4	2.79	2/26
1961	3.39	4.61	10/6	2.86	5/29
1962	3.48	5.16	9/7	2.72	3/29
1963	3.30	4.32	5/9	2.61	4/19
1964	3.28	4.81	6/27	2.84	1/24
1965	3.19	4.20	11/8	2.57	6/24
1966	—	4.39	9/8	(2.72)	2/22
1967	3.06	4.69	7.5	2.53	2/10
1968	3.02	3.74	10/5	2.45	6/24
1969	3.34	5.10	7/15	2.76	12/26
1970	3.33	5.23	7/13	2.55	2/20
1971	3.08	4.35	6/20	2.64	2/5
1972	3.11	4.23	6/27	2.55	1/26
1973	3.41	4.10	4/16	2.70	12/24
1974	3.22	5.33	7/31	2.61	1/23
1975	3.49	4.98	7/1	2.92	4/6
1976	3.27	4.11	6/23	2.76	12/28
1977	3.45	4.85	5/5	2.79	1/4
1978	3.05	3.48	6/25	2.71	12/23
1979	3.16	4.38	6/26	2.64	1/31
1980	3.48	4.82	8/30	2.75	1/30
1981	3.48	4.61	7/11	2.89	1/30

续上表

年份	平均水位	最高水位		最低水位	
		水位	月/日	水位	月/日
1982	3.50	4.68	7/25	3.04	6/18
1983	3.78	5.15	7/5	3.02	2/21
1984	3.42	4.57	9/2	2.85	1/15
1985	3.45	4.58	10/15	2.79	1/31
1986	3.3	4.41	7/7	2.74	3/5
1987	3.58	4.99	8/25	2.76	2/8
1988	3.43	4.44	9/4	2.76	2/17
1989	3.68	4.79	9/17	2.85	2/18
1990	3.51	4.73	9/1	2.97	2/5
1991	3.7	5.52	7/2	2.77	12/29
1992	3.4	4.06	9/1	2.78	1/31
1993	3.57	4.75	8/22	2.84	3/19
1994	3.35	4.68	10/10	2.96	4/9
1995	3.43	5.02	6/21	2.83	12/17
1996	3.47	5	7/6	2.7	3/1
1997	3.44	4.32	8/21	2.86	2/17
1998	3.78	4.83	6/27	3.06	12/31
1999	3.65	5.48	6/28	2.81	2/25
2000	3.54	4.4	6/4	3.04	2/16
2001	3.53	4.63	8/1	3.03	4/18
2002	3.65	4.89	6/21	3.06	2/9
2003	3.65	5.41	7/6	3.14	12/31
2004	3.48	5.12	6/25	3.02	2/17
2005	3.54	4.56	8/7	2.95	1/21

无锡站历年水位

单位:米　　表 2-9

年份	平均水位	最高水位		最低水位	
		水位	月/日	水位	月/日
1923	3.19	4.42	7/10	2.57	12/29
1924	2.87	3.46	6/30	2.45	12/16
1925	2.70	3.09	9/22	2.30	4/3
1926	2.82	3.48	9/27	2.20	6/23
1927	—	(3.23)	1/1	(2.77)	12/29
1928	2.86	3.65	9/16	2.32	6/24
1929	2.74	3.33	7/6	2.42	6/8
1930	3.09	3.77	7/15	2.58	3/6
1931	3.56	4.70	8/11	2.73	1/10
1932	2.80	3.25	7/10	2.41	12/31
1933	2.90	3.33	10/17	2.35	1/12
1934	2.44	2.80	1/2	1.92	8/26
1935	2.72	3.26	11/2	2.17	6/20
1936	3.16	3.70	9/9	2.85	2/20
1937	—	(3.61)	8/16	(2.75)	1/31
1947	—	(3.35)	7/19	(2.48)	12/16
1948	3.09	3.70	9/25	2.30	2/16
1949	—	—	—	—	—
1950	—	(3.42)	7/4	(2.85)	12/23
1951	3.20	3.91	7/14	2.56	2/4
1952	3.38	4.07	9/23	2.88	1/24
1953	2.98	3.76	6/25	2.60	8/30
1954	3.55	4.73	7/28	2.86	1/10

续上表

年份	平均水位	最高水位		最低水位	
		水位	月/日	水位	月/日
1955	3.03	3.95	7/7	2.52	12/15
1956	3.11	3.94	9/29	2.24	2/28
1957	3.18	4.44	7/4	2.64	1/12
1958	2.89	3.32	9/14	2.49	3/2
1959	2.96	3.48	6/9	2.56	1/30
1960	3.21	3.82	6/10	2.58	2/25
1961	3.14	3.85	10/5	2.74	1/31
1962	3.19	4.64	6/9	2.51	4/2
1963	3.02	3.60	6/28	2.40	3/23
1964	2.98	3.89	6/26	2.67	1/19
1965	2.87	3.44	10/5	2.46	2/1
1966	2.85	3.30	4/25	2.43	11/30
1967	2.77	3.50	7/5	2.31	2/10
1968	2.72	3.21	10/5	2.24	3/24
1969	3.03	3.73	7/18	2.57	12/26
1970	3.01	4.08	7/13	2.35	2/20
1971	2.80	3.61	6/19	2.42	9/19
1972	2.79	3.43	6/27	2.37	2/2
1973	3.12	3.86	7/2	2.52	12/24
1974	2.88	3.97	7/31	2.41	5/5
1975	3.17	4.09	7/1	2.71	4/17
1976	2.96	3.62	7/12	2.51	12/26
1977	3.17	3.89	9/11	2.57	1/3
1978	2.68	2.93	6/8	2.41	9/13

续上表

年份	平均水位	最高水位		最低水位	
		水位	月/日	水位	月/日
1979	2.77	3.23	7/23	2.29	1/31
1980	3.12	4.24	8/30	2.37	1/30
1981	3.06	4.04	7/11	2.46	2/16
1982	2.98	3.62	7/25	2.63	2/13
1983	3.22	4.45	7/18	2.49	2/20
1984	3.13	3.89	6/30	2.72	1/15
1985	3.13	3.60	7/4	2.66	2/18
1986	2.98	3.62	7/17	2.54	3/16
1987	3.23	4.26	8/25	2.53	2/12
1988	3.01	3.79	9/3	2.55	2/16
1989	3.23	4.04	9/23	2.57	1/15
1990	3.17	4.06	9/1	2.83	1/31
1991	3.39	4.88	7/2	2.69	12/28
1992	3.05	3.51	10/3	2.59	3/3
1993	3.35	4.48	8/21	2.75	3/18
1994	3.04	3.82	10/10	2.8	10/4
1995	3.18	4.32	7/7	2.75	12/31
1996	3.2	4.43	7/5	2.68	3/9
1997	3.06	3.64	8/20	2.7	6/16
1998	3.36	3.79	7/23	2.97	12/30
1999	3.39	4.81	7/1	2.73	2/27
2000	3.21	3.66	6/4	2.86	5/17
2001	3.26	4.09	6/24	2.85	4/20
2002	3.35	4.22	6/21	2.95	1/23
2003	3.31	4.09	7/6	2.98	6/25
2004	3.25	4.25	6/25	2.92	3/20
2005	3.31	4.15	8/7	2.93	1/21

苏州站历年水位

单位:米　　　　表2-10

年份	平均水位	最高水位		最低水位	
		水位	月/日	水位	月/日
1923	2.78	3.75	7/20	2.27	2/1
1924	2.57	3.06	9/18	2.25	12/26
1925	2.47	2.88	9/21	2.15	2/6
1926	2.52	3.16	9/14	2.07	1/31
1927	2.76	3.14	9/3	2.4	12/23
1928	2.58	3.44	9/16	2.17	6/13
1929	2.5	3.11	7/10	2.19	6/12
1930	2.77	3.24	7/3	2.35	2/26
1931	3.15	3.97	8/1	2.42	1/27
1932	2.55	2.96	6/26	2.25	4/5
1933	2.61	3.04	10/8	2.19	1/13
1934	2.28	2.58	6/1	1.89	8/27
1935	2.52	2.96	9/19	2.09	6/17
1936	2.75	3.19	8/7	2.48	2/6
1937	—	3.36	8/17	2.4	1/14
1952	—	3.57	9/22	2.63	12/31
1953	2.61	2.94	7/5	2.3	8/27
1954	3.14	4.24	7/28	2.48	1/4
1955	2.65	3.19	7/10	2.23	12/15
1956	2.73	3.54	9/27	3.54	9/27
1957	—	3.84	7/9	2.33	1/12
1958	—	2.99	9/13	2.38	12/28
1961	2.88	3.43	10/7	2.55	5/4

续上表

年份	平均水位	最高水位		最低水位	
		水位	月/日	水位	月/日
1962	2.9	4.09	9/6	2.29	4/3
1963	2.79	3.4	9/18	2.26	4/8
1964	2.78	3.25	6/27	2.56	12/17
1965	2.69	3.17	10/5	2.33	2/5
1966	2.68	3.11	7/13	2.4	2/22
1967	2.7	3.17	5/21	2.36	2/22
1968	2.67	3.16	9/4	2.29	3/12
1969	2.81	3.19	7/11	2.54	12/27
1970	2.81	3.33	7/18	2.35	2/18
1971	2.81	3.21	6/25	2.39	12/18
1972	2.71	2.99	8/18	2.43	1/14
1973	2.94	3.59	7/1	2.46	12/31
1974	2.79	3.25	8/23	2.4	1/5
1975	3.02	3.76	7/1	2.66	4/13
1976	2.87	3.31	7/4	2.61	12/19
1977	2.99	3.63	9/15	2.57	3/3
1978	2.7	3.01	9/17	2.47	12/27
1979	2.74	3.13	7/19	2.4	1/29
1980	2.96	3.96	8/22	2.47	2/15
1981	2.91	3.3	11/7	2.57	2/1
1982	2.91	3.46	7/25	2.01	10/28
1983	3.1	3.89	7/6	2.63	2/24

续上表

年份	平均水位	最高水位		最低水位	
		水位	月/日	水位	月/日
1984	3.03	3.5	8/23	2.74	3/1
1985	2.91	3.52	8/2	2.56	2/2
1986	2.82	3.36	7/12	2.47	3/8
1987	2.98	3.78	7/28	2.5	2/10
1988	2.87	3.34	9/4	2.53	2/17
1989	3.02	3.74	9/19	2.58	1/6
1990	2.94	3.74	9/6	2.62	8/4
1991	3.09	4.11	7/5	2.67	12/20
1992	2.86	3.29	9/2	2.51	3/3
1993	3.12	4.09	8/22	2.66	2/9
1994	2.86	3.29	6/28	2.65	6/7
1995	2.94	3.98	7/7	2.65	3/1
1996	2.99	3.83	7/6	2.55	3/5
1997	2.93	3.46	8/20	2.58	6/18
1998	3.16	3.6	1/17	2.85	6/10
1999	3.22	4.43	7/1	2.7	2/26
2000	2.92	3.19	12/1	2.64	5/17
2001	—	3.73	6/24	2.43	6/30
2002	—	3.41	5/22	2.76	2/24
2003	2.99	3.23	8/17	2.7	6/26
2004	2.93	3.29	6/27	2.67	2/18
2005	2.95	3.5	8/8	2.67	4/23

苏州瓜泾口站历年水位

单位:米　　　　表2-11

年份	平均水位	最高水位		最低水位	
		水位	月/日	水位	月/日
1923	2.85	3.74	7/21	2.35	2/1
1924	2.66	2.95	10/10	2.35	1/23
1925	2.59	3.14	7/26	2.29	12/28
1926	2.69	3.33	7/19	2.21	5/17
1927	—	3.23	2/23	2.84	4/28
1947	—	3.08	1/30	2.35	12/27
1950	—	3.07	9/8	2.51	12/24
1951	2.88	3.48	7/23	2.31	2/5
1952	2.95	3.63	9/25	2.44	1/25
1953	2.59	2.88	7/4	2.3	8/28
1954	3.17	4.47	8/25	2.49	1/2
1955	2.64	3.19	7/16	2.24	12/16
1956	2.73	3.55	9/25	2.02	2/29
1957	2.82	3.88	7/11	2.34	1/12
1958	2.55	2.98	9/13	2.15	2/2
1959	2.63	3.04	6/10	2.2	1/26
1960	2.77	3.42	8/4	2.26	2/25
1961	2.7	3.26	10/11	2.35	5/4
1962	2.74	3.8	9/6	2.18	4/2
1963	2.63	3.26	9/16	2.11	4/8
1964	2.63	3.08	6/30	2.4	12/30
1965	2.53	3.02	10/5	2.18	2/5
1966	2.52	2.94	7/12	2.25	12/9

续上表

年份	平均水位	最高水位		最低水位	
		水位	月/日	水位	月/日
1967	2.5	2.99	5/24	2.15	2/22
1968	2.47	2.88	9/4	2.06	3/12
1969	2.78	3.16	7/11	2.45	12/22
1970	2.77	3.29	7/19	2.23	2/20
1971	2.63	3.17	6/23	2.35	2/9
1972	2.64	2.9	8/18	2.35	1/29
1973	2.89	3.53	6/30	2.38	12/31
1974	2.73	3.23	8/23	2.31	1/5
1975	2.94	3.65	7/3	2.57	4/6
1976	2.78	3.27	7/4	2.49	2/13
1977	2.91	3.62	8/22	2.45	3/3
1978	2.6	2.89	9/17	2.36	12/27
1979	2.64	3.07	7/19	2.24	1/29
1980	2.85	3.85	8/22	2.33	2/14
1981	2.8	3.22	11/7	2.44	2/1
1982	2.79	3.34	7/25	2.47	2/20
1983	2.97	3.75	7/6	2.48	2/21
1984	2.9	3.36	6/19	2.61	3/14
1985	2.9	3.54	8/2	2.52	2/2
1986	2.82	3.44	7/11	2.44	3/7
1987	2.98	3.75	7/28	2.47	2/11
1988	2.84	3.26	9/5	2.53	—

续上表

年份	平均水位	最高水位		最低水位	
		水位	月/日	水位	月/日
1989	3	3.74	9/19	2.51	1/6
1990	2.98	3.88	9/6	2.62	8/4
1991	3.13	4.11	7/5	2.69	12/20
1992	2.89	3.33	3/26	2.57	3/2
1993	3.1	4.06	8/22	2.64	2/16
1994	2.82	3.24	6/28	2.6	8/7
1995	2.93	3.98	7/7	2.63	12/31
1996	2.94	3.79	7/6	2.49	3/4
1997	2.86	3.43	8/20	2.51	6/18
1998	3.08	3.58	1/17	2.77	6/9
1999	3.14	4.38	7/1	2.59	3/1
2000	2.96	3.24	11/17	2.68	5/19
2001	—	3.79	6/26	2.7	4/19
2002	3.1	3.45	5/23	2.77	2/24
2003	3.03	3.27	3/23	2.73	6/27
2004	2.97	3.3	9/3	2.68	2/17
2005	3.01	3.6	8/8	2.72	4/20

注:①采用基面:吴淞基准面。

②括弧内数字系经过地面下沉更正。

第三章　当代整治

清末以来,苏南运河年久失修,航道状况严重恶化。到中华人民共和国成立之初,谏壁至丹阳段和丹阳以东的陵口段,枯水季节已濒临断航。条件略好的苏、锡、常河段,也因航道弯、浅、狭、窄,通航船舶平均吨位不足30吨,通过能力甚小。为迅速恢复水上运输,1951年5月华东军政委员会决定对常州围城运河等碍航河段,按先通后畅的要求实施维护性治理。1952年交通部组织对京杭运河全线查勘,并编制了苏南运河整治建设规划。随着国民经济的恢复和发展,江苏省自1958年以来,对苏南运河先后进行了初期整治、部分河段重点整治和全线按国家四级航道标准实施的全面整治。

第一节　初期整治

20世纪50年代中期,已初步形成近代工业网的沪宁地区,急需鲁西南、徐州及淮南地区的煤炭,而津浦铁路运输能力已趋饱和,解决北煤南运的措施自然落到提高京杭运河运量方面。中华人民共和国建立后,国家就将该项目列为重点工程。1958年,交通部成立京杭运河建设委员会,河北、山东、江苏、浙江4省人民政府分别成立大运河工程指挥部。江苏省大运河工程指挥部于同年4月成立,根据中央50年代关于对京杭运河整治要贯彻"全面规划、综合利用"的指示精神,进行了苏南运河规划工作,并对严重碍航河段实施了初期整治。

一、镇江段

镇江是苏南运河通江的主要运口。苏南运河镇江段处于长江与京杭运河的交汇处,从长江谏壁口门起,流经京口、丹徒和丹阳3个县(市、区),至丹阳吕城镇荷园里,全长42.6公里。

1958年交通部对苏南运河通江口门的规划中,确定谏壁为通江运口。对从小京口进口,蜿蜒穿越镇江城区经丹徒镇至谏壁越河段16.7公里,及丹徒长江口门至丹徒闸0.8公里的古运河,不列入苏南运河整治总体规划。

1958年6月成立镇江专区大运河工程指挥部,负责镇江段运河整治。对位于西陶庄以东及东陶庄以南,辛丰镇南北两端、泰山弯、新丰铁路桥及其南段,练湖农场魏家村以东及环绕丹阳城等地的9个大急弯,进行裁切,重新开挖新河段约10公里,缩短绕经上述弯道的原运河航程6.3公里。特别是裁切环绕丹阳城的大弯道,涉及火车站的搬迁。经铁道部同意,将丹阳火车站及其上下铁路线拆迁东移,从七里庙至七里桥开挖了直线新河段。

苏南运河原规划从谏壁至常州横林段87公里河底高程-1.5米,谏壁至丹阳河底宽60米,丹阳至七里桥宽50米,七里桥以东宽45米。后因国家缩短基本建设战线,曾多次变更和调整。1958年至1976年,对徒阳运河谏壁至丹阳七里桥段25.25公里,前后5次进行人工拓浚。

第一、二次,1958年11月至1959年5月和1959年12月至1960年5月,利用枯水季节,由丹徒、丹阳、金坛、武进、句容、宜兴、扬中等7个县,先后组织9.46万民工施工。对徒阳运河按照变更后的河底高程1.5米,底宽28米标准初步拓浚成形。开挖土方2 162万立方米,完成投资1 404.4万元(含谏壁节制闸投资157.1万元)。

第三次,1966年11月至1967年3月,再次组织丹徒、丹阳和金坛三县3万民工,对谏壁至七里桥22公里河段进行拓浚。按照河底高程0米,河底宽16米标准续浚。共开挖土方157.2万立方米,完成投资76万元。

第四次,20世纪60年代末至70年代初,首先拓浚丹阳境内从丹武交界至永丰电灌站长5.5公里河段,丹阳县动员6个公社2.38万人,于1969年9月16日开工,至28日竣工,完成土方71.5万立方米,底宽10米,河底高程0米,边坡1:3。并拆除吕城镇束水的泰定桥,重建双曲拱混凝土桥1座。1971年10月,又从永丰电灌站向西拓浚至七里桥,长17.75公里,27个公社6万民工参加施工。河底宽11米,河底高程0米,完成土方134.81万立方米,投资101万元。

第五次,1975年12月至1976年4月,又组织丹徒县民工3 200人,对位于新丰铁路桥长530米的高岗急弯段,继续进行裁弯拓浚,开挖土方21.6万立方米,投资25万元,铁路部门同时改建新丰铁路桥。

以上5次拓浚,计开挖土方2 547.11万立方米。由于谏壁节制闸于1959年8月建成,在长江水位5米时,引水能力由原来的20秒/立方米提高到70秒/立方米,不仅改善了该段运河航运条件,而且提高了丹阳、金坛、武进100余万亩农田灌溉用水的保证率。

镇江段运河经多次拓浚,各段河床分别达到:长江口至谏壁船闸,河底高程-1.5米,底宽50米,边坡1:3;谏壁船闸至越河口,河底高程1~1.5米,底宽50米,边坡1:3;越河口至七里桥,河底高程0米,底宽16米,边坡1:3~1:2.5;七里桥至丹武交界,河底高程0米,底宽40米。

二、常州段

苏南运河常州段,西接镇江吕城镇的荷园里,东连无锡直湖港,全长44.486公里。

因常州市区段运河泥沙淤垫，年久失修，1951 年 5 月华东军政委员会将常州围城运河列入华东航道整治重点项目，疏浚常州西大王庙至白家桥 8.15 公里河段。于 1951 年 11 月 26 日开工，组织 7 497名民工，自带工具，次年1 月31 日竣工，共完成投资22.9 万元。整治后，常州市河可通航 60 吨级船队。

1958 年，武进县成立常武大运河工程总队部，拓浚京杭运河常州境西段。当年 11 月 23 日开工，最高出勤民工 4 万余人，完成奔牛至吕城河段土方 180 万立方米，1960 年 6 月竣工。

1968 年冬至 1969 年春，以武进为主和常州市联合拓浚常州至吕城段运河，长 21.5 公里，河底宽 15 米，高程 0.5 米，1968 年 12 月开工，次年 1 月中旬竣工，共完成土方 103 万立方米，国家投资 172.9 万元。

1976 年至 1979 年，拓浚横林段运河，长 800 米，挖浚土方约 2 万立方米，并修建石驳岸 738 米。

三、无锡段

苏南运河无锡段从常州交界的直湖港至与苏州市交界处的五七桥，全长 39.24 公里。古运河途经无锡老城区，航道弯曲狭窄，桥梁低矮，两岸工厂林立，成为水运卡脖子河段。根据 1958 年交通部规划要求，避开老城区开辟新运河，从黄埠墩南行，经蓉湖庄过锡惠公园门前，穿梁溪河越过纪弯里至下甸桥，与南郊老运河连接，长11.24 公里，按国家四级航道标准建设，三级航道标准控制，两岸预留 20 米青坎保护地。当年无锡市政府决定对规划线内的土地和建筑物办理征地、拆迁手续，共征用土地 1 580.3 亩，拆迁房屋 5 万平方米。同年 12 月 1 日，市、县各界代表以及 2 000 民工在锡惠公园广场举行开工典礼，从梁溪河口至下甸桥先行施工，平均每天出工 2.42 万人，完成土方 58 万立方米，后因劳力不足而暂停。

1960 年 1 月，动员无锡县民工 1 万人，江阴、常熟两县各 2 000

人,继续施工,开挖梁溪河口至下甸桥长7.2公里的改线河段。同年3月,因执行国家“调整、巩固、充实、提高”的八字方针,工程再次暂停,此次完成土方278.5万立方米。由于仓促下马,施工坝基未清除,挖掘深度不一,河虽然形成,但不能通航,形成半拉子工程。

1965年,省交通厅拨款27万元,对梁溪河口至下甸桥挖而未通的运河,按六级航道标准底宽16米、水深2.5米继续施工,完成土方3.5万立方米,建红星、金匮和下甸桥。从此船舶可由江尖口经西门桥(人民桥)至梁溪河口转入新运河航行,减轻市区古运河的压力。

四、苏州段

苏南运河苏州段,北起望亭五七桥,南至江浙交界的鸭子坝,全长81.8公里。1955年至1986年,对苏南运河苏州段先后投资1 200万元,用于疏浚拓宽航道,维修驳岸,改建和新建桥梁等。较大工程有:1955年,吴县动员民工2 200人,裁直彩云桥急弯,开挖土方6.24万立方米,新开航道557米。同年,苏州市郊区动员民工3 200人,裁枫桥急弯,开挖土方12.78万立方米,新开航道800米。以上两项工程国家投资22.83万元。竣工后,过往船舶改走新线,顺直畅通。

1968年6月,按五级航道标准拓浚浒墅关市河,开挖土方9.36万立方米,新建驳岸长1 654米,新建人民桥,改建兴贤桥、南津桥、北津桥。国家投资80万元。

1968年12月实施平望市河段改道工程,组织5 000多民工,按五级航道标准施工,北自太浦河平望公路大桥西1公里处,开通太浦河入北草荡,向南近三官圩穿草荡,与原运河相接,全长2.7公里。共挖土方31.31万立方米,砌筑块石驳岸5.1公里,建公路桥1座,至1970年9月竣工,国家投资54万元。

1975年6月,按五级航道标准拓浚枫桥至苏州砂轮厂5.5公里航道,裁弯取直,共开挖土方22.29万立方米,建驳岸8.31公里,建桥闸3座,1985年8月17日竣工,投资191.65万元,其中交通部门投资169.65万元,水利部门补贴22万元。

第二节 重点整治

中国共产党十一届三中全会后,随着国民经济的不断发展,对苏南运河的运量要求更高。国家计委以交计[1982]171号文对《京杭运河(济宁至杭州)续建工程计划任务书》下达批复。江苏省按该批复,在"六五"、"七五"期间,对苏南运河严重卡脖子河段进行了重点治理。相继整治了无锡市河14.94公里(含双河尖段应急整治工程)、常州市河8.9公里、苏州市河9.3公里,并利用世界银行贷款整治镇江陵口段19.3公里(含江口段2.3公里整治工程)。至1992年按四级航道标准共整治52.44公里,对苏南运河通而不畅的航段起到一定的缓解作用。

一、镇江段

苏南运河丹阳陵口段,因系粉沙土质,河岸易坍塌,为历史上著名的难工河段。1954年冬,交通部部长章伯钧亲临陵口,视察该段航道淤垫情况。江苏省交通厅工程局和省交通规划设计院工程技术人员,对沿线流沙分布和地下水位进行勘查,在试验研究的基础上,采用轻型井点降控地下水位,以土工布为滤层的混凝土预制块护岸结构。江苏省建设委员会和省交通厅先后以苏建综工(1987)第188号和苏交计(1988)第168号文,正式批准陵口段整治工程的设计文件,决定按国家四级航道标准对西起丹阳九曲河口,东至吕城砖瓦厂,全长16.994公里的陵口段航道进行整治。航道底高程为0米,底宽40米,边坡1:3,高程6米以下铺砌混凝土预制块,在高程6米段设5米宽的平台,平台内侧设纵向排水沟,堆土区内边坡1:2.5,用干砌块石拱圈并铺植草皮保坡,堆土区顶部设10米宽的绿化带。

新建汽-20 挂-100 的陵口大桥1座，改建人行桥1座。本期整治工程利用世界银行部分贷款，并按照 FIDIC 合同条款进行管理。整治工程业主为江苏省交通厅，省厅外资项目办公室为世界银行贷款的执行部门和业主的工作部门，代行业主职责。镇江市交通局为业主代表，组建由镇江市副市长周秀德为指挥的“镇江市大运河工程指挥部”负责工程实施的组织工作。工程总监理工程师由省交通厅总工程师陈冠军担任，并组建总监理工程师办公机构，任命王可夫为总监代表，授权负责对工程进度、施工技术与工艺、施工质量、计量支付、合同履行等进行全面的监督与管理。工程采用筑坝断航施工方案，于 1990 年 2 月 15 日正式开工，1992 年 4 月 25 日竣工。

本期工程经镇江市大运河工程指挥部研究，在乡镇工业大发展的新形势下，难以动员大批民力进行人工挑抬的方法施工，因而采取土方工程和护坡工程捆在一起，分段招标，由中标单位对土方工程组织机械化施工并完成护坡工程。

(一)土方工程

陵口段航道土方工程分水上、水下两期进行。第一期高程 6 米以上的水上土方，分 4 个标段。A 标段选定江苏省泰兴县第四建筑公司，B 标段选定镇江市水利工程处，C 标段选定南京市水利机械工程处，D 标段选定江苏省水利建筑工程公司，全部为机械化施工。从 1990 年 2 月 15 日开工，历时 4 个月，共动用推土机、铲运机 192 台。计完成高程 6 米以上土方 162 万立方米。

第二期工程水下土方采用筑坝断航施工，共分 4 个标段，A 标段招标选定镇江市水利处，B 标段选定南京市水利机械工程处，C 标段选定盐城市水利建筑工程处，D 标段桥梁工程选定南京市水利机械工程处，1990 年 9 月 10 日开工。由于陵口段航道是以极细粉沙土为主的多种土壤互层的河段，两岸地下水位较高。根据以往的经验教训，在施工中，对单一的粉沙土河段，采用在两岸按单排线型的方式布设轻型井点，对井点间距及埋置深度，根据各段地下水位及其水源补充的情况,严格按照技术规范要求,全线共布置轻型井点370台套(每套间距60米),计22公里,用以降低地下水,确保6米以下土方的开挖和混凝土护坡干施工,取得很好效果。对夹有粉沙土并含有多层土壤互层,主要采用水平排水并在平台上另加减压井的办法,以降低和控制坡后的地下水位。如对陵口镇北岸长达1公里的复杂土层的滑坡河段,在坡面的透水层上,钻设了30组共111个扇形水平钻孔,埋设1 500米的排水管,使坡后的水位分别降低0.45~1.10米,迅速疏干和固结坡后的土体,效果明显。这是省内航道建设史上首次引用的一项新技术。对其他坍塌、滑坡的河段,或采用坡后卸载减压,或设置盲沟,或填换原状好土、石灰土与砂石料,或打入木桩等不同措施,确保混凝土护坡的顺利施工。

但工程开工以后,由于土质复杂多变,机械无法开挖,堆土区容量又不足,加之1991年春季又遇到历史上罕见的连续暴雨,施工河段地表水无法导流,支流河口的拦河坝和各施工河段的分隔坝不断倒塌,施工河段多次反复被淹。开挖的航道边坡和已铺筑的混凝土护坡、涵洞等工程被冲坍、冲垮的现象十分严重。特别是陵口镇多次出现大面积、长距离的深层滑坡,施工全面受阻。经江苏省交通厅和镇江、丹阳两级市委市政府批准,决定于1991年5月20日开坝放水。至此,仅九曲河口至丹金溧漕河口2.07公里河段建成达标。

1991年冬第二次筑坝抽水,对全线未完工的水下土方和混凝土护坡进行续建,并对受洪涝灾害破坏的混凝土护坡等建筑物进行修复,对回淤的土方进行全面清挖。为确保工期,对剩余的B、C两标段34万立方米硬质土方,由丹阳市政府动员组织23个乡镇约5万民工,于1991年11月14日起突击开挖,24日完成。

(二)护坡工程

陵口段航道护坡工程采用土工布垫层的新工艺。在高程0米至高程6米已开挖成型的航道坡面上,铺设厚4毫米的土工布作为滤层，再在土工布上铺设预制好的长79厘米、宽50厘米、厚9厘米预制混凝土块，用细石混凝土勾缝，并按一定间距呈梅花形布设直径40毫米的塑料泄水管，排泄坡后的地下水，降低地下水位，以保护坡的稳定。

陵口段航道工程共完成航道土方635.46万立方米，建成混凝土护坡33.847公里，挡土墙922延米，平台截排水沟33.494公里，涵洞68座，改建电灌站和水闸25座，新建改建桥梁2座，300吨级码头1座，顺岸凹入式停泊区1个，绿化植树4.4万株，铺植草皮69万平方米，完成投资7 144.64万元，其中世界银行贷款600万美元。

1992年1月25日陵口段工程全面完成高程6米以下施工任务后，开坝放水。

陵口段工程经自检、交通厅质检站复检，并经省建设委员会于1993年7月组成的竣工验收委员会验收，评定为优良等级。

陵口段采用斜坡式混凝土预制块护坡，单位造价仅为直立式驳岸的1/3～1/4左右，全面整治也采用了这一护坡形式。但自建成交工通航后，混凝土预制块护坡损坏逐年加剧，从局部坍塌发展到大面积坍塌损坏。至2005年陵口段混凝土护坡损坏达58%，越河口段损坏达22%，辛丰、大泊、丹阳市河段坍塌损坏15%。以陵口段损坏最为严重，高程6米处，5米宽的二级平台已尽坍入河中，河底高程0米处底宽从40米已缩窄至20米左右。

二、常州段

苏南运河常州市区段，因年久失修，岸坡坍塌，航道狭窄，桥梁低矮，是严重“卡脖子”河段。1958年规划要求另开新运河，避开老城区。根据市政府意见和地方财力实际情况，1983年3月，经江苏省计委批准，省交通厅补贴4 454万元，由常州市政府组织，对常州市区西起西涵洞，东至三号桥8.92公里运河按四级航道标准进行整治。河口宽不小于50米，河底宽40米，河底高程为0米，最低通航水深2.5米,最小弯曲半径不小于300米。两岸砌直立式驳岸为衡重式与仰卧式。舣舟亭公园东段裁弯取直,河中留有一块20亩左右小岛,取名半月岛。原运河7座桥,保留怀德桥、广化桥、同济桥,拆除西仓桥、文亨桥、朝阳桥、政成桥。工程从1984年4月开工,至1989年5月完工,共拆迁房屋165 747平方米,动迁居民2 982户、工商企业135家,新建住房207 400平方米、计108幢,挖运土方190万立方米(其中水下46万余立方米),新建浆砌块石驳岸15.9公里,港池、停泊区9个,大小码头33座。总投资7 143万元。

为了完成市区运河段整治工程,建立常州市大运河工程指挥部,由分管副市长王慎斋担任指挥。设东、中、西3个工段和1个挖运土方的车队。同时选择20个土建施工队、10余个驳岸施工队、近200艘运输船只、2个车队以及拖拉机40余台为常年施工队伍。1984年集中力量拓浚朝阳桥以东运河,先后有1.2万余人参加义务劳动。该段工程共挖运土方30万立方米,新建驳岸3公里。同时6万平方米住宅开工建设,当年竣工4万平方米。

1985年重点对舣舟亭公园旁的航道裁弯新开河道,完成502户居民和1 300平方米仓库的拆迁,组织3台挖掘机、40余辆汽车、40多台拖拉机、26个施工队、1 000多民工,挖运土方13万立方米。舣舟亭公园以西,不能机械化施工,则组织民工2 000余人挖运土方。当年共完成土方40万立方米。1986年重点转移至中段,该段原河面宽仅20余米,弯道半径120米,需拓宽一边,挖进50余米,有500余户居民住宅和棉织一厂1 000余平方米厂房需拆迁,工程进展顺利。1987年至1988年,施工重点转移到难度最大的怀德桥以西至三堡街地段。这一地段不仅河道狭窄,工厂、码头、民居密集,需拆迁民房600余户,酿酒总厂厂房6 600余平方米、粮库3 600余平方米,搬迁邮电、供电线路和自来水管,增设污水管等,施工中还不能中断交通。为此,指挥部组织突击,先将沿河16米宽的道路建成,为拓浚河道、修建驳岸创造了条件。施工5年中,土方开挖采用机械化施工和人工开挖并举。常年用工2 000余人,多时达4 000余人。改建的政成桥、西仓人行便桥、朝阳桥相继建成。西仓桥为市区运河上古老的石拱桥,文物部门为保存古迹,移至东坡公园半月岛恢复重建,更名为广济桥,施工采用“浮顶落拱技术”,完整保存古桥顶部拱圈等石料,节省了打捞沉石的工序,缩短了断航时间。

常州市区运河拓建工程,共挖土方103万立方米,弃土被利用填废坑、废河50余万立方米,铺筑路基23万余立方米,回收土方费70余万元。用其中的48万元征用126.8亩洼地两块,以水下土方吹填,转让给有关单位,收回了征地费。整治工程既未征用1亩地,也未压废1亩农田。此次工程同时恢复沿河景观道路长4 819米,新建勤业三村幼儿园1 000平方米,扩建西仓小学教室1 200平方米,拆迁建房形成朝阳三村、朝阳四村、仓前新村、清潭四村、勤业三村、勤业四村和三堡街新村等7个住宅新区。舣舟亭改建驳岸恢复乾隆时期的御码头,改造篦箕巷商业街。古文亨桥北向横移90度,筑于市河之上,与桥堍的近水阁、穿月楼、篦梁灯火、毗陵驿畔皇华亭构成一组仿古建筑群。改建后的古运河水域宽阔,高楼倒影,再现江南水乡特色。

常州市河本次整治,考虑城镇征地拆迁的实际困难,桥梁改建桥下净空高度定为6米,未达到四级航道标准要求。其中同济桥、怀德桥、广化桥遗留到1992年以后全面整治时期才实施改建,净高仍维持6米。

三、无锡段

1976年,根据原定改线方案,按国家四级航道标准对黄埠墩至梁溪河口4.04公里河段,平地开河,底宽50米,驳岸间距90米,水深2.5米进行施工。动员郊区民工1.8万人,并发动全市机关、学校、工厂企事业单位广大职工和驻锡部队30多万人次,市长带头,参加义务劳动,挖土方30余万立方米。经连年奋战,至1983年共完成航道土方140万立方米,新建直立式驳岸长8 000米,新建锡山、梁溪大桥各1座,于1983年12月26日竣工通航。工程总投资2 604.7万元,其中省投资1 324.7万元,无锡市政府用于扩大桥梁和征地补贴1 280万元。

在改道开挖新运河的同时,对市区古运河也进行局部拓浚,裁弯切角。1976年拓浚江尖口航道,1978年拓浚西门棚下街沿河,1979年裁弯取直西水墩沿线,同时改建桥梁9座。

1984年2月,对梁溪河口至下甸桥7.2公里按三级控制、四级航道标准继续进行拓浚,航道底宽67米,面宽103米,水深2.5米,最小弯曲半径600米,开挖土方147万立方米。此次施工是由民工、砖瓦厂、挖泥机船3方面负责。民工挖土方30万立方米,其中郊区和无锡县各承担10万立方米,宜兴、市区各承担5万立方米。各砖瓦厂挖土方68.3万立方米,运回本厂作制砖之用。无锡市航道处组织100多艘挖泥船负责49万立方米水下土方开挖任务。新建锚地1处,长600米,宽30米;改建红星桥、金匮桥、下甸桥3座;新建金城桥1座。工程总投资4 000余万元,其中部、省投资2 003万元,地方投资2 000万元。1988年5月28日通过国家竣工验收,被评为优良工程。

至此,历时30年断续施工的苏南运河无锡市区段黄埠墩至下甸桥11.24公里改道工程全面竣工。

1992年至1995年,无锡市政府决定开征护岸工程费,用于新建梁溪河至下甸桥7.2公里的护岸。经过3年努力,护岸已全部建成。

无锡市北郊皋桥至双河尖3.7公里运河航道狭窄,且两岸港口、码头集中,经常发生船舶挤档等事故。为此,江苏省交通厅拨款430万元作为应急工程,按四级航道标准整治,自1990年至1991年裁弯切角、拓浚航道,共开挖土方27万立方米,新建驳岸2.4公里。

无锡市运河改线工程,在1958年规划线内,市政府及有关部门牢牢控制规划线内已赔偿的土地权,1976年运河整治时,将规划线

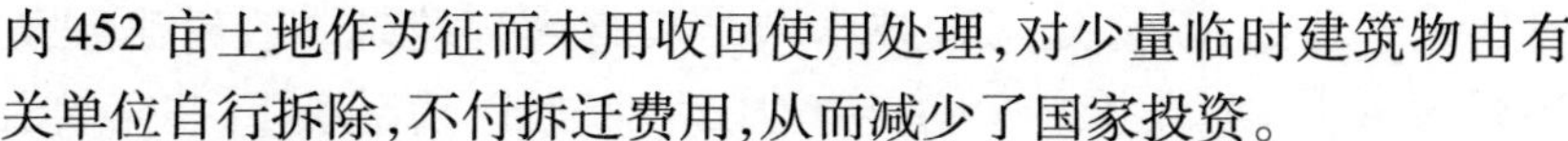

内452亩土地作为征而未用收回使用处理,对少量临时建筑物由有关单位自行拆除,不付拆迁费用,从而减少了国家投资。

四、苏州段

苏南运河苏州市区段,原由枫桥至横塘镇北,向东入胥江,经市区西南的环城河,至觅渡桥往南去吴江。沿线工厂林立,房屋密集。航道狭窄弯曲,7座桥梁严重碍航,是苏南运河又一"卡脖子"航段。根据1958年交通部规划要求,经江苏省建设委员会、省计划委员会批准,1987~1992年实施苏州市区段改道工程。

1986年江苏省交通厅与苏州市政府协商制定《京杭运河苏州市河段工程技术标准》,决定以横塘镇粮库三汊河口为起点,经横塘市河1.5公里处,折向东沿新郭镇北侧,过龙桥镇南侧,直插澹台湖,至宝带桥北堍与京杭运河相衔接,全长8.8公里,按四级航道标准整治。因处苏州市区,底宽加宽至50米,面宽60~70米,通航水深2.5米,最小弯道半径除宝带桥460米外,其余不小于600米。航道工程分为横塘段、新郭龙桥段、龙桥以东段、澹台湖段、湖东新开段、交叉口段共6段施工,约一半为平地开河。为使国家重点文物宝带桥原地保存,保护澹台湖景观,改道的新运河北移100余米,于平地开挖600多米的新河道,并将苏申外港线切角,使新开运河与之衔接平顺。

苏州市成立大运河改道工程指挥部,由副市长范育民分管,市交通局副局长范国华任指挥,后改由局长许德宝任指挥,市水利局副局长王兴元、航政管理处主任任俊培任副指挥。

市河改道工程中的航道工程由江苏省交通规划设计院设计,桥梁工程由江苏省交通科学研究所、上海城建学院建筑设计所等单位设计。铁道部铁路第四工程局二处、镇江路桥公司、昆山水利工程公司、江苏省交通工程公司以及苏州各县市水利与航道工程队、沧浪市政工程公司等单位承担有关工程施工任务。由市建委、市政建设管理处、航道处工程技术人员实行内部监理。改道工程从1987年4月21日开工,1992年6月25日建成,历时5年,共完成土方248.95万立方米,新建护岸14.53公里,建成长桥、新郭桥、新家桥、新塘桥、晋源桥、亭子桥6座,移建古彩云桥1座。新开航道需将经宝带桥的十苏王公路切断,十苏王公路同时实施7.342公里的改线工程。

当工程进入最后阶段,剩余工程都集中在横塘市河地段。因施工场地小,工程量集中,难度较大。指挥部组织了会战,50多天突击完成土方10多万立方米,拆除老亭子桥与老驳岸基础,使改道工程终于胜利完成。本次市河改道工程共征用土地1 217.23亩,拆迁房屋5.037万平方米。部、省与地方投资7 675.1万元。工程竣工后,途经苏州的船舶不再进入古城区。改道工程还把吴门桥、觅渡桥、宝带桥与寒山寺、枫桥、石湖等人文景观串联成水上游览航线。

第三节　全面整治

1992年前,苏南运河除已作重点整治的52.44公里河段达到国家四级航道标准外,其余各段航道状况较差。其中航道底宽小于15米的河段长达103.56公里,占全河的1/2;水深小于1.5米的河段52.95公里,占全河的1/4。据1991年调查资料,苏南运河桥梁计67座,另有管道桥架30余座,通航净空低于四级航道标准的有41座,其中镇江市3座,常州市12座(其中3座为常州市河整治遗留)、无锡市12座,苏州市14座,另有管道桥架10座也不符合四级航道通航净空标准。加之苏南运河沿线穿越25个城镇,城镇段长达64公里,碍航桥梁集中,码头林立,大多侵占航道。1988年至1989年的一年间,苏南运河曾先后发生8次堵档断航(图3-1)事故,累计历时60天。1992年初,由于水位枯浅,堵档的次数、天数均比往年有所增加。每次堵档都给船主与货主乃至社会造成严重的经济损失。20 世纪 90 年代初,苏南运河年货运量已达 9 000 万吨,航道落后状况和水运量需求形成强烈反差,直接影响和制约社会经济的发展。

图 3-1 船舶堵档断航景况

根据国家计划委员会计交(1982)171 号文对《京杭运河(济宁至杭州)续建工程计划任务书》的批复以及交通部交函计(1992)289 号文《关于京杭运河苏南段"八五"期间按规划标准分段实施的通知》精神,1992 年中共江苏省委在苏州召开的全委扩大会议决定将苏南运河全面整治工程,列为全省"八五"跨"九五"交通基础设施建设六大重点工程之一,要求 1997 年底基本完成。

苏南运河列入本期全面整治的为 156 公里(图 3-2)。其中宝带桥以南至鸭子坝 48 公里原定按五级航道标准整治,鉴于上海浦东开发,此段航道运量大增,经江苏省建委和省交通厅同意,决定改按四级航道标准整治。1994 年 9 月批准本期整治工程概算投资调整为 15.024 亿元。1995 年 10 月,全国内河航运建设会议期间,交通部提出将苏南运河建成全国内河样板航道。经省建委苏建重(1996)559 号文批准,同意增加护岸完善工程,对原整治工程中没有护岸的 160.26 公里地段全部砌筑护岸,增加概算投资 4.012 5 亿元。为实施标准化、美化工程，对全线两岸违章建筑码头和堆放物彻底清除，两岸绿化，设置通航安全标志，又增加投资1亿元。工程概算总投资达20亿元，加上地方政府为征地拆迁、扩建桥梁投资的7亿元，总投资达27亿元。

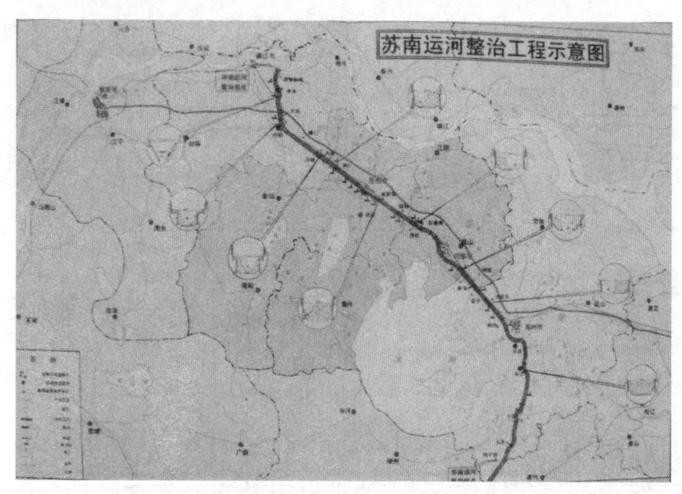

图3-2　苏南运河全面整治工程示意图

苏南运河航道断面设计按城镇段和农村段，分别采用矩形断面和倒梯形断面。矩形断面采用直立式或半直立式驳岸形式，航道底宽为40米，最小水深2.5米，面宽60米。倒梯形断面，边坡一般为1∶3，地势较高段增加多级平台以使岸坡稳定。最小弯曲半径为600米，个别困难地区按1990年《内河通航标准》设计为330米。对弯曲的航道适当加宽内侧部分。苏南运河沿线地势平坦，其最低通航水位以望亭为界，谏壁至望虞河交叉口间为2.5米，望虞河交叉口至鸭子坝间为2.3米，仅在运河穿过望虞河处设1∶1 000纵坡，长约200米。护岸结构主要有直立式或半直立式驳岸、斜坡式护坡等，基础底高程低于航道底高程0.6米，顶高程以最高通航水位控制。跨河桥梁通航净高不小于7米，净宽不小于50米。沿线专业性码头采用挖入式，货主码头及小城镇港务码头可采用顺岸式，要求码头前沿距航道中心线 70 米。

航道定线的原则为，在满足设计标准的前提下，尽量少占地、少拆迁、少影响工厂企业和各种设施、少开挖土方。因此整治航道走向基本上是循原河道深槽进行拓宽浚深。在初步定线后，现场听取建设单位和当地政府的意见与要求，再进行调整和完善。

苏南运河全面整治工程，省不单独设立指挥机构，工程建设管理工作交给省交通厅航道局和沿线 4 市交通航道部门负责。沿线 4 市成立由分管副市长任组长的领导小组，具体办事机构和所在市航道管理处合署办公，工作人员以各市航道处人员为主。

为规范建设管理工作，省交通厅制定了《苏南运河整治工程管理办法》、《苏南运河整治工程内部监理试行办法》、《苏南运河整治工程财务管理办法》以及《苏南运河整治工程质量检验评定标准》，明确各级的工作职责和有关具体规定。

整治工程中全线共改建新建桥梁 42 座（其中镇江市 5 座、常州市 11 座、无锡市 13 座、苏州市 13 座），大多位于城市和集镇地区。改建前工程管理部门与地方政府充分协商，考虑地方城镇建设和发展规划，确定桥位、桥型和建设标准，按“拆一赔一”和“拆什么标准赔什么标准”的原则给予补偿。提高标准增加的投资，由地方政府负责。

在苏南运河全面整治过程中，积极使用新技术、新工艺、新材料。在苏州的北津桥、云梨桥、坛丘桥和常州的金牛公路桥的施工中，采用桥梁转体施工新工艺，开创了江苏桥梁建设史上的先河，并荣获江苏省科技进步三等奖。镇江、常州段护坡的施工，成为国内内河航道护坡工程中第一次大规模使用土工布技术的范例。在常州九里桥施工中湿接头采用 JK 快速修补剂新型水泥材料，使接头处达到设计强度的时间大大缩短，加快了工程进度。

江苏省交通厅对工程实行“政府监督、施工监理、企业自检”三级质量管理,具体由省交通厅质监站负责监督,省交通厅航道局和市航道处进行内部监理,施工单位实行自检。内部监理分省、市、监理组三个层次。省交通厅航道局副局长张明明任总监理工程师,并由盛昌玛、卞林源、孙宝林、王辉组成总监理工程师办公室。沿线 4 个市分别以周鼎、薛善英、王博铭、姚坤兴任总监代表,相应成立总监代表办公室。监理组根据《苏南运河整治工程监理试行办法》、合同技术规范、质量标准,对施工单位进行现场监理,检查、检测,控制实体工程质量,处理施工过程中发生的各类问题。施工过程中先后举办 4 期监理培训班。市总监代表办公室每月检查一次,省总监理工程师办公室每季组织互查一次,省交通厅工程质量监督站每年至少检查一次。每项单位工程结束后,由省交通厅工程质量监督站组织质量评定,从而使整个航道、桥梁整治工程建设全过程处于受控状态。

苏南运河整治工程征地拆迁涉及沿线 25 个主要城镇。动员拆迁户离开世代居住的老宅,拆迁补偿标准又较低,其工作难度可见。沿线 4 市出台一批优惠政策,按"国家补一点,单位贴一点,个人拿一点"的办法给予解决。地方政府抓住运河整治契机,重新进行城镇规划,对被拆迁的工厂、商贸企业及广大居民用房作妥善安排。沿河企业和居民群众都以大局为重,支持运河整治建设。

全面整治工程开挖的土方总计多达 3 795 万立方米,有一半的弃土得到利用,不仅少压废土地 9 752 亩,而且复耕土地 3 909 亩。

苏南运河平望至鸭子坝段 14 公里,经江苏、浙江两省水利、交通两部门协调,延迟到 1997 年 10 月组织施工,至 1998 年 6 月上旬驳岸工程全部结束,开始进行土方疏浚,9 月全部结束,并通过质量评定。

苏州平望新运河大桥因开工较晚,至 1998 年 9 月全部完成并通过质量评定。常州怀德桥因位于市区,1998 年 3 月 24 日中断交通全面施工,当年 12 月下旬竣工通车。位于常州市区的另一座广化桥相继开工,于 1999 年 12 月 26 日竣工通车。

沿河4市按与江苏省交通厅签订的包干责任书(对工程质量、工期和投资实行全面承包),具体组织实施区段内运河整治工程。

一、镇江段

苏南运河镇江段列入本期全面整治的为26.0公里,分为吕城段、辛丰段、大泊段、丹阳市河段和越河口段,以及后增加的江口完善段。镇江市委、市政府于1992年组建镇江段运河整治工程领导小组,先后由副市长陈文湘、许晓霞任组长,市政府副秘书长解宪荣、交通局局长王玉高任副组长,下设整治工程办公室,全权负责镇江段运河整治工程的组织实施工作。运河沿线的3个县(市、区)也相应成立由分管县(市、区)长挂帅的工程指挥部(或领导小组),负责辖区范围内的征地拆迁以及地方矛盾的协调处理工作。

此次工程按照交通部《水运工程招标投标管理办法》的规定,择优选定镇江市水利建筑工程处、镇江市港航工程公司、南京市水利机械工程处、安徽省怀远机械化施工公司、铜山县土方机械化施工管理处、盐城市水利建设工程处等18个施工单位参加39个合同标段的施工。

(一)航道工程

镇江段运河整治拓宽,航道中心线循原河槽定位,仅对辛丰段进行裁弯。针对整治工程的特点和难点,报经省交通厅批准,将地处丘陵地区的大泊段和越河口段原设计的不断航围堰施工方案,变更为筑坝断航的施工方案,用一个枯水季节完成施工任务。对辛丰段在实施不断航围堰施工水下土方疏浚时,又抓住大泊段筑坝断航的契机,将临近大泊段2公里航道计16万立方米土质坚硬、难以开挖的泰山湾段水下土方,突击施工,从而提前完成了辛丰段的整治工程任务。

吕城段采用筑坝断航施工,在土方开挖中,B标段遇到老河槽淤泥土质,挖掘机和推土机无法施工,进度一度严重滞后。为解决这一难工段,先后采取多种联合机械作业均未奏效,最后购置8块钢板、

10 立方米枋木，筑块石马道，在马道上铺枋木和钢板，从而解决了这一难工段的土方开挖。后又遇到糯米汁浇筑的古建筑残留物及砂浆砌筑的块石砌体、钢筋混凝土等 2 000 余立方米，请部队爆破队先后 3 次进场爆破，还采取延长施工时间、连续作业等措施，使 B 标段提前完成土方开挖任务。地处集镇段的 A 标段，至 1993 年 4 月 20 日航道底部还剩 1 万多立方米土方未挖，经研究决定由 B 标段调 10 台水力冲挖机组支援完成 1 740 立方米土方，丹阳市交通局及吕城镇政府组织 350 名民工突击完成 2 237 立方米土方，剩余 6 000 立方米土方由 A 标段施工单位昼夜突击完成。经各方积极配合，终于在 4 月 29 日完成该段土方开挖，5 月 1 日开坝放水，5 月 10 日通航。

大泊段（泰山湾东至丹阳老运河口西）1995 年筑坝断航将水抽排后，发现 C 标地段大部分为淤泥质土，铲运机施工工效低，最后用泥浆泵完成施工任务。在大泊段施工的后阶段，辛丰待完善工程辛丰镇西至泰山湾东一并采用筑坝断航施工方案组织实施，调集 63 台机械设备进入现场，于 1995 年 11 月 5 日开工，1996 年 6 月 25 日竣工。

越河口段（越河口至辛丰镇西）断航施工，开始较为顺利，但从 1996 年 10 月 30 日起，出现罕见的连续阴雨天气，取土区被淹，水位上升较快，为避免大坝涨破，在南大坝上破一缺口，有控制地向坝外排水，以保大坝安全。在工程实施中，C 标段有 78.6 米于 1996 年 12 月 27 日发生大面积滑坡，后采取减载、放缓坡比、抛石打桩等措施完成了施工任务。

辛丰段采用不断航施工方案，水上土方仍采用机械施工。驳岸段的土方采用挖掘机配自卸汽车分层开挖，土方挖至 7.5 米的平台高程后，采取分段挖坑、筑基、砌墙身。郊区护坡段的土方采用小型铲运机施工。水下疏浚工程于 1995 年 7 月 20 日开工，主要采用液压抓斗挖泥船挖泥，用拖轮、开底泥驳将疏浚土方运至长江指定地点抛泥，部分地段采用绞吸式挖泥船就地吹填上岸。先后调进 13 艘抓斗挖泥船、4艘绞吸挖泥船投入疏浚施工。后因部分土质太硬,7~9月又遇干旱,运河调水流速大,导致施工困难。为此将剩余的13.39万立方米(已挖13.62万立方米)的水下土方改为断航施工。

丹阳市河段从老运河口至城南的新九曲河口,全长3.735公里,采用不断航施工。该段运河两岸工厂较多,房屋密集,郊区段房屋较少,但地势较高,弃土上岸较难。整治河段有跨河公路桥2座、管道桥1座。沿河两岸有老运河、石油河、老九曲河、新九曲河和香草河等5条共6个支流河口与运河交会,另外还有16座电灌(泵)站的引水口伸入运河取水。为尽量减少对工农业生产的影响,按先郊区后城区、先港口后航道、先护岸后疏浚的办法,分期施工。郊区段于1994年12月先行组织开工,1995年11月竣工。市区段运河整治需拆除老驳岸2 000多米、老码头吊机18座以及14个沿河工厂的大型泵站和排污口门,安排大小挖泥机船疏浚,对挖泥船无法挖除的水下障碍物,调集2艘清障打捞船配合清障打捞。对深埋在泥层中大型整体式的残留建筑物基础,则先进行水下爆破,再清障打捞。同时,还利用枯水季节及时组织挖掘机,对露出水面且土质较坚硬的土方进行开挖,水陆并举,保证施工进度。

镇江段驳岸工程共有4种结构形式:直立式浆砌块石驳岸、浆砌块石护坡、混凝土预制块护坡、土工布模袋混凝土护坡。其中直立式块石驳岸主要用于城镇段。辛丰镇区段驳岸施工过程中发生大小塌方20多次,其中大塌方有7~8次之多,曾引起辛丰幼儿园围墙沉陷、倾斜,食堂倒塌,坡顶40米范围内的房屋全部开裂,造成幼儿园停课。监理组迅速协助施工单位制定和落实减载放坡、缩短开挖面、分段浇筑底板、突击下部墙身砌筑、墙后及时回填土等措施。丹阳市河段驳岸基础处于古冲沟(塘)沉积层淤泥粉沙软弱土层地段,不能满足驳岸地基的设计要求。经多种方案比较后,采用水泥粉喷桩加固地基。加固工程从1995年10月12日施工,至次年1月12日竣工,共加固处理驳岸软基1.388公里,钻设粉喷桩8 655根,总桩长为 63 666 延米。法布护坡用于江口完善段工程,护坡顶高程 5 米,为确保充灌饱满,抢在低潮位时间内施工,并请潜水员配合,现场跟班监理,从而确保施工质量。

(二)桥梁工程

整治前镇江段丹阳、吕城、辛丰镇各有碍航桥梁 1 座,另丹阳有碍航管道桥 1 座。整治中新建改建辛丰公路桥、辛丰人行桥、丹阳北二环公路桥、吕城公路桥、吕城人行桥共 5 座桥梁。其改建的公路桥位置均从城镇中心移至郊外建设,桥型设计上,与古城、古镇、古运河景观相协调。

吕城人行桥是利用原吕城大桥改建的,核定资金仅有 150 万元。设计上采用利用老桥桥台加固后作为新桥桥台,并利用老桥主拱圈作为新桥施工支架的支撑体,即"利用老桥建新桥,建好新桥拆老桥"。这一方案增加了难度和风险,但和同类工程相比技术经济指标优越,可节省投资 30 多万元。改建的吕城人行桥于 1993 年 11 月开工,次年 7 月建成,经建设单位和省质检部门检测,评定为优良工程。改建后的新桥更名为"泰定桥"。

航道、桥梁工程从开工至竣工,监理组始终执行工程设计文件和技术规范规定,各级监理人员认真履行职责,并以试验室为中心,把好原材料的报验和各种混凝土、砂浆配合比的报验关。

(三)征地拆迁

苏南运河镇江段整治工程施工中,堆土区尽量选用荒地、旱地、低洼地、废鱼塘,共造地 632 亩;对可用于制砖的黏土,送至沿线十多个砖瓦厂,尽可能地节约耕地。全线(含陵口段)共需拆迁房屋 9 万平方米。由于国家拆迁补贴标准偏低,镇江市政府明确提出按国家补一点、单位贴一点、个人拿一点的精神解决征地拆迁经费的不足。丹阳市政府从市财政中拿出 400 万元用于建设居民小区,安置拆迁户。丹徒县辛丰镇仅用一个多月时间就拆掉一条街 3 万多平方米房屋,并与辛丰镇发展规划相结合,在运河畔新建300余套标准较高的住宅楼,安置拆迁户,改善了沿河群众的人居环境。

苏南运河镇江段全面整治工程,共开挖土方1 346万立方米、新建护岸48.548公里(其中:驳岸8.773公里、混凝土护坡39.775公里);新建跨河桥梁5座(其中公路桥3座、人行桥2座),建成百万吨级的内河港口1座、小型客货码头19座、停泊锚地5个(7.42万平方米),设置航道标志牌174块;征用土地2 571亩、拆迁房屋90 961平方米、拆建电灌(泵)站和水闸36座,栽种各种树木8万余株、铺植草皮148万平方米。同时,对各类违章碍航设施进行了全面清理。

二、常州段

苏南运河常州段全面整治分东西两段,即自三号桥至直湖港15.861公里和自荷园里至西涵洞16.95公里,计长32.811公里。于1993年8月24日正式施工,1997年9月30日竣工。

常州市政府批准成立“常州市苏南运河整治工程领导小组”,下设指挥部,张东林副市长兼任总指挥,交通局局长王华堂、航道处处长常全根任常务副总指挥。武进县、郊区、戚墅堰区政府分别由县长、区长挂帅,成立领导小组或办公室。常州市政府出台《关于苏南运河整治工程常州段的有关具体问题规定》、《关于戚墅堰镇居民拆迁安置办法》等法规性文件。在征用土地方面市政府采取特事特办,边办理征地手续边组织施工的办法,支持运河建设。

此次全面整治工程,对施工单位实行招投标,从200多支施工队伍中,优选出11支施工队伍,作为桥梁、护岸和疏浚工程的基本力量。几年来相继制定《施工须知》、《创优目标和创优计划》、《护岸施工管理暂行规定》、《月度质量、进度考核奖惩协议》等一系列制度,以保证工程施工质量。

(一)航道工程

常州市荷园里至西涵洞运河航道以右岸拓宽为主,经奔牛镇后基本平行于镇江至常州公路，航道中心线向右岸移 10 至 15 米。由三号桥经丁堰镇、戚墅堰镇、横林镇至常锡交界的直湖港，航道位于常州市与武进市经济发达地区，左岸紧靠市镇道路与沪宁铁路，航道中心线也向右岸偏移 10 至 15 米。

常州段整治工程选择拆迁量较小，施工易于组织的三号桥至直湖港段雕庄乡为突破口，于 1993 年 7 月 13 日签订第一个拆迁合同。8 月 24 日，中标的如皋市胜利水利工程队即进场施工。指挥部在 15.8 公里的河段组织 20 多个工程建设队伍，明确土方出路各自解决，使这些弃土得到综合利用。为 312 国道立交桥工程填筑路基，为常州制药厂等单位筑填充房基，在戚墅堰至横林段还填平了 200 余亩的低洼地成为可耕良田，也有部分弃土送往砖瓦厂烧制砖瓦。使该段拓浚工程少压废土地近千亩。常州石化厂沿河 10 多米长需拆除内移重建的驳岸，因施工场地小，工厂设施紧靠开挖线，旁边还有一座大烟囱，如皋胜利水利工程队硬是用洋镐大锹速战速决的办法完成任务，工厂设施与大烟囱丝毫未受影响。

自荷园里至新孟河口九里乡段整治工程，要求在 1995 年 10 月断航施工，次年 4 月开坝放水通航。在此期间，要完成 86 万立方米土方开挖任务和 6 150 米护坡，砌筑驳岸 50 米，小挡土墙 300 米，还有九里大桥的吊装也必须在此期间完成，任务十分艰巨。为此，指挥部组织 7 支精干的施工队伍，共 1 000 余名工人，使用挖掘机、铲运机、推土机、泥浆泵等机械设备，实施机械化施工。对机械设备无法施工的淤泥段，由滨海县的"独轮车"人工挖掘运泥。南京水利机械工程处承建的 2.06 公里 A 标段，工程进展甚快。但在 1996 年 3 月中旬接近完成之际，连续阴雨，龙沟排水来不及，水深达 2.4 米。经抽调 6 台 14 英寸水泵，连排 4 天 4 夜，方将 35 万立方米水排出施工河段。开坝通航时间推迟至 5 月 10 日。

常州境内的整治工程除九里乡段外，均采取不断航施工，水下疏浚任务较重。新孟河至奔牛镇 4.32 公里航道，需疏浚土方 186.7 万立方米，且出土比较困难。先后与上海东方疏浚公司、靖江航道站、南京航道处等7个施工单位签订合同，增强疏浚能力，按时完成了疏浚任务。奔牛至西涵洞水下疏浚任务也相继完成。

航道护坡施工中，指挥部尽可能照顾沿河企业和群众利益。横林米厂是一个亏损企业，前期拆迁已损失130万元。该厂还有一幢4层大楼离驳岸仅3米多，不拆施工困难，还要承担施工中的风险。对此，施工单位采取“速挖、速筑、速填”方案，保住了这幢大楼。航道护坡施工建立质量控制体系，对工程原材料严格把关，严格控制砂浆比例和工程质量，一经发现不符合标准，立即责令返工。

（二）桥梁工程

本次改建的桥梁有11座，常州市整治工程指挥部负责改建7座，为九里桥、奔牛人行桥、奔牛公路桥、怀德桥、工农桥、横林大桥、横林东桥；常州市建设委员会负责改建4座，为五星桥、广化桥、同济桥、戚墅堰桥（原名卫东桥）。怀德桥、广化桥因位于市区，分别于1998年12月和1999年12月建成通车。改建后的桥梁有多种结构形式，气势恢弘，各具特色。

1. 横林东桥

横林东桥为下承式预应力T型结构桥梁，此类桥型在江苏省首次面世，施工难度颇大。一是在桥的两岸要现浇4座16米高的主塔，再在主塔两边对称悬拼预制的“K”字型桁架片32节，每节重达10多吨，制模浇注相当困难。二是吊运悬拼安装难，中孔构件要用浮吊悬空拼装，且受到断航时间的限制；32节桁架片有24种坡度，吊装每一节桁架片均要用经纬仪、水准仪定位，使上下、左右、前后定位点符合设计要求。三是钢绞线穿孔预应力张拉难，张拉的吨位又各不相同，预应力张拉好后还要及时向孔内进行压力灌注水泥浆。

1994年夏季酷热，工人们冒着高温，挥汗制模、扎钢筋、浇注混凝土。8月中旬，为了按期完成南岸3号桥墩，混凝土工钻在7米宽、8 米高的模板箱内进行混凝土振捣，汗流如雨，只能不断换人，连续一天一夜，方完成浇筑任务。

横林东桥吊装前，省交通厅有关部门派 6 名检测人员对预制构件专门进行检测，构件强度都超过设计标准，可以吊装。

1994 年 10 月中旬开始水上浮吊悬空拼装，为兼顾运河航运，采取每天 7 时 30 分至 11 时 30 分施工，完成相当于陆上吊装一天的工作量。在吊装过程中，张拉时要用 20 多米长的一束 6 根钢绞线穿过 3 节预制片，每节预制片 6.7 米，穿孔十分困难，一天只能穿 1 束。桥梁监理组组长白仲官经与施工技术人员研究后，改用束头焊接的方法，在不影响质量的前提下提高工效 3 倍。同时改进构件安装定位方法，实行工序岗位专人负责制，做到吊装一步到位。经 20 余天艰辛奋战，11 月 9 日全部吊装成功。

2. 五星桥

五星桥是常州外环路西部跨运河的一座大桥。新建的大桥为单塔钢索斜拉桥结构。整个工程包括主桥、南北引道、东西匝道和常新路东西匝道口之间的道路改造。主桥为三跨单塔斜拉桥，全长 96.6 米，总宽 45.5 米，南北引道宽 40 米。为了不影响外环路交通，五星桥采取半幅施工，建成的半幅通车后，继续兴建另半幅。36 米高的索塔，钢索斜拉，为常州西区增添了新的景观。该桥由常州市政工程公司中标承建，于 1995 年 5 月 28 日正式施工，1997 年 12 月建成通车。

3. 同济立交桥

同济立交桥是运河市区段改建的桥梁。该桥由运河桥、环道桥、东南西北引桥、东西自行车匝道桥及人行踏步桥 10 个分部工程组成。其中运河桥长 103 米，宽 30.5 米；引道桥总长 1611.54 米，环道桥宽 18.2 米，长 82 米。整个立交桥东西方向长 640 米，南北方向长 940 米，全桥总长 2 000 米，总面积达 2 万多平方米。立交桥采取上下车道、人车分流、定向行驶。

同济立交桥位于市区繁华地带。为了支持运河建设和城市基础设施建设,有566户居民住房和国棉一厂、第六百货商店、电子器材公司、钟楼纺织器材厂等40多家单位用房如期完成拆迁任务,确保同济立交桥工程按期施工。

同济立交桥由常州市政设计院设计,江苏省交通厅和常州市政府联合投资建设。常州市政公司为施工总承包单位,并负责运河南岸环道桥等工程施工。海洋工程总公司的浙江黄岩交通建设工程公司为分包单位,负责运河桥和北引桥工程的施工。

同济立交桥为预应力连续箱梁结构,按正常工期需要18个月才能完成。立交桥施工期间,每天有数万辆机动车和10多万市民上下班须绕道而行。市政府要求尽快通车,保质保量提前建成。各施工单位采取交叉作业方法,夜以继日地抓紧施工,只用一年时间于1994年6月1日建成通车。

4. 横林大桥

原横林大桥的老桥南接312国道,北接戚横公路。因老桥达不到四级航道标准,原计划继横林东桥之后,1995年施工,1996年6月完成改建任务。横林镇政府要求扩大标准改建,在引道设计是直道还是匝道问题上反复3次。1996年9月因镇政府要求实施跨铁路方案,造成施工队伍进场受阻,后经常州、武进两级市政府多次协调才得以开工。至1997年2月7日(农历正月初一),50余名建桥工人为抢工期,放弃传统佳节与家人团聚而进场施工,此时距省定竣工期仅8个月。其间3月25~26日,横林镇数百名群众要求上级政府实施"跨铁路方案",阻止桥梁施工,经地方政府一再对群众劝导,方恢复正常施工。

为抢工期,在施工过程中,通过精心组织,抓住主桥建设这一中心,将全桥改建工序分成20大项、120个小项,倒排计划。老桥拆除、主桥构件、引桥板预制、引道挡墙砌筑和桥墩基础开挖等同时展开,交叉施工,限期完成。在项目经理部精心组织安排下,整个工期分为3~5月为预制阶段,6~7月为安装阶段,8~10月为全面完成阶段。

7月初开始全面安装,一跨75米的无支架吊装对武进交通建设总公司尚属首次。拱肋构件轻的35吨,重的47吨,用50吨浮吊在水面上吊高20米,进行空中拼装,而且必须保证拱肋上下、左右、前后轴线和高程符合设计要求,难度较大。施工单位仅用9个月时间,于10月26日竣工,工程进展之快,前所未有。

常州市改建的桥梁,均达到部优标准,这与严格的工程监理是分不开的。工农桥竖向预应力张拉时少了一根高强度钢筋,施工单位想焊接代替,为了确保工程质量,监理人员说服施工单位,专程派车赴上海购买。横林东桥灌注桩施工时发现下面有一口枯井,经监理和施工方研究,在枯井中放钢箸笼浇筑混凝土,上设横桁梁,增强承受力,经论证批准实施了这一方案,从而保证了工期和施工质量。图3-3为常州横林大桥施工。

图3-3 常州横林大桥施工

(三)征地拆迁

常州段整治工程穿越6个城镇的居民区和厂矿密集地段,拆迁补偿经费标准较低,沿河居民工厂企业以大局为重,支持运河整治工程。常州石油化工厂是一家亏损企业,这次运河整治需拆迁厂房723平方米、围墙100米以及管道桥、重油泵、配电房等设备,经济损失达300万元,而相应的补贴仅60万元。奔牛公路桥堍的腌制品厂是特困企业,需拆迁房屋近4 000平方米,占全厂面积的一半。横林米厂需拆掉半个厂区,经济损失约150万元。镇政府、武进市交通局和工厂企业领导主动做职工思想工作,舍小家、顾大局,如期完成拆迁任务,保证工程建设顺利施工。

戚墅堰镇拆迁任务最重,仅卫东桥下就需拆迁6.8万平方米的房屋,涉及680户居民和单位。市交通局、戚墅堰区政府决定建河苑新村作为安置房。经过两个月的筹措,终于解决了30亩征地和建房资金,拆迁的难题也随之得到解决。

武进市境内沿河需拆迁民房400多户,动迁企业40余家。负责拆迁的工作人员定点定户,上门做工作。奔牛镇有一拆迁户,4年前建一幢三间四层小洋楼,当时造价60余万元,工作人员一连上门几十次协商,终于同意拆迁。另一户夫妻二人都是低工资,房子拆了无钱建房,经为其解决建房特价材料,企业补助一点,亲戚帮助一点,终于也顺利动迁。

房屋拆迁固然难,杆线迁移也不易。市区老卫东桥至惠济桥1公里范围内有30多根电力线杆要迁移,供电局派人至现场办公,积极配合。沿河岸布设的国家级地下光纤通讯电缆需迁移,稍有闪失,将会引起通信中断。市邮电局局长亲临工地,指导施工,终于顺利完成光纤通信电缆迁移任务。

苏南运河常州段全面整治工程,共开挖土方1 008.3万立方米,砌筑护岸58 195.8米,老驳岸修复14 672米;拆迁房屋31.11万平方米(含同济桥拆迁),征用土地2 616.76亩,改建桥梁9座,并新建内港池和停泊锚地14座。拆除管道桥6座,输煤桥1座,复建管道桥4座,输煤桥1座;拆除吊机17座,老码头23座,其他碍航物99处。设置航道标志牌114块,里程牌900块。堤岸绿化植树7.4万余棵。完成投资6亿元,其中地方配套投资1.8亿元。

苏南运河常州市河段重点整治后,桥梁未达到四级航道通航净空标准,航道也狭窄,经常堵航。根据城市建设总体规划,常州市委、市政府决心实施市区段运河南移改线工程。2003年经江苏省人民政府批准,部、省、市联合投资,于2004年6月10日正式举行开工典礼。改线工程西起连江桥,经北港、邹区、西林、牛塘、湖塘、雕庄、遥观、丁堰等乡镇,至梅港横塔村汇入老运河,全长26.1公里,工程按三级航道标准建设,航道底宽60米,面宽不小于90米,设计水深3.2米(近期2.5米)。需拆迁房屋120万平方米,迁移杆线2 495道,开挖土方1 853万立方米,新建护岸51 448米,新建改建桥梁11座,共需征用土地9 339亩,概算总投资29.97亿元。这项工程与312国道市区段一并南移改建,将运河的土方用于筑路,并与太湖流域防洪重点工程武宜运河8公里共线段同建,以形成"一河、一路、三林带"的绿色长廊。

三、无锡段

苏南运河无锡段全面整治及完善工程共长24.946公里。1992年4月成立"无锡市苏南运河整治工程指挥部",由副市长陈林荣兼任总指挥,有关委、办、局等主要领导参加。指挥部下设办公室,与无锡市航道处合署办公,具体负责工程建设管理与监理等事项。锡山市沿河有关乡镇也相应成立运河建设领导小组或办公室,主要负责辖区内运河整治工程建设的配合和协调工作。

此次全面整治,航道工程由无锡市、锡山市、江阴市航道工程公司及建湖疏浚工程公司承建施工;桥梁工程由无锡市桥梁工程公司、盐城市交通工程处中标承建施工。

(一)航道工程

苏南运河无锡段航道工程分为两段。自下甸桥至锡苏交界之五七桥段,长10.978公里,为一期工程。另附属吴桥塆0.21公里,高桥塆0.318公里,计长11.506公里。除航道工程外,还新建锚地、战备码头各1座。于1992年8月20日开工建设。此段航道两岸原地方政府已有控制,拆迁量不大,原有河面亦较宽,设计的航道河面宽度一般在70米左右。段内新安镇区两岸岸线凸凹不齐,其河宽原为

50～60 米，设计将两岸凸出部分切除，即达 70 米宽度。水上土方，采用挖掘机、汽车、拖拉机机械化施工，少量采用人工开挖，共完成水上土方 76.03 万立方米。水下土方组织 20 余艘挖泥船进行疏浚，于 1997 年 7 月完成水下疏浚土方 418.43 万立方米。护岸工程采用半直立式驳岸为主，墙高 3.5～4.5 米左右，墙体采用浆砌块石，地基除少部分采用衡重式外，大部分为重力式结构。

直湖港至高桥段长 13.394 公里，为二期工程，于 1994 年下半年开工建设。直湖港至洛社镇为农村段，北岸岸线较顺直，故航道中心线南偏。洛社化肥厂至农机厂，为洛社市镇区，沿河工厂较多，居民密集，但北岸拆迁量相对较少，航道中心线北偏 13 米。农机厂至石塘湾，南岸有连续分布的乡镇企业，北岸多为开阔农田，故向北岸拓宽。煤石大桥至高桥，航道宽窄不一，北岸岸线相对整齐，且多数已建驳岸，为此航道向南拓宽。设计面宽为 70 米，部分河段达 80 米。

航道高程控制依据国家的水准点。此次直湖港至高桥的水准网布设中，发现因地面沉降严重，省交通规划设计院提供的国家二级水准点发生变化。1994 年 3 月，无锡市测绘局对直湖港至高桥基准点进行复测，发现该段水准点已普遍下降 0.98 米，从而防止了一次严重的工程事故。

航道施工亦以机械化作业为主，水上土方用挖掘机、推土机、运土车组合施工；水下土方采用 35 艘挖泥船，配套 135 艘运泥船、8 台排泥泵组织施工，机械化程度达 95% 以上。护坡工程除采用半直立式驳岸外，对边坡土质较好的 3.15 公里地段，采用模袋护坡。

锡山市大型企业新苑公司位于洛社镇运河两侧，企业生产设施临河而建，有近千米岸线位于厂区，需拓浚和兴建驳岸。但该企业配套改造资金严重不足，大型设施移地改造进展迟缓。市运河整治办公室挑选 3 个施工队进驻厂区，协同施工，从 1996 年 9 月至 12 月底仅用 3 个月时间，将泵房建成运转，煤场搬迁亦基本结束，水上土方和800米护岸于1997年初顺利完成。

1996年组织30多支施工队伍、1 000多人,在航道两岸同时展开完善工程新增的15公里护岸工程,施工进展快、质量好,按期完成。

无锡段运河整治工程开挖的531万余立方米土方均被利用。其中,用于沪宁高速公路路基30余万立方米,用于312国道拓宽路基100多万立方米,填塘与荒滩200余万立方米,填筑桥梁引道10余万立方米,铺筑村镇道路20余万立方米,填塘造田100余万立方米、造田400余亩,用于驳岸墙后回填土70余万立方米。整个工程减少压废土地1 300余亩。

(二)桥梁工程

无锡段市区改道河段先后于1981年兴建锡山大桥、1983年建造梁溪大桥,1984~1989年又在市区7.2公里新运河上兴建和改建金城、金匮、下甸、红星4座桥梁,1989~1990年于城郊老运河上建造山北大桥和新安大桥。这些桥梁的建设,改善了城乡道路交通和航道通航条件。但直至1991年底仍有向化一号桥、向化二号桥、洛社桥、东方红桥、石塘湾桥、高桥、煤石桥、吴桥、新虹桥、新安北桥、新安南桥、硕放桥、五七桥等13座桥梁尚不符合四级航道标准,在这次全面整治中予以改建。其中吴桥由市政管理部门实施改建,其余均由市运河整治工程指挥部组织实施。改建桥梁设计由江苏省交通规划设计院总承包,并由该院及江苏交通科学研究所、无锡市政设计院、东南大学、南京交通高等专科学校等单位完成施工图纸设计。经招投标,分别由无锡桥梁工程公司等单位中标承建。自1992年8月,桥梁工程相继动工,1997年4月全部建成。经验收评定,均达优良等级。

无锡段运河新建大桥的桥型,分别选用下承式系杆拱桥、预应力混凝土平行桁架梁桥、斜桁架桥、箱式预应力混凝土连续梁桥等。所建新桥,新颖多姿,与当地环境相协调,具有较好的景观效果。

1. 吴桥

改建的新吴桥位于原桥南侧29米处,跨越运河的主桥长达

168 米,东引桥长 235.43 米,西引桥长 240.45 米,东西引道分别为 314.51 米与 175.56 米。通航孔跨径由原桥 28 米增大至 72 米,净高由 6.48 米提高至 10.617 米,桥面宽度也由 20 米增至 30 米,引桥与主桥同宽。

吴桥是苏南运河线上一座气势宏伟的立交桥。主桥上部为三跨双箱双室预应力钢筋混凝土连续梁结构,下部为钢箱混凝土实体桥墩及钻孔灌注桩基础,墩顶设盆式橡胶支座。引桥为连续钢筋混凝土刚架结构,桥墩为两独立的双拉式钢筋混凝土矩形墩,每联边墩与刚架板间设板式橡胶支座,中墩与连续梁板连成整体,刚性连接。

吴桥主桥两中桥墩均位于水中,东岸桥墩距岸边 20 米,水深 3~4米;西岸桥墩距岸边 12 米,水深 2.5~3 米。施工单位采用双排木桩填土筑岛围堰,不仅便于主桥钻孔桩施工,且解决砂石料场和拌和料场地就近进料。

该桥为江苏省交通厅与无锡市人民政府共同投资,由无锡市市政工程设计院设计,无锡市政建设工程公司中标承建。主体工程从 1993 年 3 月 24 日开工,至 1994 年 12 月 17 日竣工通车,质量评定为优良等级。吴桥改建工程,带动了整个吴桥片区的路网改造。

2. 新虹桥

新虹桥为预应力混凝土系杆拱桥,桥宽 13.4 米,中跨 60 米。该桥在施工工艺上采用“利用老桥建新桥,建好新桥拆老桥”(见图 3-4)。老桥是一座主跨 82

图 3-4　无锡新虹桥利用老桥建新桥

米、桥宽 6.2 米的双曲拱桥，新桥比老桥宽，又比老桥高。施工时先拆除老桥栏杆，施工新桥主墩，利用主墩加固老桥，并在老桥上按新桥宽度搭施工平台，在平台上施工新桥，先安装两端梁结合段及系梁钢盘骨架，安装拱肋、风撑、吊杆、张拉，现浇系梁、张拉。再利用新桥拆老桥，经分割后的桥体悬挂于新桥系杆与横梁上，逐段装船运出。施工期间，航运基本不受影响。

3. 新安北桥

新安北桥为钢管混凝土系杆拱桥，主跨 60 米，桥梁上部结构采用整体吊装施工办法。即在主墩施工的同时，在附近岸上整体放样，制作拱圈、系梁骨架、风撑、横梁、吊杆，将拱圈、系梁骨架、吊杆组拼成整体骨架。然后用浮吊先后将两片钢骨架直吊至主墩并安装好风撑，浮吊撤离现场。该桥最显著的特点是利用钢骨架的整体性及重量轻的特点，浮吊至桥位一次吊装到位，实现无支架施工。

4. 五七桥

五七桥为混凝土豪氏桁架机耕桥，主跨 55 米，桥面总宽 5.8 米。桥梁上部结构采取整体浮运安装的施工办法。即在进行主墩施工的同时，于附近航道一侧进行桁架片整体放样，分段预制，并用 6 只钢驳拼装成一个平台，在平台上搭设支架，进行桁架拼接，等预制结束经养护后，整体浮运至桥位，对准后向船内充水，使桁架落在主墩上，待支架顶与梁底分开后将驳船拖离桥位，整个过程仅 4 小时。

上述"利用老桥建新桥、建好新桥拆老桥"，以及拱片整体吊装、整体浮运安装，比传统的有支架施工，不仅对航运影响小，而且较为安全可靠。

（三）征地拆迁

无锡段全面整治中，征地、拆迁量最大的为洛社镇，征用土地 520 亩，拆迁房屋达 5 万多平方米。其中商业用房 6 433 平方米，民房5 980多平方米,国有、集体企业用房30 000多平方米。因赔偿标准较低,难度非常大。无锡市政府拨款700万元,无锡县政府拨款300万元,用于征地、拆迁补贴,并与乡镇签订征地拆迁合同,按期完成了任务。

在解决5 980平方米民房拆迁中,建房经费实行拆迁补偿费、政府补贴、职工单位公积金"拼盘"。安置结合房改,拆迁户按成本价优惠买房。对无力买房的退休职工、教师等,拆迁房按拆一赔一的办法安置。从1994年5月开始建造新的安置房,至12月新房建成,84户居民拆迁安置工作同时完成。

对6 433平方米商业用房,洛社镇政府统一规划,拆迁部分工厂,让出交管所停车场,建新商业用房,仅用3个多月就形成新的商业区,解决了商业职工的就业出路。

苏南运河无锡段全面整治工程,共开挖土方531.47万立方米,新建护岸37.797公里,修理护岸驳岸17.957公里,改建桥梁13座;共征地1 139亩、拆迁各类房屋15.39万平方米;绿化堤岸64.5公里,设置各类航道标牌104块,并清除两岸违章吊机33座、碍航码头27座,清除两岸各类垃圾及堆积物1.6万多立方米。完成投资32 974.9万元,其中地方配套投资5 316.94万元。

四、苏州段

苏州是蜚声中外的历史文化名城,古运河两岸文物建筑达22处。自苏州市河改线以来,在运河整治中保护了盘门三景中的吴门桥,以及寒山寺、宝带桥、横塘驿亭、新郭越城遗址等。为保留宝带桥,使运河改线北移;为保护寒山寺古寺,拆除枫江桥南移200米建何山桥;为保护浒墅关文昌阁,航道中心线改为偏向左岸,拆除1座冷库;为保留横塘古驿亭,航道向右岸偏移20米。采取上述措施后,原有文物古迹基本在原地保存。

苏南运河苏州段全面整治工程,战线长,工程量大,任务重。为此,1992 年 5 月,苏州市政府以苏府[1992]49 号文《关于成立苏州市苏南运河整治工程领导小组及指挥部的通知》,明确由副市长沈长全任组长,交通局局长许德宝、吴县副县长顾梅生、郊区副区长顾仙根任副组长,各有关部门负责人为领导小组成员。下设指挥部,由领导小组成员、交通局副局长赵关根兼任指挥。指挥部设在市航道管理处。

为确保工程质量,施工队伍,桥梁采用招标方式,驳岸采用筛选方式选用。土方工程既发挥航道自身工程队伍的优势,又注重选择有活力的集体中小型企业和个体施工队伍。同时,指挥部设总监代表办公室,下设桥梁监理组、航道监理组、综合组和测量检验组等机构,并外聘交通部华通监理公司 2 名监理工程师,加强工程建设的监理工作。

(一)航道工程

苏州段航道全面整治工程遍布全线 81.8 公里,因战线长、任务大,决定采取分段组织实施。

第一段,五七桥至横塘段 24.26 公里,1993 年 3 月开工,1995 年 12 月竣工。该段从五七桥经望亭镇、浒关镇、枫桥镇至苏州市河改线起点横塘镇,经过 3 个大集镇,工矿企事业单位码头达 85 座。望亭电厂、苏州钢铁厂、白洋湾综合交通枢纽等作业码头均布设在航道左岸。从上述城镇布局规划出发,并考虑电厂取水,钢厂与装卸码头生产作业等,采用航道中心线偏向右岸为主的整治方案。既可少拆迁房屋,又可减少企事业单位由于搬迁而造成停产损失,且可对浒墅、光福河段交汇口门改造拓宽,改善原航行不安全的因素。该段整治工程,以浒关市河与白洋湾难度最大。浒墅关市河施工时,组织 28 家设备好、技术力量强的施工队伍,配足挖泥船、运泥船、打捞船及陆上开挖的挖掘机,运用爆破、潜水打捞、焊割、挖掘、疏浚等多种施工方法,24 小时轮番作业。在拓浚浒墅关市河时,水下有一块 40 平方米、重 80 多吨的钢筋水泥底板必须清除,市航道处 57 岁的潜水员邱志方,不顾寒冷,用4公斤压力的水枪从上午9时至下午2时在水中冲出一个透过底板可穿钢丝绳的空洞,在其他潜水员配合下,穿进钢丝绳,缚住这一庞然大物,再利用水的浮力,进行水下移位,终于清除掉这一拦路虎。

第二段,吴江三里桥段3.85公里裁弯取直工程,于1994年6月开工,1996年9月竣工。该工程北起吴江试剂厂南侧,南至吴江新区加油站附近,原航道底宽10~30米,水深1.5~2.5米,且有多处急弯,特别是三里桥系单孔石孔桥,净跨仅13米,束水严重,航行条件极差。此次裁弯于吴江试剂厂南岸起,先进行航道单边拓宽,后再裁弯取直,至浮玉洲桥后与原航道连接;在云梨桥再次裁弯取直,至小庞山村150米处与原航道相接。裁弯后航道总长比老航道缩短达1/3。此段裁弯土方工程由吴江市疏浚工程公司、吴江市环卫市政公司、苏州市交通经营服务工程公司、吴江土方队、松陵镇庞山村多种经营服务站5个单位承担施工任务。南北两端单边拓宽段水下土方先期上马,继又在浮玉洲桥建成的陆运土方唯一通道开通后,挖掘机、运泥车、挖泥船、运泥船齐集,陆上土方、水上土方一齐上,至1995年7月完成90%的土方工程,为驳岸工程上马提供了条件。

第三段,宝带桥至吴江试剂厂和吴江加油站至平望草荡口30.9公里整治工程,于1995年5月开工,1996年12月竣工。

第四段,五七桥至平望草荡口67.8公里的完善工程和标准化美化工程,于1997年2月开工,8月底竣工。

第五段,平望草荡口至鸭子坝13.96公里整治工程,因省界水利矛盾影响,迟迟未能开工。经多次协商,方得到解决,作为交工验收遗留问题,于1997年12月开工,至1998年8月31日竣工。

苏州段大规模的航道疏浚,在边通航边施工的情况下进行。挖泥船、运泥船密布于航道中,加上南来北往的船舶,稍有疏忽,随时都会发生各种航行安全事故,造成航道堵档。为此,指挥部采取切实有效的措施，做到精心组织、精心管理。首先在施工力量组织上，充分发挥航道系统挖泥船设备好、技术力量强的优势，以6县市航道船组为主力，并择优选择社会挖泥船参与，确保有足够的施工力量。其次，专门成立泥土出路工作领导小组，联系苏州新区、工业园区、吴江新区、公路建设单位、沿线乡镇、窑厂及吹填复耕等有用土需求的单位和部门，使疏浚土方70%以上得到综合利用，及时运出工地。第三，成立现场协调工作组，负责现场指挥调度，协调船组之间、船组与地方之间的矛盾，解决施工中出现的重大问题。1997年7月9日，江苏省交通厅于镇江召开“大干100天，全面完成苏南运河整治工程动员大会”，当时全线尚有213万立方米剩余土方未挖（不含平望以南），而苏州即达127万立方米，占60%。面对这一形势，苏州市也于7月17日召开动员大会，指挥部迅速组织64支施工队伍，115艘挖泥船、420艘运泥船和12台陆上挖掘机投入决战。指挥部50多名管理人员全部深入现场，吃住在工地，采取三人一组，一人一段，分段包干，跟班管理，负责施工进度、质量、安全检查。施工中参战人员达3 000多人。经50多天的顽强拼搏，终于实现了动员大会的预定目标，8月底土方疏浚任务全线告捷。图3-5为苏州运河整治施工场景。

图3-5　苏州运河整治施工场景

平望草荡口至鸭子坝段长13.96公里，整治工程于1997年12

月开工，1998 年 8 月 31 日竣工。疏浚航道土方 201.5 万立方米，新建驳岸 20 796 米，维修驳岸 786 米，设置标志牌 15 块，征地 434 亩，拆迁房屋5 065平方米。苏州大通建设工程集团公司和 6 县市分公司、吴江疏浚工程公司、苏州航道处工程队等单位承担施工任务，直接参与施工的人员达 2 000 多人，完成工程投资7 044.01万元。

鸭子坝至乌镇段系江浙两省界河段，航道属浙江省管辖，但右岸地域基本属江苏范围。经两省交通部门协商，右岸整治工程交由江苏实施，1998 年 12 月开工，至 1999 年 8 月 31 日竣工。该段工程北起鸭子坝，经吴江南麻镇、铜罗镇、桃源镇至浙江乌镇养鸭场，长15.411公里。共完成航道疏浚土方 58.5 万立方米，新建驳岸 15 709 米，征地 291.11 亩，拆迁房屋 2 278 平方米，完成工程投资 2 908.7 万元。

苏州段全面整治工程 5 年中，累计综合利用土方达 680 余万立方米，占航道疏浚土方的 73.3%。其中向苏州新区、工业园区、吴江新区等基建工程提供土方 228 万立方米，公路路基用土 60 多万立方米，窑厂、煤球厂用土 60 多万立方米，复耕土地用土 286 万立方米等等。由于土方的大量综合利用，复耕土地 2 000 多亩，因基建和公路用土减少挖废农田 1 000 多亩，减少压废土地 5 000 多亩，保护了大片国有土地，为农业生产和经济发展做出了贡献。

苏州段全面整治工程新建驳岸 68 公里（不包括平望以南 36 413 米），砌筑石方 35 万立方米。因南北地质情况变化较大，尤其是吴江段 40 多公里，一般地表 1 米以下均为淤泥层，厚度普遍在 10 米左右。为寻求经济合理的驳岸基础结构，经 3 种不同的驳岸基础试验，最终确定以短木桩为基础的浆砌块石驳岸。在施工队伍的选择上采用逐步筛选的方法，优胜劣汰，使驳岸工程队伍较精干，进度较快，质量也较好。尤其是采取小型插入式振捣棒进行灌浆振捣，使墙体密实饱满，取得较好的效果，并在苏南运河全线推广运用。

(二)桥梁工程

苏州段全面整治工程改建桥梁12座,有工农桥、灰管桥、望亭桥、北津桥、浒关桥、南津桥、兴贤桥、何山桥、尹山桥、云梨桥、浮玉洲桥、坛丘桥等。其中北津桥、云梨桥和坛丘桥采用转体工艺施工建设。除何山桥与尹山桥作为补贴项目由苏州市建委和吴县市交通局组织施工外,其余桥梁均由苏州市指挥部组织施工。另有平望新运河大桥,因公路改线方案确定较晚,开工较迟,于1998年9月建成,评定为优良等级。

桥梁施工传统工艺一般为“有支架拼装与无支架拼装”两种,施工时对航道安全畅通多少会造成影响。为不影响航道畅通,委托上海城建学院设计研究院设计的浒墅关北津桥,主桥为变截面预应力连续刚构体系(40+65+40)米,采用转体施工工艺。在两岸沿河陆地上施工,通过两岸主墩旋转90度,使主孔合龙跨河成桥。该桥荷载等级为汽-20、挂-100,主跨跨径65米,桥面宽10米。工程直接投资额为646.46万元(不包括引道接线)。

在同济大学金成棣教授提议和上海同济规划建筑设计研究总院总工程师赵立成的主持下,于1992年9月完成北津桥施工图设计。承建该桥的施工单位是浙江省湖州市镇西桥梁工程公司,他们凭多年桥梁施工实践、技术状况稳定、设备机具齐全、现场管理认真和敢闯敢干的精神,以合理的报价中标,于1993年3月15日开工,1994年10月28日完工并报请验收。

派驻北津桥工地的监理工程师为苏州市航道处年轻技术人员丁志农,他先后承担了苏南运河上9座桥梁的现场监理,以勤学、认真和能吃苦为人称道。在北津桥监理中,他除认真做好常规的质量控制外,重点协同设计、施工部门把好桥梁转体工艺质量关。

北津桥转体的转盘为钢筋混凝土铰支承,由主桥墩承台上半径为0.95米的磨心与桥墩上的磨盖曲面接触组成。磨心制作,先要扎制磨心钢筋及预埋传感器,继而进行磨心混凝土浇筑,控制好曲面高程,待混凝土达到80%设计强度后进行磨光处理,涂以黄油,在其上立模进行磨盖钢筋混凝土的浇筑,磨盖重量控制在13吨以内。待磨盖混凝土达到100%强度后,上下要进行多次试转磨合。要求磨菇头和磨盖接触面达到或超过70%以上,再加黄油,合上磨盖,使其居中,在磨盖上浇筑其主墩和进行上部结构施工。沿河搭设支架,按常规分段浇筑变截面预应力连续刚构桥体。预应力高强度低松弛钢绞线用后张法张拉工艺施工,全桥205根束达到张拉力和伸长量双量控制,确保施工质量。

东西转体重量各为1 200吨,转体纵向长度71米,横向宽度10米。转体过程,是用千斤顶平卧在承台上,一端对准墩帽一侧,另一端支承在临时后座上,通过千斤顶顶推产生转动力矩,带动转盘转动。每顶推一个行程,以水准仪和连通器测得转体两端变动量,及时调整转体两端重量和千斤顶顶推位置,保证转体的稳定和平衡。经过约3个小时的转动,基本就位。控制东西转体合拢端高差在0.5~1.0厘米内,在边墩端部及主墩帽下垫入永久支座。最后进行中孔3米合拢段施工。图3-6为转体磨合试转。

图3-6 转体磨合试转

北津桥建设是在边拆迁、边施工条件下进行的,直到开工后已7个月的1993年年底,主桥位房屋才基本拆除。1993年8月又遇洪水,工地水深达0.5米以上,所有施工用房全部进水,被迫停工20多天。施工单位全力克服困难,保证桥梁施工质量。奋战了1年零7个月,终于顺利完成北津桥建设任务。经指挥部验收评定,质量等级评为优良。图3-7为北津桥转体施工现场景况。

图3-7 北津桥转体施工现场

北津桥转体施工工艺圆满成功,这在平原地区,特别是航运繁忙的京杭运河上尚属首次。实践证明,该桥主要优点是:结构合理,受力明确,工艺简便,节约材料,施工周期短,安全可靠,不影响通航,社会效益好,工程造价低。随后,主跨75米、桥宽17.5米、每侧转体自重1 950吨的云梨桥和主跨达85米、桥宽17.1米、每侧转体自重近2 000吨的坛丘大桥,相继选用转体施工工艺建成。且云梨桥和北津桥是同一个设计单位和施工单位设计和承建。常州市奔牛镇跨运河的金牛公路大桥亦采用转体施工工艺建成。

1997年10月,在江苏省交通厅、江苏省人事厅表彰决定中,浙江省湖州市镇西桥梁工程公司被表彰为苏南运河整治工程建设先进集体,转体桥的设计者赵立成、施工单位项目经理庞永年和驻地监理工程师丁志农,均被表彰为苏南运河整治工程建设先进工作者。

建桥难,拆桥也不易。苏州段的苏南运河在全面整治过程中拆除的碍航桥梁,均属钢筋混凝土结构,桥体重,体积大,在新桥建成后,这些老桥被一一拆除。兴贤桥是一座可行坦克的大桥,桥体上部结构约500吨重,拆除任务由苏州市民用爆破工程公司承担,1997年8月1日凌晨,在兴贤桥南拱肋的东西根部和跨梁上打出的114眼孔中,埋置6公斤炸药,7时30分准点实施爆破,拱肋桥体断成3节倒入河中,北侧近在咫尺的新桥丝毫未受影响。打捞船仅用5个小时即将断残的桥体打捞完毕,恢复通航。北边拱肋于8月3日以同样方法拆除。在此前有浒关、枫桥、横塘、尹山等8座碍航桥梁也先后被拆除。负责拆桥清障打捞的苏州市航道站403船队长范正华,业绩突出,被江苏省委、省政府表彰为苏南运河整治建设功臣。

(三)征地拆迁

苏州段沿线两岸民居、厂房、商业网点密集,沿河供电、电话、广播线路纵横交错,拆迁量大,非常困难。时任市委书记王敏生亲自到浒墅关镇做拆迁动员,分管市长多次现场办公。拆迁工作人员走家串户上门说服动员。剩下最后一家,航道处处长周鼎多次登门耐心说服教育,有针对性地做思想工作,这一家终于同意服从大局,为运河让道。

浒墅关镇拆迁的653户大都是破旧的民房,为改善拆迁户的生活环境,提高他们的生活质量,指挥部专门在镇南征地148亩,并由地方政府与指挥部共同投资428万元,解决安置小区的供电、供水、排水、道路、绿化等小区配套工程。安居房逐步建成,拆迁户得到妥善安置。

截止到1997年10月13日苏州段整治工程交工验收,苏州市共完成疏浚土方928.43万立方米,新建块石驳岸68.48公里,加固修理旧驳岸63公里,改建跨运河大桥12座,新建停泊锚地6处,计87 000平方米,设置标志牌318块,征用土地2 616.11亩,拆迁房屋137 836.9平方米,共完成建设投资4.8亿元。

本期苏南运河全面整治工程,自1992年8月无锡市率先开工,历经5年零两个月,前后共有7万名建设者共同奋战,至1997年10月全线基本告竣。5年间累计完成总工程量为:征地8 945亩(包括同济桥300亩),拆迁69.38万平方米(包括同济桥3.78万平方米、吴桥4.16万平方米),疏浚土方3 832万立方米,新建护岸286.026公里(其中混凝土预制块护坡45.82公里,法布护坡4.11公里,浆砌块石护坡 236.096 公里),新建桥梁 39 座,新建港口 1 座,设置停泊区 33 处(长 11 305 米,计 35.8 万平方米),设置各种标志牌 1 309 块,堤岸植树绿化 339 公里,铺植草皮 148 万平方米;拆除违章码头 43 座,吊机 61 台,清除沿岸各种违章堆放物和各种垃圾 4 万立方米。除尚未完成的苏州平望至鸭子坝段航道工程、平望新运河大桥工程、常州市区段怀德桥、广化桥改建工程外,已建成的 53 个单位工程(航道 13 个、桥梁 39 个、标牌 1 个)均被评为优良工程,优良率为 100%。全线所有工程共耗用钢材 17 039 吨,木材 25 705 立方米,水泥 34.5 万吨,黄砂 112 万吨,石料 356.5 万吨。

以中科院院士严恺、工程院院士梁应辰为顾问,工程院院士刘济舟为组长的 12 名航运、水利和桥梁等方面的资深专家组成的评议组,于 1997 年 10 月 5 日至 7 日对苏南运河全面整治工程进行考察、评议。专家组的评议意见是:这次苏南运河整治是历史上规模最大、标准最高、难度最大、效益最为显著的一次全面整治工程;整治工程总体设计合理,工程质量优良;认为苏南运河整治工程在总体上达到国内领先水平,可以作为全国内河航道建设的样板。

党和国家领导人以及交通部和江苏省委、省政府对苏南运河全面整治极为关心,先后有李鹏、邹家华、彭冲、尉健行、费孝通前来苏南运河视察。国务院邹家华副总理为江苏省开征航道重点工程建设资金亲自批示,并于 1995 年 10 月在南京主持召开全国内河航运建设工作会议,安排与会代表视察苏南运河,还作了“千年古运河,今朝展新姿”“银带苏南行,经济随河飞”等题词。1996 年 12 月 11 日,交通部黄镇东部长到工地视察并接受记者采访。中共江苏省委、省人民政府于 1997 年 10 月 23 日做出决定,对苏南运河整治工程建设 13 个有功单位、14 名建设功臣进行表彰。江苏省交通厅、江苏省人事厅也对苏南运河整治工程建设 21 个先进集体和 77 名先进工作(生产)者给予表彰。1997 年 12 月 26 日苏南运河全面整治工程竣工典礼,江苏省委、省政府和沿河 4 市各级领导、交通工程建设、管理人员等参加,邹家华副总理专程前来剪彩(见图3-8)。

图3-8　苏南运河四级航道通航典礼

苏南运河整治工程建设先进单位及有功人员见表3-1,表3-2 。

江苏省苏南运河整治工程建设有功单位和建设功臣名录　　表3-1

建设有功单位(13个)	
江苏省交通厅航道局	苏南运河整治工程总监理工程师办公室
江苏省交通规划设计院港航室	镇江市航道管理处
镇江市港航工程公司	常州市航道管理处
常州市航务责任有限公司	武进市交通建设工程总公司桥梁工程处
无锡市苏南运河(无锡段)整治工程指挥部	无锡桥梁工程公司
苏州市航道管理处	苏州市航道管理处航道工程队
苏州市郊区浒墅关镇大运河整治工程指挥部	

续上表

建设功臣(14 名)	
张明明(女)苏南运河整治工程总监理工程师办公室	盛昌玛(女)苏南运河整治工程总监理工程师办公室
王玉高 镇江市交通局	姚坤兴 京杭运河镇江段整治工程办公室
王可夫 镇江市航道管理处	邵宝坤 常州市交通局
常全根 常州市苏南运河整治工程指挥部	王博铭 常州市航道管理处
徐洪旺 无锡市交通局	薛善英 苏南运河无锡段整治工程指挥部
张金海 锡山市交通局	赵关根 苏州市交通局
周 鼎 苏州市苏南运河整治工程指挥部	范正华 苏州市区航道管理站 403 船队

江苏省苏南运河整治工程建设先进集体和先进工作(生产)者名录 表 3-2

建设先进集体(21 个)	
江苏省交通科学研究所桥梁设计组	江苏省交通厅工程质量监督站水运工程监督科
江苏省交通厅航道局财务科	江苏省交通厅航道局政工科
京杭运河镇江段整治工程办公室大泊监理组	京杭运河镇江段整治工程办公室工程科
安徽省怀远县机械化施工公司辛丰、大泊段项目经理部	铜山县土方机械化施工管理处大泊段项目经理部
丹徒县国土管理局	常州市苏南运河整治工程指挥部工程科
常州市戚墅堰区建设局	武进市大运河整治办公室
无锡市航道管理处	锡山市航道管理处
锡山市洛社镇运河整治指挥部办公室	无锡市市政建设工程总公司吴桥改建工程项目经理部
苏州市苏南运河整治工程指挥部工程科	苏州大通工程建设集团公司
吴县市苏南运河整治工程指挥部	京杭大运河吴江段整治工程指挥部
浙江省湖州市镇西桥梁工程公司	

续上表

建设先进工作(生产)者(77名)			
陆维让	江苏省交通厅航道局	陈家伟	江苏省交通规划设计院
王建元	京杭运河江苏省交通厅苏北航务处	陈文辽	江苏省交通规划设计院
卞林源	江苏省交通厅航道局	殷小慈	江苏省交通厅航道局
王　辉	苏南运河整治工程总监理工程师办公室	孙宝林	苏南运河整治工程总监理工程师办公室
袁　琦	镇江市交通局	于荣久	京杭运河镇江段整治工程办公室
潘忠兴	镇江市航道管理处	赵苏庆	京杭运河镇江段整治工程办公室
蒋立平	京杭运河镇江段整治工程办公室	顾庭仁	镇江市航道管理处
蒋辉明	镇江市交通工程建设管理处	蒋燕春	京杭运河镇江段整治工程办公室
周克祥	镇江市航道管理处	陈步洲	京杭运河镇江段整治工程办公室
汤建华	京杭运河镇江段整治工程办公室	邹玉光	京杭运河镇江段整治工程办公室
解志明	镇江市港航工程公司	丁国平	镇江市港航工程公司
谢荣方	镇江市水利建设工程总承包公司	吕尚元	安徽省怀远县机械化施工公司
王德智	丹徒县交通局	王海兵	镇江市港航工程公司
于明生	镇江市航道管理处	白仲官	常州市航道管理处
虞国俊	常州市苏南运河整治工程指挥部	黄永铭	常州市苏南运河整治工程指挥部
肖红铃	常州市航道管理处	卞友良	常州市航道管理处
赵杏娣(女)	常州市苏南运河整治工程指挥部	钱德铭	常州市苏南运河整治工程指挥部
李全文	武进市航道管理处	蒋国良	常州市轮船运输公司
恽仁君	常州市水文勘测处	葛梅芳(女)	常州市轮船运输公司
谈仲兴	武进市航务工程公司	蔡仁良	常州市航务责任有限公司
朱红亮	武进市交通建设工程总公司	杭金生	常州市航道管理处市区航道站
高正华	常州市规划国土管理局	童世均	无锡市苏南运河整治工程指挥部

续上表

建设先进工作(生产)者(77名)			
王立新	无锡市苏南运河整治工程指挥部	刘荣忠	无锡市苏南运河整治工程指挥部
周桂荣	无锡市苏南运河整治工程指挥部	陆国雄	无锡市航道管理处
徐耀忠	无锡市航道管理处	姜才平	无锡市航道工程公司
唐荣庆	无锡市航道工程公司	吴　匡	无锡市航道工程公司
李林福	江阴市交通航务工程有限公司	顾泉秀(女)	无锡市交通工程质量监督站
吴裕良	锡山市航道管理处	陆惠良	锡山市航道管理处
冯惠德	锡山市航道管理处	沈伯英	无锡市桥梁工程公司
沈仁生	无锡市桥梁工程公司	许瑞诒	苏州市交通局
钱泉芳	苏州市航道管理处	刘　社	苏州市苏南运河整治工程指挥部
徐巧元	苏州市航道管理处	顾烨华	苏州市苏南运河整治工程指挥部
胡葛宏	苏州市苏南运河整治工程指挥部	丁志农	苏州市航道管理处
刘荣观	苏州市苏南运河整治工程指挥部	陈　华	苏州市航道管理处航道工程处
沈正锦	苏州大通工程建设集团公司三元分公司	王江淮	苏州市郊区大运河整治工程指挥部
费阿春	吴江市交通局	顾根元	吴县市航道处
崔发明	京杭大运河吴江段整治工程指挥部	戴根林	苏州大通工程建设集团公司吴江工程公司
赵立成	上海同济规划建筑设计研究总院	庞永年	浙江省湖州市镇西桥梁工程公司
汪林生	吴县市交通局		

第四节　水源补泄

苏南运河的通阻，水源是其必要条件。望亭以北，尤其丹阳至镇江地段，地势高仰，运河水源主要依靠长江补给，当今建有湖西引排工程，航运用水得以保证。常州以下，地势平坦，运河水源随太湖等水自然调节，航运水源也得到保证。唯遇太湖洪水，运河航运同受其害。当代"两河一线"太湖防洪工程，使运河通航保证率得到有效提高。

一、湖西引排工程

湖西地区，系指太湖流域西北部约 7 800 平方公里的地区，约占太湖流域的 1/4。其南部、西部多为山区丘陵，东部多为高亢平原，夹有圩洼湖荡，既怕旱，又怕涝。苏南运河从谏壁向南流经湖西地域达 60 余公里，占全线约 30%。

1949 年后，该地区先后共兴建了大中小水库 350 余座和塘坝 12 万个，总库容达 14 亿立方米，并开挖整治各级河道，拓浚入湖入江水路。其中东西向入湖骨干河道有南河、中干河、北干河等 10 余条；南北向骨干河道有丹金溧漕河、扁担河、武宜河等 5 条；通江骨干河道有苏南运河、九曲河、新孟河等 6 条及次要港道近 20 条。这些纵横骨干河道组成的水系，对湖西地区引水、排水及水运等起到综合性作用。

为进一步解决湖西地区引、排问题，水利部门几经规划研究，于 1974 年制定出立足长江，设站抽排，灌排结合的"四站二线、四纵四横"为骨干的湖西地区治水总体规划。"四站"是沿江新建谏壁、九曲、新孟、德胜 4 座抽水站；"二线"是兴建沿太湖的灌溉控制线和高水高排控制线；"四纵四横"是 4 条南北向河道和 4 条东西向河道。这些工程联系丘陵山区众多的大中型水库及平原地区河网站网，形成蓄、引、提、调相结合的水利网络。不仅可使该地区680万亩耕地得以旱涝保收，而且从根本上解决该区段运河航运用水问题。

根据湖西地区水利规划，从20世纪50年代起，镇江和常州地区就对以苏南运河镇武段为主的沿江引排河港逐年进行了拓浚，并在长江口建成了谏壁节制闸。后来对九曲河、丹金溧漕河、新孟河、德胜河、南河、武宜运河、湟里河、中干河等20多条骨干河道，又进行多次拓浚，在沿江先后建成九曲河、小河、魏村等中小型水闸19座，从此沿江大小河港引排有了控制。由于湖西引排河道连年拓浚，引排效益有较大提高，与1958年以前相比，引水流量由原来不足60立方米/秒增加到500立方米/秒；排洪流量由不足50立方米/秒增加到1 100立方米/秒。这些工程的建成，不仅加大了沿江引、排水能力，减轻了向太湖引、排水的压力，而且为后来在沿江设站引排并举创造了条件。太湖湖西引排工程规划见图3-9。

谏壁抽水站是苏南沿江的第一座大型泵站，于1976年列入江苏省地方基建计划开工建设，设计流量为120立方米/秒，建于苏南运河通江口门的谏壁镇。于1978年6月建成投入使用。抽水站安装2.8CJ-70立式全调节水流泵6台，单机流量21立方米/秒，配套同步电机型号为：TDL-325/36-40，单机功率1 600千瓦。从1978年到1996年的19年中，有14年开机运行，累计翻引江水和抽排内河洪水20.8亿立方米。其中1983、1991和1996三个洪水年，即向长江抽排6.96亿立方米，对减轻太湖洪水压力起到了显著作用。1978年大旱，翻引江水6.37亿立方米，补给湖西地区280万亩农田的灌溉水源，运河航运用水也得以保证。

1991年的治理太湖工程，按照《太湖流域综合治理总体规划方案》，对湖西地区入江、入湖河道进行整治，进一步提高了湖西地区引排能力。2003年10月，谏壁抽水站进行增容除险改造，设计流量160立方米/秒。拆除原水泵及电动机，重新安装6台立式全调节轴

图 3-9　太湖湖西引排工程规划示意图

流泵,型号为2800ZLQ27-3,单机流量27立方米/秒,配套TDL1800-40/3250同步电动机。九曲河、德胜河等抽水站及其水利枢纽工程也相继建成投入运行。2004年建成九曲河引排两用80立方米/秒抽水站、2孔总净宽24米的节制闸和12(16)×190×2.5米船闸各一座。1995年在德胜河口建成魏村水利枢纽工程,有60立方米/秒的引排两用抽水站、3孔总净宽24米的节制闸和12(16)×160×2.5米船闸各一座。2002年6月还建成藻港水利枢纽工程,有引排两用10立方米/秒抽水站、净宽16米的节制闸和12(16)×190×2.5米船闸各一座。

二、"两河一线"工程

太湖洪水出路古为东江、吴淞江,娄江,后演变成归江众港浦。中华人民共和国成立后,并港建闸,对主要通江河港——浏河,杨林塘、白茆塘、七浦塘等经过多次整治,成为苏州、无锡地区排洪引江的主要河流。1954年大水后,为治理太湖洪水,江苏省水利厅受水利部委托,自1957年就组织开展太湖流域水利规划工作,提出"两河一线"治水方案。即从太湖边开一条排洪专道连接黄浦江,泄洪入海,称"太浦河";沿望亭至常熟一线,开辟一条河道主要排泄澄锡虞高区涝水直接入江,辅助排泄太湖部分洪水,称"望虞河";沿太湖周边建一条长242公里的堤线,称"太湖控制线"。图3-10为太湖流域综合治理骨干工程示意图。

"两河一线"方案虽于1959年经有关省市协商,并经中共中央华东局和水电部批准,江苏境内的工程相继开工,但浙江、上海未能同时实施。在党中央、国务院领导同志直接关怀下,并经长江及太湖流域开发整治领导小组多次协调,1987年《太湖流域综合治理总体规划方案》经国家计委批准实施。确定太湖流域洪水按1954年型标准治理,洪水的安排是:太湖容蓄45.6亿立方米,太浦河泄洪22.5亿立方米,望虞河泄洪23.1亿立方米,湖西有效

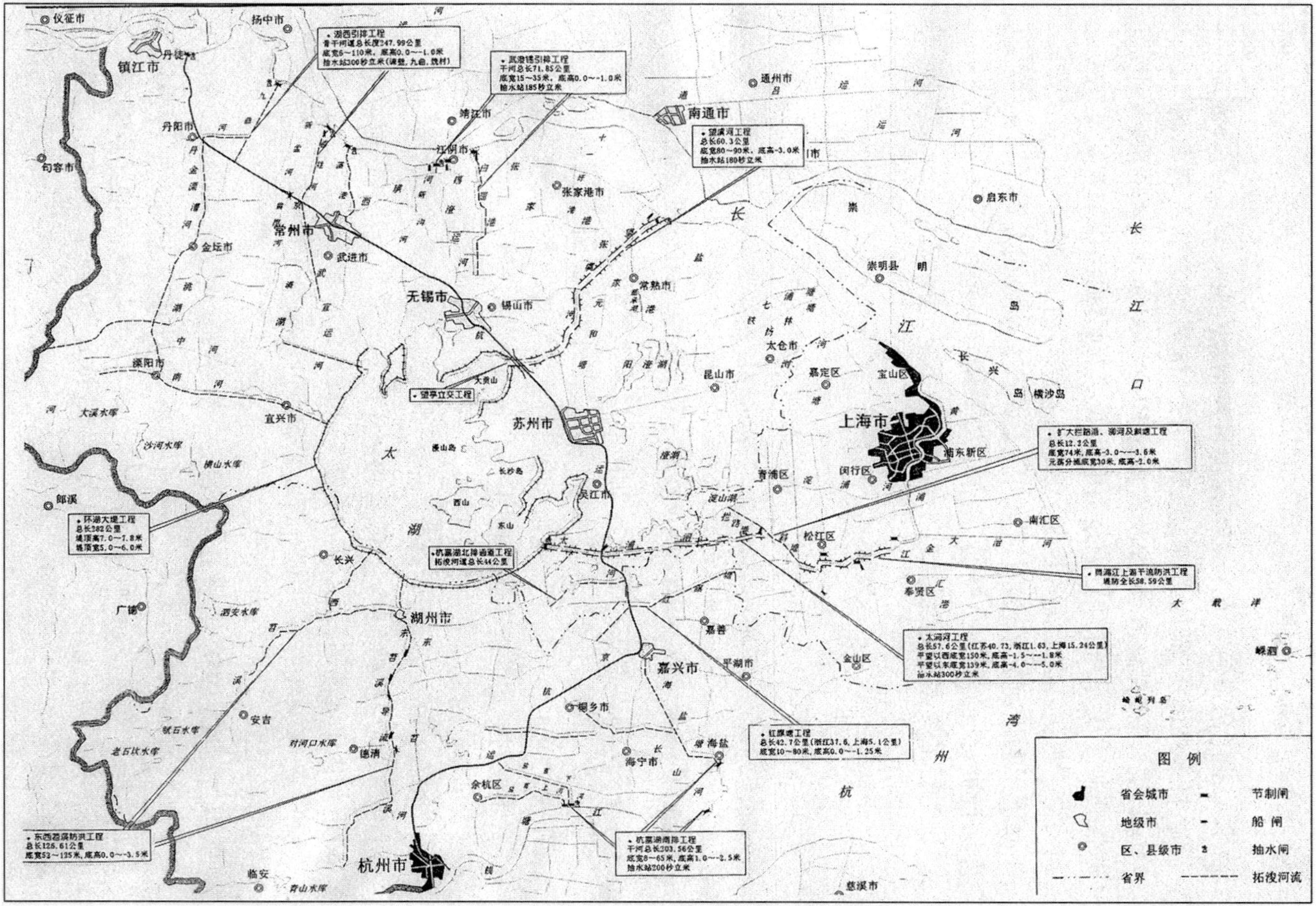

图3-10　太湖流域综合治理骨干工程示意图

抽排入長江6.7亿立方米。工程项目包括:太浦河,望虞河,环太湖大堤,杭嘉湖南排,湖西引排,武锡澄引排,杭嘉湖北排,红旗塘、东西苕溪防洪,扩大拦路港、泖湖及斜塘等10项。对太湖洪水的治理,江苏省交通厅从统筹兼顾苏南运河航运要求方面,提出相关意见,均得到采纳。为实施湖西高片控制,在常州新闸运河上设置大孔移动闸,平时不影响运河航运;望虞河与苏南运河交汇取立交方式,保证在望虞河行洪时运河能安全畅通;而在平望太浦河与苏南运河交汇处,平望北闸暂不考虑设置,尽量减少对航运的影响,使水资源充分发挥其综合利用的效益。

(一)太浦河工程

1958年11月苏州专区成立"太浦河太湖分洪工程指挥部",当年动员民工12万人施工,历时5个月;1960年2月又复工,出勤7.8万人,历时4个月;两年共完成土方1 905万立方米。位于太浦河入湖口的太浦闸,也于1959年10月竣工。1978年11月再次兴工,完成土方517万立方米。到1987年国家计委批准《太湖流域综合治理总体规划方案》出台时,太浦河江苏段已基本形成,浙江、上海段还未开通。1991年一场大水敲响警钟,经国家计委批准,太浦河工程按总体规划方案继续实施。1991年冬开始,江苏、浙江、上海境内全长57.6公里的太浦河工程全面施工,至1998年基本完成。江苏境内太浦河长40.8公里,河道开挖土方1 792万立方米,筑堤土方189万立方米,河岸护砌63.5公里,建跨河桥梁3座,两岸支河控制建筑物34座,加固了太浦闸,累计完成投资40 306万元。此外为解决上海市水源问题,国家投资在太浦河闸南侧建成设计流量300立方米/秒的抽水站一座。

太浦河自1958年动工后,下段一直不通,太湖洪水不能直泄黄浦江。时隔33年,遇上1991年大水,江泽民总书记亲临协调,炸开下游几个坝,太浦闸首次开闸67天,行洪12.34亿立方米,最大泄量402立方米/秒,使太湖水位相应降低50厘米,两省一市均

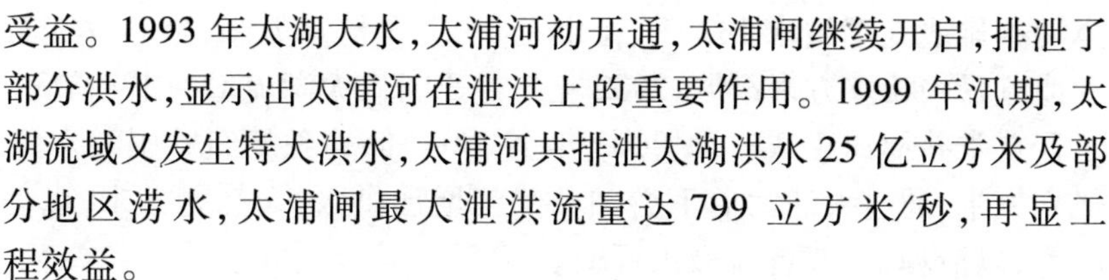

受益。1993 年太湖大水，太浦河初开通，太浦闸继续开启，排泄了部分洪水，显示出太浦河在泄洪上的重要作用。1999 年汛期，太湖流域又发生特大洪水，太浦河共排泄太湖洪水 25 亿立方米及部分地区涝水，太浦闸最大泄洪流量达 799 立方米/秒，再显工程效益。

（二）望虞河工程

望虞河全长 60.3 公里，其中下段 37 公里基本上是平地开河，于 1958 年 11 月开工，最高出勤 12.5 万人，经 5 个月施工，完成土方 1 417万立方米，并建成望虞河节制闸。1991 年大水后，治理太湖工程按照批准的总体规划方案全面突击，望虞河上段一期工程先行施工，从 1991 年 11 月到次年 5 月，实现了望虞河全线贯通，达到泄洪能力 150 立方米/秒的要求。望虞河二期工程于 1992 年 11 月开工，1993 年全面完成。河道挖填土方 4 600 万立方米，河岸护砌 130 公里，建河口及江边控制枢纽及支河配套建筑物 64 座，跨河桥梁 20 座，完成投资 12.864 3 亿元。设计流量为 400 立方米/秒的望虞河与苏南运河立交工程及设计流量 500 立方米/秒的江边水利枢纽工程，于 1993 年和 1997 年相继建成。河口建有引排结合的抽水站一座，设计流量为 180 立方米/秒，遇 1971 年型干旱时，4 至 10 月可引江水补给太湖 28 亿立方米。

望虞河自 1958 年开挖、1962 年后筑堤建闸，以后基本形成了望虞河东控制线，起到了高低分治的作用，使西部高地来水不压向东部低区。1991 年 7 月在特大暴雨袭击下，加上客水过境，常熟市望虞河水位陡涨 1.5 米，张桥、练塘、芦荡等地水位普遍超历史。常熟市突击加高加固堤防，望虞河东岸实行控制，挡住河水向东南低区倾泻，减轻了阳澄圩区和虞山镇的防洪压力。1978 年、1979 年和 1990 年大旱，望虞河分别引进江水 5.3 亿、1.7 亿和 1.1 亿立方米，有效地补充了水源，保证了灌溉和航运。1999 年太湖流域特大洪水，望虞河共排泄太湖洪水 132 天、排洪总量 27.3 亿立方米,望亭立交最大泄流量 695 立方米/秒。2002 年 1 月 30 日,太湖流域“引江济太”工程在常熟枢纽正式启动,2002 年至 2005 年,常熟枢纽共引江水 74 亿立方米,通过太浦河向下游和黄浦江增加供水 56 亿立方米,以动治静,以清释污,改善流域水环境。

(三)环太湖大堤工程

江苏境内环太湖岸线长 349 公里,扣除山丘地段环太湖大堤长 270 公里。1977 年苏州东太湖大堤复堤列入省基建项目,动员 22 万民工,完成了 69 公里复堤任务。1983 年大水后,苏州、无锡太湖复堤工程列入省防汛应急专项工程,采取省与地方财政 1∶1 的办法共同投资,加快了环太湖大堤建设。至 1986 年春,环太湖大堤基本形成,蜿蜒 64 公里的直立式浆砌块石挡浪墙也同时建成,沿湖涵洞、排灌站、桥梁、绿化基本配套。大堤全线工程完成后,中共苏州市委、市政府分别在吴江庙港和吴县胥口建成两座太湖大堤纪念碑亭。与此同时,无锡市还建成了犊山控制工程,既防御太湖洪水入侵,又可排除内涝,并控制市区污水入湖,保持内河航运水位。苏州市于 1993 年兴建胥口水利枢纽。

1991 年太湖治理工程全面实施,环太湖大堤按防御 1954 年行洪的太湖设计水位 4.65 米全线加固,形成达标堤防 232 公里,防浪护坡 231 公里,支河口门建筑物 136 座。

“两河一线”工程的实施,江苏人民作出了很大贡献。太湖流域初步形成了蓄泄兼筹,洪水北排长江、东出黄浦江、南排杭州湾防洪工程格局,同时发挥了供水、航运、环保、旅游等综合效益。

太湖环湖大堤已经受了两次大水考验。1991 年 5 至 7 月,太湖流域普降暴雨,入湖水量达 54 亿立方米,环太湖大堤增强了防洪蓄洪能力。当年 7 月 7 日,太湖平均水位达 4.68 米,超过 1954 年历史最高洪水位 0.03 米,7 月 14 日又猛涨到 4.79 米,太湖最大容蓄水量达 90 亿立方米,持续超过历史最高水位 4.65 米的时间长达 14 天,湖面一度刮起9级大风,滚滚巨浪拍打堤岸。因为有了坚实的环太湖大堤,没有出现1954年沿湖圩区到处溃决,河湖不分,洪水漫流的局面。使阳澄、淀泖地区350万亩农田、无锡城区、苏州古城和100多个乡镇,以及苏南运河、京沪铁路大动脉等,避免了一场严重灾害。1999年汛期,梅雨量大,全流域平均7月至9月各段降雨均超过历史最大值,太湖出现最高水位5.08米,为历史最高洪水位,超过设计洪水位4.65米长达24天,太湖大堤又一次发挥了抗御洪水和减轻洪涝灾害的作用。

附:

兴修环太湖大堤记

万顷太湖,包孕吴越。胜境具区,名闻遐迩。凡事物皆有度,适之者利,过之则害,太湖之水亦然。震泽底定,委天目、宜溧山区诸水。江南多淫雨,每逢雨潦,西来客水倾倒入湖,东去诸流泄之不及,洪水盈溢,泛滥成灾。苏州处于五湖、三江、阳澄、淀泖沮洳之地,首当其冲,屡遭其害,人民饱尝“淹民田、漂庐舍、溺生灵”之苦,自不待言。

中国共产党与人民政府,代表人民,服务人民。公元一九七七年夏,原中共苏州地委、苏州地区行政公署决定,并经江苏省水利局批准,按太湖流域综合治理规划,照抗御历史最高洪水位同遇十级台风侵袭之标准,依靠群众自力更生,全线兴修太湖大堤。造福人民之决策,深得群众之拥护。各级攸关领导和工程技术人员,旋即实地查勘,精心设计。是年冬起,二十五万民工先后踊跃参战,艰难困苦无所畏惧,严寒酷暑岂能阻挡,连续奋战八年之久,太湖大堤全线告捷。自吴江县七都乡薛埠村起,至吴县望亭镇沙墩港止,全长一百五十二公里,堤高吴淞高程七米,顶宽五米,外坡一比二点五,内坡一比三之宏伟工程,实为前无古人之壮举。其间六十四公里建成高程五米至五米五，直立式浆砌块石挡浪墙，尤为造福后代之永久性工程。沿湖已建水闸和涵洞二十六座，桥梁十二座，绿化植树四十二万株，结合取土开挖顺堤河四十一公里，各项工程相互配套，生态环境大为改善。蔚为壮观之太湖大堤工程，总计征地六千四百余亩，投工五百九十万工日，国家和地方投资二千余万元，补粮二百六十万公斤。公元一九八六年十月，江苏省水利厅会同苏州市、吴江县与吴县水利部门验收合格，沿湖人民莫不额手称庆。

雄哉太湖大堤，为抗御太湖洪水，保障区域内工农业生产及人民生命财产安全之天然屏障。

美哉太湖大堤，乃共产党和人民政府领导人民建功立业，显示社会主义制度优越性之历史见证。谨勒此石，以志纪念。

中共苏州市委员会
苏州市人民政府　立

孙源泉　高凤喈　撰

谭以文　书丹

公元一九八七年十二月

第五节　航道网建设

20 世纪 90 年代初，在国家"一纵三横"水运主通道规划的指导下，江苏省编制了"两纵四横"约 3 300 公里的干线航道网建设规划。在规划的指导下，江苏内河干线航道网通过稳步建设，显著改善了通航条件，提高了航道通过能力，初步缓解了内河运输的紧张状况，为江苏经济社会发展提供了有力的支撑。2000 年在交通部的统一部署和领导下，江苏省交通厅组织了《江苏省干线航道网》的编制工作，并于 2004 年 2 月 18 日由江苏省政府和交通部联合组织召开了《江苏干线航道网规划》评审会。会后，根据评审意见，结合交通部

《长江三角洲地区高等级航道规划(要点)》,又做了进一步的修改完善,优化布局;提出,至2020年实现以长江干线、京杭运河为核心,三级以上航道为主体、四级航道为补充,形成“两纵四横”3455公里高等级航道组成的干线航道网规划。

2005年8月19日,江苏省人民政府、交通部以苏政复[2005]75号《关于同意江苏省干线航道网规划》的批复同意组织实施,并指出:江苏省干线航道网是江苏综合交通运输体系的基础性设施,也是长江三角洲地区高等级航道网的重要组成部分。要充分利用江苏得天独厚的内河航运优势,加快建设江苏干线航道网,降低运输成本和缓解交通压力,为江苏省和整个长江三角洲地区全面、协调、可持续发展,推动区域经济一体化,率先实现现代化提供强有力的支撑。同时强调江苏内河航道担负着与华东地区乃至长江流域物资交流和江苏沿江、沿海港口集疏运任务,加快建设江苏干线航道网,是进一步改善该地区内河运输质量和效益的迫切要求。各级政府要加大内河航道建设的投入力度,全面提升江苏内河航道层次和水平。江苏省干线航通网布局见图3-11。

根据《江苏省干线航道网规划》,苏南运河、苏申外港线、苏申内港线、长湖申线、芜申线、申张线、锡溧漕河、丹金溧漕河、锡澄运河、德胜河、杨林塘等列入三级航道标准规划,锡十一圩线、乍嘉苏线等列入四级航道标准规划。

苏南运河是连通太湖地区6 000多公里航道网的主通道,在苏南运河全面整治后,交通部着眼长江三角洲地区的经济发展,将江南干线航道网建设列入全国内河水运建设重点予以支持。江苏省为发挥苏南运河与其他干线航道联网畅通的作用,更好地为苏南地区经济社会快速发展提供水运支撑保障,于“九五”至“十五”期间,先后对苏申外港线、苏申内港线、长湖申线、苏浏线、申张线、锡溧漕河、锡十一圩线、芜申线等8条航道进行了整治,整治总长度263.81公里,投资达33.82亿元。

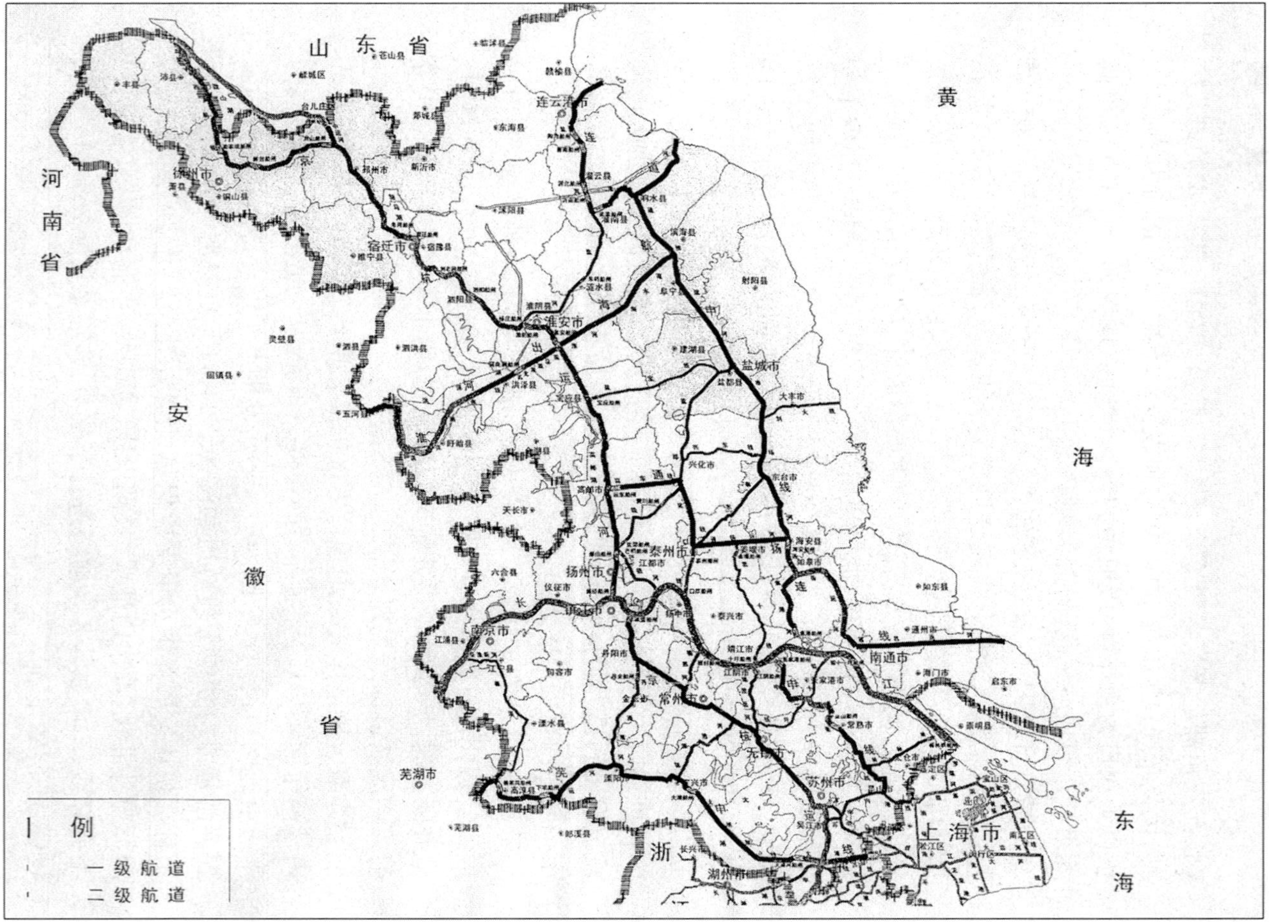

图例

一级航道

二级航道

图3-11　江苏省干线航道网布局规划示意图

一、苏申外港线航道

苏申外港线航道，起自苏州市人民桥，循京杭运河至玉带桥，进入该线，东折郭巷、高垫、屯村至周庄，长29.66公里，为江苏段。再东于商榻过淀山湖，为上海段。全线共长65.16公里。

苏申外港线航道是苏南干线航道网中重要的省际航道之一，船舶年通过量达3 000万吨。而江苏航段大多由湖荡水网组成，蜿蜒曲折、宽窄相间、深浅不一，且多急弯。湖区水面最宽处达3.3公里，遇有大风，船队易偏离航道发生搁浅等事故。1979年曾投资56万元，按四级航道标准整治拓宽，进行屯村市河改道工程，是年10月全面动工，至1981年6月竣工。人工开挖屯村新航道687米（底宽40米，枯水期水深2.5米），建驳岸1 300米，建成屯村公路大桥一座（通航净宽23米、净高5.5米）。

1999年经江苏省建委批准，投资1.4亿元，按三级预留、四级航道标准实施，对苏申外港线航道进行整治。整治工程包括：航道拓浚、新建和维护驳岸、改建桥梁、改建航标及绿化等。航道工程由江苏省交通规划设计院设计，桥梁工程由上海建筑规划研究院市政工程设计院设计。屯村桥、高垫桥由苏州大通工程建设集团公司施工，郭巷桥由吴县市交通市政路桥公司施工。航道护岸、土方疏浚由苏州大通建设集团等单位施工。同时成立苏申外港线工程指挥部负责工程建设管理工作。于1999年8月15日开工，至2000年10月19日通过交工验收。共整治航道29.5公里，完成土方388.06万立方米，新建护岸22.56公里，维修护岸9.42公里。完成混凝土浇筑32 284立方米，浆砌块石78 100立方米。改建郭巷桥、高垫桥、屯村桥3座桥梁。拆迁房屋13 466.56平方米，征用土地514.89亩。航道绿化25.16公里。完成工程投资13 911.6万元。2005年2月26日经江苏省发展和改革委员会组织竣工验收，5个单位工程全部被评为优良等级，达到四级航道标准。

二、苏申内港线航道

苏申内港线自吴江瓜泾口沿吴淞江迤逦东行，穿越苏申外港线，经车坊、周巷、陆家浜，至昆山三江口省界止，长61.64公里，为江苏段。再东去过青浦吴淞江大桥，经嘉定黄渡镇、中纪港，入上海市区至外白渡桥，进入黄浦江，长53.6公里，为上海段。全线共长115.24公里。

苏申内港线江苏段水深均在2.4米以上，底宽除瓜泾口至港口头8.6公里及银杏树港1.08公里分别为15米、17米以外，余均为25~50米，达六级以上航道标准。

苏申内港线亦为苏南干线航道网中重要的省际干线航道之一，经江苏省建委苏建重(2000)63号文批复工程初步设计，按五级航道标准进行整治。2000年6月7日苏州市政府批准成立苏申内港线工程领导小组。当年9月20日开工建设，2003年1月通过省交通厅组织的交工验收，2005年4月15日通过江苏省发改委组织的竣工验收，工程质量评定为优良等级。整治工程分别由省交通规划设计院、同济大学建筑设计研究院承担设计，北京京华工程建设监理事务所承担监理，苏州大通工程建设集团公司、昆山交通工程有限公司承担施工任务。共整治航道57.78公里，完成土方304.85万立方米，新建护岸25.245公里，新建桥梁2座，征用土地585亩，拆迁房屋10 073平方米，拆除老桥2座。工程总概算为13 066.62万元，其中航道工程12 442.03万元，桥梁工程624.59万元。

三、长湖申线航道

长湖申线航道，西起浙江湖州市新开河客运码头，东经南浔后入江苏省吴江境，再经震泽、双阳、梅堰、平望、黎里，至芦墟出江苏，复穿浙江东北境，过池家浜至上海分水龙王庙，由黄浦江抵吴淞口，全长143.81公里。其中自南浔至芦墟江苏段长49公里，20世纪50年代以来先后做过局部整治。1953～1954 年两次拓浚梅堰市河。1963～1964 年，投资 20 万元，拓浚震泽 6 公里航段。1969 年新辟平望以东航道，将原由江、浙两省交叉入汾湖的航道，改由平望镇西新开辟的 3 公里航道入太浦河，过黎里直达汾湖口。1981 年 1 月至 1983 年 5 月，再次拓浚梅堰市河。1984 年 9 月至 1986 年 4 月，拓浚双阳市河段。

2002 年 8 月，经江苏省发展计划委员会及江苏省交通厅批准，对长湖申线西起江浙交界南浔镇，东至吴江平望草荡口，全长 22.55 公里，按四级航道标准整治。其中南浔至震泽段航道局部裁弯取直，双阳城镇段航道切除左岸凸角，双阳至梅堰航道采取单边拓宽，梅堰市河段向南岸拓宽。由苏州市交通局、苏州市航道管理处负责整治工程的组织与实施，于 2005 年 6 月完工。共新建护岸 39 481 米，开挖土方 348 万立方米，改建桥梁 4 座，设置锚地 3 个，拆迁房屋 12.4 万平方米，征用土地 1 050 亩，完成投资 33 018.11 万元，2005 年 9 月 9 日通过省交通厅组织的交工验收，工程质量评定为优良等级。

四、苏浏线航道

苏浏线航道起自苏州市娄门，向东经苏州市区、工业园区、昆山、太仓及上海市嘉定，于太仓浏河口入长江，全长 69.21 公里。2002 年 4 月 1 日江苏省发展计划委员会批复苏浏线苏昆段航道整治工程初步设计。

苏浏线苏昆段航道整治工程北起昆山城北申张线西大门，经苏浏支线、娄江、青秋浦，南至青秋浦与苏申内港线交汇处。整治航道里程 22.061 公里，改建跨河桥梁 12 座（含拆并）。项目总概算 18 144万元，其中航道工程 10 770 万元，桥梁工程 7 374 万元（含青秋浦 9 座桥梁改建一次性补贴 3 051 万元）。

该项工程自 2002 年 6 月开工建设，2007 年建成，共完成土方 219.2 万方，新建护岸 25.69 公里，改建桥梁 12 座。经交工验收，工程质量被评定为优良等级。

五、申张线航道

申张线航道,起自长江南岸张家港,经张家港船闸、江阴周庄镇、常熟大义,过虞山船闸,南穿昆承湖,至昆山市青阳港,接吴淞江入苏申内港航线,至上海市苏州河口,全长231.9公里。其中江苏段张家港至昆山青阳港称张家港河,长106.51公里。

该线本无航道,1958～1959年将原老河道拓宽浚深,时为农田水利建设而建。1967年,国家为缓和上海港泊位不足,于张家港建港口,并将此段河道规划为通往上海的申张线航道。1968年11月动工,1969年10月竣工。此后,又曾进行水下机械疏浚和砌做驳岸工程。

2002年,经江苏省发展计划委员会批准,按五级航道标准整治申张线江苏段航道,改建桥梁35座,建张家港二线船闸。工程概算为110 740.47万元,其中航道工程63 380.39万元,桥梁工程34 241.14万元,张家港二线船闸13 118.94万元。至2005年已审核和批准25.68公里航道整治及有关桥梁改建工程,预算投资为50 948.19万元,其中2000年至2001年苏州对申张线部分航段按五级航道标准实施提办工程,共改建桥梁17座,完成投资10 530万元。

六、锡溧漕河航道

锡溧漕河由苏南运河(无锡市至洛社镇)、宜荆漕河、荆溪等河道组成,全长90.29公里。

从20世纪50年代起,为提高锡溧漕河的通过能力,多次兴工整治。1951年冬,疏浚宜城北河。1971年冬至1972年春,人工疏浚钟溪至宜城20公里河段。1972～1973年,机械疏浚汫洲段航道,并改建碍航桥梁8座。1978～1980年,连续3年机械疏浚团氿、西氿航道。1982年,继续疏浚任庄河港至义丰及团氿航道。1983年,疏浚整治宜北河。1986 年，疏浚五里庙河段。1987 年，分 3 年对宜北河裁弯切角，拓浚航道。1991 年改建十里牌桥，并对航道改线拓浚。1992 年对钟溪段裁弯取直，对宜兴电厂段与和桥镇南段相继进行整治。可谓工程不断，航道条件得以逐步改善。

2000 年至 2002 年，根据江苏省交通厅苏交航[2000]8 号文，锡溧漕河武进段按五级航道标准改建桥梁 5 座，整治航道 5.876 公里。

2003 年，江苏省发展计划委员会批准，锡溧漕河锡宜段按五级航道标准整治 50.591 公里，改建桥梁 11 座，新建护岸 76 公里，修复老旧护岸 1.8 公里，开挖水上土方 444.55 万立方米、水下土方 358.14 万立方米，建设停泊锚地 5 处、6.4 万平方米。核定工程总投资 49 757.67 万元。江苏省交通厅自 2000 年至 2005 年已先后审核下达 35.52 公里航道整治和有关桥梁改建工程，预算投资 5.09 亿元。

七、锡十一圩线航道

锡十一圩线南接锡澄运河，北联申张线，自十一圩船闸入长江，列为江苏省干线航道网规划中的四级航道。

1989 ~ 1992 年，对缪庄至黄庄村段、张泾市河、陈家桥总长 6.874公里特窄河段及北澖切角进行整治，新建驳岸 3 375 米，改建桥梁 7 座。

2000 年经江苏省建设厅批准，按国家五级航道标准，整治航道 36.412 公里，新建护岸 24 188 米，改建桥梁 9 座，建锚地 5 个，开挖土方 565.5 万立方米，工程总概算为 24 919.34 万元。江苏省交通厅自 2000 年安排提办工程以来，至 2005 年已先后下达 11.31 公里航道整治和有关桥梁改建工程，预算投资 16 871.89 万元。

2001 年实施北澖段 1.504 公里航道改道工程，新建桥梁 2 座，开挖土方 46.07 万立方米，新建护岸 2 791 米，工程经费 6 496.04 万元。

2000 年至 2001 年，改建耕渎桥、浒塘桥、张泾桥、幸福桥、习礼桥等 5 座桥梁，经费为 2 676.73 万元。

2002 年至 2003 年整治白荡圩段航道 4.2 公里,新建驳岸 3 905 米,完成土方 57.55 万立方米,经费为 2 709 万元。

2003 年,整治八士段航道 1.82 公里,新建驳岸 3 284 米,疏浚土方 19.2 万立方米,征用土地 362.6 亩,经费为 1 661.97 万元。

2005 年整治万水桥段航道 2.21 公里,改建万水桥,新建驳岸 4 743 米,完成土方 70.9 万立方米,征地 68 亩。昆村桥段按四级航道整治长 3.86 公里,新建驳岸 7 077 米,完成土方 87.5 万立方米,征用土地 818 亩,经费为 5 647.74 万元。

八、芜申线航道

芜申线是跨越安徽、江苏、上海的省际航道,起自安徽芜湖,经高淳、溧阳、宜兴,穿越太湖,接太浦河入苏申外港线至上海,全长 400 多公里,江苏境内 254.7 公里,规划为三级航道标准。江苏省交通厅自 2000 年至 2005 年,先后批准对溧阳城镇段和宜兴绕城段实施整治工程,共整治航道 54.93 公里,新建桥梁 27 座,预算投资为 135 905.73万元。

2000 年,芜申线溧阳段航道改线整治工程,长 9 453 米,按五级航道标准实施,于 2000 年 9 月 15 日开工,2001 年 7 月建成。共完成土方 287.8 万立方米,建驳岸 16 511.8 米,新建桥梁 10 座、民用码头 3 座。

2003 年,经江苏省发展计划委员会批准,芜申线宜兴段按四级航道标准整治,先期建设宜城绕城段改线工程,长 13.1 公里。工程于 2003 年 9 月开工,2005 年 11 月上旬全面完工。共完成土方 411.384 5万立方米,新建驳岸 25 141 米、民用码头 15 座,改建桥梁 9 座,拆除老桥 14 座,完成投资 6.2 亿元。工程被评为优良级。

第四章　埭堰　船闸

古代节制水流以利舟楫航行的通航建筑物，最初为埭堰，后演变为斗门船闸、二斗门船闸、三门两室船闸等。江苏的埭堰最早为春秋末期吴王夫差开邗沟时筑的北神堰，斗门船闸发展于唐宋时期，宋代，船闸技术发展较快，二斗门船闸得到进一步发展和完善。然而因受水源和水流比降的制约，古代斗门船闸只能在水流比降小时方可使用，反之，只能使用埭堰。苏南运河一线，时而废埭堰为闸，时而又废闸为埭堰，或于埭堰旁建闸，堰闸并用。在较长时期内，埭堰与船闸并存。1952 年，在苏南运河流经锡澄运河的通江运口江阴兴建船闸，尔后又在申张线航道通江口门兴建张家港船闸，在苏南运河镇江通江运口兴建谏壁船闸。水利部门亦在九曲河、德胜河、藻港、夏港、白屈港、望虞河等通江口门先后兴建船闸。未建船闸之通江口门的节制闸设有通航孔，亦可通航。

第一节　埭　　堰

埭堰，即拦河坝，可以拦蓄水流，防止河水下泄，但影响河流通航。后来人们从船民拉纤可使船舶航行于水流比降大的急流险滩之间，以及斜坡升高重物得到启示，在拦河坝两侧各建有一定坡比的斜坡，其坡顶为平缓弧形，作为上下坡面的过渡段，然后用人力或畜力将舟船拖拽过去。此种通航建筑物，在古代名称不一，有的叫“埭”，有的叫“堰”，元代以后一般叫“坝”，亦称“车盘坝”。对埭堰的通航情况，据《行水金鉴》记载为：“建车盘坝，先筑基坚实，埋大木于下。

以草土覆之,时灌水其上,令软滑不伤船。坝东西立将军柱各四,柱上横施天盘木各二,下施石窩各二,中竖转轴木各二根,每根为窍二,贯以绞关木,系篾缆于船,缚于轴,执绞关木环轴而转之"。即用人力或畜力拖拽船舶过埭堰(图4-1)。

图4-1 舟船过埭堰的画作

苏南运河早期的埭堰有:

一、丁卯埭

位于镇江城南3里。晋建武元年(317)元帝子司马裒镇守广陵时,运南方漕粮出京口,"水涸,奏请于丁卯港立埭"。

二、长岗埭

南齐建武五年(498),邱仲孚任曲阿(今丹阳)县令时,王敬叛军欲攻占曲阿,邱仲孚决长岗埭放渎水以阻叛军。不久援军至,曲阿未陷贼手,说明长岗埭此前已建。

三、中邱埭

位于丹阳县东三十四里(建筑年代不详),埭西有陵口,即齐、梁两代帝王陵墓处。

四、庱亭埭

在丹阳县东四十七里,(建筑年代不详)。此埭后为吕城埭所取代。

五、京口埭

唐开元二十六年(738),润州刺史齐浣于京口之北瓜洲开伊娄河,有“京口埭直趋渡江二十里”的记载,可知此前已有京口埭。

六、吕城、奔牛、望亭堰

宋淳化元年(990)二月,“诏废润州之京口、吕城,常州之奔牛、望亭四堰”,说明淳化前,吕城、奔牛、望亭亦有车盘舟船的埭堰。

日本僧人成寻于宋熙宁五年(1072)来中国,自浙江入境,沿运河北上汴梁(今开封)。在其所著《参天台五台山记》中对运河沿线埭堰的名称、规模和运转方式有较详的记载,其中有关苏南运河越堰情况的描述是:“……九月八日……到奔牛堰宿。……九日卯时越堰,左右各有辘轳五,以水牛十六头,左右各八头。九月十日……辰时至京口堰驻船。……十一日申时以牛十四头,左右各七,越堰”。其运转方式即用牛牵引辘轳环转拽引船只,但费时费力,远比过闸艰难。

第二节　斗门船闸

在运河上节制水流的斗门,亦称水门,就其作用可分为两种:一为节制水流,控制水位,与现代节制闸相似;一为既可节制水流,又可通航船舶者,即斗门船闸。苏南运河上的斗门船闸在宋代得到迅速发展和完善,不仅出现二斗门船闸、三门两室船闸,还出现澳闸。

唐代以后,苏南运河是南粮北运的主通道,其通江运口于唐代即开始兴建斗门船闸。斗门船闸有木闸、砖闸、石闸之别，元代后逐步改为石闸。其结构大致可分为闸口、闸墙、闸基3个部分。闸口包括闸门，亦称金门，大型斗门船闸闸口宽约7米左右，闸门槛用条石砌在闸底板上；闸板大多由叠梁木组成，每块叠梁木两侧有供起吊的铁环；绞关石又称闸耳石，用大条石凿孔，立于门槽两侧，用绞关升降叠梁木闸门。闸墙，其闸口间的闸身直长部分称由身，上游闸门前八字墙称雁翅，雁翅与河岸连接的部分称裹头，下游八字墙称燕尾，又称分水燕尾、跌水燕尾，与河岸连接部分称下裹头或顺水裹头。闸基，为防止闸的基础沉陷变形，闸基最下边密布梅花桩，再满铺三合土，其上铺以石灰，上铺块石，闸底石与上下游连接的一定长度范围内，再铺以三合土或块石，起护坦作用。

苏南运河及其通江河道历代建造的主要通航闸坝有：

一、京口闸

据元《至顺镇江志》载："京口闸在城西北京口港，距江一里许，莫究其所治。唐撤闸置堰。开元中，徙漕路由此"。说明京口闸建在开元中之前。以后闸废而用堰。此堰于宋淳化元年(990)又废。元符二年(1099)，两浙转运使曾孝蕴改堰为闸。京口闸扼苏南运河入长江口门，是吞吐长江与运河来往物资的咽喉。时京口闸实际是由5座闸门组成的多级澳闸的统称(图4-2)。京口闸距江约1里，直接接纳江潮。又南为腰闸，与京口闸组成一座二斗门船闸。又东为下、中、上3闸，下闸在转般仓东，中闸在大军北仓后，上闸在程公桥围楼北，组成一座三门两室船闸。也可称之为5座闸门、4个闸室的多级船闸。同时建积水澳与归水澳各1座，各有闸门控制，与下、中、上3闸一起，组成一座二级澳闸。积水澳建于上闸首一侧，其水位高于闸上水位，如澳水不足，则车水入澳；归水澳建于下闸首一侧，其水位低于闸下水位，回收开闸时下泄之水。归水澳之水可车入积水澳，循环使用，以节省水量。《重建京口闸记》有"积水在东，归水在北，皆有闸焉”。“渠满则闭，耗则启，以有余补不足，是故渠常通流，而无淤塞之患”等记载。此组澳闸，宣和五年(1123)，廉访使刘仲光、漕臣孟庾曾予缮修。后来，由于管理维修不当，“……渠堙塞且尽，斗门不开，公私之舟，望吾州跬步不前，率由江阴五泻而去”。

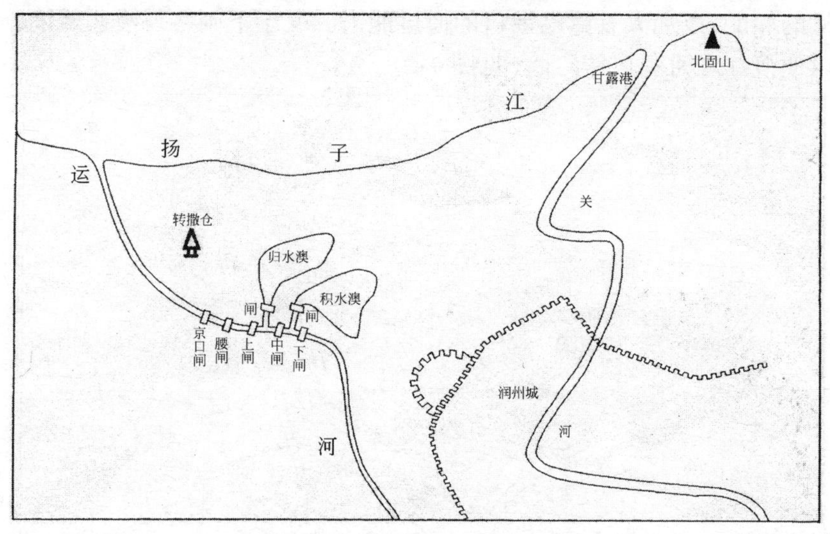

图4-2 北宋元符二年京口澳闸示意图

嘉定十一年(1218)，镇江知府史弥坚主持重修京口闸。除了全面整治运渠与修筑闸座外，重点加强了原归水澳工程，改归水澳为积水澳，原积水澳废弃不用。积水澳附近有转般仓，是粮食专用仓库，为南宋国家较重要的仓储，专为长江与运河转运及部分储藏。重修工程扩大了转般仓的规模。壕堑与归水澳连通，并修渠通于船闸，濠水与澳水连为一体作为灌输闸室的水源。运河中的舟船通过闸室可以直驶仓库停泊装卸作业，港区与积水澳结合在一起，发挥多功能的作用。

重修工程还把积水澳和东面的甘露港相连。甘露港北通长江，南有关河穿越镇江城南入运河，也是一条从长江进运河的运口。澳水通甘露港,并在甘露港修上下闸,这是一座二斗门船闸,以便在京口闸船舶过多时,可分流部分船舶从甘露港过闸经关河入运河,以减少京口闸的压力,防止船舶积压。又在北固山下,深浚分散的沼泽地,连片成为秋月潭,作为一个新的积水澳,并使澳中能停泊相当数量的船舶,以加大甘露港港口的通过能力。又于下闸之外浚避风港,以使渡江之舟免风涛之险(见图4-3)。

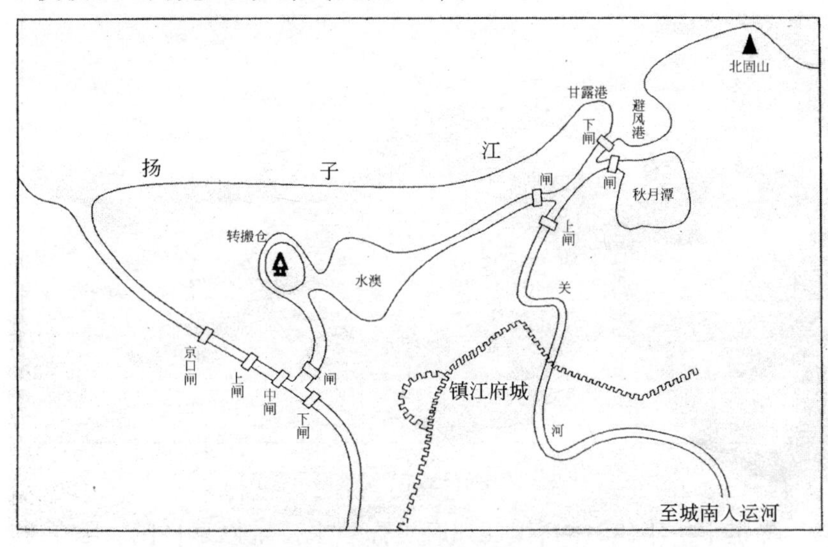

图4-3　南宋嘉定十一年京口澳闸与关河甘露港位置示意图

嘉定十一年(1218)所建之澳闸,十余年后又坏,乃筑江口、吕城二坝。淳祐二年(1242),镇江知府奏准浚运河,复练湖,修船闸。于京口修废闸4座,此4闸,指京口港与甘露港两组斗门船闸。

淳祐中,镇江知府许堪重修史弥坚所建之下闸。宝祐元年(1253)二月,镇江知府赵与訔重建京口闸。咸淳六年(1270),镇江知府赵溍曾于京口、甘露二港建坝,说明此时二港闸已废。另于京口坝东建减水闸。

元初(1264),镇江京口闸废,不通漕运,江南漕粮由江阴入江。

有元一代，漕粮以海运为主，镇江京口、吕城等闸，迟迟未予修复，直至六七十年后的天历二年(1329)方重建镇江京口闸。

明建文时，京口闸又废。江南漕舟从江阴、德胜新河出江，多风涛之险，时有沉溺。建文年间，刘辰任镇江知府时，修京口闸，浚运河120里，公私便之。至正统时，运河水源不足，改闸为坝，漕舟大都由孟渎、德胜等河出江。天顺元年(1457)，巡抚崔恭疏浚京口港，并修建闸座，十余年后闸工始成。弘治四年(1491)，都御史吕钟复修丹徒县京口闸。万历五年(1577)闰八月，礼科左给事中汤聘尹奏请于京口闸旁另建一低闸，视水势，潮涨则开，潮退则闭，以增加引水量。

清康熙元年(1662)，重建丹徒县新河小闸，此闸位于京口闸之东的润州新河内。雍正元年(1723)十月，两江总督查弼、江宁巡抚何天培、河道总督齐苏勒、漕运总督张大有等，实地查勘京口至奔牛一带苏南运河和沿线闸坝，并奏请修闸浚河。议定应修之闸为江口两闸(即京口闸)、利涉桥小闸(即新河小闸，后称小京口闸)、丹徒镇横闸；重建之闸为张官渡闸、陵口闸、吕城闸、越河闸。嘉庆二十二年(1817)，重修京口闸、新河小闸、南石闸。修竣之京口闸，金门口宽2丈1尺，高2丈，砌石20层；新河小闸，金门口宽2丈1尺，高2丈，砌石20层。南石闸，在南门外，金门宽2丈1尺，高1丈9尺5寸，砌石17层。光绪六年(1880)四月，江苏候補道李庆云、镇江知府赵祐宸、丹徒知县冯寿镜拆修京口大闸。九年，丹徒知县马海曙又重修京口闸。

民国22年(1933)，小京口进潮比京口闸为畅，江苏省建设厅决定保留小京口，废大京口闸，并用拆城墙土填塞大京口闸河，铺筑马路，长里许，名中华路，大京口闸遂废。

二、横闸　越闸

镇江城邑之东，有丹徒、越河二港。其丹徒港为秦代入江口门，后曾建石础，元天历二年(1329)始建斗门船闸。丹徒港之闸名横闸,后名丹徒闸。丹徒闸口宽 2 丈 2 尺,高 1 丈 6 尺 6 寸,砌石 16 层,位于丹徒镇北,距江较近。

"清乾隆之前,横闸旧制金门狭而长,西向,闸底高。金门狭而长者,欲其涨潮力猛,而泥活不淤也;西向者,欲其涨潮直冲而上,落潮从大闸(指京口闸)出口也;闸底高者欲其蓄水也"。后木商簰筏从横闸进口,但横闸金门狭而长,且金门西向,潮水西注,木排入闸时因闸之左燕尾较长,转折不便,木商贿赂官府,金门改为东南向,门亦改宽,木筏进闸时闸常遭损坏。后严禁木筏从横闸进入运河,仍令从京口大闸进运河,漕船未过时可停于排湾,漕船过完可从京口大闸进入运河。

清嘉庆二十一年(1816)巡抚给事中陶澍对横闸曾予修缮。自道光八年(1828),横闸作为漕船回空之所。

民国 25 年(1936)拆建横闸,后名丹徒闸。新建之丹徒闸顶高为 10.5 米,较旧闸提高 1 米,闸底高程为吴淞零点 1 米,闸身用钢筋混凝土浇筑,孔宽 6.2 米,下部收缩至 3.5 米,使墙成一斜坡,两侧翼墙,利用原有条石改建,并用 1∶3 水泥砂浆灌砌,闸墙用 136 号混凝土、底板用 124 号混凝土浇筑,闸身前后砌块石护坦,并各加板桩一道,以防渗水。闸门用洋松板 27 块,每块置铁环 4 只,闸门两侧设双滑车,以便用麻绳铁钩启闭。此后,丹徒闸为徒阳运河之主要运口。

越河港闸名越闸,后名越河闸,宽 1 丈 6 尺 8 寸,高 1 丈 6 尺 6 寸,砌石 16 层,位于谏壁镇之南,距江约 5 里,但引江水较畅,此闸后废。

三、九曲河闸

九曲河又名包港,位于谏壁之东丹阳县境内,明宣德年间,于距城 2 里之陈家桥建闸 1 座,金门宽 1 丈 8 尺;距城 40 里之嘉山建石闸 1 座,金门宽 1 丈 6 尺,高 1 丈 5 尺。清嘉庆七年(1802)曾修九曲河口石闸，以挡拦门沙。

四、大犊山闸

明万历十一年(1583)，镇江知府吴撝谦建大犊山闸，闸址在城南35里，为挑复练湖而设，此闸清康熙二十九年(1690)前已废。

五、黄泥坝闸

万历十一年(1583)，镇江知府吴撝谦建黄泥坝闸，闸位于丹阳县境，距大犊山闸约15里。为修复练湖而建。此闸康熙二十五年(1686)前已废。嘉庆二十年(1815)，又于黄泥坝建闸。

六、张官渡闸

清道光九年(1829)，江宁巡抚陶澍移黄泥坝闸于南5里张官渡处，“以节江潮之直下”，闸移练湖湖口处，“使湖开放后，足资擎托，而运河之水，可以迴济上游矣”。十五年，又由于丹阳张官渡溜势变迁，将闸移建于以上200丈之处，建正越两闸，次年建成。

张官渡闸之下，尚有南薰、陵口等拦河斗门船闸，兴废不详。

七、吕城闸

宋元祐四年(1089)镇江知府林希经奏准，恢复吕城堰，堰侧建吕城上、下闸(即二斗门船闸)，并于闸旁建澳闸。元符元年(1098)，镇江知府王愈令吕城闸当澳水不足时，可车水入澳以济舟。若过闸舟船多，可用部分兵卒协助车水，以保船闸正常运行。庆元五年(1199)，镇江府守臣重修吕城闸，并另建一新闸。此后，吕城为上、中、下3闸，即三门两室船闸。

元代以海运为主，明代漕运从孟渎、德胜二河出江为多，故元、明两朝，徒阳运河斗门船闸修建较少。

明天顺三年(1459)，疏浚镇江漕河时，曾同时修缮吕城船闸。

吕城闸位于徒阳运河下游，每逢冬季，不能引江济运，则闭吕城闸蓄水，以济漕舟。如水仍不足，则启练湖通运，以湖水补运河水之不足。吕城之南18里有奔牛闸，原规定漕舟北上南下，吕城、奔牛两闸相互启闭，即将漕舟集至吕城、奔牛两闸之间，北上时，先闭奔牛闸，后启吕城闸；南返时，则先闭吕城闸，后启奔牛闸。年久，此制渐弛，历任镇江知府吴撝谦、曹一鹏、范世美力主恢复旧制，至万历后，方按旧制执行。崇祯五年(1632)，丹阳知县王范曾维修吕城闸。

清雍正前，吕城闸仅存旧闸基，雍正二年(1724)，两江总督查弼与河道总督齐苏勒等重建正越两闸。道光十四年(1834)，正闸金刚墙坍塌到底，坍下之石堵住闸口，漕船为其所阻，后聚集工伕捞石，漕运始通。越闸亦已损坏，吕城闸大修刻不容缓。道光十五年正月，先行挑浚越河、赶修越闸，漕船仍从正闸通行，待越闸竣工后，再修正闸。此闸后废。

八、奔牛闸

宋元符二年(1099)，两浙转运判官曾孝蕴负责修造奔牛澳闸，为惜水，并立启闭日限之法。船闸不是船舶随到随开，而是等集至一定数量的舟船，方许开闸，并严格规定每天开闸次数。南宋淳熙元年(1174)、嘉泰三年(1203)常州知府赵善防曾两次维修奔牛澳闸。

明洪武初，奔牛闸已废，为坝取代。洪武三年(1370)，常州知府孙用重建奔牛闸。天顺三年(1459)，都御史崔恭巡抚江南，修复奔牛下闸。成化四年(1468)，巡抚邢宥见奔牛上闸遗址尚存，乃命常州知府卓天锡修复奔牛上闸，上下闸互为启闭。此后，舟船经奔牛，夏秋水盛则由闸，冬春水涸则由坝，航行较为便捷。

清代，对奔牛闸亦曾多次维修甚至重建。康熙十一年(1672)，常州知府纪尧典曾修复奔牛闸，二十五年又予重建。此后经多次重修，至咸丰以后，奔牛闸废。

九、望亭闸

望亭斗门船闸始建于唐至德年间，此为苏南运河线上记载最早的斗门船闸，宋淳化元年(990)，太宗有诏废望亭堰，而嘉祐中，又有“废望亭堰闸”的记载。可见望亭是堰闸并存的。而淳化元年已废之望亭堰可能后又复建了。政和六年(1116)，闸又废除，发运副使应安道建议，常州望亭仍应建闸。徽宗帝曾有诏令户曹赵霖考察，但未见建闸的记载。后至淳熙九年(1182)，常州知府章冲奏准复设望亭堰闸，嘉泰元年(1201)，常州知府李珏为固护水源曾修建望亭上下二闸。此后未见修建望亭堰闸的记载，元明清三朝，这一梯级已废。

十、孟河闸

孟河闸建于孟渎河江口孟城，此闸创建于何年不详，但据《雍正江南通志》，南唐保大元年(943)已有修孟渎水门的记载，孟河闸应建在此之前。

宋元两朝，未见修孟河闸的记载。明洪武二十九年(1396)，武进县建孟河闸。宣德九年(1434)，巡抚周忱复建孟河闸，常州知府莫愚、武进知县朱恕负责监督建闸工程。正统六年(1441)，武进县重修孟河闸。正德、嘉靖间，均曾重修孟河闸。

清康熙四十六年(1707)冬，发国库银3万余两修建孟河北闸。孟河有新老两支，老孟河经孟渎河石桥迤北，曲折经孟城，由超瓢港达江；新孟河自孟渎河石桥北流，经荫沙口出江。时老孟河闸废。乾隆三十一年(1766)，巡抚庄有恭见孟渎河一支渠小河，较正河便捷，添建石闸1座，名小河闸。民国20年(1931)，拆建小河口闸，闸门宽2丈4尺6寸。25年，于孟河城北的大树村，建单闸1座，名孟城闸，钢筋混凝土结构，闸室长6米，闸门宽5.8米，翼墙长12米，闸底高程吴淞零点以上1米，于5月开工，年底竣工。

十一、魏村闸

魏村闸位于德胜河(原名烈塘河)内,亦名烈塘闸。据《雍正江南通志》记,始建于南宋绍熙五年(1194)。明洪武三年(1370),常州知府孙用重建烈塘闸。二十四年,浚烈塘河,并改名德胜新河,烈塘闸更名为魏村闸。永乐中,常州府同知赵泰修建魏村闸。正统八年(1443),漕运总兵官武兴、巡抚侍郎周忱重修。尔后,成化五年(1469)、嘉靖二十五年(1546)、万历六年(1578)均曾修建魏村闸。清代嘉庆前,魏村闸曾废圮,嘉庆七年(1802),重建魏村闸,闸身长5米,金门宽6.95米,翼墙30.5米。

十二、黄田港闸

唐长庆年间,浙西观察使李德裕创建黄田港船闸。宋大观四年(1110),江阴县丞于博兴修水利,修建黄田港闸。明洪武三年(1370)曾设闸官以司启闭。二十九年,闸废。正统元年(1436),巡抚周忱、知府莫愚于闸旧址以南5丈许重建,八月兴工,十月建成,并于闸上建石桥。潮涨即开闸行舟,潮落即闭闸蓄水。弘治十五年(1502),江阴知县徐贞修黄田港闸。清雍正十二年(1734),江阴知县郭纯详请重建黄田港闸,更建闸桥,并命桥名为定波桥,后闸亦名定波闸。光绪十一年(1885),江阴知县陈康祺修建黄田港闸。民国24年(1935)又曾重修。

十三、蔡泾闸

蔡泾闸位于江阴县南10里,西北接夏港,东北通黄田港,又名南闸。蔡泾闸亦始建于唐代长庆年间。宋大观四年(1110),兴修黄田港闸的同时,重建蔡泾闸。乾道二年(1166),漕臣姜诜曾修建蔡泾闸。开禧间,知江阴军叶延年又曾重建蔡泾闸。由于宋代夏港进出大江较黄田港便捷,漕舟客舫经蔡泾闸可直达夏港。这一时期,因黄

田港非出入江主要通道,故蔡泾闸修建次数远比黄田港闸为多。

明洪武二十九年(1396),知府莫愚改建蔡泾闸,八月兴工,十一月竣工。嘉靖八年(1529),江阴知县刘钦顺重修蔡泾闸,后废。

十四、四河闸

清康熙三十六年(1697),江阴知县耿庆详建四河闸。其闸位于县南40里,"钤束运河,北障江潮,南节五泻溪湖诸水"。乾隆二十六年(1761),江阴知县汪邦宽重建四河闸。此闸后废。

十五、五泻闸

五泻闸位于无锡市区北今北皋桥附近,锡澄运河与苏南运河交汇处。原为五泻堰,宋熙宁中,曾撤五泻堰,运河水北下江阴,民田受淹。元祐间,于无锡五泻堰一侧建闸,防旱御涝,且有舟楫之利。乾道六年(1170)五月,常州守臣规定,今后运河深6尺,方许开闸,通放客舟。并令无锡知县主管五泻闸钥匣。此闸后废。

十六、白茆闸

江阴之东,通江港汊密布,为无锡、苏州一带引江灌溉以及太湖泄洪通道,其大的港口所建石闸,以引、御江潮和泄洪为主,仍可通航,但通航功能次于江阴以西之港口。宋景祐二年(1035),范仲淹创建白茆、福山二闸。明隆庆年间,浚白茆,复建白茆港石闸。清康熙年间,浚太仓浏河,建天妃宫大闸;又修白茆旧闸。雍正年间,修白茆港石闸。道光年间,又建白茆老新闸;建福山拦潮石闸,后又移建,更名苏常新闸。同治初(1862),修复浏河天妃宫闸;又浚白茆河,移白茆闸于苏常新闸之东。光绪十五年(1889),修白茆闸。

民国2年(1913),江苏民政长应德闳委员浚白茆港,拆除白茆港废闸。25年,扬子江水利建设委员会在距白茆河口4公里处,建新型挡潮闸,闸为5孔,总长44米,钢筋混凝土结构,闸门为悬吊式整块钢木结构。1月开工,8月工竣,工程经费29万余元。

第三节 当代船闸

中华人民共和国成立初期,苏南运河镇江段船舶主要从丹徒闸进出,经小京口闸较少。1954年,其临江一侧加做消力池,深1.5米,长15米,宽10米。1972年将梯形闸口改成孔宽5.75米的矩形闸口,闸门由叠梁式改为单扇钢架木面门,并改为液压启闭。1975年,又将闸门改成钢架钢丝网水泥门。丹徒闸可通航100吨级驳船,全年最大通过量为80万吨。自1980年谏壁船闸建成后,丹徒闸已不通航,但对附近地区农业生产引排水仍起一定的作用。

根据交通部1981年批准的《京杭运河(济宁至杭州)续建工程可行性研究初步报告的意见》,京杭运河镇江至杭州段除在长江和钱塘江衔接口门处分别设置控制梯级建设通航建筑物外,其余全线不再设置通航控制梯级。

现苏南运河通江运口均建有船闸,自西向东为:谏壁、九曲河、魏村、藻港、夏港、江阴、白屈港、张家港、望虞等船闸。其中谏壁为运河直接通江的大型船闸,余均为运河支流入江的中小型船闸。属交通部门管理的有谏壁、江阴、张家港船闸,其余均属水利部门管理。

一、谏壁船闸

(一)一线船闸

谏壁船闸位于镇江市东郊谏壁镇之西。闸首距长江口1.4公里。

建设谏壁船闸,可改善苏南运河入江口门的通航条件,畅通南北物资交流。谏壁船闸与谏壁节制闸、谏壁抽水机站组成航运水利枢纽,取得防洪、排涝、灌溉、航运等综合效益。

谏壁船闸自1975年8月27日江苏省计委以苏革计函(1975)

157 号《关于京杭运河谏壁船闸扩建初步设计的批复》立项，1976 年 2 月正式施工，中间经兴建、缓建、再兴建，于 1980 年 11 月基本建成。

1. 设计

1958 年京杭运河扩建工程时，谏壁船闸选址在谏壁节制闸之东 250 米、以南 500 米处，闸址一带地质构造，在高程 -27.00 米以上为黄色黏土或黄色亚黏土，土壤的承受力达 2.0 ~2.5 公斤/平方厘米，闸室中段有地下古河道通过，为粉砂土。上、下游引航道均是粉砂土或亚砂土。上、下闸首地段的土质都比较好，可采用倒拱底板。

谏壁船闸设计通航水位：下游（长江方面）最高通航水位按百年一遇最高潮位 8 米，最低通航水位按保证率 98% 的 1.4 米设计，按千年一遇最高潮位 8.4 米校核；上游（运河方面）最高通航水位采用太湖湖西规划控制的最高水位 7 米，最低通航水位按保证率 98% 的 2.3 米设计。

谏壁船闸建设规模：船闸尺度 20 米 ×230 米 ×4 米，按通航 2 × 1 000 吨级驳船计算，设计年通过能力 2 100 万吨。引航道上游长 800 米，与苏南运河衔接；下游长 1 400 米，与长江相汇。

船闸主体建筑分为闸首、闸室、引航道、导航墙及靠船墩。

闸首：按国家一级水工建筑物标准设计。采用钢筋混凝土倒拱底板和边墩底板，混凝土和砌石混合结构的边墩墩身。闸门采用钢结构空间桁架式三角弧形门，阀门为钢结构平板门，液压启闭机，有触点电气程序控制。

闸室：透水式块石护底，混凝土纵横隔梁；闸墙为砌石重力式和砌石空箱式（软基段）。上下游翼墙为砌石重力式。

引航道：上游引航道底宽 40 米，上闸首至靠船墩南端水深 4 米，从南端靠船墩起的 150 米引航道按 1% 纵坡升高至水深 2.5 米；中心线与节制闸上游引河中心线交角为 20°，与抽水机站上游引河中心线交角为 42°。下游引航道底宽 50 米，水深 4 米，中心线与节制闸下游引河中心线交角为18°。

导航墙及靠船墩:导航墙平面形式采用对称的曲线型布置,以减少不对称旋流对过闸船队的影响,有利于开通闸时的水流扩散。导航墙曲线的投影长度上游为15米,下游为20米,船队进出闸方式为曲线进闸,直线出闸。靠船墩上游布置在引航道东侧,下游布置在引航道西侧。上下游布置靠船墩各10个,间距为20米,上下游靠船墩长度均为200米。

船闸各部建筑物设计高程为:上闸首顶高程9.1米,底高程-1.7米;下闸首顶高程9.4米,底高程-2.6米;闸室顶高程9.1米,底高程-2.6米;上游翼墙顶高程8米,底高程-1.7米;下游翼墙顶高程9.4米,底高程-2.6米;上游闸门顶高程9.1米,底高程-1.7米;下游闸门顶高程9.4米,底高程-2.6米;上游靠船墩顶高程8米,底高程-1.7米,下游靠船墩顶高程9.85米,底高程-2.6米。

桥梁:船闸附属建筑公路桥,位于船闸下闸首的边墩上,上部结构为25米预应力梁,下部结构为双柱式桥墩,座架式(桩基)桥台。桥面净宽10米,按3车道设计,采用6片T型梁,上铺沥青混凝土路面,另加两侧各1.5米人行道。节制闸引河公路桥,位于原节制闸引河公路桥以南100米处,桥轴线与船闸公路桥一致。上部结构为35米桁架拱,采用矢跨比 $VL=1/5$ 的圆弧拱。下部构造桥墩为钻孔灌注桩基础的重力式墩,桥台为重力式。桥面净宽10米,按3车道设计,另加两侧各1.5米人行道。桥梁荷载均为汽-20、挂-100。公路接线路面宽12米,长2公里,东西分别与原镇澄公路相接。

2. 施工

1975年10月经中共镇江地委批准成立谏壁船闸工程指挥部,指挥由地区副专员龚松柏兼任。土方工程由武进、丹阳两县组织施工;水下土方分别由上海航道局第四工程处、江苏省航道工程处、镇江地区航道管理处负责施工。船闸主体工程、下闸首公路桥以及闸阀门安装由江苏省航道工程处三队承担。阀门制作、液压启闭机、运转件、电气设备的制作和安装由省航道工程处修配厂承担。闸门制作由镇江船厂承建。公路接线和越河桥改建工程由镇江公路管理处承建。

(1)土方工程

1976 年 2 月初,武进县组织 6 000 多民工开挖闸塘土方,当年 7 月 6 日完成。施工过程中,闸室中段东部曾发生滑坡。连同闸塘滑坡坍方、减载、清基实挖土方 53.2 万立方米。闸塘底长 327.6 米,底宽闸室为 43 米、上下闸首为 58 米,底高程闸室为 -3 米、上闸首为 -3.8 米、下闸首为 -4.7 米。

上下游引航道土方人工开挖部分,由丹阳县组织民工团施工,前后分两期施工。第一期工程,1976 年 12 月至 1977 年 2 月,开挖上游引航道;第二期工程,1978 年 12 月至 1979 年 2 月,开挖下游引航道。高程 4.5 米以上为人工开挖,兼做引航道江堤。两期共挖土方 128.54万立方米。

下游引航道高程 4.5 米以下,由上海航道局挖泥机船施工,始于 1979 年 5 月 17 日,至 7 月 7 日完成下游引航道口门水下土方 130 万立方米;航道口门内土方施工始于 1979 年 9 月 10 日,至同年 12 月 17 日完成下游引航道水下土方 74.0 万立方米。省航道工程处挖泥机船于 1979 年 2 月 24 日 ~1980 年 10 月 5 日参加下游引航道以及引航道与节制闸分水头和上游引航道开坝等工程,共开挖土方 28.4 万立方米。

镇江地区航道处抓斗式挖泥机船于 1980 年 7 月 14 日 ~22 日开挖上游引航道施工大坝,完成开坝土方 3 054 立方米。

公路接线土方由丹阳民工团、丹徒荣炳土方工程队组织施工。自 1976 年 6 月 ~1979 年 8 月,共完成土方 6.0 万立方米。

船闸土方工程(含附属工程与平整场地 25 万立方米)总计完成土方 324.6 万立方米,其中人工挑抬土方 208.8 万立方米,水下机挖土方 115.8 万立方米。

(2)混凝土工程

船闸上、下闸首结构基本相似,施工方法亦相同。按设计要求,闸首底板(中间倒拱与两侧边墩平底板)分成两部分进行浇筑。为减少边墩与边载对中间倒拱的影响,先完成下部的灌排水廊道(包括其顶板)部分的浇筑,然后再浇筑上部空箱结构以及空箱盖板。浇筑大跨度倒拱底板时,在倒拱脚附近留有两条纵向施工宽缝,待闸首边墩浇筑到顶,墙后填土到墙高的2/3以上,气温日差较小时再行封缝。

闸室结构为砌石重力式和砌石空箱式的分离式闸室墙,透水式纵横隔梁填充块石的闸底。由于开挖闸塘时,东岸一段曾发生滑坡,为此将闸室墙分段间隔调整,减小墙身结构,仍采用圆筒空箱式,滑坡地段采用灌注桩,以加固地基。整个闸室混凝土浇筑量较大。自闸首起向两侧浇筑10米钢筋混凝土护坦、20米浆砌块石护底,170米干砌块石护底与护坡。在块石护砌部分均浇筑浆砌块石纵横格埂,以保证护底、护坡的稳定性。导航墙上游为浆砌块石重力式结构,平面形状为圆弧加直线形,自闸首边墩至原地面,总长为2×50=100(米);下游总长为2×78=156(米)。靠船墩为浆砌块石重力式,上游及下闸首100米内,土质为中密亚黏土,在天然地基上砌筑;下闸首100米以外属淤泥质亚黏土,土质较差,采用钻孔灌柱桩基础,上砌重力式靠船墩。为便于船闸管理,各靠船墩之间架设双曲拱人行便桥。

浇筑下闸首混凝土底板,由于体积较大,采取分层灌注,每层控制在20~30厘米,为不产生分层“冷缝”,采用4台拌和机轮班作业,20个台班方完成浇筑任务。

整个混凝土与砌石工程,共浇筑混凝土与钢筋混凝土32 132立方米;砌石33 777立方米。

(3)闸阀门工程

闸门系钢结构,空间桁架式三角弧形对门,门重达90~100吨,

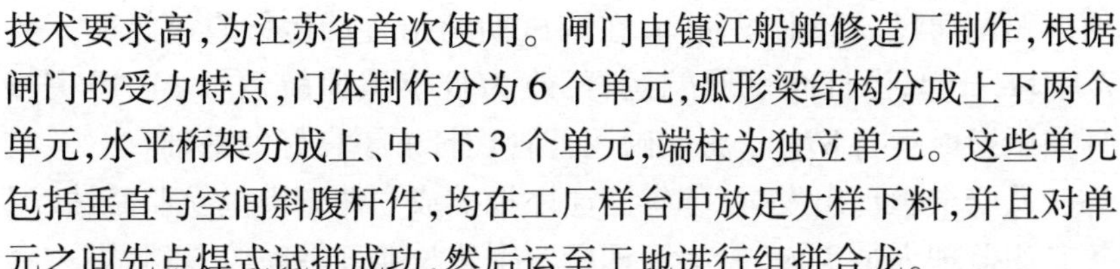

技术要求高，为江苏省首次使用。闸门由镇江船舶修造厂制作，根据闸门的受力特点，门体制作分为6个单元，弧形梁结构分成上下两个单元，水平桁架分成上、中、下3个单元，端柱为独立单元。这些单元包括垂直与空间斜腹杆件，均在工厂样台中放足大样下料，并且对单元之间先点焊式试拼成功，然后运至工地进行组拼合龙。

1979年11月中旬，镇江船舶修造厂制造完成的第一扇闸门运至工地交验，并起吊安装。

谏壁船闸液压启闭机组共有30吨闸门启闭机4台（卧式）、20吨阀门启闭机4台（立式）、泵站2台组成。液压启闭机由江苏省航道工程处修配厂于1979年3月开始制作，至12月完成。1980年1月15日，启闭机、泵站运至工地进行安装，4月12日完成上下游机组安装和试车任务。7月16日由江苏省交通厅工程局、谏壁船闸指挥部对启闭机进行初步验收，并移交谏壁船闸管理所使用。电器设备安装与闸、阀门安装同步进行。

新建的谏壁船闸，国家共投资1 775万元，其中交通部投资990万元、省投资785万元。竣工验收时，尚有上下游护坡及靠船墩工作桥未完工，交由省交通厅航道局续建，先后共安排专项用款165.9万元。

谏壁船闸共耗用水泥16 786吨、钢材1 721吨、木材2 443立方米。国家征（拨）用土地1 010亩，工程补助粮655万市斤。

3. 运行

1979年11月3日，镇江地区交通局以镇署交(79)165号文批复，同意建立江苏省谏壁船闸管理所机构，负责船闸运转通航管理工作，属地区航道管理处领导。此后，江苏省革命委员会交通局交政发(79)54号文通知：经省编委苏编(79)19号文批准，核定谏壁船闸管理所36人，为事业编制，管理谏壁船闸，隶属江苏省镇江地区航道管理处领导。1980年4月5日，江苏省谏壁船闸管理所正式成立。

1980年7月，因长江洪水，局部地区成灾，有些抗洪救灾物资必须由船闸通过。经上级通知,在调试期间结合试运行通过船舶。从7月11日起,由日间试通航运行,改为日夜试通航运行,至10月6日共试通航运行87天,为船闸运行管理打下了良好的基础。

从安全管理出发,江苏省交通厅批准成立谏壁港港航监督站,配备专职监理人员3人,船闸管理所一副所长兼任港航监督站站长,由地区航道处、监理所双重领导,站址设在谏壁船闸管理所内,管辖区域自苏南运河谏壁入江口起至红旗渡口止,长3公里,辖区内有关海事处理与安全管理统一由谏壁港港航监督站负责。

4. 大修

谏壁船闸自建闸以来,按10年为一大修周期,至2005年共进行3次大修。

(1)第一次船闸大修(1985年)

经省交通厅工程管理局同意,由镇江市交通局成立谏壁船闸大修工程领导小组,负责船闸大修工程的组织领导。省下达大修工程经费143.3万元。工程项目分为:

闸门部分:增设拉杆防松装置、增设门底顶门装置、止水改造、门轴柱调整、底枢改造、运转件易磨损件更换、闸门支撑修复、闸门除锈喷锌、门上人行桥油漆等。

阀门部分:止水橡皮更换、主侧滚轮更换、阀门除锈喷锌、轨道改造等。

启闭机修理:闸、阀门启闭机拆修,泵站改造。

电气控制改造。

土建及其他部分:增设人行桥、爬梯修理并油漆、人行桥油漆、增铸铁水尺、更换护木、浮式系船柱拆修保养、增添闸首钢护板、系船钩修理,闸室东侧增设晴雨棚、靠船墩整修、闸室清淤等。

船闸管理所自建项目:新建值班室及售票房。

此次大修从1986年3月5日起停航,至7月20日竣工复航,历时135天。

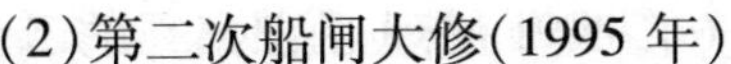

(2)第二次船闸大修(1995年)

经省交通厅同意,于1995年实施第二次大修,由市交通局、省交通工程总公司、市航道处组成大修工程领导小组。大修工程经费526.59万元。工程项目分为:

闸门部分:顶底枢运转件更换并增设自动润滑装置、止水更换与改造、闸门整修加固并喷锌防腐、工作桥面板更换。

阀门部分:止水更换、运转件更换与改造、轨道镶面板更换并增设自动润滑系统、阀门井盖板更换及门体喷锌防腐。

启闭机与泵站部分:阀门启闭机改造、闸门启闭机拆检并改造推杆销轴、泵站拆检并改造油管油盘。

电气部分:电缆沟及过桥槽架改造、闸西增设三相四线电源、接地防雷系统更换与测试。

土建部分:更换闸室系船钩、改造爬梯,浮式系船柱拆修,更换运转件及喷锌防腐、水下电缆沟槽封槽、增设钢护柱等。

以上共5个部分、37个分项工程,后变更增加阀门浮箱检测、阀门主轨道更换、浮式系船柱腹板加固3项,共40个分项工程。

大修工程从1995年11月1日停航施工,于12月29日经省交通厅航道局、镇江市交通局验收,于1996年元旦放水通航。

(3)第三次船闸大修(2003年)

经省交通厅航道局批准,2003年对谏壁一号船闸实施大修。大修期间同时进行西闸墙75米段加固工程。于2003年3月12日开工,5月31日竣工,比原计划提前10天完成。大修工程经费599.5万元。工程项目为:

闸门部分:门体维修加固,防撞板改造,工作桥修理,浮箱检修,门体防腐,顶、底枢修理,止水更换,润滑装置更换。

阀门部分:节杆更换、吊座加固、除锈喷锌油漆、主侧滚轮更换、主轨道及门槽修理、止水更换。

启闭机部分:油缸拆检与安装、阀门油缸基础改造。

土建及助航部分:系船钩更换、铁爬梯修理、钢护木维修、启闭机立柱基础改造、浮式系船柱检修、水尺修理、闸室清淤。

电气部分:闸室灯杆更换、闸室信号灯更换。

与船闸大修同步实施西侧闸室墙75米段加固专项工程,省航道局安排专项加固工程经费117.15万元。缘由是:1996年8月1日,在一场暴雨后,闸室西墙由北向南第二至第四段闸墙计75米墙后发现预制块路面呈凹状,最大局部下沉8～10厘米的间隙。第四和第五段墙身沉降缝处压顶错位5厘米,第三、第四段墙身沉降缝处压顶错位2.1厘米。第五段墙北端(距下闸首90米)压顶上有一条斜长57厘米、宽2厘米的裂缝。经工程技术人员检测分析,认为闸墙错位是船舶碰撞所致,因此仅对裂缝作了混凝土灌浆抹面处理。1997年3月15日,也在雨后又发现西侧闸墙第二、三、四段墙体明显的前倾,原修复的路面与墙身压顶接触新裂开,出现0.3～1.5厘米间缝,其中第四、五段闸墙沉降缝处压顶错位由第一次的5厘米增至8～10厘米,其余墙体间错位也达4～6厘米,墙体变形有所发展。经专业人员研究认为,是天气连续下雨导致墙后水位抬高,以致墙后受力较大所引起。随即采取加强墙体变形观测、降低墙后水位等措施。

此次加固工程分为:土锚工程、降水井工程、现浇钢筋混凝土导梁及混凝土衬砌、压力灌浆。其中土锚加固工程的30根土锚位于高程5.1米,距闸室底7.7米,距墙顶4米处,最大钻深达60米。锚索分4个承载体布置,每个承载体对称布置两根钢绞线。注浆分两次,第一次用水泥砂浆,在下索完成后于套管进行,二次注浆在第一次注浆强度达5.0兆帕时开始。预应力张拉采用专用小型千斤顶,对同一载体上的两根纲绞线,用同一型号小型千斤顶单根对称张拉,一台油泵同步控制。闸室抽水后,为防墙后水位对75米段闸室墙稳定性产生不利影响,故在该段墙后设10个降水井,孔径800毫米,孔深11.2米,满足了墙后降水要求。为使土锚与加固段浆砌石墙形成整体的受力结构,现浇钢筋混凝土导梁及混凝土衬砌。同时对原浆砌

块石墙体进行加固，增加墙体的整体强度，进行压力灌浆，灌浆量为51.4吨。至2005年，未见闸墙下沉和裂缝。

（二）二线船闸

随着国民经济迅速发展，谏壁船闸已处于超负荷运行状态。在苏南运河按四级航道全面整治后，建设二线船闸势在必行。

1996年江苏省计经委以苏计经交发（1996）799号文批复项目建议书，1997年以苏计经交发（1997）1557号文件批复同意可行性报告。1998年江苏省建委以苏建重（1998）211号文件批复初步设计。核定工程概算为18 983万元，建设工期两年半。

谏壁二线船闸是江苏省利用世界银行贷款实施京杭运河江苏段船闸扩容工程的第一个建设项目。工程于1999年6月开工，2001年12月底通过交工验收，按计划完成建设任务。（图4-4为谏壁一、二线船闸）。

图4-4　谏壁一、二线船闸

1. 设计

谏壁二线船闸位于谏壁船闸东侧,与一线船闸平行布置,两闸纵轴线相距 80 米。船闸为Ⅲ级通航建筑物,主体工程为Ⅱ级水工建筑物,船闸尺度为 23 米 ×230 米 ×4 米,设计最大船型为 1 000 吨级,设计年通过能力为 2 333 万吨。

闸首采用整体坞式钢筋混凝土结构。上闸首底板厚度为 2.6 米,下闸首底板厚度为 2.8 米;边墩:上闸首长 28.5 米,下闸首长 33.1 米。闸室采用钢筋混凝土双铰鱼腹式底板,重力式钢筋混凝土墙身,底板呈鱼腹式,中底板厚度 1.8 米,边底板厚度 1.5 米。闸室墙为重力式变厚度的倒 T 型混凝土结构,高度 11.5 米。上、下游导航墙呈喇叭形对称布置,采用混凝土底板、浆砌块石重力式墙身。

上游为单独引航道,直线段 762 米(含靠船墩 400 米),在上游引航道距上闸首约 780 米处,有一翻水站流道与其交汇,设计上为使该处河流更加顺直,引航道采用半径 20 米圆弧进行切角处理。下游引航道与一线船闸共用,直线长度为 1 030 米(含靠船墩 400 米),直线段末端与出口处航道中心线的连接采用两段反弯圆弧加一段直线过渡。两反弯圆弧的直线段长度为 52 米。引航道靠船墩及驳岸采用混凝土底板、浆砌块石墙身、混凝土压顶结构型式。靠船墩布置在引航道的一侧,上、下游各布置 20 个,间距为 20 米,靠船墩长度均为 400 米。上、下游各设 1 座远方调度站。

闸门采用空间网架结构、钢质弧形面板三角门。阀门采用钢质平板空腹式板梁结构提升门。闸、阀门启闭机构采用液压直推式。电气控制系统采用集中控制为主、分散控制为辅的模式。

船闸公路桥荷载等级为汽-20、挂-100;桥面净宽为 10 + 2 ×1.75 米。跨径 5 + 25 ×3 + 13 米,与一线船闸闸桥相接。公路桥桥下通航净空为下游最高通航水位以上 7 米。

船闸人行桥:根据变更后的设计图纸,人行桥由原一跨跨越二线船闸,改为三跨一次跨越一、二线船闸,跨径 36 + 4 + 36 + 4 + 36 米,桥面总宽3.0米,设计人行荷载3.0千牛/平方米,通航净空与公路桥同。

2.施工

谏壁二线船闸建设单位为江苏省交通厅航道局,镇江市组建谏壁二线船闸工程建设指挥部,指挥由镇江市市长周大平兼任。江苏省交通规划设计院为项目设计单位,江苏省交通咨询监理总公司为监理单位。江苏省交通工程总公司、中国大千技术进出口公司、江苏机械进出口公司和湖南机械设备进出口公司等单位为工程承建单位。

(1)土方工程

土方开挖主要包括船闸闸塘开挖(实际开挖33万立方米)、上下游引航道和水下土方开挖(实际开挖200余万立方米)。

二线船闸所在位置的地质条件较为复杂,有老冲沟、暗塘、填土、软土、松散砂性土等,个别地段软土范围比地质勘探资料显示的分布更广,土质性能更差。由于闸塘土方开挖与很多项目交叉作业,给施工带来了较大的难度;加之,船闸处于谏壁镇区,临近没有堆土区,大量土方须穿过谏壁镇外运至指定堆土区,运距达5公里。

船闸闸塘土方分二期开挖。一期土方开挖范围从地面向下至高程4.5米(下游高程3.5米),总土方量约20万立方米,二期土方开挖范围从基坑支护结构顶面至闸塘设计高程,土方量约13万立方米。闸塘土方采用机械开挖为主、人工修整为辅的施工方法。一期土方开挖,西岸出现土体裂缝,裂缝宽度3~4厘米,长度80米。处于闸室软基区。1999年11月2日,指挥部决定卸除裂缝段部分土体以减轻滑动面上荷载,在裂缝处设置木排桩加固土体,保证一线船闸的安全。

当闸室区开挖到高程后,发现闸室软基处理区的土质为淤泥质亚黏土,含水率高达40%,地基承载力低,施工机械难以施工。经监理工程师和设计代表现场察看后,拟定在软基处理区约60米×63

米范围内,做50厘米厚灰土层,满足了软基处理施工需求。

谏壁二线船闸邻近一线船闸施工。为确保一线船闸正常运行和结构物安全,对闸塘开挖施工采取了侧壁支护要求。上下闸首段采用混凝土排桩加二道内支撑支护,排桩间压力灌浆。闸室段采用深层搅拌桩作支护。鉴于闸首段局部土质差,采用钢板桩支护。

上、下闸首基坑钢板桩土锚支护结构中,钢板桩平面长度150米,共用20米钢板桩279根;土锚60根,总长600延米。

闸室段基坑西侧采用悬臂式钢板桩挡土结构,挡土高度4米,钢板桩嵌入深度5米,平面长度100米,共用拉森Ⅳ型钢板桩251根(单根长12米),主要布置在闸塘软土地段。

2003年3月份,在定期监测过程中发现老冲沟段钢板桩顶端内倾位移较大,挡墙后土方有滑动迹象,故立即采取加固措施,在钢板桩挡墙后20米处的原地基上实施2米深的地垄,用锚杆把钢板桩挡墙上端锚固在地垄上,有效地阻止挡墙继续前倾。对钢板桩后的裂隙采取灌沙填土封闭处理,挡墙后边坡上覆盖彩条布,平台处设排水沟,及时消除地表水。

(2)混凝土工程

闸室主体结构中,除预制盖板及垂直止水预制块外,全部采用立模现浇。底板施工按节段采取先两边后中间的顺序进行,根据设计要求,闸室墙底板预留3厘米沉降量,中底板预留1厘米沉降量。

闸室结构混凝土尺寸较大,有防裂抗渗要求,因此在混凝土中掺和缓凝剂和粉煤灰,以降低混凝土的水化热和防止混凝土开裂。混凝土由拌和楼拌制,泵送到现场,浇注采用水平分层、逐层到顶的方法。

闸首底板属大体积混凝土,采取拌和楼集中拌制,泵车输送,沿底板的长边方向布管送料,分层厚度控制在30~50厘米,同时保证先浇混凝土在初凝以前被后浇混凝土所覆盖。在混凝土中埋放厚度小于15厘米的石块,以减小混凝土内部温度。采用双掺混凝土,降低水化热，防止温度裂缝产生。

边墩属不规则大体积混凝土结构，在施工中，除采取温控措施外，在门库中间位置设置了一条竖向后浇带，待边墩混凝土性能稳定后，再浇筑后浇带，以消除门库中间竖向裂缝。根据设计要求，还在廊道弯曲段侧面加挂直径 1.2 毫米轧花钢丝网，以减少此处混凝土裂缝。

混凝土施工中，为保证预埋件的精确度，专职测量人员及时采用全站仪及精密水准仪对预埋件的安装偏差进行检查、监控。

上、下游引航道施工中，将原粉喷桩地基处理变更为冲孔灌注桩处理，下游 400 米靠船墩段软地基增加冲孔灌注桩。

(3)闸阀门工程

谏壁二线船闸闸阀门工程，由江苏机械进出口公司承包制造和安装。顶、底枢是三角闸门运行的关键部件，为此改进了设计，在顶、底枢轴表面堆焊不锈钢，轴和轴套增加热处理，提高表面硬度以及顶、底枢耐磨、耐腐蚀程度；增加顶、底枢润滑系统，减小闸门运行摩擦，使运行更加平稳。闸门下拉杆支座底板原设计板厚 20 毫米，更改为 60 毫米后，增加底座强度和安装牢固程度，使闸门运行过程中更稳定可靠。阀门镶面板原设计为表面淬火处理后镀铬，经研究改为氮化处理，不仅控制变形，表面硬度还有所提高。闸阀门止水螺栓材料改为不锈钢，以提高整体防腐能力。在闸门上增加防撞板，提高闸门运行安全性。

2001 年 5 月 28 日开始闸阀门的现场安装。在闸门的无水调试过程中，曾出现闸门跳动超差，顶、底枢处有异常响声，经调整底枢斜块和顶枢螺母及润滑油问题后得以解决。在有水调试时，也不同程度地出现无水调试时的情况，通过调整顶枢螺母得以解决。当年 12 月 20 日完成闸门调试。

(4)启闭机工程

谏壁二线船闸液压启闭机由常州液压成套设备厂有限公司承做

和安装。2001 年 7 月 31 日江苏省交通厅航道局组织有关单位至厂方进行设备出厂验收,9 月 6 日开始安装施工。在启闭机润滑干油泵系统试运转过程中,发现干油泵出油口无法完成流量动态调整,后选用上海莱伯斯干油泵产品,问题得以解决。启闭机试运转过程中,发现阀门油缸在自落时液压油无法补入,经设计、监理及有关技术人员共同分析研究,在液压泵站系统中增加补油回路,经修改达到了设计和使用要求。

(5)电气工程

谏壁二线船闸电气工程由湖南机械设备进出口总公司中标承建,包括控制系统、低压配电系统、照明系统、广播系统、通信系统和接地系统等 6 个分部工程、15 个分项工程。在设计中积极应用先进的自动控制技术,尽量遵循现有的控制方式,保证一、二线船闸的运行操作方式一致,增加整个船闸控制系统的易操作性和易维护性。主要设备及元器件都为国际知名产品或品牌。对设备的关键指标、参数进行检验,确保运至现场的设备符合技术规范要求。

现场安装工作,分室内室外和桥架安装、钢管配线、接地设施安装、控制设备安装、电缆敷设、照明设备安装等几个阶段进行。隐蔽工程安装时,监理工程师现场进行监督、检查,确保隐蔽工程的安装质量。

(6)公路桥、人行桥

公路桥跨下闸首,共有 5 个桥墩(台),两个桥墩立柱位于下闸首的两个边墩上,其余 3 个墩台基础为钻孔灌注桩。上部结构有 3 种形式:后张预应力钢筋混凝土 T 型组合梁、钢筋混凝土 T 型组合梁、现浇板梁。人行桥跨一、二线船闸,其基础有桩基础和扩大基础两种形式,下部结构为柱式墩台帽,上部结构为钢质系杆拱和 4 米现浇板,拱肋在工厂分三段制作,运至现场在拼装台架上焊接成整体。

3. 运行

谏壁二线船闸建成后双闸运行,有 4 种方式:在上下游引航道畅通的前提下，一、二线船闸上行、下行交替放船；一侧引航道船舶密度大，甚至堵塞，而另一侧引航道畅通，双闸同方向放船；当船队、单船较多，上下游引航道条件不太好的情况下，一道闸以通闸放船队，另一道闸以常规方式放单船，以控制过闸秩序；当上下游过闸船舶不太多时，单闸运行，以节省人力、物力。

由于近年来长江下游枯水期水位较以往为高，加之谏壁节制闸承担调水任务，谏壁船闸开放通闸的机遇较20世纪增多，放通闸时间约占船闸全年运行时间的7.8%，在航道畅通的条件下，放通闸船舶通过量为正常过闸的2～4倍。船民在船闸上、下游设置的远方调度站履行验证、登记、缴费手续后，按照调度人员调度，即可顺利过闸。

1981年至2005年谏壁船闸历年船舶通过情况见表4-1。

1981～2005年谏壁船闸船舶通过情况表 表4-1

年　度	船舶通过量(万吨)	货物通过量(万吨)	征收过闸费(万元)
1981	330.0	205.0	18.5
1982	440.0	261.5	24.2
1983	599.4	398.0	37.1
1984	627.3	477.7	40.9
1985	661.9	493.2	51.7
1986	334.6	233.8	47.2
1987	723.5	505.1	63.0
1988	962.4	603.2	80.0
1989	1 005.4	647.8	95.0
1990	1 031.9	592.9	110.8
1991	646.0	397.0	201.6
1992	1 314.4	814.2	485.1
1993	1 659.6	1 043.8	569.0
1994	1 470.8	915.6	496.1
1995	1 606.3	955.3	539.7
1996	922.5	586.3	323.1

续上表

年　度	船舶通过量(万吨)	货物通过量(万吨)	征收过闸费(万元)
1997	2 402.3	1 434.7	813.8
1998	3 703.0	2 522.0	1 346.8
1999	4 155.7	2 905.5	1 572.3
2000	4 678.0	3 026.0	1 659.3
2001	5 199.5	3 237.1	1 758.0
2002	5 958.0	3 852.0	1 909.0
2003	6 606.7	4 036.4	2 315.0
2004	7 658.0	4 808.0	2 737.7
2005	7 500.0	4 961.5	2 914.5

注:1986 年 3 ~7 月断航大修;1990 年 10 月 ~1991 年 5 月苏南运河陵口段断航施工;1991 年洪涝灾害,断航一个多月;1993 年 10 月 ~1994 年 5 月吕城段断航施工;1995 年 10 ~12 月断航大修;1996 年 1 ~5 月辛丰段断航施工,10 ~12 月越河口段断航施工;1997 年 1 ~4 月越河口段断航施工。

二、江阴船闸

江阴一、二线船闸位于江阴市黄田港口内,北距长江口仅 1.2 公里,南连锡澄运河,是苏南运河经锡澄运河通往长江的一个主要运口,其通过量在“十五”之前位居诸运口之首。

(一)一线船闸

1949 年苏南解放时,江阴黄田港是苏南运河经锡澄运河的通江运口,自京杭运河镇江段淤垫不畅后,黄田港成为京杭运河沟通大江南北的重要口门。由于旧航道迂回曲折,定波闸口门狭窄,且年久失修,航运深受影响。1950 年,苏南人民行政公署拨款修理定波闸,勉强维持通航。1951 年冬春枯潮季节,航道经常堵塞,严重时来往船只挤档达 24 天之久,影响安全通航。1952 年初,苏南人民行政公署呈请华东军政委员会批准,在锡澄运河黄田港原定波闸西开辟新航道,建设江阴船闸。

1. 设计

船闸设计要求全年通航300吨级船舶,且能潮平时开放通闸。设计年通过能力为420万吨。

船闸设计水位:上游最高通航水位4.84米,最低通航水位1.75米;下游最高通航水位6.47米,最低通航水位0.91米。

船闸闸室长92.08米,宽12米,水深2.5米,闸门宽10米,上下闸首底板厚1.5米,长16米。闸首底板为钢筋混凝土桩基础,上下游共234根。闸室采用锚定拉杆钢板桩,门墙由4个空心钢筋混凝土柜组成。柜顶各建启闭机房1座。闸门系平转三角柱形钢结构,为钢质三角门,门底置辊轮两只,启闭时沿弧形门槛转动,启闭以电动机操纵,初为分散控制,后改为集中控制,并装有备用手摇机。阀门为提升钢质插板门,迎江一面,装有钢板。输水方式为门上输水及大门输水两结合灌泄水。

引航道河床高程下游为高程-1.60米,上游为高程-1.05米,最小通航水深2.5米,引河底宽16米,待船港底宽40米。上下游引航道各长135米。

2. 施工

1952年2月20日,成立黄田港船闸工程筹备处,苏南人民行政公署水利局局长胡扬兼任工程处主任。由华东建筑工业部建筑工业公司承建。船闸施工前,江阴县人民政府动员迁移船闸闸址地区房屋600余间,征用和压废农田128亩。

江阴船闸分为港口疏浚工程、引河工程、闸室工程、裁弯取直工程、拦水坝工程,全长2308.5米。其中:港口疏浚工程分口门及港内两个工段;引河工程分上下游两个工段;船闸土方工程分上下游引航道、上下闸首及闸室5个工段。港口用小型挖泥机水下疏浚,原计划疏浚至高程-1.6米,因土质过硬,仅疏浚至高程-0.7米。水上土方由民工开挖。

建筑物工程分为闸首与闸室两部分。

闸首、闸室基础工程为钢筋混凝土基桩,松木板桩及对截3号赖生钢板桩3个部分,上下游钢筋混凝土基桩各为117根、松木板桩64.31米、对截3号赖生钢板桩32根。设计承载力每根桩为31吨。

上下游闸首均为钢筋混凝土空箱结构,闸底与闸墙建筑成└┘字形。闸底板厚度1.5米,长16米,上游一端26米,下游一端宽20米。上浇眉毛形门槛各一道,高30厘米。底板钢筋布置,中间为双层,其余为单层,均采用1号竹节钢,底层钢筋与基桩钢筋相连接。闸底与基土接触面浇筑15厘米厚混凝土一层,并沿基础板桩头加筑50厘米厚的隔水墙一道。闸墙由4个空心钢筋混凝土空箱组成,口门净宽10米,顶高程均为7米,高出最高水位0.3米。外墙厚度不等,为60厘米、100厘米、150厘米。内隔墙厚40厘米,盖板厚20厘米,闸墙四角及墙身装有护角护木设备。

闸室边墙长91.6米,用赖生3号钢板桩连接而成,每边229根,钢板桩顶高程为5.2米,入土深为2米,东西边墙间距为12米,两端与闸首连接。钢板桩墙正面加护木,两侧各28根,护木之间以铁链相连,便于过闸船舶牵挽,防止用篙捣钢板桩墙身。

镇定墙、拉杆、导梁3项工程是钢板桩的附属工程。镇定墙是钢筋混凝土建筑,东西各一道,与钢板桩平行,各离钢板桩16米,上下端宽均为20厘米,中部突出成⊏⊐形,底脚铺垫泥浆碎石20厘米,并砌25厘米宽砖隔墙6道,以防止倾斜。拉杆用2号圆地轴制成,长16米,分成3节,以花兰螺丝连接,相互拉紧成水平,拉杆中心之高程为3.2米,即距钢板桩顶部2米处,间距为1.6米,每隔钢板桩装设拉杆一套。导梁是采用200厘米×75厘米×8.5厘米槽形铁在拉杆上下各一道,同时用螺丝拴紧在钢板桩上,钢板桩即成整体。

1953年4月28日安装北首闸门,4月30日安装南首闸门,经江苏省水利厅和华东建设公司验收合格。6月20日拆坝,26日放水通航。

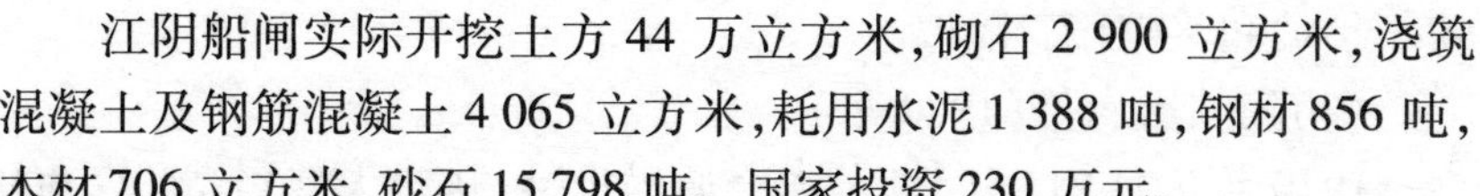

江阴船闸实际开挖土方44万立方米，砌石2 900立方米，浇筑混凝土及钢筋混凝土4 065立方米，耗用水泥1 388吨，钢材856吨，木材706立方米，砂石15 798吨。国家投资230万元。

3. 运行

1953年6月2日江阴船闸管理所正式成立，江阴县政府决定定波闸、黄田港口及南门八字桥南北管理站，由江阴船闸管理所统一领导。1953年7月13日江阴船闸举行试通航典礼，同年9月15日正式通航。

江阴船闸受黄海半日潮汐的影响，长江平均潮位2.40～4.10米，闸上游锡澄运河水位在2.80～3.20米。在多年的实践中，船闸值班人员基本掌握了长江潮汐的变化规律和能放通闸的时间。每天24小时内可放4次通闸，时间约4～6小时。放通闸时，顺水水位差最高不超过20～30厘米，逆水水位差最高不超过30～40厘米，闸内流速不超过1.5米/秒，顺、逆水船队都可安全通过。根据历年统计资料，全年有60%以上的通过量是依靠开通闸完成的，而开通闸时间只占全部通航时间的20%左右。

4. 大修

江阴一线船闸自建闸以来，前后共进行6次大修。

(1)第一次大修(1956年)

1956年1月18日经江苏省水利厅批复，核定大修工程经费61 191元，由常州市建筑工程公司承担大修工程，1956年3月20日开工，当年8月15日竣工通航。大修项目：空厢补漏、油漆工程、接补护木、更换止水橡皮等。

(2)第二次大修(1961年)

经江苏省水利厅核准，核定大修经费121 024.48元。由江阴建筑工程公司承包，1961年9月7日断航施工，12月9日竣工。大修工程项目：更换护木、油漆钢板桩、修补砂浆粉面、清理闸底、装置铁栏杆、闸门油漆、更换滚轮、更换行人桥构件、新建加劲插板门、干砌块石护坡和浆砌块石隔墙。

(3)第三次大修(1970 年)

1970 年 7 月 21 日经江苏省交通局批准,核定大修经费 127 000 元。由江苏省交通局第四工程处承包。大修项目:整修闸门滚轮、整修闸阀门启闭机、闸门钢板桩去锈油漆、整修工作桥、闸室清淤、整修电路设备、整修操作间、更换止水橡皮 12 条、修理门室调运安装维护等。

(4)第四次大修(1981 年)

经江苏省交通厅批准,核定大修经费 191 387.34 元,由江苏省交通厅航道工程处承包,1981 年 11 月 6 日开工,12 月 31 日竣工通航。大修工程项目:闸阀门修复,闸室增设栏杆、系船钩、系船柱,闸门启闭机检修,阀门改制 3 吨液压启闭机,电器技术改造。

(5)第五次大修(1992 年)

经江苏省交通厅航务局批准,核定大修经费 208.48 万元,由省交通工程公司第五工程处、修配厂承担大修施工任务。1992 年 11 月 5 日开工,1993 年 1 月 7 日完成。大修项目:闸门顶底枢更换、设置浮箱、构件修复、喷锌、启闭机拆检、立轴更换、止水钢板更换,闸门喷锌油漆、钢板桩油漆、闸室清淤、钢板桩整修,增设廊道、设置钢平板阀门并喷锌,阀门启闭机更换为液压启闭机,操作机房改建,电器更新,闸门电动机更换等。

(6)第六次大修(2001 年)

经江苏省交通厅航道局批准,核定大修工程经费 510 万元。由省交通工程总公司五公司施工,闸门预制加工件等由省交通工程总公司机械厂完成。2001 年 10 月 20 日开工, 12 月 3 日复航。大修主要项目:新制作并更换 4 扇闸门,顶底枢改造并增设自动加油装置,闸门增设防洪板;阀门除锈喷锌油漆、止水改造、主侧滚轮及轨道镶面板更换;阀门启闭机油缸移位改造,闸门启闭机缓冲器改造;待船港灯改造、闸室照明电缆更换;闸首增设钢包角及钢护木,闸门底坎改造等。

（二）二线船闸

江阴一线船闸船舶过闸待闸时间长，经常发生引航道堵塞，已不能适应日益增长的水运事业发展需要，对社会经济发展带来一定影响。1982 年，经江苏省计划委员会批准，兴建江阴二线船闸（见图 4-5）。

图 4-5　江阴二线船闸

1. 设计

江阴二线船闸位于江阴一线船闸西侧。船闸主体工程由中国造船总公司第九设计研究院设计。闸首门宽 12 米，闸室宽 16 米，闸室长 98 米，门槛水深 2.5 米，建成后可通过 1 轮 12 拖 60 吨级船队，设计年通过能力 1650 万吨。

船闸通航水位：上游最高通航水位为 4.84 米、最低通航水位为 1.75 米，下游最高通航水位为 6.47 米、最低通航水位为 0.91 米。

上、下游与一线船闸合用引航道各长 800 米。

上下闸首基础各采用直径 120 厘米钻孔灌注桩 28 根，闸墩采用地下连续墙与现浇钢筋混凝土复合结构。根据地质分布差异，闸室墙 3/5 段（东西墙计 114 米长）采用单排地下墙双层锚杆结构。2/5

段(东西墙计82米长)采用半重力式地下墙结构,闸室底板为格型梁式透水结构,其倒滤层材料采用化纤土工毡。闸首边墩内设输水廊道,采用钢质三角闸门,阀门采用钢质平板门,闸阀门采用液压启闭机启闭。全闸共设4个泵站,每台泵站各驱动一扇闸门和一扇阀门。船闸电气采用上下游集中控制。

1983年1月18日江苏省交通厅交程(83)75号文审查批准了初步设计,并先进行地下墙、地锚杆的试验工作,后批复兴建。

2. 施工

江阴二线船闸紧临一线船闸之西,两闸的中心轴线距仅42米,要求在新建二线船闸的同时,保证老船闸结构安全和正常通航。经技术论证,船闸主体工程采用地下连续墙土层锚杆新结构。这一新技术、新工艺的施工方法,为全省船闸工程首次采用,并获交通部科技进步三等奖。

1984年4月20日,江阴县建立锡澄运河续建工程指挥部,负责江阴二线船闸工程建设。征用小钢绳厂土地5.2亩,拆迁房屋1 782平方米,为二线船闸的施工以及工程的科研工作和现场试验提供必要的场地。同年4月底建立以省交通工程公司为主的地连墙、土锚试验小组,进行地连墙的成槽试验,3个槽段自地面以下深度分别为32米,28米,25米,初步取得成槽工艺经验,熟悉各类机械性能及安全操作,掌握不同地质条件下泥浆配比浓度。接着开始在上游翼墙中段做6米长半重力式实体试验段,同年8月份着手土层锚杆的试验工作,共进行5组15根,两大类型(直杆、扩大头)及不同长度的试验。1985年7月,省工程局组织设计、施工及科研单位对土锚试验成果进行论证,通过试验摸索了土层锚杆施工工艺,积累了施工经验,为二线船闸地连墙和土锚杆全面施工奠定了良好的基础。

江阴二线船闸工程由江苏省交通工程公司第二工程处承担施工任务,自1985年7月13日正式开工,1987年9月完成主体建筑物工程。共完成上下闸首钻孔灌注桩 56 根,灌注混凝土 800 立方米。完成上下闸首地连墙 36 个槽段,闸室槽段 39 个,混凝土工程量 5 267 立方米,地下连续墙总长达 527 延米。完成土层锚杆 156 根(套)并进行锚固力检测。现浇钢筋混凝土 4 500 立方米,浆砌石方 1 300 立方米,完成土方工程 65 000 立方米。

闸门安装工程:江阴船闸采用钢质三角门,上、下游共 4 扇,上游闸门高 7.7 米,下游 8.275 米,每扇闸门上设有 1.00 ~ 2.00 米小门两扇,闸门下层设有稳流箱,每扇闸门重 32 吨。由华东设计公司设计,上海新丰铁工厂承制,江苏省交通工程公司、修配厂等单位参加安装调试。

引航道工程:护底为干砌块石,护坡为浆砌块石,块石厚度为 25 厘米。护坡坡度纤道以上为 1∶1.5,纤道以下为 1∶2。

1988 年 11 月完成操作机房、天桥、启闭机、电气控制安装调试,上下游翼墙、上下游护坦及助航设施等工程。1988 年 11 月 16 日省交通厅航务局组织设计、施工、管理单位的工程技术人员进行工程分项质量检查,1989 年 1 月 20 日由江苏省计经委、省交通厅、无锡市交通局组成验收委员会对江阴二线船闸进行放水验收。

江阴二线船闸总投资 877.65 万元,其中:船闸建筑物工程 502.09万元,闸阀门、机电设备 108.58 万元,房屋临时工程 168.53 万元。耗用钢材 1 279.2 吨、木材 631.95 立方米、水泥 5 190 吨、铜材 2 吨、砂石料 31 000 余吨。

3. 运行

江阴二线船闸的运行管理,主要是抓好引航道管理和通闸的运行,以提高通过能力。船舶到闸以后,在指定地点按序停靠。除进口轮队停泊于长江锚地,出口轮队停泊于应天河口以南待闸外,对待闸的单机船按类型确定 4 个停泊待闸区。

江阴两座船闸相邻,在正常情况下安排一线船闸放上行船舶(船舶由长江进入内河),二线船闸放下行船舶(船舶由内河进入长江),特殊情况下灵活调度使用。如上行船舶较多时可安排两座船闸同时放进,反之亦然。危险品船舶单独停靠、单独过闸。操作员既要充分利用闸室容量,又要确保船舶在闸室内停靠安全及进出闸安全。

江阴二线船闸自1989年初建成通航,与一线船闸双闸运行,通过合理调度,充分利用每天可放四次通闸的条件,大大提高了船舶过闸的通过量。当年船舶通过量达2 570万吨、货物通过量1 954万吨,征收过闸费232万元,至2005年增加到船舶通过量6 953万吨、货物通过量5 809万吨,征收过闸费3 315万元,和谏壁船闸相当,其中约2/3是靠放通闸所创造的业绩。

4. 大修(1997年)

1997年经江苏省交通厅航道局批准,核定大修工程经费231.80万元。由省交通工程总公司五公司、机械厂承担大修主体工程施工任务。1997年11月5日开工,1997年12月10日完工复航。大修主要项目:闸门顶底枢更换、增设润滑装置、门体加固、增设防撞钢板、更换桥面板、门顶增设防洪挡水板、止水改造、闸首防撞钢护木修复加固、水尺更换和爬梯修复等。

江阴船闸历年船舶通过情况见表4-2。

1953~2005年江阴船闸船舶通过情况表 表4-2

年　份	船舶通过量(万吨)	货物通过量(万吨)	征收过闸费(万元)
1953	43.0	28.0	3.0
1954	87.0	56.6	7.0
1955	108.0	70.2	7.4
1956	135.0	87.8	9.3
1957	168.0	109.2	11.4
1958	210.0	136.5	14.4
1959	254.0	165.1	17.4
1960	305.0	198.8	20.9
1961	366.0	237.9	25.1
1962	441.0	303.0	32.3

续上表

年　　份	船舶通过量(万吨)	货物通过量(万吨)	征收过闸费(万元)
1963	421.0	258.0	24.5
1964	490.0	337.0	28.7
1965	464.0	319.0	27.2
1966	641.0	467.0	39.9
1967	584.0	400.0	34.2
1968	541.0	369.0	31.5
1969	626.0	426.0	36.4
1970	550.0	375.0	32.0
1971	713.0	489.0	41.7
1972	816.0	559.0	47.6
1973	905.0	621.0	53.0
1974	965.0	662.0	56.5
1975	1 004.0	684.0	58.0
1976	1 024.0	700.0	58.9
1977	1 118.0	758.0	62.6
1978	1 262.0	855.0	68.5
1979	1 073.0	774.0	64.3
1980	1 292.0	878.0	67.1
1981	1 130.0	796.0	69.8
1982	1 481.0	1 053.0	84.1
1983	1 555.0	1 105.0	97.3
1984	1 744.0	1 252.0	106.7
1985	1 990.0	1 402.8	149.8
1986	2 302.0	1 675.0	191.9
1987	2 406.4	1 698.4	202.1
1988	2 507.1	1 831.9	205.4
1989	2 569.7	1 954.3	231.9
1990	2 559.8	1 924.8	243.0
1991	2 935.5	2 232.3	704.1
1992	2 999.8	2 306.9	970.0
1993	3 320.0	2 485.0	981.0

续上表

年　份	船舶通过量(万吨)	货物通过量(万吨)	征收过闸费(万元)
1994	3 540.0	2 639.0	1 077.5
1995	4 196.0	3 260.0	1 259.0
1996	4 221.0	2 640.0	1 316.0
1997	4 570.0	3 425.0	1 563.0
1998	4 505.0	3 244.0	1 516.0
1999	5 572.0	4 107.0	1 980.0
2000	5 517.0	4 198.0	2 009.0
2001	5 508.0	4 149.0	1 973.0
2002	6 792.0	4 576.0	2 239.0
2003	8 064.0	5 226.0	2 824.0
2004	8 645.0	5 754.0	3 065.0
2005	6 953.0	5 809.0	3 315.0

三、其他船闸

(一)通江船闸

1. 九曲河船闸

为九曲河水利枢纽配套工程,建成于 2005 年。船闸尺度为:闸室长 190 米、宽 16 米,闸门宽 12 米,最低通航水深 2.5 米。设计年通过量 1 200 万吨,2005 年实际通过量为 800 万吨。

2. 魏村船闸

位于德胜河内,为魏村水利枢纽配套工程,建成于 1996 年。船闸尺度为:闸室长 190 米、宽 16 米,闸门宽 12 米,最低通航水深 2.5 米。设计年通过量 1 680 万吨,2005 年实际通过量 2 285 万吨。

3. 藻港船闸

为藻港水利枢纽配套工程,建成于 2002 年。船闸尺度为:闸室长 190 米、宽 16 米,闸门宽 12 米,最低通航水深 2.5 米。设计年通过量 500 万吨,2005 年实际通过量 450 万吨。

4. 夏港船闸

初建于 1978 年,1999 年维修加固。船闸尺度为:闸室长 119 米、宽 12 米,闸门宽 8 米,最低通航水深 2.5 米。设计年通过量 300 万吨,2005 年实际通过量 1 200 万吨。

5. 白屈港船闸

为白屈港枢纽配套工程,建成于 1995 年。船闸尺度为:闸室长 160 米、宽 14.5 米,闸门宽 12 米,最低通航水深 2.5 米。设计年通过量 500 万吨,2005 年实际通过量 700 万吨。

6. 张家港船闸(见图 4-6)

建于 1968 年,属六级航道配套的小型船闸,上海市港务局委托江苏省交通厅设计院设计。船闸闸首宽 10 米,闸室宽 13 米、长 130 米,最低通航水深 2.5 米。设计年通过量 300 万吨,2005 年实际通过量 2 842 万吨。

图 4-6　张家港船闸

2002 年经江苏省发展计划委员会批准建张家港二线船闸,正抓紧实施。

7. 望虞船闸

为望虞河常熟水利枢纽配套工程,1999年建成。船闸尺度为:闸室长190米、宽16米,最低通航水深2.5米。设计年通过量1 650万吨,2005年实际通过量约1 060万吨。

另有小河口、孟城节制闸,中孔均为通航孔。其以东江口凡有节制闸者大都也有通航孔,平潮时可通行船舶。

（二）通湖船闸

苏南运河通过众多河流与太湖连通,水利部门在入湖河口均建有节制闸或套闸,仅在船舶通过量较大的河口建有船闸,主要有3座,均为水利部门管理。

1. 胥口船闸

为胥口枢纽工程配套建筑物,建成于1997年。船闸尺度为:闸室长135米、宽16米,最低通航水深2.5米。设计年通过量1 800万吨,2005年实际通过量3 163万吨。

2. 梁溪河船闸

为犊山枢纽工程配套建筑物,建成于1991年。船闸尺度为:闸室长135米、宽16米,最低通航水深2.5米。

3. 大浦口套闸

为大浦口枢纽工程配套建筑物,建成于2001年。套闸尺度为:闸室长50米、宽9米,闸门宽6米,最低通航水深2米。

第五章 航 道 维 护

航道是水运的基础设施。航道维护的任务就是要保证航道的尺度,消除碍航因素,保障航道畅通,为运输生产服务。航道维护内容包括航道疏浚、清障扫床、防汛破冰等。

第一节 航 道 疏 浚

航道疏浚,其方式有人工疏浚和机械疏浚之别。古近代大都以人工疏浚为多,以蒸汽机为动力的机械疏浚则始于清同治初年(1862)。中华人民共和国成立后,大型航道整治工程一般以人工为主,或机械配合人工开挖;小型维护性工程则以机械疏浚为主。机械疏浚可不断航,有利航运。

一、古近代疏浚

京杭运河苏南段,为历代王朝漕运东南之粟和财赋供给京师的主通道。为保证这条运道的畅通,尽管王朝不断更替,而对运河疏浚治理均较为重视。

苏南运河,尤其是镇江徒阳段,因系凿山开河,地势高仰,两岸陡立,土质疏松,加上该段水源仰仗江潮,夹沙挹注,为易淤河段。常州东南直抵苏浙交界段,则多平顺,水源也丰,工程相对较少。

(一)唐代疏浚

元和年间,湖州刺史范传正曾疏浚平望官河。五年(810),疏浚镇江至常州段运河。八年,常州刺使孟简浚古孟渎,长41里,引江水南注通漕,溉田4 000余顷。五代十国时期,吴越国专设七八千人的"撩浅军",专司疏浚太湖通江港浦及苏南运河,"经常捞浅,不使淤塞,旱涝有备",始创疏浚专业队伍和养护管理制度。

(二)宋代疏浚

北宋是中国古代漕运鼎盛时期,宋室南迁后,苏南运河更成为南宋政权赖以生存的生命线。南宋把疏浚运河视为大政来抓,每隔数年大治一次,"浅者浚,狭者拓,圮者筑,阙者补"。并加强运河管理。同时还一再疏浚练湖,以湖水济运。图5-1为古代撩浅挖淤景况的画作。宋代对江南运河的疏浚见表5-1。

图5-1 古代撩浅挖淤景况的画作

宋代苏南运河疏浚年表 表5-1

年代	史料摘要	史料出处
乾兴元年(1022)	诏:苏、湖、秀三州疏导壅淤,命发运使发邻郡兵卒助工	同治《苏州府志》
天圣年间	凿关河,自甘露港入北水关,穿城至南水关入运河	清《丹徒县志》

续上表

年 代	史料摘要	史料出处
天圣中	开新河。新河在润州府城之西,京口闸之东,南通漕河,北通大江	《行水金鉴》卷一百五十四
庆历中	郑向为两浙转运使,疏蒜山漕渠抵于江	《行水金鉴》卷一百五十四
庆历三年(1043)	浚润州漕河,其后每年必干涸,于夹冈道置堰。旋罢	《江苏水利全书》卷二十七
皇祐中	知常州王安石开运河导太湖水,废梁溪堰;废吕城堰,破涵管而浚之,河反狭,公私以为不便	《江苏水利全书》卷二十七
至和年间	诏:常、润二州开运河。时知常州陈襄,以太湖积水,横遏运河不得入江,议请开浚	《行水金鉴》卷一百五十四
嘉祐六年(1061)	知常州陈襄浚运河	雍正《江南通志》
治平中	修夹岗河道	《行水金鉴》卷一百五十四
治平四年(1067)七月	都水监言,两浙相度到润州,至常州界,开淘运河废置堰闸。乞候今年住运,开修夹岗河道。从之	《续行水金鉴》卷七十二
元丰三年(1080)	诏:赐米三万五,开苏州运河	《行水金鉴》卷一百五十四
元符三年(1100)	诏:苏、湖、秀三州,役开江兵卒,浚治运河	《行水金鉴》卷一百五十四
崇宁二年(1103)	诏:常、润二州浚运河	《江苏水利全书》卷二十七
崇宁五年	廉访使刘仲光、漕臣孟庾浚常州、镇江二府运河	《常州府志》卷七
大观二年(1108)七月	诏:常、润二州岁旱河浅,留滞运船,监司督责浚治	《行水金鉴》卷九十七
政和六年(1116)	诏:镇江府傍临大江,三年间覆溺五百余艘,闻西有旧河可避风涛,岁久堙废,宜令发运使浚治	《江苏水利全书》卷二十七

续上表

年　代	史料摘要	史料出处
宣和五年(1123)	廉访使刘仲光、漕臣孟庾浚常州、镇江二府运河	《行水金鉴》卷一百五十四
绍兴十六年(1146)五月	浚运河	《江苏水利全书》卷二十七
乾道六年(1170)	郡守蔡洸自丹阳南浚河至夹港	《行水金鉴》卷一百五十四
乾道八年	知镇江府宋既浚运河自利涉河至江岸	《行水金鉴》卷一百五十四
淳熙元年(1174)	提举薛元鼎奏开运河五十四里,二年毕工	《行水金鉴》卷一百五十四
淳熙二年	武进县丞韩隆胄浚常州运河三十里;知镇江府张津,浚京口闸河以北至江口	《行水金鉴》卷一百五十四
淳熙五年	以漕臣陈岘言,于十月募工,开浚无锡县以西横林、小井及奔牛、吕城一带地高水浅之处,以通漕舟	《行水金鉴》卷九十八
淳熙十三年	浚武进运河	《行水金鉴》卷一百五十四
淳熙十六年	提举浙西常平詹体仁督平江、常州、镇江三州,开漕渠置斗门	《行水金鉴》卷一百五十四
庆元四年(1198)	镇江府疏导市河	雍正《江南通志》
嘉泰元年(1201)	知常州李珏浚漕渠	《行水金鉴》卷一百五十四
嘉定元年(1208)	镇江府……浚江口河,置闸	《行水金鉴》卷一百五十四
嘉定中	自江口浚至城南,长一千八百六十九丈,阔十余丈,复五闸以时蓄泄	《行水金鉴》卷一百五十四

(三)元代疏浚

元代对江南运河的疏浚,与宋代相比,其规模和次数明显减少,主要是因苏南运河经历代整治已有较好的基础,同时元代漕运主要依赖海运,河运为从属地位。元代浚治情况见表5-2。

元代苏南运河疏浚年表　　表5-2

年　代	史 料 摘 要	史 料 出 处
至元十六年至大德十一年(1279~1307)	屡浚镇江京口附近运河	《行水金鉴》卷九十八
至大四年(1311)	浚镇江至吕城坝,面阔五丈,底阔三丈,六十日毕工	《练湖志》
至治三年(1323)十二月	浚镇江路漕河及练湖	《行水金鉴》卷一百三
泰定元年(1324)	诏:镇江路浚漕渠,修练湖,浚常州路江阴州各通江河港	《行水金鉴》卷一百五十四
泰定二年	疏治运河自镇江路至吕城坝,长百三十一里	《元史河渠志》
泰定三年	凿通无锡直河(直河系运河故道),浚漕渠	《无锡金匮县志》、《行水金鉴》卷一百五十四
天历二年(1329)	京口……开挖淤沙,仍于江口置闸。是年十月竣工	《江苏水利全书》卷二十七

(四)明代疏浚

永乐年间迁都北京,为便于大量的南方漕粮、物资运往都城,因“海运多险,陆运亦艰”,故罢海运,重新修复、起用京杭运河航线。又因江浙等地漕舟多由镇江北渡,但苏南运河,尤其是镇常段淤浅日趋严重。故自洪武元年(1368)至万历六年(1578),屡屡进行较大规模疏浚,万历十六年(1588)以后直至明末,几乎连年疏浚。明代疏浚情况见表5-3。

明代苏南运河疏浚年表 表5-3

年　代	史料摘要	史料出处
洪武元年(1368)	复自京口开浚,直抵常州	乾隆《丹阳县志》卷十三
洪武二十五年	命崇山侯李新浚杭、嘉、湖、苏、松、常、镇七府运河	《行水金鉴》卷一百五十四
洪武二十七年	常州府浚运河	《行水金鉴》卷一百五十四
洪武二十九年二月	常州府武进县奔牛吕城二坝间河道浅涩,请浚以便漕运	《江苏水利全书》卷二十八
洪武三十一年	浚奔牛、吕城二坝间河道	《明史》卷八十六
建文中(1399~1402)	知镇江府刘辰自京口至吕城百二十里去淤塞	《江苏水利全书》卷二十八
永乐元年(1403)	浚镇江府丹徒县甘露港等处河渠	《行水金鉴》卷一百六
永乐十年	浚镇江府京口、新港、甘露三港	《行水金鉴》卷一百六
正统八年(1443)	常州知府李嵩浚运河	《行水金鉴》卷一百五十四
正统九年正月	福建按察司谢庄奏请浚镇江府丹徒县甘露坝至常州府城东河道	《明英宗实录》卷一一二
景泰二年(1451)正月	浚镇江、常州运河	《明英宗实录》卷二百
天顺元年(1457)	命粮储道都御史李秉浚七里港口,引江水注之。且浚奔牛、新港之淤	《明史》卷八十六
天顺二年	浚常州、镇江运河	《明史》卷八十六

续上表

年　代	史料摘要	史料出处
天顺三年	浚镇江漕河京口起，至奔牛，计百六十里	《行水金鉴》卷一百五十四
天顺六年	重浚丹阳县漕渠，并撤吕城新甃石闸通潮	光绪《丹阳县志》
天顺间	复凿社稷壇西隙地，以通濠堑，达于漕河	《行水金鉴》卷一百五十四
成化六年（1470）	邑宰蔡实禀巡抚邢宥，令起集三县人夫，自辛丰至陵口挑浚淤塞	乾隆《丹阳县志》卷十三
弘治四年（1491）	苏州府疏浚漕河	《行水金鉴》卷一百五十四
弘治十一年	武进知县张伟浚运河	《江南运河年鉴》
弘治十二年	浚丹徒县甘露港；浚润州新港，新港在京口、甘露二港间	雍正《江南通志》、光绪《丹徒县志》
弘治间（1488～1505）	巡抚吕奏请四府人夫，自京口起至奔牛坝止重加疏浚，以便漕运。以后或一年一挑，或三五年一挑，深广如制	乾隆《丹阳县志》卷十三
正德十四年（1519）	督漕都御史臧凤言，浚常州上下运河，漕舟无阻者五十余载	《明史》卷八十六
嘉靖四年（1525）	浚丹阳至京口驿诸淤浅河道，令运船避孟河风涛之险	《行水金鉴》卷一百五十四
嘉靖二十年	都御史周金奏，镇江等处河道阻滞，请及时挑浚，以济漕运	《行水金鉴》卷一百十五
嘉靖二十三年	巡按御史吕光询疏开三吴水利，浚长桥、三江、八坼、平望四处	乾隆《吴江县志》
嘉靖四十三年	丹阳知县李学道徙运道于城外，公私船只深夜不复经行城中，以防意外	乾隆《镇江府志》

续上表

年　　代	史 料 摘 要	史 料 出 处
隆庆五年(1571)	漕运都御史陈炌疏常镇等处河道	明《穆宗实录》
隆庆六年	浚丹阳、丹徒运河，修复闸坝	
万历元年(1573)	吴江县官塘挑深六尺	嘉靖《平望志》
万历五年	(于吴江长桥处)疏南北运河以利漕舟，奏挑镇江甘露港以便回泊	《江苏水利全书》卷二十八
万历九年	知常州府穆煒凿新河。旧运河水经城直泄，谓法当横流障之，故凿此河	光绪《武进、阳湖县志》
万历十七年	浚武进横林漕河	《明史》卷八十六
万历三十二年	丹阳知县韓万象浚运河，自丹徒至武进县界	《行水金鉴》卷一百五十四
万历三十五年	丹阳知县旷鸣鸾浚运河，自仓前起，至观音山止	《行水金鉴》卷一百五十四
万历三十六年	常镇道蔡献臣浚武进运河	《行水金鉴》卷一百五十四
万历三十八年	常镇道臧尔劝浚武进运河	《行水金鉴》卷一百五十四
万历三十九年	丹阳知县旷鸣鸾浚运河，自新开三义阁起，至转河	《行水金鉴》卷一百五十四
万历四十一年	镇江府水利通判张畏天浚丹徒运河，自草舍头至陵口	《行水金鉴》卷一百五十四
万历四十三年	丹阳知县王志道浚运河，自青旸至基庄。武进知县杨所蕴浚运河	《行水金鉴》卷一百五十四
万历四十六年	镇江府同知邢登云浚丹阳运河，自栅口至青龙桥	《行水金鉴》卷一百五十四

续上表

年　代	史料摘要	史料出处
天启元年（1621）	浚丹阳运河，自观音山至草堰	《行水金鉴》卷一百五十四
天启四年	昆山县知县闵心镜浚运河。镇江府同知林而延浚运河，自丹阳县界至武进县界	《苏州府志》卷七、《行水金鉴》卷一百五十四
天启六年	常镇道周颂浚武进运河，自龙嘴尖至东仓闸	《行水金鉴》卷一百五十四
崇祯初（1628）	重浚徒阳运河。丹阳知县蔡如惠浚运河自吕城至武进县界，浚京口漕河	乾隆《丹阳县志》卷十三、《行水金鉴》卷一百五十四、《明史》卷八十六
崇祯二年	常镇道吴时亮浚武进县运河，自东仓湾至龙嘴尖，新闸至连江桥，东沙沟至奔牛三官塘	《行水金鉴》卷一百五十四
崇祯四年	浚丹阳运河，自草舍头至石洋子	《江苏水利全书》卷二十八
崇祯五年	吴瑞麟浚常州南运河，自谈家场起至下田桥，长二千一百一十三丈	唐绍垚《江南运河年鉴》
崇祯六年	丹阳知县张世宋浚运河，自三义阁至马家涵，又自陵口至吕城；浚无锡县城内运河，自北大桥至南跨塘桥	《行水金鉴》卷一百五十四
崇祯七年	张国维疏浚吴江县长桥䙓，浚无锡县运河自锡山驿至洛社，遇浅即浚	《苏州府志》卷七《行水金鉴》卷一百五十四
崇祯九年	疏导吴江县（运河），（自）长桥至九里石塘	《江苏水利全书》卷二十八
崇祯十一年	张国维巡抚江南，浚镇江漕渠	《行水金鉴》卷一百五十四

(五)清代疏浚

在康、乾盛世时期,由于常州孟渎、德胜两河已不行漕,江浙漕舟由京口渡江,对徒阳段运河疏浚更加频繁。康熙、雍正时已有“岁岁捞浚”和“三年一大挑”的浚河记载,乾隆时也规定“每岁捞浚”,“六年一大挑”,后又改为“三年一大挑”。清代浚治情况见表5-4。

清代苏南运河疏浚年表 表5-4

年 代	史料摘要	史料出处
顺治九年(1652)	开浚丹徒、丹阳两县运河	光绪《丹徒县志》
	武进知县姜良性浚运河	光绪《武进阳湖县志》
康熙五年(1666)	浚武进县运河	光绪《武进阳湖县志》
康熙六年	重浚武进运河,西起奔牛,东至丁堰,延袤四十余里,役丁夫二万余,半月毕工。重浚(徒阳)运河	《江南运河年鉴》、光绪《丹徒县志》
康熙七年	重浚(徒阳)运河	光绪《丹徒县志》
康熙九年	重浚(徒阳)运河	光绪《丹徒县志》
康熙十年	浚吴江县垂虹桥,自庵汇至庞山湖二十余里	《续行水金鉴》卷七十二
康熙十二年	重浚(徒阳)运河	光绪《丹徒县志》
康熙十四年	重浚(徒阳)运河	光绪《丹徒县志》
雍正三年(1725)	开挑丹阳河道	乾隆《丹阳县志》卷三
雍正六年	浚吴江、震泽二县运河,丹徒、丹阳运河捞浅	《苏州府志》卷七、光绪《武进阳湖县志》
乾隆三年(1738)	武进知县赵锡礼浚运河;丹阳开护城河,自东门至北门;浚吴江县长桥河	光绪《武进阳湖县志》、光绪《丹阳县志》、《苏州府志》卷七
乾隆四年	丹阳、丹徒运河挑浚	《高宗纯皇帝实录》

续上表

年代	史料摘要	史料出处
乾隆七年	徒阳运河每岁捞浚及六年一大挑,分别负责办理。后改为三年一大挑,每年岁修	《江苏水利全书》卷二十九
乾隆八年十月	江苏巡抚陈大受奏,挑浚丹徒、丹阳运河	同治《苏州府志》
乾隆二十三年	吏科给事中海明巡视江南运河,浚运河	《江南运河年鉴》
乾隆二十五年	常州知府觉罗永会浚城内外各河	光绪《武进阳湖县志》
乾隆三十五年十二月二十四日	高晋奏:镇江丹徒、丹阳二县运河,经题定六年大挑一次,于上月二十四日,煞坝兴工,已于元月十五日完竣	《南河成案》
乾隆三十七年	丹徒、丹阳二县运河,应改捞为挑,岁底陆续报竣	《高宗纯皇帝实录》卷九0一
乾隆三十八年冬	挑丹徒、丹阳二县运河	《江苏水利全书》
乾隆三十九年二月二十一日	高晋奏:丹徒境内淤浅应挑之处,于(去年)十一月二十五日煞坝兴工,嗣据禀报工竣,量验相符,一律深通	《续行水金鉴》引《南河成案》
乾隆四十年	挑丹徒县运河	《南河成案》
乾隆四十一年三月二十九日	高晋奏:丹徒县境内运河,自江口至西闸止,长二百一十丈,又自窑湾起至孙家楼止,河长四百余丈,俱系浅涩,又江口东岸及横闸对岸,各有淤滩一段,挺入河心,有碍行舟,均应挑切	《南河成案》
乾隆四十二年正月	(高晋)奏:丹徒、丹阳二县运河,自江口至魏家村止,内有淤浅应挑各段,共计河长二千五百七十丈,旋据禀报工竣,查验深通	《南河成案》
乾隆四十四年	丹徒境自江口至丹徒镇以南金涵口,丹阳境自黄金沟至大王庙等处挑浚深通	《高宗纯皇帝实录》卷一0七四
乾隆四十八年	大挑徒阳运河,开镇江新河	《南河成案》、《东华实录》卷三七

续上表

年　代	史料摘要	史料出处
乾隆五十年	镇江府徒阳二县运河，四十八年大挑后，上年冬，因水尚通畅，未经估挑，今已二载，潮汐往来，不无淤垫。常州府无锡县伍牧、洛社及金匮、阳湖、武进等处河道，年久未浚，一遇水小，均有露浅之所，应一律挑浚，以利漕运	《南河成案》
嘉庆元年(1796)	浚武进县运河	光绪《武进阳湖县志》
嘉庆十二年	浚武进县运河	光绪《武进阳湖县志》
嘉庆十三年	又挑浚武进县运河五百三丈，阳湖县运河七百三十丈	《钦定大清会典事例》卷九二八
嘉庆十六年正月	浚武进县运河	《南河成案》
嘉庆十八年十二月上谕	徒阳运河又届岁挑之时，着百龄即饬承办各员实心办理	《续行水金鉴》卷一百二十三
嘉庆二十一年	江潮挟沙而入，每日计厚一钱，以一年计之，厚及尺余。……近则五年一大挑，一年一小挑，而仍不免浅阻。次年上谕，即照所议办理，挑河不必摊捐	《续行水金鉴》卷二十五、六
道光元年(1821)	丹徒县境内自江口起，至丹徒境止，应行估挑。丹阳县境内，惟石人头等三十五处(浅段)，应行估捞	《江苏水利全书》卷二十九
道光三年	丹阳县浚城内河道	光绪续纂《江苏水利全案附编》
道光六年	循例大挑徒阳运河，并将著名古浅猪婆滩挑深至二丈。太仓州知州苑博文浚武进、阳湖运河	《江苏水利全书》卷二十九、光绪《武进阳湖县志》
道光七年	丹徒运河，水浅潮枯，挑平横闸至江口浅处，以通回空。并刻煞坝，挑京口内河	《江苏水利全书》卷二十九

续上表

年　代	史料摘要	史料出处
道光九年	金匮县开望亭转河，自马王浜分运河水，南由万宝泾，仍合运河。浚丹徒、丹阳二县运河	光绪《无锡金匮县志》、清《宣宗实录》
道光十一年	又浚徒阳运河	《钦定大清会典事例》卷九二八
道光十二年正月	浚丹徒、丹阳二县运河	《江苏水利全书》卷二十九
道光十三年	浚徒阳运河	清《宣宗实录》
道光十四年	大挑丹徒、丹阳二县运河，估银三万一千两	《江苏水利全书》卷二十九
道光十五年	浚常州运河	光绪《武进阳湖县志》
道光十八年正月~二十三年正月	连年浚丹徒、丹阳二县运河	清《宣宗实录》
道光二十五年正月	浚丹徒、丹阳二县运河	清《宣宗实录》
道光二十七年	浚丹徒、丹阳二县运河	《江苏水利全书》卷二十九
道光二十九年正月	浚丹徒、丹阳二县运河	清《宣宗实录》
道光三十三年二月	浚丹徒、丹阳二县运河	清《宣宗实录》
咸丰八年(1858)	浚运河，自江口起至越河闸止，计长五千零四十余丈，用银三万四千余两	《江苏水利全书》卷二十九
同治三年(1864)	浚运河，自江口起，至丹徒桥止，计长三千七百余丈	《江苏水利全书》卷二十九
同治五年	浚苏州浒关塘河，自枫桥起，至望亭止	民国《吴县志》
同治八年	丹阳县挑浚城内、外河道，迁延五载方报工竣，用银二万二千三百余两	《江苏水利全书》卷二十九

续上表

年　代	史料摘要	史料出处
同治十年	浚丹阳运河，自丹阳县治东青旸铺莲花庵东大坝起，迤西至治西七里庙西大坝止，计程二十里，工长三千一百四十一丈，正月开工，三月工竣，实支钱二万五千五百余千。疏浚常镇运河，自丹阳至丹徒闸六十余里	光绪续纂《江苏水利全案》；《钦定大清会典事例》卷九二八
同治十一年	浚丹徒运河，起辛丰镇，迄丹徒镇江口，长三千五百三十丈有奇，共六十六段，实挑土十五万二千四十四方	光绪续纂《江苏水利全案》
同治十二年	武进知县特秀等浚运河，自常州西门外广济桥，至无锡县皋桥，明年三月工竣。重浚苏州河道	《江苏水利全书》卷二十九、同治《苏州府志》
同治十三年	疏浚常州运河，自西门至莲花庵。浚镇江运河，起京口，至皇华亭迤东通埠桥止，长四百三十一丈有奇，实挑土二万三百八十六方，正月始，三月竣。浚镇江新河，起江口，止浮桥门外运河，长一百四十九丈，实挑土一万四千五百九十六方	《清会典》事例、光绪续纂《江苏水利全案》
光绪二年(1876)	浚苏州渡僧桥至大日晖桥运河	《江苏水利全书》卷二十九
光绪三年	浚丹阳运河，起县东七里桥，又迤东至小陵口，长二千三百三十六丈，连切滩实挑土二万七百九十七方，布政司库拨用挑土银七千八十三两有奇	光绪续纂《江苏水利全案》
光绪六年正月	估挑运河，自江口至西门大桥，五月工竣	《江苏水利全书》卷二十九
光绪七年	浚丹徒运河，自西门桥第九段，至丹阳横闸第四十六段止，共三十八段，长三千二百五十八丈，挑岸滩河土四十八万六千七百二方。七月始，八年四月竟。用银二万一千三百七十四两有奇	光绪续纂《江苏水利全案》

续上表

年　代	史 料 摘 要	史 料 出 处
光绪十年	浚丹阳县小城河运河，起马桥，止东门运河	《江苏水利全书》卷二十九
光绪十一年	重浚徒阳运河，起七里桥，止丹徒镇，间断共长一千九百十八丈有奇，实挑土三万六千三百十六方	光绪续纂《江苏水利全案》
光绪十二年	重浚丹阳运河	民国《丹阳县续志》卷二
光绪十七年	浚苏州胥门官河，自大日晖桥起，至枣市桥洞止。浚丹阳运河，自黄泥坝至尹公桥	民国《吴县志》、民国《江南水利志》卷八
光绪十九年七月	两江总督刘坤一等奏：丹徒、丹阳等县开浚河道，一律完竣	清《德宗实录》
光绪二十二年	丹阳县浚内城河	《江苏水利全书》卷二十九
光绪二十七年	重浚运河，上自黄泥坝起，下迄杨家庄，二十八年五月工竣	《江苏水利全书》卷二十九、民国《丹阳县续志》卷二
光绪二十八年	挑浚徒阳运河百二十余里	《江苏水利全书》卷二十九

清末，漕运停止，河道淤浅又日趋严重。

（六）民国时期的疏浚

由于政局动荡和战乱，致苏南运河长期失修，岸坡坍塌，航道淤浅，市河阻塞，通江口门不畅的情况日益严重。为维持船舶通航与农田灌溉，常州、无锡、苏州的地方当局，或民间集资，或官民合办，曾对境内运河进行多次疏浚。

民国23年（1934），夏季干旱成灾，苏南各县灾害尤重。江苏省政府于水利公债内划拨400万元，办理工赈浚河，以资救济。是役为民国年间官办之大型工程。原计划疏浚自镇江小京口平政桥起，至武进东门止，共长92公里许，运河底高一律浚至吴淞零点以上1米，底宽16米，坡比为1∶2，陡峻处坡比减为1∶2.5。连同练湖修治，土方总数约为362万立方米。整个工程计划分8段施工。后因武进以东至无锡洛社河底亦高仰，计划一律疏浚，又增土方50万立方米。连同闸坝涵洞，以及补助黄田港疏浚经费5万元，约需经费113万元。拟招工伕15万人，计划90个晴天完成。工程于民国23年11月至次年2月，先后成立各工段事务所，分招灾民，开始仅招到灾民4万人，上工人数较少，进度不快。至4月中旬，工伕日渐增多，工程进度加快。第1段自镇江小闸口至南门，因出土困难，改用包工，用钢轨铁斗车运土。至7月间，工程大部完成。丹阳陵口段，因流沙难工，延至冬季仍继续施工。另又建练湖五孔闸，加固练湖圩堤，以及挑浚丹徒县通江运河，总计用银103万元。民国时期疏浚情况见表5-5。

民国时期苏南运河疏浚年表 表5-5

年　代	史料摘要	史料出处
民国2年(1913)	浚丹阳县运河	《江苏建设》月刊一卷民国26年
民国3年	开浚丹徒县运河，自大京口门至石浮桥	《江苏水利全书》卷二十九
民国4年三月	挑浚运河。又自马桥至(丹阳)东门挑浚城河，自北门外运河口起穿城至东门水关止	《江苏水利全书》卷二十九
民国7年	捞浚运河苏州觅渡桥南北河道，六月浚，八月工竣	《江苏水利全书》卷二十九
民国8年春	丹阳浚运河，自马桥至陵口，挑甫旬日，水发工停	《江苏水利全书》卷二十九
民国9年	丹徒县浚运河，自大小闸口，至华家桥，挑及半，水发工停	《江苏水利全书》卷二十九

续上表

年 代	史 料 摘 要	史 料 出 处
民国12年	挖浚苏州日晖桥浅段	《江苏水利全书》卷二十九
民国13年	疏浚吴江县平望运河,自北大桥至南大桥南,共长一千五百二十四英尺	《江苏水利全书》卷二十九
民国14年	(武进城)西运河自土龙咀起,至石龙咀止,近因淤塞,河道事务所与商会雇用机器挖泥船在该段挖泥,堪称灵便。太湖水利局修复瓜泾口分水石墩,分水济运	《新武进》民国十四年一月四日、《江苏水利全书》卷二十九
民国15年	元月,开浚苏州大日晖桥至归泾桥一段,其余各处则次第开浚。冬,疏浚吴江县平望运河安德桥下浅滩、坝基	《苏州明报》民国十五年三月二日、《江苏水利全书》卷二十九
民国16年冬	闻、胥、塘渎整理河道。会以闻、胥各段河道开挖完竣,办理结束	《江苏水利全书》卷二十九
民国17、18年	浚吴县浒墅关北津桥至南津桥运河	《江苏水利全书》卷二十九
民国20年	疏浚武进县运河,估银三十万元。六月,水涨漫坝,工未全竣	《江苏水利全书》卷二十九
民国21年二月	无锡集资疏浚竹场巷至莲蓉桥以及黄泥桥至游山浜的运河河段	《无锡市志》第二十六卷
民国23年	春夏间,举办工赈,浚江南运河,自镇江小闸口,至无锡县洛社,用银约七十五万元。秋冬续挑丹阳陵口段运河	《江苏水利全书》卷二十九
民国25年	机挖戚墅堰运河,于二十四年九月开工,本年(二月)初旬已全部完工,并派员验收。浚京口至丹徒段运河	《江苏建设月刊》第三卷第四期
民国35年	浚京口至丹徒线段	

二、当代疏浚

自20世纪50年代起,随着水运业的发展,航道以人工、机械、人工配合机械等多种方式疏浚,并逐步以机械疏浚为主。

(一)人工疏浚

中华人民共和国成立后,为迅速恢复水上交通运输,重点进行疏浚清障,达到先通后畅。

20世纪50年代初,对丹徒通江口段和镇江市区古运河航道先后进行了清障、疏浚,同时对无锡市河段进行疏浚,裁弯切角。

1954年,对苏南运河入江口门小京口航道清障疏浚。

1955年11月14日,对常州市南运河石龙嘴至放鸭滩航道进行疏浚,翌年1月25日竣工,计长6 500米,挖土方14.2万立方米。

1959年,为改善苏州泰让桥下游航道,将建国前修建的跨度10.08米、净高不足4.5米的大日晖石拱桥拆除。1965年10月,又将大日晖桥桥位基础拓宽5~7米,建直立式驳岸35米。

1966年2月1日,对常州市区运河(西大王庙至三官塘,长8 954.4米)进行疏浚,当年3月31日竣工。此后,50~100吨货船可常年通航。

1969年1月12日起,对苏州葑门段航道进行浚治。新辟葑门航道1275米,开河穿越城墙,按六级航道底宽15米,河面宽35米标准治理。中段利用城河开拓,航道底宽15米,河面宽40米。南段拆除城墙,穿大炮弯,接苏南运河,按底宽18米、河面宽43米浚治。征地33.16亩,挖土方11.992万立方米,建驳岸长473米,同时对葑门北段老河驳岸进行整修。至1970年3月竣工通航。交通部投资18万元,省交通厅补助8万元。

1970年7月12日,对齐门航道浚治。拆除齐门吊桥南堍房71间(1 684平方米),航道南岸拓宽取直,切除急弯147米,河底宽28

米，河面拓宽至40米，河底高程为零。两岸建直立式驳岸165米。同时新建双曲拱齐门大桥。完成土方1.691万立方米，水下疏浚8 500立方米。1971年3月竣工通航。

1971年夏，无锡县工业交通局组织疏浚望亭段运河，拆除原望亭桥，新建“五·七”大桥，拓宽河床20米，疏浚河道500米，至1972年春完工，完成土方1.2万立方米，石方560立方米。

同年12月，江苏省交通厅拨款29万元，疏浚洛社段运河（花渡桥至县柴油机厂东河浜口）606米，按河底宽25米，河面宽40米拓浚，挖浚土方8.5万立方米，新建石驳岸700米，整修石驳岸500米，建码头8座，拆建原石拱洛社大桥，1972年夏竣工。

1972年4月起，对苏州娄门段航道拓浚。从娄门大桥沿城墙向南开拓745米，河面加宽15～27米，拓浚土方2.8万立方米，北端建直立式驳岸460米，1973年2月竣工。省交通局（厅）投资5万元，不足部分由市航养费留存补贴。

1974年，对苏州高板桥段运河进行拓浚整治，底宽50米，河面宽65米，开挖土方7 319方，建直立式驳岸421米，国家投资6.13万元。

1978年6月至12月，拓浚泰让桥段运河航道。沿南岸裁弯取直，航道拓宽至35～40米，桥位东侧至喇叭口河面拓宽到48米，建直立式驳岸1 300米，维修北岸枣市街驳岸500余米。改建泰让桥，主桥净跨31米、净高4.66米。拆迁民房160户（4 654平方米）。投资149万元（其中建桥经费122万元，省交通厅工程局补助27万元）。

1983年9月至1985年，拓浚吴门桥急弯浅窄段。动迁民房2 150平方米，完成切角工程，建直立式驳岸长1 100米。省交通厅工程局投资52.8万元，市投资9.5万元。

1984年，对八拆窑厂段浅狭急弯进行切角工程，开挖土方1.906万立方米，建直立式驳岸265米，投资13.88万元。

（二）机械疏浚

1. 疏浚机械

机械疏浚有人工机械疏浚与动力机械疏浚之别。人工机械疏浚始于宋神宗熙宁年间(1068～1077)，著名的政治家、改革家王安石在兴修水利时，曾以"铁龙爪扬泥车法浚河。其法：用铁数斤为爪形，以绳系舟尾而沉之水，篙公急棹，乘流相继而下，一再过，水已深数尺"。后又改制"浚川耙"浚河，"以巨木长八尺，齿长二尺，列于木下如耙状，以石压之，两旁系大绳，两端碇大船，相距八十步，各用滑车绞之，去来搅荡泥沙，已又移船而浚"。此后宋代还发明过"铁扫帚"、"刮地龙"及浚河"铁蒺藜"等搅动疏浚的工具。此种以人力配以机械疏浚工具沿用至清代。雍正五年(1727)、九年曾用犁船、混江龙浚孟渎、德胜积淤，涮河底积沙。

以蒸汽机为动力的机械疏浚始于清代同治初(1862)，大臣李鸿章疏浚吴淞江，"用机器挖泥，是为新法开河之始"。此后，民国4年(1915)筹浚江北运河工程局购置运平、运济、运通、运安4艘挖泥机船。5年冬又添置运顺、运利2艘，计6艘。7年，与常州博济公司签约，运通、运利归其经营。8年，博济公司又增添利通、利元2艘，扩大施工能力，后因经营无方而停业。

民国24年(1935)秋冬，以机器挖泥船对戚墅堰市河段进行不断航疏浚，电厂补贴疏浚经费4200银元。

中华人民共和国成立初，国家处于经济恢复时期，各地航道清障、打捞主要由县交通部门组织船民、民工，或义务劳动，或以工代赈，以人力使用铲耙、铁锹、捞钩等简单工具，挖土捞石。1954年，由江苏省航运局筹资试造了第一艘链斗式小型挖泥船"浚河一号"，船体总长9.1米，宽3.5米，吃水0.5米，主机功率40马力，小时工效20立方米，在苏州、常州等地投入清淤施工，各项性能良好。1955年，又相继建造3艘，依次命名为"浚河2号"、"浚河3号"、"浚河4号"。4艘挖泥机船分别于1961年5月至6月交由南通、扬州、盐城、苏州地区交通部门使用。

1961年,交通部又相继下放了由上海张华浜船厂建造的“101”号和镇江船厂建造的“107”号抓斗挖泥船各一艘。为加强挖泥船的管理,当年省交通厅组建江苏省挖泥船队,队部设邳县,隶属省厅工程局领导。挖泥船队共拥有挖泥船6艘,拖轮2艘,泥驳8艘,宿舍船4艘,职工122人。

1962年3月,挖泥船队改组,成立江苏省维修工程队三队,队部由邳县迁至镇江。其时,职工已增至275人,疏浚及配套船增至47艘。挖泥船有“苏交抓101”、“苏交链104”、“苏交链108”、“苏交链109”等9艘。1963年5月,省交通厅将维修工程队三队的“苏交抓103”、“苏交抓105”、“苏交链104”、“苏交链108”、“苏交链109”等5艘小型挖泥船分别划归扬州、苏州、南通、盐城、无锡航道部门管理使用,承担各自辖区航道疏浚工程。对沿江各口门及较大水下疏浚工程,仍由维修工程队三队负责。同时各地自我武装,更新设备。1962年、1963年,无锡、苏州等地先后以小木船装置绞关,配合挖泥铲等简易工具,作为挖泥打捞船。1965年吴江县交通局利用木质货运驳船,革新建造自航式抓斗挖泥船一艘,斗容0.4立方米,锡柴4110主机,于1966年投产。1968年,无锡县交通工具厂建造木质抓斗式挖泥船,常州、苏州等市县也都各自改制小型挖泥船、打捞船,成为20世纪60年代航道养护的主要工具。

20世纪70年代起,江苏开始研制并由镇江船厂制造80立方米/小时小型绞吸式挖泥船(见图5-2),与此同时,远距离输泥的吹泥船也研制成功。

20世纪80年代起,液压传动开始用于重力式抓斗挖泥船及泥驳的启闭。进入90年代,研制开发类型不同的液压斗轮挖泥船,1996年以来相继建成投产的有80立方米/小时(308千瓦)、200立方米/小时、110立方米/小时(自卸式)、120立方米/小时和100立方米/小时等液压斗轮式挖泥船。同时,水陆两用液压抓斗挖泥船也研制成功(见图5-3)。2001年9月,由省航道局、常州航道管理处与省船舶设计研究所合作,一种集疏浚、打捞、吊装于一体的多功能工程船舶在常州船厂建成,使用情况良好。

图5-2　绞吸式挖泥船

图5-3　水陆两用液压抓斗挖泥船

1980~2005年沿河4市航道部门拥有挖泥船数量见表5-6。

1980～2005年沿河4市航道部门挖泥船拥有量表 表5-6

年份	单位	挖泥船(立方米/小时/艘)			小计
		链斗	抓斗	绞吸	
1980	镇江	120/4	127/8	60/1	307/13
	常州	95/3	—	—	95/3
	无锡	55/2	30/1	—	85/3
	苏州	285/8	145/6	—	430/14
	小计	555/17	302/15	60/1	917/33
1985	镇江	40/1	90/2	70/1	200/4
	常州	190/6	40/3	40/1	270/10
	无锡	80/2	170/5	—	250/7
	苏州	140/3	245/7	—	385/10
	小计	450/12	545/17	110/2	1 105/31
1990	镇江	—	150/3	80/1	230/4
	常州	65/2	115/4	40/1	220/7
	无锡	40/1	130/4	—	170/5
	苏州	60/1	285/8	—	345/9
	小计	165/4	680/19	120/2	965/25
1995	镇江	—	150/3	160/2	310/5
	常州	65/2	210/6	40/1	315/9
	无锡	—	170/5	—	170/5
	苏州	—	285/8	—	285/8
	小计	65/2	815/22	200/3	1 080/27
1998	镇江	—	150/3	80/1	230/4
	常州	65/2	320/8	—	385/10
	无锡	—	185/5	—	185/5
	苏州	—	450/10	—	450/10
	小计	65/2	1105/26	80/1	1 250/29

续上表

年份	单位	挖泥船(立方米/小时/艘)			小计
		链斗	抓斗	绞吸	
2000	镇江	—	150/3	80/1	230/4
	常州	80/2	390/8	—	470/10
	无锡	—	305/6	—	305/6
	苏州	—	450/10	—	450/10
	小计	80/2	1295/27	80/1	1 455/30
2001	镇江	120/1	150/3	80/1	350/5
	常州	40/1	390/8	—	430/9
2001	苏州	—	280/5	—	280/5
	无锡	—	455/10	—	455/10
	小计	160/2	1275/26	80/1	1515/29
2002	镇江	—	40/1	—	40/1
	常州	—	390/6	—	390/6
	无锡	—	80/2	—	80/2
	苏州	60/2	320/7	—	380/9
	小计	60/2	830/16	—	890/18
2005	镇江	—	40/1	—	40/1
	常州	—	40/1	—	40/1
	无锡	—	—	—	—
	苏州	—	40/1	—	40/1
	小计	—	120/3	—	120/3

注:根据2002年6月省交通厅“事企分开”文件,疏浚业逐步从事业性质的航道管理部门分离后,成立具有独立法人资质的企业,疏浚设备陆续划出。

随着改革开放和国民经济迅速发展,航道建养任务日益繁重,个体民营工程船舶也应运而生。仅据无锡市航道部门统计,20世纪70年代,在无锡市区施工的个体挖泥船仅有4艘,80年代初,迅速发展到160余艘,至90年代,已超过200艘,且多以抓斗配钢质泥驳船占领疏浚市场,从业人员达数千人之多,成为航道维护工程的一支补充力量。

2. 维护疏浚

维护性机械疏浚可不断航施工。苏南运河维护疏浚,由沿线苏、锡、常、镇4市航道管理部门确定并在年度计划中安排实施。

苏南运河全面整治后,航道两岸水土流失和岸坡坍塌淤积情况得到遏制,但长江来水挟沙淤积却无法改变。由于航道拓宽、浚深,随着水文条件的改变,淤积的泥沙呈向下游搬迁的态势。据全面整治后1998年10月观测资料统计,苏南运河全线194公里航道(不含平望至鸭子坝段)淤积土方总量达309.1万立方米。各段淤积情况如表5-7所列。

1998年10月苏南运河航道淤积情况统计表 表5-7

项　　目	镇江段	常州段	无锡段	苏州段	合计
观测里程(公里)	42.323	44.757	39.18	67.78	194.04
淤积土方(万立方米)	80.8	130.4	59	38.9	309.1
平均每延米淤积土方(立方米)	19.09	29.14	15.06	5.74	15.93

先期整治的丹阳陵口、常州市河、无锡市河及苏州市河4个"卡脖子"段,整治后因航道断面扩大,流速减缓,均出现淤积情况,尤以丹阳陵口段和常州市河为甚。

镇江段运河由于从谏壁口门和九曲河口直接引潮入运,使该段运河淤积仅次于常州段,由于丹金溧漕河分流江潮40%～50%流量,使七里桥口至吕城段运河流速骤降,致大量泥沙沉淤,淤积量占镇江段运河全线淤积土方的2/3以上。

丹阳陵口段17公里航道整治工程于1992年1月开坝放水后,根据1992年10月测量资料,全线就淤积15.15万立方米,1996年12月该段淤积量又高达54.06万立方米,1997年曾对淤积最严重的丹金溧漕河河口段运河疏浚挖淤 17.36 万立方米。苏南运河全面整治竣工后，到 1998 年 11 月，该段航道的淤积又达 48.98 万立方米，2000 年 8 月至 10 月，镇江航道管理处对该段和丹金溧漕河口长 11.213 公里航道进行疏浚，共疏浚土方达 46 万立方米，工程经费 787.98 万元。2003 年 10 月至 12 月，又对该段实施维护疏浚，计疏浚土方 10 万立方米，工程经费 136 万元。

常州段运河水源主要依赖新孟河和德胜河从长江引潮补给，因此成为重淤河段。1979 年至 1993 年每年要维护疏浚土方 15 万立方米以上，才能保证航道通畅，15 年间共疏浚 268 万立方米。常州市河整治于 1989 年 3 月竣工后，据 1994 年 8 月的固定断面观测资料，8.92 公里航道内淤积土方 52.9 万立方米，其中以南运河口门处的表场段淤积最为严重。全面整治后，由于市河上、下游航道均得到拓宽浚深，市河内淤积土方有向下游搬移的趋势。1998 年 10 月固定断面观测资料表明，市河内淤积土方为 43.9 万立方米，且表场段淤积已不那么严重，而其下游的表场至三号桥段的淤积土方比 1993 年增加 2.7 万立方米。

常州段运河全面整治后，1998 年对缺陷期土方进行疏浚，计疏浚土方 24 万立方米。1999 年，对九里桥、表场、同安桥 3 段进行疏浚，计疏浚土方 10.29 万立方米，工程经费 144.71 万元。2000 年对奔牛西桥至天禧桥疏浚，疏浚土方 7.04 万立方米，工程经费 98.03 万元；对新孟河口至三号桥疏浚，计疏浚土方 89.45 万立方米，工程经费 1 286.31 万元。2005 年，对扁担河口至新孟河口疏浚，计疏浚土方 18.15 万立方米，工程经费 240 万元。

从无锡向东，特别是苏州段运河，以太湖水为源，无需从长江直接引水，故淤积甚微，主要是上游来水所夹余沙沉淀及城镇排污等人为因素所致。

苏州市环城河又名外城河，为苏州老护城河，全长 15.4 公里，平均宽度 45 米，最窄处仅为 9 米。环城河亦是市区的水运通道，因年久失于养护,淤积严重,为此,省航道局、苏州市政府出资疏浚环城河。于2001年4月15日开工,同年10月上旬竣工,共浚土方及杂物78.5万立方米,投资经费1 065万元。

苏南运河机械维护疏浚情况见表5-8。

苏南运河机械维护疏浚情况表 表5-8

时　　间	地　　点	完成土方（万立方米）	投资（万元）	附注
镇 江 市 段				
1976.2～1980.11	谏壁船闸～江口段	320	—	—
1997	丹金溧漕河口段	17.36	—	—
2000.8～2000.11	陵口段(27～38公里)	46	787.98	
2003.10～2003.12	陵口段(38～42.6公里)	10	136	
常 州 市 段				
968冬、1969春	丹阳界至常州大王庙	103	—	
1976、1979	横林段	9.18		
1980	南运桥～怀德桥	0.54	1.51	
1980	西涵洞～连江桥	0.36	1.00	
1980	南港～水门桥	1.96	5.48	
1980	牌楼弄～平桥	0.699	1.958	
1980	高亭桥～水关桥	0.264 6	0.740 8	
1980	白家桥～平桥	2.727 4	7.636 7	
1981	南运桥～怀德桥	0.638 4	2.506 2	
1981	西县～王星桥	1.796 9	5.440	
1983	酒厂段	0.887 1	4.160 4	
1985	扁担河口	0.261 9	0.908 7	
1985	奔牛煤栈段	0.166 7	0.435 6	
1986	新孟河口	0.568 4	2.324 7	
1990	五星桥～通达公司	5.264 4	44.957 9	
1991	连江桥	1.391 1	14.329 2	

续上表

时　　间	地　　点	完成土方（万立方米）	投资（万元）	附注
1992	黑木桥	2.677 1	33.445	
1995	麦场段	2.166 9	25.027 6	
1996	水门桥东首	0.397	3.634 8	
1998	缺陷期土方	24.0	320	
1999	九里桥、麦场、同安桥	10.292 8	144.715 2	
2000	奔牛西桥～天禧桥	7.042 5	98.031 6	
2000	新孟河口～三号桥	89.451 5	1 286.312 5	
2005	扁担河口～新孟河口	18.155 3	240.0	
无锡市段				
1986	梁溪大桥～锡山大桥	10.6	60	
1987	市区段	4.68	26.3	
1988	市区段	1.74	9.46	
1989	市区段	2.37	22.31	
1990	吴桥～皋桥	4.24	29.87	
1991	皋桥～双河尖	4.0	25.79	
1990～1991	高桥～双河尖	28.0	476.0	
1990～1992	吴桥～皋桥	193.0		
1992	吴桥～皋桥	5.92	50.06	
1993	市区段	2.99	25.5	
1994	金匮桥东西两侧	5.0	45	
1995	市区段	7.47	71.05	
苏州市段				
1975～1985	横塘段拓浚	22.29	169.65	
1976～1978	吴县大白荡滩基工程	10.01	33	
1978	枫桥～揽月桥	14.5	35	
1980.7～12	瓜泾口段	2.5	8	

续上表

时间	地点	完成土方（万立方米）	投资（万元）	附注
1981	枫桥段	6.07	17.67	
1982.3～12	枫桥～大庆桥段	15.02	120.0	
1983.7～12	尹山～宝带桥段	3.98	14.88	
1983.9～1986	市区吴门桥切角	1.1	54.05	
1984.3～12	瓜泾口、枫桥段	9.92	57.63	
1984.3～12	七里桥～苏嘉线等	5.31	21.52	
1984～1985	八坼窑厂切角	1.9	13.88	
1985.5～10	大庆桥横塘三里桥等	22.73	102.28	
1958.11～1986.12	瓜泾口段	21.39	109.3	人工机挖
1987.5～10	塘东白龙桥南七星段	4.83	29.25	人工机挖
1988.1～10	苏钢厂尹山桥八坼等段	4.19	27.07	
1989.2～1990.8	揽月桥樟木桥尹山瓜泾口	12.02	86.30	
1990.4～11	平望联南滩七星桥	4.38	32.84	
1991.6～12	平望联南滩	0.42	26.30	
1993.7～1993.11	吴江胜墩段	3.06	25.73	
1994.8～11	新运河八坼段	3.01	40.94	
1995.4～11	姜家村段	6.03	56.90	
1998	龙桥港地段	0.97	11.8	
1999	晋源桥～苏西线叉口	0.464 4	6.68	
1999	7 号航标段(吴江)	1.18	20	
2000	6 号航标段(吴江)	2.056 7	24	
2001.4.10	市环城河(外城河)	78.5	1 065	
2002	苏南运河文明航道创建挖浅	5.00	70	

(三)疏浚体制改革

随着国家经济体制改革的深入,2002 年 6 月 22 日,江苏省交通厅以(苏交法[2002]29 号)《全省公路、航道机构事企分开的指导意见》的通知,要求改变“条块结合,以块为主,政事企合一”的体制。为此,全省航道管理部门所属的工程、养护、三产等生产经营、服务性单位,要与航道管理机构完全脱钩,成为自主经营、自负盈亏的法人实体和参与市场竞争主体。此后,苏南 4 市航道管理处所属航道养护工程单位相继实施改制。

原属镇江市航道管理处的镇江市港航工程公司,于 1998 年 8 月,与镇江市疏浚工程大队、镇江港整治委员会、镇江市航道处船舶保修厂合并,统为事业性质,隶属于镇江市航道管理处。2002 年 12 月,港航工程公司与市航道管理处脱钩,由镇江市交通局接管。2005 年起港航公司实施改制,成立具有独立法人资格的股份制企业,更名为“江苏省镇江市天顺交通工程有限公司”,为港口与航道工程总承包二级资质和公路路基工程专业承包三级资质。改制后一年多时间内,先后承接省内外航道疏浚、吹填、码头扩建等多项工程,合同产值 1.7 亿元。2005 年公司曾被省政府授予“重合同守信用企业”称号。

常州市航道工程队和常州市航务工程有限责任公司,于 2002 年年底着手改制,由 12 名股东投资 338.15 万元购置净资产额,重新注册登记,于 2003 年 9 月 18 日两部门合一挂牌成立“常州市航务工程有限责任公司”,为港口与航道工程施工总承包二级资质。改制后至 2005 年,先后承接常宜线航道疏浚及护岸工程、苏南运河常州段改线航道工程、常州国防园桥梁工程及申达工业园、小区家园景观等数十项工程。2005 年公司在册员工 70 余人,拥有资产 3 154 万元,全年营收达 3 755.15 万元。

无锡市航道工程公司,根据市交通局(2002)80 号文件精神,于 2002 年 10 月 10 日与无锡市航道管理处脱钩,由无锡市交通局接管,后又划归无锡市交通资产经营有限公司管理。2004 年 3 月,根据事业单位体改精神,又整体改制为有限责任公司,并定名为“无锡市航道工程有限公司”,注册资本 2 000 万元,为港口与航道工程施工总承包二级资质,在职职工 53 人,退休职工 14 人。

苏州市航道管理处航道工程队,于 2003 年 3 月 20 日经苏州市交通局和苏州市体改办同意改制,成立“苏州大通工程建设有限公司”,主要从事港口与航道工程、公路路基路面工程、桥梁工程和市政公用工程。承包资质除公路路基和路面工程为三级外,其余均为二级。公司已通过 ISO9001 和 ISO2000 质量管理体系认证。2003 ~ 2005 年先后承接省内外建设工程 25 项,总产值 34 352.31 万元。改制后的 3 年中,新增固定资产 341.20 万元,人员从 96 人增加到 118 人,其中大学本科生和研究生 18 人。

第二节 清障扫床

中华人民共和国成立后,为迅速恢复国民经济,必须尽快恢复水上交通。为此,苏南行政公署于 1949 年 4 月至 1952 年 11 月,组织各地民力,在 14 条航线、25 个河段,清除沉石 214.34 立方米,拔除木桩 312 根,并拆除多处碍航险桥。

1962 年,全省干线航道收归省直接管理,苏南设立镇江、无锡、苏州专区航道管理段,实行“以干带支,先干后支,维护为主”的航养方针,清障扫床列为航养工作重要内容。

20 世纪 60 年代,国家经济困难,航养资金不足,各地土法上马,自我武装,更新设备。苏州航道段在对苏南运河进行沉石清除时,打捞设备就是一条 10 吨上下的小木船,几副打捞钩、铁链和神仙葫芦。石小用捞钩捞,石大用铁链套。对沉船打捞,则用两艘同尺寸空驳,以方木横固两船,在扒杆上部系滑动葫芦,用手摇绞车将沉船起吊出水。1963 年常州航道管理站成立,配备了一艘起吊能力 5 吨的打捞船。1965年11月，苏州专区航道段利用木质泥驳改装一艘打捞船，木质扒杆，手摇绞车，能打捞5吨空船。内河扫床，则采用一根长度与被扫床河段河面宽相近的麻绳（或棕绳、细钢丝绳），绳上每隔一定距离系小铁块或铁链，扫绳的两端挂在两小船的尾部，两小船同时顺流而下，扫绳也沿河底前移，当遇水下障碍物两船不能前进时，则两船靠拢并收绳，对障碍物随即打捞清除。扫床方法也曾使用过人工摇橹和人工拉纤方式。后改用两艘小马力机动艇进行。

1979年，江苏省交通厅工程管理局首次制定了《江苏省内河航道清障打捞管理办法（试行本）》，1988年12月，对试行《办法》进行了修订，于1989年1月1日起在全省航道系统内实施。修订后的《办法》包括总则、生产定额及施工要求、经济核算、岗位职责、安全生产共5章27条及有关表式附录。具体规定为：航道上发生沉船、沉物，应由所在航道管理部门统一安排清理。其他单位或个人在航道上进行打捞时，必须在施工前征得当地航道管理部门同意，并按照《办法》规定的质量标准要求进行施工；清障后的航槽应与上、下游的尺度一致，保证安全畅通。对清出的沉石和沉物必须堆放在青坎以上的岸边或运走，防止再次落水碍航；沉船打捞应采取合理的打捞方法，对捞起的报废沉船要放在航道外不影响通航的地方。同时还规定：严重危害船舶航行安全的碍航物，航道管理部门有权通知所属单位立即清除，在情况紧急时，打捞船（组）可先行清除，随后向所属单位结算清除经费；对临时发生沉石、碍航物的河（湖）段，应及时清除。

《办法》对航道扫床规定：苏南运河等干线航道至少每年枯水季节前进行全面扫床往返各一次（重点航道酌情增加），扫床中发现碍航物随即清除。扫床时一般根据等级航道的宽度和深度标准，湖泊或宽阔水面扫床适当加宽（有航标的湖区以航标所示宽度为限）。扫床工具不论那种，要求扫全、扫准。扫床速度一般河段每组每天8～12公里，对于沉石、暗障较多的河段、湖区航道或水下障碍物少的河段,酌情增减。

1958 年,无锡船厂试制成功国内第一艘钢丝网水泥质拖轮后,江苏水泥质船舶迅猛发展。由于水泥质船抗冲击性能和操作性能差及个体运输户未经专门的业务技术训练,致水泥船沉船事故频发,成为内河航道清障打捞的新问题。据统计,20 世纪 80 年代和 90 年代,苏南 4 市航道部门打捞沉船艘数分别为:22 645 艘、305 378 吨和 10 270艘、31 0734 吨,其中发生在苏南运河的为 1 948 艘、34 463 吨和1 179艘、47 348 吨,且 80% 左右为水泥质船。因水泥质船自身重,打捞甚难。图 5-4 为打捞沉船的情景。

图 5-4 打捞沉船

1978 年末,全省虽有打捞船 18 艘,但多数起吊能力仅为 6 ~ 8 吨,且技术状况差,船体以木质和水泥质为多。为提高沉船打捞能力,省交通厅工程局于 1979 年在常州武进县船厂首次建成钢质机动打捞船,起吊能力为 15 吨。20 世纪 80 年代又相继建成一批 15 ~ 40 吨起吊能力的打捞船。1990 年苏南运河沿线 4 市航道部门拥有打捞船 25 艘,总起吊能力 388 吨。20 世纪 90 年代末,4 市又先后建造起吊能力 50 吨打捞船 2 艘(常州、无锡市),60 吨打捞船 3 艘(镇江、常州、苏州市),80 吨、150 吨打捞船各 1 艘(常州市),为苏南运河及相关干线航道安全畅通提供了重要保障。

1980～2005 年苏南运河航道清障情况见表 5-9。

苏南运河航道清障情况表　　表 5-9

年份	沉船(吨/艘)				沉石、沉物(吨)			
	镇江	常州	无锡	苏州	镇江	常州	无锡	苏州
1980	1098/112	385/27	317/22	—	—	103	79	50
1981	1039/118	595/44	427/18	830/87	—	202	104	99
1982	1083/112	1740/119	649/19	738/67	—	135	62	77
1983	542/55	650/32	752/20	896/75	65	—	48	56
1984	722/46	1819/106	717/21	828/58	125	204	59	62
1985	624/31	1712/70	749/24	916/54	221	(60 根)158	123	178
1986	639/29	1271/64	694/21	712/51	312	(133)104	149	183
1987	652/24	1276/62	737/25	1045/64	51.5	(140)117	47	17
1988	972/30	1499/46	696/27	958/50	(121)10	80	94	76
1989	945/33	971/33	903/26	926/45	15	(340)168	36	29
1990	642/25	752/35	656/16	589/30	(7)50	(178)217	127	157
1991	794/19	1109/37	973/18	872/41	(124)160	222	129	913
1992	1309.5/48	1482/52	1147/29	1145/38	(72)	172	239	1148
1993	1305/42	2238/57	732/14	2014/78	285	(27)	57	6
1994	1775/39	1234/34	1427/31	1579/55	(494)52	260	69	233
1995	1666/39	1250/30	958/19	1092/35	(98)33	(23)231	87	411
1996	1671/30	1190/27	749/15	794/24	(1180)412	232	94	120
1997	745/14	1940/39	937/17	584/24	(2)675.5	(300)1430	92	104
1998	1635/26	1400/35	1070/31	566/16	18	(181)	49	30

续上表

年份	沉船(吨/艘)				沉石、沉物(吨)			
	镇江	常州	无锡	苏州	镇江	常州	无锡	苏州
1999	1785/21	315/7	1434/37	1609/17	—	—	67	150
2000	无沉船	1303/19	940/29	703/15	无沉物	4	76	160
2001	1047/15	715/12	745/27	997/17	(414)1.5	—	59	10
2002	1015/6	2090/22	977/32	1492/16	2	250	129	30
2003	680/13	—	1378.5/50	260/4	—	—	347	20
2004	900/3	—	—	20/1	—	150	49	165
2005	1100/3	—	—	—	—	—	58	10

注:沉石(物)栏括号内数字为清除暗桩数;
镇江因运河清障资料未单列,所填数为处本级及丹阳航道站统计数。

根据交通部制定的《京杭运河船型标准化示范工程行动方案》,自2002年1月1日起禁止水泥质船进入京杭运河苏南段,苏南运河船舶航行事故和沉船打捞随之明显减少。

2003年9月16日江苏省交通厅以苏交政(2003)120号文下达《关于调整省地方海事局和厅航道局有关无主沉船打捞职责的通知》,规定:“今后对我省交通管辖范围的内河通航水域内可能影响航行安全的沉没物、漂浮物、搁浅物的打捞管理职责省里由地方海事局负责,各市县地方海事部门具体负责”,“对现有无主沉船打捞以2003年10月1日为限,在此之前的由航道部门负责组织打捞、清理,年底前全部完成,并由市交通局组织安全、海事、航道部门验收”,“在10月1日之后新发生的无主沉船由地方海事部门负责打捞清理”。根据通知要求,苏南运河沿线4市及全省航道部门集中力量对所辖航道进行了一次全面扫床、清障,并于2003年年底前与地方海事部门办理了交接手续。自此,江苏省内河航道清障打捞工作由航道部门负责调整为由海事部门负责。

第三节 防汛破冰

历史上，苏南地区曾屡屡出现洪涝、干旱和冰冻等自然灾害，造成苏南运河航运中断。中华人民共和国成立后，党和政府十分重视防灾、抗灾工作，坚持“建重于防，防重于抗”的方针，大力兴修水利，并陆续对苏南运河进行重点和全面整治，使防洪和抗灾能力大为提高。

一、防汛

古代，苏南运河的防汛主要是治河筑堤、疏通河道、保漕运、泄洪水。五代时，吴越王在太湖平原和杭嘉湖平原，大修水利，拓宽浚深运河，并置都水营田使，以主水事，治河筑堤。在太湖旁专设七八千人的“撩浅军”，“经常捞浅，不使淤浅，旱涝有备”。为防运河的溢决，宋代规定沿堤岸广植树木，以固堤防，对要冲堤段砌石岸。还在沿流堤旁开挖渠、塘、水柜或与沟湖相通，以利泄水。北宋末年苏州曾开“一江、一港、四浦、五十八渎”。南宋政府命历任知府每隔数年大治一次，“浅者浚，狭者拓，圮者筑，阙者补”。元至元初，命沿河州县的佐贰官员，兼任河防事务，经常巡视河道情况。主要是保证大运河在辖区内不淤塞、不决口。泰定时为疏通苏南运河及其修筑堤坝，一次就动用3 000多民力。明代时，为泄太湖与运河之洪水，曾大开吴淞、白茆等河道。清康熙十年(1671)又浚浏河、吴淞口，十九年复浚白茆浦，“而后太湖之水北达江，东达海，通流无滞”。民国时期，政局动荡，导致水利失修，洪涝频繁，仅对苏南运河局部河段进行过疏浚和堤岸培修，对减轻水患有一定作用。

中华人民共和国成立后，各级政府把防汛抗灾作为大事来抓，确保人民生命财产安全，把灾害降低到最小程度。

1954 年苏南地区遭遇特大洪水，5 ~ 7 月面平均总降雨量 824 毫米,河湖水位居高不下,太湖瓜泾口水位涨达4.62米,超过3.5米警戒水位108天。加上长江大水,江、河、湖水并涨,防汛形势十分严峻。各级党和政府抽调大批干部深入基层,发动群众,排涝抢险。省委、省政府要求确保交通和沿江重要工厂、仓库的安全。苏州地委强调以防汛排涝为中心,加高加固内河圩堤,做到水涨堤高。苏南运河由于桥梁多而净空低,桥位处水位落差大,所有在航船只基本处于停航状态。常州惠济桥,上下水位差达1.6米,一些必须坚持运输的船只,则组织十几个年壮船工,用粗缆固定绞关,拼力由纤道拉纤通过。对顺水而下过桥船只,船工们在船头使用分水板(民间称“将军刀”)代舵,视水势、凭经验,用力在水中划拨并不断调整航向,使船只安全通过。

1991年苏南地区又遭百年未遇洪涝。为保太湖洪水不倒灌无锡城,无锡市防汛指挥部下令关闭犊山船闸。市交通局提出,一定要确保京杭运河、锡澄运河两条主要干线航道畅通。经中央防汛总指挥部协调,及时打开太浦闸排洪,还炸开大鲇鱼口围埝和沙墩港两坝,畅通望虞河泄洪通道,加快太湖洪水宣泄。在建的苏南运河丹阳陵口段整治工程,因开坝泄洪,全部在建工程被淹,冲毁预制块及混凝土护坡1.3万平方米,涵洞22道,需二次做护坡。水运企业在航线基本中断的情况下,采取拆梢棚、空载加压舱水、舱内压铁、两轮在桥处接拖、大小船过驳、改变装卸码头和绕道航行等应急措施,运送了大量的防汛及生产、生活急需物资。在水位落差大的桥位处,由交通部门港监艇、航政艇帮拖护航。苏州吴县、吴江低洼地区,在运河水位与堤岸顶高相近时,要求航轮慢速行驶。

1998年长江全流域又爆发特大洪水,对江苏构成极大威胁。当时,苏南运河已进行了全面整治,拓宽浚深后的航道过水断面增加,泄洪能力为整治前的3倍以上。新建和改建的桥梁,也确保了汛期船舶的通航与安全。两岸堤防驳岸、护岸,顶高程按照水利防汛要求建设,从而有效地防御了运河洪水的溃溢以及对航运的影响。

二、破冰

历史上苏南运河曾出现过冰冻,致航运受阻。冰冻期一般多发生于农历冬至后至春节前后,冰厚一般为1~5厘米。1955年冬季为建国后最寒冷的一年,大雪、低温,被称为奇寒。常州气温最低达零下15.5度,运河冰厚2寸以上,冰上可走人。当时,一批运往淮阴的救灾豆饼,途经奔牛,运河冰封,船工硬是用木榔头破冰,边敲边航行,60公里航程用了12天时间方达镇江丹徒。1957年2月14日,严寒冰冻,内河不能通航,无锡航运管理局组织200多名敲冰队员,分赴各条客运航线。经过两天奋战,无锡至常州、苏州等多条航线方得通航,安全运送旅客2 200人。20世纪50年代、60年代,自航民船、轮船以木质为多,为防冰凌,用竹子编成挡冰板,并备有敲冰木榔头。有的用钢板焊接成人字形,附挂在轮船头前,利用轮船推力破冰,打开航道。苏州开往杭州的客轮,采取尾随破冰拖轮航行。为防止白天打开的航道晚上再次冰封,常州市特地安排一艘铁壳轮船,和航运公司自制的翻水板船,午夜后在运河上不间断地来回行驶。从60年代起,钢质拖轮逐步替代木质拖轮后,航道破冰每年由各地"防冻破冰扫雪办公室"统一安排调度钢质拖轮进行,确保苏南运河及有关干线航道的通航。70年代起,运河不断疏浚与整治,苏南运河未再发生冰封影响航运的现象。

第六章　交通标志

苏南运河全面整治中，内河交通标志布设被列为单位工程专项建设。内河交通标志分内河助航标志（简称航标）、内河交通安全标志（简称安全标志）和航道标牌（简称标牌）3类。

第一节　航　标

航标，是为船舶航行安全服务的重要助航设施，是伴随着水运和科技的发展而产生和发展的，有着悠久的历史。

一、古近代航标

古代行船，初以天然景物、易辨的山峰、岛屿、石堆、河道岸形识别航路，回避暗礁浅滩，为自然航标。后逐步发展到在水中设竹竿，礁石上画标记，在重要口门等张挂旗幡、燃点篝火、悬挂灯笼和利用宝塔等人工航标。史载由政府出面设置航标始于元代至大四年（1311）十二月，海道府采纳常熟州船户苏显等人建议，在刘家港（今太仓市浏河口）外西暗沙、甘草沙二处沙嘴，抛泊号船竖立旗缨，指领粮船出浅，是为“指浅号船”，是江苏也是全国最早出现的由官方设置的航行标志。

江苏内河交错，湖荡辽阔，行船于黑夜，常因不辨方向而难入港和遭翻船溺人之灾。当地乡里每有倡议竖标立杆，扬幡明灯，以指引航向。清康熙、道光、光绪年间，先后在宜兴张泽矶、洴浰、马公荡、余皮滐、长圩、虾笼泾、施荡河等处建有灯楼。咸丰二年（1852），武进灵台滆湖边中村亦竖有天灯示航，中村因名天灯村。旧时，船民、渔民还根据行船经验，每于航槽两侧浅滩、航障处插入杆，以示浅滩险障，此引航法称“插杆引”。

明清时期，散见于江苏省境湖荡、河口、集镇为数不多的木杆、天灯、灯楼、浮标及平日悬灯挂幡为行船标志，多由当地人就近看管照顾。

民国初期，航路标识属海关管理。至民国20年(1931)除沿海、长江、珠江、黑龙江以外，其他内河航标始属航政局掌管。同年，公布交通部航政局组织法第五条八款“关于航路标识之监督事项”，列为航政局第二科职掌。民国23年5月17日，国民政府第310号训令批准《航路标记条例》，为航标设置与管理依据。

二、现代航标

(一)航标法规

中华人民共和国成立后，1951年10月，交通部下达文件，要求各地重视航标事业。1953年4月，交通部颁布《内河航标规范(草案)》。1955年4月交通部正式颁布《内河航标规范》，确定了内河航标的基本原则和技术要求。1959年8月，交通部重新颁布修改后的《内河航标规范》。1960年3月，交通部颁布《湖泊、水库、运河、船闸航标规范(草案)》。1982年4月，交通部决定再次修订《内河航标规范》，成立以交通部标准计量所、长江航道局任正副组长，上海、江苏、黑龙江、广西等地专业人员参加的修订工作组。1982年10月，交通部成立内河局后，由该局航道管理处具体领导该项工作。原《内河航标规范》、《湖泊、水库、运河、船闸航标规范(草案)》合并修订为《内河助航标志》。1986年2月，经国家标准局批准，颁布了GB 5863—86《内河助航标志》及GB 5864—86《内河助航标志的主要外形尺寸》两项国家标准，并自1986年11月1日起实施。随后，按照两项新“国标”规定，在全国展开了航标制式改革工作。针对航标制式改革实施中的问题，对两项“国标”再行修改，1993 年 12 月 4 日，国家技术监督局正式发布两项“国标”（GB 5863—93 和 GB 5864—93）为强制性国家标准，于 1994 年 9 月 1 日正式实施。

新的《内河助航标志》，分航行标志、信号标志和专用标志 3 类。其中航行标志有过河标、沿岸标、导标、过渡导标、首尾导标、左右通航标、示位标、泛滥标、侧面标、桥涵标计 10 种；信号标志有通行信号标、鸣笛标、界限标、水深信号标、横流标、节制闸标；专用标志有管线标、专用标。

为使内河航行标志受到社会各界的重视和保护，江苏省人民委员会于 1955 年 8 月发布的《江苏省内河航道维护暂行办法》，指出“严禁损坏浮筒、灯标或其他固定与临时的航行标志”。1964 年 3 月国务院发布的《关于加强航道管理和养护工作的指示》中明确规定：“对于航道和航道的导治设施，航标、纤道等助航设施必须注意保护”。在以后陆续颁布的《江苏省航道管理办法》（1979 年 10 月）、《中华人民共和国内河交通安全管理条例》（1986 年 12 月）、《中华人民共和国航道管理条例》（1987 年 8 月）、《中华人民共和国航道管理条例实施细则》（1991 年 8 月）、《江苏省航道管理条例实施办法》（1992 年 11 月）、《江苏省内河交通管理条例》（1995 年 8 月）及《中华人民共和国治安管理处罚条例》（1994 年 5 月）等文件中，都明确内河助航标志受到国家法律保护。1995 年 12 月，中华人民共和国国务院第 187 号令，又发布了《中华人民共和国航标条例》，明确规定：“任何单位和个人都有保护航标的义务”；“违反本条例规定，构成违反治安管理行为的，由公安机关依照《中华人民共和国治安管理处罚条例》予以处罚，构成犯罪的，依法追究刑事责任”。1999 年 9 月江苏省人民政府发布的《江苏省苏南运河交通管理办法》，明确规定：“苏南运河航道、航道设施、交通安全标志，任何单位和个人不得损坏和破坏。”

(二)航标设置

中华人民共和国建立前,苏南运河上无航标设置。1952 年,苏南人民行政公署通知各地航管部门,在急弯、急流、浅滩、石礁有碍航行和进出河口路线不明之处设置不同式样的助航标志。当年苏南河道共设白涂标 13 处 23 块,急弯标 15 处 29 块,障碍指示标 30 处 35 块,分路指示标 12 处 12 块,白天导标 4 处 4 座,灯杆标 3 处 3 座。具体助航标志式样要求见表 6-1。

1952 年苏南人民行政公署交通处颁发的助航设备标志式样说明书

表 6-1

标志种类	设置地点	式　样	颜　色	设标任务
白涂标	桥梁	24 英寸 ×12 英寸长方板	白底黑字边	警告行船当心
急弯标	急弯道两面岸上	圆木杆上装 24 英寸直径圆木板	木板白底黑字红边,木杆 6 英寸黑白相间	警告行船当心
障碍指示标	浅滩等障碍物上	圆木杆上装 24 英寸 ×16 英寸长木板	同上	警告行船当心
分路指示标	交叉河口	圆木杆上装 24 英寸方木板	同上	指引航路
白天导标	水面辽阔航道不明的湖旁	圆木杆上装三角木板	全白色	指引航路
灯杆	有夜航而进出口子不明的地点	圆杆上装油灯或灯球	木杆漆白色灯球,待华东交通部统一后通知	指引航路
灯浮标	水面辽阔有夜航的湖河中	浮筒上装电闪光灯	待华东交通部决定后通知	指引航路

1953 年交通部颁发《内河航标规范（草案）》后，苏州、扬州两次派人参加交通部在广州举办的航标人员学习班，随后，苏州、扬州、镇江、淮阴等地按照交通部统一布置的航标种类、式样、颜色设置了第一批航标。1955 年 4 月交通部《内河航标规范》正式颁布后，苏南运河、锡澄运河、苏申航线、申湖航线、苏西航线、锡溧航线等均先后增设了发光标志。1964 年，省交通厅规定，凡在通航河道上修建跨河桥梁等建筑物，均应按《内河航标规范》的规定设置“桥涵标”。

镇江市：1952 年全国内河航道设标工作在江苏试点，始在丹徒口设木质 12 米高进出口白色标志 1 座。1956 年，又在该处设水位牌 2 块，管理通航标牌 6 块。其后，于 70 年代在运河出入口的谏壁口门处，设置 13.8 米示位灯塔标 1 座，后于 1996 年改造。1985 年，在谏壁运河与长江交汇处右侧设直径 1 200 毫米红色浮鼓 1 只（不发光），1987 年改为 4 米双船浮（红色光），1997 年又改设为直径2 440 毫米浮鼓（红色单闪）。后因长江航标调整，在该标上、下游各设有侧面标志，该标于 2004 年 7 月 18 日撤除。20 世纪 80 年代和 90 年代分别在香草河口、丹阳老运河口、九曲河口等处设标，夜间全部发光。2005 年底，共设有航行标志 7 座，全发光。图 6-1 为谏壁口门示位标。

图 6-1　谏壁口门示位标

常州市:1997 年苏南运河实施全面整治竣工后,始在武进钢厂处设横流标 1 座;在怀德桥下游百米处设“F”形安全标志牌 1 块,提示前方进入连续弯道和“事故多发”河段;在西涵洞(左岸)设侧面标 1 座。另在航道处码头和戚墅堰电厂设有专用标和横流标,2005 年底,共设航标 5 座,全发光。

无锡市:中华人民共和国成立以来,苏南运河无锡段未设置航标。

苏州市:1952 年,在苏州专区、松江专区(后划上海)各主要航道上设置了助航标志。1953 年,苏南运河及苏申内外港等线,设置水、陆标 40 余座。设标种类有过河标、接岸标、三角岸标、三角浮标、导标及风讯信号杆等。苏州至湖州设置发光标 8 座,主要在平望附近。1956 年,苏州地区共设有航标 157 座;1970 年达 201 座,其中大运河设岸标 10 座,浮标 3 座。13 座标志中,发光标为 6 座;1985 年底,全市共有航标 347 座。其中苏南运河 8 座,苏申外港线 29 座,内港线 28 座,申湖线 13 座,苏南老运河 6 座。2005 年,苏南运河苏州段共设各类航行标志 15 座,全为发光标。图 6-2 为瓜泾口左右通航标。

图 6-2　瓜泾口左右通航标

苏南运河航标设置,按重点标配布,但全面整治后的苏南运河,确定在镇江丹阳段航道交叉口和苏州段航道交叉口及湖荡段按三类航标配布。截止2005年底,苏南运河共设有各类航标27座,全为发光标。2005年底,苏南运河航标设置情况见表6-2。

2005年末苏南运河航标设置情况表 表6-2

市属	标志编号	设标地点	岸别	标类	能源	设标时间
镇江	1	谏壁口	右岸	示位标	太阳能	1979
	2	丹阳老运河口	右岸	侧面标	太阳能	1966.5
	3	香草河口	右岸	横流标	太阳能	1980
	4	香草河口		左右通航标	太阳能	1996.5
	5	九曲河口		左右通航标	太阳能	1996.5
	6	谏壁船闸上游	右岸	侧面标	太阳能	2000
	7	丹金溧漕河口	左岸	示位标	太阳能	2003.7
常州	1	怀德桥	右岸	通行信号标	交流电	2001.8
	2	航道处码头	右岸	专用×2	交流电	2002.6
	3	西涵洞	左岸	侧面标	太阳能	2003
	4	武钢厂	左岸	横流标	交流电	2001.6
	5	戚墅堰电厂	左岸	横流标	交流电	2005.8
苏州	1	横塘镇北段	右岸	左右通航标	太阳能	1992.6建 1999.9改建
	2	苏州市河与东线交汇处	右岸	侧面标	太阳能	1992设 2001改建
	3	澹台湖非通航水域交叉口东	右岸	侧面标	太阳能	1992.6
	4	宝带桥北	左岸	左右通航标	太阳能	1992.6
	5	吴江市瓜泾口	左岸	左右通航标	太阳能	60年代建 2002年改建

续上表

市属	标志编号	设标地点	岸别	标类	能源	设标时间
苏州	6	三里桥弧岛上	右岸	侧面标	太阳能	1996.8 建 2002.10 改建
	7	吴江市航运公司船厂对岸	右岸	侧面标	太阳能	1996.8 建 2002.10 改建
	8	吴江市垂虹石化加油站旁	左岸	侧面标	太阳能	1996.8 建 2002.10 改建
	9	吴江市大发电器市场对岸	右岸	侧面标	太阳能	1996 建 2002.10 改建
	10	吴江平望油库南	右岸	示位标	太阳能	70 年代建 1991 年重建 2000 年新建
	11	平望草荡中		左右通航标	太阳能	70 年代建 2004.12 改建
	12	吴江草荡独脚圩	右岸	侧面标	太阳能	60 年代建 2002.10 改建
	13	平望化肥厂	右岸	侧面标	太阳能	60 年代建 1991、1998 年重建 2002.10 改建
	14	吴江周家溪	右岸	侧面标	太阳能	60 年代建 1991、1998 年重建 2002.10 改建
	15	吴江盛泽口	右岸	侧面标	太阳能	60 年代建 1991 年重建 2000 年改建

(三)航标管理维护

中华人民共和国成立初期,江苏除长江外,仅有几处湖荡河口设有简易标志,由交通航道(务)管理部门委托当地群众代管,管灯群众被称为航管员(又称灯守),负责按时点灯收灯,擦洗灯具。航管部门定期发给灯油并按照代管灯标数,发给补贴费。苏南运河油灯航标于20世纪60年代中期全部改为电气灯。

1951年10月,政务院财政经济委员会《关于助航标志所在地的人民政府保护或代管助航标志的意见》下达后,各地在船民、渔民和航标所在地的群众中,广泛开展爱护航标的教育,宣传设置航标的作用,要求船员、渔民和航标所在地的群众熟悉航标,监护航标。

江苏各地陆续设置航标后,为正确识别和使用航标,从1956年起,各地航运部门将有关航标规则作为广大船员的业务学习内容,并广泛开展维护航标的宣传活动。

1956年前的设标初期,江苏尚未建立航道专管机构,设标时多临时组建队伍突击。设标后的航标维护,除群管航标外,大部分航标由交通局招雇5~7名航标工人,利用当地报废的小木船进行修理后作为维护工作船,有的则由航标工人骑脚踏车维护,对偏远处的标志,也有请机动客货轮代管的。苏州还依靠客货轮将小舢舨拖至航标处进行维护。省交通厅航运管理局还专门发出通知,要求省属客、货船队遇有航标工作船要求拖带或查标人员要求搭乘时,均应给予方便。

1956年,苏州等市开始使用小机动艇维护航标,并逐步推广至各地。1964年,苏州使用了由苏州造船厂制造的长11米、宽2.5米、2115型柴油机航标艇。

1959年,省交通厅、财政厅联合通知规定,地区的航标管理和维护工作一律由各县负责,航标维护费用列入航道养护费项目开支。

1962年8月,交通部发布《内河航标暂行管理办法》,就航标设置、航标基层管理组织、船艇、工具和设备、计划统计和定额管理、安全生产等方面做了规定和要求。

1966年下半年,各级航道管理机构受到"文化大革命"的冲击,管理失控，规章制度废弛，有的航道机构多次撤销、合并，但广大航道职工在社会动乱的情况下，仍坚守岗位，勤恳工作，维护航道，保证航道畅通。

1972 年各地航道段、航道站普遍恢复建立，航道管理逐渐加强，航道工作贯彻“全面养护，管养结合，以管为主，干支结合，以干为主，重点改善”的方针，全省航道养护职工增加到 1 713 人。

1975 年 1 月 22 日至 24 日，省交通局工程管理局在苏州召开全省航标工作座谈会。这是中华人民共和国成立以来的一次航标管理与维护的专门会议，对推进江苏航标规范化管理和科技进步起到了重要作用。会议决定：航标设置统一执行交通部颁发的《内河航标规范》的规定，“文化大革命”中有些航段改设的“红星标”、“红旗标”要立即改正；组织制定航标管理维护制度（规定），由苏州、扬州两航道段拟稿，由省局组织讨论定稿；江苏航标艇的定型设计，由淮阴航道段负责落实；航标维护要做到标位正确、标志明显、灯光明亮，正位率要达到 100%，发光率要达到 98%；加强对航标的维护管理，航标人员要固定，航标艇不得抽调搞运输；多听航运部门对航标配设的意见；对湖泊及有条件的河段，浮标可以改用灯桩，岸标标杆可用水泥杆；电源仍以干电池为主，也可以用空气湿电池，并积极试用太阳能及风力发电，灯器以电闪仪及半导体闪光仪为主，积极使用新产品。

1975 年 8 月，为加强江苏内河航标的管理与维护，省交通局工程管理局委请中国人民解放军（南字）813 部队（现为中国船舶工业总公司第 708 研究所），设计江苏内河第一艘航标艇，并于 1979 年 9 月在泰兴船厂建成，该船长 19.2 米、宽 4.8 米、吃水 1.2 米、主机 6135 型（120 马力）。随后，江苏省航道部门又对该艇做了修改，确定江苏航标艇分甲、乙两型，并被列入《江苏省内河助航标志管理办法》。江苏内河航标艇的配备，为航标维护管理正常化、规范化提供了有利条件，也为航标的正常率（正位率，发光率）提供了可靠保证。

1979 年 4 月，江苏省交通局工程管理局制定了《江苏省内河航标技术管理办法(试行)》。1988 年 12 月又根据 1986 年交通部颁发的《内河助航标志》国家标准，对其做了修改，并制定了《江苏省内河助航标志管理办法》。《办法》对航标的配布类型，航标的设置、维护与管理，航标工作人员的主要职责，安全生产，航标的计划管理和经济核算等都做了明确规定。其中对航标的管理与维护，要求标志检查每月不少于 4 次，其中夜航检查一次；标位要正确，白光视距 2 公里以上，红光、绿光视距 1 公里以上，闪光周期准确；航标的正位率要求达到 99.5% 以上，航标的发光率达到 98% 以上；各市航道处负责人每年至少查标两次，航道站长每月查标一次，省每年组织互查一次。该《办法》的制定，成为江苏内河航标设置、管理及维护的依据。

为进一步加强航标管理，提高航标维护质量，交通部于 1996 年 8 月又发布了《内河航标管理办法》。2001 年 7 月，江苏省交通厅根据 1995 年《中华人民共和国航标条例》、1996 年交通部《内河航标管理办法》及国家有关法律、法规，结合我省实际，参照兄弟省在航标管理方面的经验，又制定了《江苏省内河航标细则》(原省交通厅航务局 1988 年 12 月制定的《江苏省内河助航标志管理办法》同时废止)。《江苏省内河航标细则》明确：省交通厅航道局、县级以上航道管理处(站)为航标管理主管机构；全省内河航标的质量标准必须符合中华人民共和国国家标准《内河助航标志》、《内河助航标志主要外形尺寸》及交通部《内河航道维护技术规范》的规定；依据《中华人民共和国航标条例》、交通部《内河航标管理办法》及有关法律法规查处违法行为；航标维护正常率必须达到 99% 以上；获悉航标碰损、移位、失常时应在获悉后 24 小时之内修复，因气象原因不适航时，待气象条件正常后及时修复；航标财产依法不受侵害，当航标受到侵害时，侵害人应当恢复原状或赔偿，侵害人拒不恢复原状或者赔偿的，航标管理机构可申请人民法院强制执行等。

全国劳动模范、苏州吴县航道站长期从事航标工作的李长宝,在日常的航标维护工作中坚持"严、细、快、省"。即:对助航效果有关的各个工作环节都从严要求;检查维护航标细心,道道工序不马虎;巡视维护快,恢复失常航标快;事事精打细算,想方设法节省经费。1991年他的经验被苏州市航道管理处总结为"李长宝工作法",并为全省学习、推广。图6-3为工作人员在维护航标。

根据《江苏内河助航标志管理办法》和《江苏省内河航标细则》规定,每次航标维护,航标人员必须做好台账记录(航行记录、标志失常及维修记录等),航标管理机构必须填报月、年度报表,航标应建立"一标一档"。苏南运河沿线及省内各航道管理部门都建有"一标一档"的航标档案。每座航标备有现场照片并注明设标地点、标类、设置时间、标志沿革、标体及能源、光源、灯器规格等。"一标一档"制的建立,使航标管理更规范和科学化。

图6-3　工作人员在维护航标

(四)航标技术进步

20世纪50年代航标初设时期,发光标以煤油灯为光能源。1956年,全省开始进行内河航标电气化试点。50年代末,开始用干电池、空气电池作能源,并以三五牌时钟、液体(甲醇)日光阀及直流电动闪光仪为控制开关及闪光。光源为4.8伏、6伏、12伏白炽灯泡。红色光源则涂以指甲油或红色玻璃纸裹泡,灯器配置大多以75毫米、90毫米灯壳和鼓形透镜。

70年代江苏省航标能源仍以空气干电池为主,同时推行锌空电池,半导体日光开关闪光仪开始逐步替代直流机械闪光仪。红、绿光源,采用红、绿色玻璃罩(后改为有机玻璃)。其间,半导体霓虹灯闪光仪开始少量使用。为推行半导体闪光仪,1978年10月,省交通厅工程局在苏州东山"五七"农场首次举办的全省航道业务培训班,就半导体闪光仪的线路设计、印刷电路板的制作等,专题进行培训。自此,半导体闪光仪的自制、使用在省内推开。1979年,苏州地区航道段在苏州太湖西线航道2号、3号灯桩上试用10瓦太阳能电池航标灯获得成功。

80年代,航标技术又有改进。1981年,无锡、苏州等地相继采用3~4.2瓦小功率太阳能电池标灯。同年,无锡市航政管理处在太湖13号灯桩上试用风能航标灯,视距可达9公里。1982年,在苏州太湖西线的4号、5号灯桩和申湖线上开始使用风能航标灯。1983年,常州以9座1.3~3.2瓦小功率太阳能电池标灯作测试,对充电、蓄电、耗电灯器、闪光周期等进行技术鉴定,性能良好。1985年5月,江苏省航海学会在常熟市举行航标能源学术交流会,肯定太阳能、风能航标灯效果好,可节约能源。1986年航标制式改革,由集成块和半导体分立元件组成的航标灯器及引入的莫尔斯灯质信号被应用于航标。

90年代,太阳能(配镉镍电池)航标广泛应用于水(灯桩)、陆域航标。20世纪初,发光二极管(LED冷光源)始用并推广。此光源具有耗能小、寿命长、颜色纯、光强度好的特点。同时应用计算机技术,使标灯灯质等实现多功能。LED航标灯的应用,使江苏航标灯器进入了新的时代和全国航标先进行列。

随着航标灯具、能源和光源的不断创新,航标标体及其材质也不断变革。

50年代,水、陆域航标都以木、竹制作,如木质三角浮标、竹质棒形浮标,木质杆形岸标。

60年代,木质水标逐步为钢质浮筒(鼓)代替,江苏内河较先使用的浮筒为直径600毫米、直径800毫米、直径1 080毫米等。

1966年,苏州航道管理段工程师瞿根生在太湖西山航线首先试建钢筋混凝土灯桩,上部为角钢架标体;岸标,有用圆形水泥电杆作标柱(木质顶牌)及砖砌灯塔。

70 年代,水上逐步以双船浮替代浮筒,陆上以 5 ~ 9 米钢管作标柱(木质顶牌)逐步替代。与此同时,苏州航道管理处将玻璃钢材料引用于内河航标进行试验,与泰兴玻璃钢厂合作,试用玻璃钢制作过河标、接岸标及标顶牌,效果较好。

80 年代和 90 年代,针对玻璃钢材料具有重量轻、强度高、弹性好、耐腐蚀、免油漆的特点,玻璃钢质航标被广泛应用于水、陆域航标,并配置反光标牌。期间,苏州市使用玻璃钢航标有示位标、侧面标、左右通航标、桥涵标、鸣笛标、指路牌等 6 类,标形分圆柱形、框架形、杆形和标牌 4 种。同时,具有结构简单、施工方便、防撞力强,正位率和发光率高、视距清晰的层叠式钢筋混凝土灯桩大量替代浮鼓和双船浮,并配反光标牌。

随着现代科学技术的迅速发展,由省航道局牵头,常州、南京航道管理处及相关人员共同参与的江苏内河航标自动遥测及管理系统研制成功,并于 2002 年 9 月在常州市航道管理处召开的专家鉴定会上被专家们一致通过(鉴定会场见图 6-4)。使用该系统,航标人员可

图 6-4　航标自动遥测及管理系统鉴定会

用手机、电话机、微机等任何一种方式遥测所设置的水陆航标的电池电压、工作电流、闪光次数、周期、太阳能充电电流。航标灯若发生故障，遥测系统则能自动发出报警，遥测装置既能提供手机、电话机接收的语音信号，也能提供微机接收的数字信号。此系统实现了省、市、县三级智能化管理，大大减轻了航标人员的劳动强度，节省维护成本，确保了航标的正常。鉴定会专家一致认为"该课题研究成果中航标遥测系统的手机、电话机接收的语音信号研究属国内首创，整个系统在国内处于先进水平"。目前，该成果已在江苏内河航标维护管理工作中被广泛推广应用。

为表彰中华人民共和国建立以来从事航标事业30年、20年的航标工作者，交通部以交安监发[1992]389号《关于颁发航标工作者荣誉证章的通知》，江苏省从事航标工作30年的瞿根生等17人和从事航标工作20年的李长宝等25人获荣誉证章。

第二节　安全标志

为贯彻实施1986年12月国务院颁布的《中华人民共和国内河交通安全管理条例》，1992年12月，国家技术监督局以技监国标发(1992)262号函审核批准了《内河交通安全标志》，并于1993年8月1日起实施，为强制性的国家标准，也是继全国道路交通逐步推广交通标志和交通标线后颁布的又一交通安全标志。

苏南运河全面整治后在全线布设安全标志，这是《内河交通安全标志》公布实施以来全国范围内首次大规模应用。

一、标志种类与颜色

内河交通安全标志分主标志和辅助标志两大类。主标志又分警告标志、禁令标志、指令标志和提示标志四类，共85个标种(警告标志17种、禁令标志37种、指令标志15种、提示标志16种)。其中禁令标志中又有禁止、解除禁止和限制标志3种。辅助标志不能单独使用,在需要时与主标志组合,用来对主标志说明距离、范围、理由或说明限量、时间、对象。

内河交通安全标志的颜色分别为:警告标志为黄底、黑边框、黑图形符号;禁令标志中禁止标志(除个别标志外)为白底、红边框、红斜杠、黑图形符号,解除禁止标志为白底、黑边框、黑斜线、黑图形符号,限制标志为白底、红边框、黑图形符号;指令标志为蓝底、白图形符号;提示标志为绿底、白图形符号。辅助标志为白底、黑边线、黑色文字。

二、标志形状与尺寸

形状:内河交通安全标志主标志为正方形和竖置或横置的长方形,辅助标志附加在主标志上方或下方的为长方形,附加在主标志左、右侧的为等腰三角形。

尺寸:内河交通安全标志的主标志按航道等级分为A、B、C 3个型号。3个型号主标志尺寸为最低限度的尺寸,当认为不能满足需要时,可按规定型号提高一个等级配布,也可按比例放大制作。

苏南运河按四级航道标准全面整治后,船舶通过量和货运量猛增。对于这样一条水运大动脉,其安全标志牌板面尺寸本着尊重科学、尊重实际,并经专家评审,最终在《国标》A型的基础上面积放大近2.4倍;辅助标志其底边同其所附着的主标志外边为等长。具体尺寸见表6-3。

安全标志尺寸表 表6-3

尺寸(毫米) / 航道等级和标志型号 / 形状和部位	IV级及以上 A型	V、VI级 B型	VI级以下 C型
正方形 边长 $a=b$	780	600	480
长方形 边长 $a\times b$	780×1170	600×900	480×720

续上表

尺寸（毫米）/航道等级和标志型号/形状和部位		Ⅳ级及以上 A型	Ⅴ、Ⅵ级 B型	Ⅵ级以下 C型
边框线宽		78	60	48
禁令标志斜杠宽		58.5	45	36
解禁标志斜线	单线宽	6.5	5	4
	线间隔	26	20	16
	全宽	71.5	55	44

注:表中不含港监辖区分界标志。

三、标志布设与安装

为维持水上交通秩序和航行安全,沿线港监曾制定船舶航行、停泊、作业等管理规章与制度,航道部门曾设置宣传牌、指向牌。1960年苏州浒关交管所还在竹青桥设指挥亭,专人持红绿旗指挥水上交通,成为运河上首设的水上指挥交通岗。1967年8月,在泰让桥下游环城河口,胥门港监站装置红绿灯指挥信号一座。常州市交通局1962年设置过停泊标志,划定各类船舶、排筏停泊区。1979年常州市航政管理处成立后,对沿河两岸险要地段设置安全标语牌50多块,并在西涵洞、水门桥、戚墅堰等地设立3个安全检查站。

苏南运河全面整治后,省和沿线地方海事部门对苏南运河全线实施了交通安全标志布设。安全标志布设按照"统一标准、统一航行(作业、停泊)秩序规定、统一布设(规划、设计、制作)"和总体布局的原则,在其内河交通安全标志85个种类中,苏南运河共取用和布设了18类24种。为:左舷会船标(一)、限制停泊标(二)、禁止明火标(三)、禁止(解除禁止)追越标(四)、禁止(解除禁止)偏拖标(五)、禁止驶入标(六)、禁止停靠标(七)、注意危险标(八)、向左(向右、连续)急弯标(九)、左(右)侧丁字汊(交汇)河口标(十)、渡口标(十一)、交通管制区标(十二)、电视监控区标(十三)、禁用(解除禁用)高音喇叭标(十四)、取水口标(十五)、应急电话标(十六)、禁止船队、排筏追越标(十七)、锚地标(十八)。图6-5为苏南运河交通安全标志图示。

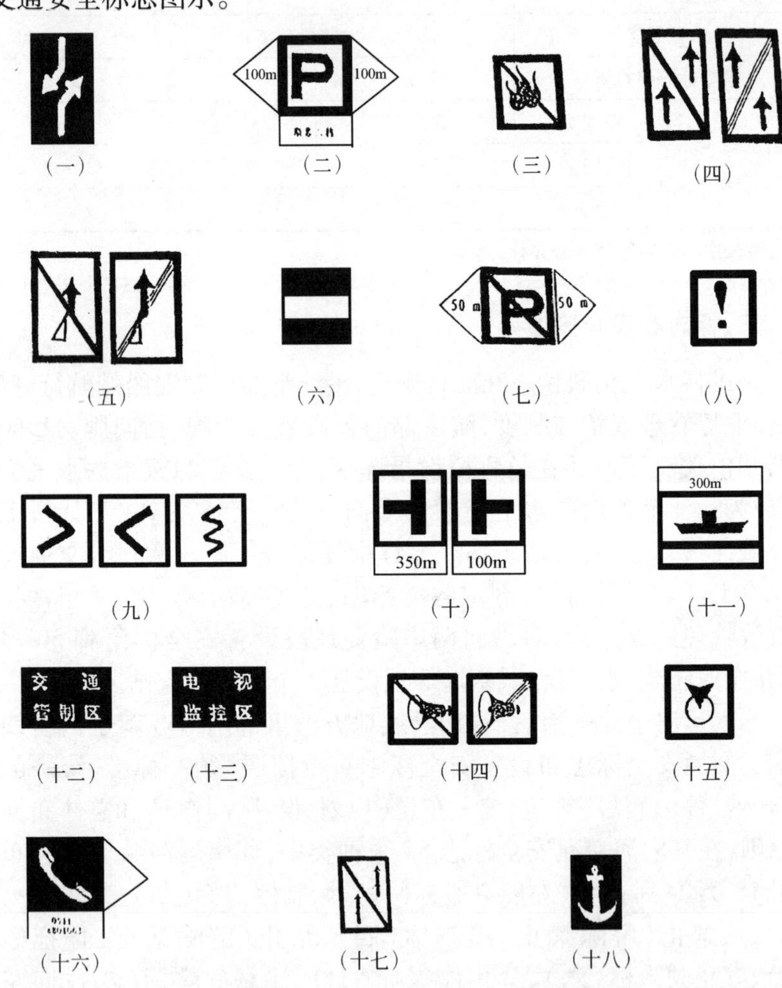

图6-5　苏南运河交通安全标志图示

苏南运河安全标志于1997年8月底完成设置，采取由上游（镇江段）向下游（苏州段）的布设顺序。镇江段由谏壁船闸下游口0公里+135米左舷会船标起，至42公里+310米右岸应急电话标志止，共设置各类标志59块；常州段自42公里+330米右岸应急电话标志起至87公里+70米左岸电话标志止共设各类标志97块；无锡段自87公里+90米左岸应急电话标志起至126公里+250米左岸应急电话标志止，共设各类标志115块；苏州段自126公里+270米左岸应急电话标志起至207公里+910米（鸭子坝、浙江省交界）左舷会船标止，共设置各类标志96块。全线共设各类标志367块（详见表6-4）。全部标志的支撑柱采用无缝钢管，标牌板面用铝合金制作，立柱与板面以反光膜粘贴（标志图形绘制或印刷在反光膜上）。标志本身不发光，但在普通灯光的照射下能反光，使标志图形清晰可辨。

苏南运河安全标志设置情况一览表 表6-4

序号	标类	标种	单位	设置数量				小计
				镇江市	常州市	无锡市	苏州市	
一	警告标志		块	15	23	2	6	46
1		渡口标志	块	14	20	2		36
2		取水口标志	块	1	1			2
3		向左（向右、连续）急弯标	块		2		2	4
4		向左（向右）丁字交叉标	块				2	2
5		注意危险标	块				2	2
二	禁令标志		块	12	36	45	27	120
1		禁止（解禁）追越标	块	7	4	8	2	21
2		禁止高音喇叭标	块	4	9	8		21
3		禁止明火标	块	1	3	4	3	11
4		禁止（解禁）偏拖标	块		4	8	12	24

续上表

序号	标类	标种	单位	设置数量				小计
				镇江市	常州市	无锡市	苏州市	
5		禁止停泊标	块		16	15	8	39
6		禁止驶入标	块			2		2
7		禁止船队、排筏追越标	块				2	2
三	指令标志	左舷会船标	块	5	19	12	29	65
四	提示标志		块	27	19	56	34	136
1		限制停泊标志	块	16	13	50	26	105
2		锚地标志	块	2				2
3		交通管制区标志	块	2				2
4		临时停泊区标志	块	1				1
5		应急电话标志	块	6	6	6	8	26
合计			块	59	97	115	96	367

第三节 航 道 标 牌

自20世纪90年代起,苏南运河沿线航道管理部门为方便过往船舶航行,曾陆续设置了100多个标牌,其中指路牌占85%以上。在苏南运河全面整治中对航道标牌做了重新布设。

一、设置依据

为确定苏南运河航道标志牌设置的种类和外形尺寸,1996年初,由江苏省交通厅航道局牵头成立科研小组,认真开展了调查研究和科学实验,完成了《江苏省内河等级航道标牌系列研究与应用》科研课题项目。在此基础上起草了《京杭运河苏南航道标牌设置规定(初稿)》,省交通厅组织全省航道系统有关专业人员进行审议和论证，并报请交通部审定。1997 年 2 月，交通部组织了部计划司、基建司、港监局、水规院和标准所等部门有关人员进行咨询和论证，认为："在苏南运河上设置标志标牌的种类，若'内河助航标志'、'内河交通安全标志'有规定的应按其规定执行。航道标牌可以作为一种新的形式，单独考虑它的种类、尺寸和字体大小，以及设置的位置等等，不受《国标》限制。目前在苏南运河上试用，今后经过不断完善和补充，可作为另一种新的《国标》内容。"根据交通部论证意见，确定了苏南运河航道标牌设置的指导思想和设置原则。即："在总体构思上从实际出发，积极采纳国内外现行交通标志规定中对航道标牌有用的东西，兼容互补，实事求是地协调各类技术上的问题。在法律上以《中华人民共和国航道管理条例》为依据，理顺与之相关的规定、标准之间的法律关系，做到不矛盾、不抵触"。经选择有代表性的河段进行试验，反复对比，进而确定航道标牌的功能和作用："必须以指示、引导功能为主，突出指示功能，同时兼顾提示功能，尽可能使标牌在总体上与苏南运河航道基本特征和客观条件相符合，充分顾及航道沿线桥梁、管线密度较大的特点，使标牌设施在更大程度上体现服务于运输船舶和服务于苏南运河客观条件的功能，最终达到美化、实用、统一、规范的目的"。

二、标牌种类及规格

（一）标牌种类

苏南运河标牌种类分为指向牌、地点距离牌、地名牌、分界牌、里程牌、桥梁净高提示牌、港口与锚地预告牌共 7 种。

1. 指向牌

设在苏南运河与其他等级航道的交汊口处，设置位置除分水岛型汊口外，均设置在距汊口弯道起点 50 米外的航道右侧。分水岛汊口处的指向牌设在凸出岸形的顶点处。标示前方汊口所处位置及汊口方向的主要城镇的地名及距离。

2. 地点距离牌

设在顺直航道段的右侧。预告航道前方所要经过的主要城市的地名和距离。

3. 地名牌

设在航道沿线主要城镇的起讫点处(各一块)或中间段(一块)。标示船舶所处位置的地点名称。

4. 分界牌

设在航道沿线两个相邻的县级以上行政区域的交界处。标示此处为两个行政区域的交界处。

5. 里程牌

按苏南运河航道里程标示图中所确定的桩号位置左右岸相对设置(误差不超过 ±5 米),标示航道名称和当前累计里数。遇有航道一侧里程牌应设位置正处于分汊航道水域且无法调整时,可予放弃。

6. 桥梁净高提示牌

设在距桥梁上、下游各 100 ~ 150 米范围的航道右侧。表示前方进入桥梁通航水域,提示桥梁通航净空尺度。

7. 港口、锚地预告牌

设在至下一港口、锚地一定距离前适当位置的航道右岸。预告下一港口、锚地的距离。

苏南运河航道标牌图示见图 6-6。

(二)标牌尺寸

为使苏南运河过往船舶在距标牌 200 米处能看清牌面内容并能判断航向,经多次试点和比选,确定苏南运河航道标牌中,指向牌的字体尺寸为 60 厘米 × 60 厘米;地名牌、分界牌、及专用标志的字体尺寸为 40 厘米 × 40 厘米。字体尺寸确定,标牌外形尺寸确定。选用黑体中的大黑字进行牌面布设,字体的间距及行距,参考《道路交通标志》的规定,英文字体的高度为中文的 1/2。

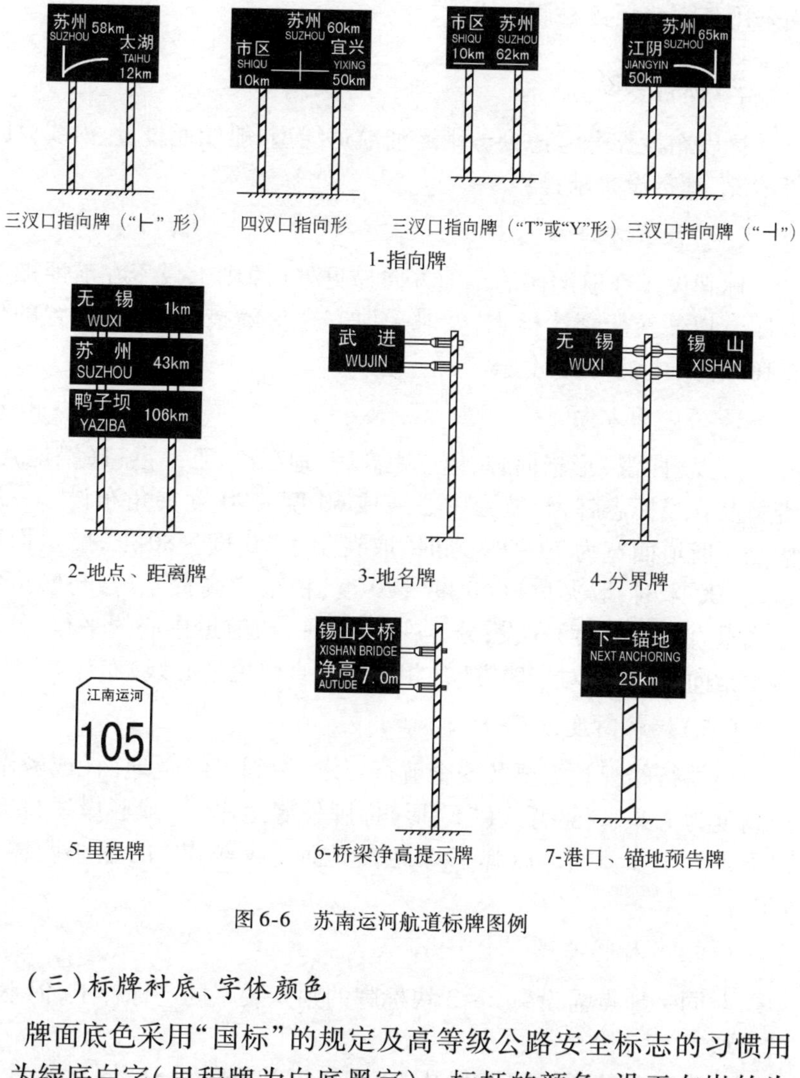

三汊口指向牌（“├” 形）　四汊口指向形　三汊口指向牌（“T”或“Y”形）　三汊口指向牌（“┤”）

1-指向牌

2-地点、距离牌　3-地名牌　4-分界牌

5-里程牌　6-桥梁净高提示牌　7-港口、锚地预告牌

图 6-6　苏南运河航道标牌图例

(三)标牌衬底、字体颜色

牌面底色采用“国标”的规定及高等级公路安全标志的习惯用法,为绿底白字(里程牌为白底黑字)。标杆的颜色,设于左岸的为黑白相间斜纹杆,设于右岸的标杆为红白相间的斜纹杆。为使夜间行船识别标志及标牌牌面内容,牌面(含杆体)的底色、文字、图案等

均采用高强级反光贴膜。

三、标牌布设

标牌布设充分考虑到苏南运河航道线型、船舶通过量、沿线设施等情况,其布设要求是:

(一)设置方位

标牌设于在航船舶的正面方向易见处(原则上设于在航船舶的右侧),以便航船判读标志,及时采取安全保障措施;标牌设置的位置在最高通航水位以上。

(二)牌面方向

三汊(四汊)形指向牌、地点距离牌、地名牌、下一港口(锚地)预告牌及管线标志牌,与航道中心线成60度~90度夹角布设。一般情况下航道面宽为70~80米时,取夹角为70度~80度,航道面宽超过100米时,取夹角为60度~70度;桥梁净高提示牌,与航道中心线垂直(成90度)布设;分界牌、里程牌,与航道中心线平行;分水岛型指向牌,正面对来船方向(相当于垂直航道中心线)布设。

(三)标牌高度

根据行船视觉需要及安全航行要求,标牌下缘距地面(或驳岸)的高度为1.8米;悬臂式("F"形)标牌外缘距岸线(或驳岸线)的距离不得大于1.5米,标牌下缘距离地面(或驳岸)的最小距离为4.0米。

(四)多标牌安设

对同一地点需设置2~3块标牌的则安装于同一标杆上,但不超过3块。

苏南运河航道标牌工程从1997年年初开始设计,同年8月30日完成全线设置安装。至2005年底,全线共设置各类标牌941块(含"助航标志"中的管线标志)。其中,镇江市段共设置169块、常

州市段共设置248块(1998年新增设宣传牌36块,2005年新增设管线标牌8套)、无锡市段共设置182块、苏州市段共设置342块。设置情况见表6-5。

苏南运河航道标牌设置情况一览表　　表6-5

序号	标类	标牌名称	单位	设置数量				小计
				镇江市	常州市	无锡市	苏州市	
一	指示牌		块	112	162	111	193	578
1		指向牌(分水岛)	块			2		2
2		指向牌(三汊)	块	2	15	11	16	44
3		指向牌(四汊)	块	2	2	2	13	19
4		地点距离牌	块	3	2	2	6	13
5		地名牌(二、三字)	块	12	14	9	15	50
6		地名牌(四字)	块			4		4
7		分界牌	块	7	3	3	5	18
8		里程牌	块	86	90	78	138	392
9		宣传牌	块		36			36
二	提示牌	桥梁净高提示牌	块	30	38	39	66	173
三	专用标牌		块	27	48	32	83	190
1		下一港口(锚地)预告牌	块	5	2	4	4	15
2		管线标志(架空管线)	对	20	40	18	57	135
3		管线标志(禁止抛锚)	对	2	6	10	22	40
	合计			169	248	182	342	941

注:宣传牌、管线标,作为统计数字列入。

苏南运河交通标志全面设置完成后,1997年9月23~25日,省交通厅组织在苏南运河上进行500吨级船队试航,其中对交通标志设置,经试航及测试,认为“标志、标牌及里程牌设置基本合理、醒目、效果良好、方便航行,起到导航作用”。

1997 年 10 月 5 ~ 7 日，由严恺、梁应辰院士为顾问，刘济舟院士为组长的 12 名航运、水利和桥梁等方面资深专家组成专家评议组，对苏南运河整治工程进行了考察评议。1997 年 10 月 13 日，由省交通厅组织进行全线交工验收，均认为“航道标志标牌设置合理、醒目，满足助航、导航要求”。专家组同时认为，“标志标牌设置可为今后航道标志标牌标准化提供经验。”

苏南运河整治后经一年运行，1998 年 9 月 10 ~ 14 日，交通部质量监督总站和省交通厅质量监督站组织对苏南运河整治工程进行质量鉴定，对标志标牌作了“通航安全设施、标志标牌设置合理，满足通航要求”的检测意见。

第七章 跨河设施

京杭运河苏南段流经的苏南4市,经济发达,人烟稠密。自古以来,连接运河两岸交通有赖于舟楫渡运或建桥相通,随着社会经济的发展和人们生产生活的需要,不仅桥梁日益增多,跨越运河上空或水下的缆线、管道也大量架设。因此,对这些跨河设施的管理,更显得十分重要。

第一节 渡口

一、河湖渡口

渡运起始,渡口没有固定岸泊,也无固定舟楫。随着人类活动逐步趋于集中和城镇的兴起,港埠逐步形成,交通渡运渐次遍布城乡要津,并陆续有固定的渡口、渡船、渡工和渡运航线。见之于史料记载,苏南运河流经的市、县曾经有过的主要渡口有:

苏州市郊:胥门渡(胥门外)、九里河渡(在胥口东南的九里河)、洞庭渡(在胥湖与莫湖之间)、莫厘渡(在菱湖南阙口)、长沙渡(在胥湖北阙口黄茅山外)、管家渡(在枫桥西北)、厩里渡(在苏州入东山之处)、洋关石油仓库渡、西园寺渡。图7-1为旧时胥门外渡口。

无锡市郊:白荡圩、高桥、双河尖、盛岸浜、会龙桥(今橡胶厂处)、淘箩浜、黄埠墩、惠山浜、宝善桥、锡丰浜、生和栈、接官亭、鲫鱼咀、横浜、新福裕、内江尖、向阳渡、蓉湖楼、小尖、润丰米厂、绸缎公所、老鸦浜、洋窑上(开源厂)、河埒口、大渲、鸿桥、万顷堂、三山、大尖头、砻糠浜、杀牛作、菩提浜、羊腰湾、船厂里(南门)、乌龙潭、大窑头、石灰浜、曹旺泾、下甸桥、谈渡桥、酱园浜(大)、酱园浜(小)、黄泥埄、龙舌尖、庆丰浜等处。

图7-1 旧时胥门外渡口

常州市郊:旧县署、城隍庙、豆市河、周君义渡等30余处。

镇江市郊:京口渡(甘露港渡)、西津渡(蒜山渡、金陵渡)、石公渡、焦山渡。

丹徒县境有:丹徒渡、谏壁渡、大港渡、沙窑渡、韩桥渡、袁公义渡。

丹阳市郊:张官渡、上栅口渡、化肥厂渡、七里庙渡、练湖八队渡、邱家渡、钱丁渡、港口渡、后史甲渡、青阳铺渡、下栅口渡、大王庙渡、夏家渡、三星渡等。

中华人民共和国成立前,渡口一般是随岸设渡,渡口设施十分简陋,渡船一般为木质,大小不一,大多在5吨以下,人力操作,渡运安全成为薄弱环节。中华人民共和国成立以后,各级政府、交通主管部门十分重视水上渡运的安全,三令五申要求各地加强水上渡运安全管理。1989年各市县交通局根据江苏省交通厅的部署,与有渡口的乡镇政府签订渡口安全管理责任书,以解决大量农村渡口长期无人管理的问题。从1982~1990年,省交通厅先后共拨款1100万元,各市也投入部分资金,改善渡口设施,使一些县的渡船实现了钢质化,少数河湖渡船改用机动船。还普遍制定了渡运规则,开展了定渡口、定渡船、定渡工、定舱位、定安全责任制度的“五定”工作。2000 年,江苏省人民政府办公厅下发《关于切实加强对乡镇渡口安全工作的紧急通知》急电,要求各级政府加强对乡镇渡口安全工作的领导,并在东台市召开现场会议,普遍签订了《渡运安全责任状》,形成全省渡运安全管理省、市、县、乡、村、渡工六级责任网络,及时掌握和解决渡运中的安全问题,加快渡船更新改造,加快撤渡建桥步伐。

随着城镇建设的不断发展和水上桥梁的架设,渡口逐渐减少。根据《江苏省志 · 交通志 · 航运篇》记载,苏南运河流经的苏、锡、常、镇 4 市境内,至 1987 年,有客运渡船航线计 164 条,总运距 117 643米,平均日流量 54 990 人次。详见表 7-1。

1987 年苏南运河流经的市县客渡航线分布表 表 7-1

项目 地区	航线		
	数量(条)	运 距(米)	平均日流量(人次)
苏州市区	5	310	6 670
吴县	52	105 920	6 980
吴江县	49	5 710	10 460
无锡市区	10	2 745	14 090
无锡县	17	1 630	3 120
常州市区	8	420	9 100
武进县	11	620	4 040
丹阳市	12	288	530
合计	164	117 643	54 990

苏南运河在 1992 年大规模整治前,尚有渡口 37 处。1992 ~ 2005 年运河上撤渡或撤渡建桥的有:镇江市的张官、渡口、青阳铺、上栅口、后史甲、大王庙、夏家等 7 道渡口。常州市的连江、徐窑、奔牛叶家码头、圩墩、西涵洞、丁堰、中天钢厂、狄坂等 8 道渡口。无锡

市的双庙村、蓉湖庄、旺庄3道渡口。苏州市的红旗、十里亭、六巷、金鸡津、南港、大新、北万、同心、四亭子、杨家浜、塘东、竹家、松南、叶明、益朗、胜墩、联北、联南18道渡口。至2005年底,苏南运河尚存镇江下栅口一道渡口。详见表7-2。

1992年~2005年苏南运河全线渡口变化情况表 表7-2

渡口名称	两岸地点	渡运船质	员工人数	已撤渡或建桥时间
镇江市				
张官渡	练湖八分场	钢	1	2005.6.10
渡口渡	丹阳新港	钢	1	1992
青阳铺渡	横塘~大钱村	钢	1	2005.6.10
上栅口渡	陵口~后史甲	钢	1	2005.6.10
后史甲渡	横塘~后史甲	钢	1	2000
下栅口渡	折柳~漕塘村	钢	1	未撤
大王庙渡	运河~大王庙	钢	1	2001
夏家渡	吕城~夏家	钢	1	1997
常州市				
奔牛叶家桥渡口	左岸叶家村	钢	2	已撤渡建桥(连江人行桥)
连江桥渡口	武进炼铁厂~邹区	钢	2	
西涵洞渡口	第二自来水厂~酿酒厂	钢	2	已拆渡建桥
徐窑渡口	五零五仓库~石化厂东	钢	2	已撤渡建桥(徐窑人行桥)
丁堰渡口	丁堰镇~常州制药厂	钢	2	已拆渡建桥
圩墩渡口	遥观	钢	2	已建圩墩大桥
中天钢厂渡口	中天钢厂	钢	2	已建中天桥
狄坂渡口	狄坂村	钢	2	已建横林东大桥
无锡市				

续上表

渡口名称	两岸地点	渡运船质	员工人数	已撤渡或建桥时间
双庙村渡口	洛社双庙	木	2	撤渡
蓉湖庄渡口	市区蓉湖	钢	3	撤渡
旺庄渡口	市区旺庄	木	2	撤渡
	苏　州　市			
红旗渡口	长桥乡下田一队	钢	1	1991.3
十里亭渡口	长青乡民主村	木	2	1991.1
六巷渡口	长青乡民主村	木	1	1991.5
金鸡津渡口	通安乡新合村	木	2	1991.3
南港渡口	苏州市	木	2	1991.8
大新渡口	长青乡民主村	钢	1	1991.1
北万渡口	河东 ~ 河西	钢	1	1994.5.8
同心渡口	同心村 ~ 溪东村	木	1	1995.5.9
四亭子渡口	坝男村 ~ 谭丘村	木	1	1994.4.4
杨家浜渡口	胡店村	木	1	1993.6
塘东渡口		钢	1	撤渡
竹家渡口		钢	1	撤渡
松南渡口	松南村	钢	1	2000 年 7 月撤渡
叶明渡口	同里叶明	钢	1	撤渡
益朗渡口	八坼益朗	钢	1	撤渡
胜墩渡口	八坼新营	钢	1	撤渡
联北渡口	平望联北	钢	1	撤渡
联南渡口	联南	钢	1	2000 年 10 月撤渡

二、长江镇扬渡口

该渡是直接连接京杭运河苏南段与苏北段唯一的过江渡口,位于扬州市瓜洲镇古京杭运河口与镇江市鲇鱼套之间。轮渡码头隔江斜对,相距3.9公里,江面宽度常水位时1.5公里,洪水位时2公里,枯水位时1.2公里。

镇江历史上就有通江古渡,清同治十一年(1872)四月创建的镇江江船义渡局正式成立,共设帆桨大渡船10艘。光绪五年(1879),义渡局从镇江扩大到三江营、荷花池、天福州夹江各渡,木质渡船增加到20艘。

民国13年(1924)镇江、仪征、扬州3地的5个商会发起集资创办普济轮渡局,以"普济号"渡轮1艘,航行于镇江至六圩、瓜洲、仪征之间,以后又有镇江、六圩专线轮渡的开航,并成为大江南北主要通道之一,直至20世纪70年代以后,因公路运输的迅速发展,才逐步衰落。

1977年镇扬汽车轮渡开始兴建,1978年6月1日建成通航。工程包括对江两个汽车渡运码头及附属设施和接线公路。汽渡一次航行时间仅25分钟左右,镇扬之间汽车过江,较之绕道南京长江大桥缩短行程200公里。1986年,日均渡车量已达2 000辆次、日渡旅客2万余人。2005年4月30日润扬长江公路大桥建成通车后,镇扬汽渡仍继续通航,长江镇扬段保持以桥为主、以渡为辅的两个过江通道同时运行的局面。

三、古渡简介

(一)西津渡

西津渡是连接京杭运河镇江、瓜洲间的古渡,古称西渚。因渡口在蒜山(今称云台山)北侧,三国时亦称蒜山渡。唐代,名金陵渡。元《至顺镇江志》把它列为镇江诸渡之首,一是指其形成最早,一是指其地位的重要和渡运的繁忙。自公元前486年邗沟开通后，京口已是“吴人入淮之要道”，这时西津渡不仅江岸稳定，且有江中孤岛金山可作渡运中途避风锚地，是较好的渡口选址。西汉景帝五年（前152）吴王刘濞兵败南逃，就有数千人经此渡口逃到丹徒。东汉末年，中原战乱迭起，北方人民大量南迁，从广陵渡江的难民就有十多万户。西晋末年，规模空前的“永嘉南渡”，从广陵渡江至京口的人数更达数十万人之多。东晋隆安五年（401），孙恩率领义军十万，楼船千艘，由海入江直抵京口“鼓噪登蒜山”，就是为了控制这一渡口以围攻建康，这也充分反映了当时西津渡的重要地位。唐宋以后渡运规模日益扩大，并出现了“官渡”与民间渡运并存的局面。至清代中叶，西津渡既有待渡亭可避风雨，又有石阶码头便利渡客上下。但至道光以后，长江主泓北移，南岸淤涨严重，金山已与陆地相连，西津渡亦远离江岸而成陆地，故址已成遗迹。图7-2为反映西津渡的画作。

图7-2 西津晓渡 清·周镐绘

（二）张官渡

张官渡位于丹阳市练湖农场7队与大泊乡瓜渚村之间古运河

上。该渡口早在明代已设渡,抗战期间曾是苏南及茅山根据地连接苏北新四军的重要通道,它接待和护送过陈毅、粟裕、谭震林等新四军名将,运送过军用物资,传递过重要情报,为抗日战争立下汗马功劳。现仍存石级码头2座。该渡由当地行政村经营,有木质渡船1艘,载重1.3吨,载客定额6人,渡工1人。2005年6月撤渡。

(三)上栅口渡

上栅口渡位于丹阳市陵口乡三角村与西黄村之间运河上。该渡口是丹阳市古渡之一。

抗日战争期间,京杭运河陵口中山桥与吕城大桥都有日军岗哨,封锁过河通道。上栅口地处陵口与吕城两镇之间,是当时抗日军民地下交通要道。新四军挺进江南时,陈毅司令员曾多次乘坐上栅口渡船,往来于延陵、访仙桥等革命根据地,指挥苏南地区的抗日游击战争。该渡口由当地行政村经营,原有木质渡船1艘,载重3吨,载客定额12人,渡工1人。2005年6月撤渡。

(四)乌龙潭渡

乌龙潭渡位于无锡市南门外大窑路与南长街之间的古运河上。设渡年月不详,据媒体调查当地八九十岁老人,"在他们小时候上学,就是乘渡船摆渡过河到学校"的回忆推断,乌龙潭渡是无锡市区现在仅存的一道百年左右的古渡。

乌龙潭渡由大窑路社区管委会管理,有钢质渡船1艘,渡工2人轮流半天班摇橹摆渡,核定载客16人。渡运时间,夏季早6点至晚6点,冬季早6点至晚5点半。渡资每人每渡次0.3元,自行车0.2元,电动车0.3元。

乌龙潭渡口曾多次考虑撤渡,但鉴于乌龙潭渡口设在三面环水的大窑路中段,社区2 000多户、6 000多居民出行全赖此渡,摆渡过河就可到南长街,上菜场、乘公交车、到医院都很便捷,故一直未撤。更重要的是无锡古运河南长街河段,沿河有南禅寺、妙光塔、清名桥,

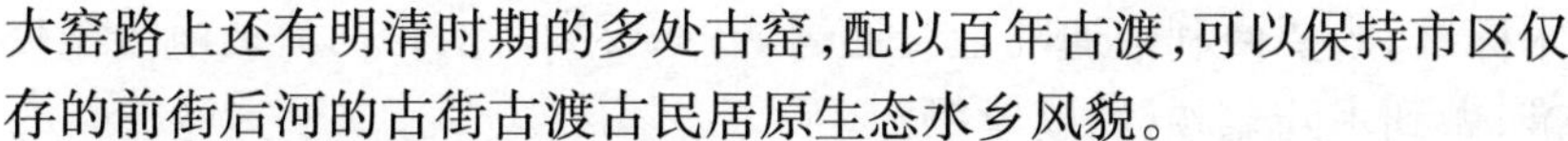

大窑路上还有明清时期的多处古窑，配以百年古渡，可以保持市区仅存的前街后河的古街古渡古民居原生态水乡风貌。

四、古代津渡的救生组织

水上救生会是带有慈善性质的海难救助组织，有时官办，有时民办或民办公助，历经数百年，发挥了良好的作用。

京口救生会是一个以民办为主的水上救生组织，也是世界上最早建立的海事救生组织。明末兴化士绅李长科悯风涛溺人之险，在玉山下建避风馆供江上往来旅客憩歇待渡，又募造救生渡船 10 艘，遇风大浪急即出巡以拯溺者，并给予奖赏。清初，金山寺僧和邑中士绅在金山脚下设置救生船，船体为鲜红色，船头雕刻有虎头，起锚救助时，敲大铜锣警示。康熙四十二年(1703)邑绅蒋元鼐、朱用载等 15 人，倡议“邑中输钱，救涉江覆舟者”，并在西津渡观音阁成立京口救生会，规定抢救遇难船只救活一人赏银一两，对被救人员无家可归者在会中留养，有家者贴补路费助其返乡，对遇难者打捞沉尸置棺装殓，葬于牌湾义冢。这一善举在镇江得到广泛支持，康熙帝玄烨并饬立碑于金山寺以示表彰。京口救生会后又分设焦山救生会、瓜洲救生会，分工负责及时巡江抢救遇险船只。蒋氏等创始人的这一义举，相传 7 代，历经 100 余年，延续不断，直至 1936 年尚有红船 7 艘。

清光绪十四年(1888)，江阴、靖江两县绅商亦有鉴于江上风涛之险，联合筹资在黄田港设置救生义渡局，先后添置红船 4 艘、舢舨 1 艘专司江上海难救助工作。红船救生成为长江中下游民间水上救助工作的一项特有标志，并取得广泛认同和良好效果。

第二节 桥 梁

桥梁是架在水上便于通行的建筑物，是人们出行和货物运输的重要交通设施。架设在通航河流上的桥梁，有一定的建设要求和技术标准，既要便利沟通陆上交通运输，又要满足所跨河流通航等级标准，做到水陆兼顾，路航皆畅。

京杭运河苏南段流经的区域，河流密布，桥梁众多。不少古桥，尤其是石拱桥，历史久远，气势雄伟。诸如苏州宝带桥、枫桥、吴门桥，无锡清名桥，常州新桥，丹阳通泰桥、开泰桥，镇江虎踞桥等，至今仍享誉中外。

古近代苏南农村桥梁以木桥为主，一些石拱桥束水严重，不利航行。明万历六年(1578)巡江御史林应训疏请大挑丹阳丹徒河，“阅视夹冈河工，始知由于丹徒石桥阻扼，故运船不能起桅出江”，“乃于丹阳以北，凡有石桥，俱易木质，改为天关，可便抽拽，运船一过丹阳，距江百里，即竖大桅，有风便渡。”1964 年，无锡县交通局桥梁工程队借鉴古代石拱桥和墓道坟圈拱波结构原理，创建了双曲拱桥，较快地改建、新建了一大批农桥和公路桥。其后，随着高等级公路的兴建和京杭运河苏南段等干线航道的整治，苏南桥梁建设进入了一个新的发展时期。

一、运河全面整治前后的跨河桥梁

据江苏省大运河工程指挥部编印的《江苏省大运河工程手册》记载，1960 年 3 月，京杭运河江苏段跨越运河桥梁有 66 座。其中，苏南段有桥梁 57 座(铁路桥 1 座、公路桥 13 座、闸桥 1 座、人行桥 42 座)。苏南段桥梁中，铁路桥为永久式；公路桥除 4 座系临时木桥或半永久式桥外，其余为永久式；人行桥有 27 座系石拱桥，尚属完整，3 座永久式桥梁，另有 2 座倒塌拆除；余均为木架木面或石台木面桥。老石拱桥坡度很陡，不便通行车辆。当时调查意见：这些桥梁下净空均不能满足航运的要求，除航道改线，不经老运河上的桥梁仍保留维持交通外，其余均需拆除分期建桥或先设渡口维持水陆交通。1960 年调查时的桥梁情况见表 7-3。

1960 年 3 月京杭运河苏南段原有桥梁调查表

表 7-3

专区(市)	县	乡镇	原有桥梁									说明
			桥名	距谏壁口(公里)	孔数	最大孔跨径(米)	全长(米)	洪水位(米)		人行或通车	建筑类型	
								净高	水深			
镇江专区	丹徒		永宁桥	0.75	1	10	25.8	6.9	3.2	人行	石拱	苏南桥梁里程指距丹徒口起算改从谏壁进口
		谏壁闸	丹徒闸桥	0.9	1	5.4	32	5.1	4.2	汽车	混凝土桥	
			靳公桥	11.86	1	8.9	41.9	0.3	4.7	人行	石拱	
	丹阳县		新丰铁路桥	16.77	5	16.7	66.5	7.7	4.5	火车	水泥与钢架木面	改走北面新线老桥保留不拆
		城区	西门桥	26.04	1	6.0	34.7	5.1	4.0	汽车	石台混凝土桥	
		城区	大南门桥	27.0	1	8.0	29.8	6.8	4.2	人行	石台木面	
		城区	开泰桥(南门)	28.1	1	11.2	30.0	6.4	4.1	人行	石拱桥	
		城区	迎春桥(东门)	29.03	1	5.8	38.2	6.7	4.2	人行	石台水泥面桥	
		城区	尹公桥(东门)	29.7	1	9.5	39.2	5.1	4.5	汽车	石台水泥面桥	
		陵口	中山桥	38.66	3	13.6	36.0	6.1	4.5	人行	石台水泥面桥	
		吕城	泰定桥	48.2	1	11.6	37.4	6.7	4.4	人行	石拱	

续上表

专区(市)	县	乡镇	原有桥梁									说明
			桥名	距谏壁口(公里)	孔数	最大孔跨径(米)	全长(米)	洪水位(米)		人行或通车	建筑类型	
								净高	水深			
常州市	武进	奔牛	天禧桥	56.5	1	7.4	38.8	6.8	4.7	人行	石拱	
		市区	西仓桥	68.9	3	19	46	5.4	4.2	人行	石拱	常州改线走南郊，原桥保留不拆
		市区	怀德桥	70.4	3	8	34.2	3.7	5.0	汽车	水泥台墩木面桥	
		市区	新桥	71.2	3	11.2	43.8	5.1	5.0	人行	石拱	
		市区	广化桥	72	1	10.4	27.0	3.6	5.5	汽车	石台混凝土面桥	
		市区	同济桥	74.8	1	9.5	30.0	3.7	4.8	汽车	石台混凝土面桥	
		市区	东仓桥	75.91	1	10.4	35.2	6.1	4.4	人行	石拱	
		市区	白家桥	77.44	1	9.9	47.0	5.1	5.4	人行	石拱	
	武进	戚墅堰	惠济桥	85.99	1	10.0	50.2	7.2	4.8	人行	石拱	
		横林	横林桥	90.01	1	9.5	28.7	6.1	4.8	人行	石拱	
无锡市	无锡县	洛社	洛社桥	99.75	1	7.7	45.2	6.0	3.9	人行	石拱	无锡改走南郊，原桥不拆除
		市内	吴桥	111.41	3	27.1	81.6	4.9	真高4.7	汽车	钢桁架桥	
		市内	莲蓉桥	115.21	2	9.0	17.4	3.5	真高4.7	人行	永久	

续上表

专区(市)	县	乡镇	原有桥梁									说明
			桥名	距谏壁口(公里)	孔数	最大孔跨径(米)	全长(米)	洪水位(米)		人行或通车	建筑类型	
								净高	水深			
无锡市		市内	通汇桥	113.43	5	9.2	25.9	3.5	4.7	人行	永久	无锡改走南郊,原桥不拆除
		市内	工运桥	113.89	3	11.4	41.9	3.5	4.7	汽车	永久	
		市内	亭子桥	115.04	1	8.8	11.5	3.22	4.7	汽车	永久	
		市内	跨塘桥	117.16	1	11.0	12.65	3.10	4.7	汽车	永久	
		市内	大公桥	117.73	3	10.15	27.9	3.17	4.7	人行	永久	
		市内	清名桥	118.03	1	12.1	48.0	6.55	4.7	人行	永久	
苏州专区	吴县	望亭	北望亭桥	131.01	1	13.7	48.4	7.3	4.6	人行	石拱	
		望亭	南望亭桥	132.71	1	12.4	48.0	6.3	4.7	人行	石拱	
		浒关	北津桥	139.87	1	11.4	34.9	5.7	4.3	人行	石拱	
		浒关	南津桥	140.31	1	11.1	34.0	5.7	4.2	人行	石拱	
		浒关	兴贤桥	141.32	1	12.9	56.4	6.5	5.7	汽车	石拱	
苏州市		市区	枫桥	149.50	5	10.0	38.0	3.5	4.0	人行	木架木面桥	
		市区	高板桥	150.36	1	10.0	40.6	5.0	4.2	人行	石拱	

续上表

专区(市)	县	乡镇	原有桥梁									说明
			桥名	距谏壁口（公里）	孔数	最大孔跨径（米）	全长（米）	洪水位（米）		人行或通车	建筑类型	
								净高	水深			
苏州市		市区	枣市桥	155.65	3	10.9	44.9	4.9	4.9	人行	石拱	
		市区	泰让桥	156.9	1	10.5	12.9	3.4	4.4	汽车	混凝土桥	
		市区	日辉桥	157.0	1	10.4	40.0	4.8	4.3	人行	石拱	已拆除
		市区	吴门桥	158.4	1	14.3	56.1	7.6	4.4	人行	石拱	
		市区	人民桥	159.7	5	8.3	43.5	3.6	3.4	汽车	混凝土桥	
		市区	觅渡桥	161.08	1	19.0	71.4	6.8	4.4	人行	石拱	
苏州专区	吴县		尹山桥	167.21	1	13.1	55.6	7.1	4.1	人行	石拱	
		城外	夹浦桥	171.77	1	13.5				人行	石拱	已拆除
		城外	三里桥	175.09	1	14.9	55.9	8.0	4.0	人行	石拱	
		八坼	复兴桥	185.57	7	7.6	39.5	2.5	4.4	人行	木桥	

续上表

专区(市)	县	乡镇	原有桥梁								说明
			桥名	距谏壁口(公里)	孔数	最大孔跨径(米)	全长(米)	洪水位(米) 净高	洪水位(米) 水深	人行或通车	建筑类型	
苏州专区	吴县	平望	北大桥	196.05	1	13.5	34.9	5.5	3.9	人行	石拱	
		平望	通运桥	196.26	1	13.2	14.9	2.4	4.0	人行	石台木面	平望改走北郊,原桥不拆除
		平望	通安桥	196.39	1	12.0	37.1	(梁底真高)	10.0	人行	石拱	
		平望	安德桥	196.50	1	14.3	49.4		11.0	人行	石拱	
		平望	五大港桥	197.25	5	9.8	32.1	2.9	4.1	汽车	木架木面	
			梅堰桥	202.5	3	12	24	3.3	4.7	人行	石台木架木面	
			柳塘桥	210.17	1	11.3	32.6	3.5	4.1	人行	石台混凝土面	
			东新桥	212.65	5	6.0	33.6	2.8	5.5	人行	木面木架	
			中新桥	212.88	3	11.4	36.7	2.9	5.4	人行	洋灰桥	
			西新桥	213.70	5	7.4	34.5	2.8	5.4	人行	木梁木面	

中华人民共和国成立后，苏南运河多次进行局部整治。1983 年至 1992 年先行对无锡、常州、苏州市河段和丹阳陵口段共约 52 公里按四级航道标准进行了重点整治。1992 年至 1997 年又对余下的 156 公里航道进行了全面整治，按四级航道标准改建、新建桥梁 45 座，其中，镇江段 6 座：辛丰公路桥、辛丰人行桥、吕城公路桥、吕城新泰定人行桥、丹阳人民桥、丹阳化肥厂管道桥；常州段 14 座（内市区有 3 座）：九里桥、奔牛大桥、天禧人行桥、奔牛东桥、五星桥、怀德桥、广化桥、同济桥、政成桥、工农桥、戚墅堰桥、惠济桥、横林大桥、横林东桥；无锡段 13 座：向化二桥、向化一桥、洛社大桥、东方红桥、石塘湾桥、煤石桥、高桥、吴桥、新虹桥、新安北桥、新安南桥、硕放大桥、五七桥；苏州段 12 座：工农桥、灰管桥、望亭桥、北津桥、浒关桥、南津桥、兴贤桥、何山大桥、尹山大桥、云梨桥、运河大桥、坛丘大桥。

改建新建的桥梁，在桥梁荷载、桥下通航净空、车行道等标准和桥型方面做了精心研究设计。根据桥梁所处地理位置和用途不同，大体分成 4 种不同荷载标准：城市桥梁，按城市道路规范规定标准；公路桥梁，按汽-20、挂-100，人群荷载 3.5 千牛/平方米标准；机耕桥，按汽-10 标准；人行桥，按 3.2 千牛/平方米标准。通航净宽为 B≥50米，净高在最高通航水位时 H≥7 米。在桥型选择上，既要满足通航净空 50×7 米标准（常州市区为 50×6 米标准），又要减少征地拆迁，引道尽可能短并利用老路，较多的选用下承式的桥面结构高度较薄的桥型，并兼顾苏南古城古镇风貌，选用了预应力钢筋混凝土系杆拱等 10 种桥型。

根据镇、常、锡、苏 4 市航道处的《临跨河设施档案登记表》和江苏省交通规划设计院《苏南运河三级航道整治工程可行性研究报告》资料记载，到 2005 年，在 208 公里长的苏南运河上，共有各种桥梁 105 座（公路桥 89 座、铁路桥 3 座、人行桥 12 座、闸桥 1 座）。桥梁相隔密度在我国内河航道中居于前列。桥梁结构博采众长，桥型千姿百态,在设计上既结合各地人文历史传统和现代化理念,又吸收和应用古今中外造桥技术和新材料、新工艺,既保证了通航安全,又形成沿线桥梁一桥一景的亮丽和谐风景线。

(一)镇江段

在镇江段42.6公里航道上,现共有跨河桥梁17座。大规模整治前,镇江段只有8座桥梁,标准都很低。在运河整治中,陆续改建、新建桥梁12座,全部达到四级航道标准,并充分考虑地方政府对城镇建设和路网建设的规划要求,使新建桥梁与之相匹配。

1. 镇澄公路桥

位于苏南运河1公里+30米处,西接镇江市,东连谏壁、大港,沟通镇江市区与苏南东部地区,建于1980年,属镇江市公路管理处管辖。

桥梁结构类型为简支梁桥,跨径25.00米,4孔,通航净高7.00米,净宽20.00米+23.00米,桥梁轴线与航道中心线正交。

2. 谏壁船闸工作桥

位于苏南运河1公里+233米处,临近船闸上闸首,系船闸工作桥,建于1980年12月。2000年建谏壁二线船闸时拆除,移建于一、二线船闸闸室中部,并跨越一、二线船闸,桥梁为钢结构,桥面净宽3.00米,通航净宽20.00米+23.00米,净高7.00米,属谏壁船闸管辖。

3. 镇大公路桥(越河桥)

位于苏南运河2公里+988米处,西接镇江丁卯开发区,东连镇江大港,沟通大港深水港口。建于1997年,属镇江市公路管理处管辖。

桥梁结构类型为钢筋混凝土系杆拱桥,跨径71.96米,3孔,通航净高7.00米,净宽70.00米,桥梁轴线与航道中心线正交。

4. 镇大铁路桥

位于苏南运河3公里+77米处,西接镇江市丁卯开发区,东连镇江大港,沟通镇江铁路新货场到大港深水港,建于1995年,属上海铁路局管辖。图7-3为镇大铁路桥和公路桥。

图7-3　镇大铁路桥和公路桥

桥梁结构类型为钢桁桥,4孔,跨径66.70米,通航净高7.00米,净宽64.70米,桥梁轴线与航道中心线正交。

5. 沿江公路桥

位于苏南运河5公里+135米处,西接沪宁高速、镇江市区,东连镇江市大港,建于1995年,属镇江市公路管理处管辖。

桥梁结构类型为钢筋混凝土连续箱梁,跨径76.00米,通航净高7.00米,净宽74.50米,桥梁轴线与航道中心线正交。

6. 辛丰公路桥

位于苏南运河7公里+972米处,西接辛丰,东连镇江市,沟通两岸城镇,建于1995年,属镇江市丹徒区公路管理处管辖。

桥梁结构类型为钢筋混凝土中承拱桥,4孔,跨径73.10米,通航净高7.00米,净宽50.00米,桥梁轴线与航道中心线正交。

7. 辛丰人行桥

位于苏南运河8公里+635米处,西接辛丰村,东连新桥村,沟通两岸集镇,建于1996年,属镇江市丹徒区公路管理处管辖。

桥梁结构类型为钢筋混凝土中承拱桥,3孔,跨径73.00米,通航净高7.00米,净宽50.00米,桥梁轴线与航道中心线正交。

8. 沪宁铁路桥

位于苏南运河13公里+400米处，西接南京，东连上海，沪宁铁路在此穿越。建于1971年，属上海铁路局管辖。

桥梁结构类型为钢桁架，4孔，跨径55.00米，通航净高7.00米，净宽52.50米，桥梁轴线的法线与航道中心线夹角为3度。

9. 高速公路桥

位于苏南运河17公里+50米处，西接南京，东连上海，沟通苏南各市，建于1996年，属高速公路镇江管理处管辖。

桥梁结构类型为钢筋混凝土连续梁桥，跨径72.65米，通航净高7.00米，净宽50.00米，桥梁轴线的法线与航道中心线夹角为20度。

10. 北二环公路桥

位于苏南运河20公里+500米处，西接312国道，东连葛丹公路，沟通312国道沿线城市与丹阳的联系，建于1996年，属丹阳市公路管理处管辖。

桥梁结构类型为钢筋混凝土中承拱桥，单孔，跨径73.00米，通航净高7.00米，净宽50.00米，桥梁轴线与航道中心线正交。

11. 人民公路大桥

位于苏南运河22公里+200米处，西接丹阳市区，东连丹阳市开发区，建于1994年，属丹阳市人民政府管辖。

桥梁结构类型为钢管系杆拱桥，3孔，跨径67.75米，通航净高7.00米，净宽55.00米，桥梁轴线与航道中心线正交。

12. 云阳公路桥

位于苏南运河22公里+850米处，西接丹阳市区，东连丹阳市开发区，沟通丹阳市区运河两岸，建于1992年，属丹阳市人民政府管辖。

桥梁结构类型为系杆拱桥，3孔，跨径70.00米，通航净高7.00米，净宽55.00米，桥梁轴线与航道中心线正交。

13. 南二环公路桥

位于苏南运河24公里+500米处，西通南京，东连界牌，沟通丹阳与相邻城市的联系,建于2001年,属丹阳市公路管理处管辖。

桥梁结构类型为钢管系杆拱桥,3孔,跨径67.00米,通航净高7.00米,净宽65.00米,桥梁轴线与航道中心线正交。

14. 陵口人行桥

位于苏南运河31公里+274米处,南接陵口,北连横塘,沟通两岸集镇,建于1991年,属丹阳市陵口镇人民政府管辖。

桥梁结构类型为上承式拱桥,单孔,跨径54.00米,通航净高7.00米,净宽50.00米,桥梁轴线与航道中心线正交。

15. 陵口公路桥

位于苏南运河31公里+952米处,南接陵口,北连横塘,沟通两岸城镇,建于1991年,属丹阳市公路管理处管辖。

桥梁结构类型为连续刚构桥,3孔,跨径54.02米,通航净高7.00米,净宽50.00米,桥梁轴线的法线与航道中心线夹角为3.5度。

16. 吕城公路桥

位于苏南运河40公里+340米处,南接312国道,北连吕城,沟通集镇两岸与312国道沿线城镇的联系,建于1993年,属丹阳市公路管理处管辖。

桥梁结构类型为钢筋混凝土系杆拱桥,单孔,跨径61.72米,通航净高7.00米,净宽50.00米,桥梁轴线与航道中心线正交。

17. 吕城新泰定人行桥

位于苏南运河40公里+940米处,南接吕城南镇,北连吕城北镇,沟通吕城镇两岸,建于1994年,属丹阳市吕城镇人民政府管辖。

桥梁结构类型为钢筋混凝土中承式拱桥,单孔,跨径65.00米,通航净高7.00米,净宽50.00米,桥梁轴线与航道中心线正交。

(二)常州段

在常州段44.5公里航道上,现共有跨河桥梁24座。

1. 九里桥

位于苏南运河45公里+950米处,连接运河两岸的乡村公路,建于 1995 年 12 月,属常州市九里镇人民政府管辖。

桥梁结构类型为预应力混凝土豪氏桁架拱桥,跨径 55.00 米,单孔,通航净高 7.00 米,净宽 50.00 米。桥梁轴线与航道中心线正交。

2. 奔牛大桥

位于苏南运河 48 公里 +440 米处,南连奔卜一级公路,北通新机场路及沪宁高速公路,建于 1995 年 10 月,属常州市公路管理处管辖。

桥梁结构类型为预应力混凝土系杆拱桥,跨径 51.60 米,单孔,通航净高 7.00 米,净宽 50.00 米。桥梁轴线与航道中心线正交。

3. 天禧人行桥

位于苏南运河 49 公里 +400 米处,沟通奔牛镇运河南北镇区,建于 1997 年 5 月,属常州市奔牛镇人民政府管辖。

桥梁结构类型为预应力混凝土豪氏桁架结构,跨径 65.00 米,单孔,通航净高 7.00 米,净宽 50.00 米。桥梁轴线的法线与航道中心线夹角为 7.4 度。

4. 金牛大桥

位于苏南运河 50 公里 +800 米处,连接运河奔牛镇两岸的镇区公路,建于 1996 年 12 月,属常州市奔牛镇人民政府管辖。

桥梁结构类型为单悬臂上承式拱梁加挂梁结构,跨径 80.00 米,单孔,通航净高 7.00 米,净宽 50.00 米。桥梁轴线与航道中心线正交。

5. 叶家码头大桥

位于苏南运河 52 公里 +420 米处的奔牛镇叶家码头,沟通运河两岸,是撤渡改桥的新建桥梁,建成于 2004 年,属常州市奔牛镇政府管辖。

桥梁结构类型为系杆拱桥,跨径 71.92 米,单孔,通航净高 7.00 米,净宽 69.00 米。桥梁轴线的法线与航道中心线夹角为 2.5 度。

6. 连江人行桥

位于苏南运河 55 公里 +520 米处,沟通运河南北的北港、吕墅等乡镇,系撤渡建桥新建桥梁,建于2002年,属常州市北港乡人民政府管辖。

桥梁结构类型为钢桁架梁结构,跨径65.00米,单孔,通航净高7.00米,净宽50.00米。桥梁轴线与航道中心线成正交。

7.新闸枢纽人行桥

位于苏南运河56公里+470米处,是新闸水利枢纽内部专用工作便桥,建于2002年11月,属常州市水利局管辖。

桥梁结构类型为下承式系杆拱钢结构,跨径64.00米,单孔,通航净高7.12米,净宽60.00米。桥梁轴线与航道中心线成正交。

8.五星大桥

位于苏南运河60公里+750米处,南通312国道,北达新机场路和外环路,建于1997年10月,属常州市市政管理处管辖。

桥梁结构类型为单塔钢索斜拉桥,跨径54.00米,单孔,通航净高6.00米,净宽50.00米,桥梁轴线与航道中心线成正交。

9.西仓人行桥

位于苏南运河63公里+300米处,是常州市区运河两岸居民的出行通道,建于1984年10月,属常州市市政管理处管辖。

桥梁结构类型为贝雷钢架桥,跨径30.00米,3孔,通航净高6.00米,净宽28.50米。桥梁轴线与航道中心线成正交。

10.怀德桥(见图7-4)

位于苏南运河64公里+200米处,沟通常州市区各主要干道,建于1998年12月,属常州市市政管理处管辖。

桥梁结构类型为中承式钢管混凝土结构,跨径60.00米,单孔,通航净高6.00米,净宽50.00米。桥梁轴线的法线与航道中心线夹角为5.4度。

11.广化桥

位于苏南运河65公里+300米处,沟通常州市区各主要干道,建于1999年10月,属常州市市政管理处管辖。

图 7-4 常州怀德桥

桥梁结构类型为 V 墩连续梁组合结构公路桥,跨径 54.00 米,单孔,通航净高 6.00 米,净宽 50.00 米。桥梁轴线的法线与航道中心线夹角为 20.3 度。

12. 同安桥

位于苏南运河 66 公里 +280 米处,是常州市南北往来的重要通道,建于 1993 年 3 月,属常州市市政管理处管辖。

桥梁结构类型为钢筋混凝土桁架拱结构,跨径 50.00 米,单孔,通航净高 6.00 米,净宽 37.00 米。桥梁轴线的法线与航道中心线夹角为 14.9 度。

13. 同济桥

位于苏南运河 66 公里 +820 米处,沟通常州市区各主要干道,建于 1994 年 6 月,属常州市市政管理处管辖。

桥梁结构类型为混凝土连续箱梁公路桥结构,跨径 48.00 米,单孔,通航净高 6.00 米,净宽 47.00 米。桥梁轴线的法线与航道中心线夹角为 8.4 度。

14. 朝阳桥

位于苏南运河 68 公里 +910 米处,南接丽华路与 312 国道相通,北接市区主干道延陵东路,建于1990年6月,属常州市市政管理处管辖。

桥梁结构类型为混凝土变截面连续梁公路桥结构,跨径31.00米,3孔,通航净高6.00米,净宽29.50米。桥梁轴线的法线与航道中心线夹角为3.5度。

15.政成桥

位于苏南运河70公里+150米处,南接312国道,北接青洋路并与常戚公路相通,建于1985年10月,属常州市市政管理处管辖。

桥梁结构类型为混凝土桁架拱结构公路桥,跨径50.00米,单孔,通航净高6.00米,净宽30.00米。桥梁轴线的法线与航道中心线夹角为0.8度。

16.徐窑人行桥

位于苏南运河73公里+800米处,沟通运河南北的雕庄镇、丁堰镇,建于2002年,属常州市雕庄镇人民政府管辖。

桥梁结构类型为钢桁架结构,跨径52.00米,单孔,通航净高7.00米,净宽50.00米。桥梁轴线的法线与航道中心线夹角为2度。

17.工农桥

位于苏南运河75公里+850米处,沟通戚墅堰区、丁堰镇南北交通,建于1994年12月,属常州市戚墅堰区人民政府管辖。

桥梁结构类型为混凝土豪氏桁架人行桥结构,跨径56.00米,单孔,通航净高7.00米,净宽51.40米。桥梁轴线的法线与航道中心线夹角为1.7度。

18.戚墅堰大桥(卫东桥)

位于苏南运河78公里+10米处,南通312国道,北接戚月线、沪宁高速公路,建于1997年6月,属常州市戚墅堰区人民政府管辖。

桥梁结构类型为预应力混凝土系杆拱公路桥结构,跨径54.00米,3孔,通航净高7.00米,净宽50.00米。桥梁轴线的法线与航道中心线夹角为10.6度。

19. 惠济桥

位于苏南运河78公里+900米处，是戚墅堰区运河南北两岸居民的来往通道，建于1991年12月，属常州市戚墅堰区人民政府管辖。

桥梁结构类型为下承式系杆拱结构，跨径51.00米，单孔，通航净高7.00米，净宽49.40米。桥梁轴线的法线与航道中心线夹角为11.5度。

20. 常澄高速公路大桥

位于苏南运河78公里+900米处，戚墅堰区东侧，该桥西半幅为常州大外环路桥梁，东半幅为常澄高速公路桥梁，均可沟通312国道和沪宁高速公路，建于2003年12月，属常州市高速公路指挥部管辖。

桥梁结构类型为双塔斜拉结构，跨径120.00米，单孔，通航净高9.19米，净宽89.00米。桥梁轴线与航道中心线夹角为77.4度。

21. 中天钢厂大桥

位于苏南运河80公里+385.6米处，是中天钢铁集团有限公司沟通运河南北厂区的专用轻型汽车和人行通道，建于2003年，属中天钢铁集团有限公司管辖。

桥梁结构类型为钢管桁架梁结构，跨径63.00米，单孔，通航净高8.60米，净宽50.00米。桥梁轴线与航道中心线成正交。

22. 横林公路大桥

位于苏南运河82公里+280米处，桥南为镇区并与312国道相接，桥北与周边乡镇公路相通，建于1997年8月，属常州市横林镇人民政府管辖。

桥梁结构类型为预应力混凝土中承式系杆拱结构，跨径73.00米，单孔，通航净高7.00米，净宽50.00米，桥梁轴线的法线与航道中心线夹角为2.1度。

23. 横林东桥（人行桥）

位于苏南运河 82 公里 +700 米处,是横林镇区居民过往通道,建于 1994 年 11 月,属常州市横林镇人民政府管辖。

桥梁结构类型为预应力下承式 T 构斜拉结构,跨径 60.00 米,单孔,通航净高 7.00 米,净宽 54.60 米,桥梁轴线的法线与航道中心线夹角为 11 度。

24. 横林新桥(公路桥)

位于苏南运河 84 公里 +800 米处,南与 312 国道相接,北与周边乡镇公路相通,建于 2004 年 12 月,属常州市横林镇人民政府管辖。

桥梁结构类型为预应力混凝土下承式系杆拱结构,跨径71.60 米,通航净高 7.00 米,净宽 69.40 米。桥梁轴线的法线与航道中心线夹角为 0.5 度。

(三)无锡段

在无锡段 39.24 公里航道上,现有跨河桥梁 26 座。

1. 向化一号桥

位于苏南运河 90 公里 +870 米处,系厂区管道桥梁。建于 1995 年 10 月,属江苏新苑集团公司管辖。

桥梁结构类型为平行钢桁架梁结构,跨径 56.00 米,3 孔,主孔通航净高 7.00 米,净宽 50.00 米,桥梁轴线与航道中心线成正交。

2. 向化二号桥

位于苏南运河 91 公里 +400 米处,北连沪宁高速公路,南通洛社镇区。建于 1995 年 11 月,属无锡市惠山区交通局管辖。

桥梁结构类型为斜拉桁架悬臂梁结构,跨径 55.00 米,8 孔,主孔通航净高 7.00 米,净宽 50.00 米。桥梁轴线的法线与航道中心线夹角 4.8 度。

3. 洛社大桥

位于苏南运河 92 公里 +350 米处,南连 312 国道,北接沪宁铁路洛社火车站,是洛社镇区跨苏南运河的主要通道。建于 1997 年 4

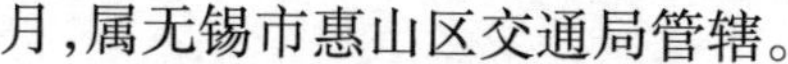

月，属无锡市惠山区交通局管辖。

桥梁结构类型为下承式系杆拱结构，跨径 72.00 米，10 孔，主孔通航净高 7.00 米，净宽 50.00 米。桥梁轴线的法线与航道中心线夹角 17.3 度。

4. 东方红桥

位于苏南运河 92 公里 +970 米处，南连洛社街市，北接沪宁高速公路洛社道口。建于 1995 年 12 月，属无锡市惠山区交通局管辖。

桥梁结构类型为下承式系杆拱结构，跨径 57.60 米，10 孔，主孔通航净高 7.00 米，净宽 50.00 米，双向 4 车道。桥梁轴线的法线与航道中心线夹角 5 度。

5. 新长铁路桥

位于苏南运河 94 公里 +50 米处，为江苏新沂市至浙江长兴市铁路专线上的一座特大桥。建于 1999 年 8 月，属新长铁路有限责任公司管辖。

桥梁结构类型为钢桁架结构，主跨径 91.00 米，通航净高 8.00 米，8 孔，主孔净宽 87.00 米。桥梁轴线的法线与航道中心线夹角 30 度。

6. 石塘湾桥

位于苏南运河 95 公里 +290 米处，建于 1997 年，属无锡市惠山区交通局管辖。

桥梁结构类型为系杆拱结构，主跨径 56.00 米，5 孔，主孔通航净高 7.43 米，净宽 50.00 米。桥梁轴线与航道中心线成正交。

7. 煤石桥

位于苏南运河 97 公里 +150 米处，南连 312 国道，北接石塘湾煤炭市场。建于 1996 年 10 月，属无锡市惠山区交通局管辖。

桥梁结构类型为斜桁悬臂结构，主跨径 55.00 米，3 孔，主孔通航净高 7.00 米，净宽 50.00 米，双向两车道。桥梁轴线的法线与航道中心线夹角 4 度。

8. 锡宜高速公路桥

位于苏南运河 98 公里 +300 米处，是连接无锡市、宜兴市，并沟通沪宁、锡澄高速公路的一座特大桥。建于 2002 年 12 月，属无锡市公路管理处管辖。

桥梁结构类型为刚架系杆拱结构，主跨径 90.00 米，多孔，主孔通航净高 13.34 米、净宽 87.00 米，双向 4 车道。桥梁轴线的法线与航道中心线夹角 14.1 度。

9. 高桥

位于苏南运河 100 公里 +600 米处，连接惠山区与滨湖区。建于 1994 年 12 月，属无锡市惠山区交通局管辖。

桥梁结构类型为系杆拱结构，主跨径 70.00 米，7 孔，主孔通航净高 7.00 米、净宽 50.00 米，双向 2 车道。桥梁轴线的法线与航道中心线夹角 11 度。

10. 山北大桥

位于苏南运河 111 公里 +600 米处，是 312 国道跨苏南运河的一座桥梁。建于 1991 年 12 月，属无锡市公路管理处管辖。

桥梁结构类型为 T 型刚构连续梁结构，主跨径 90.00 米，3 孔，主孔通航净高 7.07 米、净宽 50.00 米，双向 4 车道。桥梁轴线与航道中心线成正交。

11. 吴桥

位于苏南运河 104 公里处，沟通无锡市滨湖区与北塘区。建于 1994 年 12 月，属无锡市市政公用事业局管辖。

桥梁结构类型为 T 型简支结构，主跨径 72.00 米，9 孔，主孔通航净高 7.06 米、净宽≥60.00 米，双向 6 车道。桥梁轴线的法线与航道中心线夹角 2 度。

12. 蓉湖大桥(见图 7-5)

位于苏南运河 104 公里 +700 米处，为连接无锡市区到锡宜高速公路快速通道的桥梁。建于 2004 年 1 月，属无锡市市政公用事业局管辖。

图 7-5 无锡蓉湖大桥

桥梁结构类型为独塔单索斜拉式结构，全桥长 1 850 米，桥面宽 34.00 米，单孔，跨径 145.00 米，通航净高 7.00 米，净宽≥60.00 米，双向 6 车道。桥梁轴线的法线与航道中心线夹角 29 度。

13. 锡山大桥

位于苏南运河 105 公里 + 600 米处，东连无锡市人民路到市中心，西接无锡市锡惠公园，是城区的景观桥之一。建于 1979 年 12 月，属无锡市市政公用事业局管辖。

桥梁结构类型为 T 型钢支结构，主跨径 90.00 米，3 孔，主孔通航净高 7.00 米、净宽≥60.00 米，双向 4 车道。桥梁轴线与航道中心线成正交。

14. 梁溪大桥

位于苏南运河 107 公里 +250 米处，是无锡城西沟通火车站到汽车站的城区干线桥梁，也是连接市区和马山风景区及无锡太湖国家旅游度假区的重要通道。建于 1980 年 5 月，属无锡市市政公用事业局管辖。

桥梁结构类型为 T 型简支结构，主跨径 90.00 米，3 孔，主孔通航净高 7.06 米、净宽≥60.00 米，双向 6 车道。桥梁轴线与航道中心线成正交。

15. 红星桥

位于苏南运河 108 公里 +500 米处，沟通无锡市区商贸中心与蠡园经济开发区、梁溪河生态住宅区。建于 1989 年 4 月，属无锡市市政公用事业局管辖。

桥梁结构类型为固结连续梁结构,主跨径 93.00 米,3 孔,主孔通航净高 7.06 米、净宽≥60.00 米,双向 4 车道。桥梁轴线与航道中心线成正交。

16. 金匮桥

位于苏南运河 109 公里 +700 米处,是无锡市太湖大道上的一座桥梁,东连沪宁高速公路,西至太湖风景游览区。建于 1986 年 12 月,属无锡市市政公用事业局管辖。

桥梁结构类型为钢架上承拱结构,主跨径 98.00 米,5 孔,主孔通航净高 7.06 米、净宽 50.00 米,双向 6 车道。桥梁轴线与航道中心线成正交。

17. 金城桥

位于苏南运河 111 公里 +400 米处,沟通无锡市新区与太湖影视城、蠡园风景区。建于 2004 年 6 月,属无锡市市政公用事业局管辖。

桥梁结构类型为连续箱梁结构,跨径 106.00 米,3 孔,主孔通航净高 7.00 米、净宽≥60.00 米,双向 6 车道。桥梁轴线与航道中心线成正交。

18、华清大桥(原下甸桥拆除改建)

原下甸桥位于苏南运河 113 公里 +30 米处,东连清扬路,西接高浪路,是连接无锡市区到滨湖经济开发区、无锡硕放机场快速通道的桥梁。建成于 1988 年 12 月,桥梁结构类型为钢架双曲拱结构,跨径 103.00 米,通航净高 7.06 米、净宽≥60.00 米,双向 4 车道。

华清大桥建在拆除下甸桥原址处的苏南运河 113 公里 +80 米处,于 2004 年改建而成,属无锡市城市重点工程建设办公室管辖。

华清大桥桥梁结构类型为下承式拱桥,全长 592.00 米,主桥长 148.00米,一跨过河,主跨 100.34 米,边跨分别为宽 18.17 米和 19.80米,通航净高 7.00 米,净宽≥60.00 米,双向 6 车道。桥梁轴线的法线与航道中心线夹角 10 度。

19. 高浪路大桥

位于苏南运河 117 公里 +80 米处，建于 2004 年，西接华清路，东接新区，是沟通新区与滨湖区的主要通道。属无锡市城市重点工程建设办公室管辖。

桥梁结构类型为下承式拱桥，跨径 90.00 米，单孔，通航净高 7.00米，净宽 80.00 米，双向 6 车道。桥梁轴线的法线与航道中心线夹角 10 度。

20. 新虹桥

位于苏南运河 118 公里 +60 米处，沟通无锡市新区与滨湖开发区。建于 1994 年 12 月，属无锡市惠山区交通局管辖。

桥梁结构类型为系杆拱结构，跨径 90.00 米，3 孔，主孔通航净高 7.00米，净宽 50.00 米，双向 2 车道。桥梁轴线与航道中心线成正交。

21. 新安北桥

位于苏南运河 120 公里 +790 米处，是连接无锡市硕放开发区与滨湖开发区的主要桥梁。建于 1993 年 12 月，属无锡市锡山区交通局管辖。

桥梁结构类型为系杆拱结构，跨径 90.00 米，7 孔，主孔通航净高7.06 米，净宽 50.00 米，双向 2 车道。桥梁轴线的法线与航道中心线夹角 2 度。

22. 新安南桥

位于苏南运河 121 公里 +170 米处，是无锡市华庄镇镇区机耕桥。建于 1995 年 11 月，属无锡市锡山区交通局管辖。

桥梁结构类型为斜桁 T 型结构，跨径 60.00 米，3 孔，主孔通航净高 7.30 米，净宽 50.00 米，桥梁轴线的法线与航道中心线夹角 8 度。

23. 新安大桥

位于苏南运河 122 公里 +120 米处，是 312 国道跨苏南运河的重要桥梁之一，东连无锡市新区，西接无锡市滨湖区。建于 1990 年

12月,属无锡市公路管理处管辖 。

桥梁结构类型为连续箱梁结构,跨径90.00米,3孔,主孔通航净高7.00米,净宽75.00米,双向6车道。桥梁轴线与航道中心线成正交。

24. 硕放大桥

位于苏南运河123公里+340米处,是无锡市滨湖开发区连接硕放机场的主要桥梁。建于1995年9月,属锡山区交通局管辖。

桥梁结构类型为斜拉桁架连续梁结构,跨径90米,5孔,主孔通航净高7.00米,净宽63.80米。桥梁轴线的法线与航道中心线夹角5.2度。

25. 环太湖公路桥

位于苏南运河124公里+850米处,建于2003年,是连接新区运河路与312国道、沪宁高速公路硕放互通、新区与滨湖区的主要通道。属无锡市交通局管辖。

桥梁结构类型为连续梁桥,跨径85.00米,单孔,通航净高7.00米,净宽81.00米,双向4车道。桥梁轴线的法线与航道中心线夹角8.39度。

26. 五七桥

位于苏南运河126公里+250米处,连接江苏太湖地区农科所(属江苏省农业科学院)与无锡市硕放开发区。建于1993年12月,属江苏太湖地区农科所管辖。

桥梁结构类型为平行桁架结构,跨径90.00米,5孔,主孔通航净高7.10米,净宽50.00米,双向2车道。桥梁轴线与航道中心线成正交。

(四)苏州段

在苏州段81.8公里航道上,现有桥梁38座。

1. 工农桥

位于苏南运河127公里+900米处,是苏州市望亭镇区道路桥梁。建于1995年,属苏州市望亭镇人民政府管辖。

桥梁结构类型为简支豪式桁架梁桥,跨径57.00米,3孔,主孔通航净高7.00米,净宽50.00米,桥梁轴线与航道中心线成正交。

2. 望亭桥(人行桥)

位于苏南运河128公里+300米处,是苏州市望亭镇区道路桥梁。建于1994年,属苏州市望亭镇人民政府管辖。

桥梁结构类型为简支豪式桁架梁桥,跨径57.00米,3孔,主孔通航净高7.00米,净宽50.00米,桥梁轴线与航道中心线成正交。

3. 望亭南桥

位于苏南运河128公里+800米处,是苏州市望亭镇区道路桥梁。建于1986年,属苏州市望亭镇人民政府管辖。

桥梁结构类型为上承拱桥,跨径70.00米,单孔,通航净高7.00米,净宽50.00米,桥梁轴线与航道中心线成正交。

4. 鹤溪大桥

位于苏南运河131公里+200米处,建于2004年,是沟通太湖与阳澄湖之间太阳路桥梁,属苏州市相城区交通局管辖。

桥梁结构类型为连续梁桥,跨径70.00米,单孔,通航净高7.00米,净宽50.00米,桥梁轴线与航道中心线成正交。

5. 通浒大桥

位于苏南运河132公里+740米处,建成于2004年,连接通安与浒墅关跨运河桥梁,属苏州绕城高速公路有限公司管辖。

桥梁结构类型为连续梁桥,跨径70.00米,6孔,主孔通航净高7.00米,净宽50.00米,桥梁轴线与航道中心线成正交。

6. 苏钢大桥

位于苏南运河134公里+420米处,是苏州钢铁厂厂区道路桥梁。建于1994年,属苏州钢铁厂管辖。

桥梁结构类型为连续箱梁桥,跨径60.00米,3孔,主孔通航净高7.00米,净宽45.00米,桥梁轴线与航道中心线成正交。

7. 北津桥

位于苏南运河136公里+690米处，是苏州市浒关镇区道路桥梁。建于1993年，属苏州市航道处管辖。

桥梁结构类型为连续刚构桥，跨径70.00米，13孔，主孔通航净高7.00米，净宽50.00米，桥梁轴线与航道中心线成正交。

8. 浒关桥

位于苏南运河137公里+14.5米处，是苏州市浒关镇区道路桥梁。建于1993年，属苏州市航道处管辖。

桥梁结构类型为中承式拱桥，跨径70.00米，9孔，主孔通航净高7.00米，净宽50.00米，桥梁轴线与航道中心线成正交。

9. 南津桥(汽-10)

位于苏南运河137公里+477米处，是苏州市浒关镇区道路桥梁。建于1993年，属苏州市航道处管辖。

桥梁结构类型为系杆拱桥，跨径70.00米，6孔，主孔通航净高7.00米，净宽50.00米，桥梁轴线与航道中心线成正交。

10. 兴贤桥(人行桥)

位于苏南运河138公里+258米处，是苏州市浒关镇区道路桥梁。建于1993年，属苏州市航道处管辖。

桥梁结构类型为连续梁桥，跨径70.00米，9孔，主孔通航净高7.00米，净宽50.00米，桥梁轴线与航道中心线成正交。

11. 长浒桥

位于苏南运河141公里+320米处，是312国道跨越苏南运河的桥梁。建于1991年，属苏州市公路管理处管辖。

桥梁结构类型为连续梁式结构，跨径90.00米，7孔，主孔通航净高7.00米，净宽60.00米，桥梁轴线与航道中心线成正交。

12. 寒山大桥

位于苏南运河145公里+610米处，沟通金门路与何山路，是苏州市区道路桥梁。建于2003年，属苏州市市政公用局管辖。

桥梁结构类型为中承式拱桥，跨径 70.00 米，17 孔，主孔通航净高 7.00 米，净宽 55.00 米，桥梁轴线与航道中心线成正交。

13. 何山大桥

位于苏南运河 147 公里 +275 米处，建成于 1994 年，属苏州市市政公用局管辖。

桥梁结构类型为连续梁式结构，跨径 70.00 米，7 孔，主孔通航净高 7.00 米，净宽 55.00 米，桥梁轴线的法线与航道中心线夹角 9.2 度。

14. 狮山大桥

位于苏南运河 148 公里 +667.5 米处，是连接苏州老城区和国家级高新技术开发区（苏州新区）的主要桥梁。建于 1990 年，属苏州市市政公用局管辖。

桥梁结构类型为连续梁式结构，跨径 70.00 米，3 孔，主孔通航净高 7.00 米，净宽 55.00 米，桥梁轴线与航道中心线成正交。

15. 索山大桥（见图 7-6）

图 7-6 苏州索山大桥

位于苏南运河 150 公里 +150 米处，是苏州市区道路桥梁。建于 2003 年，属苏州市市政公用局管辖。

桥梁结构类型为锚式悬索结构，跨径 70.00 米，15 孔，主孔通航净高 7.00 米,净宽≥60.00 米。桥梁轴线与航道中心线成正交。

16. 晋源大桥

位于苏南运河 151 公里 +580 米处,是苏州市区道路桥梁。建于 1991 年,属苏州市市政公用局管辖。

桥梁结构类型为连续梁式结构,跨径 60.00 米,13 孔,主孔通航净高 7.00 米,净宽 54.60 米。桥梁轴线与航道中心线成正交。

17. 石湖大桥

位于苏南运河 152 公里 +460 米处,是苏州市区道路桥梁。建于 2004 年,属苏州市市政公用局管辖。

桥梁结构类型为斜拉桥,跨径 100.00 米,通航净高 7.00 米,净宽 88.00 米,桥梁轴线与航道中心线成正交。

18. 新郭桥(汽-10)

位于苏南运河 153 公里 +480 米处,是苏州市吴中区道路桥梁。建于 1991 年,属苏州市运河指挥部管辖。

桥梁结构类型为斜腿钢架拱,跨径 60.00 米,5 孔,主孔通航净高7.20米,净宽 54.60 米,桥梁轴线与航道中心线成正交。

19. 友新高架桥

位于苏南运河 154 公里 +350 米,建于 2003 年。

桥梁结构为连续梁公路桥,主跨径 80.00 米,通航净高 7.00 米,净宽 55.00 米。桥梁轴线与航道中心线成正交。

20. 友联大桥

位于苏南运河 154 公里 +350 米处,是苏州市西环路连接市区和吴中区的跨河大桥。建于 2001 年,属苏州市公路管理处管辖。

桥梁结构类型为连续梁结构,主跨径 60.00 米,通航净高 7.00 米,净宽 55.00 米,桥梁轴线与航道中心线成正交。

21. 新家桥

位于苏南运河 155 公里 +350 米处,是苏南运河苏州改道段为方便沿河村民生活而建造。建于 2002 年,属苏州市吴中区交通局管辖。

桥梁结构类型为桁架上承拱结构，跨径 76.00 米，9 孔，主孔通航净高 7.30 米，净宽 68.00 米，桥梁轴线与航道中心线成正交。

22. 新塘桥（人行桥）

位于苏南运河 156 公里 +40 米处，是苏南运河苏州改道段为方便沿河村民生活而建造。建于 1991 年 6 月，属苏州市航道管理处管辖。

桥梁结构类型为刚架拱结构，跨径 66.00 米，3 孔，主孔通航净高7.00米，净宽 50.00 米，桥梁轴线与航道中心线成正交。

23. 长桥

位于苏南运河 156 公里 +800 米处，是苏州连接 205 省道和苏州市区道路桥梁。建于 1990 年 7 月，属苏州市航道管理处管辖。

桥梁结构类型为简支梁桥，跨径 55.00 米，21 孔，主孔通航净高7.00米，净宽 50.00 米，桥梁轴线与航道中心线成正交。

24. 澹台湖大桥

位于苏南运河 157 公里 +750 米处，建于 2003 年，沟通迎春南路与迎春北路，属苏州市市政公用局管辖。

桥梁结构类型为系杆拱结构，跨径 96.00 米，17 孔，主孔通航净高 7.00 米，净宽 86.00 米。桥梁轴线的法线与航道中心线夹角为 12 度。

25. 尹山大桥

位于苏南运河 161 公里 +210 米处，是连接 205 省道（复线）和苏州市大南环路的桥梁。建于 1995 年，属苏新公路建设发展有限公司管辖。

桥梁结构类型为系杆拱结构，主跨径 65.00 米，通航净高 7.31 米，净宽≥60.00 米。桥梁轴线的法线与航道中心线成夹角 10 度。

26. 伊山斜拉桥

位于苏南运河 163 公里 +400 米处，建于 2004 年，系苏州绕城高速公路桥，属苏州市交通局管辖。

桥梁结构类型为斜拉桥，跨径 101.00 米，23 孔，主孔通航净高 7.00 米，净宽 90.00 米。桥梁轴线与航道中心线成正交。

27. 江陵大桥

位于苏南运河 168 公里 +190 米处，连接苏嘉杭高速公路、205 省道和吴江市运东经济开发区。建于 2000 年，属吴江市人民政府管辖。

桥梁结构类型为预应力混凝土连续梁结构，跨径 86.00 米，13 孔，主孔通航净高 7.00 米，净宽 50.00 米，桥梁轴线的法线与航道中心线夹角 20 度。

28. 云梨桥

位于苏南运河 170 公里 +524 米处，连接苏嘉杭高速公路、205 省道和吴江市运东经济开发区。建于 1995 年，属吴江市城市建设管理局管辖。

桥梁结构类型为空腹式预应力混凝土连续梁结构，主跨径75.00 米，通航净高 7.00 米，净宽 50.00 米，桥梁轴线与航道中心线成正交。

29. 云龙桥

位于苏南运河 176 公里 +629 米处，连接金家坝与吴江经济开发区，建于 2002 年，属吴江经济开发区管辖。

桥梁结构类型为预应力混凝土连续梁结构，跨径 79.00 米，19 孔，主孔通航净高 7.00 米，净宽 50.20 米，桥梁轴线的法线与航道中心线夹角为 5 度。

30. 八坼大桥

位于苏南运河 180 公里 +430 米处，是 205 省道连接吴江市松陵镇八坼社区的主要通道。建于 1989 年，属吴江市八坼镇人民政府管辖。

桥梁结构类型为中承系杆拱结构，主跨径 75.00 米，通航净高 7.20 米，净宽 48.00 米，桥梁轴线与航道中心线成正交。

31. 金家坝大桥

位于苏南运河 181 公里 +680 米处,建于 2005 年,属吴江市交通局管辖。

桥梁结构为连续梁公路桥,主跨径 96.00 米,通航净高 7.00 米,净宽 70.00 米,桥梁轴线与航道中心线成正交。

32. 沪苏浙高速桥

位于苏南运河 183 公里 +656 米处,建于 2005 年。

桥梁结构类型为连续梁,主跨径 97.00 米,通航净高≥7.00 米,净宽≥70.00 米,桥梁轴线与航道中心线成正交。

33. 平望运河大桥

位于苏南运河 188 公里 +890 米处,是 318 国道跨越苏南运河的桥梁。建于 1995 年,属中外合资企业江苏远通公司管辖。

桥梁结构类型为系杆拱结构,跨径 71.80 米,14 孔,主孔通航净高 7.60 米,净宽 60.00 米。桥梁轴线与航道中心线成正交。

34. 平望大桥

位于苏南运河 190 公里 +170 米处,是 318 国道、205 省道跨越苏南运河的桥梁。建于 1992 年,属中外合资企业江苏远通公司管辖。

桥梁结构类型为连续梁结构,跨径 60.00 米,13 孔,主孔通航净高 7.00 米,净宽 52.00 米。桥梁轴线与航道中心线成正交。

35. 平望新运河大桥

位于苏南运河 193 公里 +415 米处,是 318 国道跨越苏南运河的桥梁。建于 1998 年,属中外合资企业江苏远通公司管辖。

桥梁结构类型为上承拱结构,跨径 72.00 米,单孔,通航净高 7.00 米,净宽 52.00 米,桥梁轴线与航道中心线成正交。

36. 万心桥(汽-15)

位于苏南运河 195 公里 +980 米处,是平望镇北万村跨越苏南运河连接 205 国道的桥梁。建于 2001 年,属吴江市平望镇人民政府管辖。

桥梁结构类型为上承拱结构,跨径78.00米,9孔,主孔通航净高7.08米,净宽52.00米,桥梁轴线与航道中心线成正交。

37. 市场路运河桥

位于苏南运河201公里+870米处,建于2003年,沟通陈家浜路与市场路,属吴江市盛泽镇人民政府管辖。

桥梁结构类型为预应力混凝土连续刚构,全长214.00米,主跨98.00米,14孔,主孔通航净高7.00米,净宽≥50.00米,桥梁轴线的法线与航道中心线夹角3.45度。

38. 坛丘大桥

位于苏南运河203公里+70米处,是吴江市盛泽坛丘社区跨越苏南运河连通205省道的桥梁。建于1997年,原属吴江市坛丘镇人民政府管辖(2003年行政区划调整后属盛泽镇管辖)。

桥梁结构类型为中承式拱梁组合体系结构,跨径85.00米,单孔,通航净高7.00米,净宽≥50.00米,桥梁轴线与航道中心线成正交。

经江苏省人民政府批准,苏南运河常州市区段南移改线工程于2003年10月启动。在26公里改线的新运河上新建桥梁11座,到2005年底已有9座桥梁开工建设。这11座桥梁主跨都在120米左右,采用了中承式双肋提篮拱桥、钢筋混凝土叠合连续梁桥、中承式钢桁架拱桥、双索面无背索独塔斜拉桥等8种国内主流桥型,结构新颖,技术先进,一桥一景。详见表7-4。

苏南运河常州市区段南移改线工程新建桥梁概况表 表7-4

序号	桥 名	桥 型	总投资(万元)	计划开工年月	总工期(月)
1	平陵大桥	三跨钢筋混凝土叠合连续梁桥	12 551	2004.11月	16
2	常金大桥	双索面无背索独塔斜拉桥	12 950	2004.11	24
3	钟楼大桥	钢管砼独塔双索面斜拉桥	16 610	2005.8	26

续上表

序号	桥 名	桥 型	总投资（万元）	计划开工年月	总工期（月）
4	湖滨大桥	五跨变截面连续梁桥	12 413	2005.8	16
5	新龙大桥	中承式钢桁架拱桥	11 913	2005.8	15
6	武进大桥	三跨变截面连续梁桥	8 758	2005.9	24
7	龙城大桥	拱门独塔自锚式悬索桥	17 570	2006.5	18
8	阳湖大桥	V 形墩独拱桥	12 767	2004.11	20
9	青洋大桥	下承式三跨连续梁独幅拱（八字吊杆）桥	9 139	2005.3	16
10	天宁大桥	三跨钢筋混凝土叠合连续梁桥	12 551	2006.7	15
11	东方大桥	中承式双肋提篮拱桥	8 094	2004.10	24

二、改线段原运河上现有桥梁

2005 年前，无锡、苏州市区段航道和镇江长江进入运河口门先后改线，改线段原运河上已有跨河桥梁 32 座。见表 7-5。

苏南运河改线段原运河上已有跨河桥梁表 表 7-5

序号	桥名	地点	建成时间（年）	桥梁状况				桥下通航尺度（米）	
				桥长（米）	荷载标准（吨）	主孔结构	桥面宽度（米）	净宽	净高
				镇 江 市 区					
1	丹徒水闸桥	丹徒镇		1 孔	汽-20 挂-100	梁桥		13.2	3.56
2	丁长公路桥	丹徒长岗		1 孔	汽-20 挂-100	梁桥		19.0	5.51
3	上隍桥	丹徒上隍		1 孔	汽-20 挂-100	拱桥		9.0	7.30

续上表

序号	桥名	地点	建成时间(年)	桥梁状况					
				桥长(米)	荷载标准(吨)	主孔结构	桥面宽度(米)	桥下通航尺度(米)	
								净宽	净高
无锡市区									
1	江尖大桥	无锡市区	1996	424.5	汽-20 挂-100	连续空心板梁桥	28.0	23.5	5.23
2	莲蓉桥	无锡市区	1993(拓)	21.4	汽-20 挂-100	简支梁桥	40.0	15.1	3.46
3	通汇桥	无锡市区	1970	36	汽-8	双曲拱桥	4.7	15.0	3.6
4	工运桥	无锡市区	1983(拓)	36.3	汽-10 拖-30	简支梁桥混凝土板梁桥	21.0	11.3	2.8
5	高墩桥	无锡市区	1994	66	汽-20 挂-100	简支梁桥	31.0	21.3	3.48
6	亭子桥	无锡市区	1980	9+(5)+28.3	汽-15	双曲拱桥	29.0	10.0	3.09
7	槐古桥	无锡市区	1995	313.5	汽-20 挂-100	简支梁桥	27.6	22.0	3.48
8	跃进桥	无锡市区	1970	41	汽-13 拖-60	双曲拱桥	12.5	10.0	3.42
9	跨塘桥	无锡市区		11.5	汽-8	简支梁桥	12.5	10.8	2.3
10	金塘桥	无锡市区	1992	121	汽-20 挂-100	简支梁桥	30.0	25.0	3.5
11	大公桥	无锡市区		26	汽-8 拖-30	刚构桥	6.3	10.0	2.6
12	清名桥	无锡市区	清同治年间	10	人行	石拱桥	6.3	10.0	3.1
13	钢铁桥	无锡市区	1985	30	汽-20 挂-100	简支梁桥	24.0	14.6	20.8

续上表

序号	桥名	地点	建成时间（年）	桥梁状况					
				桥长（米）	荷载标准（吨）	主孔结构	桥面宽度（米）	桥下通航尺度（米）	
								净宽	净高
14	化肥桥	无锡市区	1992	41.4	汽-20 挂-100	简支梁桥	30.0	2.6	3.5
苏州市区									
1	南环大桥	苏州市区	1980	124		梁桥	24.0	36.0	5.0
2	新觅渡桥	苏州市区	2003	332.9		拱桥	30.0	20.0	3.66
3	老觅渡桥	苏州市区	1977	34		拱桥	5.0	12.2	4.5
4	南园大桥	苏州市区	1987	200		梁桥	34.0	30.0	5.0
5	人民桥	苏州市区	2003	182.12		梁桥	45.0	20.0	4.1
6	蟠龙桥	苏州市区	2003	56.8		拱桥	5.0	8.4	3.8
7	吴门桥	苏州市区		56		拱桥	4.8	13.0	4.9
8	新市桥	苏州市区	1992	239		拱桥	22.0	31.0	4.3
9	泰让桥	苏州市区	2003	68.4		拱桥	9.0	20.0	3.5
10	枣市桥	苏州市区	1984	50.5		拱桥	5.0	23.0	4.5
11	桐馨桥	苏州市区	2000	138.2		简支T梁	24.6	28.0	4.5
12	唐胥桥	苏州市区	2000	168.86		简支T梁	40.0	28.0	4.5

续上表

序号	桥名	地点	建成时间(年)	桥梁状况					
				桥长(米)	荷载标准(吨)	主孔结构	桥面宽度(米)	桥下通航尺度(米)	
								净宽	净高
13	西环路高架西桥	苏州市区	2003	5200		连续梁	36.0	40.0	7.0
14	西环路高架东桥	苏州市区	2003	5200		连续梁	36.0	40.0	7.0
15	大庆桥	苏州市区	1992	78		拱桥	45.0	32.0	5.3

三、古桥简介

(一)宝带桥(见图 7-7)

图 7-7 苏州宝带桥

宝带桥位于苏州市葑门外 3 公里处的长桥乡,横跨在澹台湖与运河之间的玳玳河上。它与河北赵州安济桥、四川都江堰珠浦桥、广西三江程阳桥并列为我国四大古桥。

宝带桥全长317米(含南北砌驳引道67米),由53个环洞构成,桥宽4.1米,桥堍呈喇叭形,桥端宽6.1米。宝带桥历经唐、宋、元、明、清五代六次重建或重修,现存桥体系1956年4月在清同治十一年(1872)重建的旧桥基础上进行修缮的。是我国现存古桥中最长的一座石拱桥。列为省级文物保护单位。

宝带桥的建造,与我国漕运密切相关。唐代,经运河从江南调运大量漕粮至京师,漕船航行途中,需要纤夫牵引。但在澹台湖与河道交接处有个大缺口,纤夫不能通行,于此填土作堤,以作舟楫牵挽之路,但土堤切断了河湖通行,且常被大水冲决。唐宪宗年间,苏州刺史王仲舒疏请建桥,于元和十四年(819)桥建成。相传因筹措建桥资金,王仲舒捐玉带资助,故名。

为便于引纤,全桥平坦贴近水面,为照顾船只通行,将位于航道上的3孔(自北向南第14、15、16孔)跨度、净空加大,中间为6.95米,两侧各6米,其余各孔在4米左右。南北两端各有石狮一对,南端石狮已沉入河底。北端还有石碑、石塔,塔高约4米,五级,刻腰檐、斗拱、壶门、佛龛。石碑为清同治年间巡抚张树声所立,覆以亭。在27孔与28孔之间,也有石塔一座。长虹卧波,极富江南水乡风光。当代文学家周瘦鹃在《苏州好·望江南》中吟道:“苏州好,宝带一长桥。五十三环环作洞,迎来送往万千艘,朝暮不辞劳”。这是对宝带桥历史功绩的高度概括和赞美。

民国19~22年(1930~1933)间,在修筑苏州到嘉兴公路时,在宝带桥西侧修建了一座长238米、桥面宽4.3米的木台墩梁公路桥(临时木桥)。1972年3月,在木质公路桥址修建双曲拱钢筋混凝土桥,桥长250.4米,9孔,跨径24米,桥面净宽7米,两侧人行道各宽0.75米,桥梁设计荷载为汽-13、拖-60。该桥1992年拆除。

(二)枫桥

位于苏州市阊门外枫桥镇,横跨古运河枫桥湾上,因唐代诗人张继《枫桥夜泊》诗而闻名。始建年代不详,但古运河开凿于隋代,张继系唐代中期的人,据此推断,此桥始建当不迟于唐代前期。

枫桥是座月牙形的单拱桥,曾名封桥。据《寒山寺志》记载:这里为古代的水陆交通要道,设有粮卡,每当皇粮北运经此,就封锁河道,禁止其他船只通行,故名封桥。它与寒山寺前的江村桥遥遥相对。桥东有古朴魁伟的铁铃关,是明嘉靖年间苏州人民抗倭构筑的一座敌楼,桥南不远便是闻名中外的六朝古刹寒山寺,黄墙环抱,庄严幽深,引人入胜。

现存的枫桥桥体为清同治六年(1867)重建,全长38.7米,高7米,桥面宽3米,桥底宽3.5米。跨度为9.8米。在桥面两侧的望柱之间以青砖封砌,中间写着"枫桥"两个大字。

(三)吴门桥

位于苏州市盘门,是苏州现存最高的单孔石拱桥。苏南运河绕苏州城而过,吴门桥横跨古运河,一桥飞架其上,气势雄伟。古代,盘门为城西南水陆要冲,附近是馆驿所在,吴门兼有吴中门户之意。

吴门桥,旧名新桥,又称三条桥。始建于宋元丰七年(1084),南宋绍定年间重建,改今名。明正统年间,知府况钟再修,后又经多次修建,现存的吴门桥是同治十一年(1872)重建的桥体。

吴门桥具有江南水乡桥梁的特色,中间拱峰高耸,拱券跨径16米,矢高9.8米。两端接以石阶50级,桥身全长66.3米,桥面宽5米。旧时行船,在苏州众多桥中,唯吴门桥可以过桥不下桅。桥旁还筑有纤道,方便行船和纤夫,在全国现存古桥中不多见。

吴门桥不仅处于运河水路要道,还与盘门水陆古城门和附近的瑞光宝塔合称为"盘门三景",成为姑苏重要的旅游胜地之一。

(四)觅渡桥

位于苏州市东南赤门湾古运河上。元大德二年(1298)以前,从赤门湾至葑门需靠渡运过运河,往来很不方便。该年僧人敬修倡议募款造桥。大德四年桥建成,取名"灭渡桥",以此寓渡口消失之意,后逐渐改称为“觅渡桥”。觅渡桥在明正统年间及清同治年间两次整修。

觅渡桥桥长78.5米,高9.5米,跨径19.8米,桥面宽4.5米,矢高8米,为单孔半圆石拱桥,拱圈较薄,其厚度仅0.3米。

(五)虹桥

位于苏州市阊门外,横跨于古运河上。是一座由木桥、单孔石桥改建而成的钢筋混凝土单孔梁式桥。

苏州阊门地处繁华商货集散之地,虹桥就是阊门的一处重要水陆交通通道。桥梁始建时间已无从查考,据推测可能初建于宋代,是一座木桥。到了元代泰定二年(1325)遭洪水被毁,地方名士捐资15万贯,当年动工,六年竣工,将木桥改建为单孔半圆形石拱桥。明洪武元年(1368),出于城防需要,改建为石台木架吊桥,虹桥被称吊桥或钓桥。明成化十年(1474),知府齐雾重修,改名为永济桥。后又历经明清6次修建,民国16年(1927)改建为钢筋混凝土梁式桥,中华人民共和国成立后又加以拓宽加固。其桥身虽已改变,但花岗岩桥台、石柱均是元代重修时的旧物。

(六)垂虹桥

位于吴江市东门外松陵镇,横跨在太湖支流塘河之上。又名利往桥,俗称长桥。

该桥始建于北宋庆历八年(1048),是一座石墩木桥。德祐元年(1275)毁于兵火。同年,重建为85孔。元代大德八年(1304)再修,桥洞增至99孔。泰定二年(1325)知县张显祖易木为石,改建为联拱石桥,全用白石垒砌,长500多米,设72孔。三起三伏,环如半月,长若垂虹,因而得名。桥两堍各有一亭,并有两对大石狮雄踞桥堍,甚为壮观。桥身中央,建有桥亭一座,名垂虹亭,亭平面正方形,九脊飞檐,前后有拱门可通行人。后经明清4次修建和民国4年(1915)、1953年重修,均保持着泰定二年重修时的规模。其桥身长度、桥洞数,在我国古代石桥中均列第一。1957年列为江苏省文物保护单位。

后因该处淤积为田，桥亦年久失修，1968 年初冬夜晚桥突然塌陷。1996 年立碑造亭，周围辟为公园，供游人休闲憩息。

（七）清名桥

位于无锡市南门外古运河、伯渎河交汇处，是无锡市现存最完整的一座古代石拱桥（见图 7-8）。

图 7-8　无锡清名桥

清名桥原名清宁桥，明万历年间建造。清康熙八年（1669）重建，乾隆三十一年（1766）小修。咸丰元年（1851）重修。因避道光帝旻宁名讳，故改称清名桥。现今的清名桥桥体系同治八年（1869）重建，无锡市在解放初曾作过修缮。20 世纪 50 年代，因拓宽南长街，将西堍收缩改为南北分堍 。

清名桥为单孔石拱桥，桥长 43.3 米，宽 5.5 米，高 8.5 米，桥孔跨度 12 米。东有石级 46 级，西有 34 级（含分堍 16 级）。桥用花岗石构筑，桥栏每侧立两个条石望柱。拱圈为江南常见的分节并列式，共 11 节。各道拱圈均凿成凹凸榫铆，不用灰浆。桥顶两侧刻有桥名石板，两旁均有条石望柱，各刻楹联一副。桥北楹联为“锡岭龙峰对峙……”“梁溪伯渎媲美……”，每联有 14 字，“文化大革命”时遭破坏，余字无法认辨，桥南楹联更是荡然无存。

(八)吴桥

位于无锡市通惠西路,跨越苏南运河,扼锡澄、锡沪、锡宜3条干线公路之要冲。

吴桥原为一个渡口,民国4年(1915)冬,上海丝茧巨子、无锡源康缫丝厂经理吴子敬见渡口常有人争渡落水,顿生义举,出资建桥。民国6年3月建成通行。为纪念吴独资捐造,故名吴桥。吴桥仿上海外白渡桥桥型,3孔下承式木桁架桥,每孔27米,桥宽6米,下部结构两岸为砖砌桥台,河中两桥墩为各8根铸铁管桁排架,木板桥面,全长81米。

民国33年、35年两次大修桥面。1952年和1961年在原基础上进行两次大修。1965年改建为永久式桥梁,上部结构为预应力钢筋混凝土简支架,下部两岸为石砌桥台,中墩为钢筋混凝土桩基承台,空腹墩身,3孔,全长82.5米,桥面净宽为车道7米,两边人行道各1.5米。

1983年,又进行第二次拓建。主桥不动,向两边拓宽,总宽达21米。并于北侧新建长9.1米、宽20米的立交桥1座,贯通东西道路,1984年底竣工,总耗资89.6万元。1994年又重建为双向6车道T型简支架梁桥。

(九)工运桥

位于无锡市火车站南首苏南运河老运河上,扼锡澄、锡沪公路咽喉要道。

清末,工运桥处原为一个渡口,随着沪宁铁路的通车和民族工商业的不断发展,靠摆渡交通已不相适应。民国2年(1913),无锡各界人士捐款集资建一座木结构4孔大桥,长37.5米,取名通运桥。

民国16年10月9日,由丝厂、纱厂工人捐资改建为钢筋水泥大桥,3跨,桥长38米,宽7米。两端竖碑撰文,以资纪念。由于系职工以工资捐资建桥，故改名为工运桥。该桥是无锡桥梁历史上较早的一座钢筋水泥桥，当地群众又称其为“大洋桥”。

1960 年、1983 年无锡市人民政府先后进行修建，桥面拓宽到 20.9 米。

（十）文亨桥（见图 7-9）

位于常州市表场西边的西河沿，跨越苏南运河，又名新桥。明嘉靖二十七年（1548）建造，后经多次重修、重建。桥全长 49.7 米，3 孔，跨径分别为 6.1 米、11.6 米、6.1 米，桥宽 4.1 米，高程 9.92 米。桥的结构，上部为条石拱，下部为条石台、条石墩，南北各有台阶 49 级。《武阳志余》载，常州桥梁中“惟文亨雄杰为之冠”。文亨桥北，西到大码头附近，是颇负盛名的篦箕巷。明清时代，小街热闹非凡，挑梁宫灯彻夜不熄。每当皓月当空，一轮明月穿过桥洞倒映水中，“文亨穿月”、“篦梁灯火”由此得名。

图 7-9　常州文亨桥

1987 年苏南运河常州市河段整治改建，在改建篦箕巷时，将文亨桥拆除，按原桥造型调转 90 度，移建到与运河交汇的市河上。移建的文亨桥，风貌依旧，新增了花岗石拱眉、彩云石栏和龙头喷泉，使古桥更添风采。

（十一）惠济桥

位于常州市戚墅堰下街东首，横跨运河。据史载，北宋宣和年间，曾在此建闸，闸上架木，方便行人。清乾隆三十九年（1774）先在闸上架木方便行人，后建成木桥，取名跨塘桥。道光元年（1821）改建成石拱圆洞桥，更名为惠济桥。在石桥两侧镌刻楹联，东侧联语：帆影西来趁顺道牙樯绘出桑麻两岸；水光东去看横排雁齿汇成烟火千家。西侧联语：城郭遥瞻二十里通津于兹砥柱；江湖旁引千百年利济永囤苞桑。两副对联，充满对运河和石桥的深情赞颂。民国20年（1931）秋被大水冲毁。民国22年重建，为单孔石拱桥，桥长53.6米，宽6.2米，上部为跨径10.8米的条石拱，桥面为石板，下部基础为条石台、墩，桥面高程10.11米，有石级105级，是市区现存最高的单孔石拱桥。

（十二）通泰桥

位于丹阳市新民东路，跨环城河上。该桥又名麻巷门桥。始建于明万历四十七年（1619），几经整修，民国8年（1919）重建。桥型为单孔石拱桥，跨径10米，长30米，净宽6米，条石双轮车道，轮道宽1米，独轮车、人力车两用。车道左右为人行石级，两侧桥栏外各有桥名石额，上下两块。两块石额上镌刻"大明万历间建造"，下款"民国八年重建。"南、北桥拱上方，左右各有1个石雕龙首，口含珠，外凸。拱门南北分别有联："从万历年修造至今，卜吉仍逢己未岁，有九曲水经行其下，横空永镇丑寅方"；"津吏从东方来，指旧碣上题通泰，水程沿北郭至，越新河近傍朝阳"。该桥列为丹阳市级文物保护单位。

（十三）开泰桥

位于丹阳市南门外，跨环城河。又名草堰桥。清康熙年间修造，道光十五年（1835）重建。相传该桥因抗旱时用草堰填塞桥洞，迫使河水改道入香草、简渎两河以灌溉农田而得名。

桥长30米，桥面净宽6米，桥面有阶梯20级，底座10级，全为花岗岩。石桥拱高约7米，跨径10.5米。拱内壁顶部有圆形图案石刻，北侧镌“道光十五年乙未重建”。拱门东西两侧各有联：“横波积石峙并雄关遥挹凤凰山秀，偃水长虹跨当孔道旁通香草河流”；“束京口潮流百尺虹腰高踞迎春以上，枕曲阿塔影千层雁齿迤趋萃秀而东。”该桥列为丹阳市级文物保护单位。

(十四)陵口大桥

位于丹阳市陵口镇苏南运河上。原名中山桥。民国期间由当地百姓募捐，并得到无锡实业家荣德生的资助建造。民国17年(1928)竣工。

桥长36米，桥面宽6米，两旁有栏杆和灯柱。桥下3孔通航，常水位净高8米，为丹阳市第一座钢筋混凝土永久式桥。

1958年，因拓宽苏南运河时拆除。1962年重建临时式木桥。1972年改建为双曲拱永久性桥梁，易名陵口大桥。桥全长85米，桥面宽6米，跨度71.5米，下弦高12.5米，单孔通航。

(十五)尹公桥

位于丹阳市东门外苏南运河废航道上。尹公桥本名萃秀桥，明万历初(1573)，因由丹阳知县尹良任建，故改称。清雍正十年(1732)邑人林嗣禹捐银1500两重建。道光二十五年(1845)、光绪三十年(1904)两次迁建。民国20年(1931)建镇丹金溧公路，将尹公桥改建为上部钢筋混凝土结构的公路桥。桥长20米，桥面净宽7米，单孔，跨度15米。

1975年，为适应交通运输事业的发展，在原桥西10米处另建长44米，桥面净宽7.0米，人行道各0.25米的新桥，双曲拱结构，重力台式，单孔，跨径30米，名朝阳桥，亦有沿旧称尹公桥。旧尹公桥现仍在。

（十六）虎踞桥（见图7-10）

图7-10 镇江虎踞桥

位于镇江市虎踞门（南门）外古运河上。明万历五年（1577）由镇江知府张纯创建，始建时桥身为木梁木柱式。后因桥身、桥柱影响漕船航行而拆毁，由知府苏兆民"易之以石"，改建成拱圈式桥型，更名为泰运桥。这种桥型，不仅外形美观，便于通舟，而且在减轻桥身自重，加大承载能力等方面，均有其独特的优越性。该桥列为镇江市文物保护单位。

第三节 涵管 缆线

苏南运河的地下过水涵洞，历史上在今常州东西涵洞口附近曾有设置。《吴中水利书》："古之所创泾涵，在运河之下，用梓木为之，中用铜轮刀水衡之，则草可刈也，置在运河底下，暗走水入江。今常州有东西两涵地名者，乃此也。"

随着国民经济的发展，苏南运河沿线架空管线和河底管道逐渐增多。为保障航道畅通，有关部门相应制定管线设置的规定。1963年2月19日，江苏省交通厅、江苏省电业管理局、江苏省邮电管理局颁发《关于跨河架空输电线净高标准》联合通知，架空输电线的净高，应按通航河流20年一遇的最高水位和浮运物顶的最高度，再按电压等级增加安全间隔距离加以规定，其中，苏南运河等一类干线内河航道上的高度为22米。1996年12月1日，江苏省交通厅、江苏省电力工业局、江苏省邮电管理局重新颁发《江苏省架空电力、电信线跨河净高尺度》的通知，规定新建改建架空电力、电信线跨越通航河流时，应向航道部门办理审批手续，二至四级航道须报省航道主管部门审批。通知还附有跨河线净高尺度计算公式：$H \geq H_1 + H_2$，H 为净高度，H_1 为航道等级，二级航道为 17 米，三级航道为 16.5 米，四级航道为 16 米；H_2 为跨河线安全富裕高度，220 千伏电压为 3 米，500 千伏电压为 6 米，按此计算跨河缆线净高尺度。根据苏南 4 市航道处《临跨河设施档案登记表》，到 2005 年全线经由航道主管部门批准设置的跨河管线计有 345 道，其中：镇江市境 84 道，常州市境 95 道，无锡市境 28 道，苏州市境 138 道。详见表 7-6 ~ 表 7-9。

2005 年苏南运河镇江段跨河管线概况表 表 7-6

序号	设施名称	类别	地理位置：距苏南段起点（公里+米）	管理单位	管底设计高程（米）	最高通航水位（米）	跨径（米）	净高（米）	备注
1	供气管道	架空管线	K1+30	索普集团	15.40	8.00	38.00	7.00	
2	自来水管道	架空管线	K1+30	谏壁自来水厂	17.40	8.00	39.20	9.00	
3	121.124 船闸线	架空管线	K1+30	谏壁电力管理站	22.30	8.00	40.00	14.30	
4	通信光缆	架空管线	K1+30	谏壁广播电视站	20.30	8.00	40.00	12.30	
5	月湖(电力)线	架空管线	K1+130	镇江市供电局	31.00	8.00		23.00	

续上表

序号	设施名称	类别	地理位置：距苏南段起点（公里+米）	管理单位	管底设计高程（米）	最高通航水位（米）	跨径（米）	净高（米）	备注
6	纸浆厂支线	架空管线	K2+150	镇江市供电局	29.00	7.10		21.90	
7	辛丰(电力)线	架空管线	K2+800	谏壁供电所	29.00	7.10		21.90	
8	电力线	架空管线	K2+295	镇江市供电局	31.90	7.10	200	24.20	
9	电力线	架空管线	K2+695	镇江市供电局	26.60	7.10	220	19.50	
10	电力线	架空管线	K2+995	镇江市供电局	34.80	7.10	200	27.70	
11	谏丁(电力)线	架空管线	K3+0	镇江市供电局	30.50	7.10		23.40	
12	谏官(电力)线	架空管线	K3+0	镇江市供电局	29.00	7.10		21.90	
13	电话线	架空管线	K3+015	镇江电信局	25.10	7.10	120	18.00	
14	电力线	架空管线	K3+395	镇江市供电局	30.80	7.10	200	23.70	
15	电力线	架空管线	K3+425	镇江市供电局	30.80	7.10	160	23.70	
16	电力线	架空管线	K3+690	镇江市供电局	34.30	7.10	140	23.30	

续上表

序号	设施名称	类别	地理位置：距苏南段起点（公里+米）	管理单位	管底设计高程（米）	最高通航水位（米）	跨径（米）	净高（米）	备注
17	电力线	架空管线	K3+895	镇江市供电局	34.30	7.10	200	27.20	
18	电力线	架空管线	K4+895	镇江市供电局	33.60	7.10	160	26.50	
19	电力线	架空管线	K5+125	镇江市供电局	25.10	7.10	160	18.00	
20	天然气管道	河底管线	K5+200	镇江天然气公司	-7.40	2.50			埋设深度-8.20米
21	电力线	架空管线	K6+875	镇江市供电局	25.60	7.10	200	18.50	
22	自来水管道	架空管线	K7+792	辛丰自来水厂		7.10	73.10	7.50	
23	电力线	架空管线	K8+025	镇江市供电局	25.60	7.10	180	18.50	
24	电话线	架空管线	K8+025	镇江电信局	16.80	7.10	140	9.70	
25	电话线	架空管线	K8+025	镇江电信局	16.80	7.10	140	9.70	
26	电力线	架空管线	K8+475	镇江市供电局	25.60	7.10	150	18.50	
27	电力线	架空管线	K8+625	镇江市供电局	25.10	7.10	120	18.20	

续上表

序号	设施名称	类别	地理位置：距苏南段起点（公里+米）	管理单位	管底设计高程（米）	最高通航水位（米）	跨径（米）	净高（米）	备注
28	自来水管道	架空管线	K8+635	辛丰自来水厂		7.10	73	7.50	
29	自来水管道	架空管线	K8+635	辛丰自来水厂		7.10	73	7.50	
30	电缆管道	架空管线	K8+635	丹徒区电视台	14.10	7.10	73	7.00	
31	电话线	架空管线	K8+875	镇江电信局	16.30	7.10	100	9.20	
32	电信线	架空管线	K8+875	丹徒区电视台	16.30	7.10	100	9.20	
33	电力线	架空管线	K9+375	镇江市供电局	33.00	7.10	160	26.00	
34	电话线	架空管线	K13+250	辛丰电信局	20.10	7.10	160	13.00	
35	电话线	架空管线	K13+380	辛丰电信局	20.10	7.10	170	13.00	
36	电力线	架空管线	K13+400	镇江市供电局	20.30	7.10	180	13.20	
37	电力线	架空管线	K13+420	丹阳供电局	17.90	7.10	200	10.80	
38	过河光缆	河底管线	K13+500	上海铁路局	-2.00	2.50			埋设深度-2.00米

续上表

序号	设施名称	类别	地理位置：距苏南段起点（公里+米）	管理单位	管底设计高程（米）	最高通航水位（米）	跨径（米）	净高（米）	备注
39	电力线	架空管线	K15+950	丹阳供电局	27.60	7.10	180	20.50	
40	电力线	架空管线	K16+700	丹阳供电局	28.10	7.10	180	21.00	
41	西气东输管道	河底管线	K16+920	西气东输管道公司	-11.412	2.50			埋设深度-11.412米
42	西气东输管道	河底管线	K17+050	石油天然气公司	-13.00	2.50			埋设深度-13米
43	电力线	架空管线	K20+270	丹阳供电局	29.10	7.10	200	22.00	
44	联通光缆	架空管线	K20+500	辛丰电信局	14.50	7.10	200	7.50	
45	电力线	架空管线	K20+819	丹阳供电局	28.70	7.0	196	21.70	
46	电缆	架空管线	K20+900	江苏丹化集团	27.00	7.0	200	20.00	
47	管道桥	架空管线	K20+970	丹阳化肥厂			60	7.00	
48	电线	架空管线	K21+370	丹阳供电局	29.00	7.0	180	22.00	
49	钢化线	架空管线	K21+737	丹阳供电局	29.00	7.00	190	22.00	

续上表

序号	设施名称	类别	地理位置：距苏南段起点（公里+米）	管理单位	管底设计高程（米）	最高通航水位（米）	跨径（米）	净高（米）	备注
50	跨河电线	架空管线	K21+981	丹阳供电局	29.00	7.00	180	22.00	
51	有线电视光缆	架空管线	K22+200	丹阳市广电局	14.00	7.00	200	7.00	
52	自来水管道	架空管线	K22+200	丹阳市自来水公司	14.00	7.00	67	7.00	
53	联通通讯光缆	河底管线	K22+220	联通镇江分公司	-3.40	2.50			埋设深度-3.4米
54	蒸汽管道	架空管线	K22+850	丹阳协联热电公司	14.50	7.00	70	7.50	
55	自来水管道	架空管线	K22+850	丹阳自来水厂	14.00	7.00	70	7.00	
56	煤气管道	架空管线	K20+850	丹阳市煤气公司	14.00	7.00	70	7.00	
57	丹东线	架空管线	K22+890	辛丰电信局	24.80	7.00	161	17.80	
58	过河光缆	架空管线	K24+500	丹阳市供电局	14.50	6.80	170	7.70	
59	丹联线	架空管线	K25+50	丹阳市供电局	35.52	6.80	196	28.72	
60	电力线	架空管线	K25+250	丹阳市供电局	25.80	6.80	186	25.80	

续上表

序号	设施名称	类别	地理位置：距苏南段起点（公里+米）	管理单位	管底设计高程（米）	最高通航水位（米）	跨径（米）	净高（米）	备注
61	丹窦线	架空管线	K26+800	丹阳市供电局	32.10	6.80	156	25.30	
62	谏常1回路线	架空管线	K27+200	丹阳市供电局	32.00	6.80	151	25.20	
63	横陵线	架空管线	K27+900	丹阳市供电局	32.10	6.80	141	25.30	
64	谏丹线	架空管线	K28+100	丹阳市供电局	28.80	6.80	191	22.00	
65	电力线	架空管线	K31+240	丹阳市供电局	26.50	6.80	168	19.70	
66	电话线	架空管线	K31+280	丹阳市电信局	14.90	6.80	131	8.10	
67	电话线	架空管线	K31+650	辛丰电信局	14.30	7.50	131	7.50	
68	电力线	架空管线	K31+900	丹阳市供电局	28.80	6.80	106	22.00	
69	电话线	架空管线	K31+900	丹阳市供电局	28.80	6.80	131	22.00	
70	电力线	架空管线	K32+150	丹阳市供电局	28.80	6.80	146	22.00	
71	电力线	架空管线	K33+100	丹阳市供电局	26.60	6.80	112	19.80	

续上表

序号	设施名称	类别	地理位置：距苏南段起点（公里+米）	管理单位	管底设计高程（米）	最高通航水位（米）	跨径（米）	净高（米）	备注
72	电话线	架空管线	K35+600	丹阳市电信局	16.80	6.80	126	10.00	
73	导吕线	架空管线	K38+990	丹阳市电信局	24.90	6.40	235	18.50	
74	窦蒋线	架空管线	K39+228	丹阳市电信局	35.10	6.40	250	28.00	
75	电力线	架空管线	K39+400	丹阳市供电局	27.60	6.40	136	21.20	
76	电力线	架空管线	K40+13	丹阳市供电局	28.10	6.40	131	21.70	
77	自来水管道	架空管线	K40+340	丹阳市自来水公司	14.40	6.40	62	8.00	
78	通信线	架空管线	K40+340	丹阳市电信局	15.40	6.40	161	9.00	
79	电缆线	架空管线	K40+360	丹阳市电信局	15.60	6.40	150	9.20	
80	电力线	架空管线	K40+400	丹阳市供电局	26.60	6.40	150	20.20	
81	电话线	架空管线	K40+940	丹阳市电信局	15.40	6.40	186	9.00	
82	电缆线	架空管线	K40+940	丹阳市电信局	15.60	6.40	186	9.20	

续上表

序号	设施名称	类别	地理位置：距苏南段起点（公里+米）	管理单位	管底设计高程（米）	最高通航水位（米）	跨径（米）	净高（米）	备注
83	自来水管道	架空管线	K40+940	丹阳市自来水公司	13.90	6.40	131	7.50	
84	电力线	架空管线	K40+960	丹阳市供电局	24.40	6.40	120	18.00	

2005年苏南运河常州段跨河管线概况表 表7-7

序号	设施名称	类别	地理位置：距苏南段起点（公里+米）	管理单位	管底设计高程（米）	最高通航水位（米）	跨径（米）	净高（米）	备注
1	电力线	架空管线	K43+908.4	常州市供电局	18.8	6.4	77	13.2	
2	电信线	架空管线	K46+409.1	常州市电信局	16.4	6.4	73	10.8	
3	电信线	架空管线	K48+167.3	常州市电信局	14.8	6.4	66	9.2	
4	电力线	架空管线	K48+396.7	常州市供电局	16.7	6.4	72	11.1	
5	电信线	架空管线	K48+434.4	常州市信电局	17.1	6.4	78	11.5	
6	电力线	架空管线	K48+442.2	常州市供电局	18.9	6.4	90	13.3	
7	电力线	架空管线	K48+924.8	常州市供电局	20.1	6.4	95	14.5	

续上表

序号	设施名称	类别	地理位置：距苏南段起点（公里+米）	管理单位	管底设计高程（米）	最高通航水位（米）	跨径（米）	净高（米）	备注
8	电信线	架空管线	K48+960.3	常州市信电局	16.0	6.4	70	10.4	
9	电信线	架空管线	K48+960.3	常州市信电局	15.8	6.4	65	10.2	
10	电信线	架空管线	K50+220.1	常州市信电局	15.4	6.4	72	9.8	
11	电力线	架空管线	K50+220.1	常州市供电局	26.9	6.4	200	21.3	
12	电信线	架空管线	K50+242.6	常州市电信局	22.1	6.4	84	16.5	
13	电力线	架空管线	K50+731	常州市供电局	22.4	6.4	93	16.8	
14	电力线	架空管线	K51+362.8	常州市供电局	19.2	6.4	82	13.6	
15	电信线	架空管线	K51+608.5	常州市信电局	18.4	5.0	75	12.8	
16	电力线	架空管线	K52+052.8	常州市供电局	26.8	6.4	120	21.2	
17	电力线	架空管线	K54+580.1	常州市供电局	22.1	6.4	102	16.5	
18	电力线	架空管线	K55+202.9	常州市供电局	26.9	6.4	225	21.3	

续上表

序号	设施名称	类别	地理位置：距苏南段起点（公里+米）	管理单位	管底设计高程（米）	最高通航水位（米）	跨径（米）	净高（米）	备注
19	电信线	架空管线	K55+315.5	常州市电信局	19.2	6.4	82	13.6	
20	电力线	架空管线	K56+674	常州市电信局			105	18.0	
21	电力线	架空管线	K56+674	常州市供电局	23.88	5.88	105	18.0	
22	管道桥（一）	架空管线	K57+300	常州市武进蔬菜果品总公司			55	6.55	
23	电力线	架空管线	K58+423.7	常州市供电局	23.0	5.5	130	17.5	
24	电信线	架空管线	K58+481.4	常州市电信局	13.88	5.88	110	8.0	
25	电力线	架空管线	K58+543.8	常州市供电局	26.88	5.88	130	21.0	
26	电信线	架空管线	K58+990.1	常州市电信局	15.88	5.88	70	10.0	
27	电信线	架空管线	K59+007.5	常州市电信局	14.88	5.88	67	9.0	
28	电信线	架空管线	K59+062.9	常州市电信局	17.88	5.88	65	12.0	

续上表

序号	设施名称	类别	地理位置：距苏南段起点（公里+米）	管理单位	管底设计高程（米）	最高通航水位（米）	跨径（米）	净高（米）	备注
29	五星油库管道桥	架空管线	K60+280.6	常州市市政管理处			50	6.0	
30	管道桥（二）	架空管线	K60+600	常州市自来水总公司			55	6.55	
31	电力线	架空管线	K61+190.8	常州市供电局	17.88	5.88	110	12.0	
32	电信线	架空管线	K61+212.8	常州市电信局	13.88	5.88	83	8.0	
33	电信线	架空管线	K61+253.4	常州市电信局	15.88	5.88	68	10.0	
34	电力线	架空管线	K62+099.8	常州市供电局	27.18	5.88	185	21.3	
35	倒虹水管	河底管线	K62+177.8	常州自来水公司	0	2.5	44		最低通航水位
36	电力线	架空管线	K62+327	常州市供电局	27.88	5.88	380	22.0	
37	电力线	架空管线	K62+402.6	常州市供电局	25.38	5.88	95	19.5	
38	电信线	架空管线	K62+871.5	常州市电信局	17.88	5.88	65	12.0	

续上表

序号	设施名称	类别	地理位置：距苏南段起点（公里+米）	管理单位	管底设计高程（米）	最高通航水位（米）	跨径（米）	净高（米）	备注
39	电力线	架空管线	K62+587.5	常州市供电局	21.88	5.88	70	16.3	
40	电力线	架空管线	K63+436.3	常州市供电局	26.6	5.60	180	21.0	
41	电信线	架空管线	K63+967.5	常州市电信局	12.9	5.60	58	7.3	
42	怀德桥西管桥	架空管线	K64+070.7	常州市市政管理处			60	7.0	
43	电力线	架空管线	K64+212	常州市供电局	25.2	5.60	100	19.6	
44	广化桥管道桥（一）	架空管线	K65+280.1	常州市市政管理处			54	6.0	
45	同安桥管道桥（二）	架空管线	K65+295	常州市市政管理处			50	6.0	
46	广化桥管道桥（二）	架空管线	K65+320.5	常州市市政管理处			54	6.0	
47	电力线	架空管线	K65+471.9	常州市供电局	20.2	5.60	70	14.6	
48	电信线	架空管线	K66+052.1	常州市电信局	15.4	5.60	62	9.8	

续上表

序号	设施名称	类别	地理位置：距苏南段起点（公里＋米）	管理单位	管底设计高程（米）	最高通航水位（米）	跨径（米）	净高（米）	备注
49	同安桥管道桥（一）	架空管线	K66＋265				50	6.0	
50	电力线	架空管线	K66＋709.1	常州市供电局	24.1	5.60	150	18.5	
51	电力线	架空管线	K66＋794.1	常州市供电局	20.1	5.60	80	14.5	
52	电信线	架空管线	K66＋794.3	常州市电信局	15.9	5.60	60	10.3	
53	同济桥管道桥	架空管线	K66＋805	常州市市政管理处			48	6.0	
54	同济桥水管桥	架空管线	K66＋805.5	常州市市政管理处			48	6.0	
55	电力线	架空管线	K66＋821.3	常州市供电局	27.6	5.60	200	22.0	
56	电力线	架空管线	K66＋925.5	常州市供电局	27.7	5.60	90	22.1	
57	电力线	架空管线	K68＋032.1	常州市供电局	25.8	5.60	150	20.2	
58	电力线	架空管线	K68＋133.5	常州市供电局	23.7	5.60	80	18.1	
59	电信线	架空管线	K68＋138.9	常州市电信局	13.6	5.6	58	8.0	

续上表

序号	设施名称	类别	地理位置：距苏南段起点（公里+米）	管理单位	管底设计高程（米）	最高通航水位（米）	跨径（米）	净高（米）	备注
60	朝阳管桥	架空管线	K68+924.7	常州市自来水公司			48	7.1	
61	电力线	架空管线	K69+405.5	常州市供电局	19.6	5.6	75	14.0	
62	电信线	架空管线	K69+405.5	常州市电信局	15.6	5.6	60	10.0	
63	政成桥水管桥（一）	架空管线	K70+128.9	常州市市政管理处			50	7.0	
64	政成桥水管桥（二）	架空管线	K70+172.2	常州市市政管理处			50	7.0	
65	电信线	架空管线	K70+424.2	常州市电信局	15.6	5.6	70	10.0	
66	电力线	架空管线	K70+776.1	常州市供电局	23.7	5.6	100	18.1	
67	石化厂管桥	架空管线	K73+563.9	常州市石化厂			57	7.0	
68	电力线	架空管线	K74+856.1	常州市供电局	26.5	5.4	200	21.1	
69	丁堰渡口管桥	架空管线	K74+887	常州热电厂			54	7.0	
70	电力线	架空管线	K75+034.5	常州市供电局	24.4	5.4	280	19.0	

续上表

序号	设施名称	类别	地理位置：距苏南段起点（公里+米）	管理单位	管底设计高程（米）	最高通航水位（米）	跨径（米）	净高（米）	备注
71	电力线	架空管线	K75+199.1	常州市供电局	26.5	5.4	100	21.1	
72	电力线	架空管线	K75+669.6	常州市供电局	26.5	5.4	130	21.1	
73	戚墅堰电厂管桥	架空管线	K75+811.7	戚墅堰电厂			55	7.0	
74	电信线	架空管线	K75+838.1	常州市电信局	26.5	5.4	70	21.1	
75	电力线	架空管线	K75+830.8	常州市供电局	26.5	5.4	80	21.1	
76	电力线	架空管线	K75+858.9	常州市供电局	26.5	5.4	180	21.1	
77	电力线	架空管线	K75+884.3	常州市供电局	26.5	5.4	300	21.1	
78	电力线	架空管线	K75+966.3	常州市3电局	26.5	5.4	130	21.1	
79	电力线	架空管线	K76+139.2	常州市供电局	26.5	5.4	120	21.1	
80	戚墅堰大桥水管桥	架空管线	K78+035	常州市自来水公司			54	7.0	
81	电信线	架空管线	K78+569.1	常州市电信局	14.4	5.4	70	9.0	

续上表

序号	设施名称	类别	地理位置：距苏南段起点（公里+米）	管理单位	管底设计高程（米）	最高通航水位（米）	跨径（米）	净高（米）	备注
82	电力线	架空管线	K78+569.1	常州市供电局	18.4	5.4	100	13.0	
83	电力线	架空管线	K79+342.5	常州市供电局	19.5	5.4	150	14.1	
84	倒虹管线	河底管线	K79+763.3	常州市排水管理处	0	2.5	83		
85	电力线	架空管线	K79+803.2	常州市供电局	26.5	5.4	200	21.1	
86	电力线	架空管线	K80+158.4	常州市供电局	29.4	5.4	120	24.0	
87	电力线	架空管线	K81+887.4	常州市供电局	29.8	5.0	190	24.2	
88	电力线	架空管线	K81+910.1	常州市供电局	28.7	5.0	118	23.1	
89	电信线	架空管线	K82+111.7	常州市电信局	17.7	5.0	78	12.1	
90	电力线	架空管线	K82+111.7	常州市供电局	28.8	5.0	255	23.2	
91	电信线	架空管线	K82+907.7	常州市电信局	17.7	5.0	78	12.1	
92	电力线	架空管线	K82+936.5	常州市供电局	21.7	5.0	80	16.1	

续上表

序号	设施名称	类别	地理位置：距苏南段起点（公里+米）	管理单位	管底设计高程（米）	最高通航水位（米）	跨径（米）	净高（米）	备注
93	电力线	架空管线	K85+118.1	常州市供电局	17.1	5.0	73	12.1	
94	电力线	架空管线	K85+745.8	常州市供电局	25.1	5.0	250	19.5	
95	电力线	架空管线	K86+531.4	常州市供电局	27.7	5.0	260	22.1	

2005年苏南运河无锡段跨河管线概况表 表7-8

序号	设施名称	类别	地理位置：距苏南段起点（公里+米）	管理单位	管底设计高程（米）	最高通航水位（米）	跨径（米）	净高（米）	备注
1	电力线	架空管线	K89+890	无锡供电公司	27.4	5.0	463	22.4	
2	电力线	架空管线	K91+850	无锡供电公司	27.4	5.0	110	22.4	
3	电信线	架空管线	K92+500	无锡电信局	13.0	5.0	100	8.0	
4	电力线	架空管线	K92+900	无锡供电公司	27.4	5.0	115	22.4	
5	电力线	架空管线	K94+0	无锡供电公司	25.33	5.0	280	20.33	
6	电力线	架空管线	K96+410	无锡供电公司	23.00	5.0	150	18.0	

续上表

序号	设施名称	类别	地理位置：距苏南段起点（公里+米）	管理单位	管底设计高程（米）	最高通航水位（米）	跨径（米）	净高（米）	备注
7	电力线	架空管线	K100+100	无锡供电公司	22.83	4.83	190	18.0	
8	电力线	架空管线	K101+550	无锡供电公司	22.83	4.83	160	18.0	
9	排水管	河底管线	K101+700	无锡排水管理处	-4.17	2.5	211		最低通航水位
10	自来水管	河底管线	K101+750	无锡自来水总公司	-3.2	2.5	90		最低通航水位
11	电力线	架空管线	K102+500	无锡供电公司	22.83	4.83	105	18.0	
12	电力线	架空管线	K103+700	无锡供电公司	22.64	4.64	155	18.0	
13	自来水管	河底管线	K103+900	无锡市供水工程指挥部	-3.2	2.5	90		最低通航水位
14	污水管	河底管线	K103+915	无锡市排水管理处	-3.2	2.5	117.92		最低通航水位
15	自来水管	河底管线	K104+700	无锡市自来水总公司	-3.3	2.5	90		最低通航水位

续上表

序号	设施名称	类别	地理位置：距苏南段起点（公里+米）	管理单位	管底设计高程（米）	最高通航水位（米）	跨径（米）	净高（米）	备注
16	污水管	河底管线	K10.5+0	无锡排水管理处	-3.67	2.5	158		最低通航水位
17	电力线	架空管线	K107+550	无锡供电公司	22.64	4.64	178	18.0	
18	电力线	架空管线	K109+700	无锡供电公司	22.64	4.64	133	18.0	
19	煤气管道	架空管线	K110+300	无锡市煤气公司	11.7	4.64	82	7.0	
20	电力线	架空管线	K110+350	无锡供电公司	22.64	4.64	133	18.0	
21	电力线	架空管线	K111+450	无锡供电公司	22.64	4.64	153	18.0	
22	自来水管	河底管线	K112+50	无锡市供水工程指挥部	-3.2	2.5	130		最低通航水位
23	污水管	河底管线	K113+60	无锡市排水公司	-3.2	2.5	103		最低通航水位
24	电力线	架空管线	K115+0	无锡供电局	22.64	4.64	148	18.0	
25	电力线	架空管线	K116+300	无锡市供电局	22.64	4.64	120	18.0	

续上表

序号	设施名称	类别	地理位置：距苏南段起点（公里+米）	管理单位	管底设计高程（米）	最高通航水位（米）	跨径（米）	净高（米）	备注
26	自来水管	河底管线	K116+860	无锡市供水工程指挥部	-3.2	2.5	68		最低通航水位
27	电力线	架空管线	K120+290	无锡市供电局	22.64	4.64	150	18.0	
28	自来水管	河底管线	K122+750	无锡市供水工程指挥部	-3.2	2.41	70		最低通航水位

2005 年苏南运河苏州段跨河管线概况表 表 7-9

序号	设施名称	类别	地理位置：距苏南段起点（公里+米）	管理单位	管底设计高程（米）	最高通航水位（米）	跨径（米）	净高（米）	备注
1	有线电视线	架空管线	K127	苏州有线电视台	34.55	4.55	120	30	
2	通信线	架空管线	K127	苏州电信局	30.55	4.55	115	26	
3	电力线	架空管线	K127+300	苏州供电局	30.55	4.55	190	26	
4	电力线	架空管线	K127+500	苏州供电局	30.55	4.55	180	26	
5	电力线	架空管线	K128	苏州供电局	30.55	4.55	190	26	

续上表

序号	设施名称	类别	地理位置：距苏南段起点（公里 + 米）	管理单位	管底设计高程（米）	最高通航水位（米）	跨径（米）	净高（米）	备注
6	通信线	架空管线	K128 + 500	苏州电信局	34.55	4.55	150	30	
7	电力线	架空管线	K128 + 500	苏州供电局	29.55	4.55	160	25	
8	电力线	架空管线	K129 + 100	苏州供电局	30.55	4.55	190	26	
9	限高线	架空管线	K129 + 300	苏州供电局	30.55	4.55	180	26	
10	电力线	架空管线	K129 + 600	苏州供电局	30.55	4.55	190	26	
11	电力线	架空管线	K130 + 800	苏州供电局	30.55	4.55	190	26	
12	电力线	架空管线	K132 + 800	苏州供电局	30.55	4.55	170	26	
13	电力线	架空管线	K133 + 005	苏州供电局	24.29	4.29	87	20	
14	电力线	架空管线	K133 + 985	苏州供电局	24.29	4.29	142	20	
15	电力线	架空管线	K135 + 190	苏州供电局	26.29	4.29	125	22	
16	电力线	架空管线	K135 + 780	苏州供电局	24.29	4.29	145.1	20	
17	电力线	架空管线	K135 + 906	苏源电力建设公司	23.29	4.29	230	19	

续上表

序号	设施名称	类别	地理位置:距苏南段起点(公里+米)	管理单位	管底设计高程(米)	最高通航水位(米)	跨径(米)	净高(米)	备注
18	自来水管	河底管线	K135+924	苏州新区自来水公司	-0.07	2.43	100		最低通航水位
19	通信线	架空管线	K137+090	苏州邮电局	14.29	4.29	79	10	
20	电力线	架空管线	K137+500	苏州供电局	19.29	4.29	97.5	15	
21	电力线	架空管线	K138+338	苏州供电局	19.29	4.29	80.5	15	
22	电力线	架空管线	K138+500	苏源电力建设公司	22.29	4.29	90	18	
23	电力线	架空管线	K138+986	苏州供电局	26.29	4.29	103	22	
24	过河水管	河底管线	K140+932	苏州清源建设公司	-0.10	2.43	72		最低通航水位
25	自来水管	河底管线	K141+008	苏州自来水公司	-0.10	2.43	70		最低通航水位
26	通信电缆线	河底管线	K141+078	苏州邮电局	-0.10	2.43	70		最低通航水位
27	电力线	架空管线	K141+500	苏州供电局	24.29	4.29	143	20	
28	电力线	架空管线	K144+710	苏州供电局	24.29	4.29	162	20	

续上表

序号	设施名称	类别	地理位置：距苏南段起点（公里+米）	管理单位	管底设计高程（米）	最高通航水位（米）	跨径（米）	净高（米）	备注
29	电力线	架空管线	K144+770	苏州供电局	24.29	4.29	151	20	
30	自来水管	河底管线	K145+480	苏州自来水公司	-0.07	2.43	100		最低通航水位
31	电力线	架空管线	K145+586	苏州供电局	24.29	4.29	77.5	20	
32	电力线	架空管线	K145+625	苏州供电局	21.29	4.29	83	17	
33	电力线	架空管线	K146+990	苏州供电局	14.29	4.29	90	10	
34	军用电缆线	河底管线	K147+030	部队	-0.10	2.43	70		最低通航水位
35	自来水管	河底管线	K147+260	苏州自来水公司	-0.10	2.43	80		最低通航水位
36	电力线	架空管线	K147+333	苏州供电局	24.29	4.29	130	20	
37	通信电缆	河底管线	K147+800	部队	-0.10	2.43	80		最低通航水位
38	煤气管道	河底管线	K148+640	苏州煤气公司	-0.10	2.43	76		最低通航水位
39	污水管道	河底管线	K148+685	苏州河道管理处	-0.10	2.43	70		最低通航水位

续上表

序号	设施名称	类别	地理位置：距苏南段起点（公里+米）	管理单位	管底设计高程（米）	最高通航水位（米）	跨径（米）	净高（米）	备注
40	电力线	架空管线	K148+900	苏州供电局	24.29	4.29	130	20	
41	电力线	架空管线	K149+280	苏州供电局	24.29	4.29	210	20	
42	电力线	架空管线	K149+310	苏州供电局	20.29	4.29	153.2	16	
43	电力线	架空管线	K150+300	苏州供电局	28.29	4.29	248	24	
44	通信电缆	河底管线	K150+390	苏州邮电局	-0.10	2.43	80		最低通航水位
45	电力线	架空管线	K151+500	苏州供电局	21.29	4.29	96	17	
46	电力线	架空管线	K151+950	苏州供电局	24.29	4.29	230	20	
47	电力线	架空管线	K151+960	苏州供电局	24.29	4.29	200	20	
48	自来水管	河底管线	K152+600	苏州自来水公司	-0.07	2.43	90		最低通航水位
49	电力线	架空管线	K152+670	苏源电力公司	23.29	4.29	200	19	
50	电力线	架空管线	K152+730	苏州供电局	24.29	4.29	200	20	

续上表

序号	设施名称	类别	地理位置：距苏南段起点（公里+米）	管理单位	管底设计高程（米）	最高通航水位（米）	跨径（米）	净高（米）	备注
51	电力线	架空管线	K152+760	苏州供电局	24.29	4.29	195	20	
52	电力线	架空管线	K153+328	苏州供电局	21.29	4.29	420	17	
53	电力线	架空管线	K153+606	苏州供电局	20.29	4.29	85	16	
54	电力线	架空管线	K154+300	苏州供电局	19.69	4.29	136.4	15.4	
55	电力线	架空管线	K154+310	苏州供电局	19.69	4.29	161.1	15.4	
56	过河电线	架空管线	K156+50	苏州供电局	24.59	4.09	129	20.5	
57	过河电线	架空管线	K156+450	苏州供电局	23.09	4.09	118	19	
58	过河水管	河底管线	K156+810	苏州吴中区供水公司	-0.20	2.31	101.70		最低通航水位
59	过河电线	架空管线	K157+800	苏州供电局	27.09	4.09	280	23	
60	过河电线	架空管线	K158+550	苏州供电局	29.09	4.09	278	25	
61	过河电线	架空管线	K159+500	苏州供电局	24.09	4.09	205	20	

续上表

序号	设施名称	类别	地理位置：距苏南段起点（公里+米）	管理单位	管底设计高程（米）	最高通航水位（米）	跨径（米）	净高（米）	备注
62	过河通信线	架空管线	K160+00	苏州邮电局	14.59	4.09	120	10.5	
63	过河通信线	架空管线	K160+50	苏州邮电局	14.59	4.09	110	10.5	
64	过河电线	架空管线	K160+100	苏州供电局	27.09	4.09	230	23	
65	过河热力管道	架空管线	K160+500	吴中区热能公司	12.09	4.09	82	8	
66	过河沉管	河底管线	K161+250	苏州工业园区	-0.20	2.31	121		最低通航水位
67	过河热力管道	架空管线	K161+960	吴中区热能公司	12.09	4.09	78	8	
68	过河电线	架空管线	K162+00	苏州供电局	26.09	4.09	200	22	
69	过河电线	架空管线	K162+150	苏州供电局	27.09	4.09	320	23	
70	高压线	架空管线	K166+542	吴江供电局	27.11	4.11	170	23	
71	高压线	架空管线	K166+665	吴江供电局	21.11	4.11	120	18	
72	高压线	架空管线	K166+733	吴江供电局	36.11	4.11	270	32	

续上表

序号	设施名称	类别	地理位置：距苏南段起点（公里+米）	管理单位	管底设计高程（米）	最高通航水位（米）	跨径（米）	净高（米）	备注
73	高压线	架空管线	K166+771	吴江供电局	21.11	4.11	142	17	
74	高压线	架空管线	K166+813	吴江供电局	21.11	4.11	162	17	
75	高压线	架空管线	K166+913	吴江供电局	21.11	4.11	153.8	17	
76	通信线	架空管线	K166+953	吴江电信局	11.11	4.11	76	7	
77	通信线	架空管线	K166+960	吴江电信局	11.11	4.11	80	7	
78	高压线	架空管线	K166+975	吴江供电局	21.11	4.11	180	17	
79	高压线	架空管线	K168+200	吴江供电局	21.11	4.11	150	17	
80	高压线	架空管线	K169+380	吴江供电局	16.11	4.11	140	12	
81	高压线	架空管线	K169+380	吴江供电局	21.11	4.11	139	17	
82	水下水管	河底管道	K170+515	吴江自来水厂	-0.20	4.11	50		最低通航水位
83	高压线	架空管线	K170+543	吴江供电局	21.11	4.11	140	18	

续上表

序号	设施名称	类别	地理位置：距苏南段起点（公里+米）	管理单位	管底设计高程（米）	最高通航水位（米）	跨径（米）	净高（米）	备注
84	通信线	架空管线	K170+810	吴江电信局	11.11	4.11	100	7	
85	光缆	架空管线	K172+070	吴江网通	21.11	4.11	130	18	
86	水下水管	河底管道	K173+250	吴江开发区	-0.20	4.11	112		最低通航水位
87	高压线	架空管线	K177+480	吴江供电局	26.11	4.11	210	22	
88	通信线	架空管线	K180+422	吴江电信局	11.11	4.11	73	7	
89	通信线	架空管线	K180+426	吴江电信局	11.11	4.11	78	7	
90	高压线	架空管线	K180+550	吴江供电局	11.12	4.12	75	7	
91	高压线	架空管线	K181+270	吴江供电局	26.12	4.12	150	22	
92	高压线	架空管线	K182+130	吴江供电局	26.12	4.12	170	22	
93	高压线	架空管线	K186+160	吴江供电局	26.12	4.12	120	22	
94	高压线	架空管线	K187+260	吴江供电局	31.30	4.12	170	27.18	

续上表

序号	设施名称	类别	地理位置：距苏南段起点（公里+米）	管理单位	管底设计高程（米）	最高通航水位（米）	跨径（米）	净高（米）	备注
95	高压线	架空管线	K187+500	吴江供电局	26.12	4.12	205	22	
96	高压线	架空管线	K187+540	吴江供电局	31.70	4.12	190	27.58	
97	高压线	架空管线	K187+550	吴江供电局	31.10	4.12	130	26.98	
98	高压线	架空管线	K187+558	吴江供电局	31.10	4.12	130	26.98	
99	高压线	架空管线	K188+010	吴江供电局	26.12	4.12	156	22	
100	水下电缆	河底管线	K188+460	湖州电信局	-0.20	2.27	160		最低通航水位
101	跨河水管	架空管线	K188+890	吴江自来水厂	11.12	4.12	65	7	
102	高压线	架空管线	K188+920	吴江供电局	30.10	4.12	135	25.98	
103	高压线	架空管线	K189+040	吴江供电局	30.10	4.12	220	25.98	
104	高压线	架空管线	K189+060	吴江供电局	30.10	4.12	210	25.98	
105	通信线	架空管线	K189+460	吴江电信局	22.12	4.12	80	18	

续上表

序号	设施名称	类别	地理位置：距苏南段起点（公里+米）	管理单位	管底设计高程（米）	最高通航水位（米）	跨径（米）	净高（米）	备注
106	高压线	架空管线	K189+480	吴江供电局	22.12	4.12	83	18	
107	高压线	架空管线	K190+096	吴江供电局	24.12	4.12	240	20	
108	高压线	架空管线	K190+310	吴江供电局	26.12	4.12	200	22	
109	水文线	架空管线	K190+310	吴江水文站	17.12	4.12	185	13	
110	高压线	架空管线	K190+340	吴江供电局	26.12	4.12	240	22	
111	高压线	架空管线	K190+520	吴江供电局	26.12	4.12	270	22	
112	高压线	架空管线	K192+100	吴江供电局	26.12	4.12	220	22	
113	水下水管	河底管道	K193+250	吴江平望水厂	-0.20	2.27	80		最低通航水位
114	高压线	架空管线	K193+260	吴江供电局	26.12	4.12	110	22	
115	高压线	架空管线	K193+284	吴江供电局	26.12	4.12	130	22	
116	通信线	架空管线	K193+385	吴江电信局	14.12	4.12	78	10	

续上表

序号	设施名称	类别	地理位置：距苏南段起点（公里+米）	管理单位	管底设计高程（米）	最高通航水位（米）	跨径（米）	净高（米）	备注
117	通信线	架空管线	K193+395	吴江电信局	14.12	4.12	72	10	
118	通信线	架空管线	K193+400	吴江电信局	14.12	4.12	76	10	
119	跨河管道	架空管线	K193+641	吴江热电厂	12.20	4.12	85	8.08	
120	通信线	架空管线	K195+955	吴江电信局	17.12	4.12	73	13	
121	通信线	架空管线	K195+970	吴江电信局	17.12	4.12	73	13	
122	高压线	架空管线	K196+590	吴江供电局	27.12	4.12	113	23	
123	高压线	架空管线	K197+540	吴江供电局	27.12	4.12	127	23	
124	电力线	架空管线	K197+720	吴江电信局	21.12	4.12	86	17	
125	高压线	架空管线	K201+560	吴江供电局	27.12	4.12	98	23	
126	高压线	架空管线	K201+780	吴江供电局	27.12	4.12	102	23	
127	高压线	架空管线	K202+560	吴江供电局	27.12	4.12	123	18	

续上表

序号	设施名称	类别	地理位置：距苏南段起点（公里+米）	管理单位	管底设计高程（米）	最高通航水位（米）	跨径（米）	净高（米）	备注
128	高压线	架空管线	K202+660	吴江供电局	24.17	4.12	175	20.05	
129	水下水管	河底管线	K202+974	吴江盛虹染厂	-0.20	2.32	52		最低通航水位
130	高压线	架空管线	K202+981	吴江供电局	27.12	4.12	146	23	
131	高压线	架空管线	K202+990	吴江供电局	27.12	4.12	146	23	
132	跨河水管	架空管线	K203+070	吴江自来水厂	11.51	4.12	80	7.39	
133	通信线	架空管线	K203+080	吴江电信局	11.12	4.12	106	7	
134	高压线	架空管线	K203+120	吴江供电局	22.58	4.58	126	18	
135	高压线	架空管线	K203+400	吴江供电局	22.58	4.58	130	18	
136	跨河管道	架空管线	K203+482	吴江苏盛热电厂	13	4.58	109.28	8.42	
137	高压线	架空管线	K204+600	吴江供电局	25.08	4.58	110	20.5	
138	高压线	架空管线	K204+700	吴江供电局	25.08	4.58	110	20.5	

第八章 港 口

京杭运河苏南段,沿河城镇、港口密集,腹地经济富饶,唐宋以来江南地区就有“衣被天下,食供四方”的美誉。粮赋、商品贸易多需从运河转输,沿河港口自然形成集疏的枢纽。苏州、无锡、常州、镇江等地历代都是漕粮集运、商品转输的重要港口。明清时期,江南一带农产品更多地进入商品流通领域,乡镇手工业也日趋发达,特别是家庭纺织业尤为普及,产品运销促进了运河沿线港口的形成和发展。光绪三十四年(1908)沪宁铁路的通车和近代民族工业的逐渐兴起,促使沿运河港口进一步发挥水陆运输衔接的枢纽作用。

千百年来,港口码头工人以出卖劳力为生,靠的是肩挑背负,杠棒搬抬,从事沉重而危险的体力劳动,缺少安全保障,收入微薄,生活十分艰苦。明清以后,由于港口码头粮食及各种商品量的增加,对劳动力的需求日渐增多,出现脚行、帮会等行业组织,原为码头劳力自发组织的群众团体,逐步被有权势的封建把头所掌控,如苏州城的安清帮、桥盘头等。他们各自把持一块地盘,垄断这一地区的装卸搬运业务,采取分成或提取佣金等手段盘剥码头工人。

中华人民共和国成立后,国家首先在全国范围内废除装卸搬运业中的封建把持制度,组建港口行业组织,改革劳动组合,改善劳动条件,使港口获得了新生。1965 年江苏省政府以 738 号文件明确要求省内港口年吞吐量 50 万吨以上的市、县成立港务管理处,并实行“以港养港、以港建港”的扶持政策,规范了港口管理机构的设置和规费的征收,落实了港口建设资金的补助渠道,加快了港口机械化生产和基础设施建设的步伐。苏南运河历次整治工程,也对沿河港口进行了相应的配套建设,工人劳动条件逐步有所改善,生产效率也有所提高。改革开放以来,苏南运河沿线的港口充分利用各自的地域优势和通江达海功能,加快港口基础设施建设,使运河港口和沿江港口相互衔接融为一体,进出口物资的通道更加便捷通畅,为促进苏南地区外向型经济发展,提供了良好的运输支撑。

2001 年 11 月,国务院批准实施《关于深化中央直属和双重领导港口管理体制改革的意见》。境内原由中央和地方双重领导的沿海和沿长江港口相继下放到江苏地方管理并实行政企分开,港口管理职能由地方行政负责。各市港务管理处也实行政企分开,不再承担港口管理职能,并先后实施了改制和重组,分别组成自主经营、自负盈亏的法人实体。

2005 年 11 月,江苏省港口管理局正式成立,依据《中华人民共和国港口法》和相关法律、法规负责港口的岸线资源、规划建设、经营监管、安全监督和环境保护,以及港口规费征收等管理工作,行使行政管理职能。沿河主要港口也都按照"一城一港"的要求进行体制改革,推进港口经济的发展。

苏南运河沿线 4 市港口的现状,除沿江港区码头外,运河沿线港口数量虽多,但码头规模小,装卸设施落后,装卸效益低下。改革开放以来,由于高速公路建设等大量阶段性的货运需求,导致了较多临时简易码头的发展;原有的一些货主码头由于资金投入不足,也使得港口的发展受到制约。

2005 年苏南运河沿线港口码头概况见表 8-1。

2005 年苏南运河沿线港口码头概况表 表 8-1

项目 / 区域	码头座数(座)	码头岸线(米)	设计吞吐能力(万吨)	2005 年吞吐量(万吨)
镇江市	43	3 094	1 900	1 100
常州市	32	10 400	6 000	5 400

续上表

项目 区域	码头座数 (座)	码头岸线 (米)	设计吞吐能力 (万吨)	2005 年吞吐量 (万吨)
无锡市	134	15 316	4 100	2 100
苏州市	146	14 774	5 200	4 100
合计	355	43 584	17 200	12 700

第一节 镇江市港口

镇江港扼长江、运河要冲,历年依长江岸建港,运河沿岸仅丹阳港形成规模。镇江港口的形成可追溯到东汉晚期,至今已有近 1800 年的历史。建安十三年(208),吴主孙权为抗拒曹军南犯,移镇京口(今镇江),积谷通渠为备武之道,其粮秣转输、兵员调集,使京口成为当时重要的军事港口。六朝时,随着农业的发展,商贸的活跃,通过长江和江南河网,东通吴会,南接江湖,京口成为当时经济活动的重要枢纽。萧齐时即建有常平仓,由国库出钱,储存粮谷布帛等多种物资入市交易,集散转输。隋代浚深拓宽江南河,自京口至余杭八百余里全线贯通,"自是天下利于转输",唐、宋两代漕粮、贡品亦多经京口北运。南宋时,在镇江相继建有转搬仓、丰储仓、大有仓和都仓、户都大军三仓等,仓储能力在 240 万石以上,常年出入仓库的粮谷即达 140 余万石。元、明、清三朝,镇江港仍然是杭、嘉、湖、苏、松、常六郡漕粮北运的出江口门。清人称"京口为舟车络绎之冲,四方商贾群萃而错处,转移百物以通有无"。镇江港不仅是漕运集转的枢纽,同时也是日趋发达的商品贸易的主要集运港口。

鸦片战争后,清咸丰八年(1858)英法等国迫使清政府签订中英、中法《天津条约》,开放更多的通商口岸,外国船只不仅可以随意航行于中国沿海,而且可以自由深入到长江内河。镇江于咸丰十一年正式开埠,划定租界,并由英人派员直接控制镇江海关税务司,办理外商轮船的收税验货事务，后又设立镇江海关理船厅，专司有关航政管理事项。这反映了中国海关管理权、关税自主权和航政管理权的丧失。镇江港是长江干流第一批被迫开放的口岸之一，成为外国航运企业在中国倾销商品，掠夺资源的转运站。在进口洋货中，鸦片占有很大比重，仅据光绪元年至十年(1875～1884)海关统计资料，每年经镇江关报关的鸦片都在万担以上。

镇江开埠后，随着商业贸易规模的扩大，进出口、转口物资的不断上升，港口规模也相应得到发展，原自然港湾驻泊木帆船、肩挑人扛装卸货物的状况逐渐有所改善，装卸效率不断提高。清同治二年(1863)美商旗昌轮船公司首先在镇江英租界内设置简易栈桥码头，靠泊铁质趸船。这是镇江港第一座较正规的栈桥码头。同治十二年轮船招商局镇江分局设立，首先在江边小闸口西(现平政桥以西)设置码头，配置铁质趸船“定海号”，船长262英尺(合79.85米)、宽32英尺(合9.85米)、深20.09英尺(合6.12米)，并陆续建有栈房、仓库11所。接着上海鸿安轮船公司亦于光绪二十六年(1900)在镇江设置码头，下碇趸船，开展长江客货运输业务。同治十三年至光绪二十七年间(1874～1901)先后有英商太古、怡和、麦边等轮船公司及法、日等国商行在英租界沿江一带、小闸之东运河两侧建造码头上下旅客、装卸货物。另外，还有专营油运的美孚、德士古、亚细亚等外国公司各自设置专用油运码头。据海关统计，从19世纪70年代起，镇江已经成为洋货内运的重要港口。同治十年(1871)通过镇江海关输入的洋货进口总值达白银761.39万两，到光绪二十年(1894)已突破1 000万两，进口转运的洋货品种也多达800余种。

在此期间，民营小轮航运业也随之兴起，从光绪二十四年到宣统二年(1898～1910)先后有丰和小轮公司、顺昌和记轮局、戴生昌轮船局、泰昌轮船局、华通小轮公司、天泰轮船局等轮运企业建有小轮码头和相应的栈房、仓库，用以经营长江区间运输以及沿京杭运河北延至苏北宝应、淮阴等地航线的客货运输业务。

民国初期，由于沪宁、津浦铁路建成通车，加之作为江苏水运主干道的京杭运河年久失修，航运受阻，长江以北运河两翼腹地外运物资大都弃水就陆，改由铁路转运，原作为大江南北进出口物资集散中心的镇江港地位逐渐下降。通车前的光绪三十二年到三十四年（1906 ~ 1908），镇江外贸出口值每年都在 100 万两白银以上，而在民国元年（1912）以后很少超过 50 万两。

抗日战争爆发后，镇江沦陷，港口设施几被破坏殆尽。抗日战争胜利后，镇江港虽曾有过短暂复苏，但 1947 年以后，由于国民党军队占用码头与船舶，使港口再次遭到严重破坏，业务经营几乎停顿。

1949 年 4 月镇江解放，镇江港获得新生，国家接管了轮船招商局镇江分局，镇江港除私营轮运企业的码头设施外，其余码头设施收归国有。1952 年镇江港务局成立，加强了对港口的领导和经营管理。1965 年 11 月镇江市港务管理处成立，原镇江市搬运公司承担的码头、车站等处装卸搬运业务分别划由镇江港务局和镇江市港务管理处分区承担。以苏北路平政桥为界，桥东到江边公园由镇江港务局直接管理；桥西至小码头由镇江市港务管理处经营管理。

1978 年，中国共产党十一届三中全会召开以后，镇江港有了更快发展，先后完成了大港港区的建设和老港区的改造搬迁两项重大工程，全港形成老港区、谏壁港区、高资港区和大港港区 4 个货物集散的作业点，以及后来用以置换老港区功能的龙门港区相继投入运营，同时添置和改造各种机械设备，扩大生产能力。港口吞吐量连续攀升，从 1977 年的 266.7 万吨上升到 1985 年的 813.7 万吨，2000 年以后又实现了新的突破，至 2005 年货物吞吐量和集装箱运量分别达到 3 303.8 万吨和 9.84 万标准箱。

客运方面，由于交通运输结构的调整和旅客运输市场竞争的影响，水上客流量日趋萎缩。1994 年镇江港长航客运站迁至龙门港经营，但至 2001 年 10 月，因客源匮乏，申渝、申汉长江大轮客班相继停航。龙门到瓜洲、龙门到世业洲的地方区间客渡，随着 2005 年 5 月润扬长江公路大桥通车相继停航。内河水上客运也相继歇业。至此,镇江港延续百年的轮船客运停止经营。

2003 年 6 月,镇江港管理体制改革,撤销镇江港务管理局(政企合一性质),分别成立镇江市口岸和港口管理局、镇江港口有限责任公司,实行政企分开。2005 年 1 月,镇江港务集团有限公司宣布成立。

镇江港所辖 5 个港区,发展和经营状况如下:

一、长江港口

(一)老港区

镇江开埠以后,不仅外国轮运企业相继设置码头靠泊船只,国内航运企业也陆续兴建码头和栈房、仓库。当时沿江一带自沪宁铁路专用线的江边车站码头起东至甘露港均为码头作业区,即现在称为老港区的地段。码头区内招商局和旗昌公司的码头靠泊能力达 5 000 吨级,中、小型企业的码头沿江交错排列,已初显近代港口的景象。

解放后,为适应港口货物吞吐量的增长和内河客运的发展,又增建和扩建了一批港口设施,镇江港务局 1954 年建成 1 号码头(后改为 3 号码头),7 号仓库 331 平方米,供应仓库 278 平方米;货主单位自建仓库 9 119 平方米,露天煤场 7 983 平方米,另建成长江班轮及轮渡候船室各一座,共 578 平方米,可分别容纳 400 人和 300 人候船休息。1958 ~ 1960 年,江边公园码头(后改为 5、6 号码头)及 3 号码头相继建成木质栈桥和钢质引桥,旅客上下和货物装卸条件得到较大改善。1966 ~ 1976 年镇江港务局又致力于老港区的新建和改造,新建仓库 440 平方米,改建 6 号码头为直立式钢筋混凝土结构。

1965 年,镇江市港务管理处在 10 号码头开挖人工河槽式港池 1 处,长 340 米,底宽 40 米,在石驳岸前建有木质栈桥 4 座,扩大小型货船的停靠范围。1966 ~ 1976 年期间共新建码头 19 座,泊位 21 个,货场面积扩大到 22 450 平方米。

从 1977 年开始,镇江市港务处还陆续建成平政桥东至电力路围滩货场和一批码头设施,继续加快对老港区的技术改造。与此同时,镇江轮船公司等航运企业也相继建有轮船码头、候船室、仓库等设施。

此外,在老港区焦山水域的货主单位镇江焦化厂,于1965年建成千吨级煤码头1座,长60米,钢筋混凝土高桩梁板式结构,年通过能力25万吨,1985年又建成1座装卸硫酸等危险品的专用码头,为趸船浮码头型式,长20米,靠泊能力为500吨级,年通过能力6万吨。图8-1为镇江老港区。

图8-1 镇江老港区

至1985年底,镇江港老港区除货主码头外,共有长江航运管理局系统所属码头与地方港航系统码头71座。其中,镇江港务局22座,码头总长1 747米;镇江市港务处45座(包括简易码头),镇江轮船公司4座。1994年老港区搬迁至龙门港区后,因市区长江路风光带建设,大部分码头已基本废弃。现仅保留原3号码头趸船1座,供"金山号"游船和其他小型交通船停靠。老港区电力路口以西至新河桥之间尚保留有市港联公司和市轮船公司经营的少量码头,在焦山水域亦留有少数货主码头。

20 世纪以来,由于长江镇江段主泓不断北移,南岸沙淤日趋严重,镇江港进出航道几被征润洲下移沙滩所阻断。1957 年 9 月,江苏省专门成立镇江港整治委员会,决定在镇江港池上游开挖引河一道,用以引流刷沙。但由于引河断面小而港池断面大,上游带来泥沙大量沉淀港池附近水域,引河不仅未能收到预期效果,反而加重了港区水域的淤积。1958 ~1962 年进港航道淤积更甚,1963 年交通部批准放弃由焦山北侧进港的航道,改由焦南浚深航道进港。焦南航道全长 7 公里,底宽 80 米,枯水位时要求保持通航水深 3.8 米,但竣工通航后,每年仍需维护性挖泥 25 万立方米。1977 年汛期后,长江主泓继续北移,焦南航道淤积加重,挖泥量逐年剧增,1984 年高达 384 万立方米。为了拯救日趋萎缩的镇江老港,除选址另辟新港区外,1986 年经江苏省政府批准对进港航道实施"中口袋"整治方案,即在征润洲开挖一条 4.06 公里的引航道,然后在引航道东侧向下游构筑一道 7.5 公里的拦沙堤至焦山,以隔断漫滩水流,阻止泥沙进入港区。该项工程全部投资 3 807 万元,于当年 4 月开工,11 月竣工通航,焦南航道亦随之封闭。老港区进港船舶改由"中口袋"引航道进出,通航状况得以改善,长江进港航程也大为缩短。但港池淤浅并未根治,维持到 1998 年,整体迁至龙门新港区。

(二)谏壁港区

谏壁港区位于市郊京口区谏壁镇,是镇江港建港最早的工业港区,以电力、石化工业的原、辅料进口为主。1980 年谏壁船闸建成前,这里即已形成由厂矿企业自建码头为主的码头群。公用码头仅有属于丹徒港务处的内河码头 2 处。1959 年 7 月,位于谏壁镇东的青龙山白云石矿码头建成投产,该码头建在青龙山下,东西两侧各有一个泊位,分别长 50 米和 80 米,均为趸船式浮码头,最大靠泊能力为 3 000 吨级。1965 年谏壁电厂新建长 164 米、2 000 吨级和长 80 米、400 吨级钢筋混凝土高桩框架式码头各 1 座,有泊位 3 个。1976

年谏壁油库建成3 000吨级油码头1座，岸线长85米，钢筋混凝土高桩框架式结构。京杭运河苏南段改线由谏壁船闸出江后，谏壁港区的货主码头更有较大规模的发展。1978年谏壁电厂新建黄沙专用码头1座，5 000吨级，年吞吐能力20万吨。1979年燃料公司建煤码头1座，为趸船浮码头。1980～1982年谏壁电厂又先后建成大型油码头、煤码头各1座，油码头长75米、靠泊能力5 000吨级，年吞吐能力13万吨；煤码头为25 000吨级，这是当时镇江港厂矿自建靠泊能力最大的1座专用码头，年吞吐能力可达450万吨。后因码头前沿淤浅未能达到设计能力要求。1984年谏壁油库又建成靠泊能力为10 000吨级的浮码头1座，趸船长90米，年吞吐能力为60万吨。谏壁港区共有货主单位专用码头泊位11个，总长1 347米。其中，万吨级以上泊位4个，5 000吨级泊位2个，3 000吨级和1 000吨级泊位5个，设计年综合吞吐能力1 022万吨。

（三）大港港区

大港港区位于镇江东郊大港镇，距市区28公里。港区江面上起和畅洲南北汊汇流口，下至五峰山，全长8公里。处于单一微弯河段的凹岸，土质坚硬，抗冲力强，1级阶地宽广平坦，水流特征具有利于河床稳定等天然优势。1975年3月，江苏省计委批准在大港兴建深水港区，工程分两期进行。1985年11月一期工程竣工，为25 000吨级泊位4个，次年1月正式投产；二期工程为25 000吨级泊位4个，5 000吨级江船泊位2个，仓库、堆场共184 677平方米，以及有关的生产生活辅助设施，于1993年2月建成投产。

1986年12月国务院批准镇江港对外国籍船舶开放。1987年5月18日第一艘外籍船舶“大连商人”号远洋轮船靠泊大港码头，到当年年底，港区先后接卸海轮102艘次，其中外籍船舶11艘次。

为进一步扩大港区的集疏运能力，增强港区之间的连接，镇江市于1988年决定自筹资金建设自沪宁铁路镇江站至大港港区的镇大铁路专线,沿线经丁卯开发区、谏壁港区、大港开发区进入港区。全线长 24.9 公里,并出岔接入 10 条厂矿企业专线和两个货场,工程于 1990 年开工,1995 年底全线通车,总投资 1.9 亿元,与南京铁路分局实施联合经营。

1993 年,镇江港成立港务三公司专营集装箱业务。1998 年 9 月,港务二公司、三公司合并组建大港港务总公司,着力开展集装箱运输。1999 年 11 月,第一条至上海的内贸集装箱班轮开通。2002 年 10 月,与日本中谷新良海运有限公司联营开辟的内贸集装箱干线班轮直达深圳、广州、宁波、上海等地,月发班轮 30 多个航次。2003 年 10 月,又将原隶属于大港港区的集装箱公司整建制划出重新组建镇江港集装箱公司。经过几年的市场培育,港口集装箱中转量已从 1999 年的 300 标准箱发展到 2004 年的 13.3 万标准箱,为内、外贸企业增加了一条便捷、安全的货物进出口通道。

大港港区是镇江港主要的外贸深水公用港区,也是镇江新区大型外贸企业较为集中的专用港区,现已成为长江下游深水泊位较多的港口,位列长江港口第 4 位,并被列为全国 43 个主枢纽港之一。2005 年镇江港务集团有限公司在大港港区共有公用码头泊位 22 个,总长 2 652 延米。其中,25 000 吨级泊位 8 个,5 000 吨级泊位 2 个,2 000 吨级泊位 1 个,内河港池 1 座。2001 年吞吐能力达 840 万吨(含内河港池 140 万吨)。

2004 年 9 月,国家发改委批准大港港区三期工程立项建设,具体规模为:建设 4 个 3 ~7 万吨级海轮泊位,2 个 5 000 吨级江轮泊位和 12 个 500 吨级内河港池泊位及其相应的配套设施,设计年吞吐量为 1 160 万吨。当年 10 月,国投交通公司与镇江港口有限责任公司共同成立国投镇江港有限责任公司,作为大港三期工程运作的经济实体。首期征用土地 1 741 亩,并进行了水工部分的试桩,积极着手施工前的准备。

（四）高资港区

高资港区位于镇江市区以西 13 公里，高资镇北高资河入江口处，西距南京市区 50 公里，紧邻沪宁铁路高资站。港区水陆面积 27.4 万平方米，自然岸线长 1 500 米，附近矿藏丰富。1965 年拓宽浚深港池 200 米，同时清除了江口暗礁，疏浚码头前沿航道。1968 年在高资河入江口裁弯取直建千吨级简易栈桥码头 1 座，便利大吨位船舶通过和停泊作业。同年，又在马桥口建简易码头 1 座，供韦岗采石厂出口石灰石及中转铁路运往苏北邻近县市的竹木、焦炭等物资，年吞吐量约 18 万吨。1973 年再次扩建港池长 400 米，底宽 20 米。建货物堆场 7 万平方米。1974 年 12 月，江苏省水利器材公司高资水利仓库在高资港桥东自建港池长 400 米，底宽 10 米，1980 年又建水泥仓库 408 平方米。1985 年镇江港务局与高资乡合资建石灰石专用码头 1 座，结构为趸船浮码头，靠泊能力 1 000 吨级。镇江船山石灰石矿自建石灰石专用码头 1 座，靠泊能力为 5 000 吨级，主要用于向上海宝山钢铁厂供应石灰石。至此，高资港区已逐步形成以石灰石矿、水泥工业产品出口和电力、石化工业原辅料进口为主的工业港区之一，拥有企业专用码头 6 个，总长 1 012 延米，年吞吐能力达 1 022 万吨。港区还建有公用码头 60 吨级浆砌重力式驳岸结构泊位 3 个，100 吨级泊位 1 个，另有自然岸坡作业线约 1 900 米。

（五）龙门港区

龙门港区位于长江下游镇扬河段，世业洲汊道末端右岸的龙门口，紧邻镇扬汽渡一侧。后方有疏港道路可与 312、104 国道公路和沪宁高速公路相连接，水陆交通都很便利。

由于原在镇江市内的老港区长期受航道淤浅等制约，经选址新建龙门港区，用以置换老港区的功能。龙门港区是以公用码头为主的新开发港区，在润扬大桥和镇江船厂新厂区之间，划分为西港区和东港区两部分。西港区由镇江港务联运总公司负责建设和经营，一期工程有 3 000 吨级长江泊位 1 个,500 吨级内河泊位 2 个,于 1998 年年底建成投产。东港区由镇江港龙门港务总公司建设和经营,建有码头泊位 4 个,其中,3 000 吨级件杂货船泊位 1 个,2 000 吨级散货船通用泊位 2 个,工作船泊位 1 个,港区占地面积 13.34 万平方米,占用长江岸线 570 米,建有仓库 3 000 平方米,平整货场近 5 万平方米。港口机械拥有 15 吨、8 吨浮吊各 1 台,3 ~ 18 吨浮吊 2 台,2002 年 9 月以前陆续竣工投产。

2003 年 1 月,镇江港为扩大港口综合通过能力,实施镇江市沿江经济开发"东西两翼齐飞"的战略规划,决定对龙门港区的码头进行扩建和改造。该项工程位于原搬迁还建工程的上游,上距润扬大桥约 2 公里,下距镇扬汽渡约 200 米,建造 3 ~ 5 万吨级件杂货通用码头 1 座,码头及引桥为高桩梁板式结构,长 238 米,宽 28 米,设计年吞吐能力为 170 万吨,于当年 10 月 30 日竣工,2004 年 8 月,通过省级验收正式对外开放,从而使龙门港区成为继大港港区后第二个对外开放的公用码头。1998 年镇江市港口企业情况见表 8-2。

1998 年镇江市港口企业概况表 表 8-2

项目 \ 单位	镇江港务管理局	镇江市港务联运总公司
港区总面积(万平方米)	406	24
港区陆域面积(万平方米)	114	19
港区水域面积(万平方米)	292	5
港区自然岸长度(公里)	108	11
码头总长(延米)	3 033	751
生产用码头泊位(个)	30	54
其中:万吨级(个)	9	—
生产用仓库总面积(平方米)	37 850	9 066
生产用堆场总面积(平方米)	304 662	128 653

续上表

项目＼单位	镇江港务管理局	镇江市港务联运总公司
容量普通堆场(吨)	549 085	75 720
容量集装箱堆场(箱)	—	—
生产用装卸机械总台数(台)	226	93
起重机械(台)	47	68
输送机械(台)	72	5
输送机械长(米)	2 457	100
装卸搬运机械(台)	89	20
专用机械(台)	18	—
年末职工人数(人)	3 978	1 049
其中:装卸工人及司机	—	237
年末固定资产原值(万元)	62 366	3 491
全年营业收入(万元)	10 375	1 856
全年利润总额(万元)	－2 987	71
装卸单位成本(元/千自然吨)	8 745	2 869

二、内河港口

(一)丹阳港

丹阳港位于丹阳市区苏南运河与九曲河交界处,北距谏壁船闸约22公里。新、老九曲河及丹金溧漕河等主要航道在此交汇。港区衔接多条公路,沪宁铁路在港区东侧经过,是以铁路为依托的区域性内河中转码头,也是苏南运河的重要港口之一。

中华人民共和国成立后,政府对港口码头的装卸搬运队伍进行了清理整顿。1953年成立政企合一的丹阳搬运办事处,港口码头业务由办事处兼管。

1959 年苏南运河丹阳段改道，船舶改走新航道，南起人民大桥北至丹阳磷肥厂的运河两岸，包括老九曲河阜阳桥以东两岸的港池为新的港区。1966 年丹阳港务管理处成立，在运河东西两岸分设港口、车站两个装卸作业区以及车队等附属单位，既经营港口装卸业务，又承担陆上的短途运输，为港、运一体的单位。

丹阳港务管理处成立后，积极着手港口基础设施和机械设备的建设，当年就修建了 1 号、5 号浆砌块石重力式驳岸码头 150 米。后相继在 1 号码头安装了固定式起重机械，建成 4 号码头和火车站站台上坡处的起重机平台，在丹阳煤库安装了高架输送机，疏浚港区苏南运河东西两侧及老九曲河近 600 米河道，建成 7 号、8 号码头，疏浚港池 9 000 多平方米。1984 年又重点改造位于苏南运河丹阳段和老九曲河交汇处的 7 号码头，包括新建泊位 2 个、驳岸 57 米，铺设堆场 1 500 平方米。至 1987 年末，丹阳港口作业区水域面积为 39 320 平方米，岸线总长 4 500 延米；直立式驳岸码头 936.6 米，泊位 23 个，最大靠泊能力 200 吨级；简易码头 370 米，泊位 8 个。港区陆域面积 43 328 平方米，货物堆场 10 990 平方米，总容量可达 43 960 吨。港口吞吐能力最高日装卸量可达 5 000 吨。

此外，在丹阳市城镇范围内，尚有厂矿企业自备码头 9 处，大部分分布在苏南运河、环城河沿岸，均为驳岸式码头。其中，航运部门的货运自备码头有泊位 2 个，码头总长 48.5 米，靠泊能力 50 ~ 70 吨，客运自备码头 1 个，码头长 30 米；物资部门码头总长 300 延米，有泊位 12 个，靠泊能力 15 ~ 50 吨。另在分洪道两岸黄沙运销市场有个体运输船利用自然岸坡靠泊的简易码头 5 处，装卸作业靠人力挑抬。

丹阳港务管理处在建港之初，主要承担金坛、溧阳等地的煤炭通过铁路、水运中转和丹阳市工农业生产资料、建材、粮食的进出口运输，年吞吐量约 40.7 万吨。20 世纪 70 年代初，华东和上海调进的部分木材经镇江地区调度由丹阳港承担铁路转水路的中转任务。

1976 年,镇江地区小煤矿分配各县的煤炭亦多由丹阳港经公路或水路中转。1978 年镇江港压港压站的货物,丹阳港亦被指定为主要分流港之一,吞吐量有了大幅增长。此后,丹阳港生产业务逐年向外拓展,到 1983 年已形成承担金坛、溧阳、宜兴、扬中、句容和苏北三泰地区十多个县市部分煤炭、粮食、木材及集装箱货物进出口中转的枢纽性港口。

1992 年,京杭运河苏南段全面整治工程启动,丹阳市区段因整治需拆除丹阳港务管理处和有关厂矿企业的沿河码头,根据设计要求,确定选址另建丹阳新港,列为整治工程的一个单项工程。新港区位于丹阳市区北侧、苏南运河东岸,北距谏壁入江口门约 20 公里,沿运河南下,有丹金溧漕河、香草河、九曲河均在该段与运河苏南段交汇。新港区岸线长 420 米,有泊位 14 个,可供 14 条 100 吨级至 500 吨级驳船停靠装卸,设计年吞吐量为 100 万吨。水域为顺岸挖入式布置,码头前沿距航道中心线 70 米,岸线与航道中心线平行,港区内设置 5 吨装卸桥 1 座及吊机等。另在云阳大桥南、苏南运河西侧建客运旅游码头 1 处,岸线长 90 米。图 8-2 为丹阳新港。

图 8-2 丹阳新港

丹阳新港1994年开工建设,1996年初竣工投产。在苏南运河整治期间,港区主要货源以黄沙为主,碎石、块石、煤炭等次之。整治工程全线竣工后,港区货源则以煤炭为主,木材、黄沙等建材次之。丹阳市港务管理处情况见表8-3。

1998年丹阳市港务管理处概况表 表8-3

项目 \ 单位	丹阳市港务管理处	项目 \ 单位	丹阳市港务管理处
港区总面积(万平方米)	21	起重机械(台)	17
港区陆域面积(万平方米)	19	装卸搬运机械(台)	4
港区水域面积(万平方米)	2	年末职工人数(人)	583
港区岸线长度(公里)	2	其中:装卸工人及司机	141
码头总长(延米)	787	年末固定资产原值(万元)	1 057
生产用码头泊位(个)	17	全年营业收入(万元)	752
生产用堆场总面积(平方米)	21 105	全年利润总额(万元)	-172
容量普通堆场(吨)	53 000	装卸单位成本(元/千自然吨)	2 819
生产用装卸机械总台数(台)	21		

1999年企业改制,丹阳新港出让给丹阳丹化集团克诺双凤有限公司,继续经营港口业务。

(二)沿河码头

1980年谏壁船闸建成及1997年苏南运河全面治理后,通航条件得到改善,一批中外企业多在运河两岸选址兴建码头,沿河原有建材、采矿等老企业的码头也相继进行改建。迄至2005年,镇江段42.6公里运河两岸,分布码头43座,岸线长3 094米,全部采用顺岸凹入式或汊河口挖入式布置。2005年完成吞吐量1 100万吨。码头概况详见表8-4。

2005年苏南运河镇江段沿河码头概况表

表 8-4

序号	码头名称	地理位置（里程桩号:公里+米）	建成时间	码头岸线长度(米)	码头前沿线与航道中心线距离(米)	作业机械（吨/台）	备注
1	客渡码头	K1+200	2001	100	100		
2	航道处修理厂码头	K2+000	1994	15	54		
3	谏壁农工商码头	K3+550~K3+750		200	128		
4	京口工业园码头	K4+662		200			
5	镇江伊斯特物流码头	K4+630~K4+810		180	70		
6	航道处沿江公路桥码头	K5+270	2002	100	38		
7	松林山石矿码头	K5+325	1997	60	55		
8	镇江新晟装卸运输码头	K5+270~K5+370		100	70		
9	镇江鑫运码头	K5+370~K5+470		100	70		
10	辛丰中天码头	K6+030~K6+075	2003	45	70		
11	辛丰村码头	K7+680~K7+780	2004	100	70		
12	辛丰亨威轴承公司码头	K7+760~K7+880	2005	120	70		
13	辛丰夏家砖瓦厂码头	K9+450	1995	90	60		
14	辛大建材厂码头	K9+430	1997	—	40		（支线口）

续上表

序号	码 头 名 称	地理位置（里程桩号:公里 + 米）	建成时间	码头岸线长度（米）	码头前沿线与航道中心线距离（米）	作业机械（吨/台）	备注
15	辛丰镇砖瓦厂码头	K10 +080	1995	40	35		
16	辛丰律润建材码头	K10 +065 ~ K10 +150	2005	85	70		
17	辛丰苏润码头	K10 +400	2003		80		（支线口）
18	黄墟沪江建材厂码头	K10 +700	1995	70	35		
19	黄墟晓新建材厂码头	K11 +080 ~ K11 +150	1995	70	35		
20	黄墟砖瓦厂码头	K12	1995	50	35		
21	辛丰四联建材厂码头	K11 +980 ~ K12	2004	20	100		
22	辛丰闽丰建材厂码头	K12 +330 ~ K12 +380	2003	50	70		
23	辛丰湖马建材厂码头	K12 +760 ~ K12 +820	2003	60	70		
24	大泊建材厂码头	K13 +100	1995	120	40		
25	百瑞吉码头	K5 +590 ~ K5 +690		100	70		
26	晓星码头	K13 +780 ~ K13 +880	1993	100	54	5/3	
27	现代码头	K13 +650 ~ K13 +700	2003	50	70	5/2	
28	练湖砖瓦厂码头	K14 +400 ~ K14 +440	1993	40	54	5/2	

续上表

序号	码头名称	地理位置（里程桩号:公里＋米）	建成时间	码头岸线长度(米)	码头前沿线与航道中心线距离(米)	作业机械(吨/台)	备注
29	双马码头	K16＋960～K16＋990	1993	30	52	5/2	
30	龙江钢铁码头	K18＋840～K18＋890	1993	50	54	5/2	
31	金港码头	K19＋250～K19＋310	1993	60	54	5/2	
32	练湖建材厂码头	K19＋360～K19＋426	1993	66	54	5/2	
33	龙源热电厂码头	K19＋400～K19＋475	1993	75	70	5/2	
34	丹阳新港码头	K20＋000～K20＋420	1993	420	70	5/10	
35	航道码头	K22＋500～K22＋540	1989	40	35	—	
36	旅游码头	K22＋878～K22＋968	1993	90	35	—	
37	嘉诚码头	K24＋162～K24＋300		138	70	5/3	
38	陵口卢家码头	K34＋48～K34＋118	2004	70	70	5/2	
39	长旺码头	K38＋700～K38＋770	2003	70	70	5/2	
40	铸造厂码头	K39＋778	1995		120	5/1	
41	吕城港码头	K40＋600	1993		60	5/4	
42	虎士河码头	K41＋517	1993		65	5/1	
43	供销社码头	K41＋667～K41＋687	1993	20	54	5/1	

第二节　常州市港口

常州港地处苏南运河中段,历来以内(运)河港口为主体,北有新孟河、德胜河、藻港河可通长江,南有滆湖、太湖可调蓄水源。隋唐以后,即已成为“三吴襟带之邦、百越舟车之会”的交通枢纽。中华人民共和国成立后,特别是改革开放以来,常州港不仅境内物资流转日益增长,对外贸易任务亦日趋繁重。2002 年常州市政府提出以港兴市、开发江边的城市发展战略,在全面整治苏南运河,提高内河港区效能的同时,积极组织沿江港区的开发,并选定在藻港河至桃花港之间沿江一线建设新的常州港。规划由圩塘港区、夹江港区和录安洲港区组成。港区由德胜河、藻港河两条平行航道与苏南运河常州段沿河港区相衔接,并建有 13 公里通江大道与城区连成一体。该项规划已从 20 世纪 90 年代起分阶段组织实施。

一、内河港区

(一)市区港口

常州港隋唐时即是粮赋转运中心。唐景福元年(892),依河筑城,浚孟渎,治荆溪,引江水接运,修建沿河码头,漕粮贡赋经此集运北上。及至宋代,“自苏松至两浙、七闽数十州,往来南北两京,无不由此途出”。常州府专门设有江浙、荆湖、广西、福建路转运使司承办漕运,在运河沿线兴建粮仓,构筑漕运码头及驿站多处。绍兴四年(1134)在府南玉带河边建粮仓十余间及沿河码头,储粮转运。明洪武元年(1368)在朝京门西直街运河河畔建驿站码头,并派员驻扎督运漕粮。正统五年(1440)为解决常州漕米储存,在武进怀南乡运河南建西仓储武进粮米,在阳湖东直乡运河南建东仓及石阶码头,供仓储转运。随着江南地区经济的发展,沿河一带还相继出现有烧窑、造船、制药、织造等官营作坊,产品和原材料的输进输出,也促进了港口的兴盛。

清代,常州仍是京师贡赋的主要产地和转运港口。雍正二年(1724)武进全县共有漕白粮船120余艘,停泊西门城外永丰里大王庙一带,后延伸至政成桥附近。七年,在大庙弄增建常平仓,浚后河、子城河,筑石阶码头。八年,又在白云渡建常平仓及石阶码头分储武进、阳湖两县漕粮。道光四年(1824)因城内店多河狭,船难靠泊,故在东、西城外兴建东埠汛码头和西埠汛码头。武进、阳湖两县规定,永丰里下栅以西,东埠汛以东,永远不得添设行栈,以便漕船停靠装卸。同治以后手工业日益发展,除官府漕粮码头外,行商、堆栈、粮油加工作坊也多在沿河一带自建专用石级码头,装运粮油及加工成品。光绪二十八年(1902)上海内河招商局在常州设分局,在西门外表场建轮船客运码头,停靠客班上、下旅客。沪宁铁路通车后,在新丰街北造石级码头,便利中转铁路水路货物装卸。民国初期,常武地区客货兼营的班快船也日益增多,城内有班快船码头14处,船舶可通邻近集镇。此外,常州市区内商业、粮油加工、纺织印染、机械加工等行业为便利货物运输,也多建有专用码头。至1949年,共有专用码头79座。

中华人民共和国成立后,常州港早期码头或毁坏,或湮废,客货上、下主要依靠工商行业自建的简易码头,对原有公用码头,部分进行了维修、扩建。至1955年对私改造以前,市区吞吐量较大、条件较好的码头有:东门新仓库码头,长5.9米、宽22.6米、高2米,砖石水泥结构;西仓库码头,长7.7米、宽3.8米、高0.85米;公盛码头,长7.2米、宽57.45米、高2米,砖石水泥结构;关河火车站码头,长14米、宽156米、高1.95米,块石结构;表场轮船码头,长56.1米,水泥砖石结构。随着国民经济的恢复和发展,工业结构调整,一些新创办的工商企业,用土洋结合的办法也自建了一批简易码头。至1960年市区已有新、旧码头102座,岸线总长3 406米。其中,石砌码头27座,岸线长895米;土码头75座,岸线长2 511米。

1965 年 2 月,常州市港务管理处成立。为适应港口吞吐量的增长,根据全市中小型企业多、业务分散的特点,采取随厂建码头,树吊杆的办法,大力发展投资少、周期短、见效快的随厂码头。首先在月吞吐量千吨以上的重点港区建造石驳码头 10 座(其中水泥滑板码头 7 座)岸线总长 407 米,接着在水泥厂、立新厂、常州面粉厂、建材 504 仓库、石灰厂、染料厂、东方红印染厂等单位扩建年装卸量万吨以上的混凝土码头 7 座,岸线总长 629 米,泊位 27 个。同时,鼓励沿河工厂企业发展自建码头,明确建造单位享有主权,“谁建造、谁得益”,沿河不少企业相继自建码头。至 1965 年末,市区各类码头增至 134 座,其中月均装卸 5 000 吨以上的 10 座,1 000 吨至 5 000 吨的 25 座,500 吨至 1 000 吨的 22 座,500 吨以内的 77 座。

1970 年以后,为发展港口机械化操作,扩大港口货物吞吐量,又采取港厂合作的建港形式,厂矿投资建码头驳岸,港务部门投资安装机械设备,陆续新建、扩建码头 34 座,驳岸总长 2 522 米,泊位 111 个,机械化操作程度有显著提高。随着仓储业务的兴起,装卸作业渐趋集中,厂矿码头的发展受到抑制,数量逐渐减少。至 1985 年末,市区尚有客、货码头 53 座(见表 8-5),均为石驳混凝土结构,分别划归常州市港务管理处所属新货场、南港、钟楼、采菱港、戚墅堰作业区及青龙港木材运输装卸站管理。

随着乡镇工业产品和农产品的增加,铁路公路转运物资的任务日趋繁重,中转货场和港区建设成为港口发展的重点,至 1985 年市区内先后建有港区货场 8 处,当年共完成货物吞吐量 925. 92 万吨。

老货场　位于市区关河中段,原为沪宁铁路常州站的货运中转港。1961 年起开始砌沿河驳岸,树建吊杆,到 1985 年,港区内驳岸长 465 米、装卸泊位 21 个,总面积 8 975 平方米,设有固定吊机 12 台,年吞吐量 62 万吨。1985 年上半年由于铁路车站东移和城市改造的需要,老货场已全部迁移至青龙港。

1985 年常州市区专业码头一览表　　　　表 8-5

码头名称	坐落位置	建造年份	岸线长度（米）	泊位（个）	投入资金（元）	主要货种	年吞吐量（万吨）
戚机厂四号门码头	机厂北侧		70	6		矿建和铜材	7.5
常钢厂西码头	常钢厂门口	1976	92	6	99 160.20	钢材	7.3
常钢厂新码头							
大明厂东码头	南洋街大明厂门口	1976	30	2	20 920.63	棉花和矿建	
大明厂西码头							
煤球厂码头	戚墅堰煤建厂门口	1972	30	2	144 668.08	煤炭	5
常药厂码头	丁堰常药厂门口	1973	24	1	16 445.05	药品和煤炭	
红卫化工厂码头	戚红卫化工厂门口	1973	44	2	19 032.18	化工染料	
建材码头		1972	16	1	8 112.85	矿建材料	
粮管所码头	戚粮管所	1965	37	1	5 869.87	粮食	
包装容器厂码头	戚包装容器厂	1979	15		6 766.93	铁皮	
戚墅堰轮船码头	戚下街北岸	解放前		1		旅客（1984 年撤销代办站）	
505 库码头	采菱港对岸	1970	180	4	55 012.11	黄沙	30
冶炼厂码头	冶炼厂门口	1967	100	4	33 960.84	工业用物资	5
801 油库码头	801 库门口	1965	30		12 294.63	工业用油	3

续上表

码头名称	坐落位置	建造年份	岸线长度（米）	泊位（个）	投入资金（元）	主要货种	年吞吐量（万吨）
东印厂码头	东印厂后门口	1973	100	4	9 816.58	煤炭	4
五化库码头						化工交电	
磷肥厂码头	常横路磷肥厂门前					农肥	
江南机具厂码头	机具厂后门	1972	50	2	7 559.99	钢材	0.5
石化厂码头	石化厂后门	1966	60		9 184.12	工业用物资	1
采棉库码头	采棉库内	1979	50	2	8 156.08		0.5
水门桥轮船码头	东门水门桥西首			2		旅客	
东货场码头	青龙港	1985	500	20		木材、粮食、矿建	35
常面厂码头	鼎太浜	1965	42	1	1 914.86	粮食	0.5
石灰厂码头	北环路	1966	40	1	70 260.92	矿建	2
建材504库	北环路	1966	140	5	25 877.58	矿建	10
染料厂码头	关河路	1966	40	1	5 961.86	煤和原料	0.5
东方印染厂	北塘桥下	1966	30	1	6 516.48	煤炭	
市木材公司（大湾浜库）	大湾浜河港	1971	60	2	9 291.90	木材	0.5
市木材公司（白荡库）	茶山白荡河	1977	40	2	7 339.81	木材	

续上表

码头名称	坐落位置	建造年份	岸线长度（米）	泊位（个）	投入资金（元）	主要货种	年吞吐量（万吨）
新货场302库	关河东路	1970	50	2	19 176.50	木材和矿建	1.5
武进木材公司（西新桥库）	西新桥	1970	40	1	6 733.63	木材和建材	0.5
武进木材公司（邵春桥库）	邵春桥	1983	40	1		木材	0.5
表场轮船码头	西坛里表场	1902		6		客货	
常化厂码头	降子桥边	1961	137	10	134 909.56	煤、盐、化工	18
味精厂码头	梅龙坝	1965	15	2	14 080		2.5
轮船公司桃园码头	桃园路	1974	70	4	20 877.51	百杂货和钢材	3.5
硅酸盐厂码头	劳动东路	1962	60	4	51 531.44	煤渣、煤炭、石灰	25
国棉一厂码头	德安桥边	1976	46	2	7 002.01	棉花	0.4
灯芯绒厂码头	劳动东路	1970	15	1	14 050.87	煤炭	2
杂品公司码头	广化桥边		20	1	36 400.40	杂品	0.3
干果公司码头						果品	
市政码头			50		11 258.26	石子	0.5
武进化肥厂码头	连江桥	1971	200	5	52 788.14	化肥、煤、型砂	
第四粮库码头			10	2		粮食	0.5

续上表

码头名称	坐落位置	建造年份	岸线长度（米）	泊位（个）	投入资金（元）	主要货种	年吞吐量（万吨）
常州水泥厂码头	怀德南路130号	1965	237	15	99 015.04	煤、水泥	21
焦化厂码头	怀德南路137号	1972	100	5	48 874.59	煤、焦炭	9.5
郊建公司码头	陈渡桥	1982	50	2	8 493.35	黄沙	2.5
建供仓库码头	陈渡桥	1981	100	3	16 452.11	黄沙	7
蜂球厂码头	蜂球厂河边	1980	20	2	4 810.52	煤	3.2
立新厂码头	西仓街35号	1965	100	3	11 742.06	米、煤、山芋干	9.5
水产公司码头	怀德南路	1983	20	2			0.1
自力铸钢厂码头	自力铸钢厂河边		50	3	13 172.85	型砂和钢锭	1.8

注：除戚墅堰轮船码头和桃园码头由轮船公司管理外，其他均属常州市港务管理处管理。

新货场　位于关河东段姚桥头，是常州煤炭、钢材、陶瓷产品的主要集散场地，也是常州铁路车站的中转货场。1959 年开始筹建，至 1985 年末，岸线总长 462.75 米，泊位 19 个，有吊机 21 台，滑板码头 4 个，输送机 16 台，货场面积 3 462 平方米，1985 年货场吞吐量为 63.7 万吨。

新港口　地处东郊舣舟亭公园西，苏南运河北岸，是常州武进地区百杂货、化肥、钢材、盐等物资的中转货场。1966 年 7 月，开始征地建设，至 1968 年竣工交付使用，总投资 223 万元，货场面积 6 315 平方米，仓库 1 950.48 平方米，驳岸线长 463 米，泊位 10 个，石驳混凝土结构。安装各种吊机 14 台。1985 年年吞吐量 39 万吨。

德胜港　位于连江桥德胜河东岸，是常州西郊物资的中转货场。该货场1972年开始新建扩建，至1977年末，货场面积为1 222.7平方米，仓库面积521.86平方米，港区内驳岸长264米，装卸泊位10个，吊机11台，输送机21台，先后投资共257万元。1985年年吞吐量22.9万吨。

大湾浜港　地处常州西门新河西岸，北依沪宁铁路，南接常镇公路。1978年始建，1980年建成，货场面积8 500平方米，驳岸线长204米，泊位9个，安装吊机4台。整个货场投资306万元。1985年年吞吐量7.6万吨。该港区于1999年迁至西港区。

青龙港　位于市区东郊，苏南运河左岸，为沪宁铁路复线常州东货场配套港口。1976年12月开始筹建，1981年9月投产。货场总面积29 258平方米，驳岸线长1 021.05米，建有长300米、底宽48米的专用港池，共有泊位42个。仓库面积2 814平方米，配有3～16吨流动和固定起重设备和装卸、转运机具。1985年年吞吐量94.46万吨。

采菱港　位于采菱河东侧，货场临河靠路，地理条件优越，为常州武进地区煤炭、建材、盐等物资的中转场地。1977年动工兴建，1988年征地扩建，先后投资共338万元。货场面积29 805平方米，仓库面积1 734.18平方米，驳岸线长647.15米，泊位26个，设有吊机13台，输送机4台。1985年年吞吐量33万吨。

三山港　位于常横公路戚墅堰镇东首，苏南运河北岸，1979年开始征地建港，1981年建成。货场面积7 585平方米，驳岸线长377米，泊位15个，安装吊机7台，输送机1台，总投资337万元。1985年年吞吐量4.4万吨。是戚墅堰镇和武进东部地区物资的主要集散地，中转物资主要有煤炭、钢材和建材等。

1987年春，武进奔牛港动工兴建，设计泊位16个，靠泊能力为100吨级，年吞吐能力123万吨。

1992年在苏南运河整治工程中，常州市河段因航道整治拓宽，原有港区码头岸线缩减近2 000米之多，为解决市区西北部厂矿企业物资进出的需要,结合城市规划的要求,经选址在市区三堡街常州市酿造厂草料场附近的运河南岸建设西港区。该港区西靠市区西环路,南接沪宁二级公路,1992年开工后,因资金筹措困难,时建时停,到1998年一期工程建成,码头岸线长184米,泊位6个,护坡长度205米,货场11 851平方米。西港区主要服务对象为市区西片的厂矿企事业单位。1999年因大湾浜作业区迁移,大部分货流转移到西港区装卸作业,货种以煤炭为主,黄沙、件杂货次之。

1998年常州市港口企业情况见表8-6。

武进市撤市建区后,武进港务管理处改制,成立武进港务有限公司,实行独立核算,自负盈亏。下辖荫沙、奔牛、连江、德胜、横林5个港务分公司以及汽车运输服务公司,分别承担所辖区域的港口装卸和汽车运输业务。

2001年5月,常州市港务管理处与常州汽车运输总公司、常州轮船运输公司3个原市属运输企业合并组建常州交运集团有限公司,并实行集团公司产权制度改革,至2002年12月,集团下属首批改制单位是:南港分公司,由原新港口所辖货场组成;西港分公司,由原德胜港货场改制组成;三山港分公司,由原三山港货场改制组成;以及大件运输公司。这批改制企业国有资本完全退出,组成由自然人持股、具有独立法人资格的有限责任公司,各自承担和经营港口装卸、仓储与市区运输业务。

除上述改制企业外,常州交运集团有限公司于2004年11月又进一步完成了企业的整体改制和重组。集团公司下属有8个主业基层单位、6个三产经营单位、3个投资联营单位,成为一家从事公路运输、港口装卸、仓储、物流配载、货运代理,以及钢铁、煤炭交易市场和船舶制造等业务的独立法人企业。共有在职职工1 500余人。码头岸线总长6 919米,堆场、仓库面积29万平方米,拥有各类营运车辆338辆,各类机械设备363台(套)。2005年集团完成总营收1.5亿元,实现利润308万元。

1998 年常州市港口企业概况表　　表 8-6

项目 \ 单位	常州市港务管理处	常州市康达华集装箱公司	武进市港务管理处
港区总面积(万平方米)	0.2	8.1	3.4
港区陆域面积(万平方米)	0.2	7.6	22
港区水域面积(万平方米)		0.5	12
港区自然岸线长度(公里)	124	1	6
码头总长(延米)	6 325	970	1 897
生产用码头泊位(个)	178	36	51
生产用仓库总面积(平方米)	5 317	5 670	1 037
生产用堆场总面积(平方米)	95 173	39 550	211 931
容量普通堆场(吨)	213 690	395 500	497 400
容量集装箱堆场(箱)		288	578
生产用装卸机械总台数(台)	214	113	119
总计长(米)	250	173	180
起重机械(台)	166	38	47
输送机械(台)	16	8	13
输送机械长(米)	250	173	180
装卸搬运机械(台)	32	67	57
专用机械(台)			2
年末职工人数(人)	2 435	271	1 083
其中:装卸工人及司机	410	64	401
年末固定资产原值(万元)	9 959	1 632	5 543
全年营业收入(万元)	14 251	1 444	4 160
全年利润总额(万元)	118	128	34
装卸单位成本(元/千自然吨)	1 450	1 830	2 736

常州交运集团所属企业中,现承担港口装卸和集装箱装卸储运业务的有青龙港装卸储运分公司、东港装卸储运分公司、康达华集装箱货运分公司和国际集装箱货运分公司。

青龙港装卸储运分公司　是以原青龙港港区和新货场港区为主组成的专业仓储、装卸企业,占地面积近7万平方米。设青龙港和新货场两个营业处。青龙港营业处以件货为主,承担铁路到达物资的疏运、中转和仓储等系列化服务。港区建有3条铁路专用线,其中2条直达二港池,1条粮食专用线直达港区货场,为物资流转提供了更加方便快捷的条件。新货场营业处以煤炭、生铁等散装货物的中转装卸、运输和仓储为主,水陆衔接,功能齐全。图8-3为青龙港新货场港区。

图8-3　常州青龙港新货场港区

东港装卸储运分公司　地处常州市区采菱路采菱河东侧,以原采菱港港区为主组建而成,集港口作业装、卸、运为一体,拥有国家二级运输企业资质,是常州交运集团的骨干企业之一。港区占地面积约3.66万平方米,码头总长350米,生产用码头泊位 9 个，常年可停靠 500 吨级船舶。货场面积 1.37 万平方米，库房面积 2 640 平方米，是常州地区各种建筑钢材物流集散的主要场所之一。

康达华集装箱分公司　2004 年 3 月原合营的康达华集装箱货运有限公司由交运集团收购，改名康华达集装箱分公司。主要经营范围仍是国内公路集装箱的中转运输；散杂货的水陆中转运输、储存、装卸，大型设备的起重、安装、运输等。拥有 40 吨集、散货两用轨道式门吊及 20 吨水陆中转两用门吊等大型设备，室内仓库 7 000 余平方米，专用堆场 5 万平方米，是常州市综合实力较强的内河港口运输企业。

国际集装箱货运分公司　地处常州国家高新技术产业开发区，占地面积约 1.7 万平方米，生产用仓库 2 000 平方米，拥有各类集装箱卡车、铲车、吊车等专业设备 15 台套，主要从事集装箱运输、散货运输、仓储装卸配送，以及进出口货物的清关、货运代理、拆装箱等业务。2004 年更名为常州交运集团城北物流市场有限公司，成为常州新区大型企业的专业第三方物流窗口，为其提供原材料及产品的仓储、装卸、配送等一条龙服务。

2005 年常州市内河港口企业情况见表 8-7。

（二）沿河码头

苏南运河全面整治后，迄至 2005 年，常州段 44.5 公里运河两岸共分布码头 32 座，全部为顺岸凹入式，码头岸线长 10 400 米，泊位 146 个，多属工矿企业单位。2005 年完成吞吐量 5 400 万吨，其中奔牛西港、交运集团新港、中天废钢码头、中天煤码头、青司塘港、横林横桥港、武进大众港、顺通港码头、江南集团冷轧板港口、亚都混凝土码头、中村煤码头等 11 个码头年吞吐量超过 200 万吨。详见表 8-8。

2005年常州市内河港口企业概况表 表8-7

项目＼单位	交运集团青龙港分公司	交运集团康达华分公司	交运集团东港分公司	交运集团物流市场	三山港公司（改制）	南港公司（改制）	西港公司（改制）
码头总长(延米)	1 502	1 025	350	300	707	527	968
生产用码头泊位(个)	39	36	9	5	15	23	25
生产用仓库面积(平方米)	2 814	8 000	2 640	11 300		1 950	553
生产用堆场面积(平方米)	37 581	180 000	13 679	8 000	300 000	9 993	44 014
起重机械(台)	2	1			11	24	33
装卸搬运机械(台)	7	9	3	1			
货物吞吐量(万吨)	109.27	77.6	46.18		49.57	119.62	176.03
年末职工人数(人)	287	187	121	178	224	225	149
其中：装卸工及司机	134	107	30	84			
年末固定资产原值(万元)	1 415.07	2 896.76	941.02	2 300.5	1 368.28	1 429.06	1 131.13
全年营业收入(万元)	1 892.72	2 007.9	725.46	3 561.56	1 398.86	1 665.15	1 630.02
全年利润总额(万元)	17.37	106.56	35.49	627.46	39.071	43.05	48.57

2005 年苏南运河常州段沿河码头概况表

表 8-8

序号	单位/港口名称	码头泊位名称	位　置	主要货种	码头长度（米）	泊位数（个）	设计靠泊吨级（吨）	最大起重机械（吨/台）	2005 年吞吐量（万吨）
1	材供	材供		砂石	208	10	500	5	50
2	常州盐库	常州盐库		盐	72	2	500	5	1.2
3	常州通达公司	常州通达公司		砂石	164	4	500	5	6
4	西港	西港		煤、钢材	57	1	500	5	110
5	交运集团公司西港	交运集团公司西港		煤、钢材	70	5	500	10	110
6	东芝变压器厂	东芝变压器厂		大型变压器	117	2	500	5	1
7	交运集团新港	交运集团新港		煤、钢材	199	9	500	10	200
8	航运公司	航运公司		砂石、钢材	148	5	500	8	8
9	九州	九州		钢材	150	3	500	15/30	10
10	常州正大粮油有限公司	正大粮油公司码头	苏南运河九里段	大豆、小麦、面粉	280	5	500	5	180

续上表

序号	单位/港口名称	码头泊位名称	位置	主要货种	码头长度（米）	泊位数（个）	设计靠泊吨级（吨）	最大起重机械（吨/台）	2005年吞吐量（万吨）
11	奔牛港务、奔南村委	奔牛西港	苏南运河奔牛镇区段	水泥、黄沙、石料	80	3	500	5	220
12	中天钢铁有限公司	中天废钢码头	苏南运河中油段	废钢	2 500	15	500	12/20	850
13	中天钢铁有限公司	中天煤码头	苏南运河中油段	煤	450	5	500	18	520
14	横林华达储运公司	青司塘港	苏南运河横林西	废钢、煤、砂石料	380	8	500	5/12	200
15	横林镇横林村委	横桥港	苏南运河横林东	钢材、砂石料	300	5	500	3/8	230
16	常州武进大众钢铁有限公司	武进大众港口	苏南运河横林西段	废钢、型钢等	250		500	5/15	210
17	常州顺通储运公司	顺通港	苏南运河狄坂东绿化村	砂石料等	207	5	500	5/8	220
18	江苏天卷集团	热电厂港口	丹金溧漕河运村段东线	煤炭、煤渣	500	4	300	5	160

续上表

序号	单位/港口名称	码头泊位名称	位 置	主要货种	码头长度（米）	泊位数（个）	设计靠泊吨级（吨）	最大起重机械（吨/台）	2005 年吞吐量（万吨）
19	常州中东复合肥有限公司	加泽中东港口	郑村河加泽镇段	复合肥及原料等	500	6	200 ~ 300	3/8	150
20	常州亚能热电有限公司	亚能热电港	三山港横山段	煤、煤渣	400	6	300	8/12	170
21	江南集团	冷轧板港口	三山港横山段	钢卷板等	300		300	8/40	250
22	亚都集团	混凝土码头	常金线牛塘段	砂石料等	250	5	100 ~ 300	5/8	210
23	常州神龙集团	神龙港	常金线卢家巷段	饲料、原料	500	3	100 ~ 300	5/8	150
24	武进市政工程有限公司	市政公司港口	常金线（工业园内）	砂石料等	178	3	100 ~ 300	5	130
25	常州华夏钢铁有限公司	华钢码头	扁担河厚余段	煤、煤渣等	380		100 ~ 300	5	140

续上表

序号	单位/港口名称	码头泊位名称	位置	主要货种	码头长度（米）	泊位数（个）	设计靠泊吨级（吨）	最大起重机械（吨/台）	2005年吞吐量（万吨）
26	常州中林新型建材有限公司	中林港	扁担河奔牛段	原材料	150	2	100～300	5	150
27	常州武进南夏墅鹏达货物中转站	鹏达港	常宜线南夏墅段	砂石料等	100	2	100～300	5	160
28	湖塘中江建材供应站	中江建材码头	采菱港马杭段	砂石料等	600		100～300	3/5	170
29	湖塘中贤建材供应站	中贤建材码头	采菱港马杭段	砂石料等	280		100～300	5	150
30	常州中村煤场	中村煤码头	采菱港中村段	煤炭	300		100～300	3/5	200
31	常州西林建材经营部	西林建材码头	常宜线西林段	砂石料等	230		100～300	5	190
32	常州市西林水利工程队	西林水利工程码头	常宜线西林段	砂石料等	100		100～300	5	110

二、沿江港区

常州市于1997年7月成立常州长江港口开发有限公司,加快沿江港区的基础设施建设。1995年9月在新北区春江镇长江南岸启动建设万吨级通用码头2座,于2004年竣工投产。码头全长527米,引桥分别长892米、883米,码头前沿水深11米。现有生产性泊位6个,其中2.5万吨级通用泊位1个、万吨级件杂货泊位1个、万吨级集装箱泊位1个、300吨级内河泊位3个(藻港河口)。通用码头主要承担煤炭、金属及非金属矿石、钢铁、化肥、粮食、机械设备、电器、化工原料及制品、集装箱等货种的装卸任务。

常州港石化码头位于通用码头下游1 750米处,建有8 500吨级石化海轮泊位1个、3 000吨级内河驳船泊位2个。可接卸甲醇、乙二醇等多种液体化工原料。

2001年4月经国务院批准常州港为国家一类开放口岸。2005年完成货物吞吐量939万吨。

2004年,常州市政府招商引资,由常州长江港口开发有限公司和新加坡佳联控股公司、江苏新华发集团公司联合组建常州新长江港口有限公司,并集资收购通用码头的全部资产;另由常州建滔石化码头公司收购石化码头的全部资产,共收回资金1.8亿元,为常州市实现滚动开发,进一步筹集了建设资金,积极推进录安洲港区开发建设进程。

第三节　无锡市港口

无锡港位于长江三角洲中部地区,运河港与长江江阴港通过锡澄运河沟通。随着国家进一步加大长江流域对外开放和开发的力度,将江阴港作为无锡港的港区,实现大无锡港的战略举措。江阴港区以经营外贸为主,1992年批准为国家一类开放口岸。无锡下甸桥港区以经营内贸为主,2001 年批准为国家二类开放口岸。从而达到长江和内河港区联动,更好地服务国际和国内两大市场,促进地区经济发展。

一、内河港区

(一)市区港口

无锡自隋唐以来即已形成江南运河中部漕运、商运的重要集散港口。隋代大规模拓宽浚深河道后,运道畅通。元代定都大都(今北京),对航路的畅通也极为关注。至元三十年(1293),南北大运河改道后全线贯通,对苏锡河段也相应进行了治理。元王朝开辟海漕后,置仓无锡,以备储运。因此,京杭运河苏南段沿线的重要港埠,既是河漕的主要转输基地,又是海漕的起运港口。明永乐十三年(1415)诏令漕粮仍以大运河运送为主。宣德年间(1426~1435)江南巡抚周忱又重浚江南运河,改善太湖与长江之间的水运交通,无锡仍然是漕粮北运的重要转运港口。清光绪十四年(1888),朝廷命将南路漕粮改由无锡购运,并设立漕运司专司其事。二十七年河漕罢停,江南漕粮改征折色,但仍指定无锡为江浙两省粮谷的采办地点。宜兴、溧阳、常熟等地的粮商收购粮谷到无锡进行交易,并在运河沿岸设立粮行、堆栈,一时间,当地米行增至 100 余家,堆栈 34 家,仓储容量达 200 多万石,每年在无锡交易的稻米达 400~800 万石,其中属于承办漕粮采购的约 130 万石。故元、明以来虽漕运方式多变,但无锡作为江南漕粮和改征折色后粮食采购的重要转输港口,始终保持着突出的地位。

清中叶以后,无锡农村手工业、养殖业都十分发达。四乡“机杼之声遍布村落”,手工织机多达 4~5 万部,年产土布在 300 万匹以上,加之邻近地区运到无锡来销售的土布,年吞吐量达 700~1 000 万匹。在北门外的莲蓉桥至长安桥一带,形成可观的土布贸易市场。同时,种桑养蚕也是四郊农户普遍的家庭副业。同治年间(1862~

1874)，无锡茧行收茧之多，年值白银达数百万两。清末，无锡有茧行 70 多家，茧灶达 700 余座，丝市遍布于北塘及南门外一带。因此，无锡既是全国有名的四大米市之一，也是江南地区有名的米码头、布码头和丝茧码头。

鸦片战争后，无锡的近代工业逐渐兴起，到抗日战争前，已拥有纱厂、布厂、丝厂、面粉厂多家，还有机器制造业和轻化工业。这些工厂大都临河而设，有自己的专用码头。轮船客运业也随之开辟长短途客运航线，选址设立客运码头。

1937 年日寇入侵，无锡沦陷，港口随之萧条。抗战胜利后，港口生产一度有所回升。这一时期的堆栈、仓库和码头多分布在北门吴桥、三里桥、工运桥、东门亭子桥、南门清名桥、伯渎港、西门城脚下以及蓉湖庄、惠山浜等地段的河流沿岸，多利用自然岸坡进行装卸作业，少数有用块石砌筑或木结构码头，货物装卸完全依靠肩扛人抬，作业手段依然十分落后。

中华人民共和国成立后，内河港口码头得到较快发展，为适应工农业生产和城市建设的需要，在苏南运河无锡市河段整治的同时，对市区老码头陆续进行技术改造，并新建、扩建港区货场，港口规模逐年扩大。1959 年全市有码头 195 座(其中客运码头 5 座)，由无锡市运输公司所属装卸作业区和航运企业管理使用。

1965 年 5 月，无锡市运输公司改组成立无锡市港务管理处，并相继成立锡山市港务处，均属全民所有制性质的地方港口企业，统一经营辖区内的港口装卸业务。无锡市港务管理处下设 8 个装卸作业区及起重运输公司等基层单位。各作业区码头情况见表 8-9。

其时，市区码头主要集中在市河段工运桥两侧 400 多米范围内。如火车站、航运局两处码头年装卸量即占港务管理处总装卸量的 42%，到货量集中时，货场压车、压船情况时有发生。为缓解矛盾，市港务管理处先后筹资建成下甸桥货运码头、改建双河尖专业仓库码头以及南门货场和竹木专线货场。

1965 年无锡港务管理处所属装卸作业区情况表 表 8-9

区别	所属定点物资单位（个）	装卸码头（个）	装卸岸线（米）	可停船（艘）	主要服务单位
一区	3	24	976	61	煤建公司、南站货场、新港区
二区	5	20	440	20	木材公司、木专线货场
三区					铁路北站整车货运 1978 年并入第五作业区
四区	1	20	970	41	下甸桥货场
五区	13	24	825	55	北站货场、电化厂
六区	26	59	920	59	跃进桥货场、槐古桥沙库、江南货运码头、北桥纺站
七区	21	44	2 010	75	双河尖货场、三钢厂、解放桥沙库、钙塑材料厂
八区	14	26	1 175	30	钢铁厂、焦化厂、太耐厂
合计	83	217	7 316	341	

1982 年，市港务管理处已拥有竹木装卸、铁路零担货物装卸、煤炭装卸、轮船货运装卸、中转物资装卸等码头，总延长 8 211 米，泊位 338 个，最大靠泊能力 500 吨级船舶。同时逐步增加各种装卸机械，装卸效率显著提高。到 1985 年，市内各作业区按分工经营区划分别组建 6 个综合性和专业性货场，以及水陆兼运的内陆国际集装箱中转站。

双河尖货场　位于苏南运河双河尖两侧，吴桥和皋桥之间，是无锡市物资装卸运输的北大门。1965 年 12 月，市港务管理处将原属市房管局的综合加工厂扩建为双河尖专业货场和仓库。1972年10

月,原无锡轮船公司经营的淮阴、镇扬、兴泰 3 条航线承运的物资划由双河尖货场中转。1979 年港务管理处联运服务站设双河尖仓库,办理零担和整车物资的托运、中转,开展"一头对外,一票到底,零担包干,全程负责"的联运业务,业务量逐年增多。1982 年货场有垂直式码头 150 米,泊位 6 个,仓库 4 060 平方米,货场 18 050 平方米。1985 年,双河尖货场扩建,到 1988 年货场面积 46 900 平方米,码头岸线长 400 米,仓库面积 4 220 平方米。主要承担棉花、竹木、钢材、化学原料以及中转到苏北地区和邻近县市的百杂货装卸和联运代理业务,年吞吐能力 56 万吨。由港务处三区负责业务上的管理。

下甸桥货场　位于下甸桥新、老运河交汇处西侧,三面临水,水陆交通方便,是无锡市以疏运铁路和港站物资为主要任务的综合性缓冲货场。1965 年市港务管理处征用土地 86 亩,筹资建设,到 1982 年建成垂直式码头岸线长 977 米,栈桥式码头 5 座,泊位 41 个,最大靠泊能力为 500 吨级,仓库面积 2 000 平方米,货场面积 10 150 平方米,堆存量可达 23 100 吨;有 30 吨、10 吨龙门吊各 1 台,其他各类吊机、装卸机械 50 余台(套),机械化程度达 91.87%。主要承担钢材、木材、棉麻、煤炭及外贸进出口货物的装卸和国际集装箱中转运输,年吞吐能力达 200 万吨。由市港务管理处第四作业区管理。

跃进桥货场　位于南门跃进桥北、老运河西岸,临近城区,交通方便。该货场从 1971 年开始规划建设,先后 3 次征地陆续建成。共占地面积 22 亩,码头驳岸长 250 米,堆场面积 5 600 平方米,主要承担锅炉、变压器、机床等大型设备水陆换装、中转储存以及钢材、建材等物资的装卸储存,最大起吊能力达 75 吨,由市港务管理处第六作业区管理。1990 年初停业,业务并转其他货场。

新港区货场　地处市区南郊下甸桥京杭运河东侧,是由铁路部门与地方港口结合,分别建设、分别管理并明确装卸分工的综合性货场。货场有东、中、西3个港池,由一条引航道直接与京杭运河沟通。整个货场包括地方交通配套工程占地近1 000亩。其中无锡港承担建设和管理的西港池,水域面积为1 900平方米,码头岸线长800米,两边各设一股铁路线,便于水陆换装。陆域有堆场16 750平方米,仓库1 760平方米,1988年建成,年吞吐能力99万吨。由市港务管理处第一作业区负责管理。

冷水湾货场　位于无锡市东郊广益乡黄泥头锡北运河西岸,河面宽约70~80米。1977年10月开始征地建设,1979年建成投产。该货场为竹木塘口货场,主要承担市区、江阴、沙洲、宜兴以及南通、盐城等地竹木转运的扎筏、装卸、储存任务。货场总占地面积8.1亩,码头驳岸长90米,靠泊船舶吨级100吨,堆场面积4 000平方米,年吞吐能力5万吨。由第二作业区负责管理。

芦村货场　位于无锡市金匮桥与金城桥之间、京杭运河南岸,靠近芦村、中桥和金城湾开发区,水陆交通方便。1988年征地51.8亩,码头驳岸长500米,泊位11个,最大靠泊船舶为200吨级,港池长165米、宽36米,仓库面积1 584平方米,堆场面积10 800平方米,1989年建成投产,是承担建材、煤炭、件杂货等中转任务的综合性货场,年吞吐能力40万吨。由市港务管理处第七作业区负责管理。

集装箱中转站　位于无锡市南长街新运河边,是市港务管理处下属的非独立核算单位。1982年12月国家经委确定无锡港为内河港口型国际集装箱中转运输的试点港。1984年4月无锡港务管理处派员两次去上海进行接运国际集装箱的实船装运试验获得成功。1987年无锡港务管理处利用技术改造资金建成水陆兼运的国际集装箱中转站并投入营运(见图8-4)。

中转站拥有装卸岸线952米,堆场75 200平方米,仓库5 000平方米,以及用于集装箱装卸的大型吊车,能装载20标准箱箱位的专用运输汽车10多辆和装载40英尺标准箱的内河驳船运输船队1拖6

驳。并在利民浜建造沟通第4作业区下甸桥货场的钢桥1座。主要经营进出口国际集装箱运输、拆装箱、堆存、仓储、代办理货等业务。“七五”计划期间，该站完成的国际集装箱中转运输量逐年大幅攀升，1986年完成1 010标准箱，到1990年已上升为5 325标准箱。无锡国际集装箱中转站的建成对加快上海港与内陆间的集装箱疏运发挥了积极的辅助作用，同时对促进无锡和苏南地区外向型经济的发展创造了良好条件。

图8-4　无锡集装箱码头

除上述7个货场外，为解决南通地区物资中转的需要，在无锡石塘湾铁路车站以东建成南通地区石塘湾物资中转专线1条。包括修筑铁路专线865.5米，以及与苏南运河沟通的引航道、港池、码头、货场、装卸机械等设施。由省交通厅、南通地区、南通市、铁路4方集资修建，于1977年动工，1978年建成启用，最大物资容存量为15 000吨，平均年卸车7 080辆、125 681吨。

1992年实施港口体制改革，无锡市港务管理处更名为无锡市港务总公司，不再具有港口行政管理的职能，并作为改制的试点企业，于1996年1月正式成立无锡市港务有限责任公司。下属有5个装卸储运子公司，以及大件起重运输公司、港口工程公司和第三产业等基层单位，并在无锡国家高新技术产业开发区联营创办了保税仓库和港务公司等，形成以钢材为主的重件货物装卸作业线，以煤炭为主的散货装卸作业线和集装箱装卸作业线等三大类货种的机械化装卸作业线。2003 年,该公司按照“国退民进”的要求,国有资产全部退出,由本企业职工认购国有股权,重新组建经营主体,实行民营化的运作管理,成为民营性质的港口企业。

1992 年 5 月,无锡市港务管理处国际集装箱中转站与上海外轮代理有限公司、香港锦华船务代理有限公司合资组建的苏华集装箱公司,其中国有股权划由无锡市交通产业集团有限公司经营管理。

无锡市港务有限责任公司改为民营后,拥有固定资产 1.1 亿元,港区占地面积 20 余万平方米,仓库面积 5 万平方米,码头岸线 6 500 米,各类机械设备 900 余台(套)。

2001 年 1 月无锡市区划调整,原锡山市港务管理处改称为无锡市惠山区港务管理处,政企分开后又改为惠山区港务公司。2001 年 6 月改制为集体所有制。2002 年 6 月改组成立无锡海通港务有限公司。公司仍以中转、装卸、储存服务为主业,并设有煤炭交易市场和 1 个物资经营公司、3 个中转站,分布在沪宁铁路一侧和苏南运河无锡段的水运干线上;港区拥有 2 条铁路专用线和 1 条屯车线,全长 2 034米,码头泊位 22 个,最大靠泊能力 300 吨级。设备有龙门吊车和装卸桥 3 座,最大起重能力达到350 吨。

1998 年无锡市港口企业情况见表 8-10。

（二）沿河码头

苏南运河全面整治后,无锡段 39.24 公里,两岸分布码头 134 个,泊位 349 个,岸线长 15 316 米,为顺岸凹入式,全部为货主码头。2005 年完成吞吐量 2 100 万吨,其中无锡市交通工程公司码头、无锡市新泰混凝土拌料场码头、港务三区码头、无锡市储运公司码头、省石油总公司无锡分公司码头、无锡市航道处码头等,年吞吐量均超过 80 万吨。码头概况见表 8-11。

1998年无锡市港口企业概况表　　表8-10

项　目 \ 单　位	无锡市港务总公司（原无锡市港务管理处）	锡山市港务管理处
港区总面积(万平方米)	37	18
港区陆域面积(万平方米)	35	18
港区水域面积(万平方米)	2	
港区岸线长度(公里)	5	3
码头总长(延米)	5 268	110
生产用码头泊位(个)	140	
生产用仓库总面积(平方米)	17 082	925
生产用堆场总面积(平方米)	160 280	137 000
容量普通堆场(吨)	161 430	400 000
容量集装箱堆场(箱)	1 582	
生产用装卸机械总台数(台)	318	44
起重机械(台)	154	18
输送机械(台)	87	
输送机械长(米)	1 503	
装卸搬运机械(台)	71	26
专用机械(台)	6	
年末职工人数(人)	2 406	316
其中:装卸工人及司机	540	228
年末固定资产原值(万元)	10 927	2 434
全年营业收入(万元)	4 642	1 550
全年利润总额(万元)	67	16
装卸单位成本(元/千自然吨)	6 218	2 840

2005 年苏南运河无锡段沿河码头概况表

表 8-11

序号	单位/港口名称	码头泊位名称	位置（里程桩号：公里 + 米）	主要货种	码头长度（米）	设计靠泊吨级（吨）	设计吞吐能力（万吨）	2005 年吞吐量（万吨）
1	惠山经济开发区洛社配套开发有限公司	港池	K88 + 480	建材	888 × 60	500	150	70
2	无锡联成钢业有限公司	港池	K90 + 100	钢材	105 × 24	500	50	20
3	江苏新苑集团公司	港池	K90 + 300	化肥	110 × 40	500	50	15
4	江苏新苑集团公司复合肥厂	翻板码头	K90 + 300	化肥	5	300	2	1
5	江苏新苑集团公司	码头	K90 + 400	煤炭	400	500	30	25
6	江苏新苑集团公司	港池	K90 + 500	煤炭	160 × 50	500	50	50
7	无锡市航道管理处	花渡锚地	K91 + 450		220 × 50	500	70	20
8	无锡龙达荣成纸业有限公司	港池	K91 + 750	纸业	220 × 10	500	50	35
9	无锡龙达荣成纸业有限公司	码头	K91 + 800	纸业	5	300	2	1
10	无锡市柴油厂	码头	K92 + 600	油料	5	300	2	1
11	无锡市柴油厂	码头	K92 + 720	油料	5	300	2	1
12	无锡市航道管理处	东方红锚地	K93 + 300		320 × 50	500	50	30
13	无锡雅西汽车厂	港池	K95 + 640	原材料	50 × 25	500	5	5

续上表

序号	单位/港口名称	码头泊位名称	位置（里程桩号：公里 + 米）	主要货种	码头长度（米）	设计靠泊吨级（吨）	设计吞吐能力（万吨）	2005 年吞吐量（万吨）
14	无锡市江南合成化工厂	码头	K95 +800	化工品	5	300	2	1
15	华通道路养护工程有限公司	港池	K95 +240	建材	85 ×18	500	30	20
16	无锡金属型材厂	港池	K96 +200	金属材	50 ×5	500	4	3
17	无锡市苏嘉镁砖有限公司	港池	K96 +380	建材	70 ×18	500	15	8
18	无锡市子顺商贸有限公司	港池	K96 +400		114 ×75	500	10	3
19	石塘湾油厂	油厂码头	K96 +700	油燃料	58 ×6	500	4	2
20	石塘湾交管所	码头	K96 +990		5	300	2	2
21	无锡石油公司	港池	K97	油料	70 ×50	500	15	5
22	惠山区燃油公司	码头	K97 +350	油料	100	500	20	10
23	无锡市南西漳仓库	港池	K97 +480		40 ×8	500	10	5
24	无锡市南西漳仓库	港池	K97 +600		30 ×18	500	10	5
25	无锡市燃料公司	码头	K97 +750	煤炭	5	300	10	5
26	胜利油田油库	港池	K97 +750	油料	40 ×25	500	20	5
27	惠山区调峰电厂	港池	K97 +845	煤炭	65 ×45	500	30	5

续上表

序号	单位/港口名称	码头泊位名称	位置（里程桩号：公里+米）	主要货种	码头长度（米）	设计靠泊吨级（吨）	设计吞吐能力（万吨）	2005年吞吐量（万吨）
28	天浪物资有限公司	港池	K97+845		65×45	500	20	20
29	无锡市燃料公司	港池	K98+100	煤炭	150×20	500	50	20
30	无锡龙之杰有限公司	港池	K98+150		60×20	500	30	10
31	无锡市钱桥胜丰村委	码头	K98+580	建材	40×10	500	20	8
32	无锡农资仓库	码头	K98+600	农资	5	300	2	1
33	无锡农资仓库	码头	K98+750	农资	5	300	2	1
34	无锡市钱桥胜丰村委	码头	K98+740	建材	32×25	500	20	8
35	惠山港务处中转站	码头	K98+880		100×5	500	25	18
36	沪锡混凝土制品有限公司	港池	K98+900	建材	50×18	500	20	10
37	无锡和达物资有限公司	码头	K99+390		315	500	100	60
38	无锡北定混凝土有限公司	港池	K99+890	建材	140×35	500	500	30
39	石塘湾交管所梅泾煤栈	码头	K99+910	煤炭	100	500	25	20
40	无锡山北会北实业有限公司	港池	K100+020		60×10	500	30	30
41	无锡山北镇会北村	港池	K100+180	日杂品	40×35	500	20	8

续上表

序号	单位/港口名称	码头泊位名称	位置（里程桩号：公里+米）	主要货种	码头长度（米）	设计靠泊吨级（吨）	设计吞吐能力（万吨）	2005年吞吐量（万吨）
42	惠山粮烟酒公司	码头	K100 +300	日杂品	5	300	10	2
43	无锡土特产公司	港池	K100 +350		84 ×6	500	20	5
44	无锡市航运公司	港池	K100 +450	建材	70	500	8	5
45	太湖造纸厂	港池	K100 +600	纸	35	200	3	1
46	市交通工程公司	港池	K101 +200	建材	120	500	120	80
47	市燃料公司	燃料码头	K101 +300	建材	55	500	5	3
48	市燃料公司	港池	K101 +350	建材	80	500	5	3
49	市山北纸箱厂	港池	K101 +400	建材	80	500	3	1
50	市汽运公司	港池	K101 +480	建材	38	500	30	15
51	晨阳建材经营部	晨阳码头	K101 +500	建材	38	500	7	4
52	九保建材经营部	九保码头	K101 +550	建材	38	500	5	4
53	市山北纸箱总厂	港池	K101 +830	建材	50	500	24	15
54	富安集团	港池	K101 +850	建材	90	500	20	12
55	市山北大通煤场	港池	K102	建材	120	500	60	35

续上表

序号	单位/港口名称	码头泊位名称	位置（里程桩号：公里+米）	主要货种	码头长度（米）	设计靠泊吨级（吨）	设计吞吐能力（万吨）	2005年吞吐量（万吨）
56	港务三区	港池	K102	钢材、煤炭	140	500	80	35
57	港务三区	港池	K102 +200	建材	200	500	40	25
58	无锡黄巷热电厂	热电厂码头	K102 +350	煤炭	28	200	1	0.5
59	市木材建筑材料仓库	港池	K102 +350	建材	95	500	30	14
60	北塘区房地产管理局	港池	K102 +450	建材	45	500	15	6
61	无锡大通实业总公司	港池	K102 +500	建材、钢材	40	500	15	6
62	双河热电厂	港池	K102 +850	煤炭	120	500	30	15
63	无锡市炼油厂	炼油厂码头	K103 +050	油燃料	48	500	8	3
64	无锡国棉三厂	国棉三厂码头	K103 +350	棉原料	40	500	5	3
65	无锡市印染厂	印染厂码头	K103 +450	建材	125	500	10	3
66	无锡市盐业批发部	盐业码头	K103 +800	盐	38	300	1	0.5
67	江南航运公司	港池	K108	建材	400	500	10	5
68	无锡扬名特种油品厂	港池	K108 +950	建材	120	500	10	6
69	无锡市水磨石厂	港池	K110	建材	55	300	5	3

续上表

序号	单位/港口名称	码头泊位名称	位置（里程桩号：公里+米）	主要货种	码头长度（米）	设计靠泊吨级（吨）	设计吞吐能力（万吨）	2005年吞吐量（万吨）
70	无锡市港务七区	港池	K110 +500	建材	150	500	50	25
71	罗氏中亚化学有限公司	港池	K111 +110	原料、煤渣	90	300	30	15
72	无锡市江南色织公司	港池	K111 +150	原料	80	400	20	12
73	无锡市扬名储运公司	港池	K111 +550	建材、钢材	95	500	30	20
74	无锡芦村矿泥厂	港池	K112 +80	建材	45	300	5	3
75	无锡市扬名运输队	港池	K112 +120	建材	50	300	5	3
76	无锡市玻壳厂	港池	K112 +400	建材	38	300	20	12
77	无锡市新泰混凝土拌料场	港池	K112 +700	建材	300	500	120	80
78	无锡市果品公司	港池	K113 +150	水果	30	100	2	1
79	江苏盐业公司无锡分公司	港池	K113 +200	盐	48	300	10	5
80	无锡五爱实业公司	港池	K113 +350	玻璃	40	500	8	5
81	无锡外贸信托投资公司	港池	K113 +400	钢材	85	500	50	25
82	无锡市联运公司	港池	K113 +600	建材	85	500	20	12
83	江河航务有限责任公司	港池	K113 +300	建材	620	500	60	30

续上表

序号	单位/港口名称	码头泊位名称	位置（里程桩号：公里+米）	主要货种	码头长度（米）	设计靠泊吨级（吨）	设计吞吐能力（万吨）	2005年吞吐量（万吨）
84	港务三区	港池	K114	钢材集装箱	350	500	200	80
85	无锡市红旗矿粉厂	港池	K114+100	建材	40	500	5	3
86	无锡市农资公司	农资码头1	K114+450	建材	50	500	5	3
87	无锡红旗砖瓦厂	港池	K114+450	建材	46	150	20	18
88	无锡红旗砖瓦厂	港池	K114+600	建材	55	300	15	12
89	无锡市农资公司	农资码头2	K114+600	建材	40	300	5	1
90	无锡市煤炭石油公司	港池	K114+850	煤炭	60	300	10	6
91	港务五区	港区码头	K115	建材	280	500	30	20
92	旺庄外下甸桥装卸运输公司	外下甸桥码头	K115+600	建材	360	300	70	60
93	无锡市航道管理处	华庄锚地	K115+630	建材	130	500	30	15
94	无锡市储运公司	储运码头1	K115+650	钢材、粮食	110	500	15	10
95	无锡市农资公司	农资码头3	K115+800	钢材	105	500	50	20
96	无锡市储运公司	储运码头2	K115+900	钢材	100	500	80	40
97	无锡市储运公司米市	港池	K116+060	粮食	150	300	20	10

续上表

序号	单位/港口名称	码头泊位名称	位置（里程桩号：公里+米）	主要货种	码头长度（米）	设计靠泊吨级（吨）	设计吞吐能力（万吨）	2005年吞吐量（万吨）
98	无锡市储运公司	储运码头3	K116+160	建材	25	500	5	3
99	无锡市储运公司物资分公司	港池	K116+260	钢材	230	500	100	70
100	无锡市储运公司物资分公司	港池	K116+390	钢材	55	500	10	5
101	无锡红旗化工厂	港池	K116+650	煤炭	40	500	5	3
102	无锡工业供销公司	供销公司码头	K116+650	杂货	38	200	3	1
103	无锡锦东储运有限公司	锦东码头	K116+700	钢材	160	500	60	35
104	无锡锦东储运有限公司	港池	K116+800	钢材	80	500	20	15
105	锡山化建仓库	港池	K117+150	建材	60	200	8	5
106	锡山化建仓库	港池	K117+270	建材	90	500	8	4
107	无锡联运公司	联运码头	K117+300	钢材	150	500	5	2
108	无锡新安运输装卸队	新安运输码头	K117+510	建材	100	500	8	4
109	锡山港务处周泾巷中转站	港池	K117+600	钢材	185	500	25	15

续上表

序号	单位/港口名称	码头泊位名称	位置（里程桩号：公里+米）	主要货种	码头长度（米）	设计靠泊吨级（吨）	设计吞吐能力（万吨）	2005年吞吐量（万吨）
110	周泾巷物资建材经营部	港池	K118+500	建材	80	500	15	10
111	省石油总公司无锡分公司	港池	K118+650	燃油	184	500	150	110
112	周泾巷物资建材经营部	新明码头	K118+800	建材	65	500	5	2
113	无锡市航道管理处	新安锚地	K120+290	建材	400	500	100	80
114	无锡新安面粉厂	港池	K121+380	建材	55	500	5	2
115	无锡昌隆储运公司	港池	K121+470	钢材	195	500	40	10
116	无锡昌隆储运公司	昌隆储运码头	K121+500	钢材	38	500	3	1
117	无锡新安焊管厂	港池	K121+800	钢材	55	300	20	10
118	恒基商品砼有限公司	港池	K121+820	建材	55	500	15	8
119	锡山区粮食仓库	港池	K121+850	建材	220	500	30	20
120	锡山区粮食仓库	港池	K122+020	建材	105	500	10	8
121	无锡交通工程公司	港池	K122+040	建材	80	500	15	10

续上表

序号	单位/港口名称	码头泊位名称	位置（里程桩号：公里＋米）	主要货种	码头长度（米）	设计靠泊吨级（吨）	设计吞吐能力（万吨）	2005年吞吐量（万吨）
122	无锡江南钢铁公司	港池	K122 +314	建材	215	500	100	70
123	无锡江达混凝土有限公司	港池	K122 +620	建材	200	500	30	20
124	无锡景德物资有限公司	港池	K122 +660	建材	200	500	60	40
125	无锡新安镇政府	港池	K123 +600	建材	200	500	15	10
126	金鑫混凝土有限公司	港池	K123 +800	建材	280	500	30	20
127	兴化鸿发建材经营部	港池	K124	建材	80	500	15	10
128	锡山新安伟兴建材经营	港池	K124 +730	建材	50	500	5	3
129	无锡市多种经营管理局	港池	K124 +960	燃料	65	500	8	5
130	无锡大块头建材经营部	港池	K125 +060	建材	50	500	5	3
131	无锡市滨湖区交通局	港池	K125 +100	建材	85	500	15	10
132	无锡市路桥工程总公司	港池	K125 +300	建材	85	500	15	10
133	锡通路桥工程有限公司	港池	K125 +500	建材	80	500	15	10
134	苏化公司码头	港池		集装箱	525			

二、长江江阴港区

江阴港旧称黄田港，与锡澄运河及苏南运河内河港口紧密相连。隋唐以后，江阴已有商船往来，并逐渐形成早期的港口。宋代，江阴港已成为东南沿海一个"远近舳舻相继，四方市客不绝"的滨江商埠。日本、高丽（朝鲜）等国家亦常有海舶到此贸易。南宋绍兴十六年（1146），曾在此设置市舶司，对海舶进行监管和征税。其后历经多次裁撤，但时废时存。清康熙二十四年（1685）复置江海钞关，并规定其管辖范围"上自京口，下至浏河，中亘江面数百里"按海关则例征收税款。民国时期，江阴设江海分关，其主要任务除征税外，并管理出入扬子江航海民船的一切事宜。可见当时江阴商船聚集众多，商贸活动频繁的景象。

1926 年，上海煤商刘鸿生在黄田港东侧至韭菜港之间动工兴建煤码头 1 座，创办"中华煤业码头公司"，主要设备有木质栈桥两座，钢质趸船两艘，煤场一片及避风港（即现东避风港）一处。次年，江阴商人尹仲仁等亦筹资在黄田港西侧同样兴建煤码头 1 座，设备有木质栈桥 1 座，钢质趸船 1 艘，煤场一片，亦开挖避风港一处（即现西避风港），定名为江阴华昌煤业码头公司。两公司均经营从北方运来中转苏南腹地的煤炭，每年运销煤炭达 20 余万吨。这两个煤业码头的出现，为江阴的早期建港起到了先导作用。

中华人民共和国成立后，江阴港的生产中心开始从内港作业逐步移向沿江的外港作业。沿江岸线上起江阴市的石庄桃花港，下至江阴市长山镇，全长 35 公里。1967 年至 1975 年间先后建成 2 000 吨级浮式码头 2 座和 60 吨级内河船舶简易码头 1 座，配有 65 米水泥趸船各一艘，及相应的装卸机械和港口辅助设施，港口生产条件有了显著改善。

江阴港的经营和管理机构历经多次变动，直至 2001 年 8 月，根据企业改制的要求实行政企分开，港口行政管理职能归并由江阴市港务管理局负责,港口生产经营成立江阴港港务有限责任公司。同年11月,改组为江苏江阴港港口集团有限公司。2004年江阴港纳入大无锡港的范畴,划为无锡港的沿江港区,成为进口钢材集散地和石化产品中转基地。

改制后的江阴港港口集团有限公司,港区占地面积66.25万平方米,自然岸线长2 600米,码头总长1 250延米,以集装箱装卸为主的东港区和以内外贸件杂货为主的西港区,共有码头泊位10个,其中万吨级泊位7个,生产用仓库面积21万平方米,堆场面积46万平方米。2005年完成货物吞吐量1 166万吨,与30多个国家和港、澳、台地区港口有通航业务。有集装箱内外贸支线14条,内贸集装箱可直达沿海各港口,外贸集装箱通过上海中转世界各地。

2005年江阴港港口企业概况见表8-12。

2005年江阴港港口企业概况表 表8-12

项目 \ 单位	江苏江阴港港口集团	江阴港集装箱有限公司
港区总面积(万平方米)	516.25	
港区陆域面积(万平方米)	46.25	20
港区水域面积(万平方米)	470	
港区岸线长度(公里)	1.8	0.8
码头总长(延米)	800	450
生产用码头泊位(个)	6	4
其中:万吨级(个)	5	2
生产用仓库总面积(平方米)	190 000	30 000
生产用堆场总面积(平方米)	318 000	146 000
生产用装卸机总台数(台)	77	61
起重机械(台)	30	23
输送机械(台)		13
输送机械长(米)		100
装卸搬运机械长(台)	45	19

续上表

单位 项目	江苏江阴港港口集团	江阴港集装箱有限公司
专用机械(台)	2	6
年末职工人数(人)	759	334
其中:装卸工人及司机	152	85
年末固定资产原值(万元)	18 287.28	12 399.68
全年营业收入(万元)	10 885.53	4 661.98
全年利润总额(万元)	2 400.28	499.39

第四节　苏州市港口

苏州港近海滨湖,与国际航运中心上海港相邻。苏南运河的内河港口与沿江的太仓港、常熟港、张家港港,以苏浏线、申张线、苏虞线、杨林塘等干线航道紧密相连,形成内外联动、优势互补的港口群,对区域经济发展起着至关重要的作用。2002 年苏州市人民政府决定将辖区内沿江的国家一类口岸太仓港、常熟港、张家港港实行三港合一,建立统一的苏州港,原沿江三港分别更名为太仓港区、常熟港区和张家港港区。2005 年 2 月又决定将苏州港务管理局更名为苏州市港口管理局,统一实施对内河和沿江港口的行政和行业管理。

一、内河港区

(一)市区港口

早在春秋战国时期,吴王阖闾在吴地营建都城,开凿河道,江南水道网初步形成,苏州即已成为全国九个重要港口之一,并从一个政治中心发展成为江南地区的经济中心和水运中心。唐代,苏州枫桥一带市面繁荣,南北舟车在此交会,江南地区的米、豆、丝绸、布匹、竹木、茶叶等商品在此汇聚交易,海外商船也多经吴淞江直达苏州进行贸易活动。宋代，苏州升为平江府治，苏州港转输的物资仍以粮谷为主，花石纲运输也多由此转运。真宗、仁宗时东南六路漕粮即达五、六百万石。高宗建炎二年(1128)，诏“两广、湖南北、江东西漕粮纲运送江宁府，福建、两浙路送平江府，分别转送京师”。元代海运漕粮到京，亦多由平江刘家港(太仓)取海道转运直沽(天津)，港口仓储任务仍十分繁重。明代，额定漕粮400万石，江苏六府一州即占总数1/3，苏州一府即达69万余石，故在天顺、弘治年间先后建有永丰仓、和丰仓，以备储粮转运。清康熙五十六年(1717)，重修吴县常平仓，设廒49间，雍正四年(1726)又增设常平仓34间，乾隆十年(1745)，移西仓于东仓，名宝成仓，廒共93间，又改建万庆仓，廒共132间，存放漕粮以备转输。道光十年(1830)清廷重订苏州赋役，年输出漕粮仍达87万余石。同年，苏州港还转输府属九县浙盐83 470引。直至清末，朝廷改征粮为折色后，漕粮运输终结。明清时期，苏州商业、手工业亦趋繁盛，城中活跃着全国各地的商人。他们在苏州建立会馆、公所，以利商业活动的展开，各地商船也有固定停泊的地段，山西、陕西等省的商船停靠在阊门外南湾的北货码头，河南、福建等省的烟商建有公和烟帮码头，安徽商人则在北湾二摆渡至杨公庙北四摆渡立界作为安徽码头，各占一方专作停泊该省来往船只之用。苏州本地商贾也多设立自己的专用码头，如洞庭东山三善绅董郑言绍等在南洞子门外一图购地筑立码头，专为洞庭东山货船而设。另外，茶庄、绸庄、香山船户等也都设有自己的专用码头。苏州枫桥运河两岸是有名的米市，贩运“菽麦棉花南船千百”，阊门与胥门之间的夏驾湾也是良好的泊船港湾，荆襄川蜀大船停泊于东，商贾盐船停泊于西，千樯林立，至为繁盛。

清光绪二十一年(1895)，清政府与日本签订丧权辱国的《马关条约》，苏州列为通商口岸，次年正式开埠。日本和西方列强可以自由进入江苏内河搭客装货，同时设立领事馆，划地设立租界，苏州海关也于同年十月开始工作。先是由苏州关道洋务局会同日本领事勘定盘门外相王庙对岸青阳地以东一带至运河止,开放为日本及其他西方国家租界。自日租界至吉水桥止为中国自辟商埠,当时称为“商务公司地界”。所有轮船及木帆船等客货船舶多集中在阊门外万人码头、太子码头及新阊门南新桥码头一带。首先侵入江苏内河的是日本人创办的大东新利洋行,于光绪二十二年在盘门外吴门桥建小轮码头一处,开航苏州至上海的客班航线,这是外国轮运业在苏州最早设立的码头。

1945 年日本无条件投降,9 月 19 日苏州海关关闭,租界收回,从此结束了苏州港被外国人控制的局面。

抗战胜利后,民营轮运业很快得到恢复,苏州港的码头装卸业务曾一度复苏,客运航班也曾恢复到 30 余条,但国民党政府发动内战,港航设施遭到严重破坏,元气大伤,码头客货锐减,解放之前苏州港的货运年吞吐量只徘徊在 30 万吨左右。

中华人民共和国成立后,以码头工人为主体的苏州市搬运工会筹备会于 1949 年 11 月 25 日成立,1950 年在市区开展以废除封建把持制度为内容的反霸斗争,并于 1952 年成立国营苏州搬运公司,港区的搬运装卸业务由公司统一调派,加强了港口业务的领导和管理,到 1960 年全市划分为 8 个作业区,共 98 座码头。1962 年增至 148 座码头,并基本实现装卸作业的半机械化操作。港区范围从环城运河至枫桥、洋关、娄门外各点岸线,总长达 20 余公里。其中,除火车站公共码头外,大部分属厂矿企业自有专用码头。港区仓库 179 座,总面积 87 149 平方米,亦多为各货主单位自建。

1970 年在撤并苏州市搬运公司的基础上,组建成立苏州市港务管理处,统一管理全市港口码头的装卸业务。在港区内开展装运直达运输,加强港航之间的协作,在每个作业区内货物上、下水直装直卸,自备车队送货上门,取货到家,减少中转环节,到 1982 年市区共设有 10 个港务装卸作业区和白洋湾中转货场。

港务一区　在平门火车站,即原火车站作业区。东起苏州市第二米厂，西至红旗轧钢厂，全长3 000米，共有码头41座。其中公共码头23座，企业专用码头18座。1985年该作业区陆续随车站货场搬迁至白洋湾货场作业。

港务二区　在娄门坝基桥东，即原娄门作业区。东起硫酸厂，西至娄门口，全长2 500米。其中娄门港岸线长1 170米，有企业专用码头5座，主要是为苏州硫酸厂、市政、建材及市东北片工业区工厂、企业物资的集散服务。该作业区有一个专业货场，一次堆存量为1.2万吨，为车站的缓冲及备用货场。

港务三区　在南门外觅渡桥，东起花纱布公司仓库，西至半塘桥，全长7 000米。其间包括苏纶纱厂、第一丝厂、南门仓库、第三米厂、上建公司、绸库等企业自备码头17座。主要为南门外丝绸、纺织、化工、外贸仓库等工厂企业的物资装卸集散服务。

港务四区　在胥门外劳动路。其主要任务是为市西南地区各工厂企业，包括胥门煤球厂、建材仓库、吴县米厂、预制构件厂等单位的物资装卸服务。

港务五区　在平门外钱万里桥以西，承担轧钢厂、油毡厂、肥皂厂、糖烟仓库等单位的物资装卸业务。

港务六区　在葑门外，港区占地约4 000平方米，岸线长1 170米，可供200吨级船舶靠泊作业。其任务是为葑门外各仓库、工厂、企业物资装卸服务。该作业区专业货场一次堆放量可达4万吨，货物可在此储存中转。

港务七区　在齐门外，为城北地区综合港口，岸线长160米。其任务是承担齐门外光华水泥厂、金属仓库、粮食加工厂等城北工业区工厂企业的物资装卸，并建有专业货场一处。

港务八区　在枫桥安利化工厂旁，苏南运河左岸，即枫桥港区。占地面积34亩，岸线长253米，有10个泊位，可供500吨级船舶装卸作业，其任务是承担安利化工厂、长青建材、水泥厂等市区西北片各工厂企业物资的装卸，并置有专业货场，作储存中转物资之用。一次堆存量为散货1万吨,木材6 000立方米。

港务九区　在横塘双桥苏南运河旁,占地28亩,岸线长165米,有7个泊位,可供200吨级船舶装卸作业,主要承担市郊西南工业区各工厂企业的物资装卸任务,并设有专业货场,一次堆存量为1万吨。

排筏作业区　位于平门外西塘口,承担西塘口木材和平门建材城头库场的物资装卸以及竹木排筏的撑运集散。

白洋湾中转货场　是沪宁铁路复线的配套工程,铁路、公路、水运、联运的综合货场,占地130亩,岸线长600米,设有9个泊位,可供200吨级船舶双档作业,并备有龙门起重吊车、坑道输送机及高空装卸桥等起吊输送设备。货场面积1.18万平方米,年吞吐量76万吨,为苏州西站散装货物及大宗杂货的综合货场(见图8-5)。

图8-5　苏州白洋湾中转货场

苏南运河苏州段改线后,仍位于运河旁边的作业区仅有港务八区。故在市河段改线时决定,选取龙桥港建设新的港区,以适应经济发展的需要。龙桥港位于苏州市南郊,距离城区约3公里,西距宝带桥约2公里,蠡墅线航道与改线后的苏南运河市河段交汇处,向东可直达上海,西接苏南运河苏锡段,港区距沪宁铁路约10公里,港外公路与沪宁高速公路、十苏王公路、横二公路等线交叉相连,水陆交通四通八达,建港条件优越。龙桥港于1996年开工建设,竣工后码头岸线长423米,最大靠泊能力300吨级。建成300吨级船舶泊位5 个,100 吨级泊位 7 个,护坡长度 340 米,堆场 17 430 平方米。

1990 年,苏州市港务管理处更名为苏州市港务实业总公司。1995 年 12 月,苏州市港务实业总公司又与苏州市造船厂、苏州市港口机械厂 3 家合并组建苏州通港集团公司,成为苏州市交通局下属的国营、集体联营企业。2000 年根据苏州市政府《关于进一步深化国有工业企业改革工作的实施意见》,苏州通港集团公司实施整体改制,国有资产全部退出,由职工持股和自然人出资组建民营企业,成立苏州通港港口有限公司,以港口装卸、仓储、中转及货物运输为主业。结合苏南运河苏州段市河改线后原港务管理处所辖港区和业务范围的变化,对下属公司做了相应调整。

苏州通港港口有限公司下辖 10 个基层单位,其中承担和经营港口业务的有 5 个装卸储运分公司和 1 个集装箱公司,共拥有百吨级码头泊位 81 个,码头岸线总长 1 400 余米,各类装卸机械设备 134 台/套,仓储面积10 598平方米,货场面积 56 505 平方米。

第一装卸储运分公司　原为市港务处港务一区,现位于市区西北部,东依沪宁铁路,西傍京杭运河,码头岸线长 200 米,仓库面积 1 404平方米,堆场面积 12 045 平方米,各类装卸机械设备 20 余台/套,主要承担铁路到港货物的装卸、中转、仓储业务。

第二装卸储运分公司　由原港务二、七两区合并组成。公司位于市区东北部,娄江河北侧,邻近苏嘉杭高速公路,拥有各类装卸机械设备 29 台/套。由于原港口库场因市政府规划被征用,故现经营的业务主要是原作业区区划内驻厂点的码头装卸、特种化工产品及危险品的槽罐车运输。

第三装卸储运分公司　由原港务三区、六区和排筏作业区、工程队合并组建而成,拥有各类装卸机械设备 23 台/套。由于原有码头、货场因市政建设征用,故其经营业务主要是为各驻厂点的码头装卸服务。

第四装卸储运分公司　由原港务四区、九区合并组建而成。公司位于市区西南部,北枕苏南运河苏州市河段,南接苏福公路及西南环高架路,水陆交通方便。现有码头岸线长 600 米,仓库面积 1 200 平方米,堆场面积 17 230 平方米,各类装卸机械设备 28 台/套,以及货运车辆等。经营业务以煤炭、建材等散货装卸、中转、储存、运输为主,也仍承担部分驻厂点的码头装卸服务。

第五装卸储运分公司　原为港务处港务八区。位于市区西部,西畔苏南运河,东接西环高架路,水陆交通方便。现有码头岸线长 300 米,仓库面积 5 894 平方米,堆场面积 17 230 平方米,各类装卸机械设备 26 台/套。经营业务以煤炭、黄沙、石子等件杂货装卸、中转、储存为主,同时也有部分驻厂点的码头装卸业务。

惠苏国际集装箱码头有限公司　原为苏州市港务管理处与港商合资于 1998 年组建的惠苏集装箱股份有限公司,2004 年初由苏州通港港口有限公司出资收购港方股份后成为公司下辖的基层单位之一。公司现有码头岸线 280 米,仓库面积 2 100 平方米,堆场面积 1 万平方米左右,以及各类装卸机械设备,经营业务以集装箱水陆中转、仓储、运输为主,同时承担部分件杂货的装卸堆存业务。

改制后的苏州通港港口有限公司除下属的造船、货运等 4 个非主业经营单位外,港口企业生产能力及经营概况见表 8-13。

2005 年苏州通港港口有限公司港口概况表　　表 8-13

项目＼单位	第一装卸储运分公司	第二装卸储运分公司	第三装卸储运分公司	第四装卸储运分公司	第五装卸储运分公司	惠苏国际集装箱码头有限公司
港区总面积(万平方米)	1.9	0.09	0.13	4.0	2.6	4.6
港区陆域面积(万平方米)	1.9	0.09	0.13	4.0	2.6	4.6
码头总长(延米)	200			600	300	280

续上表

项目＼单位	第一装卸储运分公司	第二装卸储运分公司	第三装卸储运分公司	第四装卸储运分公司	第五装卸储运分公司	惠苏国际集装箱码头有限公司
生产用码头泊位(个)	5			16	7	3
生产用仓库总面积(平方米)	1 404			1 200	5 894	2 100
生产用堆场总面积(平方米)	12 045			17 230	17 230	10 000
生产用装卸机总台数(台)	22	29	23	28	26	6
起重机械(台)	8	11	20	21	18	3
输送机械(台)		3	2	5	5	
输送机械长(米)		32	28	50	72	
装卸搬运机械长(台)	14	15	1	2	3	3
年末职工人数(人)	104	185	76	83	87	19
其中:装卸工人及司机	23	56	22	22	15	15
年末固定资产原值(万元)	1060	394	460	658	738	2871
全年营业收入(万元)	250	555	278	307	270	678
全年利润总额(万元)	-60	3	41	63	1	40
货物吞吐量(万吨)	51.85	16.09	91.95	41.86	81.17	10

(二)吴江港

吴江是苏州市所辖县级市,北接苏州市区,南与浙江嘉兴交界,东与上海市青浦接壤,太湖屏蔽西北全境。苏南运河北自市属徐家浜入境,经市区松陵镇、八坼、平望,南至鸭子坝入浙江境,纵贯全市约45公里。港区主要集中在运河和太浦河两岸。

隋代大治江南运河后,吴江本地贡赋及两浙漕粮多由此转输北上。境内四乡八镇农产品和手工业制品的集市贸易也很繁盛,南宋时就出现有"商贾百族,棹船而逐利者飚帆相摩"的盛况。明清时期,吴江即因盛产丝绸而名噪一时,而盛泽所产绫绸纺织品更负盛名。清代盛泽即已和浙江杭州、湖州、江苏苏州并列为中国的"四大绸都"。运河沿线的松陵、八坼、同里、平望、黎里等集镇亦多以盛产丝绸和农产品而名闻遐迩。解放前后,县境内船舶多是沿河任意停泊,货物装卸主要靠肩挑人抬,没有专用码头和设备。从1965年起,在"以港养港,以港建港"的方针政策推动下,先后在松陵、同里、八坼、平望、黎里、芦墟、盛泽、震泽等8处建有货运专用码头和仓库。1978年7月,吴江县港务管理处成立,为全民性质的事业单位,下辖松陵、同里、黎里、芦墟、震泽、盛泽、平望7个作业区。作业区系由原各镇装卸合作社改组组成,仍属县集体单位,各自独立核算。其中,年吞吐量在100万吨以上的有平望港区,50～100万吨的为松陵港区。全县港区自然岸线长8.59公里,码头总长6 172延米,码头225个,其中,交通部门25个,物资部门自建码头200个。

改革开放后,各作业区分别改组为独立的装卸公司,1987年改称港务实业公司,各自成为具有法人资格的独立核算单位。1998年吴江市推进交通企业改制工作,到2000年基本完成。其中港口企业整体转制为民营的有原松陵港务公司、同里港务公司、盛泽港务公司、震泽港务公司等4家;关闭歇业的有吴江市港务公司、平望港务公司等5家。2001年松陵港务公司进一步改制,组建伍诚港务有限公司，继续经营港口业务。2004 年因市政建设需要，该公司从原址搬迁，另辟新址于 2005 年建成投产，改称吴江港口发展公司，业务经营扩展为装卸运输、物资仓储和建材销售，相互配套，同步发展。公司占地面积近 6 万平方米，在职员工仅 26 人，全年创利达百万元，在民营港口企业中树起了良好的声誉。2005 年吴江港港口企业概况见表 8-14。

2005 年吴江港港口企业概况表　　表 8-14

项目＼单位	吴江港口发展公司	盛泽港务公司	震泽港务公司	同里港务公司
港区总面积(万平方米)	6	1	2.5	0.6
港区陆域面积(万平方米)	4.34	1	1.5	0.3
港区水域面积(万平方米)	1.66	0.9	1	0.3
港区岸线长度(公里)	0.63		3	500
码头总长(延米)	250	130	500	300
生产用码头泊位(个)	6	4	11	3
生产用仓库总面积(平方米)	8200		500	
生产用堆场总面积(平方米)	1 200	5 000	8 100	
容量普通堆场(吨)		10 000	8 000	
生产用装卸机总台数(台)	10	13	25	7
起重机械(台)	4	4	10	4
输送机械(台)	2		10	
输送机械长(米)	32		90	
装卸搬运机械(台)	3	9	5	3
专用机械(台)	3	2	5	
年末职工人数(人)	26	77	60	26
其中：装卸工人及司机	18	67	52	20
年末固定资产原值(万元)	1 000	285	70	130
全年营业收入(万元)	600	120.4	80	50

续上表

项目 \ 单位	吴江港口发展公司	盛泽港务公司	震泽港务公司	同里港务公司
全年利润总额(万元)	100	0.02	2	1
装卸单位成本(元/自然吨)		2 098.39	1 400	4 000
货物吞吐量(万吨)		53.36	2	4

(三)沿河码头

苏南运河全面整治后,苏州段81.8公里运河两岸分布码头146座,泊位335个,码头岸线长14 774米,全为顺岸凹入式。2005年完成吞吐量4 100万吨,其中杭鑫混凝土公司码头、苏州燃料公司码头、苏州新区交通局码头、天平水泥厂码头、苏州港务集团码头、金鑫混凝土公司码头、市航道处码头、苏钢集团码头、苏州交通集团码头、吴江港口发展公司码头等10个码头年吞吐量均超过100万吨。此外,沿线的相城作业区、浒墅关作业区、白洋湾作业区、龙桥作业区、运东作业区、平望作业区和坛丘作业区等7个相对集中的港口作业区,装卸设施较为先进,规模也较大,在苏南运河沿线港口中具有举足轻重的作用。各码头情况见表8-15。

二、沿长江港区

(一)太仓港区

太仓港古称刘家港,地处长江下游南岸,为太湖、阳澄湖泄水尾闾。隔江与崇明相望,东与上海市宝山、嘉定接壤,西与常熟、张家港港区连成一片。境内拥有长江岸线38.8公里,其中可建万吨级以上码头的深水岸线达20公里以上,内有浏河(古娄江)、杨林塘、盐铁塘等干线航道通达港区。早在元、明时期浏河口即是中国与海外交往和海运漕粮的一个重要港口。

元朝对外交往采取比较开放的政策,允许外国商人自由来中国

2005 年苏南运河苏州段沿河码头概况表

表 8-15

序号	单位/港口名称	位置（里程桩号：公里＋米）	主要货种	码头岸线长度（米）	泊位数（个）	设计靠泊吨级（吨）	作业机械（吨/台）	2005 年吞吐量（万吨）
1	刘二建材码头	K151＋840	黄沙	200	1	500	5/1	20
2	横越建材经营部	K152＋500	黄沙	35	1	500	3/1	20
3	相成区交通局码头	京杭运河桥西北	黄沙	100	2	500	5/2	30
4	绕城高速公路码头	京杭运河桥西北	黄沙	100	2	500	5/2	30
5	吴昌林	京杭运河桥西南	黄沙	50	1	500	5/1	10
6	华金路项目部	京杭运河桥西南	黄沙、石灰	150	3	500	5/3	25
7	良庄建材经营部	真山村	黄沙	150	3	500	5/3	30
8	绕城高速公路码头	兴贤桥东南	黄沙	50	1	500	5/1	15
9	东辉水泥制品	兴贤桥东南	水泥、黄沙	100	2	500	5/2	25
10	徐小春	兴贤桥东南	黄沙、砖	40	1	500	5/1	10
11	绕城高速公路码头	兴贤桥东南	黄沙	40	1	500	5/1	10
12	诚信建材经营部	长浒大桥东	黄沙	40	1	500	5/1	15
13	苏州路缘公司	长浒大桥东	黄沙	90	2	500	5/2	35

续上表

序号	单位/港口名称	位置（里程桩号：公里+米）	主要货种	码头岸线长度（米）	泊位数（个）	设计靠泊吨级（吨）	作业机械（吨/台）	2005年吞吐量（万吨）
14	苏州仓储公司	长浒大桥西南	黄沙	90	2	500	5/2	35
15	刘二建材公司	长浒大桥西南	黄沙	90	2	500	5/3	15
16	杭鑫砼公司	兴贤桥东南	黄沙、水泥	150	3	500	8/3	150
17	华联建材公司	长青船厂	黄沙	80	2	500	5/2	30
18	刘锦江	长青船厂南	黄沙	40	2	500	5/1	15
19	天缘水泥厂	自由村	黄沙、水泥	100	1	500	5/2	50
20	苏州煤气厂港池	自由村	黄沙、砖	45	1	500	8/1	15
21	嘉业房产公司	寒山桥东南	黄沙、砖	50	1	500	8/1	20
22	周石华	寒山桥西南	黄沙	55	1	500	8/1	15
23	金昌市政公司	寒山桥西南	黄沙	60	1	500	8/1	20
24	苏州长青船厂码头	K144+300		80		500		
25	苏州北洋船厂码头	K144+420		135		500		
26	苏州联运公司码头	K141+717	百货	100	2	500	5/1	14
27	苏州白洋湾中转站	K141+860	木材	50	6	500	5/3	50

续上表

序号	单位/港口名称	位置（里程桩号：公里+米）	主要货种	码头岸线长度（米）	泊位数（个）	设计靠泊吨级（吨）	作业机械（吨/台）	2005年吞吐量（万吨）
28	苏州金属码头	K142+350	钢材	20	2	500	5/2	25
29	苏州燃料公司码头	K142+400	燃料	180	25	500	8/21	180
30	苏州白洋湾货场	K142+720	建材百货	150	10	500	5/5	40
31	长青轧钢厂码头	K143+490	钢材	100	3	500	5/3	5
32	苏州新区交通局码头	K143+650	钢材	250	6	500	5/6	600
33	苏州物资公司码头	K143+900	建材	75	2	500	5/2	15
34	苏州航运公司码头	K144+560	建材	60	2	500	5/2	50
35	天平水泥厂码头	K144+580	水泥、矿石	480	9	500	5/9	100
36	马浜码头	K144+880	建材	180	3	500	5/2	20
37	南新水泥厂码头	K145+100	矿石	80	2	500	5/2	75
38	苏州煤气厂码头	K145+260	建材	50	1	500	8/1	30
39	苏州新区物资	K145+850	建材、钢材	25	1	500	5/1	20
40	苏州港务集团码头	K146+375	建材	225	6	500	5/6	180
41	省水利物资供应站	K146+725	建材	35	1	500	5/1	20

续上表

序号	单位/港口名称	位置（里程桩号：公里+米）	主要货种	码头岸线长度（米）	泊位数（个）	设计靠泊吨级（吨）	作业机械（吨/台）	2005年吞吐量（万吨）
42	金鑫砼公司码头	K149+760	黄沙	50	2	500	5/2	150
43	苏州盐业公司码头	K150+370	食盐	45	1	500	5/1	5
44	苏州糖烟酒公司码头	K140+480	百货	70	1	500	3/1	5
45	苏州肥皂厂码头	K151+700	黄沙	40	1	500	5/1	15
46	市航道处码头	K151+820	黄沙	120	5	500	5/5	100
47	新华船厂码头	K132+630		30	1	500		
48	苏州宝化碳黑有限公司码头	K133+313	矿石	40	1	500	5/1	10
49	苏钢集团码头	K133+660	矿石	58.5	16	500	8/12	130
50	浒关矿粉厂码头	K133+760	矿石	340	5	500	5/5	15
51	浒关石灰厂码头	K134+90	矿石	100	5	500	5/3	16.8
52	浒关第四水泥厂	K134+250	矿石	200	4	500	3/4	20
53	苏钢集团码头	K134+900	矿石	720	11	500	8/11	95
54	吴中棉麻仓库码头	K135+900	农产品	60	41	500	5/1	5

续上表

序号	单位/港口名称	位置（里程桩号：公里+米）	主要货种	码头岸线长度（米）	泊位数（个）	设计靠泊吨级（吨）	作业机械（吨/台）	2005年吞吐量（万吨）
55	浒关装卸站码头	K136+500	百货	45	1	500	3/1	5
56	南庄瓷土厂码头	K136+510	矿石	42	1	500	5/1	3
57	苏州农贸公司码头	K136+666	化肥	30	1	500	3/1	2
58	浒关粮油公司码头	K138+000	粮食	300	10	500		2
59	江苏外运公司码头	K138+180	百货	120	1	500	5/1	5
60	唯得公司码头	K138+360	木材	30	1	500	3/1	2
61	吴中船舶交通码头	K138+480	建材	70	2	500	5/2	35
62	浒关修船厂	K138+825		15		500		
63	唯德公司码头	K139+225	木材	136	1	500	3/1	20
64	苏州复合肥厂码头	K140+100	化肥	50	2	500	3/2	6
65	苏州嘉丰肥业有限公司	K140+120	化肥	35	1	500	5/1	5
66	青海华储物资有限公司	K140+760	黄沙	30		500		20
67	长青储运站码头	K141+080	煤	250	3	500	5/3	10
68	苏州交通集团码头	K141+250	建材	90	3	500	5/3	200

续上表

序号	单位/港口名称	位置（里程桩号：公里+米）	主要货种	码头岸线长度（米）	泊位数（个）	设计靠泊吨级（吨）	作业机械（吨/台）	2005年吞吐量（万吨）
69	苏州仓储公司	K141 +420	建材	80	2	500	5/2	50
70	红旗建材经营部	索山桥西南	黄沙	80	1	500	8/1	15
71	石湖大桥项目部	横塘	黄沙	80	1	500	5/1	20
72	中航三局码头	友联大桥东北	黄沙、水泥	100	1	500	5/1	10
73	恒基伟业公司	友联大桥西南	黄沙	150	3	500	8/3	30
74	苏盛热电厂码头	四亭子	煤炭	220	4	500	20	60
75	盛虹化纤厂码头	四亭子	化纤	200	4	500	8	40
76	盛虹集团电厂码头	坛丘大桥	煤炭	300	4	500	8	40
77	姚云汛煤码头	坛丘大桥	煤炭	100	2	500	5	15
78	烧香港建材码头	坛丘大桥	沙石	90	2	300	5	18
79	严金法建材码头	坛丘大桥	沙石	90	2	300	5	15
80	盛泽港务公司建材码头	坛丘大桥	沙石	60	1	300	3	4
81	郎中村建材码头	坛丘大桥	沙石	80	2	300		20
82	煤码头	坛丘大桥	煤炭	150	2	500	5	30

续上表

序号	单位/港口名称	位置（里程桩号：公里+米）	主要货种	码头岸线长度（米）	泊位数（个）	设计靠泊吨级（吨）	作业机械（吨/台）	2005年吞吐量（万吨）
83	建材码头	坛丘大桥	沙石	120	2	300	5	25
84	盛泽污水厂建材码头	盛泽污水厂	沙石	10	1	400	5	2
85	坛丘农机加油站	田前荡	柴油	80	2	350		1
86	小明建材码头	端市村	沙石	110	2	350	5	20
87	吴江中良热电厂码头	草荡	煤炭	180	3	300	3	35
88	煤码头	草荡	煤炭	60	1	350	5	12
89	联丰村加油站	运河桥	柴油	40	1	300		0.08
90	建材码头	运河桥	沙石	50	1	350	8	15
91	吴江洲龙水泥有限公司码头	联南村	水泥	100	2	500	8	30
92	吴江明发加油站	新营村	柴油	160	3	500		1.5
93	松陵镇政府综合码头	八坼大桥	沙石、水泥	400	8	500	5	85
94	吴江除尘设备厂码头	八坼大桥	设备	60	1	500	15	20
95	八坼粮管所码头	八坼大桥	粮食	150	2	300		10

续上表

序号	单位/港口名称	位置（里程桩号：公里+米）	主要货种	码头岸线长度（米）	泊位数（个）	设计靠泊吨级（吨）	作业机械（吨/台）	2005年吞吐量（万吨）
96	中国石油有限公司加油站	八坼大桥	柴油	80	1	500		3
97	八坼益郎村建材码头	云龙大桥	沙石	50	1	300	5	8
98	八坼益郎村建材码头	云龙大桥	沙石	45	1	300	5	6
99	吴江港口发展有限公司建材码头	叶明渡口	沙石	300	6	500	4	100
100	吴江南富建材码头	建材市场	沙石	150	3	500	2	30
101	吴江双龙市政有限公司建材码头	庞山村	沙石	120	2	500	3	20
102	吴江庞山杂工队建材码头	大发桥	沙石	150	3	300	2	20
103	吴江三晶玻璃公司建材码头	大发桥	沙石	150	3	300	3	20
104	木材公司建材码头	大发桥	沙石	80	2	300	2	10
105	吴江粮食储备中心建材码头	大发桥	粮食	200	3	500	1	15

续上表

序号	单位/港口名称	位置（里程桩号：公里+米）	主要货种	码头岸线长度（米）	泊位数（个）	设计靠泊吨级（吨）	作业机械（吨/台）	2005年吞吐量（万吨）
106	吴江供销社建材码头	老运河	沙石	50	1	300	5	6
107	蔡文元建材码头	老云黎桥	沙石	80	2	300	5	15
108	地贸公司建材码头	老云黎桥	沙石	100	2	500	5	13
109	丝绸公司建材码头	老云黎桥	沙石	200	3	500	5	20
110	中国石油有限公司加油站	老云黎桥	柴油	120	2	500		2
111	吴江交通资产公司建材码头	浮玉洲桥	沙石	100	2	500	5	20
112	松陵加油站	江陵大桥北	柴油	60	1	500		2
113	苏州佳格食品公司煤码头	江陵大桥北	煤炭	40	1	300		2
114	吴江粮食局建材码头	江陵大桥北	沙石	70	2	300	5	20
115	印染公司煤码头	夹浦桥	煤炭	70	1	300	3	3
116	朱建清建材码头	夹浦桥	沙石	80	2	300	3	20

续上表

序号	单位/港口名称	位置（里程桩号：公里+米）	主要货种	码头岸线长度（米）	泊位数（个）	设计靠泊吨级（吨）	作业机械（吨/台）	2005年吞吐量（万吨）
117	吴江新金福仓储公司建材码头	夹浦桥	沙石、煤炭	250	5	500	3	25
118	花港村建材码头	夹浦桥	沙石	80	2	300	5	10
119	飞达航道工程公司建材码头	K154+780	沙石、砖	70	2	500	3/2	3
120	苏交石化有限公司加油船港池	K154+810	柴油	35.2	1	500		0.7
121	中石油苏州分公司加油船港池	K154+900	柴油	56	2	500		25
122	吴中区航道处建材码头	K155+360 小浜内	沙石、砖	43	2	500	3/1	21
123	吴中区昌盛砂场建材码头	K155+650 小浜内	沙石	65	1	500	3/1	2.4
124	吴中区航运公司建材码头	K157+300	沙石	55	1	500	3/1	7
125	苏州长桥集团建材码头	K157+500	沙石	60	1	500	3/1	4.8

续上表

序号	单位/港口名称	位置（里程桩号：公里＋米）	主要货种	码头岸线长度（米）	泊位数（个）	设计靠泊吨级（吨）	作业机械（吨/台）	2005年吞吐量（万吨）
126	吴县城区物资有限公司煤码头	K158	煤	15	1	500	3/1	3.8
127	吴中区长桥建材厂港池	K158 +300	沙石	20	1	500	3/1	6
128	吴县城区宏基建材码头	K158 +350	沙石	30	1	500	3/1	4
129	吴中区月浜建生建材经营部码头	K158 +470	沙石	30	1	500	3/1	2.4
130	湖海石油销售公司港池	K158 +500	柴油	30	1	500		0.4
131	苏州市吴越商品房开发公司港池	K158 +650	沙石	60	2	500	3/2	6
132	苏州工业园区大华石油公司码头	K159 +210	柴油	40	1	500		
133	吴中区郭巷兴林建材堆场码头	K159 +360	沙石	50		500	3/1	3.6
134	吴县江远热电有限公司港池	K160 +300	煤	100	4	500	3/3	12
135	吴中区航道处港池码头	K162 +400	沙石	250	4	500	3/5	20

续上表

序号	单位/港口名称	位置（里程桩号：公里+米）	主要货种	码头岸线长度（米）	泊位数（个）	设计靠泊吨级（吨）	作业机械（吨/台）	2005年吞吐量（万吨）
136	国实新兴建材有限公司港池	K162+650	沙石	90	2	500	3/2	
137	苏州华建（管桩）有限公司建材码头	K163+400	沙石	120	3	500	3/3	
138	苏新加油站有限公司码头	K163+950	柴油	80	3	500		0.36
139	苏州榴园水泥有限公司码头	K165+200	沙石	40	1	500	3/1	
140	苏州榴园水泥有限公司码头	K165+500	沙石	123	3	500	3/3	
141	装卸社码头	望亭	沙石		6			
142	望亭港码头	望亭	沙石		11			
143	农科所码头	望亭	沙石		2			
144	华源码头	望亭	沙石		1			
145	盖奇码头	望亭	沙石		3			
146	龙盛构件码头	望亭	沙石		3			

进行商货交易。当时的刘家港海外番商云集，库藏仓庾相望，“凡海船之交易往来者，必经刘家河，泊州之张泾关，过昆山，抵郡城之娄门”。故刘家港有“六国码头”之称。元至元十九年(1282)，朱清、张瑄建议朝廷漕粮改由海道运大都，首运46 000余石，当年八月由刘家河出海，次年三月抵直沽取得成功。后设行泉府司专管海运，海漕运量逐年递增，至泰定、天历年间，年运量达300余万石。明初，海运仍沿元制，但运量有所减少，洪武二十六年(1393)在太仓城南娄江北岸，修建仓库九百余间，以存浙江、南直隶各处漕粮多至上百万石。永乐三年(1405)至宣德八年(1433)，我国著名航海家郑和七下西洋进行文化交流和海外贸易，巨艘大舶都是从刘家港始发和归泊的。清代和民国时期由于内河河道经常淤浅失修，港口亦随之衰落。

中华人民共和国成立后，先后于1958年、1975年两次疏浚境内河道，港口始渐复苏。1992年太仓市决定开发建设太仓港，成立太仓港开发建设指挥部，着手沿江万吨级码头的建设。1996年11月，国家口岸办公室批准太仓港为一类开放口岸，对外国籍船舶开放。2002年苏州港实施“三港合一”后，以加快太仓港区建设为重点，基础设施建设得到迅猛发展。迄至2005年港区已建成通用和专用沿江码头23座，其中，太仓国际集装箱码头有限公司万吨级多功能和集装箱码头泊位8座，江苏长江石化有限公司、电厂等专用万吨级泊位8座，1 000～5 000吨级泊位5座，最大靠泊能力达7万吨级。现已开通至日本、韩国、俄罗斯和东南亚的外贸航线，以及洋山港等内贸支线42条。共分新泾、荡茜、浮桥、茜泾4个作业区。2005年完成吞吐量1 510万吨，其中集装箱吞吐量突破25万标箱。

根据《苏州港总体规划》，太仓港区是体现苏州港竞争力的核心港区，是上海国际航运中心的重要组成部分和长三角地区铁矿石海进江中转运输体系的重要节点，以国际集装箱干线运输和外贸进口铁矿石转运为主，相应开展石油、化工品储运，并兼顾临江工业开发的功能。港区码头泊位概况见表8-16。

2005 年太仓港区码头泊位概况表

表 8-16

单位名称	码头泊位名称	泊位属性	投产年份	主要货种	码头长度（米）	泊位数（个）	靠泊吨位（吨）	2004 年吞吐量（万吨）	2004 年吞吐量（万标准箱）
太仓环保发电有限公司	1 号泊位	专用	2003	煤炭	250	1	30000	212.73	
太仓环保发电有限公司	2 号泊位	专用	2004	煤炭	280	1	35000	19.1	
太仓国际集装箱码头有限公司	1 号	公用	1998	多功能	27	1	25000	351.5	9.22
太仓国际集装箱码头有限公司	2 号	公用	2003	集装箱	630	1	25000		
太仓国际集装箱码头有限公司集装箱二期	3 号、4 号	公用	2003	集装箱	630	2	30000 35000		
	集装箱二期	公用	2005	集装箱	1100	4	20000～50000		
江苏长江石油化工有限公司	长江石油化工 1 号泊位	商贸	1995	液体化工	299	1	30000	94.13	
江苏长江石油化工有限公司	长江石油化工 2 号泊位	商贸	1998	液体化工	125	1	3000	32.35	
江苏长江石油化工有限公司	长江石油化工 3 号泊位	商贸	1998	液体化工	125	1	1000	31.7	
江苏长江石油化工有限公司	长江石油化工 4、5 号泊位	商贸	1995	液体化工	32	1	300	9.08	
江苏长江石油化工有限公司	长江石油化工 6 号泊位	商贸	2003	液体化工	290	1	50000	33.12	
江苏长江石油化工有限公司	长江石油化工 7 号泊位	商贸	2003	液体化工	140	1	5000	22.85	
美孚（太仓）石油化工储运有限公司	石化码头（基础油）	专用	1997	原油	165	1	25000	12.5	
美孚（太仓）石油化工储运有限公司	石化码头（LPG）	专用	1997	液化气	105	1	5000		
华能电厂（太仓）	煤码头	专用	1999	煤炭	260	1	30000	185	
华能电厂（太仓）	设备码头	专用	1998	通用杂件	52	1	1000	0.6	
华能电厂二期	华能电厂二期	专用	2005	煤炭	275	1	35000		
玖龙纸业码头	玖龙纸业码头	专用	2005	煤炭	260	1	30000		

(二)常熟港区

常熟是长江三角洲苏锡常经济发达地区的滨江城市之一,历史上即是苏州地区沟通大江南北的重要门户。境内长江岸线37.5公里,具有优良的建港条件和区位优势,沿江港浦多达20余处。

常熟市政府为实施沿江开发战略,根据苏州市“三港合一”的总体规划,常熟港区以能源、件杂货运输为主,主要物资为钢材、纸浆、煤炭和件杂货,为沿江经济开发区、临港工业和苏州工业园区提供服务。1996年11月国务院批准常熟港为国家一类口岸,正式对外籍船舶开放。迄至2005年,沿江已建成投产的通用和专用码头泊位17个。其中常熟兴华长江港口有限公司等港口企业建成万吨级集装箱和通用泊位6个、5 000吨级泊位2个;华润石油、华润电力、常熟发电、益成特钢等企业建成万吨级专用泊位4个、5 000吨级及其以下泊位5个。2005年全港区完成货物吞吐量2 050万吨,集装箱12.4万标箱。

常熟港区分兴华、金泾塘和白茆、小沙3个作业区,其码头泊位概况见表8-17。

(三)张家港港区

张家港港地处长江下游南岸,原为上海港务局的一个作业区,用以分流上海港的部分中转物资,是上海港的主要疏港港口之一。港区1968年开始建设,1969年初步投产。港区长江岸线自巫山港口至十字港口全长约5.5公里,北有福姜沙为天然屏障,上游与无锡江阴港区相邻,下游为常熟、太仓港区,东距上海吴淞口144公里,万吨级海轮可直达港区。内陆腹地与苏、锡、常三市形成一个三角群体,通过张家港船闸进入内河航道到苏州105公里,至无锡73.5公里,至常州105.5公里,与苏南运河一脉相通。陆上交通亦十分

2005 年常熟港区沿江码头泊位概况表

表 8-17

单位名称	码头泊位名称	泊位属性	投产年份	主要货种	码头长度（米）	泊位数（个）	靠泊吨位（吨）	2004 年吞吐量（万吨）	2004 年吞吐量（万标准箱）	备注
常熟兴华港口有限公司	兴华 1 号泊位	公用	1996	通用杂件	156	1	5000	520	7.354	内档泊位
	兴华 2 号泊位	公用	1996	多用途	200	1	35000			原为通用件杂泊位
	兴华 3 号泊位	公用	1996	集装箱	200	1	35000			原为集装箱泊位
	4 号泊位	公用	2003	件杂货	423.2	1	35000			
	5 号泊位	公用	2003	件杂货		1	5000			
	6 号、7 号、8 号泊位	公用	2005	杂件	670	1	50000			
						2	35000			
常熟发电股份有限公司	电厂煤码头	专用	1992	煤炭	235	1	35000	340		四台 30 万千瓦发电机组
常熟发电股份有限公司	电厂重件码头	专用	1992	通用杂件	85	1	5000	25.4		煤、黄沙
常熟发电股份有限公司	电厂重油码头	专用	1992	商品油	100	1	5000			
常熟华润石油有公司	华润码头	专用	1996	液化气	189	1	10000	19.8		兼作液体化工
常熟华润石油有限公司	内档	专用	1996	液化气	50	1	500			
华润发电常熟有限公司	煤码头	专用	2004	煤炭	232	1	50000	0.7		2004 年 12 月投用
常熟芬欧汇川仓储有限公司	多用途泊位	公用	1998	多用途	134	1	1800	52.2	1.4846	进口纸浆、空箱、出口成品纸
常熟芬欧汇川仓储有限公司	煤炭泊位	专用	1998	煤炭	98	1	3000	28.8		自用煤炭
常熟益成特殊钢有限公司	件杂货码头	公用	2004	件杂货	180	1	10000	31.7		2004 年 7 月投用

便捷。

张家港港务局于1968年组建成立,1982年划属交通部直属管理。同年,经国务院批准为对外国籍船舶开放的国家一类港口,仍承担上海港的货物分流和沿江腹地货主单位的物资中转、仓储和联运业务。1988年张家港港务局下放江苏省苏州市领导管理,已建有码头泊位8个,其中万吨级泊位5个。1992年,张家港永嘉集装箱码头有限公司成立,专营集装箱业务,并划定集装箱专用泊位和堆场。至1998年,张家港港区拥有万吨级码头13个,锚地面积220万平方米,江心系泊和作业浮筒12只,可同时停靠万吨级船舶23艘。生产用仓库1.84万平方米、堆场面积9.75万平方米,其中集装箱堆场3.37万平方米。2004年7月,张家港港务集团公司揭牌成立,政企分开,进一步完善了经营体制的改革。迄至2005年港区通用和专用码头泊位已增加到91个(万吨级48个)。其中,张家港港务集团公司和永嘉集装箱码头有限公司拥有万吨级通用和集装箱码头泊位20个,江苏沙钢集团拥有万吨级钢铁及散货码头泊位14个。2005年港区完成货物吞吐量8 358万吨,集装箱37.7万标准箱。建港以来,已相继开辟通往日本、美国、加拿大、澳大利亚、新西兰等国家和欧洲、波斯湾地区的外贸航线与集装箱运输线,同40多个国家和地区的140多个港口先后发生货运往来业务。

在苏州港实施"三港合一"后,要求张家港港区成为多功能的国际商港,更好地为城市对外开放和临江工业区服务,为腹地内的外贸运输和长江中、上游地区的部分物资中转服务。

张家港港区是一个以煤炭、铁矿石、粮食等大宗散货和集装箱、液体化工品、件杂货运输为主的综合性港区。码头泊位情况见表8-18。

2005 年张家港港区码头泊位概况表

表 8-18

单位名称	码头泊位名称	泊位属性	投产年份	主要货种	码头长度（米）	泊位数（个）	靠泊吨位（吨）	2004 年吞吐量（万吨）	2004 年吞吐量（万标准箱）	备注
张家港港务集团	1 号泊位	公用	1994	通用杂件	185	1	25000	80	160	木材钢材等
张家港港务集团	2 号泊位	公用	1994	通用杂件	185	1	25000	142		木材钢材等
张家港港务集团有限公司	4 号~5 号泊位	公用	2001	通用杂件	581	2	30000	428		原泊位 1972 年投产后改造
张家港港务集团	6 号泊位	公用	1985	通用杂件	180	1	10000	97		木材钢材等
张家港港务集团	7 号泊位	公用	1985	通用杂件	180	1	10000	110		木材钢材等
张家港港务集团	8 号泊位	公用	1993	木材	203	1	40000	347		木材钢材等
张家港港务集团	9 号泊位	公用	1993	散货	185	1	25000	578		
张家港港务集团	10 号泊位	公用	1993	液体化工	196	1	25000	136		液体硫磺等
张家港港务集团有限公司	13 号泊位	公用	1986	通用杂件	180	1	10000	117		2002 年改造
张家港港务集团	14 号泊位	公用	1992	通用杂件	195	1	25000	72		木材钢材等
张家港永嘉集装箱码头有限公司	15 号泊位	公用	1992	集装箱	255	1	25000	693	33	
张家港永嘉集装箱码头有限公司	16 号泊位	公用	1997	集装箱	250	1	25000			
浦沙钢铁有限公司	浦沙码头	专用	1998	通用杂件	114.5	1	5000	57		

续上表

单位名称	码头泊位名称	泊位属性	投产年份	主要货种	码头长度（米）	泊位数（个）	靠泊吨位（吨）	2004年吞吐量（万吨）	2004年吞吐量（万标准箱）	备注
张家港永恒码头有限公司	永恒钢铁1号、2号码头	专用	2003	钢材	349.6	2	30000	182.3		引桥变长，门机增加到6台
迁产业重机（江苏）有限公司	迁产业重机码头	专用	2004	件杂货	108	1	3000	6.7		
	迁产业二期	专用	2005	散货		1	3000			
上海港机家港分公司	港机码头	专用	1998	港机	84	1	5000	3.3		
江苏省江海粮油贸易公司张家港储运部	1号泊位	商贸	1987	粮油	180	1	10000	248.7		粮油、杂件货
	2号泊位	商贸	1991	粮油	220	1	10000			粮油、杂件货
	3号泊位	商贸	1996	粮油	210	1	35000			综合性码头
东海粮油有限公司	1号泊位	专用	1996	粮油	284	1	35000	280		食用油、粮食
东海粮油有限公司	2号泊位	专用	1998	粮油	96	1	5000	90		
东海粮油有限公司	4号泊位	专用	2004	综合	290	1	50000	95		
东海粮油有限公司		专用	2005	粮油		1	3000			
张家港泰富石油仓储有限公司	中油泰富码头	专用	1995	成品油	72	1	5000	43.3		
张家港保税区长江国际港	长江国际1号码头	商贸	1993	化工	170	1	10000	236.4		
	长江国际2号码头	商贸	2002	化工	280	1	30000			
	长江国际	商贸	2005	液体化工		1	1000			

续上表

单位名称	码头泊位名称	泊位属性	投产年份	主要货种	码头长度（米）	泊位数（个）	靠泊吨位（吨）	2004年吞吐量		备注
								（万吨）	（万标准箱）	
张家港越洋实业有限公司	越洋A码头	专用	1999	液体化工	90	1	35000	36		
	越洋B码头	专用	1999	液体化工	90	1	10000			
	越洋C码头	专用	1999	液体化工	23	1	300			
东华优尼科能源有限公司	东华优尼科码头	专用	2002	液化气	280	1	54000	32		
奔辉仓储有限公司	奔辉码头	专用	2000	成品油	110	1	35000	21		
陶氏化学(张家港)有限公司	陶氏化工码头	专用	2002	化工	244.25	1	25000	11.8		
张家港中东石化实业有限公司	中东石化码头	专用	2003	化工	96	1	20000	35		
张家港海螺水泥有限公司	海螺码头	专用	2002	散货	137	1	5000	243.5		
	海螺水泥	专用	2005	散货		1	20000			
		专用		散货		1	2000			
江苏沙钢集团	海力7号码头	专用	2004	煤炭辅料	313.5	2	50000			原海力原料3号4号泊位
江苏沙钢集团	海力5号码头	专用	2003	铁矿	388	2	50000			原宏源原料1号2号泊位
江苏沙钢集团	海力8号码头	专用	2003	煤炭辅料	389	2	50000			原宏源煤炭1号2号泊位
江苏沙钢集团	海力2号码头	专用	1998	钢铁	127.4	2	30000			原海力钢铁码头
江苏沙钢集团	海力3号码头	专用	2003	钢铁辅料	230	1	30000			原海力钢铁3号泊位
江苏沙钢集团	海力1号码头	专用	2002	钢铁辅料	230	1	30000			原海力钢铁4号泊位

续上表

单位名称	码头泊位名称	泊位属性	投产年份	主要货种	码头长度（米）	泊位数（个）	靠泊吨位（吨）	2004年吞吐量		备注
								（万吨）	（万标准箱）	
江苏沙钢集团	海力0号码头	专用	2005	散货		1	50000			
江苏沙钢集团	宏源1号码头	专用	1997	钢铁	80	2	3000			
江苏沙钢集团	宏源2号码头	专用	2000	钢铁	96	2	5000			钢铁
江苏沙钢集团	宏源3号码头	专用	2002	钢铁	97	2	5000			钢铁
江苏沙钢集团	九龙港池码头	专用	1999	钢铁		14	1000			矿石/煤炭
江苏沙钢集团	海力4号码头	专用	2000 2001	件杂货	229 225	2	30000 50000			沙钢海力源料码头1号2号泊位
江苏沙钢集团	海力6号码头	专用	1994	矿石（沙）	408	2	50000 5000			原哈德码头2005年改造结束
江苏沙钢集团	润忠三线码头	专用	2000	废钢铁	258	5	1000			钢铁
沙州电厂	重力码头	专用	2004	件杂货	97	1	3000			
沙州电厂	沙州电厂	专用	2004	煤炭		1	30000			
双狮物流	双狮物流	专用	2005	固体散货		1	50000			
		专用		液体化工		1	50000			
		专用		液体化工		5	500			内港池
永泰码头	永泰码头	专用	2005	散货		2	10000			厂矿兼靠20000吨

第九章 运 输

在当今5种运输方式中,水上运输历史最为悠久,早在新石器时代就已出现的独木舟,正是人类利用自然水资源的成功尝试。

春秋时期的江南地区,水上运输已被运用于军事活动,民间商货运输也逐渐兴起。秦凿丹徒水道,苏南运河初具轮廓。至汉晋南北朝,运河商运绵延不断。隋开江南河,航运条件进一步得到改善,南方的粮食和物资被官方大量运储于北方。唐、宋以降,国用仰于江南,苏南运河既是漕粮北运的生命线,也是商贸运输最繁忙的河段。元代,京杭大运河全线贯通,至明清,除漕运外,商货运输空前繁荣。川米换苏布,无锡米市,镇江银码头,交易金额常在白银数百万两,在全国极有影响。鸦片战争以后,外国入侵者所以先后在镇江、苏州开埠,也是看中两地便捷的水上交通条件和广阔的商品辐射范围,这极大地便于洋货的倾销和对土货的掠夺,民族小轮业在与外商的激烈竞争中步履维艰,发展缓慢。民国以后,随着近代工业的发展和民族轮运业的兴起,运河客货运输也随之呈上升趋势,苏南城乡间客运航线四通八达,货物运输达于长江流域各省市,省内外的木帆船聚集于苏南运河沿线各码头常有数千艘之多。八年沦陷时期,工商业遭日伪破坏,损失惨重,水上运输跌入低谷。1945年抗日战争胜利后,虽有短暂的复苏,终未能达到战前的水平。

1949年4~5月,苏南运河沿线城乡和上海相继解放,当时的迫切任务是立即恢复交通,支援前线和初解放的大城市,在军管会的领导下,苏南各地客运航线迅速恢复,并组织轮木船抢运煤炭、大米等物资至上海,这对保证大城市社会和经济的稳定发挥了重要作用。

中华人民共和国成立后，在三年经济恢复时期，苏南航运部门在支援苏北灾区的粮食和治淮工程器材以及供应市场商品等运输任务中均发挥了积极作用。

国家进入第一个五年计划时期，苏南航运业通过 1956 年社会主义改造，流动分散的木帆船被组织起来，国营航运企业成为水运生产的骨干力量，更好地为社会主义经济建设服务。随着国家全面经济建设的开始，苏南航运业客货航线的增辟、造船技术的进步、生产能力的增强、企业管理水平的提高，苏南地区物资的疏运集散 80% 以上都是由水运完成，为国民经济的发展做出了较大的贡献。

1978 年改革开放以来，苏南运河水上运输进入了新的发展时期。随着水运市场的开放，水上运输呈现国营、集体、个体一起上的局面，特别是个体运输发展迅猛，水运业生产经营开始从计划经济向市场经济过渡。通过企业改革、改制，苏南运河沿线的国营和集体水运企业已先后改制成股份制民营企业，谋求发展的新途径。通过 1992 ~ 1997 年大规模整治后的苏南运河，在腹地内省市间货物交流、经济联系中，充分发挥了水运主通道作用，对苏、浙、沪的社会经济发展提供了重要保证。

第一节　船　　舶

一、非机动船

江南水乡最早出现的水上运输工具是独木舟，根据对出土实物的鉴定，时间最早的在新石器时代。至春秋时期，大量的木船已被运用于军事运输和水上作战，商货运输也开始运用较大容量的木船行驶于江河。汉代，用木船长途运送粮食的活动屡见于史书记载。三国时，孙吴使用的“大舡”舰，可容战士 3 000 人，西晋咸宁六年（280）灭吴时，单接收官方的船舰就有 5 000 多艘。唐宋时期，担当漕运的木船常在千艘以上。民间对木船的运用也很普遍,据《梦梁录》记载,江南水乡民间常用的木船就有落脚头船、大滩船、运盐袋船、舫船、航船、飞篷船、铁头舟、垃圾粪土船等。货船的载重量达到1 000多石的也很普遍。明代漕船总数在万艘以上,其中浙江都司和江南直隶就占3 489艘,另外苏州、松江、常州、嘉兴、湖州五府运白粮的船有567艘。平江伯陈瑄始造的平底浅船已经是桅、弦、篷、橹、纤、舵、锚设备齐全的运输船,被规定为漕船的标准式样,对船体的尺寸和附属件的制作都有详细的规定。江南水乡,民间多用三吴浪船(最小的名塘船)代步,以一橹推轧前进,其数量以万计。清代初期,漕船总数大体在万艘左右,其中江安南道和苏松粮道包括白粮船约占1/2。嘉庆时,全国漕船减至6 000艘,但苏松粮船减少不多。

鸦片战争后,虽轮船进入江南内河,但木帆船仍是水上运输的主力。根据光绪三十二年(1906)成立于镇江的商船总会调查,聚集在苏南运河沿线运送各类物资的船帮拥有的货船就达6000多艘(详见表9-1)。

1906年航业调查表 表9-1

船帮名称	船只总数(约数)	大号		中号		小号		大宗货种	船只聚集埠头
		只数	至多载重石数(石)	只数	至多载重石数(石)	只数	至多载重石数(石)		
运粮帮	500	约500	800~1500					花生、饼豆及南北货	镇江
安徽小贩忙子帮	1000	约500	400~700	约500	300~400			红白糖、棉纱、布	镇江
河南黄皮鳊子帮	400	约200	400~600	约200	300~400			豆麦	镇江
济宁南阳帮	500			约200	200~400	约300	200以内	杂粮	镇江

续上表

船帮名称	船只总数（约数）	大号		中号		小号		大宗货种	船只聚集埠头
		只数	至多载重石数（石）	只数	至多载重石数（石）	只数	至多载重石数（石）		
台庄黑舿子帮	500			约200	200～300余	约300	200以内	煤竹、竹货	镇江
济宁洋木头帮	500	约500	500～800					杂粮	礌湾
湖北划帮	500	约200	400～600	约300	200～400			饼豆、小麦	常州
泰州关驳帮	600	约600	400～800					盐	十二圩
盐阜鸦稍自载帮	250	约100	400～500	约150	300～400			杂粮	常州、无锡
下河邗划帮	2 000					约2 000	60～150	米麦、杂粮	仙镇
河西湖船帮	500			约200	200～300	约300	200以内	杂粮	高邮
江阴丝绸帮	400	约100	400～500	约300	200～400			杂粮	上海
扬州柴艑子帮	300	约300	500～1 000					木柴	南京
清江柴艑子帮	50	约50	500～700					木柴	宝应、氾水
安徽五舱帮	300			约100	200～300	约200	200以内	木香、硇炭	高邮
镇江驳派帮	100			约100	300～400			驳运洋票杂货各件	鲢鱼套

续上表

船帮名称	船只总数(约数)	大号		中号		小号		大宗货种	船只聚集埠头
		只数	至多载重石数(石)	只数	至多载重石数(石)	只数	至多载重石数(石)		
苏州毛蓬帮	150	约150	400~500					运米	上海、浏河
苏州米包帮	400			约400	300~400			杂粮、米麦	上海、无锡
上海摇船帮	200			约100	200~300	约100	200以内	北货、杂货	虹口
杨庄盐船帮	250					约250	200以内	饷盐	礤湾
济宁黄艄子帮	300	约150	400~600	约150	200~400			洋票	镇江
镇江新河帮	200			约100	200~300余	约100	200以内	木柴	众兴
安徽槽子帮	300	约100	400~1 000	约200	200~400			大米	湖州、无锡
苏州蒲海帮	70			约70	200~300			人货两载	镇江
扬州南湾帮	500	约200	400~700	约300	300~400			洋票、人载	礤湾、镇江
邵伯划子帮	500			约200		约300		人载	礤湾、镇江
下河板船帮	200					约200		人载	扬州
无锡快船帮	300			约100		约200		人载	苏省一带

注:船之大中小三等,系按照农工商部奏定章程填写:200石以内为小船,200石至400石以内为中船,400石以上为大船。

这一调查显然是不全面的，这是因为当时对民间流动船舶的正规登记管理还在初创阶段，挂漏之处在所难免。据《江苏月报》民国23年第二卷第二期有关资料，光绪三十四年(1908)仅聚集苏州一地的木船就有7 322艘、304 178吨位。名称有：画舫、快船、农船、渔船、罛船、装船、驳船、桨船、摆渡船、鱼秧船、航船等。

民国以后，商货运输更见发达，在苏南运河沿线聚集的木船，根据《中国航政史》民国2年(1913)统计，总数约为12 800艘，按船帮分类为淮河帮500艘、西河帮3 000艘、湖北鸦梢帮3 000艘、南湾内载帮300艘、邵伯划子帮1 000艘、宝应板船帮500艘、高邮湖船帮2 000艘、下河鸦梢帮2 000艘、苏河帮300艘、茅篷摇船帮200艘。另无锡拥有大航船1 500艘、小航船400艘、班船200艘，总吨位达1万吨以上。各以其常装货物设计船型，自然成帮，停靠于某种货物的集散地。到民国26年，无锡木帆船增加到2 050艘(小航船不在内)，其中西漳船型已成为江南水网地区的主要船型之一。苏州、镇江在民国25年的木船数也分别达到1 115艘和1 290艘。图9-1为昔日苏南运河木帆船。

图9-1 昔日苏南运河木帆船

沦陷时期,苏南地区木船遭到严重破坏,无锡木船损失在1 200艘左右;民国28年(1939)镇江被日伪强制登记的木船也只有700余艘。苏州因是汪伪政权江苏省会所在地,木船损失略小,并有别地木船陆续向该地集聚,整个沦陷时期苏州集聚的木船常在1 200艘左右,船型主要有关驳、常熟米包船、绍兴船、杭驳船、西漳船、川船几种,总吨位达1.6万吨。从业船民、船工约7 500人。

抗日战争胜利后,随着经济的短暂复苏,苏南地区的木船有所增加,常州1948年木船达2 000余艘、1万吨位,无锡约3 000多艘、4万多吨位(但进出无锡境内的木帆船有2万多艘),苏州为1 248艘、1.7万吨位。这些木船由于长期失修,质量普遍很差。

中华人民共和国成立后,苏、锡、常、镇四市的木船通过对私改造,先后组织了合作社。这些合作社于1956年以后又先后组建为各市的航运公司,购置了轮船,实行拖带化,靠扬帆、撑篙、摇橹的自航船基本被淘汰。

1960年前后,由于"大跃进"中船舶超负荷运行,使用性能普遍下降,失修失养情况严重。以镇江专区为例,全区木帆船使用性能较好能够装运粮食的由1959年的165艘下降到57艘。大量木船急待修理,而修船用的木材、钢材供应紧张,于是积极寻找代用材料,起先是试用钢丝网蒙在被修船底,然后涂以水泥,俗称"穿大褂",但效果不理想。与此同时,无锡船舶修造厂在试制成功钢骨架水泥客货拖轮的基础上率先在全国首次试制成功钢丝网水泥驳船,这是以钢材为骨架,钢丝网为基层,上涂水泥砂浆,仿照西漳式木船建造的一种货驳。载重量分别为15吨、25吨、40吨、60吨几个吨级。这种水泥船造价低,建造快,维修简单,不易腐蚀;缺点是船身重、阻力大,碰撞易损坏,安全系数小。因为木材供应紧张,这种水泥船很快在全国推广建造使用。如无锡水上运输联社(1976年改为航运公司)1966年有水泥驳10艘、450吨位,1971年增至101艘、4 545吨位,1976年增至313艘、13 052吨位,1981年增至355艘、14 509吨位,占当年本单位货驳总数的49%。水泥船逐步取代木船的趋势,在苏南其他航运单位也大体相同。

1982年后,钢质船有了较快发展,水泥船数量逐年递减。如苏州市航运公司的水泥船最多年份有400多艘,1985年就降到165艘。根据统计资料,江苏省交通系统县以上水运企业的水泥船,仅货驳一项,就由1979年的7 869艘、366 809吨位下降到1987年的3 581艘、184 358吨位。随着江苏省人民政府1999年9月发布的《江苏省苏南运河交通管理办法》和随后交通部推行的京杭运河船型标准化示范工程的施行,从2002年1月1日起,已全面禁止水泥质船进入苏南运河航行。这更加快了水泥船的淘汰速度。

二、机动船

清咸丰四年(1854)六月,清政府谕:"……乃近日夷船,肆行无忌,或往镇江……"。这大体是外轮由长江进入镇江港口的最早记载。外轮进入苏南运河的最早时间,根据《通商章程成案汇编》记载是同治元年(1862)。至于华商轮船进入苏南运河经营,由于清政府的阻挠,直至光绪年间才实现。无锡最早出现的蒸汽机、32马力的轮船"春申"轮,就是在光绪三十一年投入经营的,最多可拖8条驳船。

民国初,进入苏南运河运营的轮船很快增加,其中多为经营客运的轮船,根据《江苏省实业行政报告书》的记载,民国元年(1912)江苏各地共有小轮公司51家,拥有轮船100艘,其中多为只有一艘轮船的小公司,较大的新商内河轮船公司有轮船5艘,通裕商号有轮船13艘,大达内河轮船公司有轮船11艘。这些公司绝大部分行驶航线都经过苏南运河。在此期间外轮进出苏南运河也很频繁(详见表9-2)。

1911～1920 年外轮进出苏南运河数量统计表 表 9-2

年份	美国船		英国船		法国船		德国船		意大利船		日本船		俄国船	
	艘	吨	艘	吨	艘	吨	艘	吨	艘	吨	艘	吨	艘	吨
1911					4	64					168	6 636		
1912	21	978			1	16	1	16			243	9740		
1913	4	64	2	32							23	452	3	48
1914	1	16			2	32					30	508		
1915	1	16	3	48	2	32	1	16			13	264		
1916	22	352	15	249	2	32					14	280		
1917	34	544	39	624					1	16	4	148		
1918	21	336	66	1056	1	16			3	48	6	96		
1919	34	544	61	976	20	320					5	80		
1920	44	704	72	1152							12	360		

注:据(日)《支那开港场志》大正 11 年(1922)日本版第 829 页。

民国 23 年(1934),经营苏南运河航线的轮船增至 242 艘、2 800.72吨位,经营业务仍然以小轮拖带驳船的客运为主。至抗日战争前的 1937 年,苏南运河沿线的轮船数为:苏州 89 艘、无锡 94 艘、常州 69 艘、镇江 73 艘、松江 89 艘,总数 414 艘。

抗日战争时期,在沦陷前,苏南运河一线轮船业主大都将轮船撤离,有的驶往上江,有的驶往苏北内河。苏州、无锡、常州在日伪控制下,先后有客运航线的恢复,投入运行的轮船为:苏州 110 艘、无锡 48 艘、常州 22 艘、松江 26 艘,计 206 艘。

1945 年抗战胜利后,苏南运河沿线轮船业迅速复业,当时的轮船数为:苏州 108 艘、无锡 93 艘、常州 67 艘、镇江 75 艘、松江 55 艘,计 398 艘。

中华人民共和国成立后,1956 年实行全行业公私合营,苏南运河沿线各市拥有机动船数为:镇江 56 艘、常州 34 艘、无锡 104 艘、苏州 82 艘。以后,由于全省航运机构时有变动,各单位轮船数互有增减。至 1985 年,苏南运河各市航运部门拥有机动船数见表 9-3。

1985 年苏南运河各市航运部门拥有机动船情况表 表 9-3

类别 市别	客轮(艘/客位)	货拖(艘/马力)	小马力货拖(艘/吨位)
镇江	3/1 110	132/15 822	83/2 060
常州	3/950	98/11 033	32/705
无锡	15/1 885	209/20 042	78/2 578
苏州	28/3 246	235/22 188	107/2 819

船质也从解放初期的木壳船体为主和全部外国杂牌机器,逐步过渡到全部钢质船体和国产标准型号的柴油机。

改革开放以来,为大力推进农村商品生产,活跃城乡经济,1983、1984 年中央连续发布两个 1 号文件,国务院于 1984 年 2 月 27 日专门发布《关于农民个人或联户购置机动车船和拖拉机经营运输业的若干规定》。伴随苏南农村经济和乡镇企业的兴起,苏南水上个体运输户发展迅速,据 1985 年《江苏省交通统计年鉴》资料,当年苏、锡、常、镇 4 市城乡个体专业运输户拥有船舶 43 063 艘、637 540 吨位,分别占全省水运个体专业运输户拥有船舶的 47. 8% 和 44. 8% 。其中苏、锡、常水运专业运输户实有船舶数都远远超过交通部门水运企业和乡(镇)办交通水运部门的船舶拥有量。苏州市水运专业运输户拥有货运船舶 23 732 艘、242 201 吨位,常州市水运专业运输户拥有船舶 9 249 艘、261 826 吨位,均大大超过本市专业水运企业和乡(镇)办交通水运部门合计拥有的货运船舶数量。具体情况见表 9-4。

1985 年苏南 4 市货运船舶拥有量统计表

单位:艘/吨位　　　　表 9-4

实有船舶 单位类别 市别	交通部门水运企业	乡(镇)办交通水运部门	非交通部门运输单位	城乡个体专业运输户
苏州市	2900/116623	8580/101358	633/16533	23732/242201
无锡市	2215/104910	1760/50561	–/–	9510/121835
常州市	1418/64633	3794/145458	103/4174	9249/261826
镇江市	1251/85434	336/7856	213/4515	572/11678
4 市小计	7784/371600	14470/305233	949/25222	43063/637540
全省合计	22437/1186047	33336/582017	8223/256687	90144/1422725

注:货运船舶实有数包括:轮驳船、小马力机动船、木帆船。

进入“八五”期间,随着苏南乡镇企业和社会经济的不断发展,使一些水运专业运输户不断弃船进入乡镇企业做工。因此,苏南本地全社会运输船舶逐年在减少。但这里的水运市场吸引了苏北扬州、盐城等地水运专业运输户大量涌进。据江苏省交通厅“八五”期间《交通统计资料汇编》,苏州市 1990 年拥有水运船舶 29 073 艘、55 387 1净载重吨;到 1995 年下降到 16 707 艘、496 027 吨,分别下降 42.5% 和 10.44%。而此期间扬州市水运船舶拥有量从 1990 年的 34 232 艘、113 911 7 吨,上升到 1995 年的 45 852 艘、2 014 465 吨,分别增长 33.9% 和 76.8%。其中仅兴化市(县)就拥有 30 万吨、姜堰市(县)拥有 18 万吨。据扬州市运管部门反映,该市拥有的水运船舶 60% ~70% 常年在苏南地区从事营运,其货种主要是矿山物资、建筑石料及乡镇企业物资商品。进入“九五”和“十五”期间,随着改革开放和整个社会经济的发展,苏南地区本地籍社会运输船舶拥有量大幅度减少。据苏、锡、常、镇 4 市统计资料,2000 年 4 市社会运输船舶拥有量为 20 237 艘、104.31 万吨(净载重吨),分别比 1995 年拥有量 33 291 艘、140.43 万吨下降 38.91% 和 25.72%;2005 年 4 市社会运输船舶拥有量又下降到6 081艘、90.40万吨，比2000年又下降了69.95%和13.32%。4市船舶拥有量艘数和净载重吨占全省拥有量比重，也从1990年的33.48%和26.00%，下降到2005年的11.86%和6.7%。从“九五”期间起，面对水运市场的放开和激烈竞争，交通水运企业拥有的运输船舶也大幅度减少。苏、锡、常、镇4市交通水运企业1995年还拥有运输船舶5 776艘、42.20万吨，到2000年只拥有369艘、4.88万吨，分别下降了93.61%和88.44%。自此，苏南地区水运物资的运输，基本上仰赖于苏北等地外来运输船舶详见表9-5。

苏、锡、常、镇4市运输船舶拥有量变化情况表　　表9-5

艘/万吨　年份 市别	1990	1995	2000	2005
全省拥有量	158760/521.37	140763/709.76	72718/735.08	51241/1357.15
苏州市	29073/55.39	16707/49.6	12048/36.38	1670/11.25
无锡市	11477/38.59	7297/38.78	5058/36.94	2622/34.97
常州市	10038/28.45	7128/35.06	2565/19.73	1336/28.13
镇江市	2560/13.17	2159/16.99	566/11.27	453/15.90
4市合计	53148/135.6	33291/140.43	20237/104.31	6081/90.40
4市船舶拥有量占全省%	33.48/26.0	23.65/19.79	27.8/14.19	11.86/6.7
4市交通水运企业拥有量	8152/46.69	5776/42.20	369/4.88	

注：表中吨位为净承载重吨。

随着苏南运河全面整治后航道等级的提高和船型标准化工程的推进及经济利益的趋动，苏南运河船舶大型化发展迅速，船舶平均吨位由1997年的81.4吨上升至2005年的242吨，平均年增长速度为24.7%。详见表9-6。

1997～2005年苏南运河各节点船舶平均吨位变化情况表

单位:吨　　表9-6

年份＼节点	陵口	新闸	小九华	下甸桥	浒关	平望	平均值
1997	83	83	83	83	75	—	81.4
1998	104	86	78	94	77	—	87.8
1999	190	88	85	105	80	—	109.6
2000	196	104	64	96	86	93	106.5
2001	199	104	65	89	91	104	108.7
2002	200	98	98	91	94	116	116.2
2003	198	155	158	202	107	126	157.7
2004	205	191	221	226	151	136	188.3
2005	306	—	196	242	234	232	242

2002年至2005年,镇江谏壁船闸过闸船舶中,船队的数量多于单船数量,各年船队比例均占总船舶量的70%以上,船队中200吨级及以下所占比例逐年减小且减幅较大,300吨级维持平稳水平,500吨级增幅较大,800吨级也有增加,但增幅较500吨级小。单船中100吨级及以下所占比例迅速减小,2005年仅为2002年的33%,200至300吨级在一定范围内变化,500吨级及800吨级增幅较大。挂桨机船从2002年的15%下降至2005年的2.0%,2006年1月1日起苏南运河已禁止挂桨机船驶入。详见表9-7～表9-8。

2002～2005年谏壁船闸过闸船舶船型变化情况表

单位:%　　表9-7

船型＼年份	2002年	2003年	2004年	2005年
船队	69.9	72.5	75.5	78.7
单船	15.1	16.9	18.1	19.3
挂桨机船	15	10.6	6.4	2.0
小计	100	100	100	100

2002～2005年谏壁船闸过闸船舶吨位变化情况表

单位:%　　　　表9-8

船型/年份/吨位	船队				单船				挂桨机船			
	2002	2003	2004	2005	2002	2003	2004	2005	2002	2003	2004	2005
100	6.45	5.4	2.2	1.1	9.2	5.9	4.9	3.0	57.6	51.0	47.0	40.1
200	27.5	20.1	14.2	11.3	39.5	35.5	35.7	31.6	25.8	29.9	32.2	34.8
300	38.3	39.0	36.9	35.2	31.9	27.1	28.8	29.7	16.6	19.1	20.8	25.1
400	23.8	23.3	29.7	32.8								
500	3.8	11.2	15.2	18.7	18.2	27.4	24.1	28.7				
800	0.1	0.1	0.8	0.9	1.2	4.1	6.5	7.0				
1 000	0.05	0.9	1.0									
小计	100	100	100	100	100	100	100	100	100	100	100	100

注:船队中1 000吨含1 000吨以上的船舶,单船中800吨含800吨以上的船舶,挂桨机船中300吨含300吨以上船舶。

三、船舶修造业

(一)古近代的船舶修造业

春秋战国时期,吴国造船技术已经发展到很高的水平,已有专业的造船工场“船宫”、“舟室”或“石塘”的设置。“船宫”是建造较高级战船的场所,“石塘”是造一般战船和运输船的场地。造船工人称为木客。据考证,现今苏州市吴县蠡墅镇、余皇、匠门以及远郊的胥口、胥浦等地就是当年吴王阖闾所置船宫的主要场所。无锡的五里河、蠡溪(今梁溪河北岸)等地也都设有吴国的船宫或石塘。所造之船根据不同的需要有“艅艎”、“大翼”、“小翼”、“突冒”、“楼舡”、“桥舡”等性能各异的名称。有的已用铜铁制作构件和接合件,有的还用油漆对船体进行防腐。

秦汉时期,苏南地区造船业继续有所发展。汉武帝时为了征服越人,曾命令会稽太守朱买臣"治楼船、备粮食、水战具"。当时会稽郡的治所在今苏州,这就证明苏州在西汉中期也是重要的造船基地,所造楼船,甲板上起三层楼置多层矮墙,并设望台,下层用人力划桨行驶,上层士兵可用矛钩来攻击敌人。因状如城堡故称楼船,其军称"楼船军"。

三国时,孙吴以水军立国,专门设典船都尉,统一管理舟船修造事宜,所造船舰名称有"长安"、"飞云"、"青龙"、"艨冲"、"舴艋"、"凌波"、"掖电"、"大舡"等,这些型号的船构造不同,性能各异,以适应战争的不同需要。苏州、镇江先后都是孙吴起初的治所,辖地内也设有多所造船工场。

东晋至隋代,江南造船业有了明显发展。孙吴时建造的大船只能载重万斛,到南朝时可达两万斛。南齐科学家祖冲之还设计制造了一种"千里船",利用桨轮激水前进,一天可行百里余。这一期间,不仅官府造船,民间也能造大船。隋代就曾专门明令禁止过民间私造大船。大业元年(605),隋炀帝遣黄门侍郎王弘等到江南伐木大量造船,有龙舟、凤艒、黄龙、赤舰、楼船等。龙舟高15米,宽16米多,长约67米。船身分为四层,上层有正殿、内殿和东西朝堂,中间二层有120个房间,造船技术已达很高水平。

唐、宋时期,随着商业的繁盛和交通的发达,对船的需求量也激增,这就促使造船业的进一步发展。

唐代全国官营造船场,大多集中在东南地区。贞观十九年(645)唐太宗命张亮率水师"凡四万、吴艘五百,泛海趋平壤"。这500艘吴船,就是在苏州一带制造的。贞观二十一年八月,太宗敕宋州刺史王波利等发江南十二州工人造大船数百艘欲征高丽。十二州中,润、常、苏、湖都在其中。李希烈乱,韩滉镇润州,在很短时间内造楼船30余艘,以"舟师由海门大阅至申浦乃还。"这是在江面上进行军事示威以镇慑敌人,也反映了当时镇江的造船能力。

宋代,在苏州平江府、常州、湖州与秀州华亭以及镇江等处设立造船场，苏州是太湖地区造船中心。平江所造八橹战船长 8 丈，四橹海鹘船长 4.5 丈。民间造船的能力和规模也都达到很高的水平。如南宋初，太湖中的一种大型渔船，长达 25 米，宽 5 米，载重 50～60 吨，有 5 桅、6 桅或 7 桅，能抗太湖很大的风浪。在船的种类上也能根据实际需要设计船型，镇江都统制司所造扬子江渡船，其式样就被推广到浙江、龙山和绍兴的西兴、渔浦 4 个渡口。至于军事用的战船制造，除建康外，镇江和平江都是重要基地。使用船坞修造船舶是宋代造船技术的一大进步。船在船坞中制造，造成后放水入坞使船浮起，然后开启闸门放船入河。所造之船都是船舷用榫接、用铁钉成排钉牢，木板间用油灰捻缝，质地非常坚固。这些工艺技术的进步代表了宋代江南的造船水平。

元代重海运，漕粮集结点为太仓刘家港。江苏沿海是海运漕船的主要建造基地。

明代初建时，为适应日益发达的水运事业的需要，在东南各地设立了众多的船场，其规模都相当庞大，有的还有附属工场，专门为船场生产铁锚等船用附件，苏州所造的“三吴浪船”在当时负有盛名。

清代康熙年间，因海禁渐弛，仅苏州一地，民营船场建造的船舶每年下水出海的就多达 1 000 艘。嘉庆以后因运河多阻，制造漕船的数量骤减，官办造船场呈衰微之势。道光以后，江南四府一州的漕粮多半招募商船承运，这就使民间造船业得到发展。在清代与日本的民间贸易中，也有不少船就造于苏州、常州、镇江。19 世纪后期苏州造船场已达 200 余家，具有规模的有施培记、沈万兴等工场，旺季雇用木捻工匠多达 200 多人。造船业比较集中的地点在蠡墅镇，所造“蠡墅船”是江南地区优良船型之一。

无锡地区修造木帆船和制橹的手工业工场遍及市郊与乡镇，最多时达 600 余家，居全省第一，并为杨、蒋、尤、徐、邵五姓家族所垄断。这五姓造船工匠在清初曾应差在江宁、岳州等官办船场修造水师船只，对改进战船结构、提高战船稳定性有过贡献，因此清政府特赐“龙批”，给五姓十三家子弟在无锡修造木船的特权。一直到抗日战争爆发前，五姓造船工场仍占无锡工场总数的90%左右。但随着轮船制造业的发展，民船造船工场相应有所减少。据1937年统计，无锡地区造船工场还有300余户。在此期间，无锡印河船厂曾建造过木壳、汽油机动力的太湖游轮，邓阿菊轮船厂建造过木质汽油机拖轮，张杏生轮船修造厂先后建造过10多艘木壳柴油机客货轮船。

常州地区的民间造船业以制造常州“滩船”而闻名。光绪六年(1880)首由盛兴度在常州北门嘴头村河滩创设第一家民营造船工场，专营“滩船”制造。以后造船场一度增至28家，但至1930年减少到10多家，其中较具规模、有固定场址的只有8家，分布在市郊傍河两岸。以后轮船修造渐兴，常州杜永兴轮船修造工厂曾从1935年起陆续建造木质内燃机轮船“新江南号”、“小洞天号”、“新晋安号”拖轮。

镇江地区，在19世纪中叶，外轮入侵江海航道以后，官办修造船场逐渐解散，造船工匠便在沿江岸坡设立流动性工场，较稳定的有梁护兴、李恒记、万昌、赵福星、金贵、徐炳文、王昌荣等10家工场。自1924年起，一直航行于镇江对江轮渡的416客位铁壳铆结构的“普济”轮就是由镇江茂昌机器厂、李恒记船厂、瑞昌铁工厂三家合作承造的。铁壳船体由李恒记船厂设计、制造，蒸汽机由茂昌机器厂生产，锅炉与管道由瑞昌铁工厂承担，仅用了一年时间就建成交付使用，其抗风能力、稳性都达到较高水平。

(二)当代的船舶修造业

中华人民共和国成立初期，苏南各地木船失修失养严重，如苏州市1951年在检丈的2 600多艘木船中，质量完好的只有506艘。为了满足社会对运力的需求，交通主管部门着手组建了苏南地区船舶修造基地。

改革开放以来，苏南运河沿线的船舶工业，随着经济和水运的发展而不断壮大，经历了从以修为主、修造并举到以造为主的发展过程，其造船能力，在目前全国造船行业中也具有一定地位。在苏南运河沿线的主要船舶修造厂有：

1. 镇江船厂

镇江船厂的前身是1950年2月公营建华轮船运输公司在无锡筹建的船舶修理所，员工27人，其中生产工人16人。1951年3月迁入镇江，改名为国营华东内河轮船公司镇江船舶修理厂（因隶属关系几经变更，以下简称镇江船厂），同年兼并了由当地顺记、恒记、赵福兴、李孝荣等4家私营小厂联营的同益船厂，1953年初，中国人民解放军第三野战军后勤部航运处南京修船厂也并入镇江船厂，1955年又有镇江协众锅炉厂、肖顺兴翻砂厂、协兴电焊厂等单位并入，工厂初具规模，但拥有的设备却十分简陋。除承担镇、淮、盐、泰等地100多艘轮、木船的大、中修理任务外，同年还建成328客位的木质客轮一艘，次年又自行设计建造了省内第一艘308客位钢质蒸汽机客轮——“新苏号”。自此，该厂由以修为主转为修造并举，并为钢质船取代木船开辟了道路。

20世纪70年代初，交通部决定以镇江为造船配套产品基地，先后投资兴建镇江锚链厂、镇江船舶螺旋桨厂、镇江船用柴油机厂等船舶配套企业。同期，地方造船工业也得到较快发展，兴建了谏壁船厂等几个造船及船舶配套厂，并开始生产千吨级驳船和大功率推轮等船舶。1965年，全市生产船舶26艘、1 851.3总吨。

80年代以后，镇江船厂通过技术改造，造船能力达到了万余综合吨，主要产品为5 000吨级以下的中小客货轮、推拖轮、货驳及其他特种船舶。被列为全省交通系统装备齐全的骨干船厂。历年所造各类船舶中具有代表性的优良船型主要有：60吨钢质舱口驳、135马力（19米）钢质拖轮、270马力钢质拖轮、1 000客位钢质双体客船、2 640马力顶推轮、“芝罘号”万吨级打捞救助船、2 000马力Z型全回转港作拖轮等。

2003 年 4 月,该厂厂址由北固山下搬迁至润扬长江大桥东侧,新厂占地 1.5 万平方米;设有 2 万吨级和 5 000 吨级船台各 1 座,船台最大起重能力为 200 吨;150×20 米固定码头和 75 米浮动码头各 1 座;码头起重能力为 30 吨。

2004 年,经镇江市工业改革办公室批准,镇江船厂实行企业改制。通过资产评估,提取职工补偿金后净资产为 200 万元,由企业领导层进行收购,重新进行工商注册,成立新机构。至此,国有资本全部退出。当年该厂生产总值为 3.05 亿元,销售 2.24 亿元,利税 1 494.08万元,创汇 1 168.04 万美元,职工人均收入 13 720 元。2005 年,即改制后的第一年,该厂生产总值即创 4.49 亿元纪录,比上年增长 47%;销售为 2.83 亿元,比上年增长 26%;利税 1 877.25 万元,比上年增长 25.6%;创汇 1 304.72 万美元,比上年增长 11.7%;职工人均收入 18 874 元,比上年增长 37.5%。

2. 无锡船厂

无锡船厂建于 1956 年,当时由于水运运量日益增长,船舶维修力量不足的矛盾十分突出,江苏省交通厅决定以无锡为中心建设一个船舶修理厂,负责苏、锡、常地区轮船的维修任务和无锡地区的船舶保养工作。当年 5 月,以国营江苏省内河轮船公司无锡分公司与公私合营申锡轮船运输公司合并的船舶保养场为基础,将私营合兴轮船修造工厂和大鑫机器铁工场、金华翻砂工场、信义淬火工场、合兴轮船修造工场以及个体油漆、铁工、捻工场等单位并入,筹建江苏省无锡船舶修理厂,由国家投资 19.9 万元。

1958 年底,由于当时木材、钢材供应紧张,无锡船厂在上海船研所协助下,试制成功 5813 型 40 马力钢丝网水泥拖轮一艘。该轮以 40 马力木质拖轮的船型为基础,采用钢骨架钢丝网水泥壳板制造(通过改进后定型为 5815 型 40~60 马力钢丝网水泥拖轮),成为全国试制成功的第一艘钢丝网水泥拖轮。1959 年初,该船投入营运,使用正常。根据交通部的指示，无锡船厂又建造了一艘配用6110型柴油机，采用可变螺距螺旋桨，并加装导流管的5990型钢丝网水泥拖轮。该拖轮建成后，开赴长沙供参加1959年5月召开的全国水运技术革新会议的代表们参观。一致认为采用钢骨架钢丝网水泥壳板代替供应紧张的钢材和木材，可比同吨位的钢质船、木质船节约钢材50%、节约木材20%。钢丝网水泥壳板加工简单，经济合算，具有足够的强度，有使用价值，便于推广，同时江苏自产水泥，更有就地取材之利。

面对全省大量木质船舶亟需更新改造的现实，江苏以无锡船厂为基地，着手进行了钢丝网水泥船用于农业运输和内河木质船舶更新改造的研究试制工作。1961～1962年，该厂先后试制了4吨钢丝网水泥农船4种型号(甲、乙、丙、丁型)共166艘。1963年，又先后试制了40吨钢骨架钢丝网水泥货驳、60吨预应力加筋钢丝网水泥船和60吨轻结构钢丝网水泥驳船。自1959年至1966年，无锡船厂水泥船总产量为17 485吨，其中1966年达4 815吨。在木材、钢材供应困难的时期，生产水泥船由于节约工料、投资少、回收快、维修简便，优点十分明显。

1971年，地方水泥船生产第一次被正式列入国家计划。当年江苏完成16459吨，1972～1976年全省每年均保持生产3万吨以上。联合国和一些国家都曾派代表前来参观、考察和实习，无锡船厂生产的60吨钢丝网水泥驳还制成船模送美国展览，并被交通部指定为援助越南建造水泥船的厂家。

随着国家钢材产量的增加和江苏造船工业的发展，无锡船厂开始生产钢质船和玻璃钢船以取代生产水泥船。主要产品包括：200吨级钢质舱口驳、“太湖三号”游船、135马力(19米)拖轮、太湖豪华游船、12～15米港监艇、275千瓦高速巡逻艇、365马力港作拖轮、1 000立方米开底泥驳、1 000～1 350马力VEN系列海拖等。其中1 000～1 350马力VEN系列海拖，是1990年11月受省机械进出口公司委托为新加坡建造的,计6艘,这批船通过美国ABS船级社检验自航抵新加坡,受到外商的好评,这也是江苏省首次批量出口的机动船舶。

1983年,无锡船厂还和无锡县玻璃钢船厂合作,与美国CIC公司签订了生产8英尺桨帆两用游艇合同,至1984年陆续销售了131艘。其中100艘销往美国,其余销往加拿大、希腊、澳大利亚等地,颇受欢迎。无锡船厂还与美国PBC公司共同试产了42英尺高级豪华游艇。

2003年,无锡船厂实行整体改制,改制后企业改名为江苏省无锡船厂有限公司,仍以造船和钢结构制作为主。

3. 无锡市红旗船厂

在地方船舶工业中,无锡市红旗船厂以生产特种用途的船舶而见长。受无锡市外事办公室委托设计建造的仿古游船"春秋"号龙舟,获1987年省优秀产品"金牛奖"。该船设计构思新颖,尤其是驾驶室设于龙头内,并有回转装置,舱室布置合理,全船古色古香,金碧辉煌,使内河旅游更显现江南水乡的特色。

该厂根据公安部要求建造的18吨内河消防艇,由于动力装置采用了双轴同向输出齿轮箱、推进系统双速比传动,实现了消防泵与推进系统的功率合理,从而保证了灭火作业时船体的定位,并具有快速、机动、稳定、可靠、多种灭火功能等综合战术技术性能,属国内首创。

该厂1989年建造的85式水陆工程侦察车,是用于江河河床断面勘测的专用车辆。该车在NJ220B型越野汽车底盘上设计有水密车体,以增加水上推进、排水和自救系统的能力。并配有河床断面测绘仪、信控流速仪等设备,可为架设桥梁(浮桥)提供可靠依据。

4. 常州船厂

常州船厂始建于1958年,是常州市唯一的一家国营造船企业,主要产品包括:368千瓦Ⅱ类海区水文测量船、19米和27米水文测量船、200 吨三类机动油船、60 吨打捞船、40 吨拼接式打捞起重船、80 立方米/小时拼接铰吸挖泥船、80 立方米/小时排泥船、40～60 立方米系列自航开底泥驳、0.75 立方米和 1.2 立方米液压抓斗挖泥机、19～24.5 米系列航政艇、13～20 米系列港监艇、120 立方米/小时斗轮挖泥机、50 吨打捞/0.75 立方米抓斗挖泥两用船、60 吨打捞/1.0 立方米抓斗挖泥两用船、30 米交通船、17 米钢铝混合结构航政艇、46 米双体车客渡船、40 米苏杭线豪华游船等。其中:40 吨新型拼接式打捞起重船是国内首创产品,17 米钢铝混合结构航政艇是省内一流、国内领先的新型执法工作艇,19 米水文测量船为目前国内最先进的测量船舶。

5. 常州玻璃钢船厂

常州玻璃钢船厂是 20 世纪 70 年代初,第六机械工业部为了生产大吨位客货轮和远洋运输船舶配套所需的各类救生艇、工作艇等,投资 100 万元在常州兴建的。工厂于 1970 年 8 月建成,1974 年开始生产“982”边防巡逻艇 145 艘,深受部队赞许,并于 1979 年获国家银质奖。1982 年起,该厂为日本三和物产株式会社陆续建造了 CF-360 型双体玻璃钢钓鱼艇 31 艘。常州玻璃钢船厂生产的玻璃钢船舶不仅产量和质量居全省同行之首,而且是亚洲地区规模最大的同类船舶专业生产厂。

6. 苏州造船厂

苏州造船厂系 1958 年 12 月由公私合营山塘出租修造船厂、娄葑修造出租船社、苏州造船生产合作一社、二社、船橹生产合作社合并组建而成,为集体所有制。始建时,职工 369 人。年生产能力为修造木质驳船约 4 000 吨,木质拖轮 480 马力。1960 年 7 月起因木材供应紧张,以生产水泥船为主,1964 年 1 月起开始试制钢质开底泥驳,1972 年接受省造船公司下达制造 100、200 吨川江驳船任务,1975 年开始成批生产。1982 年迁至拥有 6 408 平方米船体车间的新厂址,年造船能力为 100 艘、10 000 综合吨。至 1985 年,累计生产钢质船 47 个品种、865 艘、60 365 吨、10 535 马力。其中，自行设计的有油驳、拖轮、客轮、游艇、挖泥船、氨水驳等 13 种。

2002 年，企业进行改制，苏州造船厂更名为金港造船公司，为独立核算单位，隶属于通港有限公司。随着市场的变化，已不再经营造船业务，专为上海港机厂配套生产港机构件。

改革开放以后，水上运输专业户大量涌现，有一定规模的民营船厂也应运而生。行驶在苏南运河上的运输专业户的船舶大多为这些新兴的民营船厂所建造。

第二节 货　运

一、漕运

早在春秋时期，苏南地区就有了频繁的水上粮食运输活动，这种粮运紧紧地与战争联系在一起。当时立国于苏州的吴国，国势强盛，为了北上与齐、楚争霸，用兵频仍，同时与邻近的越国也战事不断。大量军队的调动，必然需要相应的粮食接济，只是当时还没有形成如后世漕运的严密制度，而是随需而行。至汉代，江南农业发展较快，东汉永初元年(107)、七年，两次调粮赈济东郡、下邳、山阳、广陵等地灾民，丹阳郡、吴郡、会稽郡都是调粮的主要地区。其中富春、余杭、乌城、海盐、娄、吴、阳羡、无锡、毗陵、丹徒诸县均分布在早期的江南运河线上，大批的救济粮就是循这条线路经丹徒出江入邗沟北上到达中原地区的。

三国孙吴建都建康(今南京)，都城人口有 28 万户，三吴地区是京城粮食供应的主要地区。为使粮船避免长江风浪之险，于赤乌八年(245)开破冈渎，使东南漕粮不再由京口出江，而由丹阳经破冈渎下秦淮直抵建康，即所谓："东南漕运、士商舻舳，由曲阿溯流入句容，复沿下至秦淮"。

西晋后期，中原战乱，粮食匮缺，而南方米谷却余积甚广。晋武帝特将陈敏由合肥度支调任广陵度支，掌漕运，以使江东漕粮接济中原。永嘉南渡后，江南漕运规模更胜前代。东晋建武元年（317），扬州大旱，晋元帝的儿子司马裒，时镇广陵，急调江南余粮由镇江转江北赈灾，因水浅立京口丁卯埭以保证漕船航行的水位。

隋统一中国后，于大业六年（610），"敕穿江南河"，并规定京口为入江口，从此，苏南运河更为通畅，便于转输。江南的大批粮食和物资被运往洛阳诸仓。太仓、含嘉仓、洛口仓等仓库的存粮，多者千万石、少者也有数百万石。

唐初，国用有节，每年从江淮北运的漕粮仅一二十万石。高宗以后，"国用渐广"，江南漕运也渐具较大规模。开元间，由江淮水运漕粮不少于300万石，陈子昂在《上军国机要事》中说："即日江南、淮南租船数千艘已至巩洛，计有百余万斛……"，又《旧唐书》："开元十五年（727）秋，河北饥，转江淮之南租米百万石以赈给之"。这些记载都反映了苏南运河的漕运规模。另外，20世纪70年代，考古工作者在唐洛阳含嘉仓遗址中发现大批窖存铭砖，多为高宗、武则天年号，铭砖刻记的漕粮纳运地点，在江南的有苏州、润州等地名，这为当时苏南运河的漕运提供了实物佐证。"安史之乱"后，北方社会经济遭受严重破坏，唐王朝更依赖江南粮食、物资的支撑，形成"漕吴而食"的局面，苏南运河的漕运地位更显重要。尤其是在安禄山派兵南下，河南地区大部失陷，以及史朝义分兵出宋州，运河漕路断绝，漕运路线改为溯江西上，由襄、汉越商於（今河南淅川）以输京师的情况下，苏南运河出江口的镇江更成为两浙乃至诸道漕粮集结北运的中心。吕祖谦在《历代制度详说》中评说："唐时漕运大率三节，江淮是一节、河南是一节、陕西到长安是一节，……此三节最重者京口，……京口是诸郡咽喉处"。京口在江南漕运的地位极其重要。"安史之乱"平息后，接踵而来的中央与藩镇之间的大冲突即"四镇之乱"又开始，在徐州以上运河严重受阻，有时甚至断绝的状态下，镇海军（治润州）节度使韩滉仍然在浙江东西市米600万石用武装护航的办法支援中原平乱的军队，《旧唐书·韩滉传》说："江淮、两浙转输粟帛，府无虚月，朝廷赖焉"。

北宋建都开封，行强干弱枝国策，京师驻有重兵，"兵以食为命，食以漕运为本"，为此对漕运特别重视。北宋漕法沿用唐代转搬法，且又有发展，岁漕东南六路粮额600万石，但常超过此数，最多达800万石。苏南运河沿线地区时属两浙路，漕粮额为150万石，占漕粮总额的1/4，苏南运河的漕运十分繁忙。天禧末，京城所积仓粟多达1 560万石，孙长卿掌漕事，曾有人提出漕粮征收是否过多，孙回答说："吾非欲事羡赢，以备饥岁尔"。崇宁初，蔡京为相，漕运制度由转搬法改为直达纲，自是漕弊丛生，漕法大坏。

南宋定都临安（今杭州），漕运常额仍依靠东南六路的600万石，只是分配数额有所增减，其中以江西占额最重，达1/3。大量漕船沿江而下，由镇江进口，经苏南运河抵临安，苏南运河承受的运量空前增加。陆游在《入蜀记》中说："朝廷之所以能驻跸钱塘，以有此渠尔"。苏南运河在当时漕运中具有极为重要地位。为了使运河的入江口能适应大量漕船的顺利通过，南宋朝廷对镇江港口进行了全面整治。其中大京口航道主要通过由运河入江船只，江西漕船进入运河则由甘露港进口，并专辟海鲜河、鳝鱼港为其锚泊、搬驳、避风的专用锚地。

元代建都大都（今北京），政府、军队所需的粮食、物资，无不仰给于江南。元初的漕运方法是采取水陆兼运，具体行漕路线是：江南的漕粮通过苏南运河集中到镇江，然后过江北上至淮安入淮河，再由黄河逆流而上至中滦，陆运至淇门入卫河经直沽转白河至通州，再陆运至大都。其中扬州至淮安段运河，由于宋元之际的长期战乱失修、失养已不能畅通，也常须陆运。运程艰难，效率很低，所以，原规定每年从这条线路运送200万石的定额，经常只能完成20万石。海运兴起后，苏南运河的漕运量仍不减少，其原因，一是京杭运河全线贯通，河漕不废，每年仍有 20 万石江浙漕粮由河运；二是定刘家港为海漕出海的聚集地，有些地区的漕粮还需通过苏南运河集中到刘家港。特别是浙西漕粮的装船地点大部都在苏南运河沿线，浙东漕粮除走沿海路线外，也有部分是通过苏南河网抵刘家港的。总之，终元一代，不管海漕、河漕，苏南运河都承担着 200 ~ 300 万石漕粮的通过量。

明代，江南地区的经济得到长足的发展，超过了历史上任何时期。“东南财富半天下，而苏、松、常、嘉、湖五郡又半东南”。因此，江南地区也就成了明王朝征收税粮的重点地区。明代运京漕粮的数额，永乐时初运 200 万石，后升至 500 万石；成化时始定 400 万石，其中北粮仅 75 万多石，而南粮达 324 万多石，是北粮的 4.3 倍。尤以苏州负担最重，高达 70 万石，近总数 400 万石的五分之一。另外，江南五府每年还有 18 万石的白粮任务，这是专供皇室享用的。所以顾炎武在《日知录》中说：“两浙的税粮居江南十九，而苏、松、常、嘉、湖五郡又居两浙十九”。

明初以南京为京师，两浙漕粮由镇江出江溯江至南京，胭脂河凿通后，改由胭脂河至南京。另外有六七十万石漕粮运至苏州太仓储存，备从海运接济辽东军事。永乐迁都北京后，漕运初由海运和水陆兼运。永乐十三年（1415），由于会通河成，海运陆运皆罢，全由河运，江南漕船由镇江出口入瓜洲运淮安仓，年运量约 165 万余石。终明一代，苏南地区特别是苏、松、常三府是税粮负担最重的地区。

清代仍建都北京，漕粮主要来自豫、鲁、皖、苏、浙、赣、鄂、湘 8 省。道光前主要依靠河运，年漕运量大体在 400 万石以上，经过苏南运河的在 130 万石左右，其中正兑粮为苏州府 66.5 万石、松江府 20.3 万石、常州府 17.5 万石、镇江府 8 万石；改兑粮为苏州府 4 万石、松江府 3 万石、镇江府 2.2 万石；另江浙白粮 10 万石。据《江南通志》记载，康熙年间通过镇江的漕粮最高达 186 万多石。康熙十八年（1679），查慎行在赴荆州途经镇江时有“舳舻转粟三千里，灯火沿流一万家”的诗句描写当时的漕运盛况。图9-2为苏州漕运景象。

图9-2 苏州胥门漕运景象画作

道光四年(1824),高堰漫口,自高邮、宝应至清江浦,河道浅阻,输輓为艰,于是海运之议复兴。道光五年,江苏巡抚陶澍到上海募雇沙船1 500余艘,并在上海设海运总局。六年诏准将苏、松、常、镇、太仓四府一州漕粮全部由运河运至上海再转海运至天津。自此,海漕、河漕并行,年额达120万石左右。咸丰五年(1855)黄河北徙,海漕取代河漕。光绪十四年(1888),清政府把浙江各州府的漕粮转到上海、无锡采办,又指定江苏各县的漕粮在无锡集中转运。各路粮食经苏南运河向无锡集中的数额大增,每年中转量达数百万石,从而促进了无锡米市的发展。

光绪二十七年(1901)起,江苏、浙江、山东三省正式停止征漕,改征折色。这是因为:一是随着商品经济的发展,商品粮源源不绝运往北京,京师已不再有缺粮的顾虑,八旗兵和京官的俸米可以发银直接到市场购买;二是国家财政困难,停止漕运可以节约大量开支;三是漕政的败坏已到了不停止征漕不能革除的地步。以后改折在全国实行,延续一千多年的漕运终以改征折色而全面停止。

二、贡品运输

司马迁在《史记》中说:“自虞、夏以来,贡赋备矣!”这是中国最早的贡献制度记录。当时的贡品一般只限于当地的土特产品,即“贡其土地所生异物”。如南方所特有的桔、柚等水果,就是被列为贡品的,收成好就贡,收成不好也可以不贡。秦统一中国后,贡献制度渐趋严格,贡品的数量也渐增加。《史记·秦始皇本纪》载秦二世登极时说:“今始皇为极庙,四海之内皆献贡职,增牺牲,礼咸备”。当时全国三十六郡都有大量贡品献给中央。汉初,对秦代苛严的贡赋是引以为戒的,不止一次强调过“止贡”,并付诸实施。直至汉武帝时,进贡制度才再次兴起,且贡品的范围已不只限于土特产品,而扩大到珍奇、珠宝、乃至动物。到东汉末年,更发展到中央向地方“索贡”,连达官大臣都以获取大量贡品为常事。三国、两晋时期,社会处于动乱状态,进贡很难形成一种制度。南朝建都南京,齐梁帝王陵墓大多在丹阳境内,镇江至丹阳运河承担着墓前辟邪石兽的贡运任务,其中最重的达20吨以上,小的也有3吨左右,这些石兽有的至今犹存。

隋唐时期,特别是唐代,是中国封建社会的鼎盛时期,由于生产的发展,经济的繁荣,进贡制度也渐臻完备,不仅对贡品的品种、数量有明确的规定,而且在时间上也有严格的要求。贡品的范围扩大到吃、穿、用、玩各个方面,几乎无所不包。隋炀帝在大业元年(605)为营造显仁宫,就下令发大江之南,五岭以北的奇材异石,输之洛阳,以实园苑。

唐代,苏南地区和浙江是全国最富庶的地方,物产丰富,也是贡赋最重的地区,每年通过运河运往京城的贡品,据史料记载,粗略的统计就有:吴县的白角簟、藕、绯绫、柑、鲻皮、丝葛、蛇粟、鱼子、白石脂、草席、纱、桔、八蚕丝、丝绵、丹砂、绫、绵、鞋、葛、金、银。无锡的香粳、红莲稻。镇江的黄粟、鲟、鲊、鱼口、竹根、伏牛山的铜器、水纹绫。丹阳的衫罗、火麻布。武进的龙凤席、大小香粳、紬、署预(山药)、皂布、纻、红紫绵巾。吴兴的木瓜、乳柑、金沙泉(水)、紫笋茶、御服、乌眼绫、绵绸、糯米。浙江各地的甲香、文绫、绯绫、花纹罗、生縠、交梭绫、吴绫、香粳、片膝、蜜姜、葛粉、轻容、瓷器、石蜜、宝花罗、丹砂、附子等。江南特产的太湖石也是历代王朝点缀宫苑的贡品。镇江的丝织贡品也很有名,长庆间,润州丝织品有衫罗、水纹、方纹、鱼口、锈叶、花纹等名目。当时进贡特殊织品的全国有63州共91种,江南道占15州32种,为全国之首。在江南道中,润州所贡特殊丝织品有6种,仅次于越州、宣州,列全国第三。宝历年间一次进奉专供皇帝使用的天鹅、天马、掬豹、盘绦等文彩珍奇的丝织品就达千匹。

五代十国是我国历史上大分裂时期,地处南方的十国,由于强弱悬殊等诸多原因,为了生存,仍不断向中原进贡。南方的吴越国在宝正元年(926)一次就向中原的后唐进贡绫万疋;南唐在保大年间向后周进贡了大量的紬绢、海味;交泰年间又向后周进贡大量绵绮、绫罗、御衣、犀带、茶茗、牛酒等。

北宋立国之初,地处江南的吴越、南唐,为了向宋室表示忠顺,频繁地大量进贡各种珍宝贵重物件。如宋太祖开宝六年(973),吴越国进贡的银装花舫,华丽异常;开宝八年进贡的扣金瓷器,瓷器的边缘用黄金装饰;开宝九年进贡的御衣、寿星、通犀带,衣带全用名贵的通天犀角装饰,制作极为精细;宋太宗太平兴国元年(976)所贡龙脑檀香床,全用檀香木制造,并嵌以龙脑(冰片),以使卧时芳香开窍。其他如银绢、乳香、象牙、吴绫、紬绵、钱茶、犀象、香药,用金银珠宝装饰的食案、乐器,更是数以万计。从上述贡品中,不仅反映了当时苏南运河贡品运输的繁忙,同时也反映了当时江南工匠的高超工艺。为了从江南地区不断获得供皇室享用的珍奇贡品,崇宁元年(1102),宋王朝还专门在苏州设置了“造作局”,专门制造牙、角、犀、玉、金银、竹籐、裱糊、雕刻等物,每天役使能工巧匠不下数千人。崇宁四年,又设苏杭应奉局,专门搜罗民间奇花异石运京点缀皇家宫苑,由于贡品庞大,运送过程中则不惜拆桥通过,这就是有名的“花石纲”。文房四宝也是重要的贡品,宋代浙江吴兴是全国的制笔中心,品种分硬毫、软毫、兼毫3种。宋徽宗赵佶工书法绘画,用笔是非常讲究的。

南宋建都临安(今杭州),苏南运河更是重要的运道。两浙路、淮南东西路、江南东西路、荆湖南北路的贡品都经运河源源运往临安,其数量虽无详细记载,但贡品都是竭尽奢华的精品。

元代立国之初,南宋政权还未灭亡,也屈辱地向元朝进贡各类物品,见诸史料记载的如元太宗八年、南宋端平三年(1236)进贡金币,元至元十五年、南宋祥兴元年(1278)进贡紫笋茶等。南宋灭亡后,“百司庶府之繁无不仰给江南”的元朝,对江南贡品的要求,几乎沿袭了宋代的全部内容。运送贡品的线路以河运为主,据《通制条格》载,中书省兵部员外郎马承务至元二十四年(1287)“各省解纳进贡一切缎匹诸物,和雇船只长运,直至河东交卸”的呈文,可证明江浙一带贡品都是经苏南运河过江北上的。

明代,苏南地区农业、手工业得到长足发展,不仅品种多,而且工艺精,所以贡品负担也更重。贡品内容包括吃穿用各个方面,其中紫笋茶被列为全国四大茶贡之一,年贡量在千斤以上。另杨梅、枇杷、鲥鱼等苏南特有的鲜活物品,也是特指的贡品。这种鲜活贡品时间要求很高,如冰鲜鲥鱼,要求在五月初旬起运,五月二十日前赶到北京,所以必须用专门快船运输,这种船长6.96丈,宽1.26丈,双桅,行驶迅速。据明沈启《南船记》载,永乐年间在册快船达788艘。后因造价昂贵有所减少。在织物方面,天顺间仅镇江一府岁贡丝数就达1440匹。松江出产的布每年上贡的数量更高达30万匹。如逢皇帝结婚,则由司礼监派专人来苏杭督造各色婚服,多达七千余套。正德间,刘瑾用事,侈糜之风更甚,由于滥于赏赐,把内库所贮诸色纻丝、纱罗、织金等织物几乎钦赏殆尽,不得不通知苏、杭诸府如式补进17 000余匹。苏南运河承担的另一项贡运是北京大肆营造皇宫的建筑材料,其中金砖一项专由苏州烧制,一次拨款就达两万两,由此可推算数量之巨。另江南产的木材,运量也很可观。终明一代,苏南人民贡品及其运输的负担是沉重的,连逢受灾的年岁都不能获准幸免。

清代,江南所进贡品与前代无大差异,只是品种、数量各有增减。对大宗专项贡品则设专门机构管理,如丝绸织品就设有江南织造专门负责。在运输方式上,除有马船、风快船等专项船只负责贡运外,对一些鲜活贡品也有由驿站传递的。

三、商货运输

(一)古近代的商货运输

秦统一中国后,江南地区虽然经过越灭吴、楚灭越的战争破坏,经济一度处于低谷。但自丹徒水道开凿后,江南地区与中原的交往得以加强,从而很快地又促进了江南经济的发展。江南的农业、纺织业、造船业、冶炼业当时在全国都处于领先地位,商贸运输非常发达。

汉朝建立后,刘邦大封同姓诸侯王。江南地区经吴王刘濞的经营,农业、手工业技术都有长足进步。宜兴生产的陶器通过运河销售各地,这在出土的汉墓中得到佐证。苏州制造的铜镜,饰有盘龙、画像、神兽等图案,工艺极精,不仅远销江苏、浙江、江西、湖南等地,有的甚至远销日本。

三国时期,东吴立国建康,通过破冈渎的开凿,江南地区与建康之间的商运呈现一派繁荣景象,"商贩千艘"经营水上商贸运输,有些商人竟成为"势利倾于邦郡,储积富于公室"、"金玉满堂,妓妾溢房"的巨富。

东晋、南朝时,江南的富有被誉为"丝绵布帛之饶,覆衣天下"。京口、毗陵、吴郡等城市,都是"珍异所聚、商贾并凑"之地。破冈渎起着沟通首都建康与太湖水系和钱塘江水系之间商贸运输的重要作用。由于商贸的厚利,连许多官吏都插足商运。东晋大兴初,迁居京口的尚书令刁协,就是一面做官一面经商。他的孙子刁逵也是又做官又经商,史称家有田万倾、奴婢数千,成为京口一霸。南朝宋时,南东海郡守萧惠开,请假由京口回建邺,经丹徒水道,“有舫十余,事力二三百人”转运商货取利;孔觊的弟弟孔道存、从弟孔徽请假东还,孔觊出渚相迎,见“辎重十余船,皆是绵绢纸席之属”的商货。

隋唐时代,南北大运河全线贯通,苏南运河至中原的商运更为便捷。至唐代,沿苏南运河已可经海道通往广东、海南。商运货种除各类手工业品外,桑、茶、竹、果等农产品为数也十分可观。仅以茶为例,润、常、苏、杭、湖、睦诸州都是产茶之乡,宜兴的唐贡山每逢茶熟之际,四方商人皆将锦绣缯缬、金钗银钏入山交易。大量的茶叶经苏南运河北运,交易中原。当时无锡的蚕业已很发达,行销全国,运河中“商旅往返,船乘不绝”。江西景德镇的青白瓷,宜兴的陶瓶,浙江杭州和福建三明等地的漆器,湖州的铜镜都经运河到无锡销售。

宋代,苏南运河大宗商货运输莫过于盐、茶、粮。宋初,食盐实行专卖制,两浙之杭、苏、湖、常、润诸州和江阴军是淮盐的供销范围,运输方式是利用官方漕船回空装盐至指定的榷货务再转卖给商人出售。崇宁以后实行通商制,允许商人用钱买“盐钞”到产地提盐,再运往指定地区销售。浙江虽也产盐,有盐灶 2800 余所,但指定销售范围不在苏南,只有部分要通过苏南运河外运。由于盐利的丰厚,故私盐的贩运非常猖獗,连政府的军帅、大官很多都参与私盐贩运。

茶在宋代也是实行专卖制。杭、湖、常、睦、越、明、温、台、衢、婺诸州所产之茶由专设的山场收购,通过苏南运河送到指定的海州务。由于宋代茶叶贸易量大利厚,每逢新茶上市季节,运河中茶船络绎不绝,商货运输呈一派繁荣景象。

粮食运输,在宋代特别是南宋时期也非常活跃。由于东南沿海一带手工业非常发达,而粮食相对不足。临安每月消费的粮食在十四五万石左右,而官方的漕运只能供应官府和军队的需要,所以必须从珠江流域和长江流域引进大量的粮食。为了鼓励商人贩运粮食，南宋时期还采取了优免商税的政策，这就使米商趋之若鹜，有些富商由江西、湖南贩米至杭州最高可达百万石。运输线路则由长江至镇江进入运河而达杭州。

元代虽倡海运，但由于运河改道，京杭运河贯通，江南与京师的水上交通更为便捷。因此，苏南运河北运商货更见活跃。商运的货种除粮食、盐、茶外，江南的纺织品、日用品也是大宗。另外，由于海运出海口设在刘家港，江南的商货由运河集中到该地外销和外商来华贸易的商船进入运河买卖的也很多，有的外商船只还可直接驶进苏州城下。江南出口的纺织品不仅工艺精，而且数量多，纺织技术革新的能手黄道婆就是这一时期的代表人物。当时所产布匹“可日以万计”，“百里所产，常供数省之用”。贩运布匹的船只络绎不绝，《松江府志》载：“江浙行省仅商税一项年额就达银二十六万二十七锭”之多。

明代，苏南地区的农业、手工业都得到长足发展，并开始出现资本主义的萌芽。随着棉、桑等经济作物的普遍种植，为纺织业的发展提供了充分的原料，而纺织等手工业品产量的增加又推动了商品流通的空前活跃。苏南运河终年行驶着“燕赵、秦晋、齐梁、江淮之货日夜商贩而南，蛮海、闽广、豫章、楚、瓯越、新安之货日夜商贩而北”的各地商船。尤以四川来苏州易换布匹的米船为数最多，使枫桥、平望、盛泽等市镇的米市因此而喧阗终日。无锡由于芙蓉湖经大规模治理后，形成大批良田，加之水稻育秧移栽技术的推广和普及，粮食产量明显增加，“春豆夏麦秋收禾稻，中年之岁亩得三石”。粮食的贸易，更使无锡成为全国闻名的米码头。盛泽的绸缎交易则“辇金至者无虚日，每日中为市，舟楫塞港，街市摩肩”，其繁华如此。苏、松、常等地的棉布更远销河北、关外各地，仅松江一地日售棉布可达15万匹。无锡在弘治年间，也已是全国闻名的布码头。除国内商运外，明代的国际海运也很频繁，中日之间已有固定的两条航线，其中一路就是由兵库~搏多~值嘉岛~宁波~杭州~苏州沿苏南运河而达镇江的。镇江作为苏南运河的入江口,这时已是各地商货经苏南运河至宁波出海外销的集散枢纽。明初,苏州周庄巨富沈万三"资巨万万,田产遍天下,富可敌国",靠的就是由运河出海经商。

清代,苏南地区商品经济呈继续发展态势,运河商运更见繁荣,尤以纺织品生产列全国之冠,全国三大织造中心苏南就占其二,苏州"比户习织,不啻万家",松江产布"日以万计",无锡布一岁之交易不下数十百万。运销范围"北趋京师、东北并高句丽、辽沈;西北走晋绛,逾大河,上奏雍、甘凉;西抵巴蜀;西南之滇黔;南越五岭、湖湘、豫章、两浙、七闽……"可谓无远不至。由于江南农田多种经济作物,加之人口增多,故粮食供应相对不足,更促进了明代就已开始的"川米易苏布"的物资流通。乾隆四十一年(1776)经九江关北上的江南绸布船就有376艘,杂货船更达3 890艘。苏南运河的商运规模,还可从国家征收的关税数额得到反映,清代运河七大钞关之一的浒墅关,康熙时年税额一般为16.8万两,至嘉庆二十三年(1818)增加至42.6万两,这反映了苏南运河货运量的增加。

清代苏南运河的竹木运输也很兴旺,竹木排筏均来自上江湖南、江西,集中于镇江,其运量仅次于南京,占全省第二位,镇江至今仍有因此而得名的排湾地名。集中在镇江江口的木排通过由大改小的捆扎,经丹徒闸进入苏南运河沿线销售。由于木运量大利丰,镇江曾出现过木商利用修闸时机主动出资赞助而私改闸门宽度以便木排通过的事情。此外,盐的运量也很可观,因苏南沿河地区,在清代列为浙盐销售范围。

道光年间,西方资本主义国家以炮舰打开了中国大门,首先进入苏南运河的外国商品是鸦片,外商将大量鸦片由香港偷运到上海转运到苏州、太仓等地,再用民船运销全省,其销售额据道光朝《筹办夷务始末补遗》记载,"大县每日计银五六百两,小县每日计银三四百两。"其数量之惊人可知。鸦片战争以后,随着江南民族工业的兴起和轮船航线的开辟,苏南运河商运更为活跃,但轮船运输多以客运为主,兼装商货,大量原材料和商品的运输仍由木船承担。仅以无锡一地粮食一项为例,年吞吐量就达 400 ~ 800 万石,丰收年景更达千万石。由运河至镇江中转的数量也在百万石以上。无锡茧业也趋兴旺,光绪四、五年(1878 ~ 1879),年输出生丝达 8.28 万公斤和 9.22 万公斤,六年达 10 万公斤,价值 48 万海关两。宣统二年(1910),进出苏州的木船也达 8635 艘,货运量 34.5 万吨。

与此同时,苏南沿运河各地还出现了众多的短途航班船,主要为一些乡镇小本经营的商店上城批购商品,并代办银货交接等相关手续,以信誉赢得城乡商户买卖双方的信任,很快遍及到苏南运河沿线各地。图 9-3 为运河无锡段商贸运输景况。

图 9-3 运河无锡段商贸运输景况

民国建立以后,由于沪宁铁路的建成通车,物资流向有所改变。但随着大量洋货向国内的倾销和苏南民族工商业的发展以及区域人口的增加,苏南运河仍承担着很大的货运量,但总的趋势是有所下降。

1937 年抗日军兴，淞沪战役开始后，国民政府为阻挡日本侵略军前进，对长江航道江阴段进行沉船封锁，并征调大量民船将上海等地的工业器材、重要物资和机器由苏州河经苏南运河运至镇江再转江轮运到上江。短短 3 个月，抢运各类物资达 5 000 多吨，抢运供沉江封锁之用的石料、竹排等物资数千吨；太仓浏河口、杨林口、七丫口、鹿鸣泾等地，也都用民船装载石料沉入河口加以封锁。当年 11 月以后，苏州、无锡、常州、镇江相继沦陷，水上商运陷于瘫痪，直至第二年 7 月以后伪江浙轮船公司、上海内河汽船株式会社相继成立并陆续在苏、锡、常、镇等地分设出张所，苏南运河航运始逐渐恢复。俟后，苏、锡、常等地民营轮业虽有复业，但各类物资皆由日伪控制，且物资匮乏，业务清淡，难以维持。广大木帆船则必须加入“华中帆船会社”等组织才能获得航行许可证从事货运经营。所行驶的地域和装载的货物都在日伪的严格控制之下，经营十分艰难。1941 年，日伪在江苏境内实行大规模“清乡”，这种控制更严格到难以置信的程度，如装运物资凡棉布 3 码、棉纱 1 盎斯、火柴 5 小盒以上都必须持“货物搬运出入许可证”方可承运。众多船民因无货可运而不得不卖船另谋生路。

1945 年抗日战争胜利，苏南运河沿线各地日伪航业由国民政府接收，同时私营轮船业也纷纷复业，并有新的私营轮局开业，业务以经营客运为主，运河货运仍依靠广大木帆船完成。但终因时局动荡，运河商运远未能恢复到战前水平。

（二）当代货物运输

1949 年 5 月，苏南运河沿线城镇和上海相继解放，但全国解放战争还未结束。当时面临的主要任务是支援前线的运输和抢运粮食、煤炭等物资支援上海及苏南地区，以稳定经济和保障人民生活供给。在支前运输方面，当年 5 ~ 6 月，仅苏州各地担负军用物资和粮、煤运往上海及嘉兴、杭州的船只就集中了民船 1 662 艘、轮船 320 艘，总吨位在 3 万吨以上；无锡调集运送大米、面粉的支前用船也多达600多艘,运送军用品的船只更达3 300多艘。在支援上海方面,仅1949年下半年全省通过木帆船由运河运往上海的煤炭就达26万吨,运至上海及苏南各地的米、盐等物资达8.7万吨。1950年国家复调拨一批川粮到苏、锡、常等地以解决这些工业城市的缺粮问题,其中经镇江由运河中转的就有5.4万吨。同时由于苏北地区连续的洪水灾害,苏南各地又调集大量民船运送粮食、石料、棉布等物资经镇江中转至扬州、淮阴等地进行支援。

在三年经济恢复时期,国营苏南建华运输公司先后开辟了专营货运的定期、不定期航线,主要有申常、申镇扬、申杭、申淮等货班,其中申常定期货班在1950～1953年间还曾实行过统一经营管理。1953年在无锡成立了申常经营管理委员会,其成员包括苏、锡、常三地省属国营航运企业及省驻沪航运机构,经营范围包括上海至常州的苏申、锡申、常申货运航线的所有货运业务和其他衔接支线的货运业务,以10艘货驳组成一个船队,沿途解挂货驳运行。全线共使用拖轮25艘,自有货驳37艘2000吨位,另租用木驳1.45万吨。这种统一经营管理模式,对互相调节货源,提高营运效率,降低成本都收到较好的成效。另外苏南地区各地的私营运输企业也均参与货运业务,仅无锡一地专营货运的轮局就达7家。运输物资的来源主要以国营粮食、煤炭、盐业、花纱布等专业公司的大宗物资为主。

1950年8月,华东联运公司在上海成立。1951年7月苏南区公司在无锡成立,苏南运河沿线设镇江、常州、苏州3个分公司。其业务主要是以行政干预的手段统揽大宗、零担、单程、中转的运输业务,然后统一安排给运输企业承运,并实行统一收费。1953年3月,交通部发出了"撤销联运机构,保留连接运输"的指示。1954年,各地联运公司相继撤销,业务并入当地国营内河轮船公司。

1953年,国家进入第一个五年计划时期。同年,苏南、苏北行政区和南京市合并建立江苏省。随着城乡经济的发展,苏南运河商货运输逐渐增加,在计划运输的体制下,省一级成立有交通、各物资部门参加的运输计划委员会,统一受理各物资部门编送的托运计划,然后分发各运输部门组织承运。苏南运河运输区以无锡为中心,负责丹阳、金坛、溧阳以东,长江以南全部水运的统一平衡;以镇江为中心的中运河运输区,负责包括北及贾汪,南至镇江、扬中、丹阳,西连句容、仪征及其两岸的水运业务。物资品种仍以各国营专业公司的粮、煤、布和苏北救灾、水利物资为大宗。1953 年春,淮阴部分农村因灾出现春荒,人民政府从苏南和上海调拨大批粮食和衣物支援淮阴地区。由淮阴轮船分公司调集轮船 15 艘、1 214 马力,木驳 50 余艘、3 000余吨位,抢运救灾粮食,仅 1 ~3 月就运输 18 430 吨。4 ~5 月份,全省又组织轮船 100 多艘和大量木船运粮 295 505 吨至灾区。1956 年,淮阴地区又是一个多年未遇的灾荒年,防汛、抢险、救灾物资运输任务很重,其中镇江投入的运力有 16 个船队、7 666 吨木驳,抢运石料一项就达 5 万吨;无锡投入的运力也达 16 个船队、8 706.5 吨木驳,抢运各类救灾物资。

1958 年开始的“大跃进”,给水运物资的运量带来非正常的增长,特别是各地大炼钢铁对矿石、煤炭的需求使运量猛升。如镇江港当年吞吐量比上年猛增 58.53% 达到 171 万吨,1959 年、1960 年苏南运河的物资通过量就比 1958 年上升了 50% 左右,沿线各专业运输企业一时不能适应货运量增长的需要。为解决运力不足的矛盾,当年下半年,中共中央发出了关于全民办交通及大力开展短途运输群众运动的指示,1959 年 9 月,中共江苏省委也发出了关于加强短途运输群众运动的指示,苏南运河沿线农村人民公社迅速组建了亦运亦农的专业运输队伍,仅苏州专区在不到 1 个月的时间里就组织了 18.8 万人的专、副业运输大军,70% 的公社有了专业运输队,吴县光福公社在 8 个月的时间内完成的运输量就达 3.3 万吨。这些社办运输力量对保证当时大炼钢铁和农用物资的运输都起到较好的作用。

1961 年 1 月,中央提出了国民经济调整、巩固、充实、提高的方针,苏南运河货运量也随之下降。镇江港金属矿石的中转量 1960 年为 5 704 吨,1961 年下降至 2 920 吨,1962 年再降至 2 215 吨。苏州港 1960 年吞吐量为 220.49 万吨,1961 年下降至 95.26 万吨,1962 年再降至 91.89 万吨。无锡港 1960 年吞吐量为 261.34 万吨,1962 年降至 141.89 万吨。通过国民经济的调整,苏南工农业生产进入恢复后的发展阶段,苏南运河的货运量也相应增长,如镇江水运量 1965 年就比 1962 增长了 39.4%。各地航运部门继续增开了定期、不定期货班和小货班,以适应各地物资交流的需要。无锡市增加了 10 个小型货运船队,还配置了 5 个石灰专用铁驳队专运宜兴石灰,以支援农村副业生产。有些航班还采取代购、代提、代送等方式为支农服务。在 1960 年全省推广“一条龙”运输大协作的基础上,1963 年无锡航运局制定了开展联运业务试行办法,沿江物资联运在镇江中转;开展申锡溧、申常、申淮、申盐 4 线定期班联运,实行一次托运、中转包干、一程计费、一票到底;增设航区内的联运点,扩大联运业务;与溧阳航运公司、无锡先锋木船社以及苏州 18 条航线的航班船订立联运合同;组织省际联运和申淮、申盐定期班联运等;开展代办运输服务工作,代办中转衔接、代提代送物资、代向有关部门办理托运、代办出口物资的捆扎、打包、加固包装等业务。1965 年,为了进一步贯彻支援农业的方针,加强运输部门的内部协作,又开展零担物资的联运,由省主管部门组织无锡等有关单位签订了“零担货物联运协议”,对联运线路和站点,联运车船的班次和时间,联运货物交接手续都做了明确规定。联运业务的开展,对便利货主,节约商品流转费用,提高船舶利用率都起到了良好的效果。

“文化大革命”期间,虽然工农业生产遭受严重影响,但通过 1971 年国务院对经济工作的整顿,特别是 1975 年邓小平主持国务院工作后,苏南航运事业仍得到发展,如无锡市水运量 1973 年就回升到 163 万吨,比 1968 年、1971 年分别提高 68.04% 和 18.98%。1975 年无锡轮船公司还开辟了无锡至南通的定期货班,专门承运水利石料、煤炭和粮食,当年运输砂石 43 万吨,煤炭 33 万吨,占该公司当年货运总量的50%左右。镇江港1972年吞吐量也回升至385.6万吨,1973年又增至433.87万吨,分别比1965年增长81%和103%;并开辟了至丹阳、常州的小货班和至金坛、下蜀的定期货班;丹阳港货运量1975年达82.88万吨,比1965年的28.25万吨增长近两倍,1976年更升至94.85万吨。

1978年中国共产党十一届三中全会以来,随着改革开放和市场经济的推进,苏南运河沿线4市经济持续快速发展,大中型企业和乡镇企业蓬勃兴起,1988年工农业产值达1 076.7亿元,占当年全省工农业总产值2 156.5亿元的49.93%。4市1981年至1988年工农业总产值平均递增率达21.2%,超过了全省平均18.1%和全国平均14.5%的递增发展水平。其时沿河年运量达万吨以上的厂矿企业就有1 300多家,两岸乡镇企业有7 000多个,苏南运河货运量相应急剧上升,1988年达9 018.33万吨,比1981年增长1.377倍。当年安徽、江苏通过苏南运河进出上海的货运量已达4 049万吨,占运河实际运量的44.02%;浙江经苏南运河往上海的运量亦达2 000万吨以上。苏南运河不仅是苏、浙、沪经济发展的水上运输大动脉,而且对于加快长江三角洲地区开发开放和现代化发展起了重要的作用。

苏州、无锡、常州、镇江4市货运量近1/3由水运承担,每年约3 800万吨,其他由铁路、公路运输承担。从苏南运河常年水上观测及1989年5月23日江苏省交通厅组织的船舶运输货运量OD调查分析,在靠近城市部分的断面货运量较大,如镇江市约700~800万吨/年,常州市1 300~1 500万吨/年,无锡市3 200~3 700万吨/年,苏州市3 500~4 000万吨/年,货运量年均增长率均为3.1%。货种以矿建材料、煤炭为主,矿建材料占40%、煤炭占25%左右。船队完成货运量占60%以上,主要是承运远程大宗货物。挂桨机船完成货运量占30%以上,多为短程运输,主要集中在城市附近。

1988年苏南运河货运量构成、实载系数和区域内外货运量分布情况见表9-9,表9-10,表9-11。

1988 年苏南运河货运量构成表 表 9-9

区间	货运量(万吨)	占实际运量(%)
市区短驳和短途运量	860.70	—
区域内部间货运量(镇、常、苏、无 4 市)	1 408.48	15.62
区域内至外的货运量	4 456.57	49.42
区域外至内的货运量	3 153.28	34.96
实际货运量	9 018.33	100
总运量	9 879.03	

1988 年苏南运河实载系数表 表 9-10

市名		镇江	常州	无锡	苏州
实载系数	上行	0.565	0.444	0.356	0.419
	下行	0.729	0.758	0.884	0.849

注:上行为往长江方向,下行为往浙江方向。

1988 年苏南运河区域内外货运量(OD)分布表

单位:万吨 表 9-11

	镇江	常州	无锡	苏州	江苏其他地区	上海	浙江	中国其他地区
镇江	20.94	25.06	28.49	10.21	44.28	640.12	4.04	43.12
常州	25.06	46.89	196.72	106.85	231.47	210.96	66.93	153.43
无锡苏州	28.49	196.72	173.69	370.87	610.05	863.37	138.52	301.59
江苏其他	44.28	231.47	610.05	239.44	缺	448.21	285.43	缺
上海	640.12	210.69	863.37	500.15	448.21	缺	1 307.89	640.12
浙江	4.04	66.93	138.52	570.93	285.43	1 307.89	缺	381.17
中国其他	43.12	153.43	301.59	407.18	缺	640.12	381.17	缺

注:OD 分布系指对航行于特定航段上特定观测点的各种船舶、货物流量、流向进行 24 小时同步观测统计,以获得社会经济活动与船舶、货物流量间关系的信息,是航运研究与规划的重要依据。

面对区域经济的持续发展和货运量的急剧上升，苏南运河的大运量与航道技术状况差、标准低形成强烈反差，堵档断航时有发生。1987 年常州段大的堵档发生 5 次，累计断航达 39 天，堵塞河段最长达 27 公里，被堵船只 4 万余艘，造成航运直接经济损失 2000 余万元。1988 年 1 月 13 日，一艘装运石子的重载船在常州惠济桥碰撞沉没，堵档 13 天，绵延 13 公里，其时由湖州运往常州的 20 船大白菜，因堵档 9 天全部烂掉，直接经济损失 4.8 万元。1988 年春至 1989 年春一年中，运河苏、锡、常段连续发生 8 次重大堵档断航事故，累计受堵船舶万余艘，200 余万吨，绵延 98 公里，历时 60 余天，航运直接经济损失 2 800 余万元，货主及社会经济损失惨重，影响很大。苏南运河的拥堵，成为区域经济发展的瓶颈，引起各级政府和全社会的关注。1992 年 10 月，中共江苏省委、江苏省人民政府决定将苏南运河整治工程列为“八五”跨“九五”全省交通基础设施建设六大重点工程之一予以实施，要求 1997 年建成。

江苏省在我国东部地区运输大通道中具有重要的战略地位，至“十五”期间初步形成以国家铁路干线、公路主骨架、水运主通道为主轴的大通道格局，具有铁、公、水、管道、航空 5 种运输方式的综合运输体系和综合运输能力。2005 年全省各种运输方式完成客运量 14.52 亿人次，其中公路占 95.2%，铁路占 4.6%，水路占 0.05%，航空占 0.15%；完成客运周转量 1 222.03 亿人公里，其中公路占 77.2%，铁路占 20.1%，水运及航空占 2.7%。2005 年全省各种运输方式完成货运量 11.29 亿吨，其中公路占 67.6%，铁路占 4.5%，水路占 25.9%，管道占 2.0%；完成货物周转量 3 068.88 亿吨公里，其中公路占 15.0%，铁路占 15.7%，水路占 67.0%，管道占 2.3%。

1997 年苏南运河全线按国家四级航道标准完成整治后，航道条件大为改善。“九五”、“十五”期间随着苏南地区经济社会持续快速发展,特别是交通基础设施和房地产开发建设的发展,能源、矿建等原材料大量输入和产成品大量输出,使苏南运河1997年至2005年货运量平均每年以7.7%的速度递增,超过整治前平均3.1%的年递增速度。2005年苏南运河货运量达19066万吨,比整治前增加1倍以上。1997年至2005年苏南运河谏壁船闸、陵口段、浒关和吴江平望等4个观测点航道断面货运量及苏南运河货运量变化情况见表9-12。

苏南运河观测站历年货运量表

单位:万吨　　表9-12

年份	谏壁			陵口段			浒关			吴江平望			观测站合计	苏南运河货运量
	上行	下行	合计	上行	下行	合计	上行	下行	合计	上行	下行	合计		
1997	920	567	1487	170	668	838	419	2597	3016	3805	951	4756	10097	10576
1998	1574	947	2521	350	1450	1800	460	2400	2860	3608	902	4510	11691	11470
1999	1824	1081	2905	453	1952	2405	515	2558	3073	4100	1025	5125	13508	12950
2000	2074	953	3027	397	2178	2575	449	3168	3617	4454	1113	5567	14786	13760
2001	2372	862	3234	325	2219	2544	380	3871	4251	4980	1253	6233	16262	14350
2002	2785	1068	3853	393	2831	3224	465	4316	4781	5500	1572	7072	18930	15590
2003	2998	1038	4036	401	2660	3061	769	4484	5253	7623	1877	9500	21850	16500
2004	3782	1027	4809	613	2784	3397	1997	6410	8407	7500	1855	9355	25968	18158
2005	3447	1515	4962	540	4510	5050	1509	7199	8708	7538	4714	12252	30972	19066
平均增长率(%)													15%	7.7%

苏南运河各区段观测点2005年货运量具体构成情况:

谏壁船闸观测点　该观测点位于苏南运河长江口,2005年货物通过量为4 961.2万吨,其中上行(往长江方向)3 446万吨,下行1 515.2万吨。货物构成,以日用工业品、农副产品等货物居多,主要来自苏南地区,通过长江与苏北、苏中及长江上游进行交流,其运量占总运量的50.1%;其次是煤炭、矿建材料、水泥、钢材等原材料,其运量占总运量的40%,因苏南运河是北煤南运的主通道,近年区域基础建设投入的加大扩大了对原材料的需求。详见表9-13。

2005年谏壁船闸通过货种构成表 表9-13

项目		上行		下行		合计	
		数量(万吨)	比例(%)	数量(万吨)	比例(%)	数量(万吨)	比例(%)
货种	合计	3 446	100	1 515.2	100	4 961.2	100
	煤炭	0	0	1 125.2	74.3	1 125.2	22.7
	石油、天然气	131.9	3.83	1.35	0.09	133.25	2.7
	矿建材料	320	9.3	281.5	18.6	601.5	12.1
	钢铁	225	6.6	7.5	0.5	232.5	4.7
	木材	12.7	0.36	0	0	12.7	0.3
	水泥	121.7	3.5	14.4	1.0	136.1	2.7
	矿石	25.2	0.73	1.8	0.1	27	0.5
	粮食	177.8	5.12	0.5	0.03	178.3	3.6
	化肥、农药	23.0	0.67	4.7	0.3	27.7	0.6
	其他	2 408.7	69.89	78.25	5.08	2 486.95	50.1

陵口段观测点 该观测点位于苏南运河丹阳段。附近的九曲河、丹金溧漕河对本线的货运量影响较大。2005年货物通过量为5 406.5万吨,其中上行540万吨,下行4 866.5万吨。货物构成以煤炭、矿建材料居多,合计运量占总运量的80%,主要是从苏北、南京、安徽等地通过谏壁船闸、九曲河以及丹金溧漕河汇入苏南运河下行至苏锡常地区。详见表9-14。

2005 年陵口观测点通过货种构成表 表 9-14

项目		上行		下行		合计	
		数量（万吨）	比例（%）	数量（万吨）	比例（%）	数量（万吨）	比例（%）
货种	合计	540	100	4 866.5	100	5 406.5	100
	煤炭	129.7	24.0	3 162.4	65.0	3 292.1	65.2
	石油、天然气	1.8	0.3	112.7	2.4	114.5	2.2
	矿建材料	195.2	36.2	590.8	12.1	786	15.7
	钢铁	34.9	6.5	9.1	0.2	44	0.9
	木材	1.8	0.3	9.1	0.2	10.9	0.2
	水泥	3.1	0.6	450	9.2	453.1	0.9
	矿石	—	—	167	3.4	167	3.0
	粮食	0.6	0.1	40.6	0.8	41.2	0.8
	化肥、农药	17.2	3.2	13.6	0.3	30.8	0.6
	其他	155.7	28.8	311.2	6.4	466.9	9.3

小九华观测点 该观测点位于苏南运河常州市区段，2005 年货运量为 7 588.8 万吨，其中上行 2 822.5 万吨，下行 4 766.3 万吨。运量中，属区间运量达 4 000 万吨，过境量及交换量为 3 588.8 万吨。煤炭、建材的运量占总运量的 85%。货物流向，上行主要是苏南、浙江湖州的物资通过苏南运河至镇江、苏北地区；下行主要是苏北、安徽及常州地区货物运往苏锡沪地区。详见表 9-15。

下甸桥观测点 该观测点位于无锡下甸桥，2005 年货运量为 7 229.3万吨，其中区域过境量为 1 166 万吨，以安徽、苏北、山东运往上海、浙江煤炭为主；区域内外交流量为 1 762.7 万吨，主要是苏南与上海、浙江之间，以矿建材为主；区域内交换量达 4 300 万吨，主要是溧阳、宜兴的石料及锡澄运河白荡圩的黄砂运往沿线各地。详见表 9-16。

2005 年小九华观测点通过货种构成表 表 9-15

项目		上行		下行		合计	
		数量（万吨）	比例（%）	数量（万吨）	比例（%）	数量（万吨）	比例（%）
货种	合计	2822.5	100	4766.3	100	7588.8	100
	煤炭	95.1	7.2	3488.4	61.6	3583.5	47.2
	石油、天然气	1.3	0.1	66.6	2.0	67.9	0.9
	矿建材料	2393.1	67.5	465.9	14.0	2859	37.7
	钢铁	66.1	5.0	3.3	0.1	69.4	0.9
	木材	26.4	2.0	3.3	0.1	29.7	0.4
	水泥	5.3	0.4	13.3	0.4	18.6	0.2
	矿石	0	—	89.9	2.7	89.9	1.2
	粮食	0	—	36.6	1.1	36.6	0.5
	化肥、农药	10.6	0.8	83.2	2.5	93.8	1.2
	其他	224.6	17.0	515.8	15.5	740.4	9.8

2005 年下甸桥观测点通过货种构成表 表 9-16

项目		上行		下行		合计	
		数量（万吨）	比例（%）	数量（万吨）	比例（%）	数量（万吨）	比例（%）
货种	合计	917.7	100	6311.6	100	7229.3	100
	煤炭	32.8	3.6	1400	22.2	1432.8	19.8
	石油、天然气	75.8	8.3	274.1	4.3	349.9	4.8
	矿建材料	494.6	53.9	2583	40.9	3077.6	42.6
	钢铁	111	12.0	700.7	11.1	811.7	11.2
	木材	0	—	24.9	0.4	24.9	0.3
	水泥	65.7	7.2	672.7	10.7	738.4	10.2
	矿石	39.2	4.3	174.4	2.8	213.6	3.0
	粮食	3.8	0.4	108.0	1.7	111.8	1.6
	化肥、农药	31.6	3.4	91.4	1.4	123	1.7
	其他	63.2	6.9	282.4	4.5	345.6	4.8

浒关观测点　该观测点位于苏州浒关,浒光运河在此与苏南运河相汇。2005 年货物通过量为 8 713.8 万吨,其中上行 1 508.8 万吨,下行 7 205 万吨。货种构成,矿建材占 33.0%,煤炭占 24.0%,其他货物所占比例依次为钢铁、水泥、矿石、石油、天然气。货物流向,以浙江、苏南、苏北、安徽、山东、上海等地与苏州交换量占主要部分;其次为苏南、苏北等地的过境运量,少量为苏州区域内运量。详见表 9-17。

2005 年浒关观测点通过货种构成表　　表 9-17

项　目		上　行		下　行		合　计	
		数量（万吨）	比例（%）	数量（万吨）	比例（%）	数量（万吨）	比例（%）
货种	合计	1508.8	100.0	7205	100.0	8713.8	100.0
	煤炭	51.9	3.4	2038.3	28.3	2090.2	24.0
	石油、天然气	119.8	7.9	294.8	4.1	414.6	4.8
	矿建材料	634	42.0	2242.1	31.1	2876.1	33.0
	钢铁	391.5	26.0	597.4	8.3	988.9	11.3
	木材	0	0.0	109	1.5	109	1.3
	水泥	30	2.0	487.1	6.8	517.1	5.9
	矿石	49.9	3.3	435.9	6.0	485.8	5.6
	粮食	14.0	0.9	230.7	3.2	244.7	2.8
	化肥、农药	65.9	4.4	83.3	1.2	149.2	1.7
	其他	151.8	10.1	686.4	9.5	838.2	9.6

平望观测点　该观测点位于苏南运河与长湖申线的共线段,2005 年货运量为 12 252.3 万吨,其中上行 7537.9 万吨,下行 4 714.4 万吨。货种构成,矿建材占有绝对多数,特别是上行船舶中矿建材比

例高达92.8%。从货物流向看,该处主要是苏州与浙江的交换运量及纯过境量,两者分别达到6 444.7万吨和5 489万吨,分别占总运量的52.6%和44.8%。详见表9-18。

2005年平望观测点通过货种构成表　　表9-18

项目		上行		下行		合计	
		数量（万吨）	比例（%）	数量（万吨）	比例（%）	数量（万吨）	比例（%）
货种	合计	7537.9	100.0	4714.4	100.0	12252.3	100.0
	煤炭	126.7	1.7	1564.5	33.2	1691.2	13.8
	石油、天然气	30	0.4	191.4	4.1	221.4	1.8
	矿建材料	7074.5	93.9	1670	35.4	8744.5	71.4
	钢铁	40.1	0.5	450	9.6	490.1	4.0
	木材	19.7	0.3	67.7	1.4	87.4	0.7
	水泥	122.5	1.6	100	2.1	222.5	1.8
	矿石	99	1.3	70	1.5	169	1.4
	粮食	6.1	0.1	150	3.2	156.1	1.3
	化肥、农药	1.2	0.0	100	2.1	101.2	0.8
	其他	18.1	0.2	350.8	7.4	368.9	3.0

苏南运河2005年共发生货运量19 066万吨,其中上行(往长江方向)9 672.5万吨,占50.73%,下行(往浙江方向)9 393.5万吨,占49.27%,上下行运量比较均衡,并进一步向成熟航道发展。苏南运河运输的货物,仍是传统水运物资为主,其矿建材料由于区域内需求而快速增长,从整治前的40%增至56.8%,煤炭比重占21.8%,其他依次为水泥、钢铁、矿石、粮食、石油等。随着区域经济发展,区域

内生产的日用品、百杂货等价值较高的物资也较全面整治前增加。从货物流向看，区域外至区域外的过境运量为1 925.7万吨，占10.1%，主要发生在长江沿线、苏北地区与上海、浙江之间的货物交流。区域内外交换运量为11 420.3万吨，占59.9%，主要发生于区域4市与苏北、浙江、上海以及长江沿线各省的物资交流；区域内部的货运量为5 720万吨，占30.0%，主要是区域4市之间的物资交流。区域内外交流和区域内部交流两者合计运量占苏南运河总货运量89.9%，而整治前只占65%，这表明苏南运河在腹地内省市间的货物交流、经济联系中，充分发挥了水运主通道作用，对苏、沪、浙的经济繁荣稳定发挥了大动脉和支柱作用。详见表9-19、表9-20、表9-21。

2005年苏南运河分货种流量表

单位:万吨　　　　表9-19

货　种	上　行	下　行	合　计	比例(%)
煤炭	160.6	3995.4	4156	21.8
矿建材	7616.8	3213.2	10830	56.8
水泥	170	650.0	820	4.3
钢铁	300	462.6	762.6	4.0
粮食	190	96	286	1.5
化肥、农药	30	85.7	115.7	0.6
石油	180	87	267	1.4
木材	20.5	100.5	121	0.6
矿石	190	191.3	381.3	2.0
其他	814.6	511.8	1326.4	7.0
合计	9672.5	9393.5	19066	100

2005年苏南运河上行货物流量、流向表

单位:万吨　　　　　　　　　　　　　　　　　　表9-20

货种 OD	煤炭	矿建材料	水泥	钢铁	粮食	石油	矿石	木材	化肥农药	其他	合计
上海~苏锡常镇	15.2	—	—	20.1	—	20.6	—	—	3	50.2	109.1
上海~苏北、安徽	—		—	1.5	—	5	—	—	6	22.5	35
溧宜~苏锡常镇	40.1	1596.3	130	5	2.3	0.7	110	15	6	63.7	1969.1
溧宜~苏北、安徽	—	580.4	8	—	—	—	3	0.5	7	20.8	619.7
浙江湖州~苏锡常镇	—	4700	—	2.1	3	—	40.5	3	—	18.1	4766.7
浙江湖州~浙江、上海	—	610.1	—	—	—	—	1.5	—	—	40	651.6
苏锡常镇~苏锡常镇	105.3	130	32	121.8	1.5	21.3	35	2	3	100.7	552.6
苏锡常镇~苏北、安徽	—	—	—	149.5	183.2	132.4	—	—	5	498.6	968.7
合计	160.6	7616.8	170	300	190	180	190	20.5	30	814.6	9672.5

2005年苏南运河下行货物流量、流向表

单位:万吨　　　　　　　　　　　　　　　　　　表9-21

货种 OD	煤炭	矿建材料	水泥	钢铁	粮食	石油	矿石	木材	化肥农药	其他	合计
苏北~苏锡常镇	2332.5	320	—	65.7	38.2	23.4	15	5	10.7	76.7	2887.2
苏北~沪浙	583	65	—	6.8	0	—	—	1.2	4.7	32	692.7

续上表

货种 OD	煤炭	矿建材料	水泥	钢铁	粮食	石油	矿石	木材	化肥农药	其他	合计
安徽及长江中上游地区～苏锡常镇	380	175	45	34.8	20	12	20	15	5.6	48	755.4
安徽及长江中上游地区～沪浙	100	50	5	2	5	—	10.3	3	0.5	5	180.8
山东等其他省市～苏锡常镇	250	86	21	25.1	5.2	2	56	4.4	—	30.1	479.8
山东等其他省市～沪浙	60	—	2	—	4.1	0.6	8	0.5	—	100	175.2
苏锡常镇～上海	210	—	—	35.2	1	10	10	15.7	11	5	297.9
苏锡常镇～苏锡常镇	65	160.2	135.2	200.7	12	20	16	37	15	97.5	758.6
苏锡常镇～沪浙	—	17	22.7	40	1.5	10	—	1.7	26.2	65	184.1
溧宜～苏锡常镇	15	1980	256.9	16	6.5	2	45.7	10	—	31	2363.1
溧宜～沪浙	—	360	162.2	3.6	2.5	—	10.3	2	—	—	540.6
上海～浙江	—	—	—	32.7	—	7	—	5	12	21.4	78.1
合计	3995.4	3213.2	650	462.6	96	87	191.3	100.5	85.7	511.7	9393.5

图 9-4 和图 9-5 为航行在苏南运河上的大型船舶。

图 9-4　今日运河大型船舶

图 9-5　今日运河大型船舶

第三节 客 运

早在春秋时期,吴国即大造舟船用于装载士兵进行水战。以后舟船的应用范围又扩大到皇室的出巡和各种公务往来。但舟船被广泛用于民间旅客运输却经历了悠长而缓慢的发展过程。最早见于史籍的是渡运,苏南运河沿线就有许多著名的古渡口,至今仍被沿用于地名。至于片帆孤棹独赁一舟远行,或集零成众从事水上短途客运活动,直到唐宋时才频见于史籍。唐代中叶以后,日本、阿拉伯来华的官、商、僧侣,一般多取道于明州登陆,然后租用民船经苏南运河北上长安。北宋庆历年间,进士陈襄从浙江到济南上任,也是租用一条三吴浪船从湖州登船沿运河北上的。南宋偏安江南,不断派出钦差使臣与金议和,苏南运河更是宋、金联系的通道。文人墨客往来于运河的记载,更可从他们留下的大量诗、词、笔记中去寻踪觅迹,李白、王建、许浑、韩翃、陆游等一批大诗人都曾在苏南运河沿线留下过他们的足迹和诗篇。唐代诗人皮日休在苏州码头送别去湖州的好友陆龟蒙的唱和诗就有"明朝有物充君信,携酒三瓶寄夜船"之句,这正是描写的民船客运景象。

一、航班船客运

随着城乡经济的发展和人民生活的需要,一种"上街船"在江南水乡应运而生。丹阳"上街船"的记载始见于明代苏南运河故道的残碑,这种客船可容三五十人,早晨由农村开往城市,沿途还可停靠码头上客,傍晚再由城市返回农村,很适合农民早出晚归办事、购物的需要,因此发展很快,遍及苏南各地,至清末民初,都已成为具有固定码头、固定航线、固定开船时间的正规航班。仅常州一地,据有关记载,1928 年这种航班船就有 189 艘,停靠站埠达 103 处。苏州的航班船则叫上街船,又叫镗锣船,开航前用吹海螺或鸣镗锣催客上船。航船的船工起初多是苏州、常熟人，所以又叫苏常帮。在轮船客运出现后，这种航班船为了与轮船争速度，在船型、经营方式上都力求改进，如常州一种“快班船”前后用4支橹推进，在内河航行，速度并不亚于轮船；苏州开湖州的快船，一支大琵琶橹，要用两人推摇，顺水时，橹桨齐动，船速相当快，有“三日两苏州，夜夜在湖州”之谚。其他如吴江的“出门船”，无锡的“无锡快”，苏州的“三吴浪船”、“苏州快船”，都是当时有名的轻型客运木船。

在无锡荣巷还有一种主要为荣氏家族服务的信船。清咸丰年间，荣氏家族人员到苏、沪等地外出经商的人数逐渐增多，他们引荐亲戚、族人、同乡等到苏州、上海等地就业，女人在家照管门户兼营蚕桑，为维系在外的男人和留在荣巷的家属间的交通，便出现了“信船”。信船除搭载旅客外，还负责传递沪、锡两地信件、款项及将家乡土特产送给沪地亲人，沪地亲人也托运杂物回家。航班大体半月一次，最盛时有6条船运行。沪宁铁路通车和乡间有了邮局以后，乡人因其便利可靠，习惯上仍旧依靠信船作为传递信件和财物的工具。直至解放前夕，仍有4艘信船在营运，定期往返两地，其中两艘为荣氏族人经营。

另外还有苏州、无锡的“画舫”，不仅可专供水上游览，而且有精美的船菜供应，因而闻名于世。如苏州的游船，舱内有茶几、椅子、方桌、烟铺等，可坐可卧，喝茶吃饭都随意，一般载客三四人；无锡的大型画舫，更设有前中后三个客舱，设备非常讲究，船板用上等广漆涂刷，光亮照人，舱内挂有名人字画，焚有檀香，香气扑鼻。宴舱中桌椅多用紫檀木镶嵌，备有船菜、船点、酒茗肴馔，任客所选。

苏南水乡虽离不开船，但随着轮船客运和农村公路的发展，木船客运终被逐步淘汰。如苏州市1957年成立木船社时，还经营木船客运，有木船60余艘，5000余吨，社员250人，经营49条固定航线，到达地点遍布四乡八镇，1958年以后不得不逐步转入货运。

二、轮船定线客运

轮船进入苏南运河,虽然早在19世纪60年代,但轮船客运的创办和发展却经历了艰难的历程。清光绪八年(1882),江苏的任雨田等人禀请政府试办小轮行驶苏杭等地,但只被批准装货,不许搭客。光绪十年,清政府颁布了《华商购造轮船章程》,虽然放宽了内河行轮的限制,但只准官置轮船,不准搭客带货作贸易。不久,上海出现了一些"官轮船局",以"专拖绅宦坐船"、"专接内河官宦差务"为幌子,用客船往来于上海、苏州、杭州之间。其中规模最大的当推戴生昌苏杭各路官轮局,创办人为戴嗣源,他与官方关系密切,故能在未完全开禁的江浙内河从事轮运。该公司以后又将航线扩展到苏南、苏北运河各地。光绪三十一年,戴嗣源之子戴玉书加入日本国籍,该公司遂成为日商。光绪二十二年四月,日本人白龙岩平在上海创办的大东新利洋行,以小轮两艘开辟上海至苏州航线,这是外国商轮正式进入苏南运河之始。光绪二十六年,该公司又增开苏州至杭州航线,拥有10艘轮船、9艘拖驳的实力。俟后,美国人拉姆巴拉创办的小轮局,法商立兴洋行、拨维晏,英商怡和、会德丰,德商瑞记、德昌,奥商瑞嘉等都先后开辟上海、苏州、杭州之间的航线。日商大东汽船株式会社还于光绪二十八年开辟了苏州至镇江的航线。

在清政府拱手将内河航权让与外人的同时,华商也积极谋求航运的创办。在苏南运河较早出现的华商轮运航线有光绪二十四年(1898)成立于镇江挂英旗的立生洋行开航的镇江、苏州、常州航线,二十五年设于镇江的丰源康公司开航的镇苏(常、锡)、镇澄航线等。其中实力较强的有创立于光绪二十七年的公茂轮船公司,为浙江人郑良裕创办,资本两万两,挂英旗,初以小轮3艘及数艘拖驳隔日开航上海至苏州、无锡航线,二十九年改为每日一班,三十一年在无锡设立公司,到宣统二年(1910),该公司已拥有轮船9艘,业务扩展到苏州、无锡、常州、镇江、杭州等地,航线遍及苏南、浙江许多城镇,民国2年(1913)向交通部注册时,拥有的轮船已增加到12艘。

经营苏南运河客运航线的官办企业是成立于光绪二十八年的招商内河公司(后称内河招商局),总公司设上海,初营上海、苏州、杭州航线,光绪二十九年至三十一年在无锡、常州、武进小河及荫沙镇、镇江等地先后设有分公司,航线贯穿苏南运河全线和部分支流。当时苏南运河轮船客运十分繁荣,据民国元年的统计资料,在江苏登记经营内河航运的企业除内河招商局外,就有52家,拥有内河小轮101艘,经营航线45条。其中大部分集中在苏南水网地区,业务竞争十分激烈。

辛亥革命(1911)以后,民营内河航运得到继续发展,苏南运河沿线大城市都有以自身为中心的航运网,如苏州除苏沪、苏杭、苏虞(常熟)3条主线外,还有支流航线47条,经营的轮局达59家,有90条小轮参与营运,航线总里程达2 179公里。无锡除锡沪、锡溧(阳)、锡澄(江阴)3条主线外,另有支流航线33条,经营轮局36家,有63艘小轮营运。常州除常溧(溧阳)、常汊(湖汊)、常扬(扬中)3条主线外,还有14条短线,航线总里程达1129公里,有8家轮局经营,共有小轮19艘。此外苏、锡、常等地还开过本地穿越太湖至浙江湖州的客班航线,但由于船小不能适应太湖风浪等原因未能持久。以镇江为中心的客运航线,主要是以苏北运河和长江短途客班为主,虽曾开过丹阳等航线,但为时不长。

日伪时期,苏南运河客运主要由日伪上海内河轮船公司控制,沿线苏州、无锡、常州、镇江均设有出张所。其航线有上海经松江至浙江平湖线,上海经松江、嘉兴至杭州线,上海经松江、平望至吴兴线,上海经苏、锡、常至镇江线,上海至苏州线等。苏、锡、常等地民营轮业虽经营一些短途客运,但均受日伪当局严格限制,难以维持。当时具体航线见表9-22。

轮船一览表(会员簿)　　表 9-22

序号	局名	船名	负责人	航线
1	黄埭	黄埭	钱介一	黄埭～苏州
2	利浒	浒关	张幼芬	浒关～苏州
3	东苏	金龙	傅秋震	西华～苏州
4	合成	龙翔	刘庠笙	苏州～光福
5	福利新记	福新	周锦如	光福～苏州
6	普益	长风	钱伯圭	梅村～苏州
7	衡泰	永泰	曹湘汀	苏州～东华镇
8	衡泰	惠振	曹湘汀	东华镇～苏州
9	公记	南星	严子镕	陈墓～苏州
10	集成	永成	蔡圭峰	木渎～苏州
11	协兴	新兴	沈梓课	苏州～常熟 O
12	江东	瑞昌	房缓章	常熟～苏州 O
13	惠民	升丰	王景仁	常熟～苏州 O
14	裕源	瑞丰	虞茂湾	常熟～苏州
15	公茂	裕成	吴文玉	常熟～苏州
16	通达	嘉兴	房慰祖	常熟～苏州
17	苏锡	新苏锡	钱伯圭	无锡～苏州 ×
18	宁泰	宁兴	华振先	无锡～苏州 ×
19	民泰	民泰	胡秀章	苏州～无锡 ×
20	德丰	快利	陈招生	苏州～无锡 ×
21	苏锡	福仁	周维刚	苏州～无锡 ×
22	裕泰	西湾	松岗平次郎	苏州～无锡(一条线)常熟 ×
23	江苏	昌安	袁华	苏州～无锡(一条线)常熟
24	保大	飞虎	俞梦池	苏州～东山
25	公茂	联荣	张宝庆	东山～苏州
26	通茂	裕亨	温守廉	东山～苏州

续上表

序号	局名	船名	负责人	航线
27	利大	源兴	王蒋乡	苏州～南浔Δ
28	源兴	天亭	沈梓课	苏州～嘉兴
29	合兴	永利	陈张高	苏州～南浔Δ
30	协兴合兴	协兴	车寿康	沙头～苏州
31	协泰	永艳利	黄定安	苏州～沙头
32	倡新	倡新	刘锦昌	苏州～沙头
33	和济	和丰	潘仁泰	同里～苏州
34	立大	桐兴	张承森	苏州～同里
35	友联	同益	金雪明	苏州～陈墓
36	协记	恒锋	张汉文	陈墓～苏州
37	源利	永兴	戚维声	西山～木渎
38	合利	协兴六号	车寿康	昆山～苏州
39	裕泰	西湾	松冈平次郎	苏州～嘉兴
40	裕泰	西湾	松冈平次郎	苏州～湖州
41	裕泰	西湾	松冈平次郎	苏州～常熟
42	裕大	裕兴	黄达文	苏州～嘉兴
43	源兴	合利	安天民	苏州～南浔Δ
44	黄埭	埭溪	钱介一	东桥～苏州
45	裕泰	西湾	松冈平次郎	苏州～平望～湖州Δ
46	裕泰	西湾	松冈平次郎	苏州～平望～湖州Δ
47	裕泰	西湾	松冈平次郎	无锡～宜兴
48	裕泰	西湾	松冈平次郎	无锡～江阴

Δ号——利源公司(苏州)

O号——苏琴公司

×号——裕民公司

注:引自日本《中支的民船业》昭和15～18年(1940～1943)3月。

抗日战争胜利以后，苏、锡、常、镇等地民营轮业纷纷复业，连同新办的轮局计有：镇江18家，主要经营至苏北运河沿线客班和长江短线客班。常州20余家，后减少为15家，拥有轮船38艘、客驳15艘，经营航线20条。无锡112家，后减少为60家，共有轮船201艘，经营航线41条，其中以船菜味美著称的旅游航线最为发达，拥有各种游艇74艘。苏州60余家，经营航线34条，拥有轮船80艘。苏南运河客运航线的特点主要是以农村乡镇短途为主，仅以吴江县为例，通向全县各乡镇的客班，1947年为70班，其中以集镇为起点的就有22班，途经乡镇的有29班，起讫点均在本县的2班，迄点在本县的17班。

1949年4月，苏南地区相继解放，5月苏南人民行政公署成立。为尽快恢复交通，在水运方面除组织各私营轮局立即复航外，同时迅速组建成国营建华轮船公司参与客货运输，当年6月，不仅苏州、无锡、常州、镇江至各处原有客班均已恢复，而且开辟了新的航班。据12月统计，苏南各地客班航线总数达182条，其中原有航线126条、新开辟航线56条，营运总里程达10812.6公里，参加营运的船只有521艘。以后随着对私营企业改造的进程，国营水运企业不断壮大。从1953年起，根据全省的统一部署，按照“内河客运合理布局，面向农村山区”的方针，对苏南各地的客运航线逐步进行了调整，至1956年，调整的范围主要有：无锡地区新辟杨舍至江阴线，全程26公里；杨宜线延伸至蜀山；前州、玉祁、欢塘桥三线实行船舶统一调度以节约工具，减轻船员劳动强度；增开张泾桥短班以减轻长线压力，满足短途旅客需要；延伸金童桥至江阴线为江阴东线，适应区间旅客需要；撤销苏常线中无锡至常州区间班。经过调整，无锡始发的客班航线共有35条：王庄线、前洲线、华墅（东）线、太湖风景区线、周铁桥线、周潭桥线、南方泉线、北周庄东西线、华墅（西）线、云亭线、苏墅桥、陆家桥线、后塍（西）线、河塘桥线、常熟线、甘露线、后宅线、苏州线、江阴线、湖州线、东港线、北漍线、十一圩线、后塍（东）线、顾山线、杨舍线、溧阳线、张渚线、杨巷线、南宅线、湖桥线、官村线、杨墅园线、玉祁线、洛社线。航线总里程1383公里，使用轮船42艘、客驳43艘。苏州地区通过调整，新开了3条航线，延伸2条航线，停开4条航线，共有45条航线，其中苏州始发的客运航线26条：杭州线、陆墓线、西山线、芦墟线、香山线、南周庄线、蠡墅线、北周庄线、西华线、黎里线、青浦线、西塘线、东山线、浒浦线、后桥线、南光福线、浒关线、常熟线、嘉兴线、黄埭线、湖州线、车坊线、相城线、沙溪线、乌镇线、梅村线。营运总里程从2 413公里调整为2 846公里。1960年，苏州至杭州客班经江浙两省商定由江苏经营，航次由原每日一班改为日夜两班，年旅客运量达34万人次，4 000万人公里。以后虽然因公路客运的日益普及，水路客运受到部分影响，但由于苏南水网地区的特点，农村支流小港的客运航线仍呈上升趋势，苏南运河沿线的苏、锡、常仍然是水上客运的主要集散点，分布面遍及苏南广大乡镇。如无锡1964年开辟了苏黄线，恢复了无锡至十一圩航线，将苏锡、锡澄两线调整为一线直达；并把80%的客班起点逐步从城市移到农村，更方便了农民进城的需要。客班航线多达92条，营运里程达4 529.5公里，年客运量达1 177万人次、23 168万人公里。1956～1966年，常州也新增或延伸了农村航线7条，改变了部分农村交通不便的状况。

"文化大革命"期间，虽然航运事业受到诸多干扰和破坏，但主要在货运方面，客运相对没有受到过多的影响，且运载人数在继续上升，苏、锡、常的客运航线都有增加。如1967年无锡新开辟航线5条，总里程93.5公里；苏州新增2条；常州新增5条，总里程103公里。同时站埠条件也有较大的改善，苏州、无锡、镇江都兴建了一批比较正规的候船室和完善的客运码头。在客船方面也从轮船拖带客驳向新型客轮过渡，一批新型客轮进入了苏南客运航线运行。1973年苏南运河运行的客轮为常州7艘、950客位，无锡21艘、2 370客位，苏州49艘、4 071客位。无锡太湖旅游航线还新增了比较豪华的钢质游艇运行。

1978 年,中国共产党十一届三中全会以后,随着改革开放的推进和农村公路的通达,水上客运逐步被公路客运所取代。如苏州市轮船运输公司至 1985 年,共撤销干支客运航线 20 条,只剩下 12 条和吴县航运公司经营的苏州至西山的 1 条。无锡市 1980 年水上客运量还有 886 万人,到 1990 年就降至 119.92 万人,到 2004 年仅剩 12 万人,在铁、公、水、空客运总量中只占 0.07%。苏南运河沿线的水运企业,客运经营开始重点向旅游客运方面转移。

1956~1996 年苏南运河沿线部分城市水运、公路客运变化情况见表 9-23。

苏南运河沿线部分城市水陆客运消长变化情况表

单位:万人　　表 9-23

	年份	水运	公路	年份	水运	公路
镇江	1956	123	76	1986	117	3 251
	1966	113	313	1996	43	4 638
	1973	200	611	1999	23	5 045
	1976	128	858	2004	0	6 168
无锡	1985	399.82	4 574.50	1991	92	4 342
	1986	272.68	4 299.43	1992	44	4 350
	1987	195.59	4 345.52	1993	78	4 552
	1988	189.24	4 330.59	1994	66	4 599
	1989	138.88	3 971.62	1995	66	8 959
	1990	119.92	4 008.53	1996	58.6	14 004

三、旅游客运

1979 年,苏州轮船公司将原苏杭客班提升为旅游航线,连续两年投资新建 100 客位全卧钢质客驳 2 艘和 60 个卧铺、172 个软座的座卧结合钢质客驳 2 艘投入该线运行。并根据游客对旅行时间和舒适性等方面的要求,采取增开夜航班船、扩大卧铺铺位等方法,使旅客夜晚可在途中休息,白天到达目的地办事观光,从而使该线夜班船的旅客量迅速增长,1979 年达到 49.3 万人次、5 690 万人公里,比 1978 年分别增长 40.97% 和 48.45% 。1979 ~ 1981 年,该线每年增加一个夜航班船,客运量、旅客周转量继续逐年增加,1981 年达到 95.2 万人次,1.2 亿人公里,占苏州轮船公司客运总量的 13.54% 和 51.83% 。1981 年,苏杭线已拥有 9 艘大中型客轮、6 艘小客轮、9 艘客驳,共 3 117 个坐席、630 张卧铺,卧铺数量比 1978 年增加了 3 倍。每年旅游旺季的 3 ~ 5 月、9 ~ 10 月,夜班船的苏州日出口量 1980 年达 2 000 人,1981 年升至 3 000 余人。苏杭旅游线除不断改进设备外,还多方面为游客着想,扩大夜班班次、增加直达班次,以方便游客。1978 年夜班航次仅有 1 班,1981 年增加到 4 班;夜班直达班 1979 年仅有 1 班,1980 年 3 个夜班就有 2 个直达;1981 年 4 个夜班就有 3 个直达。同时大力推广拖驳运输,以免除客轮的震动、噪音等干扰,增加舒适度。1982 年又将服务范围扩大到食宿一条龙包干服务。除增加可预售和函电订购 3 ~ 10 天的夜班船票、代买杭州至苏州的回程票,代售杭州风景区汽车旅游客票等项外,在船上还增加了客餐、盆菜、炒菜、花色糕点和代售书刊、图片等服务项目。周到的服务也带来丰厚的经济效益,该线 1979 年盈利 16.1 万元,1980 年增加到 43.19 万元,1981 年更增至 61.5 万元。

1986 年,江浙两省达成协议,苏杭线变一家经营为两家共同经营,苏州轮船公司通过船舶更新,把大量座位改为卧铺,提高舒适性,对开后虽客运量有所减少,仍能保持较好的收益。旅游客运情况见表 9-24。

苏州轮船公司苏杭旅游航线客运情况表　　表 9-24

年度	客运量		营收(万元)	客位数	其中:卧铺数
	万人	万人公里			
1979	49.3	5 690.2	85.4	1 989	190
1980	75.8	9 227.7	138.4	2 653	510
1981	95.2	12 107.9	187.6	3 117	630
1982	108.3	13 894.1	216.7	3 529	758
1983	91.4	11 626.8	180.2	3 780	758
1984	105.0	13 045.4	207.2	3 557	1 042
1985	109.4	13 438.0	326.6	3 366	1 042
1986	67.5	9 117.9	262.7	2 801	1 126
1987	64.6	8 666.9	253.1	2 801	1 126
1988	59.3	7 777.8	276.3	2 763	1 287
1989	48.6	6 543.7	349.3	2 574	1 266
1990	41.3	5 609.8	409.9	2 574	1 266

无锡江南航运公司也从 1980 年 10 月 15 日起将无锡经古运河至杭州的直达客班改为无锡横渡太湖直达杭州的旅游航线,使游客能“夜渡太湖,早游西子”。这比原来经苏州抵杭州的航程 197 公里缩短了 30.7 公里,航行时间从 17 小时减至 12 小时,与无锡至杭州的铁路、公路相比,分别缩短了 1/2 和 1/3 的里程。这一旅游航线沟通了太湖、西湖两个著名风景区,形成了无锡、杭州、上海的旅游三角

网。航线开辟后,当年客流量即达7.96万人次。

1981年至1986年“湖光”、“湖辉”、“二泉”、“东林”、“西神”5艘游览新客轮相继投入锡杭线运行,增强和扩大了该线运力。1981年旅客流量12.81万人次,1983年达16.73万人次,1984年升至18.38万人次,1985年则创26.04万人次的最高记录,旅游旺季的最高日客流量达2 500人次。虽然公路、铁路运输有便捷优势,对水上旅游有一定冲击,但1986年锡杭线客流量仍达24.19万人次。1990年,锡杭线运力仍拥有721客位,其中卧铺532床,完成旅客运量13.47万人次,营业额达240万元,利润88.85万元,经济效益、安全质量仍居省内同行第一,被交通部命名为文明客运航线。截止1990年,共接运旅客200多万人次。

1979年春,无锡又恢复了有几十年历史的“太湖一日游”,不仅设备完善舒适,随船还供应誉满中外的“太湖船菜”,备受游客欢迎。1980~1982年间,又在不同季节先后开辟了春游邓尉山赏梅、夏日环游七十二峰和晚游太湖纳凉、秋游洞庭西山、冬游淀山湖大观园及黄龙洞等一日游的旅游航线,都取得了较好的社会效益和经济效益。1984年8月,江南航运公司旅游服务社改组为旅行服务社,进一步扩大了经营服务范围。并拥有游轮、客驳、拖轮、旅游车、货车,经营水上旅游航线和水陆配套联游线8条,1980~1986年,共接待游客300万人次。1986~1990年,仅太湖一日游就接待游客84.6万人次,年均创利17.04万元。1990年,还接待了12个省、市的115个旅游团和疗养单位的游客17.5万人次,创利达46万元。以后几年内,江南航运公司又投资250万元,自行设计建造了5艘内河、太湖游轮,近千客位,其中卧铺460床;改建新建游轮7艘、700客位。无锡市外事游船服务公司也购置了“太湖”、“无锡”(原名庐山)、“梅梁”等多艘游艇,开展太湖旅游业务。

1990年“湖越”号游艇和太湖游轮船队相继获交通部优质运输先进集体称号。太湖游轮船队还被无锡市评为1990年十大标兵班组之一。

江南航运公司在开辟锡杭旅游线和太湖一日游航线基础上，又相继开辟了太湖水上游系列线、江南古镇水上游系列线和由无锡经锡澄运河进入长江的水上系列旅游线。其中包括扬州1日游，镇江、扬州2日游，扬州、南京、镇江3日游，扬州、淮安、南京、镇江4日游，扬州、淮安、镇江3日游，扬州、南京、九华山、镇江7日游，淀山湖大观园1日游，苏州、同里1日游，苏州、角直1日游，同里、周庄1日游，常州风光1日游，苏州风光1日游，苏州、同里、大观园2日游，苏州、周庄、大观园2日游，苏州、同里、周庄、角直2日游，同里、周庄、角直、大观园2日游，同里、周庄、大观园、黎里2日游，苏州、同里、周庄、黎里2日游，苏州、角直、浏河2日游，苏州、角直、昆山、浏河3日游，苏州、角直、同里、周庄、大观园、黎里3日游，苏州、周庄、大观园、同里、黎里3日游，邓尉山、光福寺、洞庭西山、湖州3日游。图9-6为旅游客运游船。

图9-6　旅游客运游船

除上述游览航线外，还有常州轮船公司于春秋季节开行的杭州旅游班和镇江港务局同市外事办公室合资添置新型豪华的“紫金山”号旅游船开航的焦山风景区游览线。

就总体而言，随着公路客运的迅猛发展，苏南运河传统的客运航线（包括旅游航线）虽从扩展新线、改进设备、提高服务质量等方面力求改进，但终不敌四通八达的公路客运便捷而逐年走向低谷。据全省统计，水运旅客量大体以每年10%的幅度在下降，至1990年，除少数公路暂时还未通客车的水上客运航线外，多数航线不得不先后停开。

第四节 水运企业

苏南运河沿线的国营、集体水运企业，大多数都诞生于解放初期。他们在公路运输还不发达的年代，担负了境内除铁路以外的绝大部分社会物资的运输任务，为苏南地区的经济社会发展发挥了不可替代的作用。

1949年苏南地区解放后，国营苏南建华轮船公司成立，经营客货运输业务。1953年建省后，成立江苏省内河轮船公司，一度称华东内河轮船公司江苏省公司，统管全省国营轮船运输企业。1954年与江苏省航运局合署办公，实行政企合一，统一领导经营管理全省航运业务。1956年全行业公私合营，省内河轮船公司与省航运局合并。1960年省交通厅驻沪办事处经营的长江和内河两个货运船队交由省航运局直接经营管理，下设两个轮船大队。至1962年交通航运体制再度调整，轮船大队归南京航运分局建制。1978年6月恢复组建江苏省航运公司，作为省交通厅的二级经营管理机构。随着改革开放和社会主义市场经济的建立，水上个体运输业迅速发展，并以管理成本低廉的优势很快占领水运市场份额，使国营、集体水运企业在激烈的市场竞争中处于困境。

随着改革开放的深入推进，苏南运河沿线地区国营、集体水运企业，于“十五”初期，相继改制成公司制企业，国有资本全部退出。江苏省航运公司也同时进行了体制改革。改制后的企业以自主经营，自负盈亏，谋求新一轮的发展。

一、镇江轮船运输公司（全民所有制）

该公司前身为1949年6月建立的苏南建华轮船运输公司镇江办事处，系接收原国民政府镇江水产公司、南京中国轮业公司、镇江联和公司以及私营江泰、福运轮局中的官僚资本的船舶及其资产组建而成。当时拥有轮船17艘、客货驳11艘，经营镇江至口岸、淮阴、泰州、高邮等5条客运航线。同年10月，开辟镇锡申定期货班，不久即停开。1952年、1953年，先后短期经营过镇淮、镇锡货班。1956年全行业公私合营，15家私营企业39艘轮船及17艘木驳1 314.72吨位并入，经营范围客运包括镇清、镇口、镇泰、镇姚等航线和镇江至六圩轮渡。当时，公路运输尚不发达，水上交通极为繁忙，地处大江南北要冲的镇江，水上客运在全省具有重要地位，年旅客运量达百万人次以上。货运航线有镇江至苏、锡、常和申镇扬的定期和不定期货班。1959年，货运运营的船队有13个、130艘木驳、3 738吨位，年货运量达131.99万吨、2 743.11万吨公里。1966年，增开镇清小货班。1970年以后，开辟申镇扬定期货班和苏锡、镇扬、两淮定期货班，镇江至丁蜀、常州的定线货班及不定期货班。1978年以后，随着公路客运的崛起，水上客源逐渐减少，客运航线相继停开，专营货运。1988年1月在全省率先成立海运公司，开辟江海直达运输业务，并购置了3 300吨级的“甘露”号海轮1艘，至1991年底止，海轮发展到3艘，总吨位6 000吨，国内近海货运量达18.29万吨、30 679.7万吨公里，实现营收1 149.5万元。

1998年，公司一分为三，单独成立海运公司、长江公司和合金厂（原保养厂），原轮船公司撤销。至2003年底，长江公司拥有船舶34

艘,净载重量 23 694 吨,海运公司拥有船舶 4 艘,净载重量 20 550 吨。2004 年 3 个单位分别进行改制,国有资本全部撤出,海运、长江公司均为负资产,由原企业领导层重新集资,工商注册成立新公司。

镇江轮船运输公司历年货运量见表 9-25。

镇江轮船运输公司历年货运量统计表　　表 9-25

年份	货运量(万吨)	年份	货运量(万吨)	年份	货运量(万吨)
1951	6.62	1970	38.50	1989	90.55
1952	8.79	1971	39.40	1990	75.76
1953	13.79	1972	42.52	1991	78.72
1954	17.23	1973	53.57	1992	98.08
1955	9.54	1974	49.41	1993	97.21
1956	38.40	1975	60.63	1994	72.27
1957	42.02	1976	60.93	1995	62.00
1958	65.57	1977	71.37	1996	30.40
1959	131.99	1978	73.29	1997	22.10
1960	138.19	1979	75.69	1998	24.11
1961	63.01	1980	78.12	1999	27.56
1962	2.59	1981	64.33	2000	35.64
1963	1.56	1982	69.08	2001	38.00
1964	2.83	1983	71.59	2002	34.70
1965	12.34	1984	67.42	2003	41.90
1966	27.80	1985	69.00	2004	48.30
1967	36.50	1986	83.61	2005	(企业改制)
1968	33.30	1987	83.90		
1969	36.30	1988	92.09		

注:1999 年起为长江公司运量。

二、镇江专区轮船联营公司(集体所有制)

该公司是1965年由镇江专区所属镇江市和宜兴、武进、溧阳、高淳、丹阳、金坛、句容、扬中8个县的客货轮船合作社、轮木船合作社的机动船队、轮木结合船舶联合组成,共有轮船60艘,木驳493艘、16 402吨。属独立经营核算的集体所有制企业,实行统一组织领导,统一经营管理,统一核算,各单位保留财产所有权的政策。客货运输兼营,以货运为主。拥有17条定期、不定期货运航线和以溧阳、金坛、高淳、丹阳为起点的9条短途客运航线。后因客源短缺,经营亏损,客运业务于1982年全部撤停,专营货运。1997年,丹阳分公司整建制划归地方管理,自主经营。1999年以后,经省政府和省交通厅协调,丁山、溧阳、武进、金坛等分公司亦全部划归当地政府管理。公司只保留原镇江部分,经营货运。2003年企业进行改制,当年拥有船舶30艘,净载重量28 358吨,经资产评估,由市工业改革办公室批准,于2004年上半年改制,重新投资进行工商注册,成立新公司。历年货运情况见表9-26。

三、镇江市航运公司(集体所有制)

该公司的前身为镇江木船联社,1965年撤社建立集体所有制的公司。同年,所属大型木驳、机动船只大部参加专区轮船联营公司,仅留质量差的小船280艘、4 469.5吨自航营运,直至1969年始重置轮船和水泥驳,再次实现拖带化。1988年起开始亏损,业务仅保留联运、小机船货运和焦山客渡。至1995年,生产工具仅剩小马力船8艘、176马力,辅助船7艘、290马力。1996年以后,除保留焦山客渡外货运业务全部停止,靠市交通局每月拨款8.5万元维持职工生活。2005年3月7日经镇江市中级人民法院受理,正式宣布破产。由政府拨款1 000万元,另挂账1 000多万元,市交通局在企业改制项下拨款287.96万元,解决在职和退休职工的养老、医保、最低生活保障等问题。在职职工全部解除劳动合同,退休职工全部由社会劳动保障部门转入社区管理。

镇江专区轮船联营公司历年货运量统计表 表9-26

年份	货运量（万吨）	年份	货运量（万吨）	周转量（万吨公里）
1966	90.57	1986	212.60	65239.78
1967	83.56	1987	235.50	72008.00
1968	78.42	1988	243.30	72457.50
1969	93.11	1989	211.30	63395.50
1970	97.98	1990	165.52	52263.90
1971	105.10	1991	180.00	55586.80
1972	112.80	1992	196.89	62413.00
1973	126.90	1993	200.46	60718.10
1974	124.07	1994	166.62	51943.94
1975	127.28	1995	139.88	42155.15
1976	124.34	1996	81.20	26848.80
1977	132.38	1997	66.62	20837.92
1978	143.69	1998	59.41	18405.84
1979	143.61	1999	44.02	14091.83
1980	139.26	2000	39.87	15105.74
1981	135.07	2001	48.10	16393.50
1982	144.43	2002	53.90	16575.10
1983	145.53	2003	55.90	18604.90
1984	166.30	2004	59.30	20983.70
1985	194.85	2005	（企业改制）	

镇江市航运公司历年货运量见表9-27。

镇江市航运公司历年货运量统计表 表9-27

年份	货运量（万吨）	年份	货运量(万吨)	年份	货运量(万吨)
1957	17.77	1971	17.72	1985	46.48
1958	25.33	1972	19.14	1986	41.57
1959	37.60	1973	24.15	1987	41.50
1960	47.50	1974	28.85	1988	38.23
1961	31.91	1975	31.08	1989	35.31
1962	24.73	1976	35.62	1990	27.80
1963	23.16	1977	39.07	1991	26.35
1964	29.56	1978	46.88	1992	24.31
1965	14.88	1979	49.54	1993	27.68
1966	14.11	1980	53.94	1994	25.34
1967	12.11	1981	53.30	1995	4.16
1968	11.35	1982	55.00	1996	1.10
1969	14.22	1983	55.48	1997	0.39
1970	17.33	1984	58.48	2005	（企业破产）

四、常州轮船运输公司(全民所有制)

该公司前身为1949年5月1日建立的国营苏南建华运输公司常州分处，当时经营常州至苏州、金坛客运航线。1951年，上级调拨货拖7艘，计412马力，采取租用货驳方式经营货运。1952年接收官僚资本企业大华轮运局轮船7艘、224马力，1955年，常州私营一新轮运公司连同溧阳县私营通茂、清泰、大达三轮局接受社会主义改造，资产并入，公司拥有轮船21艘、201.03吨位、580.80马力。1956年通过全行业公私合营，1957年运输工具增至客轮4艘、563客位，客拖26艘、785马力，客驳33艘、3 444客位，货拖4艘、99马力，货驳21艘、771吨位。当年经营的客运航线有26条，年客运量达

204.22万人次、4 828.66 万人公里。在货运方面,年货运量达 7.16 万吨、71.27 万吨公里。随着公路客运的发展,1985 年起,经营转入以货运为主,货运航线有常州至上海、苏北、太湖、安徽等定期、不定期货班。货种以煤炭、钢铁、矿建材料为大宗。历年货运情况见表 9-28。

常州轮船运输公司历年货运量统计表　　表 9-28

年份	货运量（万吨）	周转量（万吨公里）	年份	货运量（万吨）	周转量（万吨公里）	年份	货运量（万吨）	周转量（万吨公里）
1966	25.26	4 718.4	1980	73.07	1 5647.1	1993	68.3	15 948
1967	18.13	3 447.6	1981	73.63	15 795.7	1994	60.3	14 853
1968	23.11	4 743.6	1982	83.07	17 794.2	1995	47.8	11 914
1969	26.53	5 189.43	1983	49.09	19 906	1996	39.50	9 190
1970	28.39	6 360	1984	105.37	23 621.8	1997	33.9	6 767
1971	39.09	7 898.29	1985	113.14	26 925.10	1998	25.5	5 661
1972	45.66	9 004.39	1986	116.75	28 142.3	1999	20	3 801
1973	49.92	10 208.58	1987	117.1	28 510	2000	12.90	2 288
1974	47.75	9 828.37	1988	—	—	2001	12.10	2 127
1975	52.25	10 644.44	1989	82.9	20 443	2002	15	1 597
1976	51.36	11 356.06	1990	65.30	17 049	2003	15.60	1 569
1977	56.38	12 310	1991	54.00	13 874	2004	14.60	1 424
1978	62.7	13 579.6	1992	56.90	14 009	2005	—	—
1979	68.41	15 003.3	—	—	—	—	—	—

五、常州市航运公司(集体所有制)

该公司为 1958 年 10 月 20 日由 7 个木船运输合作社组建而成的集体企业。当时拥有木驳 707 艘、9976 吨,下辖 5 个船队,从事长途货运,另建一个市驳运站,运输市内短途物资。1961 年 10 月,分为两个单位,一为常州市航运公司,一为常州市驳运公司。航运公司运输长途物资;驳运公司下辖广化、天宁、钟楼、戚墅堰4个木船运输站,驳运市内物资。1962年10月,两公司仍合并为一,称常州市航运公司。至1964年,公司有拖轮21艘、928马力;货驳595艘。1985年公司拥有货拖28艘、小马力机动船16艘、货驳219艘。

随着改革的深入和运输市场的开放,企业经营渐感不能适应市场的需求,经营能力逐年减弱,经营难度越来越大。至2000年,企业总资产额虽有2 890.24万元,但累计亏损额达2 080余万元。

2001年公司进行了整体改制。改制后的企业定名为常州市盛通航运实业有限公司。定股本为606万元,企业规模为340人,下设货运、招待所、货配(水运市场)、砂业、道路工程(含灯具)、修配厂(含船修、建包)、水泥彩瓦、油运共8个经济实体,另有一控股合资企业。

常州市航运公司历年货运情况见表9-29。

常州市航运公司历年货运量统计表 表9-29

年份	货运量(万吨)	周转量(万吨公里)	年份	货运量(万吨)	周转量(万吨公里)	年份	货运量(万吨)	周转量(万吨公里)
1966	116.22	7 311.07	1980	174.88	1 4178.1	1993	115.2	18 502
1967	89.71	6 655.24	1981	169.59	15 297.4	1994	97.9	16 881
1968	76.38	6 941.8	1982	171.20	16 748.5	1995	73.8	11 748
1969	111.94	9 067.41	1983	176.51	18 222.7	1996	46.90	7 750
1970	117.21	9 649.7	1984	181.55	19 792.1	1997	29.1	4 540
1971	122.67	9 840.11	1985	181.67	21 499.7	1998	28.3	3 616
1972	137.84	10 642.13	1986	182.03	21 842.2	1999	28.10	3 692
1973	151.02	11 354.24	1987	178.6	22 441	2000	23.30	3 239
1974	155.22	12 397.85	1988	—	—	2001	23.80	3 577
1975	166.77	13 029.81	1989	151.5	21 241	2002	26.60	4 027
1976	171	13 115.74	1990	—	—	2003	28.80	3 870
1977	184.13	13 659.8	1991	—	—	2004	10.90	1 449
1978	196.1	14 135.3	1992	130	19 007	2005	8.8	1 371
1979	187.78	14 395.1	—	—	—	—	—	—

六、江苏省江南航运公司(全民所有制)

该公司前身为1949年建立的苏南建华运输公司,拥有客船18艘、货船30艘,经营客货运输。1951年改为华东内河轮船公司苏南区公司,1953年建省后改为江苏省内河轮船公司申常线管理委员会,1954年改称国营无锡轮船公司。1956年,无锡私营航运企业全行业合营,公司曾一度改称无锡航运管理局,实行政企合一。共有轮船104艘、3 918马力,货驳316艘、15 695.48吨位,客驳69艘、6 157客位。有客运航线35条,通航里程816.5公里。1957年改称江苏省江南轮船运输区公司。1958年后,企业名称更迭频繁,机构和经营范围亦经多次调整。1958年拥有客轮21艘、2 745客位,货轮3艘、170吨位,客拖37艘、2 073马力,货拖38艘、5 082马力,推轮2艘、190马力,客驳81艘、9 668客位,货驳415艘、30 000吨位,分节驳3艘、260吨位。年均客运量70余万人次。1977年3月又改称为江苏省江南航运公司。1985年,公司下设无锡轮船站、旅游服务公司、货运营业部和船舶修理厂,下辖宜兴和溧阳轮船公司。当年公司拥有客轮15艘、2 035客位,货轮1艘、50吨位,客拖27艘、1 683马力,货拖46艘、6 046马力,客驳44艘、5 706客位,货驳423艘、36 332吨位,职工平均人数4 326人。因客运量逐年下降,渐向旅游、货运方面发展。

随着水运市场的变化,企业水上客货运输主业逐渐衰退,直至全部转产。截止2002年底,账面资产总额虽还有1.2亿多元,但负债已达4 013万元,净资产只有8 048万元。而在册职工仍有1 327人,其中在岗职工只有464人。业务亏损严重,难以为继。2003年6月经无锡市交通资产经营有限公司同意,以“整体设计、分列改制”的方法,对所属部门分别改制成新的经营实体。其中所属宜兴分公司下放宜兴市属地管理;所属江南国际旅行社、鑫海船务技术公司、江南船舶修造厂,分别单独改制为民营企业;江南公司本部则重新组建有限责任公司。

江南航运公司历年货运情况见表9-30。

江南航运公司历年货运量统计表 表9-30

年份	货运量（万吨）	周转量（吨公里）	年份	货运量（万吨）	周转量（万吨公里）	年份	货运量（万吨）	周转量（万吨公里）
1950	9	195	1968	97	19 506	1986	221.54	60 726.7
1951	13	158	1969	102	21 431	1987	219.3	61 486.1
1952	30	497	1970	117	26 067	1988	221.25	61 670.2
1953	60	9 900	1971	137	28 962	1989	201.15	58 498.1
1954	102	17 133	1972	158	33 754	1990	162.08	48 052.7
1955	90	16 027	1973	163	36 627	1991	156.47	47 930.4
1956	136	21 153	1974	140	34 179	1992	158.2	47 746.3
1957	122	20 587	1975	141	35 147	1993	144.78	40 485
1958	107	17 949	1976	149	36 954	1994	109.2	32 116
1959	66	12 190	1977	165	43 208	1995	67.1	22 402
1960	62	11 845	1978	180	46 992	1996	47.5	15 845
1961	46	8 441	1979	177	47 618	1997	34.4	10 127
1962	131	24 149	1980	176	47 432	1998	21	5 361.4
1963	140	25 529	1981	180	45 348	1999	11.1	2 205
1964	177	30 578	1982	191	48 779	2000	1	207
1965	206	35 977	1983	201	50 040	2001		
1966	166	31 774	1984	222	52 829	2002		
1967	90	17 865	1985	224	57 678	2003	（企业改制）	

七、无锡市航运公司（集体所有制）

该公司由1951年2月成立的10家木帆船联营处组建而成。1952年，按照船只性能和营运性质将10家联营处编成8个专业组，共有船舶1 489艘、30 959吨位。1953年6月联合成立无锡市民船联合运输社。1956年在社会主义改造时，无锡市、县先后成立了7个木帆船运输合作社。1958年11月，由6个木帆船运输合作社与市航运管理处合并成立无锡市水上先锋人民公社,有货拖9艘、275马力,货驳883艘、13 306吨位。1965年,崇安、北塘、南长3个区社并入组成无锡市水上运输联社,船舶增至货拖30艘、1 236马力,货驳1 110艘、15 329吨位。1970年改称水上运输公司,有货拖61艘、2 218马力,货驳997艘、15 877吨位。1976年3月改称无锡市航运公司,当年职工3 521人,有货拖64艘、3 582马力,货驳795艘、22 813吨位。1980年公司有职工3 837人,有货拖73艘、4 971马力,货驳729艘、26 483吨位(其中钢质驳160艘、6 344吨位)。1985年,公司有职工3 805人,有货运机动船87艘、6 306马力、755吨位,货驳656艘、28 453吨位。

2002年11月,公司以零资产整体改制为有限责任公司,定名为无锡市大通实业总公司,经营范围仍延续原企业。

无锡市航运公司历年货运情况见表9-31。

无锡市航运公司历年货运量统计表 表9-31

年份	货运量(万吨)	周转量(万吨公里)	年份	货运量(万吨)	周转量(万吨公里)	年份	货运量(万吨)	周转量(万吨公里)
1965	252.58	8 335.63	1979	385.94	18 499.8	1992	302.36	21 557.5
1966	252	9 126	1980	403.26	20 454.74	1993	256.27	21 053.9
1967	199	8 091	1981	402.41	22 325.4	1994	215.1	17 756
1968	188	8 464	1982	405.05	22 819.2	1995	144	11 661
1969	199	9 118	1983	410.21	24 914.7	1996	79.8	6 649
1970	213.29	7 267.06	1984	425.49	26 670.8	1997	59.6	5 537.7
1971	265	9 060	1985	427.04	28 293.4	1998	34.6	3 637.4
1972	324	12152	1986	436.14	29 713.6	1999	36.3	3 048
1973	354	13 640	1987	448.55	29 015.5	2000	33.5	3 183
1974	300.85	13 410.16	1988	448.05	28 802.4	2001	32.36	3 370.64
1975	302.04	14 189.46	1989	417.79	26 316.3	2002	30.21	3 103.1
1976	323.76	14 751.64	1990	350.09	21 886	2003	30	3 064
1977	359.18	15 738	1991	321.65	21 596.76	2004	24	2 487
1978	384.76	17 691.3	—	—	—	—	—	—

八、苏州市轮船运输公司(全民所有制)

该公司前身为1949年12月建立的苏南建华运输公司苏州营业处。1951年1月,调整行政体制,改为国营华东内河轮船公司苏州分公司,1953年改属江苏省内河轮船公司。1956年1月对私改造,19家轮运行全部并入;同时并入的有船厂3家、机器厂3家、蓄电池厂1家、个体户客驳31家、货驳88家,另有常熟、昆山、太仓3地并入轮船39艘、客驳4艘,职工总数1 400余人。1958年2月,改称江苏省苏州轮船运输分公司,同年10月改称苏州专区轮船运输公司,并从无锡、松江调进货驳90余艘、轮船30余艘,共有船只294艘。其中木质货驳143艘。1962年改称苏州轮船营业处,由无锡航运局管辖,货运由无锡统一经营,调出货船100余艘,苏州只经营客运。同时划出常熟营业处,船只减至113艘。1966年改称江苏省航运公司苏州区公司,从无锡划归苏州4个货运船队,恢复货运业务,船只增至247艘。1971年4月,改称苏州地区轮船运输公司。1974年船只增至325艘。至1978年,船只增至349艘。其中货运驳船183艘。1983年改称苏州市轮船运输公司,至1987年,公司营运船舶计有客轮20艘、2 310客位,客驳44艘、5071客位,拖轮39艘、5 569马力,货驳211艘、13 506吨位,小马力货船5艘、240吨位。固定职工2 515人。

客运方面:1950年2月开辟苏州至杭州的日班航线,到1955年共经营杭州、常熟、沙溪、北周庄4条客运航线和代理无锡公司的苏州至常州线。1956年对私改造后,全市轮船客运由公司统一经营,将35条航线调整为26条,1956年后,公司经营的客运航线增至41条。到1966年减至24条,1976年新增苏州至黄桥、碧溪二线,停开苏州至浒浦一线。以后又增开苏州至横扇、同里、后宅、吴江、苑坪、硖石、十一圩7条航线。随着农村公共汽车的相继开通,水上客运呈逐年明显下降趋势。至1985年,公司经营客运航线只有13条。随着客运航线的继续萎缩,开始向旅游客运方面谋求发展。

货运方面:1950年由苏南建华公司调进华东8号、11号两艘拖轮,并租用私营轮运行的永吉、永泰、惠丰、华龙等轮开始经营以调进粮食、蚕茧、棉花为主的不定期航线。1952年8月,为沟通江浙两省物资交流,开辟苏杭货运航线,这是解放后苏州第一条定期货运航线。1961年因自然灾害短期停航。1963年5月,苏杭货班交由杭州航运分公司复航经营,1985年,每月增加到12个单航次。

苏州市轮船运输公司自身经营的货运航线以苏申定期货班为主,苏申线从苏州人民桥码头发航,运行外港有两条线路,一条是经淀山湖、周庄龙王庙、闵行到达上海陆家嘴,全程138公里;一条是经芦墟、龙王庙、闵行到达上海陆家嘴,全程150公里。运行内港也有两条航路。一条是经昆山、四江口穿蕴藻浜到上海纪蕴路,全程160公里;一条是经昆山、四江口到达上海北新泾,全程102.8公里。

苏州到达苏北南通、扬州、淮阴、盐城及南京等地的货班以不定期为主。北调建筑材料,南运煤炭,黄沙等物资。1980年以后,往苏北不定期货班运量逐年减少,1985年只经营过一个航次。

省内各兄弟轮船公司到达苏州港的定期货运航线有6条,即:省江海航运公司经营的宁苏线,盐城轮船公司经营的盐苏线,镇江轮船公司经营的扬镇苏线,南通轮船公司经营的通苏线,省运河航运公司经营的淮苏线,扬州轮船公司经营的泰苏线,另常州轮船公司有开往苏州的区间不定期货班。

2001年起,公司陆续进行分块改制,对原所属常熟、昆山分公司采取脱钩自营处理;苏州本部的货运业务于2002年下半年交由原岗位的300多职工另行成立苏州茂顺运输公司经营,以轮船5艘组成由农用船加入的船队,从事货运业务;2004年上半年取得省内内河散装化工品运输资质,新增1条149吨船舶从事危险品运输。客运部分,于2003年底由中层以上干部18人出资165万元重新组建苏州市轮船运输有限公司,并以48万元作价买断原苏杭客班两轮两拖产权,接纳原职工98人,租用原公司码头继续经营苏杭客班业务。2005年新公司投资400万元建造1艘40床位的豪华游轮参加苏杭班运营;投资120万元新建"吴中"、"相城"两艘餐饮游船以船菜特色经营环城水上游;同时投资75万元与工交、园林、报关三部门合资建造游轮7艘(总投资270万元)参与环城水上旅游业务;另引进资金建造了两幢楼房出租经营餐饮休闲业务。从2004年起,还开办了船员培训业务,以适应游船日益增加的需要。

苏州市轮船运输公司历年货运情况见表9-32,苏州市区轮船业历年客运量情况见表9-33。

苏州市轮船运输公司历年货运量统计表 表9-32

年份	货运量(万吨)	周转量(万吨公里)	年份	货运量(万吨)	周转量(万吨公里)	年份	货运量(万吨)	周转量(万吨公里)
1951	15.99	1 333.5	1969	42.5	6 909.3	1987	154.9	23 782
1952	12.68	1 645.2	1970	64.3	10 194.7	1988	146.5	22 924
1953	17.20	2 277	1971	77.3	11 884.5	1989	133.7	20 630
1954	19.99	2 761.5	1972	77.5	12 746.1	1990	110.1	16 870
1955	16.61	2 280.5	1973	89.3	13 583.7	1991	104	15 934
1956	16.67	1 539.9	1974	78.54	12 324.8	1992	93.9	15 546
1957	31.67	3 244.4	1975	84.36	13 655.2	1993	88.4	13 180
1958	96.95	9 154.9	1976	81.34	12 946.5	1994	73.4	11 574
1959	107.72	13 596	1977	85.85	14 323.2	1995	66.7	10 957
1960	94.52	12 885.8	1978	96.79	15 640.9	1996	70.2	11 523
1961	55.70	7 620.8	1979	103.56	16 163.0	1997	72.3	11 597
1962	6.71	344.5	1980	113.98	17 472.0	1998	42	7 245
1963	9.86	767.9	1981	118.78	17 747.9	1999	32.6	5 712
1964	19.27	1 845.9	1982	130.43	19 234.9	2000	32.9	5 409
1965	26.73	2 943.4	1983	152.92	21 403.2	2001	22.9	3 329
1966	37.74	5 218.8	1984	151.45	22 872.2	2002	(企业改制)	
1967	33.40	4 486.2	1985	148.69	21 909.4			
1968	35.60	5 490	1986	—	—			

苏州市区轮船业历年客运量统计表　　　　表9-33

年份	客运量（万人）	周转量（万人公里）	年份	客运量（万人）	周转量（万人公里）	年份	客运量（万人）	周转量（万人公里）
1951	4.00	318.3	1969	659.37	13 049.8	1987	213.5	16 604
1952	20.15	699.2	1970	646.22	11 604.8	1988	196.4	15 746
1953	31.90	1 191.9	1971	640.02	11 604.3	1989	166.6	14 376
1954	18.57	701.0	1972	675.14	12 604.8	1990	141.3	12 787
1955	37.32	1 284.9	1973	732.92	13 847.3	1991	122.3	11 318
1956	302.96	6 712.8	1974	722.53	14 020.6	1992	109.1	10 682
1957	356.13	8 261	1975	752.83	14 569.5	1993	74.4	8 258
1958	361.59	8 082.4	1976	765.79	15 306.2	1994	57.7	8 115
1959	385.98	8 770.4	1977	765.01	15 230.8	1995	45.2	7 696
1960	505.54	12 942.9	1978	745.10	14 954.9	1996	31.5	4 107
1961	586.95	16 218.5	1979	745.46	17 023.47	1997	23.1	3 113
1962	585.23	15 588.5	1980	718.46	20 774.8	1998	15.9	2 282
1963	395.06	11 388.6	1981	703.60	23 347.4	1999	11.9	1 790
1964	362.44	8 827.4	1982	636.07	24 299.3	2000	9.3	1 356
1965	356.86	3 936.8	1983	475.63	20 493.4	2001	7.9	1 088
1966	439.50	9 770.7	1984	405.60	21 822.9	2002	5.9	839
1967	623.37	12 535.8	1985	342.91	21 764.4	2003	3.1	489
1968	658.54	13 005.6	1986	—	—	2004	3.1	—

九、苏州市航运公司（集体所有制）

该公司为解放初期由个体木帆船组织的木船社组建而成。1951年7月，在核定个体木船所有权和载重量的基础上，苏州市先后成立了5个木帆船联营社,1952年9月联营社撤销,依船的类型组建8个大组,由船管部门直接管理,管理木船944艘、1.53万吨位。1953年3月,在水上全面开展民主改革运动,先后经民主改革的运输船1 124艘、杂船1215艘、渔船11 135艘、机动船43艘,这为后来进行社会主义改造奠定了基础。1956年1月,苏州市区首批木帆船1 113户建立起9个初级合作社,1957~1958年又先后建立2个初级社和1个航船初级社。1958年7月,11个初级社和船舶社归并成3个高级社和1个航船初级社。入社人数8 224人,入社船只1 380艘、22 197.65吨。

1959年7月,苏州市航运公司成立,下属的3个高级社改为3个营业站,以及1个单独核算的航船站。后又陆续建立浒关站、西山站及木渎航船站。1962年航运公司改为航运联社,各基层营业站划分为8个合作社,单独经营、自负盈亏。1970年9月,重建航运公司,统一经营。下设2个营业站和1个船舶修造厂。有职工3 945人,拖轮32艘、1980马力,拖驳232艘、85 705吨位,自航船715艘、9 160吨位。在拖驳中,钢质船12艘、768吨位,水泥质船22艘、964吨位。至1985年,货运船舶合计767艘、5612马力、31 611吨位。

苏州市航运公司,在各个历史时期大约承担了全市货物运输量的70%,品种以砂石、煤炭、石油为主。自建立合作社以后,逐步向机械拖带化发展,至20世纪70年代末,木帆船运输已全部实现轮船拖带化运输方式。1979~1985年,矿建材料运量每年平均占总运量的25.34%,煤炭、石油占30.2%,工业原料占27.05%。省内物资以疏通港站为主,苏州火车站的货物运输,每年通过水运的占总运量的81.38%,其中航运公司承担60%以上。

2003年企业进行改制,将5个船队6 000吨位,交新建的新苏航运有限公司无偿使用,原有人员进行分流安置。新公司开业后业务仍以砂石建材运输为主,由于船少质差,市场竞争能力很弱,处于维持状态。

苏州市航运公司历年货运情况见表9-34。

苏州市航运公司历年货运量统计表 表9-34

年份	货运量（万吨）	周转量（万吨公里）	年份	货运量（万吨）	周转量（万吨公里）	年份	货运量（万吨）	周转量（万吨公里）
1951	25.04	767	1969	194.36	11 592.2	1987	374.1	22 692
1952	50.00	1 509	1970	221.87	11 991.6	1988	360.6	31 672
1953	57.00	1 875	1971	266.69	12 498.5	1989	324.8	28 716
1954	69.00	2 587	1972	300.94	15 385.4	1990	286.2	22 491
1955	54.00	2 006	1973	340.70	17 809.2	1991	275.3	21 246
1956	92.00	4 043	1974	340.66	19 338.9	1992	268	23 077
1957	127.00	5 688	1975	360.40	20 109.7	1993	251.9	20 570
1958	169.00	7 579	1976	367.96	18 262.7	1994	216.4	17 939
1959	308.00	11 928	1977	385.58	18 410.4	1995	149	14 398
1960	390.00	11 814	1978	403.91	21 686.1	1996	89.8	11 424
1961	234.00	7 679	1979	397.61	22 865.4	1997	64.1	8 513
1962	172.00	7 034	1980	395.87	23 302.8	1998	64.5	8 495
1963	165.00	7 620	1981	363.49	23 412.0	1999	73.7	9 829
1964	205.00	9 157	1982	375.37	25 819.9	2000	79.5	9 600
1965	245.00	10 497	1983	376.67	26 176.0	2001	72.2	9 230
1966	236.69	10 669.8	1984	385.17	27 803.3	2002	45	6 615
1967	113.65	7 699.4	1985	369.10	29 029.4	2003	35.6	5 022
1968	154.98	9 190.6	1986	381.69	32 044.4	—	（企业改制）	

第十章 机构管理

隋代以前水利置专司,设职官主管河道修防。隋唐以后,河道、漕运始分设官员管辖。宋元沿袭旧制。元在海运漕粮成功后,设行泉府司专领海运。下设运粮万户府,后又分设千户所,漕运江南粮。明景泰年间设总督漕运都御史与运粮总兵官共领漕政,兼管河务。迨至嘉靖年间,为防倭寇侵扰,改总督漕运兼提督军务。清代,河道与漕运以分治为主,及至道光年间,苏、松、常、镇、太四府一州漕粮改从海运,光绪后期漕运罢停,职官裁撤,清政府在邮传部内设船政司主管全国航政。

民国时期,交通部先后设航政司、航政局。江苏省亦曾设置航政局,后裁撤,改由省建设厅管理。江南地区在苏州初设江南水利局,后改为督办苏浙太湖水利工程局、太湖流域水利工程处、太湖流域水利委员会主管水利。

中华人民共和国成立后,京杭运河苏南段实行沿线专区、市、县交通与水利分管。交通内部20世纪60年代由省交通厅航运管理局或交通运输管理局管理,1960年成立省厅工程局统管航道和公路建设、养护、管理。1988年,省厅运输处、工程局撤销,相继分设公路、航务(道)、海事、运管局。京杭运河苏南段实行条块结合,由省、市、县三级按航道、海事、运管行业分别管理。2005年11月,江苏省港口管理局建立,苏南运河沿线港口由运管局划归港口局管理。

第一节 机 构

一、古近代机构

古代河道治理，秦时中央设大司空，各地设置都水长、丞等职官，分别主管河道疏浚、灌溉及堤防修筑守护等事宜。汉代中央设大司农，兼管全国水利、航运事项。汉武帝时，专设水衡都尉，内设上林、均输、楫棹、水司空、都水、农仓等职官。水司空、都水主管水利、河道工程，后改称都水使者，下设都水长、丞。东汉时都水使者改称河堤谒者，下设都水参军分管水利修防事宜。及至隋唐时期，随着政治经济形势的变化，漕运兴起，水利和漕运则分别设置官员管辖。隋代设都水台，有使者及丞二人，大业三年(607)都水监改称使者，下设舟楫、河渠二署，分管漕运和水利。唐初，国用尚简，官府设置比较简单，每年由江淮地区运入关中的粮米不过一二十万石左右，以后"国用渐广，每年陕洛漕运数倍于前支犹不给"。粮食的需求量大幅度增加，原沿袭隋代设置的舟楫署，已难承担南粮北运的繁重任务。开元二十一年(733)，朝议改善漕政，由京兆尹裴耀卿兼任江淮、河南转运都使，具体主持整顿漕事，以充实关中物资。开元二十四年裁撤。以后全国财赋"权移池官"，设置转运使、租庸使、盐铁使等职官分掌国家财赋、漕运大权，"随事立名，沿革不一"。至唐末的170多年间，曾主持发运、转运的朝廷大员多达近60人次，更迭频繁，运法多变，其中虽有不少对漕运有所建树的名臣，如裴耀卿、刘晏等，但终未能形成完善的管理制度和管理体系。

宋代水利河防事务归工部总管，下设水部等四司，水部设水部郎中、员外郎各一人具体负责掌管。嘉祐三年(1058)始设都水监，置判监事一人、同判监事一人，元丰时改称使者，具体掌管川泽河渠、津梁、堤堰疏凿浚治之事。崇宁元年(1102)，增设提举淮浙澳闸司官一员，掌管杭州至扬州瓜洲澳闸，凡常、润、杭、秀、扬州新旧等闸通治之。漕运管理，宋代仍沿用唐代旧制，由大臣领发运使、转运使等要职，督饬地方政府如限完成粮谷征集、发运任务，并明确“六路所供之租庸各输于真楚度支，所用之数悉集于京师。以发运司总其纲条，以转运使斡其岁入。”

元代水利河防仍沿袭宋制，设都水监掌管全国水利河防事务。漕粮试行海运取得成功后，其管理机构较为完备，按接运和海运两个系统，于至元十九年(1282)立京畿、江淮都漕运司，漕运江南粮，各地置分司，催督纲运；至元二十四年设行泉府司专领海运，下设四个万户府：都漕运海船上万户府，平江等处运粮万户府，孛兰奚等海道运粮万户府，彻彻都等海道运粮万户府。大德七年(1303)万户府并而为一，按地区划分驻地设置千户所十一处，至大四年(1311)千户所并为七处，其中温台所、庆绍所和杭嘉所分别设置于温州、宁波和杭州，其余松江嘉定所、昆山崇明所、常熟江阴所及平江香莎糯千户所都设于平江(今苏州)。万户府亦设于平江。泰定三年(1326)春，置都水庸田司于松江，掌管江南河渠水利。

明初，河防水利属工部都水司分管，由所属郎中、主事等官员分段管理河道、闸、洪的修防事务，兴大役时则另派朝廷大员专管。永乐九年(1411)曾遣尚书治河，自后间遣侍郎、都御史任其事。永乐十五年设漕运总兵官负责漕运，并兼管河道。景泰二年(1451)设总督漕运都御史与运粮总兵官共领漕政，并兼管河务。在此期间，有时是漕臣兼管河道，有时又是河官兼管漕政。漕务、河道、兵备三者之间每多牵扯，自后分合颇多。成化七年(1471)始设总督河道，并规定管河官员专理河道，不得别遣，涉及河道管理的公务他官亦不得干预。迨至嘉靖年间以倭警，改总督漕运兼提督军务，万历七年(1579)又加兼管河道，江苏苏、常、镇三府运河又划由苏松兵备副使负责修防事务。

清代，河道与漕运以分治为主。河道总督原驻山东济宁，后改驻江苏清江浦，下分道、厅、汛三级，按文武职官分别构成相应的系统负责河道的修防事务，沿河州县设河厅，职官为同知、通判，厅下设汛，职官为县丞、主簿。雍正七年（1729），改设直隶、河东、江南三河道总督。苏皖境内黄、淮、运三河归江南河道总督分管，亦称南河。武职则以绿营兵组建河营，按军伍编制，亦属南河总督管辖。清初，设漕运总督1人驻扎淮安（今楚州），各省设粮道职掌漕务。江南设江安、苏松粮道，江安粮道驻江宁，苏松粮道驻常熟，其余粮道亦各分驻所在地省城。粮道下设监兑、领运、押运等官各司其职。漕运总督的职责是掌管佥选运弁、修造漕船、兑运开帮、过淮盘掣、催督重运、查验回空、核勘漂流、督催漕欠等；粮道的职责是掌管本省粮储，统辖所属军卫，遴委漕粮领运随帮官员等。咸丰五年（1855）因黄河北徙，南河总督裁撤。道光年间江苏苏、松、常、镇、太四府一州的漕粮相继改从海道运抵天津，不再经由内河转运。光绪二十七年（1901）漕粮相继改征折色，漕运停止，漕运总督一职亦于光绪三十年裁撤。至此，历经千年由京杭运河官运漕粮的历史宣告结束。

河道、漕运总督裁撤后，光绪三十二年（1906），始设专管交通航政的机构，在邮传部内设船政司主管全国航政，包括航务调查、航路开通、航业推广、章程审核、船会管理以及船舶检查等事项。但实际上由于清政府被迫与列强签订的一系列不平等条约，我国的航权多为外国人所控制，机构形同虚设，政令难以执行。

民国时期，交通部先后设有航政司、航政局。民国20年（1931），上海航政局成立，从原由外国人控制的海关理船厅辖权内收回航业监督、船舶查验、船员考试、航路浚治等航权。在此期间，江苏省亦曾设置航政局，旋又撤销，改由江苏省建设厅第一科管理水利工程及水道交通事项。江南地区的河道管理机构，于民国3年由江苏巡按使韩国钧筹设江南水利局，主管江宁等28个县市的河湖浚治。9年，江南水利局改组成立督办苏浙太湖水利工程局，主管江苏省23个县、浙江省16个县的河工水利，办公地址均设置于苏州。16

年工程局裁撤,另行成立太湖流域水利工程处,直属国民政府。18年又改组为太湖流域水利委员会。24年4月,改隶内政部,管辖太湖、东西苕溪、荆溪、黄浦江、娄江、七浦、白茆、杭镇运河以及与太湖有关的湖泊河流。办公地址仍设苏州。

历代水运职官设置见表10-1。

历代水运职官表 表10-1

职官 朝代	主管(或中央)机构及官员	分支(或地方)机构及官员	基层官员	河道守护、漕运防护官员
秦	司空	都水长、丞		
西汉	水衡都尉(楫櫂令、水司空、都水),都水使者	都水长、丞	河堤员吏;将漕县令	护漕都尉
东汉	都水使者,河堤谒者	都水参军	河堤员吏	
三国	(魏)水衡都尉,河堤谒者;水部郎(魏)监运谏议大夫	(魏)都水参军		
晋	水部郎;都水台,都水使者	都水参军,河堤谒者;监运大中大夫,监运御史	护漕掾	中郎将
宋、齐、梁、陈	水部郎;都水使者;大舟卿	都水参军 河堤谒者		
北魏	水部郎中;都水使者	都水参军 河堤谒者		
北齐	水部郎中;都水台,都水使者	都水参军	船局,都津尉	
后周	司水中大夫	小司水,小司舟		
隋	水部郎;都水台使者,都水监,少监	舟楫署令、丞、河梁署令、丞;都水参军,河堤谒者		

续上表

职官 / 朝代	主管(或中央)机构及官员	分支(或地方)机构及官员	基层官员	河道守护、漕运防护官员
唐	水部郎中,司水郎中;司津监,都水监,水衡监;诸路转运使;水陆发运使;市舶司	河渠令、丞,舟楫署令、丞;河堤使者,河堤谒者;转运留后,分巡院官	渠长,斗门长	
五代	(周)都水监			
宋	水部郎中;提举河渠司;都水监,外监;都转运使,发运使;市舶司	堤岸司,河堤判官;诸路转运使;转运判官兼都水事;押运知州、通判	监埽官	督运三班使臣;军大将殿侍
辽	都水监	诸路转运使		
金	都水监,分治监;漕运司提举,都转运使;纠察漕运监察御使	都巡河官,分治监巡河官,府州长,贰提举河防;诸路转运使	押纲官	押递监运诸物公使
元	都水监,行都水监;总治河防使;都漕运使;漕运万户府;市舶司	河道提举司,河防提举司;沿河州县兼管河防;海运千户所;运粮千户所	押纲官	海道巡防官
明	都水清吏司郎中;总督河道都御使;漕运总兵官,漕运总督;巡漕御史;市舶司	管河郎中,管河副使;管河知州、知县;督粮道;监兑主事	闸官,坝官	督运参将,运粮把总、指挥
清	都水清吏司郎中;河道总督;总督漕运;理船厅;总营造司;邮传部船政司	河库道,河道,管河同知通判;督粮道,监兑同知、通判	闸官	河标副将,河营参将;漕标副将,领运守备
民国	交通部航政司;各航政局	各航政局办事处		

注:引自魏启宇《交通史学与海洋文化研究》。

二、当代机构

解放初期，苏南各地军管会分别设临时性的船舶管理机构，主要工作在接管、支前与复航三方面。1949 年 6 月 2 日，苏南人民行政公署交通运输管理局在无锡成立，将无锡市临时船舶管理委员会改组为航政科，隶属于苏南人民行政公署交通运输管理局。7 月以后，行署又先后在苏州、常州、镇江、松江等地设置航政办事处，办理具体业务。1950 年 5 月机关整编后，苏南行署交通运输管理局改为行署交通处。1952 年 4 月 22 日又将各专区、市航政办事处改为航政管理处。苏南行署交通处组织机构见图 10-1。

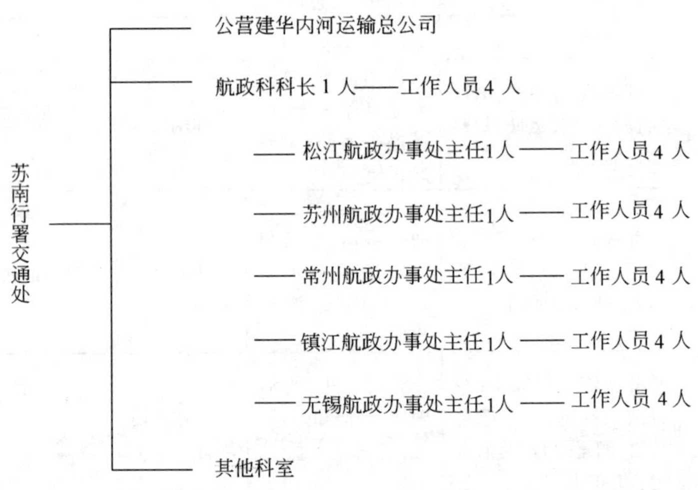

图 10-1　苏南行署交通处组织机构系统图

（摘自《华东内河航务概况》）

1953 年 1 月，苏南、苏北与南京市合并组建成江苏省，设江苏省交通厅。7 月江苏省交通厅航运管理局成立，全省各专区、市、县也相继设立交通运输管理局（科）。全省交通系统实行“统一领导，分级管理”，各级交通部门受当地人民政府和上级业务主管部门的双重领导。1956年8月,实行水陆分管,省交通厅划分为交通、航运两厅,撤销原交通厅航运管理局,明确规定省、专区、市、县分工管理和养护航道的职责。1958年2月,江苏省交通厅、航运厅重新合并为江苏省交通厅。1960年3月,在省厅内设置航运、工程、民航等专业局。航运局负责内河水上运输的行政管理、港闸管理、航道养护、港航监督等,并直接管理省属航运企业。

1960年11月12日,中共江苏省委批准省水利厅、交通厅党组《关于船闸管理问题的报告》,京杭运河沿线船闸及其他内河部分船闸由水利厅划归交通厅管理。

1962年,全省成立镇江、淮阴、盐城、扬州、南通、苏州、无锡7个航道养护段,属省厅工程局归口管理,负责全省船闸、航道管理工作。

"文化大革命"期间,交通运输管理受到巨大的冲击。1967年,省交通厅实行军管,1969年,省交通厅改组为省革命委员会交通局。1972年、1975年曾两次对交通进行整顿,使港航秩序得到一定的恢复,港口、航道建设等都有所发展。1978年12月中共十一届三中全会后,各项工作转入正常。

1980年4月恢复省交通厅建制,恢复各级管理机构,建立和修订各项规章制度,贯彻改革开放、放宽搞活的方针,实行政企分开,简政放权,理顺关系,搞活运输,加强交通运输行政管理。大规模整治京杭运河苏北段和苏南段市河,提高航道等级。1983年、1985年,省交通厅进一步调整充实内部机构、完善交通运输、港航监督、航道港口管理体系,转变管理方式,实行宏观调控,从抓国营企业转向对全行业的管理,从抓生产转向行政和法规管理,多方筹集资金,兴办航道、港口等交通基础设施建设。

1988年7月23日,省编制委员会批复省交通厅,同意撤销江苏省交通厅运输处,成立省交通厅运输管理局,撤销江苏省交通厅工程管理局,分别建立省交通厅航务局、公路局,同时成立京杭运河江苏省交通厅航务管理局,与省交通厅航务局合署办公,实行省与交通部双重领导,以省管为主的体制。

1993 年 2 月 12 日,省编委批复省交通厅,同意省交通厅航务局更名为江苏省交通厅航道局。

2000 年 11 月 1 日,省政府办公厅在关于印发江苏省交通厅职能配置内设机构和人员编制规定中,进一步明确了省交通厅航道局的职能。

水上安全管理,自 20 世纪 50 年代起,均由省、市、县交通主管部门所设港航监督(安全监督、交通监理)部门负责。1987 年道路交通安全移交公安部门管理后,成立江苏省交通厅港航监督局,市、县交通局也建立相应的港航监督机构。2000 年 7 月,随着全国水上交通安全监督体制改革,省局更名为江苏省地方海事局,市、县原港航监督机构也同时更名。

为加强全省港口建设和管理,2005 年 11 月成立江苏省港口管理局,统管全省沿海、沿江和内河港口规划建设和管理工作。各有关市也先后建立相应的管理机构。

为保障江苏省内河(长江除外)水上交通安全,有效地开展水上搜索救助工作,2005 年 9 月 26 日,江苏省水上搜救中心内河分中心在南京成立。

京杭运河苏南段,现由所在市、县(区)交通主管部门属地管理,同时由江苏省交通厅航道局、江苏省地方海事局、江苏省交通厅运管局、江苏省港口管理局分别实行有关行业管理工作。各级管理机构见图 10-2。

(一)航道管理机构

1. 江苏省交通厅航道局、京杭运河江苏省交通厅航务管理局

江苏省交通厅航道局原为江苏省交通厅航务局,与京杭运河江苏省交通厅航务管理局同时成立于 1988 年 7 月,两局合署办公。1993 年 2 月省航务局更名。省航道局在江苏省交通厅领导下,负责

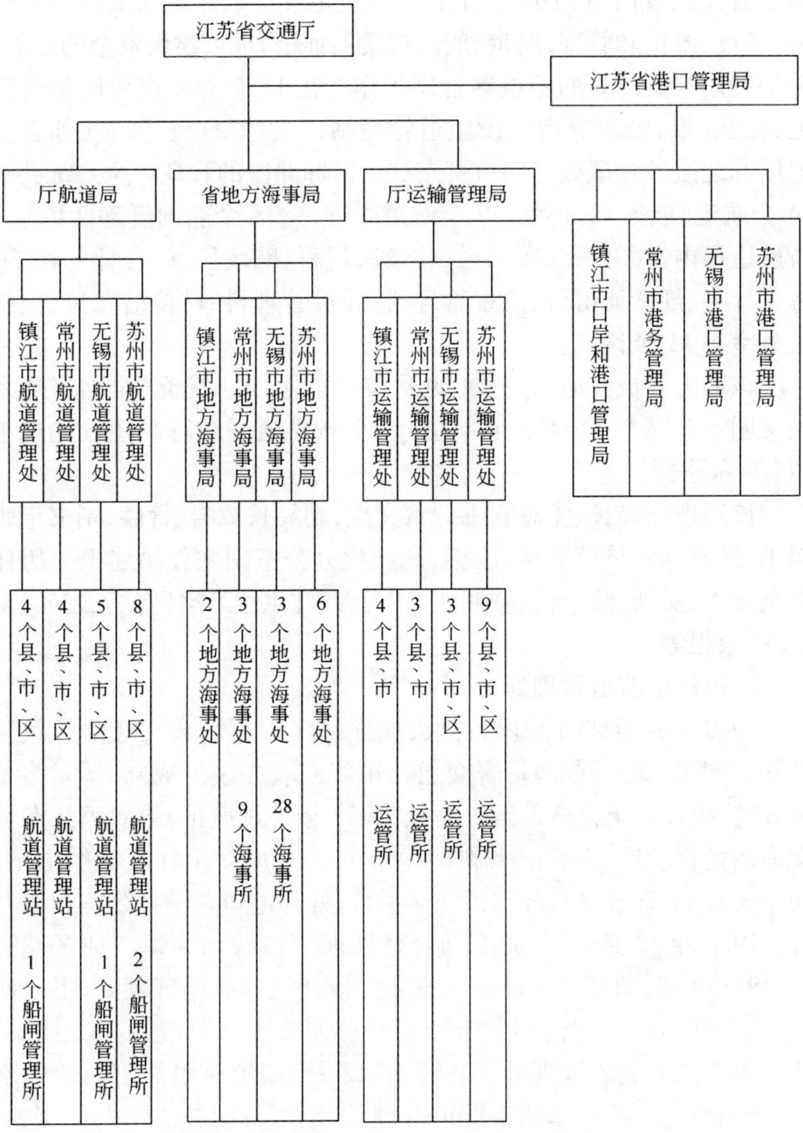

- 江苏省交通厅
  - 厅航道局
    - 镇江市航道管理处
      - 4个县、市、区 航道管理站 1个船闸管理所
    - 常州市航道管理处
      - 4个县、市、区 航道管理站
    - 无锡市航道管理处
      - 5个县、市、区 航道管理站 1个船闸管理所
    - 苏州市航道管理处
      - 8个县、市、区 航道管理站 2个船闸管理所
  - 省地方海事局
    - 镇江市地方海事局
      - 2个地方海事处
    - 常州市地方海事局
      - 3个地方海事处 9个海事所
    - 无锡市地方海事局
      - 3个地方海事处 28个海事所
    - 苏州市地方海事局
      - 6个地方海事处
  - 厅运输管理局
    - 镇江市运输管理处
      - 4个县、市 运管所
    - 常州市运输管理处
      - 3个县、市 运管所
    - 无锡市运输管理处
      - 3个县、市、区 运管所
    - 苏州市运输管理处
      - 9个县、市、区 运管所
  - 江苏省港口管理局
    - 镇江市口岸和港口管理局
    - 常州市港务管理局
    - 无锡市港口管理局
    - 苏州市港口管理局

图 10-2　京杭运河苏南段管理机构系统图

航道管理法规的贯彻执行,全省内河航道和交通系统所属船闸的规划、建设、维护和管理,航道、船闸规费的征稽,重点建设资金的筹集,养护费用收支计划的编报等管理工作。在13个省辖市设航道管理处,在县(市)及部分市区设航道管理站,并设置京杭运河江苏省交通厅苏北航务管理处专门负责京杭运河苏北段的管理。全系统共有14个航道(航务)管理处、79个航道管理站、38个船闸管理所(处)。省航道局内设办公室、政工科、政策法规科、航政科、综合计划科、财务审计科、规费征稽科、工程管理科、养护管理科、科技信息科、纪检监察室等11个科室。

该局先后被交通部、省文明委和交通厅分别授予"全国交通系统文明行业"、"江苏省文明单位"、"全省交通系统行风建设先进单位"等称号。

该局现任局长、党总支书记董文虎,副局长黄岩、管胜,副书记张鸿飞,助理调研员孙宝林、王鹏,局纪检办公室副主任姚建卫。历任局负责人:潘新、陆维让、张明明、王元春、沈洪生、李怀宝、王建元、夏炜、顾泉根等。

2. 镇江市航道管理处

1949年4月23日镇江解放,成立镇江市军管会交通部航政管理处。同年10月,苏南行署交通处镇江航政办事处成立,1950年3月,改为镇江专员公署航运管理处,1953年5月撤销,成立镇江专署交通运输管理局,内设航务科。1962年3月成立镇江直属航道站,同年8月17日成立江苏省镇江航道段,并与港口整治办公室合署办公。1970年12月,江苏省交通厅镇江航道段改名为镇江地区航道段,1978年底,镇江地区航道段改名为镇江地区航道管理处,下设四科一室。1983年4月,因实行市管县体制改革,镇江地区航道管理处改为镇江市航政管理处。1987年12月,撤销原镇江市航政管理处,分别成立江苏省镇江市航道管理处、镇江市港航监督处,其港航监督职能划归新建立的镇江市港航监督处负责。

江苏省镇江市航道管理处为副县级全民事业单位，受镇江市交通局和江苏省交通厅航道局的双重领导，下辖江苏省谏壁船闸管理所、镇江市航道管理站，并对丹徒区航道管理处、丹阳市航道管理处、句容市航道管理处在业务上进行领导。内设6科2室，人员总编制221人。负责辖区内航道和船闸管理工作。

该处先后被评为“镇江市文明单位”、“江苏省文明行业”，处党委被市委组织部评为“先进基层党组织”，所属谏壁船闸和各航道管理单位全部建成省厅级“文明航道处（站、所）”和“镇江市文明单位”。

该处现任处长、党委副书记张庆，党委书记、副处长丁竟，副处长巫天明、赵苏庆，副书记兼纪委书记钱同耈，工会主席周兴坛。历任处负责人：孙美义、傅启国、朱庆明、钱忠信、田家茂、窦汉卿、刘秉仁、陶慎均、蔡起适、潘忠兴、姚坤兴、包智生、吴长祥、吴金标等。

3. 常州市航道管理处

1949年4月23日常州解放。5月1日，在军管会生产建设处内设船舶管理处。同年8月，苏南行政公署交通处常州航政办事处成立，1951年2月改为常州专员公署航运管理处。1953年，航运管理处与常州专员公署同时撤销，成立常州市航运办事处，同年12月更名为常州市政府航运管理处。1956年5月改为航运管理局，1957年7月又撤销航管局设常州市航运管理处，8月撤销航运管理处设常州市航运管理所。1965年2月，常州市港务管理处成立，内设港航管理科。1971年12月常州市车船管理所成立，1975年改为车船监理所。1978年11月12日，撤销车船监理所，成立江苏省常州市航政管理处，1983年实行市管县，1988年更名为常州市航道管理处，内设6个科室。下辖金坛、溧阳和市区航道站，全处总编制255人。负责辖区内航道的管理工作。

该处曾先后被省委、省政府授予“江苏省苏南运河整治工程建设有功单位”，“1999～2000年度江苏省文明行业”，2002年江苏省总工会授予“江苏省五一劳动奖状”荣誉称号。

该处现任处长虞国俊，副处长季晓明、张铁新、马恒，书记助理芮小锋。历任处负责人：周洪法、马祥福、唐友金、陈斐、周伯瑜、汪缘昌、吴尚达、宗焕生、鞠小坤、薛恒春、范善华、蒋启明、杨清明、董春法、李孝民、常全根、王博铭、景龙明、徐佐仁、白仲官、唐凤等。

4. 无锡市航道管理处

1949 年无锡解放后，市交通局内设路航科，负责全市航道的疏浚清障打捞、航标管理养护。1962 年，成立江苏省无锡市航道段。1964 年，撤销航道段，改为航养队。1971 年，成立江苏省无锡市车船监理所。1978 年，成立江苏省无锡市航政管理所。1983 年，成立江苏省无锡市航政管理处。1987 年更名为无锡市航道管理处，内设 7 个科室。下辖宜兴、江阴、锡山、惠山和市区 5 个航道管理处(站)和江阴船闸管理所。现有职工 311 人，负责辖区内航道及船闸的管理工作。

该处曾先后获得“无锡市文明行业示范窗口”、“江苏省交通系统文明行业”、“无锡市文明单位”、“江苏省文明单位”等荣誉称号，下辖的市区站被评为“全国航道系统先进集体”。

该处现任处长王国新，书记陆锡良，副处长张建军，调研员薛福根。历任处负责人：薛善英、季伯兴、卜宗柱、黄秋林、何锦芳、李仁彦、王强、朱鹏、陆国平等。

5. 苏州市航道管理处

1963 年，江苏省交通厅无锡航道段苏州航道站撤销，成立江苏省交通厅苏州航道管理段；1969 年撤销苏州航道段，成立交通运输服务站；1970 年初，公路、航道合并成立交通局工程队；1974 年撤销交通局工程队，恢复苏州航道段，各县成立航道站；1979 年 2 月 17 日原苏州地区航道段改为苏州地区航道管理处；1983 年 4 月 1 日，地市合并后，成立江苏省苏州市航政管理处；1988 年 3 月更名为苏州市航道管理处，内设 9 个科室，下辖吴江、昆山、常熟、张家港、太仓和吴中、相城、市区等5市3区8个航道管理站及张家港、虞山2个船闸管理所。现有职工553人,负责全市航道及船闸的管理工作。

多年来,该处先后被江苏省委省政府、省交通厅、苏州市政府表彰为苏南运河整治工程建设有功单位,省交通系统建功立业有功单位、创建文明子行业先进单位,苏州市文明单位等。

该处现任处长刘社,副处长侯建华、董仲林、丁志农,副书记高志法。历任处负责人:孙文琪、王裕才、金学洪、辛春林、任俊培、宣达成、王银川、戎炳康、崔振灵、周鼎、李宗唐、陆大男、张云等。

(二)地方海事管理机构

1949年4~5月,苏南各地先后解放,原镇江航政办事处由镇江市军管会接管,后移交苏南行政公署交通运输管理局领导,改设为镇江专区航政办事处。同年6月,苏南行署设交通局(处),内设航政科分管船舶考核、海事处理等工作,各专署设航政办事处,并设监理股、航行检查站等航政基层管理组织。

1953年初,江苏省交通厅设航政科,分管全省航政。7月,成立江苏省航运管理局,负责水上港航管理。1956年,实行水陆分管,分设交通、航运两厅,省航运管理局撤销,在航运厅内设港航监督处,各地相应成立航运局,内设港航监督科。1958年,交通、航运两厅合并为交通厅,安全工作由厅运输处分管。

1961年12月,在省交通厅内增设安全监督处,各地(市)交通局亦先后设安全监督科(股),有的对外称车船监理处(所)。1963年5月,江苏省交通厅撤销航运局和公路运输管理局,成立交通厅运输管理局,水陆安全又复归运输局管理。

1967年,江苏省交通厅及各地交通局实行军管。1978年,省交通局恢复设立安全监督处。

1979年,全国地方交通安全工作会议明确规定:省交通厅(局)设交通安全监督处,地区、市设交通监理所(分局)和航政所,县(市)设交通监理站(所)和航政站。

1986 年，江苏省编制委员会核定省安全监督处(局)、市县监理处、所的编制总数为 2 800 人，其中水上定编 1 082 人。

同年，国务院决定，全国城乡道路交通安全统一由公安部门负责管理。道路交通安全划出后，省交通厅安全监督处改称为水上安全监督局。1987 年 6 月，根据国务院颁发的《中华人民共和国内河交通安全管理条例》，统一水上交通安全监理机构名称为“港航监督”的规定，全省各级港航监理机构名称统一改称为江苏省交通厅港航监督局及市(县)港航监督处(所)。

2001 年 7 月 16 日，根据国务院办公厅《关于颁发交通部水上安全监督管理体制实施方案的通知》精神，经江苏省政府办公厅批准，江苏省交通厅港航监督局及各市(县)港航监督处(所)更名为江苏省地方海事局及各市(县)地方海事局(处)，与船舶检验局(处)合署办公。

1. 江苏省地方海事局

江苏省地方海事局在省交通厅领导下，依照法律法规授权，负责交通部直管的长江干线和沿海以外的江苏其他通航水域的水上安全监督、交通事故处理、船舶登记、船员管理、防治船舶污染、船舶及船舶设施检验和通航保障等行政执法职能。在全省设立 13 个市地方海事局和 62 个县(市、区)地方海事处，124 个海事所。局内设办公室、政策法规科、政工科、财务装备科、航行监督科、船务管理科和船舶检验科、科技信息化办公室、指挥调度科等 9 个科室。拥有海事巡逻艇 296 艘、摩托艇 230 艘，无线电台 900 余台，并在京杭运河苏南段等船舶流量密集河段建立雷达电视监控系统。

该局曾先后被中央文明委、人事部、交通部、省委省政府和省文明委授予“全国创建文明行业工作先进单位”、“全国交通系统先进集体”、“江苏省文明单位”等荣誉称号。

该局现任局长童小田，副局长侯建宇、孙家杰，助理调研员王樟木。历任局领导班子成员：顾一宝、金勤、包国齐、王昌保、方建华、梅正荣等。

2. 镇江市地方海事局

镇江市地方海事局是镇江市交通局主管全市内河水上交通安全监督管理的职能部门。其前身为成立于1988年7月的江苏省镇江市港航监督处、江苏省镇江市船舶检验处,2001年7月水上交通安全监督管理体制改革后统一更名,和镇江市船舶检验局实行合署办公。现有海事行政执法人员50人,内设6个科室,下辖城区地方海事处和丹阳市地方海事处。

该局先后被江苏省交通厅授予“1999~2000年度江苏省交通系统创建文明子行业工作先进行业”,被江苏省委、省政府授予“1999~2000年度江苏省文明行业”、“2001~2002年度江苏省文明单位标兵”,被交通部授予“全国海事系统文明达标单位”等荣誉称号。

该局现任局长赵永富,书记陈定国,副局长刘伟、史建中,助理调研员包智生。历任负责人:王志炼、王以宽、叶振泽、周镇、部大浩等。

3. 常州市地方海事局

常州市地方海事局原名常州市港航监督处,成立于1988年,2001年更名为现名,与常州市船舶检验局合署办公。内设8个科室(中心),有职工153人。下辖溧阳、金坛和市区3个地方海事处和9个海事所。

该局曾先后被国家人事部、交通部授予“全国交通系统先进集体”、交通部首批“全国海事系统文明达标单位”等荣誉称号。

该局现任局长叶军,书记朱崇武,副局长孙剑安、梁晋。历任负责人:吴尚达、姚寿方、顾惠明、王留云等。

4. 无锡市地方海事局

无锡市地方海事局原为无锡市港航监督处,成立于1987年底,2001年6月更名为现名,与船舶检验处合署办公,内设6个科室,下辖江阴、宜兴及市区3个地方海事处、28个海事所,人员编制

272 人。

该局曾荣获省交通厅、交通部授予“文明港监处”和“全国海事系统文明达标单位”等荣誉称号。

该局现任局长季伯兴,副局长陈伟文、华锦伟,党支部副书记邵宇,调研员浦伯良、徐晋培、徐俊荣、吴祖涛。历任负责人:何锦芳、卜宗柱、钱德明、徐天南等。

5. 苏州市地方海事局

苏州市港航监督处成立于 1987 年,2001 年更名为苏州市地方海事局,与苏州市船舶检验局合署办公,内设 7 个科室和一个直属海事处,下辖吴江、昆山、太仓、常熟、张家港和城区 6 个地方海事处。

该局现任局长万凑水,副局长徐世俊、王立社、宋建平、吴红、赵志良。历任负责人:王银川、任俊培、陆大男等。

(三)运输管理机构

1. 江苏省交通厅运输管理局

江苏省交通厅运输管理局成立于 1988 年 12 月,受江苏省交通厅委托,负责全省道路、水路运输行业管理,培育和管理全省道路、水路客运市场、货运市场、搬运装卸市场、运输服务市场、汽车维修市场,对全省车辆技术、机动车驾驶学校和驾驶员培训、汽车综合性能检测站、汽车站、营业性停车场实行行业管理。全省设有 20 个市级运输(维修、航管)管理处和运政稽查支队,135 个县(市)级运管(维修、航管)所及稽查队。局内设办公室、政工科、政策与法规科、财务装备科、客运管理科、货运管理科、车辆科、稽查科、省高速公路运政稽查支队等 9 个科室单位。

该局现任局长汪学君,副书记陶绮宁,副局长周体光、鲍学训,助理调研员潘建兵。历任局负责人:陆维让、李国凯、吴锦昌、顾泉根、汪祝君、梅正荣等。

2. 镇江市运输管理处

镇江市运输管理处成立于 1983 年,是具有行政执法职能的运输管理机构。负责对丹阳、句容、扬中和丹徒4个运管处实施行业管理,处内设8科1室1所,有管理人员88人。

该处先后被交通部命名为全国交通系统“文明示范窗口”,被人事部和交通部授予全国交通系统“先进集体”,被省文明委授予“江苏省文明单位”,被江苏省交通厅授予“十佳运政集体”等荣誉称号。

该处现任处长管小牧,书记谭才林,副处长陈学炼、汤雪、潘建跃、孙家涛。历任处党政主要负责人:连世兴、黄治中、谈大洋、周社、陈定国等。

3. 常州市运输管理处

1983年11月3日,经常州市人民政府批准成立。处内设9个科室,2005年末有在编人数94人。

该处曾先后荣获江苏省文明单位标兵、江苏省交通系统“十佳”运政集体、常州市文明单位标兵等称号。

该处现任处长景龙明,处党委书记吴树舫,副处长胡玉乾、沈大鹏、张雄、许晓枫。历任处负责人:姜来宝、朱腊根、蒋金荣、王卫东等。

4. 无锡市运输管理处

无锡市运输管理处成立于1983年,下辖江阴、宜兴和市区3个市(区)运管处,2个市(县)汽车维修行业管理处和2个市(县)稽查队。内设11个科、室、所,有职工119名。

该处先后荣获全国交通出租汽车客运管理先进单位,全国道路运输系统文明单位,全国交通系统先进集体,江苏省交通系统学习青岛港标兵单位,全省交通运政管理文明单位和文明交通道路稽查队等称号。

该处现任处长高定荣,副处长杨凤林、蒋兴武、华向阳、秦进伟,党总支书记顾振华。历任处负责人:焦东树、吴思鸿、唐修海、谢永章、丁建中、毛振德、薛军、徐伯良、张学朴、卢秀英、施增鑫等。

5. 苏州市运输管理处

苏州市运输管理处成立于1985年,下辖昆山、吴江、太仓、张家港、常熟和相城、吴中、高新经济开发区、工业园区等 9 个运管处(所)、12 个运政稽查大队。局内设 17 个科、室、所，有管理人员 131 人。

该处曾被交通部、苏州市委、市政府、省交通厅评为全国交通系统运政管理文明单位、江苏省文明单位、苏州市文明单位、省运政文明行业单位、省防汛抗洪先进集体。

该处现任处长胡鸿，副处长司伟志、顾兆义、徐孝义、童伟伦、卞建秋、戴泉华。历任处负责人：杨一鸣、朱建胜、吴泉源等。

(四)港口管理机构

1. 江苏省港口管理局

为理顺港口行政管理体制，促进港口发展，经江苏省人民政府同意，江苏省机构编制委员会于 2005 年 6 月 13 日以苏编[2005]10 号文批准成立江苏省港口管理局，为省交通厅内设副厅级机构，定编 12 人，统一实施对全省沿海、沿江和内河港口的行政管理，原由省交通厅有关机构承担的港口管理职能全部交由省港口管理局负责。

江苏省港口管理局于 2005 年 11 月正式挂牌。现任局长(兼任省交通厅副厅长)王昌保，副局长王元春。内设港口规划处(处长司马华炜)和港务管理处(处长周志林)。

2. 镇江市口岸和港口管理局

2003 年 6 月镇江港口体制改革，撤销了原政企合一的镇江港务管理局，分别成立镇江市港务管理局和镇江港口有限责任公司，实行政企分开。新组建的镇江港务管理局负责全市沿江港口的管理，市交通局负责内河、湖泊港口的管理。镇江港口有限责任公司，为国有独资企业，负责港口的业务经营。2004 年根据镇江市人民政府机构改革的实施意见，撤销市港务管理局及市口岸管理办公室，重新组建镇江市口岸和港口管理局，列入市政府工作部门，其主要职责是负责贯彻执行国家、省有关口岸和港口工作的方针、政策和法律法规，结合本地实际拟定实施办法并组织实施；按照全市社会经济发展和城市总体规划，负责编制和组织实施全市口岸开放规划、港口总体规划、年度计划；负责对全市沿江港口范围的岸线、陆域、水域等实施统一的行政管理等。内设7个职能处室：办公室、财务处、规划建设处、政策法规处、港务管理处、安全监督处、对外开放处。局长高国成，副局长周宁、张立、孙锡礼、戴永胜、倪成才。

3. 常州市港务管理局

经常州市机构编制委员会1997年8月30日以常编[1997]81号文批准，成立常州市港务管理局，和常州市交通局合署办公。市交通局常青局长、李林副局长，分别兼任市港务管理局正、副局长。内设综合处、港政业务管理处和安全技术处。行政编制16人，在市交通局机关已核定的行政编制内调剂解决。

4. 无锡市港口管理局

经无锡市机构编制委员会2003年5月27日以锡编(2003)7号文批准，在无锡市交通局增挂“无锡市港口管理局”牌子。无锡市人民政府以锡政人[2005]8号文，任命无锡市交通局局长顾韬、副局长王国新分别兼任无锡市港口管理局局长和副局长。内设港口处，统一负责沿江和内河港口的行政和行业管理。

5. 苏州市港口管理局

经苏州市机构编制委员会2002年9月24日以苏编发[2002]23号文批复，“苏州港务管理局”设在苏州市交通局内，合署办公。内设港口管理处、港政管理处，正科级建制，增加行政编制8名。2005年又决定将苏州港务管理局更名为“苏州市港口管理局”，统一实施对沿江和内河港口的行政和行业管理。市交通局局长陆留生和副局长严蔚峰分别兼任市港口管理局局长和副局长。

（五）水上搜救中心内河分中心

江苏省水上搜救中心内河分中心，成立于2005年9月。内河分中心指挥长潘永和，副指挥长李先友、陆贯一，成员有童小田、张登平、侯建宇、汪祝君、朱培德、朱学新、董文虎、梅正荣。下设办公室，负责分中心日常工作。办公室设在省地方海事局。办公室主任童小田,副主任侯建宇。

内河分中心主要职责:按照省政府和省水上搜救中心的要求,统一领导全省内河(长江除外)水上人命救助、船舶防抗灾害性天气以及防治船舶大面积污染和应急反应工作;统一组织、协调和指挥省内跨市范围以及重、特大水上交通事故及险情的搜救应急反应行动,做好与毗邻省(市)水上搜救的协调和配合工作,配合其他部门对其他水上安全事故实施搜救;组织建立和完善全省内河水上搜救应急反应保障体系,及时向省政府及省水上搜救中心汇报重特大内河交通事故及险情情况;制定并组织实施内河水上搜救应急预案、程序和工作制度,组织内河水上搜救演练,必要时向国家和省政府及省水上搜救中心请求救援;组织交流和推广内河水上搜救应急反应工作经验,表彰和奖励先进单位和个人;指导太湖、洪泽湖、骆马湖水上搜救中心工作。

第二节　管　　理

一、古近代运河管理

(一)古代服务漕运的运河管理

隋唐以后,运河管理是以保障漕运畅通为其主要目的,故朝廷委派总管的朝臣有时是漕臣兼管河道,有时又是总理河道兼理漕政,时合时分,更迭频繁。明成化七年(1471)设专职运河管理机构,总理河道专主黄河和运河的修防,漕运总督专管漕运。但后又废置,由工部的郎中、主事等分段管理河道、闸、泉、洪等,沿河地方官兼管河漕,府、州、县、卫各分设佐杂官吏分管河道。清嘉庆四年(1799)再次定江南河道总督衙门的分管事宜为:稽查各厅(江南河道总督所辖五厅)用存正杂料物;查勘筹办黄、运两河土埽工程;巡阅河营官兵;暂行委员署印及题参、咨参官员;题参武职疏防;年终甄别河员;奏报三汛安澜及漕运空重船只出入江境;据道详批各厅工料钱粮修造船只;河标营官兵俸饷、棚马奏销以及军装、甲械、河银考成;奏报黄、运、湖、河水势等。对漕运河道的管理,清初规定漕运河道遇有浅阻,要设法疏通,地方各官要随时疏浚,下埽束水,以济漕运。对河中石块木桩抵触粮艘,务于水落时沿途察看,悉行起除以清河路,倘办理疏忽,仍有起除不净等弊,要从重议处。对船闸管理也是三令五申,严格要求,确保运道畅通。清顺治二年(1645)规定,旗下军船不许零星过闸,非时启闭致妨漕运;七年复准,运河行舟,即使是进贡及装载官兵,亦不得擅自开闸;十三年复准,令河臣申明各闸启闭禁令,先放漕船,次放官船,又次放商民船,如有启闭不时,泄水误漕者指名题参。康熙四年(1665)又规定"通漕闸门的启闭操作程序,必须启报浮送。一应官民船只俱候启闭放行。至于鲜贡船只,在黄河水性骤长,黄水盛发时,亦令暂候,庶法行自近,河渠永有赖矣"。

(二)古代劳役管理

古代河道治理除设置管河官员和机构外,为了保证河道修防及时,漕运畅通,唐宋以来,常分别采用招募河夫或开江营兵等特有的形式分段进行维护和管理,除大型水利工程另行募集民工外,平时对闸坝管理,河道维护,均由上述专门队伍负责。宋嘉祐四年(1059)即效法吴越时(895~978)都水营田使招募士卒组织为都的做法,召置开江兵士,立吴江、常熟、昆山、城下四指挥,每指挥辖二百人,号曰"撩浅",亦称"撩浅指挥",分段执役。元符三年(1100)二月,诏令"苏、湖、秀州凡开治运河、港浦、沟渎,修垒堤岸,开置斗门等可役使开江兵卒"。崇宁四年(1105)苏湖秀三州开江兵士已达一千四百人。宣和二年(1120)每指挥增置兵士达五百人,共两千人。在范仲淹奏疏中亦云"曩时苏州有营田,领四都,共七八千人专为田事,导河筑堤以减水患。"至宣和后,开江营兵即告停废。明代前期仍以雇募夫役为主,全河常额服役达四万七千余人。工种明确,有浅夫、闸夫、溜夫、坝夫、泉夫、湖夫、洪夫等各司其职。浅夫最多,专司河道修防,闸夫司闸启闭,溜夫司挽船过急溜,坝夫司漕船过坝,泉夫司疏理泉源,另有湖夫、洪夫等名目,因工种而异名。清康熙十七年(1678)谕令以绿营兵代替部分夫役,仿宋时体制,设江南河营八个,建立堡房,驻守河堤,按里设兵加强防守。清中期以后,全河额定夫役五六千人,河兵约三千人,总额近万人。各自划定疆界,逐日计工而作,视其勤惰给予赏罚,要求有事则东西併力,彼此相援,无事则编索艺柳,编制河工用具,巡视狐獾窟穴,防止堤岸崩陷。这样较原全赖夫役管理,更加有条不紊。

(三)近代航政管理

鸦片战争(1840)后,一系列的不平等条约,使内河航权为外人所控制,外轮可以恣意侵入我国内河。此时国内近代轮运业亦逐渐兴起,要求经营内河航线。清同治五年(1866),总理衙门颁布《华商购买船只章程》,要求凡购置轮船者,须将姓名、籍贯报关挂号,获准立据领得船契,然后将所购船的长宽尺度、吨位和式样报送海关,并缴纳牌照费银三百两,领得牌照后方得参与营运。光绪十年(1884)总理衙门核准试行《华商购置小火轮请领牌照并拖带渡船章程》,规定船的请领船照应勘量吨位,按船值计征船牌费,并由海关办理轮业注册登记。光绪三十二年,清政府始设邮传部,内设船政司,主管全国船政,航务调查,航路开通,航业推广以及章程审核,船会管理,船舶检查等事项。宣统二年(1910)邮传部再次颁行《各省大小轮船公司注册给照暂行章程》,规定凡创立大小轮船公司应先经邮传部注册给照,方可赴海关领取船牌。以上这些法令条文,实际上都反映了我国的内河航权依然处于外国人的掌控之中。

民国时期,北洋政府交通部曾拟在沿江要埠设立航政管理局,并拟订航政管理局暂行章程,要求接管海关理船厅,收回航权,虽经多次努力,终因海关阻挠迟迟未能实现。迨至民国 17 年(1928),经行政院再次明确,全国航政属交通部管辖,并确定航政职权为:关于航路及航行标识之监督管理事项,关于管理并经营国营航运事项,民营航业监督事项,船舶发证注册事项,计划筑港及疏浚航路事项,关于管理、监督船员、船舶、造船事项以及关于改善船员待遇等事项。民国20年交通部航政局成立,接管了原由江海关理船厅控制的航业监督、查验船舶、考核船员及浚治航路等部分航权。同年7月成立上海航政局,兼管苏、浙、皖三省各埠航政。11月,在江苏境内镇江、南京、南通、苏州、海州5地设立航政办事处,属上海航政局管辖。次年又在无锡等地设船舶登记所。民国22年,以上航政办事处撤并,仅保留镇江、海州两个航政办事处。镇江航政办事处的辖区为江阴以西至苏皖交界点止,包括长江辖区内的支流。其主要职责为:①本港船舶所有权的登记、转证、注销;②船舶的丈量、检查;③船舶航线的核定;④船舶进出口登记;⑤机动船驾驶、司机的考核与发证;⑥航运机构(轮船公司)和码头设置的审批;⑦本港辖区内运价的管理;⑧辖区内海事事件的处理;⑨港口公用码头的设置与管理。在此期间交通部航政局还陆续颁布有《船舶法》、《船舶丈量章程》、《船舶丈量技术规程》、《小轮船丈量检查及注册章程》、《拖驳船管理章程》等有关航政管理的规章、法令。江苏省的航政管理除有上海航政局及其所辖镇江、海州两专职机构掌管外,江苏省建设厅根据其职掌亦有"办理水利工程及行政与水道交通管理事项"的职能,并颁布有《江苏省建设厅内河轮船行驶证请领手续》等规定,要求江苏省内河小轮船参与营运,首先须经航政局或海关检丈合格发给证书,然后按规定程序呈由该轮船航行经过的所属县政府签注意见,再转呈江苏省建设厅核发行驶证方得行驶。对船舶的丈量检定亦有明确分工,规定凡20总吨以上之轮船、容量200担以上的拖驳、帆船属航政局及其所辖办事处的管辖范围,其余均归当地地方政府管理。

抗战胜利后,上海航政局镇江办事处恢复办公,民国35年(1946)3月,办事处改属长江区航政局管辖。镇江航政办事处的管辖范围包括长江高港至江阴段、苏北运河、江南运河镇江至常州段。其具体业务主要有轮驳船检丈发证和木帆船的丈量登记,轮驳船驾驶、轮机人员的业务考核,核发客运班轮的临时通航证书,办理船舶产权登记(20 总吨以上报交通部核发船舶国籍证书,20 总吨以下报上海航政局填发小轮船执照),办理船舶进出口签证,调查处理海损事故等。

二、当代运河管理

当代京杭运河苏南段的管理是在江苏省交通厅和市、县(区)交通局统一领导下,由航道、海事、运管、港口部门,分系统、分级属地管理。

(一)航道管理

运河航道管理包括航道规划、整治工程建设、航道养护、规费征收、航道行政执法等管理工作。

1. 管理法规

为保障航道的安全畅通,50 余年来,国务院、交通部、江苏省多次颁发有关航道管理法规及规范性文件。主要有:

1953 年 11 月,江苏省人民政府颁布《江苏省船闸过闸费征收暂行办法》(1954 年 4 月 27 日又做修改)。

1955 年 8 月 15 日,江苏省人民委员会公布试行《江苏省内河航道维护暂行办法》。

1958 年 9 月 1 日,江苏省颁布《江苏省内河航道维护暂行办法补充规定》。

1963 年 1 月,国家计划委员会转发交通部关于《全国天然、渠化河流及人工运河通航试行标准》。

1963 年 2 月,江苏省交通厅、江苏省电业局、江苏省邮电管理局发布《关于跨河架空输电线净高标准的联合通知》。

1963 年 5 月 14 日,江苏省人民委员会批准江苏省交通厅《调整养路费、航养费、过闸费征收费率的报告》。

1964年3月3日，国务院颁布《关于加强航道管理和养护工作的指示》。

1964年9月1日，交通部、财政部颁发《内河航道养护费征收和使用试行办法》。

1978年1月，交通部颁布《京杭运河航道建设规划暂行技术规定》。

1979年10月，江苏省革命委员会公布施行《江苏省航道管理办法》。

1980年1月，江苏省革命委员会交通局颁发《江苏省船闸管理办法（试行）》。

1985年6月5日，江苏省计划委员会、江苏省交通厅、江苏省财政厅联合颁发《江苏省船舶过闸费征收和使用实施办法》。

1987年8月22日，国务院颁布《中华人民共和国航道管理条例》。

1989年8月30日，交通部颁布《船闸管理办法》。

1991年8月1日，施行国家标准GBJ139－90《内河通航标准》。

1991年8月29日，交通部发布《中华人民共和国航道管理条例实施细则》。

1994年3月16日，江苏省人民政府颁布《江苏省内河航道养护费征收和使用办法实施细则》。

1994年7月13日，江苏省人民政府发布《江苏省船舶过闸费征收和使用办法》。

1994年8月10日，江苏省人民政府下发《关于开征航道重点工程建设资金的批复》。

1995年8月11日，江苏省第八届人民代表大会常务委员会第十六次会议通过《江苏省内河交通管理条例》。

1996 年 12 月 1 日,江苏省交通厅、江苏省电力工业局、江苏省邮电管理局颁发《江苏省架空电力、电信线跨河净高尺度》。

1999 年 9 月 2 日,江苏省人民政府颁布《江苏省苏南运河交通管理办法》。

2004 年 3 月 1 日,中华人民共和国建设部发布国家标准《内河通航标准》。

上述国务院、交通部和有关部委及江苏省历年颁发的一系列有关航道管理规范性文件,为管好、养好航道提供了法律保证。省和苏南有关市(地)、县(市)交通主管部门、航道管理部门都认真贯彻执行,做到依法行政。

2. 航道规划

中华人民共和国成立后,社会主义建设事业的飞跃发展,给交通运输带来了空前压力。利用既有京杭运河水运系统,加以改造,发挥潜在能力,是解决运输紧张局面最有效、最现实的措施。1955 年 9 月交通部长章伯钧带领工程技术人员考察京杭运河江浙段,对大运河的建设标准、线路走向、入江口门选择及船闸建设规模等均提出指导意见。

1958 年,成立江苏省大运河工程指挥部,根据国家对京杭运河"全面规划,综合利用"的指示精神,在省政府和交通部的领导下,对苏南运河功能、走向、标准做了比较全面科学的整治规划。其要点:苏南运河是以航运、灌溉、排洪相结合的综合性航道;以谏壁为入江口门,苏州、无锡、常州市河改线,江浙交界接线走中线(鸭子坝);航道设计底宽 60 米(一期 40 米),水深 3.7 米,通航船型以 2×1 000 吨顶推船队为主,近期通航 500 吨及 100 吨拖带驳船队;兴建苏、锡、常、镇港口枢纽和谏壁节制闸、船闸水利枢纽等。50 余年来,苏南运河整治虽然断断续续进行,但始终以规划为主线,贯穿于以后各阶段,有效地控制了沿线两岸建筑及土地使用,减少了大量的拆迁赔偿,使工程得以顺利实施。

中国共产党十一届三中全会以后,随着国民经济的不断发展,对内河运输的要求更高。1981 年 3 月,国务院副总理万里考察京杭运河,指示要充分利用水运,继续整治运河。同年 7 月交通部水运规划设计院编制了《京杭运河(济宁至杭州)续建工程可行性研究初步报告》,1982 年 3 月 13 日,经国务院批准,国家计委决定分期分批续建京杭运河,苏南运河按四级航道标准整治。同年,交通部以交函计(1982)289 号文下达了《关于京杭运河苏南段“八五”期按规划标准分段实施的通知》。该年 11 月,江苏省交通厅根据交通部 1981 年在郑州召开的淮河流域航运规划工作会议上对苏南运河整治开展可行性研究报告要求,组织编制了《京杭运河苏南段工程可行性研究报告》,后又于 1989 年 11 月完成了《工程可行性研究调整报告》。

1992 年,京杭运河苏南段全面整治,以《调整报告》提出的“谏壁至苏州宝带桥按四级航道标准整治,宝带桥至鸭子坝南按五级航道标准整治的组合方案”实施,并对运河沿线市镇段护岸工程、跨河桥梁等永久性建筑物按三级标准预留。

1992 年邓小平南巡重要讲话后,国家决定加快上海浦东改革开放步伐,沪苏浙地区经济迅猛发展,苏南运河运量猛增。1996 年,在苏南运河整治过程中,经江苏省建设委员会批准同意,决定将苏州宝带桥至鸭子坝段由五级改为四级航道标准整治。

苏南运河是一条以航运为主的通航河道,从水资源综合利用出发,在规划整治中,在考虑航运的同时,十分注意灌溉、防洪、排涝的水利问题。在与排洪河道的交叉问题上,1984 年 7 月,江苏省交通厅在报省人民政府《关于太湖流域综合治理有关通航方案的初步意见》的报告中提出,望虞河穿过运河应采用立交(下穿)方案,并设望虞河与运河沟通的船闸。后省政府采纳了这方案,既满足了通航,又达到了排洪目的。

1997 年 10 月,苏南运河按四级航道标准整治工程基本完成。江苏省交通厅考虑到未来经济社会发展对水运的需求,又不失时机地开展"江苏省干线航道网规划"工作。2005 年 8 月,江苏省人民政府和交通部以苏政复 75 号文批复同意《江苏省干线航道网规划》。《规划》以改善长江干线、京杭运河江苏段为核心,以三级及三级以上航道为主体,以四级航道为补充,从而形成"两纵四横"由 3 455 公里高等级航道组成的干线航道网,全面提升了江苏内河航道档次和水平。

3. 航道普查

1949 年,苏南行政公署成立后,为迅速恢复水上交通运输,航道部门对辖区内主要河道通过勘察清查,掌握河道通阻情况,并组织清障通运。

1953 年 9 月,江苏省交通厅航运管理局布置各专区对辖区内的航道条数、里程、通航能力等技术状况和经济价值进行调查,并对各航线逐一审定,于 1954 年 11 月汇制成《江苏省内河航道里程表》。计有省主要航道 27 条,各地、市、县航道 1 367 条,作为全省统一计算里程和结算运费的依据。

1956 年 7 至 9 月,根据全国交通会议要求,按交通部印发的《全国内河水道普查须知》及各项填报表式的内容,抽调人员实地勘测,历时两个月,完成省内各干、支航道技术状况普查,整理审定全省 20 521公里通航水道分条、分段、枯水期水深、底宽、弯道、流速、含沙量、浅滩、坝埂、航障以及桥梁、船闸等资料,并提出整治规划。

1965 年 3 月至 11 月,在全省复查通航情况的基础上,按照 1963 年国家计划委员会颁发的《全国天然、渠化河流及人工运河通航试行标准》,核实全省21 155公里航道等级。

1973 年再次复查航道通航技术状况,核实通航里程,测绘十万分之一、二十万分之一的航道图。1975 年 12 月印制成五十万分之一的《江苏省航道图》。

1979 年 6 月，根据交通部《关于布置全国公路、内河航道普查的通知》（全国第一次航道普查），全省抽调普查人员 800 余人，历时 4 个月，完成江苏省内河航道普查，计有大小航道2 203条，河流总长为23 833.932公里，通航里程为23 470.542公里。其中，主要干线航道 32 条，长3 318.996公里，内含京杭运河苏南段从谏壁至王江泾，通航里程 210.356 公里，水深 1.3 ~ 2.5 米，底宽 10 ~ 30 米，船闸一座，桥梁 57 座，航标 6 座。

2003 年 3 月 17 日，全国第二次航道普查会议在南京召开。江苏省根据统一部署，针对全省航道特点和建设数字航道的目标，采用 GPS 等现代化手段进行航道普查，历时 6 个月，全面系统地对全省航道技术状况、临河建筑物、助航设施、枢纽等进行调查摸底，共普查航道 2.44 万公里（不含长江），占全国内河航道总里程的 18.4%，每一万平方公里拥有航道 23.3 公里，航道里程、密度均居全国第一位。其中等级航道 7 163 公里，等外航道 1.73 万公里。普查 687 座枢纽，1.65 万座桥梁，3.3 万道架空管线。并根据航道现代化管理需求，布设了航道网控制桩 861 对，管理界桩 1 574 根，建立了江苏省航道动态基本信息数据库，提前完成了本次航道普查任务。

4. 航道养护

航道养护是航道管理的重要组成部分。建国初期京杭运河苏南段不少航段弯多、水浅、河窄、桥矮，通航能力差，航行事故不断发生。但限于财力物力，航道养护以清障打捞为主，由县交通部门就近发动组织船民、民工或义务劳动，或以工代赈，使用人力，用铲耙、铁锹、捞钩等简单工具，挖土捞石，十分艰苦。直到 1954 年开始仿制小型链斗式挖泥船，进行机械挖泥维护通航。其后，对突出碍航地段，相继进行局部应急整修。后又结合航道整治工程，进行分段疏浚、拓宽、整治，修建护岸，改建碍航桥梁，拆除违章码头、吊机，清除各种违章堆放物和垃圾，绿化美化堤岸。具体情况详见本书第五章。

5. 航政管理

依法维护京杭运河苏南段通航标准，确保航道安全畅通。苏南运河全面整治以后，于1999年9月经省政府颁发施行《江苏省苏南运河交通管理办法》，苏州、无锡两市也相继修定颁发《苏州市航道管理条例》和《无锡市航道管理办法》。沿线各市航道处还相继组建了航政执法队，加强上航巡查，努力做到控制在前，预防在先。

严格审批临河、跨河、过河等与运河通航有关的设施。对涉及防洪标准和城市防洪排涝、堤防安全的设施，则会同水利、城建部门共同审核批准。严格禁止在船闸引航道内建造码头、设置堆场。在运河沿岸设置码头、取水口、排水口，应符合通航、防洪要求和城镇规划及其他有关技术规范。设置的码头应采取挖入式结构。严禁占用航道设置锚地、建设堆场。

加强社会疏浚、清障打捞队伍的行业管理。凡进入苏南运河疏浚作业的工程船、打捞船，必须报航道管理部门批准按有关规定施工作业，以保证航道完好和航行安全。

查处在航道两岸沿河边坡及外侧规定范围堆放的建筑材料、杂物，私自搭建违章建筑，挖土、取土、耕种、倾倒垃圾、弃置沉物沉船，在航道上进行装卸作业等危及通航安全的违法行为。

加强对航道、航道设施的监测养护，及时清障、扫床、疏浚，维护航道畅通。常州等航道处还在航政艇上建立航道巡查数字监测系统，通过微机监测某日某时某处航道全部场景。

图10-3为航政艇巡航检查。

2001年省航道局组织常州市航道处等单位研制航标自动遥控遥测新技术，2005年在苏南运河全线实施，不仅可随时遥测航标情况，一旦失常还能自动报警。

在保护航道设施的同时，加强对沿岸绿化的管理。苏州市航道处于1999年3月组织专门力量，对新整治的平望至鸭子坝24公里

图 10-3 航政艇巡航检查

航道两岸植树绿化,有 15 家沿河单位因基建损坏河堤绿化的都自动进行补栽。同年,无锡市航道处修补被损护岸 95 处,补植树木 4 200 余棵。

6. 规费征收

航道规费是航道部门为维护航道和过船设施安全畅通的国家预算外专项事业资金。目前执行的有航道养护费、船舶过闸费。

(1)航道养护费

清代、民国时期,浚河航养经费除由建设经费补助部分外,其余由沿河地区自行筹集。据记载,常州地区浚河经费来源于:①“忙银带征”。将沿河田亩分为直接受益与间接受益两种,捐率一般为每亩两角,后者带征之款数为前者之半。②“冬漕带征”。与“忙银带征”略同,捐率一般为每亩四角。③“商捐”。其种类有二,一为行捐,如粮食行、牛行、猪行、木行等,捐率以每石或每头计;一为铺捐,如当铺、行坊、南北货及百货商店等,捐率按资本营业之大小,按月计捐,有时也以次计捐。④“船运捐”。分船捐、客运加价、货运加价三类。⑤其他捐款及私人或团体之捐助等。

1949年江苏解放后，苏南行政公署规定，自1952年5月起，航政管理机构在办理木帆船统一调配工具的同时，按运输任务所得运费，收缴管理费3%为航政事业收入，按月解缴苏南行署交通处。

1961年3月13日，江苏省人民委员会颁布《江苏省航道养护费征收和使用暂行办法》，有关费率规定：①国营水运企业按营业收入总额的1.5%征收。②县、市集体所有制水运企业按营业收入总额的3%征收。③工厂、企业、事业、合作社的各类自用船舶，机动船按总吨每吨每月征收1元，木驳船按载重吨每月征收3角（满一吨起征）。④自航排筏，木排按每立方米、竹排按吨每公里征收1厘。⑤机关、学校、部队非营业运输船免征。

1963年6月1日，江苏省人民委员会规定：国营运输业船舶，经交通部门批准参加运输的各类非交通部门运输船舶和外省船舶，一律按营业收入的3%计征航养费，自用船分别按马力或吨位计征。

1964年9月1日起，交通部、财政部颁发《内河航道养护费征收和使用试行办法》，规定各专业运输企业和水运合作社的船舶，按运费收入5%以内征收；竹木排筏和社会船舶的航养费也相应做了调整。

1980年，根据国务院《关于加强航道管理和养护工作的指示》，航养费征收费率标准又做了调整，交通部门专业航运企业的营运船舶及承运排筏按营运收入总额的3%计征，其他船舶的费率也做了相应的调整。

1985年，江苏省计划经济委员会、交通厅、财政厅颁发《江苏省航道养护费征收和使用的实施办法》，决定自7月1日起提高航养费征收标准：省、市、县交通部门航运企业运输船舶，每月按营运收入总额的6.5%统缴航养费；其他部门、各单位自有自用以及参加社会运输的各类拖轮、顶推轮、机帆船均按核定马力，每马力每月2.2元计征；各类客轮按核定总吨位、货轮按准载吨位，每吨每月2.2元计征；各类客货驳、自航船按核定准载吨位，每吨每月0.65元计征；挂桨机船准载吨位在15吨以下按核定马力、15吨以上按核定准载吨位，每月每马力(吨)2.2元计征。

1994年3月16日，江苏省人民政府第4号令发布实施《江苏省内河航道养护费征收和使用办法实施细则》，细则第五条规定：县以上专业航运企业的营业性船舶及其承运排筏和其他浮运物体，按其运费收入的8%计征；拖轮、推轮等按每月每千瓦10元计征；客轮按每月每总吨位7元计征；货轮、挂桨机船等按每月每总吨位12元计征；客、货驳等非机动船按每月每总吨位3.5元计征；排筏和其他浮运物体按其通过本省航段里程，每立方米(吨)每公里5厘计征。细则第十条，对外省、区、市的船舶及其承运排筏和其他浮运物体，规定：①在外省、区、市装运客货经过或到达本省的船舶，不计征航养费。②在本省装运客货返回船籍省、区、市的船舶，按通过本省航段里程所得运费收入的8%计征；不返回船籍省、区、市的船舶，由客货起运港全程运费收入的8%计征。③排筏和其他浮运物体，均按通过本省航段里程每立方米(吨)每公里5厘计征。④对固定在本省营运、施工作业一个月以上的船舶，按细则第五条有关规定标准计征。

1994年8月10日，江苏省人民政府《关于开征航道重点工程建设资金的批复》，同意自9月1日起在全省开征航道重点工程建设资金。规定：凡在江苏省境内入籍和外省在江苏省航行、作业的船舶(免征航养费的船舶除外)，均应按吨每公里5厘计征。并规定建设资金全部用于航道重点工程建设，1997年以前该项资金用于苏南运河整治工程(1998年已经停止征收)。

1998年1月，江苏省物价局、财政厅联合发布《关于降低内河航养费征收标准的通知》，为贯彻国家计委关于减轻企业负担的决定，将航养费征收标准由运费收入的8%降为6%以后，统一按船舶吨位定额征收，并分别降低了不同船舶的收费标准。

进入21世纪以来，全省航道规费征收工作在个体船舶转向外省入籍、水运企业改制、油价持续上涨和拟议中的"费改税"冲击下，遇到了前所未有的困难，经广大征收人员的努力，每年都能完成年度目标任务，给航道建设、维护和管理工作提供了重要资金保障。苏南运河沿线苏州、无锡、常州、镇江4市航道部门，充分发挥其船舶集散地和货源集散地的优势，历年所征收的航养费占到全省实绩的20%～30%。

为进一步加强征收工作管理，2005年9月，省航道局增设规费征稽科，将征收、稽查管理工作职能从财务审计科分离出来。2005年12月1日，江苏省正式开通计算机联网收费系统，提高了航道规费征收质量和效率。省财政厅、省交通厅下发《关于实行航道规费征收考核暂行办法的通知》，建立了规费征收的激励机制。

(2)船舶过闸费

1961年起，江苏省水利厅将其管理的京杭运河沿线船闸及内河部分船闸交由交通部门管理、收取船舶过闸费和对船闸进行维修养护。

1964年6月16日，江苏省人民委员会同意江苏省交通厅关于《江苏省船舶过闸费征收和使用办法》的补充修订意见，货船按实载吨位，泡货船按准载吨位，每吨每次过闸费计征8分；客轮、客货轮、机帆船、客班船、工作船按准载吨位，每吨计征8分；空船按船舶准载吨位，每10吨计征8分；拖船、挖泥机船按船舶总吨位，每吨计征4分；抽水机船每艘计征4角；木筏每立方米计征8分；竹筏每吨计征8分。凡需提前过闸的客货船，经查验许可者，免征提放费。3吨以下农船、渔船免征过闸费。农业生产队装运农用物资持有乡或人民公社证明，一律免征过闸费。

1985 年 6 月 5 日，江苏省计划经济委员会、江苏省交通厅、江苏省财政厅联合颁发《江苏省船舶过闸费征收和使用实施办法》出台后，按《实施办法》货船按实载吨位，泡货船、客轮、客货轮、机帆船、挂桨机船、客班船、工作船按计费吨或准载吨，每吨收费 1 角；空船按准载吨位，每 10 吨收费 1 角；拖轮、挖泥船、打捞船、泥驳、宿舍船按船舶总吨位，每吨收费 5 分；抽水机船每艘收费 5 角；木排按立方米、竹排按吨、其他浮运物按立方米，每立方米、吨收费 1 角；危险品船单独提放，收费标准提高 200%；规定优先提放船舶，收费标准提高 100% 计征。

1994 年 7 月 13 日江苏省人民政府发布第 50 号令，批准实施《江苏省船舶过闸费征收和使用办法》，规定货驳不分实载、空载均按船舶核定准载吨或核定总吨位计征。征收标准见表 10-2。

江苏省船舶过闸费收费标准表 表 10-2

类别	收费标准 收费方式 对象收费	按船舶核定准载吨每吨每次	按船舶核定总吨位每吨每次	每艘每次	每立方米(吨)每次
1	货驳(空重不分)	二角五分	四角五分	—	—
2	挂桨机船、货轮、工作船、人力船(空重不分)	三角五分	六角	—	—
3	拖轮、挖泥船、打捞船、泥驳、宿舍船等	—	五分	—	—
4	抽(戽)水机船	—	五角	—	—
5	排筏和其他浮运物	—	—	—	二角五分
6	客班船(包括客驳、客货轮)	每吨(级)每次二角	—	—	—

注：第 1、2 类船舶核定总吨位和核定准载吨择大者计征。

本表不包括京杭运河苏北段交通部门管理的船闸。

2005年经报请省政府同意，省物价局、财政厅、交通厅下发《关于调整交通部门所属船闸过闸费征收方式的通知》，简化了收费分类方法和取消了空重载的差别。具体收费标准，京杭运河苏南段及其他船闸：拖轮、货轮及其他机动船为0.7元/次/总吨；驳船及其他非机动船为0.5元/次/总吨；排筏及其他浮运物体为0.4元/次/立方米。

7. 船闸管理

1980年10月在苏南运河上建成镇江谏壁船闸，2001年12月谏壁二线船闸又建成通航。船闸投入运行以来，谏壁船闸管理所依据交通部颁发施行的《船闸管理办法》、省交通厅制定的《江苏省船闸管理实施细则》，以及镇江市航道管理处推行的《安全管理新机制》等法规制度，结合船闸管理的实际，通过不断实践、不断完善，制定、规范了船闸运行管理的规章制度和操作规程，对各种岗位职责、作业操作、安全运行、设备维护、行政工作、文明服务、工资福利、考核奖惩等都有章可循。

严格按照《谏壁船闸机电班组标准化安全实施规范》，抓好设备的维修保养、定期检查、技术改造、技术革新。参与船闸大中小修工程和专项工程的计划编制、项目设计、预算编制和工程实施，并进行质量、进度、资金的监督及竣工验收等工作。做好各项技术资料的搜集、整理、建档、保管和职工技术培训、岗位技术练兵、重点场所部位的保卫等工作，为船闸的安全运转提供技术保障。

深入开展“劳动竞赛”、“安全管理竞赛”、“示范岗位”、“文明班组”等多种形式的文明创建活动。认真贯彻省厅航道局制定的《江苏省航道系统船闸职工职业道德纪律(五要十不准)》、《江苏省航道系统船闸职工职业形象标准》，规范职工开闸放船为船户服务的行为。应用微机售票，强化船舶进出船闸的指挥调度，减少船舶待闸、过闸时间。做好过往船舶安全宣传教育，及时公告气象、水情、航道变化情况，为船户多服务、服好务。图 10-4 为管理人员在做执法宣传工作。

图 10-4 管理人员在做执法宣传工作

根据过闸费征收标准规定，加强征收人员的教育和业务培训，与海事部门联合执法，做到“不多收一分钱，不漏掉一条船”，实现了过闸费征收年年超计划。

谏壁船闸 26 年来在规范运转中，船舶通过量从 1981 年的 330 万吨，提升到 2005 年的 7 500 万吨，货物通过量从 205 万吨，提升到 4 961.5 万吨，分别上升了 23 倍和 24 倍，同时取得了 26 年安全运行无重大事故的良好业绩。

附：

江苏省航道系统船闸职工职业道德纪律（五要十不准）

五要：

一、要高举邓小平理论伟大旗帜，坚持四项基本原则，树立全心全意为船民服务的思想；

二、要增强法制观念，做遵纪守法、廉洁奉公的好公民，好职工；

三、要认真学习《船闸管理办法》、《船舶过闸费征收和使用办法》等法规性文件，坚持依法管理；

四、要刻苦钻研业务，牢固树立安全第一的思想，确保船闸安全畅通；

五、要礼貌待人，态度和蔼，文明用语，做好咨询服务，尽力方便船民。

十不准：

一、不准私提乱放船舶；

二、不准乱收费乱罚款；

三、不准收钱不给票据；

四、不准倒卖回笼票；

五、不准索贿受贿；

六、不准强买强卖；

七、不准刁难船户；

八、不准打骂船民；

九、不准无故扣留船舶航行证件；

十、不准擅离岗位、玩忽职守。

江苏省航道系统船闸职工职业形象标准

整体形象标准：

爱岗敬业，忠于职守；遵章守纪，廉洁奉公；优质服务，仪表端庄；熟练操作，安全畅通。

各岗位形象标准：

一、登记员：正确登记，尽心尽职；验证稽查，秉公办事；解答询问，态度和蔼；主动热情，方便船员。

二、售票员：坚持原则，按章收费；唱收唱付，票款两清；态度热忱，礼貌待人；廉洁奉公，不谋私利。

三、操作员：集中思想，按章操作；排档调度，口令准确；安全及时，讲求效率；宣传法规，语言文明。

四、调度员：严格手续，合理调度；维护秩序，确保畅通；文明礼貌，热情周到；遵章守纪，抵制歪风。

五、值班员：坚守岗位，正确指挥；科学排档，保质保量；遵章守纪，不搞关卡；文明用语，举止端庄。

六、机电工：钻研技术，精益求精；密切配合，保证安全；爱护设备，提高效率；精心维修，勤俭节约。

（二）海事管理

运河海事管理，包括船舶检验和管理、船员管理、渡口管理、水上安全监督和事故处理、防治船舶污染等行政执法管理工作。

1. 船舶检验和管理

1950 年 9 月，华东军政委员会交通部颁发《华东内河木船业登记暂行规则草案》、《华东区木帆船管理暂行办法草案》。同年，苏南行署交通管理局颁发《苏南行政区运输民船管理暂行办法》、《民船登记实施细则》、《民船丈量计算实施规范》，后又陆续出台《江苏省苏南区船舶登记暂行办法修正草案》、《江苏省苏南区船舶登记补充办法草案》和《实施细则草案》、《船舶丈量暂行章程》、《船舶丈量技术规范》等规章，自 1950 年 3 月起办理民船检丈登记工作。据 1950 年 8 月统计，苏南地区有民船 4 861 艘，总计 62 061.5 吨；12 月统计，经检丈登记的轮船有 570 艘，12 357.77 总吨。详见表 10-3，表 10-4。

20 世纪 50 年代初期，船检技术人员缺乏，没有法定的船检规范和规则，一般采取简易检验，主要要求船身健全，不缺不漏，机器完整无损，运转正常，配有必要的工属具。

1958 年 8 月，江苏省交通厅在镇江召开全省船舶工作座谈会，讨论通过《江苏省船舶检验技术规则（草案）》和《关于本省非机动船检验丈量费率的规定》，并根据《华东区内河木帆船检丈登记给证暂

1950 年苏南地区民船数量统计表

1950 年 8 月制

表 10-3

种类/数量/吨位分类	航船		货船		驳船		拖船		舢板		渡船		其他		合计	
	艘数	吨数	艘数	吨数	艘数	吨数	艘数	吨数	艘数	吨数	艘数	吨数	艘数	吨数	艘数	吨数
不足 10 吨	577	2 397.5	217	1 621	769	5 216.5	451	1 373	386	1 110	283	936.5	351	253.5	3 034	12 908
10 ~ 20 吨	43	653.5	228	3 562.5	656	9 913	25	354	59	880	8	112			1 019	15 475
20 ~ 30 吨	24	775	97	2 637	235	5 983.5	6	141.5	7	175					369	9 712
30 ~ 40 吨	2	68	38	1 402	91	3 185	7	249.5	1	40					139	4 944.5
40 ~ 50 吨			26	1 234	32	1 476	5	227.5	1	50					64	2 987.5
50 ~ 60 吨			51	2 954	24	1 389	3	174							78	4 517
60 ~ 70 吨			65	4 307	18	1 201	7	465							90	5 973
70 ~ 80 吨			34	2 539	10	780	7	525.5							51	3 844.5
80 ~ 90 吨					4	360	2	168.5							6	528.5
90 ~ 100 吨					5	495									5	495
100 ~ 200 吨															0	0
200 吨以上							6	676.5							6	676.5
总计	646	3 894	756	20 256.5	1 844	29 999	519	4 355	454	2 255	291	1 048.5	351	253.5	4 861	62 061.5

原表附注:本表根据本区各地民船公会本年 5 月登记民船数字填列。

1950 年苏南地区轮船检丈登记统计表

1950 年 12 月制

表 10-4

类别 / 数量 / 区别	检丈						登记					
	轮船		机帆船		合计		轮船		机帆船		合计	
	艘数	吨数	艘数	吨数	艘数	总吨数	艘数	吨数	艘数	吨数	艘数	总吨数
无锡	208	2 873.83	79	3 073.65	287	5 947.48	174	2 349.01	77	3 214.40	251	5 563.41
镇江	110	3 845.65	2	79.03	112	3 924.68	67	2 512.02	2	79.03	69	2 587.05
常州	49	612.59	16	359.38	65	971.97	37	505.25	9	156.15	46	661.40
苏州	105	1 794.74	92	1 888.74	197	3 683.48	88	1 319.75	53	1 451.81	141	2 771.56
松江	13	184.07	81	1 142.36	94	1 326.43	6	86.18	57	688.17	63	774.35
总计	485	9 310.88	270	6 543.16	755	15 854.04	372	6 772.21	198	5 585.56	570	12 357.77

注：上列检丈船只数字不包括定期检查船只在内。

行实施细则》有关勘划载重线的规定，通知全省在办理木帆船检丈之后，应一律以白漆标明载重线。

60 年代开始，根据国家船舶检验局颁布的《船舶检验规则》和《木帆船检验规则(试行)》，江苏船检部门相应加强了船检工作的力量，重视专业检验和自检工作，对造船设计图纸的审查、材料选用、工艺等也做出了具体要求。

1963 年，交通部颁发《中华人民共和国船舶检验局章程》，明确规定船舶检验局是国家的船舶技术监督机构，负责对船舶执行监督检验，使船舶具备保证安全航行的技术。

1964 年，江苏省交通厅在无锡召开船舶检验会议，总结船检工作"四结合"的经验(正常检验与突击检验结合，规范与实际结合，专业检验与群众检验结合，船厂检验与船舶单位安全技术部门检验结合)，对机动船着重检查核定受压容器气压、主机转速、抗风等级、拖带量等；对驳船着重核定载重量、干舷高度、乘客定额、顶篷附货等，以及各项安全操作技术。

1971 年 11 月，国家船舶检验局公布新的《船舶检验工作条例》，规定检验分为：船舶制造检验、初次检验、定期检验、年度检验、临时检验、入级检验、外国船检验、船用产品检验等，并明确了相应的有关规定，提出船舶设计部门、修理部门、使用部门和验船部门的相互协作关系和工作方法。

1973 年 12 月，交通部船检港监局公布施行《长江水系小型钢船建造规范》及《长江水系营运小船检验规程》。

1977 年 9 月，江苏省革命委员会交通局发出《关于加强船舶检验工作的通知》，要求全省交通安全监理部门配备一定力量的验船技术人员负责船检工作，并划定各地(市)车船监理所负责 41 马力以上机动船及 51 总吨以上驳船的检丈发证工作；各县(市)交通局负责 40 马力以下机动船和专业运输挂桨机船及 50 总吨以下各类驳船、自航船的检丈工作。

1978年10月,江苏省交通局颁发《江苏省挂桨机船管理办法(试行)》。同年,对省内35家船厂、船用产品厂的50多种产品实施监督检验。

1983年,交通部发出《关于加强地方验船工作的通知》,江苏省交通厅据此发出《关于加强船舶检验工作几项规定的通知》,要求各地市交通局加强船检工作的领导,充实技术人员,严格执行规章制度,切实把船检工作做好。同时编印《江苏省内河船舶检验教材》、《内河船舶规范汇编》,发给全省船检人员学习。

1983年6月,省交通厅制定《江苏省个体运输船舶检验发证暂行办法》。

1987年,省、市港航监督机构正式成立,市港航监督处与船舶检验处实行两块牌子一套班子,在处内设船舶检验科。

1992年经省编委批准,省交通厅设船舶检验局,市交通局设船舶检验处,县交通局设船舶检验所,与同级港航监督机构合署办公,统一领导,分工管理。

1995年6月2日,国务院发布《中华人民共和国船舶登记条例》。

2000年11月16日,江苏省人民政府令(第172号),发布施行《江苏省船舶检验管理办法》。

2001年,省、市、县船舶检验机构分别更名为省船舶检验局、市船舶检验局、县船舶检验处。

2002年,各地加大了对船舶检验的力度,对乡镇船厂实行资质认可,从抓源头、抓资质、抓检验入手,并对重点船舶实施质量跟踪,以保证修造质量。同时,以客船、危险品船舶为重点,强化检验管理,调整市、县船检分工,将原由县(市)船检处管理的客船、危险品船和特种船划归市船检局管辖。

2003年,江苏省地方海事(验船)人员十项禁令和十项要求公布,进一步明确船检工作人员的行为规范。

附：

海事人员十项禁令

一、严禁收受行政相对人赠送的现金、有价证券和支付凭证。

二、严禁接受可能影响公正执法的宴请、娱乐、健身和度假旅游。

三、严禁佩戴海事标志到歌舞厅或其他高消费娱乐场所消费。

四、严禁工作时间饮酒。

五、严禁酒后执法、驾车、驾艇。

六、严禁利用职务之便强买强卖，从事与本职有关的商务活动。

七、严禁罚款、收费不给票据或开大头小尾票据。

八、严禁辅助执法人员单独或直接参加行政执法。

九、严禁辱骂、殴打、刁难行政管理相对人。

十、严禁参与赌博。

验船人员十项禁令

一、严禁收受服务相对人赠送的现金、有价证券和支付凭证。

二、严禁接受服务相对人的宴请、娱乐、健身和度假旅游。

三、严禁佩戴海事标志到歌舞厅或其他高消费娱乐场所消费。

四、严禁验船师超权限进行验船等相关工作。

五、严禁利用职务之便强买强卖、从事与本职有关的商务活动。

六、严禁出具虚假报告。

七、严禁工作时间饮酒。

八、严禁酒后执行公务及驾车、驾艇。

九、严禁辱骂、殴打、刁难服务对象。

十、严禁参与赌博。

海事人员十项要求

一、坚持“有法必依、执法必严、违法必纠”的原则。

二、执法时必须主动出示部海事局核发的执法证。

三、严格按规定的权限和程序进行执法。

四、严格使用统一的海事执法文书，并准确、规范填写。

五、除对进出港的船舶实施签证执法外，行政执法时应有2名以上海事执法人员共同参加。

六、在作出处罚之前，应当告知当事人处罚的事实、依据及应享有的权利。

七、当认真听取当事人的陈述和申辩，当事人提出的事实、理由或证据成立的，应当予以采纳。

八、主动向行政管理相对人宣传有关水上交通安全的法律法规。

九、行政处罚应使用财政部门统一印制的专用票据。

十、着装规范，举止端庄，用语文明。

验船人员十项要求

一、牢固树立“质量第一、服务为本”的思想，积极做好船舶检验工作，正确处理监督与服务的关系。

二、忠于职守，遵纪守法，秉公办事，不以权谋私。

三、坚持原则，讲求实效，做到“一检、二帮、三把关”，保证船舶具备安全航行和安全作业的技术条件。

四、严格执行国家有关船舶检验的法律、法规、规程和技术标准。

五、严格按国家规定的收费项目和标准收取船舶检验费，不得擅自增减。

六、加强对船舶有关资料的管理，正确签发有关证书和报告。

七、执行公务时，应出示国家主管机关核发的验船师适任证书。

八、主动向船东宣传有关船舶检验的法律法规和有关要求。

九、遵守国家有关规定，做好船舶有关资料的保密工作，维护申请人的知识产权。

十、着装规范，举止端庄，用语文明。

2004年，开展了乡、镇农用自备船专项整治，通过普查、登记和安全技术评估，有165 031艘农船取得了乡镇政府颁发的《江苏省乡镇农用自备船舶证件》，喷漆了船舶编号和所在地名，纳入规范管理。图10-5为船检人员在发证。

图10-5　船检发证

2005年全省船舶检验工作情况见表10-5。

2005年全省船舶检验工作情况　　表10-5

船检机构	建造检验			营运检验			船用产品检验（台、件、套）	船舶及船用产品图纸审批（套）
	艘数	总吨位	主机总功率（千瓦）	艘数	总吨位	主机总功率（千瓦）		
南京	404	647 146	313 250.6	1 238	721 973	370 740.7	11 483	550
镇江	29	44 386	31 156	630	111 068	58 060.9	2 199	88

续上表

船检机构	建造检验			营运检验			船用产品检验（台、件、套）	船舶及船用产品图纸审批（套）
	艘数	总吨位	主机总功率（千瓦）	艘数	总吨位	主机总功率（千瓦）		
常州	229	45 961	31 926	1 889	208 240	110 320	4 196	52
无锡	216	33 071	21 903.88	1 720	207 361	160 622.1	4 237	35
苏州	72	18 652	11 014.4	1 865	111 246	76 494.2	25	55
扬州	1 553	795 650	402 480	964	157 340	89 227	1 754	88
泰州	1 619	528 358	335 489.7	7 924	726 073	513 544.82	8 510	132
南通	164	119 503	67 348	1 281	244 167	190 094	885	23
盐城	889	107 650	101 104.6	12 949	894 406	703 653.6	2 996	50
淮安	185	44 038	29 347	8 152	429 654	180 695	1 311	29
宿迁	433	88 921	34 625	1 560	175 079	8 5921.2	0	5
徐州	1 359	347 003	91 736	4 885	76 3961	84 832	0	0
连云港	68	20 625	11 644.60	2 253	357 341	117 843.2	0	38
合计	7 220	2 840 964	1 483 025.78	47 310	4 750 568	2 742 048.72	375 96	1 145

注：本表资料统计周期为 2004 年 12 月 26 日至 2005 年 12 月 25 日。

加强了船舶更新报废工作。建国初期，江苏水运船舶 90% 以上是破旧的木质船，人民政府为照顾船民生活，中国人民银行先后在苏南地区发放贷款修理资金 154 亿元（旧制人民币），以维护运输。

1955 年 6 月，国务院发布《船舶报废暂行办法》，1956 年，江苏省交通厅拟定《关于轮木船管理方面的几点意见》。1961 年 5 月，交通部公布《船舶报废规定》，江苏据此决定在省批准权限内，凡总吨位不满 20 吨的机动船和驳船，以及各种类型的木帆船的报废，均交由各市交通局批准。

20 世纪 50 年代中期，江苏各地木船每年以 5% 报废率淘汰，同时，全省水运企业推行一列式拖带运输法，组建船队，购造了一批新的 40 ~ 60 吨的木驳。由于历年船舶修理的木材、桐油匮乏，船质日益下降,1965 年交通部在南京召开的更新木船座谈会上提倡用钢质船、水泥船代替木质船。其后,水泥船在我省迅速发展,70 年代初期钢质船也逐年增多。到 1980 年,全省水运企业船舶艘数中,木质船所占比例为 45.58%,水泥船为 43.47%,钢质船为 10.95%。

1981 年 12 月,江苏省交通厅明确规定单位申请办理报废船舶时,应将报废船舶的有关证书、船照、船牌等随同上交注销,报废船舶不准再行转卖或办理转籍。至 1987 年,全省木质船艘数所占比重已下降为 3.17%,水泥船占 34.98%,钢质船比重上升为 61.85%。

2001 年,江苏省地方海事局专门下发了《关于禁止水泥船进入苏南运河的通告》,自 2002 年 1 月 1 日起在苏南运河上禁止水泥船航行。到年底,全省水泥船由 1.12 万艘,减少到 7172 艘。苏南运河自禁止水泥船航行后,船舶交通事故 4 项指标全面下降,单位航道通过能力大幅提高。

2. 船员管理

1950 年,苏南行署交通处报经华东交通部核准施行《江苏省苏南区轮船船员检验暂行办法》、《江苏省苏南区内河轮船船员管理暂行规则》。同年,在无锡、苏州、常州三地举办船员检定考试,参加者 1122 人,及格者 452 人,其中正、副驾驶 191 人,正、副司机 200 人,水手长 61 人。

1954 年,交通部颁发《内河轮船船员检定考试暂行办法》、《内河小型轮船船员检定考试暂行办法》,将内河轮船机驾船员按船舶总吨或主机马力,分为一、二、三等。合格者各按等级分发相应证书。

1956 年,江苏省航运厅先后制定《江苏省内河船舶船员职务规则暂行实施办法》、《江苏省内河轮船驾驶操作和保养须知》、《江苏省内河小型船舶船员评审换证实施办法》等,在全省结合船员检定评审,分期办理换领交通部统一制定的"中华人民共和国内河小型轮船船员证书"。同年,因国家进入全面经济建设时期,社会运量不断增加,船舶日益增多,机驾人员日感缺乏,各地水运企业从企业自身船员中选拔舵工、加油、水手,进行短期业务技术培训,参加考试合格后补充机驾船员。

1963 年 12 月,交通部颁发《中华人民共和国轮船船员考试办法》。次年,江苏省交通厅制定《江苏省内河小型船舶船员考试办法》。

1965 年,为促进船舶技术设备的改进,提高船员技术操作水平,对"机驾合一"的船舶船员资质做了规定,凡考试合格者,发给"机驾合一"证书。

1978 年,为适应挂桨机船的发展,按照《江苏省挂桨机船管理办法(试行)》,由所在县、市交通主管部门进行技术考核,及格者发给《挂桨机船船员驾驶证》。

1979 年交通部颁发《轮船船员考试发证办法》。

进入 20 世纪 80 年代,随着社会船舶的迅猛增加,各地加强了对船员培训和机动船正副驾驶员、正副司机考试发照发证工作。

2004 年,按照中华人民共和国交通部海事局"特殊培训"的要求、抓住"培训是基础、考试是关键、证书是手段、准入是目的、验证是保证"五个环节,先后对 11593 名客轮、油船、危险品、化工品船等特种船舶船员进行培训,共有 8846 名船员通过考试取得特殊培训证书。同年,还制定了《江苏省长江干线船舶船员适应证书理论统考工作规程》,全省有 2414 名船员参加了全国统考,1065 名船员通过了考试,促进了高等级船员素质的提高。

3. 渡口管理

建国后,江苏各地渡口属私人经营,地方政府对破旧渡船曾酌予补助或贷款维修。其后,随着经济的发展,所有制的变化,面广量大的农村渡口,在 1956 年农业合作化后,大多作价入农业合作社或生产大队、生产队;城镇主要交通渡口分别归属公社运输站、水上运输联社和县、专区航运(轮船)公司经营管理。同年,江苏省人民委员会公布《江苏省内河渡口管理暂行办法》,规定凡本省境内的河流渡口,均由当地市、县交通主管部门及区、乡政权机关依照渡口管理办法进行监督管理,并规定了渡口的设置、设施,渡船的管理,渡工配备定额,渡口安全秩序及航行注意事项等。

1957 年 11 月,江苏省人民委员会发出《加强渡口管理工作的指示》,责成各级政府切实加强对渡口的组织领导,指定专人管理,所有渡船均须报经检验、丈量、登记、核定安全载客量和载货量,不得违章渡载,禁止船身腐朽、漏水或人力不足、设备不全的渡船渡运。

1959 年,江苏省交通厅制定《江苏省农运船安全管理办法》,提出检验、丈量农(渡)船和有关安全运行规定。

1961 年 3 月,交通部报经国务院转发《关于加强农副船、渡口船的管理,确保安全生产的报告》,并制定《渡口守则》、《旅客乘渡须知》,重点抓好渡工队伍的建设和渡船的更新,制定"五定"(定渡口、定渡船、定渡工、定客位、定安全)、"四查"(查码头设施、查渡工值班责任、查有无超载违章、查渡船质量)等安全制度。

1978 年 11 月,江苏省革命委员会颁发《江苏省渡口管理办法》,进一步明确渡口经营管理、安全技术要求,并在渡口较多的县、市恢复建立渡口管理所。

1991 年江苏省人民政府颁发《江苏省渡口管理办法》,渡口安全管理实行"谁经营、谁管理、谁负责"和乡镇渡口安全负责的原则,明确划分经营者、主管部门和乡镇政府、港监部门、公安机关各自职责,规定了渡口经营补贴渠道和以渡养渡的办法。

1993 年 11 月,对全省乡镇渡口进行全面检查,取缔私渡 82 道、缆渡 133 道,现场拖走就地报废不合格破旧渡船 43 艘,更换不合格渡工 93 名。省政府专门批转了省交通厅《关于加强全省乡镇渡口安全管理的报告》,各县、市政府与乡、镇政府普遍签订了渡口安全管理责任状。

"八五"期末,全省共有渡口 2 762 道,其中乡镇渡口 2 647 道,沿江客、汽渡 115 道。

各地在强化渡口监督管理,突出安全工作是重中之重地位的同时,着力采取两项硬措施:一是加强渡口硬件建设。制定渡船更新改造目标,确定长江(夹江)、大运河的渡船必须达到钢质机动船标准,其他渡口分别实现钢质船标准或规范化的水泥船标准。2000年前后,省交通厅拨款550万元用于渡船更新资金,苏州市率先实现了渡船钢质化。二是积极推进撤渡建桥,从根本上消除渡运不安全因素。从1995年起,各地通过股份制、捐资、集资、合资、独资等方式筹集资金撤渡建桥,省交通厅2000年制定了《撤渡建桥工程投资奖励办法》,对开工撤渡新建桥梁可获10~20万元的奖励资金。经上下共同努力,全省取缔、撤销、合并渡口866道,更新渡船930余艘,培训渡工2 400余人次。2001年12月24日,江苏省人民政府重新修订颁发《江苏省渡口管理办法》。2002年,全省渡口已减少到1 289道,2005年全省尚有渡口1082道。

苏南运河航道上的渡口,随着运河的全面整治,到2005年末,运河主航道上,除镇江段下栅口渡口外,已全部撤渡或建桥。

4. 安全管理

1951年,华东军政委员会交通部颁发《华东区内河航行章程》、《华东区内河船舶失事处理暂行办法》,1952年5月,交通部颁发《海事处理暂行办法》。对安全航行、水上救援、海事处理等做了具体规定。

1953年建省后,江苏省交通厅为贯彻"安全生产第一"的方针,在省交通厅和各地(市)交通管理部门建立安全机构,配备安全管理干部,要求交通运输企业建立安全小组,开展安全管理活动,做到重点突出、常抓不懈、防患未然,并制定了《海事处理上的几个问题》,供各地规范办理。

1954年,各地交通航管部门、水运企业单位,组织船员学习贯彻交通部及长江航运管理局制定的《船舶装运汽油暂行规则》、《船舶装运危险品暂行规则》、《轮木船安全避让守则》。熟悉掌握轮船信号及避让规则，被列为船员年审考核内容。规定夜航、夜泊悬挂灯号。

1955 年，省交通厅和航运部门总结推广江苏省无锡轮船公司“江苏(拖)019 号”轮正驾驶胡阿梅长期水上航行掌握“三性”(船性、水性、人性)，坚持“三好”(机驾分工合作好、舱面机舱配合好、轮驳相互联系好)，做到“三快”(眼快、手快、决断快)的经验，被称为“胡阿梅安全驾驶法”。该驾驶法被收录入《全国交通先进经验》一书。

1956 年，省交通厅制定《江苏省内河船队(舶)航次安全生产会议制度试行草案》，规定船队(舶)出航前，由队(驾)长召集全队(船)船员会议，总结上一航次安全生产、完成任务情况；宣布本航次任务、目的港、沿线航道情况、气象预报、布置航行中要求、注意事项和安全措施，统一思想，落实责任。航次安全生产会议在全省形成船队出航的一项经常制度。

1959 年 9 月，交通部颁布《海损事故调查处理规则》、《关于海损赔偿的规定》。

20 世纪 50 年代，全省先后推行航行值班穿救生衣制度，客班船还必须按规定定额配足救生衣。同时规定承运易燃易爆、危险品的船队(舶)，均须经主管部门审批，装卸港口应另设专用码头、仓库，严禁旅客私自夹带危险品上船。1958 年开始，省属航运企业在船队设置电台，沟通船岸联系，及时指挥调度，加强安全生产管理。

60 年代，有的县市开始设置交通安全管理委员会，水运企业增设安全技术科，船队设安全员。江苏省交通厅相继公布《江苏省内河小型拖轮拖带限额简易计算方法》、《江苏省内河小型拖轮抗风等级核定标准》，并提出“机动船航行十不开航、五不拖带、十四项注意的试行规定”。

1978 年，交通部门颁发《船舶海损事故统计、报告规定》，按海损事故性质、损失和影响，分为重大事故、大事故、一般事故和小事故

4级。

1980年,江苏省交通厅颁布《江苏省航行安全十项禁令》,规定:①严禁船舶无证航行;②严禁航行中喝酒;③严禁超载;④严禁纵容或迫使违章航行;⑤严禁强行超越和抢越他船船头;⑥严禁在狭窄、弯曲航道、船闸引航道、桥梁、险滩处追越或齐头并进;⑦严禁攀吊船舶;⑧严禁装运易燃易爆危险品的船上使用明火;⑨严禁携带危险品上船;⑩严禁私设交通渡口。

1986年12月16日,国务院发布《中华人民共和国内河交通安全管理条例》。1987年,江苏省交通厅根据交通部、国家经委等8个部门《关于加强乡镇船舶安全监督管理的通知》和国务院《关于加强内河乡镇运输船舶安全管理的通知》要求,进一步加强了乡镇运输船舶的安全管理监督工作。

1995年6月14日,江苏省人民政府第61号令,发布《江苏省内河交通事故处理办法》。同年8月1日,江苏省交通厅发出《关于实施江苏省内河航行警告管理规定的通知》。

1996年9月8日,江苏省交通厅水上交通稽查总队成立。到年底,全省各市、县稽查机构全部成立,有关稽查人员1023人,稽查艇125艘。

1997年10月15日,全国内河第一个可视航行监控系统于苏州港监启用。监控范围为京杭运河苏州市区段22.8公里及浒光运河苏浒线与京杭运河连接段各3公里。2002年,京杭运河苏南段全线监控一体化系统基本形成,增强了重点水上航段控制能力和快速反应能力。图10-6为现代化的安全管理监控。

1998年10月1日,交通部颁发《中华人民共和国水上安全监督行政处罚规定》。

2000年,镇江地方海事部门率先在苏南运河镇江段实施全线水上巡航制度。

2002年6月28日,国务院重新颁布《中华人民共和国内河交通

图 10-6　安全管理监控一体化

安全管理条例》。《条例》明确国务院交通主管部门主管全国内河交通安全管理工作，并对国务院交通主管部门和省、市、区在水域设立的海事管理机构职责权限做了规定。

2003 年，江苏地方海事系统启动内河交通安全保障救助体系，航运企业安全管理体系，船检质量管理体系，化学危险品、油污应急体系。

“十五”期间，江苏省未发生一次死亡 6 人以上的水上交通事故；事故起数、死亡人数较“九五”分别下降了 78.8% 和 19.9%；组织、协调重大搜救行动 415 次，救助遇险人员 4 540 人，救助成功率达 99%；水上搜救体系初步形成。无锡市“十五”期间发生事故起数、死亡人数较“九五”分别下降 78% 和 57%，搜救行动 59 次，救助遇险人员 174 人，救助成功率 100%。

5. 防治船舶污染

2000 年 12 月 1 日，江苏省政府以苏政发[2000]135 号文发布《关于加强太湖水域船舶污染防治工作的通告》，明确要求，航经太湖水域(包括与太湖相通的苏南运河、锡澄运河、丹金溧漕河等苏南航道,以下同)的船舶,不得向水体倾倒垃圾、粪便、塑料、含油污水等废弃物;船舶产生的含油污水必须主动交船舶加油站处理,严禁向水体排放;座舱机船舶安装经船舶检验合格的油污水分离设备或油污水存贮设备,分离后排出的污水含油量不得超过15毫克/升;挂桨机船必须装有经船舶检验部门认可的接油托盘以及油污水存贮容器或处理器,并进行挂桨机上箱体技术改造;未按规定安装防污设备的船舶(包括已购置防污设备但未安装使用的船舶),禁止进入太湖水域航行。船舶加油站必须配备经船舶检验部门检验合格的油水分离设备,免费接收过往船舶的含油污水,经处理排放的污水含油量不得超过15毫克/升。未按上述要求配备油水分离设备或不按规定免费接收船舶油污水进行达标处理的,禁止从事船舶加油业务。交通、质量技术监督、农机和乡镇企业等主管部门要切实履行监督职责,抓好船舶制造企业的防污技术改造,逐步限制挂桨机船舶的制造与使用,有计划、分阶段淘汰挂桨机船舶;港航监督部门要加强对现有挂桨机船舶污染防治工作的监督和指导。凡违反上述规定的船舶和船员,海事部门按照《中华人民共和国水上安全监督行政处罚规定》予以行政处罚。

2001年交通部也发布《关于加强太湖流域防治船舶污染工作的通知》,要求所有挂桨机船必须安装集油托盘,并要求逐年淘汰挂桨机船。

2005年1月1日,《江苏省内河水域船舶污染防治条例》经江苏省第十届人大常委会第十次会议审议通过,即日起施行。该条例确立了“预防为主,防治结合和谁污染谁承担责任”的船舶污染防治基本原则。上述法律、法规的出台,使内河水域船舶污染防治工作有法可依,并逐步走向法制化轨道。

几年来,江苏省交通厅在太湖船舶污染防治方面,采取了一系列监督管理举措。通过海事部门设置的可变情报板等多种形式,及时开展了有关法律、法规和太湖流域船舶污染防治的宣传活动，免费向船舶发放宣传小册子 2 万余份，垃圾袋 1 万余只，使广大船民逐步懂得了防治船舶污染的重要性和紧迫性。同时坚决淘汰污染严重的挂桨机船舶，于 2005 年底，所有挂桨机船舶全部退出了太湖流域航运市场，按照交通部和“五省一市”船型标准化示范工程行动方案的要求，分阶段实施了水泥船和挂桨机船的禁航工作。截止 2005 年底，江苏省已拆改挂桨机船 16 895 艘，占总数的 74%；新建符合标准的内河船舶 2158 艘，计 34.6 万总吨。同时自 2006 年 1 月 1 日起禁止挂桨机船进入苏南运河及苏申外(内)港线等干线航道。自 2002 年 1 月 1 日起禁止水泥船进入苏南运河，2005 年全部退出航运市场。

(三)运输管理

运河运输管理，主要包括运政管理、市场管理和运价管理 3 个方面。运输管理从 1949 年至 2005 年间，明显呈现着计划经济、计划经济为主市场调节为辅和社会主义市场经济 3 个经济体制的时代特征。

1. 运政管理

1949 年 6 月，苏南人民行政公署公布《汽车、轮船登记领照暂行办法》、《汽车、轮船管理规则》和《木帆船管理实施细则》。1949 年底，苏南地区办理登记的公、私轮业有 217 家、轮船 521 艘、15 584 马力、6 389.07 总吨，客船 358 艘，审定客运航线 182 条。1951 年 3 月，苏南地区登记的木帆船 18 400 余艘(约占保有量的 2/3)。

1953 年，在船民中经过民主改革运动，建立联营合作、民主管理制度，苏南地区有 5 249 艘、77 053.58 吨木帆船，组成联营处、联营社、合作社 89 家。同年，江苏省人民政府公布实施《江苏省民船联合运输社组织章程》。

1956 年，全省对轮船和木帆船进行社会主义改造。其中苏州地区(含江阴、无锡、武进县)组成 45 个木帆船合作社，入社船只 4 246 艘、56 426 吨，疏导归农船只 1 026 艘、8 301 吨；无锡市区组成 18 个木帆船运输合作社，入社船只 1 894 艘、32 975 吨，另归入农业合作社 852 艘、78 430 吨，进入国营企业 102 艘、4 296 吨；常州市区组成 7 个木帆船运输合作社，入社船只 707 艘、9 976 吨；镇江市区组成 4 个木帆船运输合作社，入社船只 481 艘、11 263 吨，另有 67 艘、3 870 吨并入国营运输企业。

1962 年，交通部颁布《关于民间运输若干问题的规定（试行草案）》，同年 12 月，江苏省人民委员会颁发《江苏省交通运输营运管理暂行办法》。

“文化大革命”期间，社会运输秩序混乱，无证无照营运船舶增多。1975 年 10 月，江苏省革命委员会交通局发布《关于加强交通运输管理的通知》，重申机关、企事业单位自备的运输工具应该限于自货自运，不得从事经营性运输。

1983 年，中共中央发布一号文件，允许农民个体或联户购买机动车船，从事运输经营。4 月，江苏省人民政府批转省经委、计委、农委联合发出的《关于个人购买机动车船经营运输的暂行规定》。

1984 年 2 月，国务院制定《关于农民个人或联户购置机动车船和拖拉机经营运输业的若干规定》。7 月，交通部发出《关于积极扶持农村水运专业户的通知》。12 月，江苏省交通厅发出《关于加强运输管理工作的通知》，提出全面管交通、管理为生产服务和综合治理的观点，坚持国营、集体、个人一齐上的方针，充分调动各方面办运输的积极性，建立和完善以国营为主导的多种经济成分、多种经营方式、多种运输服务的运输生产结构，继续扶持个体运输业，引导发展新型运输联合体。

1987 年，国务院颁布《中华人民共和国水路运输管理条例》，交通部颁发《水路运输管理条例实施细则》。同年 9 月，江苏省交通厅下发《关于贯彻实施 < 中华人民共和国水路运输管理条例 > 及其实施细则的通知》，在全省范围内进行了全面补办审批营运手续工作。

1991 年，江苏省计划经济委员会、江苏省交通厅联合下发《关于对营业性运输车船实行额度管理的通知》。治理经济环境,整顿经济秩序,做好运力调控,优化运输结构,促进道路、水路运输更好地适应国民经济发展需要。

1992 年,江苏省交通厅颁发《江苏省船舶营业性运输证管理办法》,完善船舶营业运输证的发放、年审、船舶停业、转籍过户的规范管理。

1993 年 10 月,江苏省交通厅下发《关于加强军事运输工作的通知》,进一步保障国防建设和战备需要。对承运军事物资的船舶,各船闸予以优先放行,军运物资不得交由个体船舶承运。

1999 年初,江苏省交通厅为推进政务公开,提升行政执法管理水平,确定镇江市运管处为交通行政执法公示制的试点单位,将运政执法管理全过程的 5 个方面(执法主体、执法依据、执法程序、执法结果、执法监督),通过单位的公示栏、业务大厅多媒体触摸屏、互联网开辟主页、省市新闻媒体和专题听证会,通报会等形式,向社会公布,使交通行政管理工作中的审批权、处罚权和行政强制措施权等置于社会各界和运输经营者监督之下,做到公开、公平、公正执法。该试点经验得到省交通厅肯定,交通部翁孟勇副部长到镇江视察时也对其给予高度评价。其后,在全国交通系统执法队伍建设会议、全国建设和规范运输市场工作会议上作交流,并在全国交通行政执法行业普遍推广,成为具有全国影响力的一项交通行政执法制度建设。图 10-7 为执法公示。

2001 年 4 月,交通部颁发《国内船舶运输经营资质管理规定》。同年 6 月,交通部颁布《老旧运输船舶管理规定》,当年,全省淘汰老旧运输船舶 2169 艘。

2002 年,根据《国内船舶运输经营资质管理规定》要求,通过市级运管部门初审,省交通主管部门审定,公布首批 44 家符合经营资质条件的水路液货危险品运输企业。同年 7 月,公布第二批 53 家符合经营资质条件的水路液货危险品运输企业。

图 10-7 执法公示牌

2004 年,按照交通部《内河运输船舶标准化管理规定》及《京杭运河船型标准化示范工程行动方案》要求,决定全面实施京杭运河船型标准化示范工程。江苏省的实施目标为:自 2004 年 7 月 1 日起禁止水泥质船进入京杭运河江苏段航道(京杭运河苏南段已从 2002 年 1 月 1 日起禁入);自 2007 年 1 月 1 日起全面禁止挂桨机船进入京杭运河江苏段航道(京杭运河苏南段从 2006 年 1 月 1 日起禁入);到 2010 年,江苏航行于京杭运河航道的标准化船舶将达到 80% 以上,基本实现京杭运河船型标准化。

为达到上述要求,江苏省交通厅组成领导小组,设立了办事机构(领导小组办公室设在省厅运管局),负责组织领导、协调实施,明确指导原则和工作方针。水泥质船采取拆解报废,退出航运市场;挂桨机船采取拆解报废、落舱改造或拆除挂桨机改驳船等 3 种方式退出航运市场。在政策措施方面,除禁造非标准化船型船舶,对现有营运的水泥船、挂桨机船按规定加以限制管理外,对拆解报废船舶在经济上政府给予一定补偿。到2005年底，全省原有2.3万余艘挂桨机船已拆解1.69万艘，其中：镇江拆解67艘，常州拆解1 105艘，无锡拆解1 451艘，苏州拆解853艘。京杭运河苏南段“禁挂”后，船舶航行速度提高约25%，水上交通事故下降40%左右，噪音污染明显下降，航道及设施利用率大幅度提高，社会效益显著。

2. 市场管理

在计划经济时期，运输难的矛盾甚为突出，物资单位运输货物需在起点报送运输计划，经省、市、县三级平衡，凭计划号安排运输，货源以行政手段配置运输单位。在以计划经济为主市场调节为辅的双轨体制时期，货源管理实行指令性计划、指导性计划和市场调节相结合，只对小批量、支线短途的货物才实行市场调节。自转入社会主义市场经济以后，货主和船主通过市场承托直接沟通，一般不再需要通过行政部门这个中间环节。

1953年，江苏省推行计划运输制度，由交通、商业、粮食、工商等主管部门，及商业部门的几大公司和交通部门的汽车、轮船、铁路、港口等单位，组成江苏省运输计划委员会，负责全省计划运输的组织领导和统一管理，平衡物资调运工作。实行统一计划、统一货源、统一运价的“三统”管理。

1954年，全省建立运输计划平衡会议制度，由省、专区两级交通部门主持召开月、季度运输计划平衡会议，进行二级平衡安排，主要物资运输分区统一调度平衡。

1958年9月，成立江苏省运输委员会，省长惠浴宇兼任主任委员，交通厅王治平厅长、任重副厅长任副主任委员，下设运输指挥部，由有关部门派主办业务干部常驻指挥部联合办公，各地也相继成立运输指挥部，取代原运输计划委员会的工作。全省运输计划实行两级(省、地区)审定平衡、三级(省、地区、县)安排，每月召开运输计划平衡会，贯彻先重点后一般、先计划内后计划外的序列，做到专副兼顾，减少空驶，合理运输。

1960年8月,省运输指挥部公布《货物运输计划编审平衡暂行办法》。

1979年10月,江苏省革命委员会批准省交通局制定的《江苏省运输市场管理试行办法》,重申流通过程的物资运输,应由交通部门负责管理。以计划运输为主体,各级交通局应全面加强运输市场管理,着重抓好物资起运点的检查工作。

1984年12月,江苏省交通厅提出改革运输计划管理办法,压缩指令性计划,扩大市场调节,规定指令性计划只限于防汛、抢险、救灾和直接关系到国计民生的重要物资运输,如电厂和生活用煤、粮食、农用化肥、农药、国家重点重要物资运输等国家计划分配需要确保的运输任务,以及政府交办的临时突击性物资运输任务。一般物资运输,由货主择优托运,以货物托运单代替运输合同,实行责任运输。

1993年,根据交通部《关于深化改革、扩大开放,加快交通发展的若干意见》,江苏省交通厅颁发《江苏省个体营运船舶挂靠水运企业管理办法》,治理水运市场"挂而不管"的混乱状况。

1994年,江苏省地方税务局、江苏省交通厅联合发出《关于加强运输发票管理的通知》。

1995年9月,交通部重新发布《水路货物运输规则》和《水路货物运输管理规则》。运管部门寓管理于服务之中,为承托双方服务,提供信息,牵线搭桥,建立开放、竞争、有序的运输市场,为承托双方提供法律保障。

1998年,江苏省交通厅转发交通部《中华人民共和国水路运输服务业管理规定》,对全省运输服务业市场进行了全面的清理整顿,规范船代、货代经营行为。

2001~2002年,根据交通部《关于在全国开展航运市场整顿工作的通知》,全省取缔个体经营水路液货危险品运输177户,两家国际船舶代理企业超越经营范围受到警告,查处各类违章船舶7 810艘,查补各项交通规费144万元，罚款28.69万元。

2002年6月，根据交通部《关于调整国内水路运输管理职责改革管理方式的通知》，除购置或新造油船、液化气船、散装化学品船需提交运力额度外，全面废止根据市场供求关系制定运力额度计划管理方式。

2003年，根据交通部长江航务管理局《关于长江水系省际普通货物运输企业市场准入交由各省航管部门代为审批管理的通知》，江苏省于同年7月1日，正式受理内河省际普通货物运输企业的设立、经营范围调整等审批工作。

2004年，交通部出台《关于促进国际集装箱内支线运输发展的若干意见的通知》，鼓励大力发展集装箱运输。

2005年3月2日，江苏省交通厅发出《关于调整有关水路运输行政许可事项的通知》，对经营长江水系省际普通货船运输企业和省内普通货物、客运、液货危险品运输企业的筹建、开业、变更经营范围的许可等终审需经长江航务管理局、省交通厅分别审定。

沿运河四市根据各市情况，也制定了一些地方性的运输管理法规。2001年苏州市交通局下发《关于加强水路旅客、液货危险品运力审批管理的通知》。2003年苏州市人民政府发布《苏州市环古城河水上游管理办法》，2004年苏州市政府又对该办法作了进一步修改完善。

3. 运价管理

1954年，江苏省交通厅根据"分等计费，难运加成"的原则，制定江苏省内河轮船定期、不定期货运及客运附货运价。运价分为5个等级计费。后又经过1955年、1956年、1958年、1972年的多次调整运价和等级变动，连续5次降低了水上运价。

1980年7月，江苏省人民政府批准修定水运货物运价，运价总体增长指数约12.4%。

1986年8月，省物价局、省交通厅对水运货物运价作了全面调高,总水平上升22.%,吨位基价由1.2元调为1.5元;150公里内的里程单价由0.16元调为0.195元,150公里以上的里程单价由0.14元调为0.17元等。1987年继续执行上述运价,将货物分为8个等级,以一级运输为基准,其级差系数为:一级100%,二级105%……八级300%。其计算公式为:运价率=[吨位基价1.5元+(0.0195元/吨公里×150公里内里程+0.017元/吨公里×151公里外里程)]×级差系数。以上运价为内河运价,即丙级航区运价,航经乙级、甲级航区再加收10%、20%。

1996年8月18日江苏省交通厅、江苏省物价局发出《关于整顿水路货物运输价格的通知》,公布了新的《江苏省水路货物运价规则》,明确水路货物运价实行国家定价、国家指导价、市场调节价3种价格形式。抢险、救灾……军事运输实行国家定价;鲜活、贵重等货物运输实行市场调节价;其他货物运输实行国家指导价,即在省定价基础上在20%的幅度内由经营者自行定价。

运输价格长期以来一直是执行省定的低运价政策,运输经营者不得违背运价政策。在市场经济体制下,运价由运管部门测算修定调整到物价管理部门批准,往往已失去时效性和真实性,因而,现行地方水运运价、搬运装卸价格除指令性运输任务执行规定的运价外,基本上是议价运输,并已得到物资单位的认同,核准的现行运价实际成了指导价,为议价时的参考价。议价水平随着供求关系一般在指导价的20%幅度内上下浮动。

2001年,国家计委、交通部下发《关于全面放开水运价格有关问题的通知》。从2005年5月1日起,放开水路客货运输价格,实行市场调节价,具体价格由水运企业根据经营成本和市场供求情况自行确定。

(四)港口管理

随着2001年11月国务院批准实施《关于深化中央直属和双重领导港口管理体制改革的意见》,以及《中华人民共和国港口法》的颁布施行,镇江、常州、无锡、苏州4市相继成立港务管理专门机构,统一实施辖区内沿江和内河港口的行政和行业管理,并按"一城一港"原则,对原有各个港务管理处进行改制和重组,使之成为自主经营、自负盈亏、独立法人的港口企业,实行政企分开。

2005年11月,江苏省港口管理局正式成立,明确主要管理职责共有7项:贯彻执行国家有关港口的方针、政策、法律、法规及规章,拟定全省有关港口的政策法规,组织编制全省港口布局规划,承担港口行业的统计工作;负责对全省港口的岸线、陆域、水域实施统一的行政管理,负责组织对港口公用基础设施的建设、维护和管理工作;负责对全省港口建设市场秩序、经营秩序、安全生产、环境保护等实施监督和管理;对企业经营性收费项目和价格,按有关法规实施监督和管理,征收和代征国家有关行政规费;负责协调重点物资、军事及抢险救灾等物资的运输;原由省交通厅有关机构承担的港口管理职能;完成省政府和交通部交办的其他事项等。

镇江、常州、无锡、苏州4个市港口管理部门的管理职能,也相应确定。

第三节 创建全国文明样板航道

创建文明航道,是江苏省航道系统探讨科学管理航道的新举措。自1983年江苏省交通厅工程局下达《关于开展创建"文明航道"活动》的通知,各地积极响应,陆续开展,到1994年全省先后创建文明航道33条(段)、1 712公里。其中,在京杭运河苏南段,有丹阳吕城~道士庄17公里河段、无锡黄埠墩~梁溪河口4.04公里河段和苏州宝带桥~平望31.33公里河段,共52.37公里航道初步创建为文明航道,航道面貌有了明显改观。

1990年,在全国交通工作会议上,江苏省"创建文明航道"作为航道管理经验进行了交流。

1995 年 10 月，全国首次内河航运建设工作会议在南京召开，邹家华副总理和与会代表考察苏南运河整治工程，会议提出把苏南运河建成全国内河文明样板航道的要求。据此，江苏省委、省政府要求按照建设“全国文明样板航道”的目标，进一步建设好、管理好苏南运河。

2000 年 2 月，交通部黄镇东部长在全国交通系统纪检监察工作会议上明确指出，要开展创建“文明样板航道”活动，并确定京杭运河江南段（镇江谏壁～杭州三堡）作为交通部亲自抓的“文明样板航道”进行创建。同年 7 月，交通部正式下发《关于开展创建“文明样板航道”活动的通知》，并随文下发了《文明样板航道标准》和《文明样板航道评定办法》。江苏省交通厅据此拟定了《创建苏南运河全国文明样板航道实施方案》，从组织领导到创建目标、要求、步骤等做了全面部署。

2000 年 11 月，省交通厅对京杭运河苏南段沿线苏州、无锡、常州、镇江 4 市文明样板航道创建工作进行了初验，并做出了初验情况通报。同年 12 月 11 日，按照交通部的格式要求，正式填报了“文明样板航道申报表”。2001 年 4 月 27 日至 29 日，交通部召开京杭运河苏南段创建文明样板航道验收会议，作出了命名京杭运河苏南段 208 公里航道为文明样板航道的决定。

一、文明样板航道标准

文明样板航道标准共 9 项。

1. 航道管理单位认真贯彻执行

交通部、公安部、国务院纠风办《关于禁止在水路上乱设站点乱收费乱罚款的通知》（交水发［1999］357 号）。航道上设置的各类检查、监督和征费站点符合要求，无“乱设站”现象。经批准的各类站点应对外公布设点的批准文号、批准单位、工作范围、举报电话等；涉及收费的，要对外公布收费项目，收费标准和收费单位。

2. 航道上各类行政事业性收费和罚款严格执行“收支两条线”的有关规定，无“乱收费、乱罚款”现象。没有违规新设收费、罚款项目或提高收费、罚款标准问题。收费、罚款一律凭《收费许可证》或《罚款许可证》，做到亮证收费和罚款，统一使用中央或省级财政部门印制（监印）的票据。无截留、挤占和挪用规费现象。

3. 航道尺度及临河、跨河建筑物的通航尺度符合相应航道技术等级的通航标准及技术要求。航道通航保证符合要求。航道整治建筑物及运河岸坡完好、稳定，维修及时；航道技术、管理资料规范、齐全。

4. 航道通航水域无碍航沉船、沉物，无碍航渔网、渔簖，无违章锚泊船舶。损害航道及影响船舶安全航行的违法行为得到有效制止。水上交通秩序良好，事故处理及时，无管理不善造成的航道堵塞现象。

5. 航标配布合理、标位准确，航道自然利用充分，航槽顺畅。通航控制河段的通行信号揭示规范、准确。航标维护正常率达到相应的指标要求。

6. 航标外形尺寸规范、结构牢固、颜色鲜明、外观整洁，灯光明亮，灯质符合要求，航标周围无影响航标功能正常发挥的遮挡物及不利的背景灯光等。运河及水网地区航道标志牌规范醒目。航标上无商业广告、宣传牌等。

7. 过船建筑技术状况良好，管理、运行符合有关规章制度和操作规程，无安全隐患，无人为事故发生。闸区环境整洁。

8. 航道养护机具设备保养完好，满足航道维护工作的需要。航道行政管理专用车、船标志和设施符合要求。航道维护管理船舶外观整洁、作业文明、生产安全。

9. 航道维护管理站、点布设合理，标志醒目，环境整洁，管理制度健全，服务范围、服务公约公开，履行服务承诺。行政执法人员持证挂牌上岗、着装整齐，文明执勤，依法行政，接受社会监督。

二、创建目标

文明样板航道创造目标共10项,具体且易操作。

1. 航道上无“三乱”现象;

2. 航道尺度和通航保证率符合要求;

3. 整治建筑物和护岸完好、稳定、维修及时;

4. 各项航道技术、管理资料规范、齐全;

5. 通航水域内无碍航物体和设施,无违章抛锚停泊船舶;

6. 交通秩序良好,事故处理及时,无管理不善造成的航道堵塞现象;

7. 航标和标志牌配布合理,能正常发挥效能;

8. 船闸技术状况良好,管理、运行符合有关规定,无安全隐患,无事故发生,闸区环境整洁;

9. 航道养护机具设备和管理用车、船保养完好,符合要求;

10. 交通行政执法文明规范。

三、组织实施

(一)加强组织领导

省交通厅和苏南运河沿线镇江、常州、无锡、苏州4个市交通局都建立了以厅、局长为首的,分管副厅长、副局长和政治、纪检、海事、航道、运管部门主要负责人以及有关市、县交通局长参加的创建领导小组,下设办事机构领导小组办公室。省厅航道局、海事局、运管局为创建单位。在省人民政府和沿线4市人民政府的重视和支持下,在省交通厅的统一领导和组织下,开展创建活动。

(二)制定实施计划

2000年9月7日,江苏省交通厅印发了关于《创建苏南运河全国文明样板航道实施方案》,各有关交通主管部门按照省《实施方案》,成立创建组织,制定创建工作计划,精心组织,周密部署,通力合作,确保创建成功。

(三)开展创建宣传

开展苏南运河全国文明样板航道创建活动,是进一步提高航道的维护与管理水平,有效治理"三乱"的重要举措,是交通行业文明建设的重要内容,更是实践"三个代表"重要思想的具体体现。各市在系统内部进行层层动员,广泛宣传发动,齐心合力,扎扎实实地抓紧、抓实、抓好,取得实效。

在外部,做好社会各界的宣传。特别是积极争取新闻媒体的配合和支持,利用报纸、广播电台、电视台等宣传工具对社会进行广泛宣传,在港口、码头、船闸、港监检查站点、签证站点和船舶集散场所,利用横幅、标语、板报、广播等方式对船民进行重点宣传。形成浓厚的舆论氛围,取得社会各界的普遍认同和积极参与。

(四)严格执行标准

1992 年至 1997 年,在苏南运河按国家四级航道标准进行全面整治中,坚持高标准,经专家评议和交工验收,认为该项整治工程可以作为全国内河航道建设的样板。其后 3 年多时间又新建、维修直立式护岸 104 公里,斜坡式护岸 13 000 余平方米,更换护坡预制块 798 块,维修栏杆 3 390 米,疏浚土方 180 余万立方米,打捞沉船 332 艘,还投资 1.9 亿元兴建了谏壁二线船闸,确保苏南运河四级航道安全畅通,为创建文明样板航道提供了物质保证。

对照交通部印发的《文明样板航道标准》,在苏南运河全线开展以治理水路"三乱",提高航道维护和管理水平,深化精神文明建设为主要内容的创建活动。通过自查自纠,加大对航道设施维护和通航环境整治的力度,达到"文明样板航道"标准和要求。

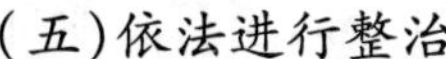

(五)依法进行整治

1999年9月,江苏省人民政府颁发《江苏省苏南运河交通管理办法》,这是我省第一部为特定航道制定的综合性管理法规,为巩固苏南运河整治成果,开展文明样板航道创建活动提供了重要的法律保障。苏州等市又先后出台了《苏州市航道管理条例》等地方性法规,使苏南运河治理步入法制化轨道。

在创建活动中,严格按照《交通部、公安部、国务院纠风办关于禁止在水路上乱设站点乱收费乱罚款的通知》,把治理“三乱”与创建文明样板航道活动紧密结合起来。调整港监站点,在苏南段保留9个站点,又在4市成立了专职的“苏南运河巡查管理小分队”,在苏、锡、常水上交通繁忙的重要航段设置了电视监控系统,对船舶航行和停靠秩序实行适时监控。在执法过程中,做到程序规范、定性准确、裁量适度、行为文明。据统计,在综合整治中,共查纠各类违章船舶53 000余艘,强制卸载各类物资20余万吨,取缔非法堆场和无证装卸作业点212个,清理拾荒住家船980余艘,清理垃圾等废弃物2.5万立方米,较好地保持了苏南运河良好的通航环境。

(六)规范执法行为

执法公示。交通行政执法各单位、各站点,采用上墙公布、报栏公布、书面公布、触摸屏公布等多种形式,向社会公示行政执法主体、执法依据、执法程序、执法结果、执法监督渠道。公布举报电话,聘请行风监督员,不间断进行明察暗访,召开船民座谈会,征求社会各界对改进运河交通管理的意见。

依法管理。交通行政执法人员持证上岗,着装整齐,亮证执法,按章收费,定性准确,裁量适度,行为文明。做到执法主体合法,执法内容合法,执法程序合法。杜绝“三乱”,执行收支两条线。

人性化服务。结合航道线型、通过量、沿线设施等情况,总体配布航道标牌及交通安全标志，设置示位标、侧面标、左右通航标等助航标志22座，指向牌、地点距离牌、地点牌、分界牌、里程牌、桥梁净高提示牌及下一港口(锚地)预告牌等标牌693座。航道全线设置交通安全标志464座，传播航道通航、气象预报及有关信息，并做到经常维护，年正常率在99.8%以上。船闸开展优质服务、优良秩序、优美环境，服务管理规范化、服务过程程序化、服务质量标准化和文明行政、文明执法、文明服务、文明生产的"三优三化四个文明"活动，增强职工责任感和服务意识。港监部门成立"12395"水上救助中心，创建期间，抢救遇险船只45艘，挽回经济损失500余万元。

通过一系列的创建活动，京杭运河苏南段全线管理规范，无"三乱"行为；航道技术标准符合等级要求，标志设置合理，维护正常；制度健全，环境优良，安全畅通，秩序良好。

四、申报评审

2000年11月6日~11日，江苏省交通厅根据《创建苏南运河全国文明样板航道实施方案》的计划安排，对照交通部印发的《文明样板航道标准》，对苏南运河沿线的苏州、无锡、常州，镇江4市交通部门创建苏南运河"文明样板航道"工作进行实地内业、外业的初验检查和评议，认为达到了"文明样板航道"标准，同意向交通部上报创建验收申请。

2000年12月1日，按照交通部的格式要求，填报了《文明样板航道申请表》上报。

2001年4月27日~29日，交通部在苏州召开京杭运河苏南段文明样板航道评审验收大会。会议组成以交通部副部长翁孟勇为组长、国务院纠风办、交通部办公厅及各司、局有关负责同志为成员的评审领导小组和由浙江、湖北、湖南、山东、广东、广西、黑龙江等省、自治区及部直属航道管理单位的领导、专家组成的京杭运河苏南段文明样板航道评审工作组，听取了创建工作情况汇报和江苏省交通厅对创建工作的初验意见，查阅了资料，现场检查了镇江、常州、无锡、苏州段运河航道情况及有关单位的管理工作情况，按照交通部颁发的《文明样板航道标准》进行对照考核和综合评议，评审意见：

1. 京杭运河苏南段文明样板航道创建工作得到了江苏省人民政府、运河沿线镇江、常州、无锡、苏州4市人民政府的高度重视和支持，江苏省交通厅、各市交通主管部门都成立了以主要领导为组长的创建领导小组，按照交通部《文明样板航道标准》，江苏省交通厅制定了《创建苏南运河文明样板航道实施方案》，3个创建单位及运河沿线各市航道、海事、运输管理单位制定了详细的创建计划，开展了扎实有效的创建工作。

2. 创建工作措施得力，成绩显著，在创建工作中，各创建单位突出了认识、组织、宣传、协作四个到位的工作思路，明确了各自的工作目标和责任。航道、海事、运管3个创建单位密切配合，相互支持，围绕着规范管理、提高水平、文明执法、依法行政，开展创建工作。并通过加强在交通系统内部及向全社会进行广泛宣传，使创建活动得到社会各方面的普遍关注和认同，产生了积极的社会影响。

3. 各创建单位加强内部管理，各项规章制度健全，执法纪律明确，实行执法公示制，并向社会公布收费、检查站点的批准文号、批准单位、工作范围、举报电话、收费项目、收费标准等有关内容，广泛接受社会监督。沿线各市航道、海事、运管部门不定期召开运输企业和船民座谈会，听取他们对管理工作的意见和建议，基本做到了无乱设站、乱收费、乱罚款现象。

4. 京杭运河苏南段经过整治建设，达到了国家四级航道标准，航道设施设置规范，布局合理，临河、过河建筑物的通航尺度符合航道等级标准和技术要求。创建工作中，加大了对航道设施维修和通航环境整治的力度，提高了航道管理和养护水平，航道通航保证率达到

100%。从现场检查情况看,沿线航道岸坡完好,通航水域内无渔网、渔簖,无沉船、沉物等碍航物,沿河无违章装卸点及堆放物。加强了水上交通安全监督管理,并在部分河段运用了电视监控等先进手段,水上交通井然有序。

5. 各类航道标志、标牌规范醒目。航标外观整洁、结构牢固、标位准确,灯光、灯质符合要求。内河安全标志设置合理。航道两岸绿化完好。

6. 船闸技术状况良好,闸区环境整洁,运行、维护与管理符合有关规章制度和操作规程,船舶过闸安全、有序。

7. 航道管理与养护设备保养完好,适应航道维护工作需要,航道行政管理车、船状况良好,符合要求,疏浚、打捞船作业文明、生产安全。

8. 航道、海事、运输管理3个创建单位重视和加强职工队伍建设和行业精神文明建设,建立了一整套比较完善的管理制度。通过培训、考试和竞争上岗等手段,不断提高管理人员的综合素质。行政执法人员文明执法,依法行政,热情服务,提高了工作效率和质量。各管理单位普遍采用了微机、网络等现代化管理手段。档案资料齐全、规范,符合管理要求。基层管理站点布局合理,站容站貌良好,同时,各站点还积极提供便民措施,服务社会、服务船民,树立了交通部门的良好形象。

根据以上情况,评审组一致认为,京杭运河苏南段符合交通部颁发的文明样板航道标准,建议京杭运河苏南段208公里航道评定为文明样板航道,评审组提请交通部文明样板航道创建领导小组审定通过。

五、审定命名

2001年4月29日,交通部文明样板航道创建领导小组经审核,同意评审工作组的评审意见,决定命名京杭运河苏南段208公里航道为文明样板航道。江苏省副省长于广洲出席验收命名大会并讲话。图10-8为交通部授予的“文明样板航道”标牌。

图10-8 “文明样板航道”标牌

交通部并于2001年12月12日发出《关于表彰京杭运河江南段文明样板航道创建工作先进个人的通知》，江苏航道、海事、运管系统有30人受到表彰（详见表10-6）。

京杭运河苏南段文明样板航道创建工作先进个人名单 表10-6

系　统	名　单
航道系统14人	王元春、夏 炜、管 胜、姚建卫、郑 直、姚坤兴、高金海、虞国俊、唐 风、季伯兴、张建军、周 鼎、赵忠才、朱金华
海事系统9人	王昌保、方建华、董志海、赵能文、包智生、朱崇武、张剑东、浦伯良、徐 建
运管系统7人	梅正荣、许春山、王卫东、陈学炼、顾振华、胡 鸿、李宗山

六、巩固扩大成果

江苏省航道局和市县航道部门,在多年开展精神文明建设的基础上,抓住苏南运河荣获全国“文明样板航道”称号的有利时机,乘势而上,不断提高干部职工对创建文明单位的认识,丰富创建文明单位的内涵、层次、目标。通过广大干部职工的共同努力,2003 年 12 月全省航道系统被交通部命名表彰为“全国交通系统文明行业”,省交通厅航道局被省文明委命名为“江苏省文明单位”。截至 2003 年底,全省航道系统的所有单位均已创建成省厅级以上文明单位。

第十一章 沿 河 经 济

苏南经济的发展与苏南运河这条黄金水道密不可分。在古代，它既是历代漕运的命脉，也是南北物资交流的大通道，它的通阻，不仅关系到沿线城镇的兴衰，而且牵涉到封建王朝的安危。

中华人民共和国成立后，苏南是全国工业密集和农业高产的地区之一，运河的通过能力更是地区经济发展不可缺少的重要条件。

改革开放以来，苏南运河航道经过大规模的整治建设，进一步促进了沿河地区产业结构的调整和经济发展，一批世界著名跨国公司也纷纷来到这里落户投资。航运条件的改善和流域经济的发展已形成互为依存、相互促进的良性循环。

第一节 农 业

一、古近代农业

苏南地区气候温和，雨量充沛。星罗棋布的湖泊，纵横交错的河港，水陆相间，河海通流，加之人工运河的开凿，自古以来这片沃土就具有发展农业生产的优越条件。春秋时期，吴国治水营田，开凿运河，进一步推动了农业的发展。仅吴都四野就有世子塘、洋中塘、筑塘、渔浦、阴江之浦、三江之浦等塘浦田。加之铁制农具的逐步使用，推动了耕作技术的改进，从而使稻谷的产量有所提高。越王勾践十三年（前485），吴国一次贷给越国的粮食就达万石。粮食的丰余，还带动了畜牧、蚕桑等养殖副业的发展和酿造技术的进步。吴国是历史上最早进行淡水养殖的地方,吴都娄门外有专门养鸡的坡,东郊桑田有畜养牛、羊、豕、鸡、鸭的牛宫、鸭城。

秦汉时期,太湖地区开始了海塘、圩田、塘堰、运河的建设,江南运河在汉武帝时已初具雏形。所有这些,对进一步促进江南农业的发展提供了良好条件。

自东汉末年至隋代的再统一,这期间,北方历经战乱,经济走向衰退,大批北人避乱南迁并带来了北方的农业技术,从而促进了江南地区经济的发展。三国时,东吴在江南地区广行屯田制,主要的屯区有毗陵(今常州)、海昌(今嘉兴)和溧阳。毗陵是江南最大的屯区,也是东吴唯一的郡级屯区。屯区男女各数万人,兴建了许多陂塘和渠道,并把灌溉与运输两种功能结合起来,使运道两岸皆成肥田沃土,粮谷获得丰收。水稻一年能收两季,稻谷每亩产量可达三斛左右。南北朝时,南朝是太湖流域经济发展的重要时期,湖西的塘坝工程和湖东的圩田水利都得到较大发展,丹阳的练湖、湖州的荻塘等相继建成。北方的种麦技术也得到全面推广,南朝的统治者常下诏令劝种三麦,并教以耕作方法,与麦同时传入江南的还有菽、粟、黍等多种北方旱地作物。稻麦两熟制的普及,使太湖地区发展为富庶的农业区,达到"吴地一岁或稔则数郡忘饥"的水平。

隋唐时期,中国封建社会进入历史发展的高峰,隋代全线浚深拓宽江南运河,进一步密切了南北经济文化的联系,也促进了苏南地区经济的发展。唐代十分重视治水营田事业,特别是中唐以后北方藩镇割据,"天下大计,仰给东南",更致力于南方经济的开发。先后建成了从盐官至吴淞江南岸的海塘系统,包括整治荻塘,修建吴江塘路,开挖和浚深元和塘、盐铁塘和丹阳的练塘,常州的孟渎,无锡的泰伯渎、芙蓉湖,吴江的松江及其相贯的塘浦等,为围垦浅沼洼地和疏排水潦创造了条件。唐广德年间在苏嘉地区开展的大规模屯田垦殖工程,更进一步形成了河渠纵横、圩田棋布的塘浦圩系统。大批荒地被垦为良田,粮食产量大量增加,"米一石不过数十文",江南地区成为“安史之乱”后唐王朝给养的生命线。

宋代，江南人口进一步增加，为农业生产提供了充裕的劳动力，苏南运河沿线成为南方最发达的农业生产基地。苏、湖二州在一般情况下每亩可产米三石，故有“苏湖熟、天下足”之谚。在粮食增产的同时，苏南地区的蚕桑、茶叶、竹、木、漆、果等经济作物也得到普遍种植。桑蚕业富室育蚕有至数百箔，生产地位甚至超过种粮。茶叶更是普遍种植，毗陵的阳羡茶、吴县西山的水月茶都是名品。茶叶种植面积的扩大，使茶税成为政府一项可观的财政收入。果品中苏州洞庭的桔，当时堪称天下名果，苏、秀二州的梨也很有名。经济作物的普遍种植使苏南农业生产的内部结构发生了变化，涌现了大批种植经济作物的专业户。如苏州洞庭山民“皆以桑栀柑柚为常产”，其他如养花、种菜等都脱离了粮食生产，形成新的农业分支。木棉的种植和织造也在苏南运河沿线出现，男耕女织的家庭逐渐增多。

元朝江南人口比宋代又有较大的增长。随着京杭运河的改道，南北交往更为便捷。世祖至元二十七年(1290)，苏州人口增至243.4万人、常州增至132万人、镇江增至62.4万人。政府对恢复和发展农业生产相当重视，不仅颁布了鼓励发展农业的诏令，还专门设置都水庸田使司负责修筑田围、修浚河道，使苏南运河沿线的圩田数量大增，平江路一路即有围田8 829处。元时江浙行省每岁税粮达450万石，位居诸省之首，而其中平江(苏州)地区就高达88万余石。农业的发展还表现在经济作物的大面积推广，至元间，平江地区栽桑多达27万株。棉花作为一种新的经济作物，得到元政府的倡导，在江浙等地设置木棉提举司，吴地成为全国主要产棉区之一。蚕桑和木棉的广泛种植，也为吴地的棉纺丝织形成独立的行业创造了条件。

明、清时期，土地集中兼并严重，佃农队伍在增大，这在苏南运河沿线尤为突出。顾炎武说，明末清初“苏州府农民有田者什一，为人佃作者什九”。佃农多，主佃之间的矛盾不断发生，冲突严重。其结果是大批佃农获得了“永佃权”，即主佃双方以契约的形式将租额限定下来,地主只按额收租,佃户可以世代守耕。这种制度对促进农业生产的发展起到了积极作用。但江南地区地少人多仍是农业发展的突出矛盾。如明洪武九年(1376)苏州府人口216万,农田67 490顷,平均每人3.1亩;到清嘉庆二十五年(1820)苏州府人口上升到590万,而土地反降至62 222顷,人均占有耕地只有1.05亩。人多、地少加之赋重,促使苏南农业开始从传统的农业与手工业相结合的自然经济,向着农业商品化和商业性农业的方向转变。农民逐步把大量耕地和劳力投入栽桑植棉以及相关的丝织棉纺的劳动中去。因为种桑收入一般可高于种粮二、三倍,甚至四、五倍,故有些地方农民甚至完全放弃种粮而植桑、养蚕,连自己的口粮也不惜从市场购得。蚕丝、棉纺的发展,促进了农村自然经济向商品经济的转化,形成农副结合、粮桑并重的经济结构。养殖业也有较快发展,明代无锡梁溪河两岸,单农民"规河为池,蓄鱼取利"的鱼池就有700余个。

鸦片战争以后,长江三角洲地区成为帝国主义侵略中国的核心地带,西方列强纷纷在此开设洋行,并利用苏南运河廉价的运输条件,派出专人在沿线产丝城镇收购生丝,这就更加刺激了苏南蚕桑生产的发展。据统计资料,清光绪四年(1878),苏州、常州、镇江三府生丝总产量达355 355斤,翌年上升到392 840斤,其中无锡(属常州府)153 640斤,居三府之冠。

民国以后,苏南农村蚕桑生产进入迅猛发展时期,其中最具代表性的是无锡。当时,无锡城乡总户数约166 200户,其中农业户142 134户,而农户中养蚕户就有142 005户。也就是说,家家栽桑,户户养蚕。据民国19年(1930)统计,桑园面积已扩大到251 037亩,占总耕地面积1 255 187亩的20%。以后至民国22年,资本主义世界发生了空前的经济危机,生丝出口锐减,加之人造丝的兴起,丝价惨跌,农民养蚕亏本,桑田由25万多亩降至8万亩。至解放前夕,也仅恢复到13.5万亩,蚕茧产量仅为全盛时的14.58%。在粮食方面,也因战乱,水利失修,水稻亩产仅200~210公斤。农民生产、生活都很艰难。

二、当代农业

中华人民共和国成立后，共产党和人民政府高度重视发展农村经济，苏南运河区域和全国各地一样，在土地改革、互助合作、人民公社化后，农村经济管理体制进行了几次调整。同时大力兴修水利，改进生产技术，建设稳产高产农田，使农业生产稳步向前发展。中国共产党十一届三中全会以后，通过推行家庭联产承包责任制，积极推进农村商品经济的发展，农村经济呈现全面高涨局面。在新形势下，农业生产已开始向规模化经营过渡。1984 年常州郊区出现 3 个经济联合体，1985 年发展到 11 个。联合体形式多样，有资金联合、劳力联合、技术联合、产供销各环节之间的联合。使一家一户的专业经营在平等互利原则下向合作经营转化，形成新的生产力，经济效益有较大提高。无锡市至 1984 年，出现的各种专业户有 123737 户，各种经济联合体 6094 个，并出现 777 个专业村。农村的剩余劳力已大量涌向二、三产业，整个农业经济向着农、林、牧、副、渔、工、商、运、建、服的综合经营道路发展。在国家对种粮农民的政策扶持下，以及新品种、新技术的推广运用，粮、油、棉的产量产值都出现新的突破，苏州市小麦单产提高到 311 公斤、油菜单产提高到 147.2 公斤、水稻单产提高到 583.7 公斤。截止 2005 年，苏、锡、常、镇各市农业总产值分别达到 162.87 亿元、95.38 亿元、104.10 亿元、68.35 亿元。粮食产量分别达到 110.76 万吨、74.99 万吨、98.06 万吨、90.68 万吨。图 11-1 ~ 图 11-6 展现苏南运河沿线兴旺的农副业经济。

图 11-1　机械化收割

图 11-2　养蚕

图 11-3　茶园

图 11-4　郊区鱼池

图 11-5　家禽养殖

图 11-6　郊区无害化蔬菜生产

第二节 手 工 业

一、古近代手工业

苏南运河沿线，自古以来就是手工业发达的地区。早在春秋战国时期，运河区域已普遍栽桑、种麻，吴都城外就有集中栽桑养蚕的“桑里”，“织里”则为吴国官营的纺织工场。纺麻织布更是苏南农村家家户户赖以生计的主要副业。

汉代纺织品有用提花机编织的高级锦、绮、绣、绫、罗和用普通织机织造的绢、缣等织物。麻织品通称为“布”。东汉时期，吴越人民多爱穿麻布衣服。越布也成了当时著名的精美手工织品。孙权据吴后，为满足军需，曾三令五申要民间增产蚕丝，发展丝绸生产。东晋以后，南来的北方移民将中原先进的纺织技术带到江南，遂使南方的纺织业生产更加兴盛。

隋唐时期，江南运河是当时交通条件最好的河段，南连钱塘江可达闽广等地，北上邗沟经通济渠可达洛阳、长安，这为手工业产品运销提供了有利条件。大运河的南北沟通，有利于先进生产技术的交流。李肇《唐国史补》卷下记载：“初，越人不工机杼，薛兼训为江东节制，乃募军中未有室者，厚给货币，密令北地娶织妇以归，岁得数百人。由是越俗大化，竞添花样，绫纱妙称江左矣。”除纺织外，还出现了漆作、木作、砖瓦作、竹籐器作、冶坊、酒坊、糖坊、鞋帽作、裁缝作、制笔作、琢玉和金银作等手工作坊，并形成一些按行业聚居生产的专业坊巷，家庭手工业已逐步向作坊手工业转化。

五代时期，随着经济的恢复，纺织、制茶、造船、陶瓷等手工业技术也都有明显进步。

宋元时期，随着全国经济中心南移，苏南运河沿线城镇日趋繁荣,地区人口增长迅速,涉及千家万户的手工业也更为发达,尤以纺织业最为兴盛,仅在苏州、常州、润州先后设立的官方机构就有织罗务、织造务等,私人手工作坊也遍布街坊。

棉纺织业在元代是其大发展时期。松江乌泥泾的棉纺织革新家黄道婆创制的"捍(轧花搅车)、弹(弹花弓)、纺(纺纱车)、织(织布机)之具"以及对先进制棉生产工艺的传授,使该地区棉纺织业的发展遥遥领先于中国其他地区。

其他如酿酒、造船、陶器、印刷、金银制作、灯彩、泥塑、骨器制作等手工业均有不同程度的发展。宋时,苏州灯彩十分精巧,据《武林旧事》记载,当时皇宫元宵节所挂的灯彩,每以苏州为最。崇宁年间在苏州置"造作局",专门制造牙、角、犀、玉、金银、竹籐、裱糊、雕刻、织绿等物,每日役使能工巧匠不下千人,工艺都极其精美。民间的银作、锡作、铜作等作坊也很普遍。在陶器方面,创始于宋代的宜兴紫砂工艺在当时就很有名,文人诗作"小石冷泉留早味,紫泥新品泛春华"就是咏叹紫砂壶的精美。雕版印刷术的发明是印刷史上的一大创造,元代很多典章书籍就是在苏州等地刊刻的,姑苏叶氏刊印的《王状元荆钗记》等宋元善本,代表了当时的印刷水平。在酿酒方面,宋、元都实行禁榷专卖制,酿酒是官营的手工业,苏州、常州、秀州、江阴军都设有都酒务,其下各县设酒税务,管理官酒的酿造和销售。

明清时期,苏南运河沿线城市经济更趋繁荣,地区人口增长十分迅速,涉及千家万户的手工业更为发达,行业内部劳动分工也越精细。如棉织业就分成轧花、纺纱、织布、踹布、染布等部门;丝织业分成缫丝、织绸、染色等部门;造纸坊生产过程精确到推、刷、洒、梅、插、托、表、拖 8 个工序。手工产品的质量也随着分工的细化而提高,如苏州玉石雕刻业被称为"苏琢",《天工开物》说:"良玉虽集京市,工巧则推苏郡。"阊门一带,户户可闻琢玉之声,玉器作坊多达 830 余家。装裱业被誉为"吴装最善,他处无及"。制扇业的折扇被称为

“吴制”,与蜀扇齐名。苏绣在明代已形成独特的地方风格,具有精、细、雅、洁的特点,到清末苏绣作坊发展到150多家。家具业中用红木等名贵木材制成的家具被称为“明式”。碑帖、漆器、仿古铜器等手工艺品都是全国驰名的珍品。无锡惠山泥人更是著名的手工艺品。常州的土布、梳篦,镇江的酒、醋,一直以质量上乘,久盛不衰驰名于全国。

鸦片战争以后,外国资本入侵,民族工业渐兴,苏南地区以纺织业为代表的手工业遭受较大的冲击,但仍能以成本低、市场广泛以及便利的水运条件走出低谷。如无锡通过将洋纱分配给农户织布,使全县木机增至4.5万台,年产布300万匹以上,占全国棉布总产量的6.7%。民国元年(1912),苏州经营纱缎业的大作坊发展到57所,木机总数达到1524台,年产丝织品4万匹,产值达90万元。民国2年前后,苏州率先改用铁木机取代手工木织机,以后又从日本进口铁机和提花机进行丝织,到民国15年前后,苏州丝织业发展到近百家。后来丝织场还将人造丝掺入蚕丝织成绸缎,不仅成本低廉,而且可织出多个品种。从清末至民国10年前,是镇江江绸发展的高峰期,从事织造的机房有1 000多所,织机3 000台,江绸生产者不下2万户,织工达1.6~1.7万人。在此期间,随着外国商品不断输入,苏南运河沿线传统手工业产品,在工艺、造型等方面也逐步推陈出新,随着时代潮流有所改进。

二、当代手工业

中华人民共和国成立初期,苏南运河沿线手工业面临产品滞销的困难。各地人民政府着重于帮助打开销路,仅苏州一地,1950年购销总额达到2 335万元。接着又组织国营商业、供销合作社对手工业产品进行加工订货、收购产品,加以扶持。同时还组织失业手工业者开展生产自救,国家银行给予低息贷款,税收也给予缓征或减免照顾,使其得到迅速恢复和发展。尔后引导手工业走合作化道路,至

1956年,手工业户基本都进入生产合作社,进而成为集体所有制企业。20世纪60年代以后,除一些必须保留手工操作的传统技艺,如刺绣、雕刻、书画装裱等特种手工业外,其余手工业产品基本上实行机械化或半机械化生产。有些日用机械、家用电器、塑料制品等行业,通过引进国外先进设备,已进入自动化、连续化生产。如无锡宜兴的陶瓷品种由缸、坛、紫砂茶具,发展到钧陶、彩釉细陶、美术陶、青瓷、精陶等,而且进入工业陶瓷的生产,年产量达万吨以上,产品包括高频高压水冷电容等。图11-7~图11-12展现苏南运河沿线发达的手工业。

图11-7 清末民初江苏农村使用的手摇纺线车

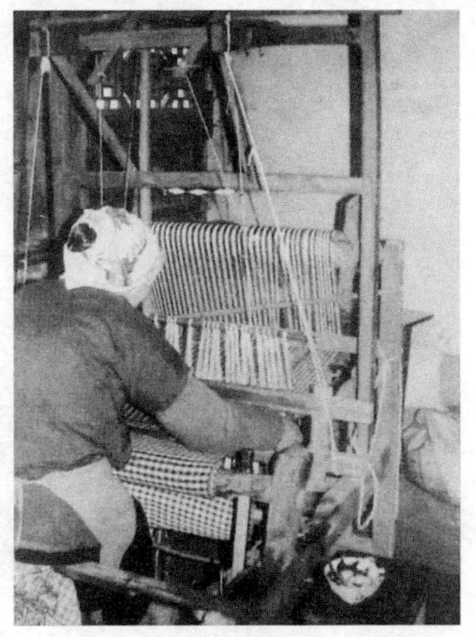

图11-8 清末民初江苏农村用木织布机织造土布

图 11-9　桃花坞木刻

图 11-10　缂丝制品

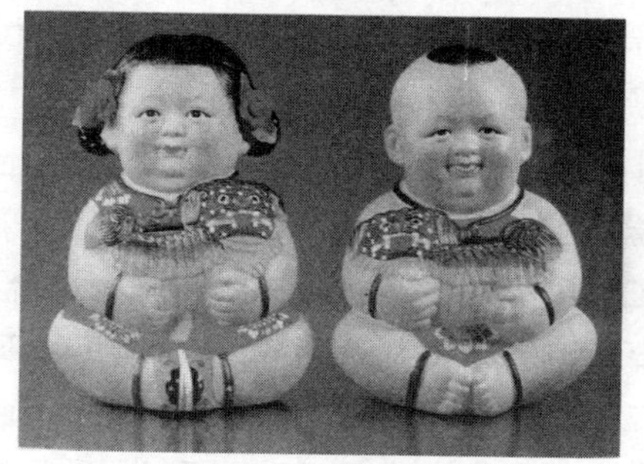

图 11-11　无锡惠山泥人

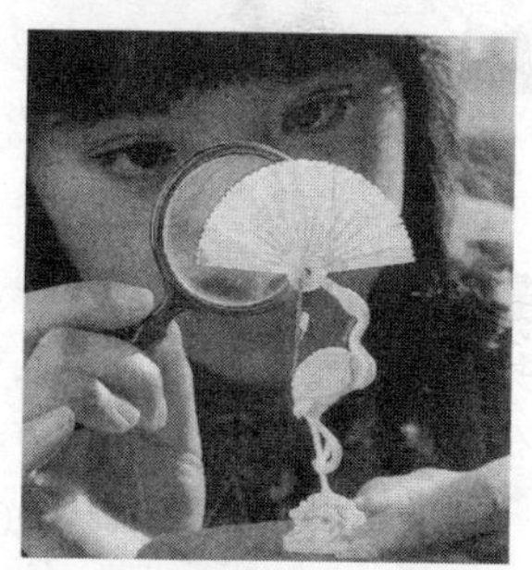

图 11-12　象牙微雕作品

第三节　工　　业

一、近代工业

苏南地区的工业是在粮、棉、丝传统手工业的基础上，依托优越的经济地理位置，丰富的原材料产地和运河通江达海的运输条件发展起来的。20 世纪初，纺织业、缫丝丝织业、面粉业已成为沿河地区的三大支柱产业，并形成全国的经营中心。而首开近代民族工业先河的则推无锡纺织业。

无锡第一家民族工业是清光绪二十一年（1895）由无锡人杨宗濂、杨宗瀚兄弟集资白银 24 万两，在东门兴隆桥创建的勤丰纱厂。该厂临近运河，占地百余亩，有英制环锭细纱机 38 台，纱锭 13 832 枚，工人 1 000 余名。产品有 12 支、14 支、16 支纱，以 16 支纱为主。

商标为“四海升平”,产品行销于江阴、常熟、常州一带农村,供农民织造土布,年产 7000 多件棉纱仍供不应求。

光绪三十年,无锡第一家用机器缫丝的工厂——裕昌丝厂开工,厂主是曾任清廷苏、松、常、杭、嘉、湖六郡劝农使和洋务查办交涉事宜大臣的周舜卿。资本 8 万两白银,设备有意大利式直缫车 96 台。生产的“锡山”和“金鱼”牌生丝,因质量好,远销欧美。宣统年间又投资 5 万两白银,购置单丝车 272 台,再行开办了慎昌丝厂。

光绪三十一年,荣德生兄弟等 7 人集资白银 27 万两,在无锡创办振兴纱厂,购进英国度白生牌细纱机 28 台,有纱锭 10 192 枚,所产“团鹤”、“球鹤”牌棉纱,曾获南洋劝业会优等奖。第一次世界大战爆发后,外纱进口锐减,荣氏继在上海开办申新一、二厂后又在无锡创建申新第三纺织厂,民国 10 年(1921)建成投产,有纱锭 5 万余枚、轧花机 80 台,电机 3 200 千瓦。生产“人钟”、“人鱼”牌棉纱。是年 5 月又辟建布厂,拥有布机 500 台,生产“握手”牌棉布。至抗战前夕,申新三厂已拥有纱锭 7 万枚、线锭 4 192 枚、布机 1 478 台,为当时内地规模最大的纺织厂。1956 年公私合营后更名为无锡第一棉纺织厂(见图 11-13)。

图 11-13　无锡第一棉纺织厂一角

清末民初,是无锡纺织业发展最快的时期,民国 10 年(1921),已有缫丝厂 15 家、纺织厂 3 家,至民国 20 年,更发展到缫丝厂 63 家、纺织厂 7 家,居全国领先地位,成为全国纺织中心。

除纺织、缫丝厂外，荣氏兄弟还于光绪二十六年(1900)在西门外太保墩创办了无锡第一家面粉厂——保兴机器磨面厂，后改名为茂新面粉厂(见图11-14)。此后又另有6家面粉厂创办，致使无锡很快就成为当时全国最大的面粉工业中心。

图11-14 茂新面粉厂(1915年)

这一时期，无锡创办的工业还有第一家机器碾米厂(大丰机械碾米厂)、第一家机器制造厂(协和机器厂)、第一家机器榨油厂(润丰机器榨油厂)、第一家化工厂(中国制镁厂)、第一家造纸厂(利用造纸厂)、第一家织绸厂(无锡丝织绸厂)和第一家毛纺厂(协新毛纺织染厂)等。

无锡工厂大都开设在运河沿线一带，在抗日战争前，在全国六大工业城市中，无锡居上海、广州之后，列全国第3位，在全国12大城市中，综合实力列第5位。

沦陷时期，无锡纺织工业遭日军严重摧残，许多工厂毁于日军炮火或遭焚毁。抗日战争胜利后，才逐步得到恢复和发展。

苏州自古以来家庭缫丝就很普遍，近代工业的兴起也从丝绸开始。清光绪二十一年(1895)，苏州商务局成立，兴办苏经、苏纶丝厂和纱厂，两厂耗银约78万两。勘定盘门外吴门桥东首临近运河的官荒地为厂基,丝厂占地33.31亩。次年,丝厂试车开工,有缫丝车208台,职工500余人。后缫丝车增至336台,职工共857人。年产厂丝500~600担,产品销往英、法、美等国。二十二年,由黄宗宪、王驾六等集资于葑门外觅渡桥筹建恒利丝厂(即吴兴丝厂)。二十六年,由华商杨奎侯与意大利商人康度西合作,在葑门外灯草桥开办延昌永丝厂。至光绪三十二年,苏经、恒利、延昌永3家丝厂拥有缫车836台,年产厂丝1 200担。

苏州首家丝织厂是创建于民国3年(1914)的苏经纺织厂,4年建成投产,有手拉铁木织绸机100台,生产苏经缎、丝枪缎、嵌花苏经纱等新产品,市场销路很好。至民国10年苏州丝织厂已增至14家。民国15年,苏经、振亚两厂开始使用电力织绸机进行生产,并开辟蚕丝、人造丝交织的新领域,创制了众多艳丽而价廉的特色品种,使国内外销路大盛。至民国25年,这种使用铁机的丝织厂发展到93家,拥有电力机2 100台,年产绸达24万匹(720万码)。

沦陷期间,苏州丝织业虽遭受严重打击,但在民国28年仍有46家丝织厂复业。民国34年丝织厂增至97家。抗日战争胜利后,苏州丝织业恢复较快,民国37年,丝织厂有104家,年产绸580.45万米。

苏州棉纺业用机器纺纱,始于光绪二十一年(1895)兴办的苏纶纱厂,虽然创建时间较早,但发展缓慢。至解放前夕,苏州的纱厂只有苏纶纺染织厂、泰利实验工场、苏州纱厂、源康纱厂、永明纱厂、勤业纱厂等大小6家,年产棉纱仅万件左右。

苏州棉织业使用机器生产始于民国20年苏纶厂开设的机器织布工场。民国25年,苏纶厂有布机1 040台,年产白布90万匹。另有中国实业社年产白布3万匹左右。苏州沦陷前夕,中国实业社迁往重庆,苏纶厂织布工厂自动布机仅留720台,维持生产色织布,其余布机抗日战争胜利后被厂主拆运去台湾。

常州近代工业亦以纺织业起家,清光绪三十二年(1906),吴幼儒等人在东下塘创办了常州第一家晋裕布厂,接着有蒋盘发、蒋鉴清等人于三十三年创办的裕纶布厂。以后陆续有粮食加工厂、机器制造厂及能源工业的出现。第一次世界大战后是常州近代工业获得较快发展的时期,先后兴办的工业有1916年蒋盘发、刘国钧创办的大纶机器织布厂、1919年江上达创办的常州纺织股份有限公司、1921年宋子文投资兴建的戚墅堰发电厂、1922年创办的利民纱厂等。民国以后,常州工业呈继续发展态势,先后创办的轻纺工业有:常州纱厂、广益染织厂、利源染织厂、协源染织厂、同新染织厂、久丰染织厂、民丰纺织厂,大成一厂、二厂、三厂,武进益勤布厂、九丰机器染织厂等。尤以刘国钧于1930年创办的大成纺织染股份有限公司一、二、三厂最具规模,日产布500匹,三年内资产增至460万元,列常州轻纺工业之冠。

镇江近代工业虽然兴办较早,但规模均不大,且发展迟缓。光绪二十年(1894)前后,就有四经、大纶丝厂的兴办,到清末,先后又有面粉厂、电灯公司、榨油厂、火柴厂等一批工厂的开设。截止民国26年,镇江大小工厂虽有约300多家,但资本总额仅约500万元。

苏南运河沿线城镇的现代工业是在旧社会遗留下的极其脆弱的工业基础上发展起来的。1949年解放时,沿河4市的工业现状是:苏州市共有棉纺织、丝绸、造纸、火柴等大小工厂307家,但其中称得上近代工业的企业不过20余家,且大多处于停工、半停工状态。无锡虽有工厂1 144家,但绝大部分属于初级近代工厂。常州纺织厂名为125家,但布机在200台以上的只有4家,丝绢业只剩两家。镇江106家工厂中,90%以上是生产食品、纺织、缝纫和皮革的小厂,较大的工厂只有3家。

二、当代工业

中华人民共和国成立后,通过3年的经济恢复和对私改造,沿河4市工业均得到不同程度的发展。至1957年,苏、锡、常、镇工业总产值分别达到3.085 1亿元、7.281亿元、2.59亿元、1.217 9亿元。

1958 年的“大跃进”，盲目办起的工厂虽然对经济造成很大的损失，但各地在调整过程中能通盘规划，扬长避短，仍取得一定发展。如苏州市注重企业设备改造，将色织布厂 1 000 多台“四代同堂”的手拉机、脚踏机、铁木机、电力机改造使用机器生产。织袜、制线、织带、毛巾等业将人力机改造成电力机。苏州毛纺织厂、化学纤维厂、毛针织厂、纺织机械厂等，都是这一时期保留下来的工厂，后来都发展成有影响的企业。无锡市在调整中使一批骨干企业得到充实提高，不仅冶金工业和电子工业脱颖而出，形成新的产业，机械、轻工、纺织、化工等行业也得到加强，不少产品在后来都成为无锡的名牌和拳头产品。常州市对适应市场需求和有发展前途的工业门类，分别采取联合、转产等方法予以保留，其中常州钢铁厂、常州柴油机厂、常州拖拉机厂、常州变压器厂、常州林业机械厂、常州化工厂、常州无线电厂等，后来均成为常州工业的支柱。镇江市对“大跃进”中办起的 200 多家工厂，采取保老厂、保重点企业等措施，使机械、化工、建材工业有了较快的发展，重工业比重明显增加。至 1965 年，苏、锡、常、镇工业产值分别达到 7.094 2 亿元、13.244 亿元、5.35 亿元、2.628 8 亿元。

1966 年至 1976 年，苏南运河沿线各市遭受“文化大革命”的动乱，虽然造成经济的重大损失，但也给地方增加了按实际情况办事的空间。苏州市纺织业抓住当时国内化纤织物兴起的时机，积极进行产品结构调整，从 1970 年起，连续 10 年累计投入技改资金 1 000 万元，纱锭由 6.6 万锭发展到 9.13 万锭，结束了 1959 年后 16 年徘徊不前的历史。无锡市先后投资新建了一批重点企业，电影胶卷、显像管、电视机、照相机、电力电容、塑料彩印、手表、合成纤维等一批重点产品也都相继形成一定的生产能力，社办工业也在全国率先起步和发展。常州市对国家急需和市场紧俏的短缺产品抓紧上马，上了近百条自动、半自动生产线，研制了一批新产品。1975 年工业产品达到 270 余种，比 1965 年翻了一番多。灯芯绒、柴油机等一批“拳头”产品不仅在国内市场有很高的覆盖面，而且远销国外。镇江市兴办了一批冶金、煤炭、船舶、汽车、电力等企业,这为以后工业的发展奠定了良好的基础。至1976年,苏、锡、常、镇工业总产值分别上升至19.7231亿元、38.75亿元、20.6亿元、13.4371亿元。

中国共产党十一届三中全会以后,苏南运河沿线4个市积极贯彻中央改革开放政策,探索发展工业的新路子。1981年开始对工业企业进行全面整顿。1982年后围绕搞活大中型国有企业,扩大横向联合,组建企业群体,实施配套改革,实现企业经营机制的转变。1992年后,进一步落实企业经营自主权,探索多种形式的资产经营承包,对企业进行股份制改革。这些改革措施,进一步增强了工业企业的活力。

在20世纪80年代开始的中国改革开放伟大历史转折中,苏南运河沿线地区农民创造了经济发展的奇迹——“苏南模式”,即以集体所有制企业为主的乡镇工业。这是在这一地区农业母体上孕育成长和壮大起来的具有巨大生命力的经济模式。这一模式对农民致富和转移农村剩余劳动力,加快我国工业的发展步伐,缩小城乡差别,都具有现实和深远的意义。

苏南农村地少人多的矛盾一直存在,锡山市从1949年到1970年人口增加了22万,而耕地减少了9.3万亩,人均只有1亩地。类此情况在苏南极为普遍。因此,20世纪70年代初,一些社队萌生“围绕农业办工业,办好工业促农业”和“以副补农、以工补农”的设想,并冲破种种限制,因陋就简办起了工厂。这期间,适逢一些大中城市的工厂进行设备更新,产品升级换代,这就使乡镇企业得以通过厂社挂钩的形式,扩大工业产品的生产。就无锡市而言,1976年就有城区生产的89个项目产品转移到区乡生产,还帮助社队培训技术人员,提供供销渠道。除生产为农业服务的产品外,还新增了机械、化工、纺织、电子等行业。到1977年无锡郊区的工业总产值从1966年的352万元上升到1.3亿元,其中社队工业的总产值从1966年的73万元上升到6 623万元。

中国共产党十一届三中全会后,中共中央、国务院连续颁发了一系列支持社队工业发展的文件,倡导城乡结合、工农结合,促使农村剩余劳动力走向社队工业。江苏省财税部门对社队工业在税制、税率上也给予优惠政策。这使社队企业扩大了自身积累,增强了自我发展、自我完善的能力。到1980年底,无锡郊区的社队企业增加到437个,职工3.69万人,年工业产值创3.28亿元新高,开始成为城市工业的重要补充。

从20世纪80年代初到90年代中期,苏南地区乡镇工业走上快速发展之路,在大约15年时间内,年均增长率达到30%左右。1994年苏州、无锡、常州3市乡镇工业共实现产值3 879.83亿元,占3市工业总产值的75.24%,达到"四分天下有其三"。在锡山(原无锡县)、武进、张家港、常熟等县级市里,乡镇工业产值高达"五分天下有其四",创造了世界经济史上的奇迹。

苏南地区濒江近海,靠近全国最大的城市上海,也有较好的工业基础。改革开放后,随着市场经济的发展,沿河城市的大工业增强了自我发展的能力,与乡镇工业联营,下放部分产品或配套加工,是一种利好双赢的选择。至1984年底,无锡市(含无锡、江阴、宜兴3县市)已有3 500多家乡镇企业与城市大工业、科研单位、大专院校及原材料产地建立多种形式的联营合作关系,加入了电视机、纺织品、录音机、电风扇、自行车等企业集团。郊区9个自行车配件厂开发生产"敦煌牌"自行车的11种主要配件,使配套率达到50%。一些乡镇骨干工业加入"长征牌"自行车、"菊花牌"电风扇、"虹美牌"电视机、"小天鹅"洗衣机等10多个名牌产品的企业集团,走专业化协作之路,产量大幅度提高,质量也得到保证。到1985年,无锡市年产自行车达16.1万辆、电风扇65.7万台、收音机78.1万台,都是与乡镇工业配套协作完成的。苏州郊区(不含市辖县)到1985年底有111家乡镇工业参与联营。1985年常州郊区五星、新闸、丁堰等乡镇与城市工业企业联营,建成6个千人规模的棉纺织厂,新建扩建了

5 家塑料厂,使联营企业发展到 38 个。国有企业先进的技术、设备、管理方法、产供销优势与乡镇工业的土地、厂房、劳动力等有利条件结合起来,发挥了联合优势,促进了生产力的发展。联营单位还利用大工业和科研单位的技术优势,开发新产品,扩大市场占有率。从 1981 年到 1985 年,仅无锡县乡镇企业就完成 320 多个科研项目,试制成 600 多种新产品,其中经省以上权威部门确认填补国内空白的有 18 种。宜兴县化工厂生产的二氧化锆及氧氯化锆,成为我国锆类产品最大的生产基地和主要出口基地。无锡县纺织配件厂应用微电脑控制精密磨床生产的轴承皮辊,产量从 1980 年的 5 万套增加到 1985 年的 85 万套,占全国同类产品的 20%,并打入国际市场。苏州市虎丘乡第二电子仪器厂与科研单位合作研发的电线、电缆橡塑半导电测试仪、矿用电缆电阻测试仪,填补了国内空白。1985 年至 1988 年间在苏锡常 3 市乡镇企业中,联营企业所创造的工业增加值已占到全部工业增加值的 55%,所创造的工业利润占全部工业利润的 70% 以上。图 11-15,图 11-16 为苏南运河沿线乡镇企业。

图 11-15　无锡市自行车厂装配车间

图 11-16 雪浪镇无锡邮电电缆厂

自 20 世纪 80 年代，随着对外开放步伐的逐步加大，苏南地区的乡镇工业开始生产外贸出口产品。1984 年无锡市乡镇企业外贸收购额在 100 万元人民币以上的产品已有坯布、服装、塑料、编织带、手套、圆钉、床单等数十种，到 1985 年出口产品更达 150 余种。虽然这些产品多为中低档的初级产品或半成品，但由于适应外贸多品种、小批量、交货快的要求，因而订单接连不断。仅有 200 名职工的无锡县江南皮件厂生产的皮钱夹，1985 年出口达 2.9 万打，创汇 80 万美元，被澳大利亚、丹麦等国家定为专供厂。常州郊区在 70 年代末只有外贸产品 13 种，进入 80 年代就有更多的劳动密集型产品进入国际市场。如永红塑料编织袋厂的产品远销美国、日本、西欧、东南亚的十多个国家和地区，永红五金工具厂生产的小工具也在西欧占领了市场。到 1985 年，常州郊区的外贸出口品种增至 25 种。1988 年中央提出大力发展外向型经济的方针，特别要求沿海地区的企业做到“两头在外，大进大出”。在这一方针指引下，苏南地区乡镇工业外贸出口产值逐年上升。1995 年无锡市乡镇企业完成出口商品供货额 333.69 亿元，比 1990 年增长 14.8 倍。乡镇企业的出口值已占到销售收入的 25.48%。在全市 118 个乡镇(含锡山、江阴、宜兴 3 个县级市)中，出口供货额超亿元的有 88 个，其中超 5 亿元的有 18 个。苏州所辖 6 个县级市，到 1995 年底共有 1968 家生产外汇产品，全年外汇供货额达 583 亿元，三资企业总数发展到 5 750 家，合同利用外资 100.86 亿美元。在全国外贸 5 强县(市)中苏州就占了 3 个。在外向型经济高速增长的同时，产品质量也有明显提高，特别是把一批实力强、科技先进的企业推出去合资，吸引了数以百计的1 000万美元以上的大项目，并着手从资金、管理、装备、技术等方面全面向国际市场靠拢，同时集中连片开发建立外资高新技术工业投资区，大大提高了外向型工业的水平。

苏南地区乡镇企业经过10多年的发展壮大，培育和造就了一批实力雄厚的大中型企业或企业集团。农业部1995年11月首批批准年销售收入超2亿元、总资产超1亿元、利税超2 000万元的327家乡镇企业为全国乡镇企业集团，其中无锡市就占了55家。这一年年末，无锡全市有乡镇企业集团公司251家，其中省级集团145家。无锡县(锡山市)1995年乡镇企业销售产值达807亿元，其中有4个乡镇企业总产值超过50亿元，120个企业产值超亿元。面对日益激烈的国内外市场竞争，苏南乡镇企业适时加大结构调整力度，通过少量的增量投入带动存量资产向优势行业、优势企业、优势产品结集，并对弱小亏损企业进行兼并，形成规模优势，扩大名特优产品的生产批量在市场的占有份额，同时推进企业转制，建立现代企业制度。1995年无锡市在9 338家乡镇企业中，建立股份合作制的有1 602家，拍卖转让的有1 184家。通过产权制度改革形成多元化混合型产权结构，加快了劳动者与生产资料的结合，提高了职工的自主权和积极性，从而增加了乡镇企业发展的后劲。

至1995年，苏、锡、常、镇4市乡镇工业总产值达4 889.5亿元，比1985年的235.45亿元增长19.77倍，占当年4市工业总产值的79.1%。

苏南经济的发展与沪宁铁路、高速公路、苏南运河及沿江港口等交通基础设施有着密不可分的关系。1996年至2005年，苏南地区通过经济结构和生产布局调整等措施，在现代综合运输体系的支撑下，社会经济得到新一轮持续高速发展。

苏州市在这新一轮发展中，工业系统在经济运行、对外开放、产权多元、产业提升4个方面都形成新的格局，综合实力迈上新台阶，形成具有自主知识产权的规模经济、民营经济、开放型经济“三足鼎立”的格局,中心城市和5个县级市的整体实力明显增强。2005年地区生产总值实现4 026.52亿元,按可比价格计算,比上年增长15.3%;人均地区生产总值达66 766元,5个县级市全部进入全国综合实力百强县(市)前列,其中昆山名列全国第一。全市工业总产值达到12 123亿元,其中规模以上工业企业9 909亿元,分别比上年增长26.8%和27.5%。工业产品中高新技术含量明显提高,苏州国华科技有限公司研制成功的高可用主动自调度集群服务系统“ASAS”产品,打破了美国公司的国际垄断,使在国内销售的美国公司生产的同类产品价格猛降50%。2005年末全市民营企业登记注册户数9.24万户,其中规模以上民营企业3 460户,占全市规模以上工业企业总数的51.9%。民营企业完成工业产值2 900亿元,占全市工业总产值的24%,并拥有16个中国驰名商标和29个中国名牌产品。

无锡市工业通过10年调整和提升,形成精密机械、成套设备、集成电路、电子元器件、精细化工、特钢及制品、高档纺织品等一批具有优势的行业和产品。全市拥有国家级企业技术中心6家、省级技术中心20家、企业博士后工作站18家,初步形成以企业为主体的技术新体系。从2001~2005年,每年有8~12项主要科技指标名列全省第一。民营高科技企业尚德太阳能公司,在短短几年内就成为国内首家在纽约证券交易所上市的公司。这家公司的产品将我国与世界光伏产业的差距缩短了15年。2005年,全市高新技术产品出口额达63亿美元,品种扩大到9大类。民营企业达20.74万户,完成工业产值达3 602.18亿元。并拥有“小天鹅”、“红豆”、“阳光”、“双良”4个全国驰名商标和14个中国名牌产品。民营企业还成为境外投资的主角,仅2005年就有100多家民营企业在境外投资150个项目,投资金额超过80亿元。

常州市通过产业结构调整,逐步建立起具有一定比较优势和区域特色的制造业体系,形成一批较大的企业集团。常州爱思特净化设备有限公司研制成功的EST(电极附),是具有引领世界水处理潮流的技术。常州图纳墨粉有限公司建立的我国首条激光打印机墨粉生产线所生产的墨粉,以其质量不逊国外同类产品,而价格较低的优势,迅速占领市场。常州常茂生物化工股份有限公司运用生物固定化细胞(酶法)新技术生产的L-苹果酸,成为全国首家拥有该产品核心技术的生产企业,所开发的富马酸,位居亚洲第一。由30多家企业组建的"常林工程机械集团",使原来分散的企业优势得到互补,产品达到涵盖装载机、挖掘机、平地机、压路机、叉车等几乎所有工程机械产品,2004年集团实现销售6.2亿元。2005年民营企业完成工业产值达710亿元以上。在全市制造业涉及的525个行业小类中,民营经济占行业总数的份额达64.6%。全市经营规模列前三位的企业集团也均为民营企业。

镇江市10年间通过调整和优化产业结构,使产业布局更趋合理,已形成造纸、化工、光电子及通信元器件、汽摩零部件、工程电器、五金工具、眼镜、木业、印刷包装9大产业集群。截至2005年,全市拥有国家重点高新技术企业37家,省级高新技术企业181家,省级高新技术产品620项。高新技术产业对工业产值增长的贡献率达65.72%,列全省第一。

苏南工业的特点是原材料供应和产品销售两头在外。而苏南运河通江达海,贯通长江三角洲经济发达地区,其运量大、成本低、能耗省、污染少的优势,成为厂矿企业大宗原材料和产品物流的首选。苏南工业的发展必然与苏南运河大动脉的运输功能紧密相连,这在1997年苏南运河完成全面整治后所产生的效应最为明显。

苏州市的一园(工业园区)、三区(苏州新区、吴中开发区、吴江开发区)均临近运河,进区项目1 082个,总投资达2 476.47亿元。行业覆盖电力、纺织、建材、医药、物流诸领域,构成了全市新兴工业的中坚力量。先后引进30多个国家和地区420多家外资企业,荷兰飞利浦、德国西门子、日本松下、美国杜邦等30多个世界500强企业纷纷落户,并已成为我国首批“环保高新技术产业园”。图 11-17 为苏州沿运河高新开发区。

图 11-17　苏州沿运河高新开发区

无锡市沿河企业已增加至 500 多家,90% 以上是民营企业,其中超亿元产值的大企业达 50 多家,年水运量 500 万吨以上的 6 家钢铁企业和有“中国硅谷基地”之称的华晶集团公司等企业都坐落在运河畔。沿河企业已成为无锡工业增长的支柱。图 11-18,图 11-19 为无锡沿运河的企业。

图 11-18　无锡德凯商品混凝土有限公司

图 11-19　无锡胜利油库码头

常州市沿河大型厂矿企业有 186 家。日产 16 万立方米焦炉放射性煤气的常州炼焦制气厂、生产大型变压器的日本东芝公司等一大批企业，都是看好整治后运河的通航条件而决定沿河投资办厂的。东芝公司建厂最大设备的运输重量达 400 吨，先后在全国多个港口选址比较，最后才落户常州。长江三峡水电工程建设所需的 10.5 万～75 万千瓦变压器，就是该厂的产品，并通过水运送达工地的。全市 10 大支柱产业中有 7 大产业沿河分布。运河两岸是常州工业城市的核心地区。图 11-20 为常州沿运河的戚墅堰电厂，

图 11-20　戚墅堰电厂

图 11-21 为常州沿运河的东芝变压器厂。

图 11-21 东芝变压器厂

镇江市凭借长江与运河十字交汇的地理优势，在运河腹地内建立起丁卯、丹阳等省级经济开发区。沿河工厂已发展到 435 家，其中大型企业 10 家，出口创汇企业 50 多家。形成了以纺织、丝绸、服装、化工、机械、电子、冶金、建材、塑料、皮革等 10 多个行业为主导的工业体系，其中包括年产 10 万吨醋酸的索普集团、年产 20 万台高清信息液晶电视的江奎集团、年产 150 万吨的京阳水泥的水泥厂、年产2 500万套轴承的精诚公司、年产 40 万平方米高密度纤维板的柯诺木业，以及奇美化工、嘉吉饲料、国亨工程塑料等。沿河工业已成为镇江市经济的重要支柱。图 11-22，图 11-23 为镇江沿运河企业。

图 11-22 大亚集团公司货运码头

图 11-23 丹阳钢铁厂

2005 年苏、锡、常、镇 4 市共实现地区生产总值达 9 006. 23 亿元,为 1996 年 2 638. 4 亿元的 3. 41 倍,占全省的 49. 29% ;4 市规模以上工业产值 19 462. 18 亿元,为 1996 年 6 193. 2 亿元的 3. 14 倍。详见表 11-1。

2005 年苏南运河沿线 4 市主要经济指标统计表 表 11-1

<table>
<tr><th colspan="2">主要指标</th><th>全省</th><th>镇江市</th><th>常州市</th><th>无锡市</th><th>苏州市</th><th>4 市合计</th></tr>
<tr><td rowspan="2">土地面积</td><td>平方公里</td><td>102 600</td><td>3 847.48</td><td>4 375</td><td>4 788</td><td>8 488</td><td>21 498.48</td></tr>
<tr><td>比重(%)</td><td>100</td><td>3.75</td><td>4.26</td><td>4.67</td><td>8.27</td><td>20.95</td></tr>
<tr><td rowspan="2">年末总人口</td><td>万人</td><td>7 474.5</td><td>267.61</td><td>351.63</td><td>452.84</td><td>607.31</td><td>1 679.39</td></tr>
<tr><td>比重(%)</td><td>100</td><td>3.58</td><td>4.70</td><td>6.06</td><td>8.13</td><td>22.47</td></tr>
<tr><td rowspan="2">地区生产总值</td><td>亿元</td><td>18 272.12</td><td>871.67</td><td>1 303.36</td><td>2 804.68</td><td>4 026.52</td><td>9 006.23</td></tr>
<tr><td>比重(%)</td><td>100</td><td>4.77</td><td>7.13</td><td>15.35</td><td>22.04</td><td>49.29</td></tr>
<tr><td rowspan="2">工业总产值(当年价格)</td><td>亿元</td><td></td><td>1 331.41</td><td>3 400</td><td>5 718</td><td>12 123</td><td>22 572.41</td></tr>
<tr><td>比重(%)</td><td></td><td></td><td></td><td></td><td></td><td>0.00</td></tr>
</table>

续上表

主要指标		全省	镇江市	常州市	无锡市	苏州市	4市合计
利税总额	亿元		97.71	161.84	382.26	597.32	1 239.13
	比重(%)						0.00
社会消费品零售总额	亿元	5 699.89	241.37	444.08	824.1	905.07	2 414.62
	比重(%)	100	4.23	7.79	14.46	15.88	42.36
自营进出口总额	万美元	2 279.41	39.65	83.38	291.88	1 406.77	1 821.68
	比重(%)	100	1.74	3.66	12.81	61.72	79.92
地方财政一般预算收入	亿元	1 322.68	47.14	94.99	181.68	316.78	640.59
	比重(%)	100	3.56	7.18	13.74	23.95	48.43
城镇居民人均可支配收入	元	12 319	12 394	14 589	16 005	16 276	
	比重(%)	100	100.61	118.43	129.92	132.12	
农民人均纯收入	元	5 276	5 916	7 002	8 004	8 393	
	比重(%)	100	112.13	132.71	151.71	159.08	

第四节　商　　业

一、古近代商贸

春秋时期，自阖闾都吴后，即"阙城为市"，并利用天然河网开凿区域之间的运河，发展水运，促进物资交流，城镇商业市场逐渐形成，商贸日渐兴旺。至西汉吴王刘濞时，吴都始终是江南的通都大邑。

魏晋南北朝时期，苏州、镇江、常州先后发展成南北商运和贸易兴盛的城市。苏州市场出现“商贾骈坒”,车船声“昧旦永日”的景象。市场开放时间也不再按顾客身份的贵贱分为大市、朝市、夕市,而是“开市朝而普纳”,商品也不分“都鄙”混而同廛。

隋统一江南后,大运河的贯通,大大促进了区域间的经济交流,直接带动了商业的发展,并促进了商业城市的兴起。

唐代运河的畅通,进一步促进了江南商业的发展。从唐代中叶到北宋初年,江南地区人口增加,商业更见繁盛。在全国增设的113个县中,南方就占了97个。苏州、常州、润州都成为丝织品、纸品、茶叶等商品交易中心,商业的发展居全国之首。

宋元时期,江南农业、手工业的发展和运河的通达,进一步促进了城镇及商业的繁荣。仅苏州一地,以米、鱼、果、丝、药、谷、醋、酒、油、绣线、罗、鞋等商业命名的坊巷、桥梁就有67处。设在常州周围的集市也多达16个,江南运河线上的奔牛镇,在南宋时即已成为繁华的集镇。镇江更是海外贸易的重要口岸之一。元代还开通了自太仓刘家港至河北武清、山东莱州等3条海运航线,在太仓建立了庆元市舶司,管理海外贸易。太仓刘家港成为海运的起点和新兴的重要外贸港口,外通琉球、日本等六国,故有六国码头之称。

明清时期,苏南运河通江达海的功能,使江南地区商业更为繁荣。《广阳杂记》说,“天下有四聚,北则京师,南则佛山,东则苏州,西则汉口”,“苏州为东南一大都会,商贾辐辏,百货骈阗”,“人烟稠密,贸易之盛,甲于天下”,各地商人云集苏州,会馆多达28个,各行业公所达140余个,甚至超过当时的北京、上海。仅汉口经运河来枫桥再转销闽、浙、沪等地的四川、湖广米就高达1 000万石。胥门、阊门、山塘一线是商业最繁盛的地区,涉及的行业有50多个,商号达230多个。

运河的畅通,为无锡商贸经济的发展注入活力,成为太湖地区农副产品最大的集散地,明清时期发展成粮食、棉布贸易中心。清乾隆年间,无锡年销售土布700万~1 000万匹,“米豆之业甲于省会”,

"皖、豫米商麇来"。光绪年间,无锡是江浙府县办漕之地,粮行集中在运河两岸,初在南塘,后向西塘、北塘延伸,形成八段米市。位于莲蓉桥沿河至通堰桥的前竹场巷,道光年间以经营竹类商品得名,是无锡重要的水码头,也是银钱业的集中地。

常州地处漕运之冲,为"三吴襟带之帮,百越舟船之会"的交通枢纽,商业经济亦很繁荣。沿河两岸更是闹市区,时称大市,店铺林立,商贾云集。自明初朝廷命种棉花后,城乡土布业应运而生。永乐年间成为全国33个较大的商业城市之一。清代布庄多达百余家,营销土布辐射省内8县26个乡镇和浙、皖、鲁、豫等省。

镇江地处运河入江口,更是"四方商贾群萃而错处,转移百物以通有无"的商业中心。清康熙年间,市场繁荣,商品丰富,仅丹徒镇"商税酒醋一项岁课钞就达六万二千四百五贯二百文"。

运河的贯通,不仅使沿河主要城市商贸经济得到发展,沿河小市镇也同样获得了新的生机和活力。唐宋以来,在商船往来的要津逐渐形成许多集市,因开始多为草屋,故又称草市,后来逐步发展为市镇。元明清时期,苏南运河沿线新兴市镇之多为全国之最。其中盛泽、平望、枫桥、浒墅关、洛社、奔牛、吕城、谏壁等都是商贸经济兴旺的名镇。

盛泽镇 明嘉靖年间,盛泽以绫绸为业,始称为市。清顺治四年(1647)建镇。随着丝绸业的发展,逐步成为大运河畔的一座大镇、古镇、名镇。至清光绪年间,盛泽的织机数达8 000余台,年产丝绸90余万匹,居各地之首。建镇300余年间,丝绸重镇的地位经久不衰。冯梦龙《醒世恒言》卷18说:"那市上两岸绸丝牙行约有千百余家,远近村坊织成绸匹,俱到此上市。四方商贾来收买的,蜂攒蚁集,挨挤不开,路途无驻足之隙。乃出产锦绣之乡,积聚绫罗之地。江南养蚕所在甚多,唯此镇处最盛"。

平望镇 西汉时,平望仅是一个村落。随着苏南运河的开通,逐渐发展成为运河畔重要的农副产品集散地和交通枢纽。北宋时"大商巨舶,物资充溢”,南宋时为京城杭州之北方门户,至元朝时居民已有数千户。明弘治以后,“居民日增,货物齐备,而米及豆麦尤多。千艘万舸,远近毕集,俗以(苏州)枫桥比之”。

枫桥镇　是濒临苏南运河的黄金段,“枕漕河,俯官道,南北舟车所从出”。枫桥镇又是运河进入苏州的码头,来往船舶停靠于此,成为苏州城外新兴的市镇。其极盛是在明清两代。明嘉靖时人郑若曾这样记述:“自阊门至枫桥将十里,南北两岸居次栉比,南岸尤盛,凡四方难得之货,靡所不有,过者灿然夺目”。清乾隆时期,枫桥为江南的著名米市,湖广之米大都辏于苏郡之枫桥,“枫江之舳舻衔尾,南濠之货物如山”,可见枫桥镇商贸业的繁荣。

浒墅关　是苏南运河流经的千年古镇。秦代始建乡,名虎疁,唐代改名为浒疁,五代时改为浒墅。元代至正年间设税关。明宣德年间设钞关,景泰元年(1450)设关署,命名为浒墅关,是全国七大钞关之一。运河穿镇而过,街市临河而设。明清时上塘、下塘两街夹一河,形成十里长街运河塘的水乡特色。商船来往,百货云集,日以千计。“凡四方商贾,皆贩于此,而滨旅达关亦必买焉”。

洛社镇　南宋始建洛社市,明清设镇。镇有米行、槽坊、药号、棉布、茧行、南北货、饭店、茶馆60多个行业,往来客商频繁,外市来此经商者颇多,是无锡之西的一个著名大镇。

奔牛镇　在宋时已成为“四方之赋与邮置往来、军旅征戍、商贾贸迁,途出于此,居天下之十六七”的大镇。该镇“北出孟河入江六十里,西抵丹阳亦六十里”,是江南运河上的通衢要道,商贾贸易极为繁荣。

吕城镇　因三国名将吕蒙在此屯兵而得名。宋代建镇,以物产富饶而驰名,粮食业尤其兴盛,有粮行、商店数百家,运河两岸停满粮船,被称为“日出万担粮,夜收百斗金”的粮市名镇。

谏壁镇　古为江南重要运口之一,为镇江之东的江防要地和重要商埠。南宋爱国名将韩世忠曾屯兵于此,为阻金兵南下,置铁锚封江,故有铁锚港之称。自南北大运河开通后,谏壁成为大江南北的水上通道。明清以来,铁锚港(即越河口)成为南北漕运和水上客货运输门户,商业尤其繁荣。

苏南运河沿河市镇大都相距10至30里之间,附近四乡农家一日可往返,既是所在四乡农村商品经济的中心,又是沟通农村与县州府城经济连接的起落点。凭藉发达的水网系统,市镇之间又形成一个互相联系沟通的市镇网络,对城乡之间的商品交流,促进区域商品经济发展起着十分重要的作用。

鸦片战争后,随着通商口岸的开放和民族工业的兴起,沿河地区的商贸发展出现了新情况。

苏州在鸦片战争后,"吴中繁盛之区"的地位迅速被上海所取代,加之洋货、洋布倾销,"商贾不行,生计路绌。"清咸丰十年(1860)春,太平军进攻苏州时,守城清军纵火烧毁阊、胥门外街巷,昔日最繁华的商市转眼成为灰烬。直至光绪年间始有复兴,形成城里以观前街为中心、城外以石路为中心的两个商业区。但客帮巨商多移资上海,本地商业以坐商为主。此时,外国资本入侵加剧,上海许多洋行、洋货商号来苏开设代理商行,苏州许多洋广货号亦充当上海洋行代理商。甲午战争后,随着苏州海关的建立和各国租界的设立,英、美、法、德、日等国洋行、洋商开办的商号增多,竞相争夺苏州煤油、棉纱、西药等商品市场。沪宁铁路通车后,苏州作为苏南洋货转销码头的作用减弱,只地产丝绸、茶叶市场销路有所扩大。宣统二年(1910),苏州商会入册的有38个行业1 054家工商业户。民国时期,苏州昔日商业名城的地位虽然大为削弱,但因水陆交通的方便,仍不失为太湖地区的商业集散地,许多商号利用航运班船,把商品销向四乡市镇,遍及苏、嘉、湖地区。

无锡随着近代工业的兴起,逐步发展成江南的经济中心城市,尤以粮食和丝绸的交易最为突出。民国18年(1929),生丝产量达2.67万担,占全国输出量的14.04%,是"甲于东南"的丝茧市场。粮食贸易在抗日战争前的20年间，平均年上市量达1 000万石左右，居全国四大米市之首。据民国24年资料，无锡城区商店多达7 530家。百业之枢纽的金融业随之进入全盛时期，城区有银行9家、钱庄9家、典当32家，成为江南地区的金融中心。

常州自民国初近代工业兴起，促进了商业的繁荣。商业发展到粮食、木行、绸缎呢绒、五洋百货、化工油漆、中西药、南北货、酒酱茶食、饭馆旅铺等40多个行业300多户。其中木材业的发达，主要因为常州河水直接江水（混水），宜于存放，使常州成为木材集散地。常州豆行由于实行明盘交易，深得客商信赖，年销量在300万~500万石。土布业因第一次世界大战洋布来货锐减，销路转旺，加上民国7年（1918）国家对土布及其他手工棉织物实行免税3年的政策，土布交易更见发达。随着机器纺织工业的兴起，棉布销售范围扩大，除当地和邻县外，还远销鲁、豫、浙、皖各省，仅大丰仁布号一家，年批发销量达3万~4万匹。

镇江被辟为通商口岸后，凭借港口交通对运河南北商品辐射的优势，有20多家洋行在镇江设有机构，外侨最多时达2 000多人。大量洋货的倾销，主要是火油与鸦片，其他是棉布、呢绒、食糖、纸烟、罐头食品、木材及各种消费品。据同治四年至民国21年（1865~1932）统计，洋货进口总值计74 041万海关两，土货出口总值计23 508万海关两，进出口贸易逆差50 533万海关两，大量白银因此外流。大批洋行在镇倾销洋货、收购土货，使镇江市场出现半殖民地的畸形繁荣，南北客商都集中在镇江进行商贸活动，尤以南北货、江绸、木材、绸布、钱庄五业最为兴旺。20世纪初，京汉、沪宁以及津浦铁路相继通车，镇江客货流向发生重大变化，同时大运河和镇江港淤浅不畅，加上苏北连年水灾，北货来源遽减，致使镇江进出口贸易、商业、金融业迅速衰落。

抗日战争期间，苏南沿河城市沦陷，遭日军严重破坏，加之物资匮乏，运河失修，商业萧条。抗日胜利后，美国战后剩余物资和商品充斥市场,正当商业起色不大,投机倒把猖獗一时。接着通货膨胀,商店纷纷倒闭,仅苏州一地在两月内,倒闭的商店就达110余家。

二、当代商贸

解放初期,苏南沿运河城市商业迅速从解放前的混乱状态恢复到正常营业,以国营商业为领导的商业市场逐步建立,并逐步实行酒类、烟类等商品的专卖和粮食、棉布的统购统销,合作社商业也迅速建立、壮大。1956年,私营商业实行全行业公私合营,1958年又把合作商业、小商贩过渡到国营商业,流通渠道实际上只有国营商业一条。国营商业逐步形成二级站、三级批发部、归口零售商店,商品以计划收购、计划调拨、计划分配、计划供应为主,凭证供应的商品一度达到40多种。直到1963年,随着经济形势的好转,凭票、凭证、凭券供应的商品才逐渐减少到22种。1965年,市场供应基本恢复正常。

"文化大革命"期间,城乡个体经商被完全禁止,城市商业网点大量裁减。20世纪70年代后期,随着工农业生产的发展,商业购销才由徘徊中呈上升趋势。中共十一届三中全会以后,商业体制开始改革,国营商业一统天下的局面被打破,集体、个体商业发展迅速,工业品、农副产品及粮、棉、油等由统购统销逐步走向放开经营。至1985年,苏南运河沿线城市商业网点发展到:苏州6 454个、无锡8 496个、常州3 959个、镇江1 180个;销售收入达到:苏州11.38亿元、无锡11.919亿元、常州7.401 9亿元、镇江4.767 5亿元。1992年国家统配物资的品种由1985年的256种减少到15种,由单一的指令性计划改为指令性、指导性、市场调节3种管理形式并存。生活消费品购销全部开放经营。城乡集市贸易也得到恢复,商品市场得到发展。无锡三里桥粮油市场占地面积达2 700多平方米,和18个省、市、区60多个县保持着业务往来,安徽大米、山东花生、东北大豆常年来此交易,每年成交量达4 100多万公斤、4 600多万元。吴江盛泽的东方丝绸市场、丹阳眼镜市场都具有自身特色。苏州物资贸易中心更是名列全国榜首,1990 年自营销售额达 5.4 亿元,直接创汇 300 万美元。1990 年,全国销售总额前 100 名的县级物资局中,江苏就占 41 个,大部分都在苏南地区。其中无锡县销售额高达17.3 亿元,名列全国之冠。至 2005 年,苏、锡、常、镇社会消费零售总额分别为 905.07 亿元、824.10 亿元、444.08 亿元、241.39 亿元。

在对外贸易方面,苏南沿河城市对外贸易虽然历史悠久,但自晚清至中华人民共和国建立前都是在不平等条件下进行的,完全自主经营进出口贸易则是从新中国成立后开始,并逐步发展壮大。

苏州市出口商品品种,1958 年只有 161 个,1985 年增加到 600 多个,除传统的农副产品、棉布、丝绸、工艺品外,增加了冷冻食品、医药、化工产品、服装、五金制品、机械零件及家用电器等附加值较高的商品,收购总值为 8.677 亿元。进口商品则以国外先进技术设备为主。2005 年,进出口贸易总额为 1 406.78 亿美元,其中出口为 728.23亿美元。

无锡市解放初期出口贸易以生丝为主,经中国蚕丝公司收购运往上海口岸出口。1958 年无锡对外贸易公司成立,统一经营全市进出口商品。出口商品包括纺织品、粮油食品、土畜产品、轻工业品、工艺品以及五金矿产、化工医药、机械 8 大类,当年外贸收购为 1 亿元,其中纺织品占 90%。此后多年徘徊不前。中共十一届三中全会以后,积极发展适销对路商品,至 1982 年出口商品收购总额为 6.56 亿元,品种发展到 406 个,销往 120 个国家和地区。1984 年,全市外贸收购额为 8.12 亿元,居江苏首位。2005 年全市进出口贸易总额为 291.88 亿美元,其中出口 155.44 亿美元。

常州市 1957 年出口商品收购总额为 298 万元,其中纺织品占 48.66%。1985 年全市出口商品收购总值增至 6.79 亿元,形成以轻纺为主,机电设备、塑料化工等多门类的出口商品结构,进口商品以电力、纺织、机械加工设备为主。2005 年全市进出口贸易总额为 83.34亿美元,其中出口 61.24 亿美元。

镇江市 1961 ~ 1973 年出口总值共 4 319.55 万元,出口商品主要是服装、猪肉罐头、皮鞋、鸡蛋等。1985 年,全市出口商品收购值增至 24 603 万元,品种包括粮油食品、土畜产品、纺织品、轻工产品及五金化工机械产品 5 大类共 218 个品种。2005 年全市进出口贸易总额为 39.65 亿美元,其中出口 20.34 亿美元。

苏南商业的繁荣,从苏南运河运量的增长得到验证。运河大规模整治前年货物通过量不足 1 亿吨,整治后即以每年 7.7% 的增长率递增,2005 年达到 1.9 亿吨。运河货畅其流,直接促进了地区商业的发展。由于经济持续快速发展,使整治后达四级航道标准的苏南运河承担的运输量又趋于饱和,亟待按三级航道标准进行整治,以进一步提高运输通过能力。

第十二章 运河文化

大运河的开凿和贯通，不仅使交通便捷，经济繁荣，同时也有力地促进了大江南北的文化交流，沿运河两岸形成各具特色的文化名城和文化彩带，其中苏南运河所展现的文化现象，不仅历史悠久，独具特色，而且丰富多彩，至今仍在闪耀着夺目的光彩。

苏南运河流经的地域是全国最富庶的经济地域之一。2500年来，它不仅以经济发达、风物清嘉、人文荟萃在全国产生重大影响，且以文化昌盛为人们所瞩目。它所特有的文化氛围和地域风情，以及吴地人民勇于开拓、敢于创新的人文精神，使这块土地始终在中国历史上显得生机勃勃。古往今来，这块地域为国家做出的贡献是巨大的，它不仅表现在众多杰出历史人物的出现，在中国乃至世界文化史上都占有一席之地，同时还从具有浓郁水乡风情的古城名镇、园林胜迹、街坊民居，以及丝绸、刺绣、工艺珍品等物化形态和昆曲、苏州评弹、锡剧、吴门画派等门类齐全的艺术形态中彰显出来。全面地阐述苏南运河在领域文化中的具体作用，是个极其广博宽泛的命题。本章所述及和采录的范围，仅限于直接记录运河的历史、演变及其河工事物始末的碑文，为运河或流域水利治理做过杰出贡献的人物小传，同时适当采摘历代对运河人文与自然景观的观感等诗词篇章，也酌收了一些未入正史却颇与运河有关的遗闻轶事，意图从中感知运河文化辉光之万一。

第一节 人物

本节所记叙的主要为对京杭运河和治水领域做过贡献的苏南籍人物，同时也酌量收录在苏南运河治理或在航运、河工、通航设施等方面有杰出成就的非苏南籍人物。

夫差(? ~前473)

春秋末吴国国君,阖闾之子。周敬王二十五年(前495)吴王夫差刚即位,即在江南开河通运。从苏州境经望亭、无锡至奔牛,达于孟河,全长计170余里。周敬王三十四年,吴王夫差灭掉长江以北蜀冈上的小国邗,筑邗城,并于城下挖深沟,至山阳(今淮安)末口入淮,名邗沟,沟通长江与淮河,以此为补给线向北扩展。夫差所挖邗沟主要是将沿河湖泊串连而成,故曲折多弯,全程约380里。史学界公认这一段人工开挖的邗沟是京杭运河最早开挖的区段之一,迄今仍有遗迹可寻。

伍员(? ~前484)

字子胥,春秋吴国大夫,与吴王阖闾谋国政,"立城廓,设守备,实仓廪,治兵库",营造阖闾大城,设陆门八、水门八,从此苏州成为春秋吴国的国都。周敬王六年(前514)为西进伐楚开凿从苏州西入太湖,经宜兴、溧阳、高淳至安徽芜湖的胥溪。夫差元年(前495)又受命开凿胥浦,"自长泖接界泾而东,尽纳惠高、彭巷、处士、沥渎诸水",西连太湖,东通大海。

黄歇(? ~前228)

即战国时楚国公子春申君,与魏国信陵君、赵国平原君、齐国孟尝君齐名,为战国四大公子之一。楚考烈王十五年(前248),黄歇被改封于吴,以故吴墟(今无锡梅里)为自己的都城,执掌楚国国政。考烈王死后,被李园杀害。

春申君被封于吴之后,曾在无锡舜柯山筑城,称为黄城。并于无锡西北疏浚芙蓉湖(古称无锡塘),将浅露之地辟为农田。现在有迹可寻的是在古芙蓉湖中留下的一个小岛,即今天苏南运河无锡段中的黄埠墩。在此期间,春申君还"治水松江,导流入海,后人因其姓黄曰黄浦,亦曰春申浦"。学者们认为,春申君所开黄浦古道,系向东于闵行附近入海。黄浦的作用是将太湖的涨溢之水和杭嘉湖分注之流引归入海,与后来的吴淞江并无直接关系。

杨广(569~618)

即隋炀帝,隋文帝次子,开皇元年(518)立为晋王,九年徙扬州总管,镇守江都。后以阴谋废太子勇,得立为太子。仁寿四年(604)弑父自立。在位期间,曾建宫室、筑长城、发兵高丽等。从大业元年(605)到六年,整修和改建了通济渠、永济渠和山阳渎,大业六年冬十二月敕穿江南河,"自京口至余杭(杭州)八百余里,广十余丈(约合40米),使可通龙舟,并置驿宫、草顿,欲东巡会稽",自此形成以洛阳为中心,西通关中,北抵涿郡(今北京西南),南达余杭(今浙江杭州)的南北大运河。但由于工程浩大,且急于求成,导致农民大起义,大业十四年被禁军将领宇文化及等缢杀于宫。谥炀。唐诗人皮日休曾以诗赞之曰:"若无水殿龙舟事,共禹论功不较多",是对炀帝开运河较为公允的评价。

范仲淹(989~1052)

字希文,江苏吴县(今属苏州)人。宋真宗大中祥符八年(1015)进士。初任广德军司理参军。仁宗天圣六年(1028)被荐为秘阁校理,后迁吏部员外郎,因忤吕夷简罢知饶州。庆历元年(1041)为陕西经略副使,庆历三年授参知政事。针对北宋积弊,与富弼、欧阳修等推行"庆历新政",因上十事疏为权贵不容,出为河东陕西宣慰使。皇祐四年(1052)卒。谥文正,追封魏国公。

范仲淹中进士不久,即被任命为苏北东台西溪镇的盐官,他目睹筑于唐代的捍海堰已支离破碎,每当大海潮袭来,田亩淹没,亭灶被毁,即上书给时任江淮制置发运副使的张纶,建议重修捍海堰。张纶报奏宋仁宗任命范仲淹为兴化县令,以便主持修复捍海堰的工程。天圣四年(1026)秋,范仲淹在勘测好海堤路线和做好工程的备料工作之后,即征集通(州)、泰(州)、楚(州)、海(州)四州民夫 4 万余人,兴工筑堤。时值秋冬,范仲淹顶风披雨亲临工地督工,甚至捐出自己的官俸作筑堤经费。这期间,因风雪兼旬,加之潮势汹险,工程方进行了一半，有少数民夫于灾害中死亡，范仲淹为此被弹劾调离。但海边民众继续此未竟事业，终于在天圣六年春完工，筑成一条堤底宽3丈、堤面宽1丈、堤高1.5丈，全长180里的海堤，使海边盐民自此得免海潮之灾。堤成一月，即有1 600余户农民和盐民恢复生产，3 000多户离乡农民重回家园。人们为纪念范仲淹，将此堤命名为“范公堤”。

景祐元年(1034)八月，范仲淹从睦州(今浙江桐庐、建德、淳安一带)移官故乡苏州。到任时，正值苏州暴雨成灾，范仲淹即往常熟、昆山等地查勘水情，招集无业贫民疏通白茆、福山、浒浦、茜泾、七丫等5条河，导使东北积水入扬子江与大海。并建闸挡潮，旱时引江水灌溉，涝时排泄积潦。在此期间，范仲淹还忙于“夙夜营救”十万户灾民。范仲淹提出的“修圩、浚河、置闸”3种治理太湖流域水利的主张，为历代水网圩区的治理者所继承。而他在《岳阳楼记》中所写的“先天下之忧而忧，后天下之乐而乐”的名句，则一直为后世志士仁人所推崇。

沈括(1031～1095)

字存中，杭州钱塘人。幼年曾随父至福建、江苏、四川等地生活，宋仁宗至和元年(1054)24岁时为沭阳县主簿。嘉祐八年(1063)举进士。治平元年(1064)为扬州司理参军，三年调汴京，编校昭文馆书籍。熙宁七年(1074)为皇帝修撰起居注，次年被任命为出使辽国的外交代表，办理边界交涉，经过13天6次谈判，迫使辽国放弃对北宋的领土要求，颇壮国威。九年权三司使，次年为蔡确诬劾罢。元丰五年(1082)为龙图阁直学士，后又贬为均州团练副使。绍圣初(1094)复官，二年卒于润州(今镇江)。

沈括中进士后，从事过水利建设，制作过地图，当过司天监和军器监的官员，还到过西北前线，做过经略使。每一项新的工作，他都精心通览这方面的业务，并成为专家。《四库全书总目》说他“括博学善文，于天文、方志、律算、音乐、医药、卜算无所不通，皆有所论著”。《宋史·艺文志》所录其著作多达22种155卷,可惜多所散失,仅存《梦溪笔谈》26卷、《补笔谈》3卷、《续笔谈》1卷,《长兴集》19卷,以及《苏沈良方》15卷等。

元祐三年(1088),他搬迁至江苏润州(今镇江),定居在他的梦溪园中,完成了他一生中最伟大的著作《梦溪笔谈》。这部著作亦是中国科学史上的一部伟大著作。英国的中国科技史专家李约瑟称沈括是“中国整部科学史中最卓越的人物”,称他为“中国科技史上的坐标。”日本的中国科学史学者薮内清说:“像沈括这样具有独创精神,对各种学问都抱有兴趣的人物,不仅在中国历史上稀有,在世界历史上也是可以被列入伟人行列中的人物。”

沈括在治水领域的成绩是:任沭阳主簿时,对本县方圆几百里的地域进行考察,发现境内的沭水由于长年失修而堙塞,难为水利,却时见水患,严重影响了农业生产。他提出整修沭水,亲自规划施工,“疏筑百渠九堰”,使沭水成为良好的灌溉水系,把70万亩低产田改成了良田。7年后,沈括调任宣州宁国(今安徽宁国)县令时,仍然很重视水利和农业,总结当地农民使用的圩田耕作经验,写成《圩田五说》,系统地阐述圩田的选地、水源的宣泄和圩岸构筑的方法与经验。还在今芜湖地区,主持修筑万春圩,使1270余顷农田变成旱涝保收的良田。

熙宁五年(1072)他奉命对汴河水道(原南北大运河之汴河段)进行治理。汴河是从京城开封经淮河入运河,然后到达江南的唯一通道,是京城的生命线,也是南北大运河的组成部分。沈括到任后,为获得沿河各段高低的正确数据,采用“分层筑堰法”测量汴河沿岸的水平高度。从汴京上善门起,经过840里河道至泗州淮口,高低相差194.86尺。他的测量方法是临时筑堰,量出堰内外两侧水面的差数。分段筑堰,逐段记录汇总,终于为汴河的治理提供了科学的依据。他将挖出的淤泥改造农田,沿汴河得淤田9000余顷。此后,他又赴两浙考察水利,领导江浙一带的水利工程,建树颇多。

夏原吉(1366~1430)

字维哲,湖南湘阴人。明洪武年间入太学,太祖擢为户部主事。明成祖即位后升至尚书。永乐元年(1403)四月,奉命赴江南治水。通过实地考察调查后,得知苏、松、常、嘉、湖诸州地势低洼,水患频年,更兼浦港淤塞,江流涨溢,庄稼时遭淹没之害,其中尤以吴淞江淤塞为甚。元朝至元十四年(1277),海舟巨船可以从海口溯吴淞江一直航行到苏州葑门停泊,但到了元大德四年(1300),吴淞江已泥沙淤满,太湖水不能入江,只能北入至和塘,经太仓由刘家港入海。到夏原吉治水时,吴淞江海口段的淤淀愈益严重,且难以施工。因此,他吸取前朝的教训,决心将吴淞江海口段放弃,将吴淞江改道由刘家港出海,史称"掣淞入浏",使刘家港成为一条排水及航海的大河,"可容万斛之舟",为郑和多次出海航行提供了便捷的通道。

原吴淞旧江入海口已严重淤塞,为了改善淀山湖一带壅积之水出路不畅的局面,夏原吉乃疏浚其旁的范家浜,上接大黄浦,下至南跄浦口,扩大淀山湖一带来水向东出海的通道。范家浜开浚之后,黄浦的水流改由范家浜东流,于复兴岛附近与吴淞江汇合折向西北流,至吴淞口入长江。此后,夏原吉又开浚白茆、福山、耿泾等入江港浦,导昆承、阳澄诸湖及东北地区涝水入长江,形成"以浦代淞"的水系变化,使太湖地区的洪水出路得到改观。后又经海瑞的开拓与疏浚,吴淞江成为黄浦江的支流,而黄浦江经不断冲刷淘深则成为太湖地区的排水干河,为以后上海成为全国最大的工业基地和出海港口创造了条件。

夏原吉在治水过程中,虽身为大臣,但至工地常布衣徒步,日夜筹划,使江南地区水利有所改善,这是很难得的。

周忱(1381~1453)

字恂如,江西吉水人。明永乐二年(1404)进士。初任刑部主事,继进员外郎,洪熙年间迁越府长史。后得大学士杨荣的推荐,被破格提拔为工部右侍郎,命其巡抚江南诸州府,总督税粮。前后长达

20 年之久，官至工部尚书。周忱善理财，在江南期间他理财赋、平冤狱、兴水利、治河塘、重农耕，凡有利于民生者皆勉力为之。

宣德五年(1430)周忱到任之时，正是吴中水利失修，水旱灾害频仍之际，仅苏州一府，累欠的赋税即达 800 万石。周忱乃从减免赋税和兴修水利入手，首先治理芙蓉湖。芙蓉湖地跨今无锡、常州、江阴交界之处，南北 80 里，面积 15 300 顷。周忱遍视芙蓉湖周围地区，查看灾民生活惨景，认真总结前人经验，访问地方耆老，采用北宋单锷《吴中水利书》中提出的主张，立足三吴全局，对芙蓉湖进行通盘治理。上筑"鲁阳五堰"(在今高淳县境内)，以捍上游来水；开拓江阴黄田诸港，以泄下流。于是湖之浅处皆露。周忱又采取以工代赈的办法发动湖民筑堤开河，围圩成田。芙蓉湖被围成东西两处，西湖称芙蓉圩，得田 2 万余亩；东湖称杨家圩，得田 4.7 万亩，分属无锡、武进、江阴。在此期间还拓浚九曲河，建陈家桥石闸及嘉山石闸二处。宣德八年(1433)九月，周忱支持常州郡守莫愚建孟渎河闸，以通东南漕运及商贩之舟，且可灌溉两岸近旁农田数千顷。正统元年(1436)周忱协同莫愚重建江阴城北之黄田港闸，为减轻百姓负担，周忱将来江南后积蓄用以备灾的粮食作闸用材料的资金，使黄田港闸仅用两个多月即得以建成。周忱常沿苏南河道巡视水利，当他看到松江流经的嘉定、上海一带，水中多生茂草，河流因而淤缓，就命人浚其上流，使昆山、顾埔等地的港河迅流而下，使积淤尽涤。此后他还于正统十年修筑吴江塘路，自南津至塘栖达杭州，凡桥梁道路未接通者，筑路建桥，以利牵挽漕舟。疏浚孟渎河和德胜河以及常镇运河，以通大江南北漕运。在他巡抚江南期间，对苏南的河道基本上进行了一次梳理，保持了通畅。周忱常常匹马单骑往来苏南河道之间，人不知其为巡抚。每至村落，即屏去随从，与村民男女相对，"从容问所疾苦，为之商略处置"，是旧时不多见的官员。

周忱在江南提倡赋税改革，触犯了豪绅权贵的利益，遭到攻讦和反对。景泰三年(1452)被迫辞官还乡，两年后辞世，追谥文襄。芙蓉圩和惠山等地的民众曾自发地建周文襄公祠以示纪念。

白昂(1435~1502)

字廷仪,常州武进人。明天顺进士,授礼科给事中,累官应天府丞、佥都御史、兵部侍郎等职。弘治二年(1489)五月,开封及金龙口黄河堤决。南岸洪水东至归德,由徐邳入淮;北岸洪水东流曹、濮,入张秋运河。九月,白昂被任命为户部侍郎,他受命会同山东、河南、南北直隶等地巡抚相继治河。在实地考察后,于次年集民夫25万人,筑阳武、封丘、祥符、兰阳等七县长堤。引中牟决水出荥泽、阳桥入淮。疏通宿州古汴河入泗,修汴堤,使其高度和宽度都达到一定标准。疏浚归德古睢河入饮马池,经符离桥至宿迁通漕河,上筑长堤,下修水闸。疏通支流十余条以泄水,堵塞决口36处,使洪流经汴、睢、泗、淮入海,致使水患得以缓和。白昂预见到黄河入淮并非正道,水大时定会泛滥,故又在鱼台、德州、吴桥等处修筑长堤,自东平北至兴济凿小河12条,引水分流入大清河、古黄河入海。各河口均建石堰,根据水情涨落,随时启闭调节。这就是他的"南北分治而东南以疏为主"的治河方针。

明初,里运河高邮运道长达90里。其时运河航道与湖道不分,运河东岸既是运河大堤也是湖堤。自明朝开国以来,为了保护运河堤(亦即湖堤),就在堤岸边障以桩木,固以碎石。运河的西北面则是七里、张良、甓社、石臼、平阿诸湖。每遇西风大作,波涛汹涌,经常因决堤而重修。公私船只也因常与沿堤桩石碰撞坏损或沉溺。扬州、高邮的地方官员提出,在靠近东堤处开凿越河,也就是以湖堤为西堤,于平地开河新筑东堤,使运河航道与湖道分离,这样既保证航行安全又可以减少决堤的威胁。白昂经过实地考察后,觉得挑越河的方法很有道理,坚决予以支持。经勘察测量后兴工,从高邮州北三里之杭家嘴至张家沟止,筑堤与开凿越河,长度与湖长相等,宽10丈,深1丈有余。并用桩木砖石加固如以前之湖岸。首尾有闸与湖沟通,在东岸又造4座减水闸,涵洞一座,湖水大时可以消减。这项工程经4个月完成,费银70余万两。自此舟经高邮者,从越河经过,再无风涛之险。上报后被皇帝命名为"康济河",新筑之堤被称为"白公堤"。此河完工后,不但为里运河中段之河湖分隔奠定了基础,且为里运河带来80余年的安宁。

嵇曾筠(1670~1739)

字松友,号礼斋,江苏无锡人。清康熙四十五年(1706)进士。雍正元年(1723),擢都察院左众都御史,署河南巡抚,于同年六月奉诏督筑黄河中牟决口。漫口合拢之后,他奏请沿河州县要贮积筑堤材料,以备抢险之用。次年五月,被任命为副总河,驻河南武陟县督治黄河。在此期间,嵇曾筠组织堤工队在黄河弯曲处筑堤,用以减弱水势,督造用于水利灌溉的水坝和水渠。他还创造了"引河杀险法",即在黄河河道过于弯曲处开挖引河,引导部分河水自直道下泄,以减轻河水对凹岸大堤的冲刷。他与总河齐苏勒在考察黄河堤岸期间,亲自踏勘西起河南荥阳、东到山东曹县和安徽砀山数百里的黄河大堤,发现最险应修处长达12万3千余丈,立即奏请兴工加固。同年七月,他又奏请加固阳武、祥符的堤岸,加筑中牟县的两处护岸堤坝。雍正三年三月,嵇曾筠发现祥符县(今河南开封)有淤滩直出河心,逼使水流南趋,而南岸均系旧薄的单堤,极有可能致险。嵇与齐苏勒会商于北岸开引河一道,引流直行,堤岸险情得以排除。因治河成绩卓著,六年擢升吏部尚书,次年又授东河河道总督,兼管运河事务。

雍正八年他被调任南河总督,驻节清江浦(今淮安市淮阴区)。他认为南河治理工程的关键是保持洪泽湖高家堰大坝和山盱坝的坚固,以及淮水入江水道芒稻河等闸坝的适时启闭与畅通。到任后,他立即组织力量,集备材料,先加固高家堰和山盱坝,然后至江都整修芒稻闸。雍正十一年底,嵇曾筠母亲病故,因治河要务在身,受诏在任服丧。先后协同总河高斌等增筑海口月堤和修筑清江浦龙王闸等河务,以利漕运。乾隆元年(1736),嵇曾筠授浙江巡抚,旋为总督，并兼管盐政。在此期间，督修海宁县和乐清县海塘大堤，筑海宁尖山坝，建鱼鳞石塘达 7400 丈。期间他还主持编修了《浙江通志》。

嵇曾筠在官，被誉为知人善任，恭慎廉明，治河成绩尤为显著。所创造的"引河杀险法"，节省库帑甚巨。又善建坝，每于引溜顶冲处为矶嘴坝挑之，故有"嵇坝"之称。其治河著作有《防河奏议》10卷传世。

嵇璜(1711～1794)

字尚佐，一字黼庭，晚号拙修。江苏无锡人，江南河道总督嵇曾筠之子。清雍正八年(1730)进士。历任日讲起居注官、翰林院侍读学士、通政司副使、都察院右佥都御史直至大学士等职，谥文恭。嵇璜有志于经世之学，得家学传授，尤擅长河务。乾隆九年(1744)，嵇璜视察河北、河南、山东等地的水情之后，写出《河工疏筑事宜》疏，除了提出开河引溜、分泄涨水等治水方略而外，还特别提到应革除夫头包揽工程，以防奸蠹包揽克扣，致使工程不固的弊病。工程当由官府直接招夫施工，按散工工价发给工钱。这两项提议得到采纳和施行。

乾隆十八年，黄河在河南阳武和江苏铜山缺口，淮河也在同年七月于高邮泛滥，冲毁车逻坝和邵伯二闸，嵇璜为此急上《宣防八事》疏，要求加紧修复和加固关键地段的河堤闸门，常年储备筑堤材料，开挖有关河道，既要堵防，亦应重视宣泄。在疏中他还说应该仿制明代用的平底方船，在船中用铁耙于黄河中疏沙，以防淤积。而里运河的有关减水闸坝，则应酌情予以恢复。所奏均为朝廷采纳，并被委派督办。同年十月，嵇璜在视察洪泽湖高家堰工程时，发现堤坝砖石混砌，新旧坝混用很不安全。下令原用砖工一律改用石工，在堤外筑砖石拦水坝。又因水深一二丈，修堤很不容易，乃采用堤身开槽修砌法，并增添桩木，以防石料过重而引起坍塌。砌筑时，先用石二道，再用砖砌一道。因砖与土不易固结，须于砖石之后再加筑灰土三尺以御冲刷。待新的工程完成过半,然后再逐步拆除旧石。事实证明采用这种方法所建石工确实坚固,这都是他从实践和群众经验中汲取总结出来的。乾隆二十二年四月,乾隆南巡途中,视察高家堰、清口及徐州一带的治水工程。考虑徐淮地段常年水患,岁多歉收,贫民甚众,乃责成嵇璜处理其事。此时嵇璜已被任命为副总河,他制定的湖河宣泄方案,认为黄、淮流入运河及高宝诸湖之水,归海路远,如宣泄入江,路途较近,且又顺直。因此,必须在疏通斗龙港、新洋港、串场河、射阳河等归海之路的同时,疏浚淮扬运河,修筑管理好里运河上的车逻、南关、五里诸坝,常年启放引淮水入江的要口芒稻河闸,将大部分的淮水引入长江,高宝兴一带下河田庐减轻了泄水压力,百姓就无水患之虞了。这一方案得到乾隆的赞许,照此实施后,果然湖河安全度汛。嵇璜因功升任礼部尚书。

乾隆二十五年十月,嵇璜途经清江浦时,发现淮水经运河的归江之路上尚有一些工程需要兴办。于金湾坝下开挖引河入董家沟,并疏浚董家沟淤浅处,从董家沟入芒稻河畅流至夹江。他还提出,廖家沟、石羊沟、董家沟 3 坝,坝顶太高,应降低 3 尺同芒稻西闸相平,使水流入江更为顺畅。这些建议,可看出嵇璜忠于职守,对工作认真负责和勤于实地调研的精神。

徐寿(1818 ~1884)

字雪村,号生元,江苏无锡县人。5 岁丧父,由母亲抚养成人。幼习举业,参加生员考试,但未成功。从此无意仕进,以布衣而终。鸦片战争后清政府的丧权辱国使徐寿认识到八股文于实用无补,因而转向研读“格致之学”(自然科学)。他与同乡华蘅芳在广泛汲取我国古代自然科学精髓的同时,还设法选购国外版本《博物新编》等一批物理、化学、数学、矿物学等科技书籍进行自学,相互切磋,并自制仪器进行实验。经过 20 多年的刻苦学习,徐寿掌握了多门学科的广博知识,对化学的造诣尤深,成为江浙两省“通晓制造与格致”的“奇才异能之士”,为世人所瞩目。

清咸丰十一年(1861)八月,曾国藩攻陷太平军占领的安庆,出于军事需要,在此设立军械所,并保荐徐寿与华蘅芳等人入所工作。同治元年(1862)初,徐寿与华蘅芳接到曾国藩要他们制造一艘轮船的任务。彼时在中国既无钢铁工业又无机械制造工业的情况下,制造一艘机械化的轮船,谈何容易。但徐寿接受了这一任务,首先翻看《博物新编》上有关蒸汽机和轮船的图样,然后又到停泊在安庆长江边上的外轮上仔细观摩。先由通晓数学的华蘅芳计算,徐寿和他的儿子徐建寅负责设计制造。用了3个月的时间,于同年七月十日制造出我国第一台机械化的汽机模型。这只小汽机汽缸直径只有1.7寸,引擎速度每分钟240转。并以此机作动力制成一艘三尺长的木质轮船模型,进行了试航。接着针对试航中的问题加以改进,放大船样,船长约二丈八、九尺,于同治三年初进行第二次试航,船速"一个时辰(合两小时)可行二十五公里",曾国藩参加了此次试航,他的评价是"行驶迟钝,不甚得法",希望"将以此放大,续造多只"。同年六月徐寿随同军械所及造船试制工程一同迁往南京,军械所改称金陵机器制造局。徐寿继续进行轮船的试制工作,在样船的基础上将船型放大,全长约55尺,木质船壳。同治五年四月,徐寿所造轮船"黄鹄号"于南京举行首航典礼。黄鹄号排水量45吨,时速近40华里,"制器置机,皆出寿手制,不假西人",首航成功,成为我国造船史上第一艘轮船。在取得了成熟的经验后,徐寿又陆续主持研制了"惠吉"、"操江"、"测海"、"澄庆"、"驭远"等多艘轮船的制造,为我国近代早期的造船业做出了巨大贡献。

徐寿的成就是多方面的。同治六年徐寿转入上海江南制造局工作,对"船炮枪弹多所发明","自制镪水、棉花(即硝棉)、药汞(雷汞)、爆药"等等。他另一个巨大贡献是译书,因徐寿不懂外文,由英人傅兰雅等口译,徐寿笔述。自同治七年(1868)至光绪十年(1884)逝世时止,共译介西方科技书籍17部(105本,168卷),专论9篇,计267万余字。其中尤以化学方面最为系统,对我国近代化学的发展起了很大的推动和促进作用。他所创造的化学元素新字，以金属元素加金旁，取原文第一音节译音为读音，如“钙”、“镁”、“钾”、“钠”等字，至今为中国和日本所沿用。被誉为“中国近代化学之父”。他还倡办了中国近代第一所以传播西方科学知识，研习和实验自然科学的新型书院——格致书院，为培养中国新兴的科技人才尽献了心力。

茅以升(1896～1989)

字唐臣，江苏镇江人。20岁时在唐山工业专门学校毕业，考取官费生留学。先取得康乃尔大学硕士学位，后又考入匹兹堡市卡利基工程学院桥梁系夜校学习。其毕业论文《框架结构的次应力》达到当时的国际水平，被称为“茅氏定律”，获该校首位工学博士，并获得康乃尔大学斐蒂士金质奖章。民国8年(1919)年底回国，先后在唐山工业专门学校、东南大学、河海工科大学、北洋大学、北平大学第二工学院、北洋工学院任教授或校长。民国19年任江苏省水利局长时，曾设计开辟镇江象山新港，惜未实施。民国22年，就任钱塘江桥工委会主任筹备建桥，他经过周密勘探，精心设计，提出了优于当时中国铁道部顾问、美国桥梁专家华德尔的建桥方案。民国24年茅以升任钱塘桥工程处长，在造桥过程中，他曾采用“射水法”、“沉箱法”、“浮运法”等，解决了建桥中的一个个技术难题，保证了大桥工程的进展。于民国26年9月建成我国第一座自行设计并组织施工的公路、铁路两用桥。当日本帝国主义侵入杭州前夕，受国民政府命令忍痛炸毁才通车3个月的钱塘江大桥。抗日战争胜利后，在茅以升的主持下将大桥修复。

20世纪30年代，茅以升曾对武汉三镇周围的长江水域做过勘察，写过长江大桥建筑计划书。1955年2月，茅以升任武汉长江大桥技术顾问委员会主任委员，他又接受修建我国第一座跨越长江的武汉长江大桥任务。1955年9月开工，到1957年9月25日建成，比原计划提前两年。

从1950年起，茅以升先后任铁道部铁道技术研究所所长、铁道科学研究院院长，为新中国铁路科技事业倾注了大量心血，使该院逐步成为专业齐全、实力雄厚的综合性研究机构，培养了一支有相当规模和技术水平的铁路专业科研队伍。1963年他向全国人大常委会提出《建设一个为社会主义服务的教育制度》的建议，深受周恩来总理的赞扬。

国民政府时期，茅以升被推选为中国工程学会会长、中央研究院院士。中华人民共和国成立后，茅以升被选为中国科学院学部委员，中国土木工程学会理事长，中华全国科学普及协会副主席，中国科协副主席、名誉主席。茅以升还是国际桥梁及结构工程学会会员，国际土力学及基础工程学会会员，加拿大土木工程学会名誉会员，美国国家工程科学院院士。美国卡利基—梅隆大学还授予他“卓越校友”奖章。茅以升曾任全国人民代表大会一届至六届代表，中国人民政治协商会议历届委员，全国政协六届二次会议当选为全国政协副主席，中国九三学社名誉主席。1987年加入中国共产党。1989年病逝于北京。

茅以升一生学桥、造桥、写桥。他在中外报刊发表文章200余篇。主持编写了《中国古桥技术史》及《中国桥梁——古代至今代》(有日、英、法、德、西班牙五种文本)。著有《钱塘江桥》、《武汉长江大桥》、《茅以升科普创作选集》(一、二)、《茅以升文集》、《中国名桥》等。

须恺(1900～1970)

字君悌，江苏无锡人。民国4年(1915)考入南京河海工程专门学校特科班。6年，他以优异成绩毕业，至省江北运河工程局从事测绘工作，17岁时，写出他的第一篇述作《制图杂读》，发表在《河海月刊》上。一年多后，他到天津顺直水利委员会任助理工程师，以严谨、勤奋、优秀的工作表现，深得国内外工程学界的好评。民国9年，美籍华人高大纲先生拟为美国加州的吐洛克灌区招聘一位有种植水稻经验的中国灌溉技术人员，须恺得到推荐，于民国 10 年春赴美深造，在加州吐洛克灌溉局任制图员。翌年秋入加州大学灌溉系进修，获工科硕士学位。以后曾至芝加哥、纽约等地考察。民国 13 年夏回国，他先到陕西省水利局协助原河海工程学校校长李仪祉主持泾惠渠新型灌渠工程的规划设计工作。民国 16 年被邀至江苏省裕华垦殖公司任工程师，负责苏北垦区的灌溉排水工程的设计和实施。同年夏秋，浙江省成立钱塘江工程局，须恺被聘担任统筹治理钱塘江的工程师。经沿江沿海实地勘察调研和访问，写出《略陈治理钱塘江意见书》，主张在治标应急的同时，应积极开展治本的五项技术研究，优先进行水文观测和地形测量，为钱塘江整治工程的规划设计做好前期工作。民国 17 年 8 月任南京国民政府导淮委员会副总工程师、总工程师。同年 9 月，华北水利委员会成立，须恺担任技术长。此时正值永定河发生大洪水之后，他深入灾情严重地区进行调查研究，用以工代赈的方法疏浚河道、堵口复堤，并研究灌溉、洗碱放淤等工程，主持编制《永定河治本计划》，这是海河流域规划最早的蓝本，也是按流域规划进行治理的开端。

民国 18 年，淮河受到水灾的严重威胁，南京国民政府决定成立导淮委员会，由蒋介石亲自兼任委员长，李仪祉担任总工程师，须恺担任副总工程师，参与主持《导淮工程计划》的规划编制工作。提出排洪、航运和灌溉并重，首要是除害，而除害又能结合兴利，并确定了江海分疏，淮沭沂泗四河分治的原则。《导淮工程计划》于民国 20 年 4 月完成。虽然这个《计划》的大部分工程由于政治和经济的种种原因，没有能付诸实施，但仍不失为我国 30 年代初期流域水利综合治理的重大科技成果。

须恺一生特别注意水利工程的战略布局和采用水利科学技术的新成就。他亲自主持苏北运河整治规划和设计，提出对我国古运河进行现代技术改造。在他兼任导淮委员会 17 区工程局和里下河工程局局长期间，主持修建了淮阴水利枢纽工程、淮阴船闸、邵伯船闸和刘老涧船闸以及三河、杨庄活动坝等工程,为苏北的航运、灌溉和排水做出了重大贡献。这些工程也是我国早期现代化的水利工程,通过工程的兴修,还培养一批现代水利的科技人才。

民国31年,须恺任国民政府水利委员会(后改水利部)技监。民国34年任南京中央大学水利系教授、主任,兼任水利工程学会会长。抗战爆发后,国民政府迁都重庆,须恺任职的导淮委员会机关也迁到重庆的綦江。当时四川尚无铁路,为了改善对重庆的煤炭、铁矿和其他物资的运输和供应,在须恺的主持下,导淮委员会开展了綦江(属长江支流)渠化工程的规划和设计工作,并且组织了各级渠化枢纽工程的施工。他还支持刚从印度学成归来的王鹤亭研究生产"代水泥",以解决战时后方缺少水泥供应的困难。綦江渠化工程完全采用自制的"代水泥"作为胶凝材料,不仅兴修完成了第一期羊蹄峒、石扳滩等五座船闸,还建成第二期石溪口、剪刀口等六座船闸枢纽工程,是战时后方一项重大的建设。在须恺的主持和策划下,导淮委员会还进行了长江另一些支流赤水河和乌江的航道整治工程,使抗日后方的交通运输情况有所改善。

民国37年须恺担任联合国远东经济委员会防洪局代理局长,同年冬又接受美国经济合作署华南分署的水利顾问工程师一职。不久,解放战争席卷全国,他辞去所有职务,谢绝国民党政府邀他去台湾工作,在香港停留了半年多,1949年9月1日率全家回到北京,回到祖国怀胞,并参加了第一届全国人民政治协商会议。

中华人民共和国成立后,须恺担任国家水利部首届技术委员会主任。1950年淮河遇到严重的水灾,促使党中央和政务院迅速下定决心,一定要把淮河治好。须恺和水利部副部长李葆华亲自到淮河流域各地视察,深入进行调查研究,探讨治理淮河的办法,经过周密考虑,提出了"蓄泄兼筹"的建议,为政务院所采纳,1950年10月政务院正式确定了"蓄泄兼筹"的治淮方针。

须恺1970年逝世,生前历任国家水利部规划司司长、技术委员会主任、设计局局长、北京勘测设计院院长。1958 年后任水利电力部勘测设计总局、规划局、水利水电建设总局总工程师等职,肩负着全国各大江河的流域规划、全国各重大水利水电工程规划设计审核把关的重任,孜孜不倦地深入研究探讨最佳的规划设计方案,始终坚持实事求是,对国家和人民负责的态度,几十年如一日。在此期间,他还连续三届被选为全国人民代表大会代表。担任过中国水利学会第一、二届理事长。著有《中国的灌溉事业》一书,在《水利月刊》上发表过多篇学术论文。

严恺(1912~2006)

福建闽侯人,中共党员。1933 年毕业于交通大学唐山工学院;1935 年赴荷兰德尔夫特科技大学攻读土木水利专业,1938 年获工程师学位并回国;1939 年起先后在云南省农田水利贷款委员会、中央大学、黄河水利委员会、河南大学、交通大学任职任教。全国解放后,于 1952 年参加华东水利学院(河海大学前身)的筹建工作并任建校委员会副主任,后任副院长,同年被政务院任命为江苏省人民政府委员;1955 年被国务院任命为江苏省水利厅厅长,同年当选为中国科学院首批学部委员(院士);1956 年兼任水利部、交通部南京水利科学研究所所长;1958 年被国务院任命为华东水利学院院长;1977 年受命组建南京水文研究所并任所长;1991 年当选为墨西哥科学院外籍院士;1995 年当选为中国工程院院士。

严恺是我国著名的科学家、教育家,把毕生精力献给了祖国的水利建设和教育事业。自 1940 年受聘担任中央大学水利工程系教授,开始了他 66 载的教育生涯。1982 年,在华东水利学院建院 30 周年之际,他提出了 16 字校训:“艰苦朴素,实事求是,严格要求,勇于探索”,这是他从教数十年以及严谨治学、严格治校的经验总结。历经数十年的努力,华东水利学院及河海大学成为一所在国内外有较大影响、水利特色和优势明显的全国重点大学,他本人也受到全校师生的敬慕与爱戴。

严凯学术成果丰厚,在海内外享有盛誉。曾主持或参与了黄河治理、钱塘江治理、塘沽天津新港回淤工程、淮河治理、长江口及太湖治理、长江葛洲坝及三峡枢纽工程、珠江三角洲治理、全国海岸带资源综合调查以及连云港、长江口深水航道、南水北调等重大工程建设项目,先后被任命或受聘为塘沽新港建港委员会委员、天津新港回淤研究工作组组长、长江葛洲坝水利工程技术委员会顾问、全国海岸带和海涂资源综合调查领导小组成员兼技术指导组组长、长江口及太湖流域综合治理领导小组成员兼科技组组长、长江三峡工程论证领导小组泥沙专家组顾问和生态环境专家组副组长、中国长江三峡工程开发总公司技术委员会顾问,为中国水利建设事业做出了重大贡献。他对科学的严谨和对事业的执着得到了国内外同行的尊重,曾先后当选为中国水利学会理事长、中国海洋学会副理事长、中国海洋工程学会理事长、国际大坝会议中国委员会主席、联合国教科文组织国际水文计划政府间理事会副主席兼中国委员会主席、发展中国家海岸与港口工程国际会议顾问委员会委员、河流泥沙国际学术会议顾问委员会主席。1992 年 80 岁高龄后,他仍坚持教学与科研工作。1992 年,主持的《中国海岸带和海涂资源综合调查研究》获国家科技进步一等奖;1995 年,被国际水利研究协会授予荣誉会员,专著《中国海岸工程》获第二届高校出版社优秀学术著作特等奖;1996 年,获中国工程院首届中国工程科技奖,主编《海港工程》出版;1997 年,获何梁何利基金技术科学奖;1999 年,主编《中国南水北调》出版;2001 年,主编《海洋工程》出版,同年被中国水利学会授予功勋奖。严恺院士曾多次主持国际学术会议,曾长期担任联合国教科文组织国际水文计划政府间理事会副主席、国际大坝会议中国委员会主席、发展中国家海岸和港口国际会议顾问等职。1995 年被国际水利学研究协会授予荣誉会员称号。

第二节 碑 记

京口闸记

宋·李埴

嘉定甲戌(1214)仲冬,有诏:京口漕渠岁久湮淤,爰命守臣史公弥坚总领军赋、钱公仲彪行视疏瀹,二公协心,奉诏惟谨。程功计费,列上于朝。越明年春,有旨赐可。乃择良日,分饬王旅,会于渠上。畚挶云兴,绠锸麇集(注一),统师临督,罔或不虔。决水纵之,下见其底,度地立表,分曹赋役,爰始爰度。

时惟史公,要束整明(注二),劳赐周腆,众懽趋之,相率劝功。自城南闉以抵江口,随地势曲折为里者九。先是齐民濒渠而居,侵冒临跨,日月滋甚,载舟之水,劣甫倍寻。舳舻经过,几同孱盪(注三);挽夫颠连,进不能跬(注四),政弛吏玩,浚治怠忽。刮腐辇壤,布于近岸,一雨骤至,旋复于渠。乃今相攸,于彼隙野,分积涂泥,高埒邱阜。并渠之家,咸归所侵,仍加振抚,毋俾失职。开空沙澱,呈露垠涯,曾碕修甮,清波演溢。闸旧有五,木腐石泐,支拄苟存,乃命更葺,选坚择良,矩矱增杰(注五)。跨渠而桥,前后惟六,造舟襞材,厥制兼施。新作者四,其二乃故。桥成焕嶷(注六),与渠俱新。凭高架空,虹亘霞举。澄澜华杠,相辅为美。吴樯蜀艫,沿泝夷怿(注七)。讴谣载路,骇若神设。公曰:"欲哉(注八),吾志未毕。惟城之东,归水有澳,以汇积流。潴泄有制,为渠之辅,堙塞既久,复命疏凿。厮而西行,抵通津门,回环军廪,捍偷止燔,为备尤夙;厮而东行,由甘露港以注之江。复建二闸,以时启闭。运艘灌输,军械转致,入出取道,实为径易。海波不惊,无有艰虞。由南城入,抵朱方门,悉瓮其裓(注九)。由城南出,达于吕城,间石其途。挽夫上下,妥视安行。甚雨滛潦,免于旋淖。又以余力,改营旧馆,敞为十楹。宾客往来,憩息有所。以及市沟,蠲浊而清,东抵黄泥,浚浅而深,小利微害,随力所及,以兴以除,未易殚述。"

惟始鸠僝(注十),众役序举。迨及奏功,不愆于素。历数其日,甫一周围。民不预知,官不告劳。岂惟挽饷,緊此之赖,流恶达壅,宜民孔多。来者叹惊,居者嗟咏,交享其利,莫测其由。尝稽诸古,渠通江湖,见于迁书,其来尚矣。唐漕江淮,撤闸置堰。国初淳化,始诏废之。熙宁元祐,相距两纪。由积中希,持议异同。曰堰与闸,废复不常。至于绍圣,使臣孝蕴(注十一),抗议讲画,佥谓详緻,易堰而闸,昉定于此。公私便之,今弗可改,兴澳之利,实出孝蕴。置官专掌,厥意甚良,以时申儆,南国永赖。奸臣擅朝,制遽隳斁(注十二)。邦人皆言,史公之举,美轶孝蕴,厥庸茂焉。

盖是役也,县官赐钱,为缗十万;太仓发粟,为斛八千。群司合助,惟力是视。郡撙浮用,汔济登兹。公视为常,弗以自汰。凡古之人,勤民为先。图事揆策,病于弗力。断而为之,鬼神避焉。吏治因循,人心苟玩。夺于浮议,惮于暂劳。近世以来,兹弊特甚。勇于济物,公议信高。在汉之世,开南山渠,凿褒斜道;在唐之世,开三门山,凿广运潭,或利船漕,或资田溉,著在史册,炳炳如丹。今公所为,视古何惭?大书诏后,孰不谓然。且俾来者,知嗣公志。克成守式,有永毋坏。埴以疏卤,备官史氏。摭诸舆诵,于是乎书。

宋·《嘉定镇江志》卷六

【作者介绍】

李埴 (生卒年籍贯不详),字季允,南宋绍熙年间进士,知常德府,以安静为治。时蜀患未靖,溃卒内讧,埴缮兵训戒,盗不敢犯。改知夔州,召为礼部侍郎。以持论侃直,出为沿江制置副使,兼知鄂州,累迁至资政殿学士。卒谥文肃,著有《李文肃集》。

【注释】

注一 "畚挶"、"绠锸"二句:畚挶,抬土、举土的器具;绠锸,绳索和铁锹。此二句意谓抬土的器具如云般聚集,绳索和铁锹像獐、鹿般群集在一起。形容工地上劳动的人很多。

注二 要束:约定的共同应该遵守的内容或条款。

注三 奡盪:奡,音傲。奡盪,意谓缓慢如陆地行舟。

注四 跬:半步。此句意谓不能前进半步。

注五 矩矱:规矩法度。此句意谓使用最精确的尺寸和设计。

注六 焕嶷:高耸耀眼貌。

注七 “沿泝夷怿”句:泝,流。夷怿,愉快、喜悦。《诗·商颂·那》:“我有嘉客,亦不夷怿。”此句意谓沿河的人都为之高兴。

注八 欿哉:意有不足的感叹。

注九 “悉瓮其裓”句:裓,音陔,如雷般的钟鼓之声。此句意谓因为流速平稳,河流的湍急之声变得低小。

注十 鸠僝:谓筹集工料,从事或完成建筑工程。

注十一 孝蕴:指曾孝蕴。宋泉州晋江人,字处善。历官起居舍人、殿中监、户部侍郎,坐事累贬至安远军节度副使。徽宗宣和二年,复为天章阁待制、知歙州。方腊起兵青溪,孝蕴约敕郡内,分兵守厄塞,民赖以安。会移知杭州,时城已陷,单车至城下。既克复,以功加龙图阁学士。卒年六十五。

注十二 隳斁:毁败;废弛。

京口归水澳闸记

宋·史弥坚

春秋大复,古讥变古。复之为是,变之为非。斯已乎?曰:未也必也。既复之,又旁通而曲畅之,使无遗利焉,斯足为复古也已。南徐地高卬,漕渠贯城中,为西津斗门达于江,以出纳纲运。昔之为渠,谋者虑斗门之开而水走下也,则为积水归水之澳,以辅乎渠。积水在东,归水在北,皆有闸焉。渠满则闭,耗则启,以有馀补不足,是故渠常通流,而无浅淤之患。历年久,澳废弗治,渠亦告病。

余至郡之初,视渠湮塞且尽,斗门不开,公私之舟望吾州跬步不进，率由江阴五泻而去。暇日登北固亭，览观山川形势，闾阎井闬，绵络江浒，乃无培娄之限（注一）。默计起北固而城之，西至于还京门，亦足以障蔽一面，然役大费夥，谈何容易。会有旨开浚漕渠，父老诵言：二澳不可不复。则按行故迹积水，为居民抵冒，胶固盘错，未易遽得。独归水堤防，略存私念，复一澳固足为渠利，然澳之西南则转般仓，其东北则甘露港。引而环之仓垣，因以护仓，受者在渠，给者在壕，以便夫纲运之出纳；引而接诸甘露，列为斗门，以通于江，亘三水为长壕，则向者默计之城，虽未能就，然阻壕为固，是亦城焉而已。

于是亲履其地，度工庸赋丈尺，改修归水故闸以通于渠，且浚而广之。其护仓之壕，则取其土，以广仓垣。之北规为他敖，益收灌输。其达于甘露港者，则为上下二闸，候潮登否，以益纳上流之舟。且虑二闸之间，不足以容多舟也，视北固之址有陂泽，则又通之，为秋月之潭，以藏舟焉。其下闸之外，则浚补八十丈，客舟浮江，乘便舣泊以避夫风涛之害。

役既就，客有言曰：归水初意，祇以灌渠，今达之于江，闸启则浅，无乃失其为辅者乎？是名变古非复古也。余曰：始为归水之澳者，其积特二百丈，而余之西引者，亦二百丈，其东引者，百二十丈又益之，以新潭合而计，殆三归水之积矣。昔者南徐特一郡耳，四方之舟至者有限，则一斗门足以通之。今天子驻跸钱塘，南徐实在所北门。萃江淮、荆广、蜀汉之漕，辐辏于此，过客往来，日夜如织，使古人复生，殆不必守其故智也。启西津斗门以出纳夫舟，渠水耗则下澳以益之者，其常也；乃若舟多，而一斗门不足以受，则吾甘露之闸，互启更闭而分受之者，其不常也。黄旗紫盖，运在东南，万楫千艘，乘时顺动，吾子行见之矣。是举也，延袤城壕，流通漕饷，固储峙、安民旅，而辅渠之备，且再倍之，其为利不既多乎！客顾谢曰：民不可以虑始而成大功者，不谋于众，乃今知变古者，徒曰变之而不得。夫古人未尽之意，是可讥也，而复古者，岂胶柱鼓瑟之谓乎？愿刻之石，以谕来者。余非复古者也，而客之意有不得辞。凡费缗钱四万五千四十，米石四千九百九十有奇，皆出之郡。所役禁卒，其功力视借助于大军者，三之一；水面之广狭不等，广者十有五丈，狭者不下十丈，深丈有五尺云。

《嘉定镇江志》卷六

【作者介绍】

史弥坚（？—1232） 南宋明州鄞县人，字固叔，一字开叔。尝从杨简学。以军器监为临安尹。兄史弥远入相，为避嫌出为潭州、湖南安抚使，平湖寇罗孟传。守建宁，行义仓法，有政绩。以兄久在相位，数劝归不听，遂食祠禄于家。卒谥忠宣。

【注释】

注一 培娄：小土堆。

镇江重开漕河记

明·吴节

镇江边临大江，通江有河，旧名京口，有闸有坝。南通常郡，地名奔牛，亦有闸有坝，皆潴通潮汐，以济漕舟。本朝洪武初，舟经此者尚众。比年，淤塞不通，重载之舟，多从孟河出入，必由大江，风涛不测，每致颠陨。天顺改元，朝廷欲于丹徒七里港开道，以接旧河。诏下巡抚大臣勘议，时左副都御史崔公恭躬临其地，乃偕巡按御史郑祐、镇江知府林鹗亲诣七里港相其地势，载询父老，咸以为宜，止浚旧河则工用较省。具疏以闻，上可其奏。于是以常、苏三万人自京口起，至奔牛计百六十里，各委官分领督浚，复惧有损民居，令河岸惟仍其故。崇者深丈余，卑者深八尺。又设法得公余白镪九百八十两，俾修砌京口、甘露、吕城、奔牛旧闸。于郡城西南二门各置浮桥，以通往来。于朝阳门外增建新闸，以防水涸。经始于是年春正月，甫三月而讫工。崔公等属节为之记。

《吴中水利全书》卷二五

【作者介绍】

吴节(1397～1481) 明江西安福人,字与节,号竹波。明宣德五年进士,授编修,历南京国子监祭酒,官终太常寺卿,兼侍读学士。为文授笔立就,多至数千言,滔滔不绝,尤工于诗。著有《南雍旧志》及诗文集等。

镇江府奉旨增造闸座记

明·姜宝

我镇江府丹徒、丹阳两县所通舟之河为漕河。河绾东南运道口,地形高于常、苏不啻三、四、五尺。每冬月水辄东西泻,西以江湖,冬枯则泻而西入于江;常、苏霜降水落也,则又泻而东下,如建瓴(注一)然。西下京口闸之板,谓可防水西走矣,东注则无可奈何,以漕舟之艰于行也。往往议挑河,两县河身亘长百五六十里,不问河流浅深,率多为坝以戽水。河浅深不一,又亘长,难于水之去。比挑未及半,而漕舟首尾相衔至,辄又停工以放运;水既戽去时,则又难于来,每年循习如此。国计民生两有妨,所司每相袭为故常。徇工吏及营求督工员役之言,偏开挑图抵塞,而不知往迹之有可寻。由来玩弛(注二)又如此。

万历某年前,抚台龙渠郭公民极谬采及刍荛(注三),具疏得请,于是量地远近,添造丹徒之大犊山、丹阳之黄泥坝与陵口,先所造凡三闸,各委官设夫以司启闭,议如志书所载。每年蓄练湖之水以济运。浅当撩浚者,如丹徒之夹冈猪婆滩、丹阳之黄泥坝、陵口、青阳等处,两三年间,或一修举。部议著为令甲(注四),永不许大开河为民病。

余尝统论我镇江诸闸由运河直达者七:丹徒自京口闸、南闸,东至于大犊山,所增造闸凡三;丹阳至吕城闸、陵口闸、尹公桥闸,西达于黄泥坝,所增造闸凡四。丹徒旁出而临江为新建闸、为丹徒镇闸,闸凡二。丹阳麦舟桥南去金坛者闸凡一;与夫吕城镇青龙桥外一坝,皆防其水之去。丹阳之支河,则陈家桥、太平河口,闸凡二,皆藉其水之来。是于岁漕计所并宜究心(注五)者也。

又尝筹之黄泥坝所新造,其初南实而北虚,虚则裂颓且崩矣,后即改而为今。他闸得无有似之者乎?法当审核而实其虚;前此陵口闸出在水面者,徒取闸形具,而中两旁不如式,板不得入于函(注六),其下盖有漏卮(注七)焉。后即亦改。而为以督理(注八)非人也,难保一无瑕而全然坚。并他闸得无亦似之乎?法当审核而坚其瑕。吕城镇闸与武进县奔牛镇之上下闸底初均平,后来武进之新闸废,而拆为书院之石料也。冬月下消减,奔牛两闸底遂高,漕舟并称不便。常郡守龙峰穆公炜是余言,亟深两闸,底水泻去。而我吕城闸底愈高,无已,姑且于其旁近别造一小闸以通运,然终非长便计也。法当如奔牛上下闸,底如本镇小闸底,深其底之高。

诸闸之启闭,冬月不可不如期。贵显人(注九)每乘舟来,不如期而辄启板,板不可不如期启也。则怒而责及守者,甚则携板去,投而弃于江,往往以势逞,所司不敢呵问也。不知尝奉严旨,闸规不可不守,是所当理谕而力阻也。守闸诸员役私通徇,不知有官法而辄擅放行,往往以贿启,以私情启,所司或不能尽知也。闸禁不可不严,是所当密察而深惩也。

丹徒之新建闸、丹徒镇闸,既放漕舟难,徒开弊窦,谓当遂塞之可也;丹阳麦舟桥水西走,金坛之漏卮也,陈家桥、太平河口二闸,两河各亘长四五十里,蓄其水可以济河水之不足,是三闸者,并所当冬闭而春启者也;吕城镇青龙桥外一坝,虞水南走而泄于吕渎河,故当筑。然民间通舟楫资灌溉之要区也,尝得请于都水使(注十)而开,不可遂筑塞。是亦所当冬筑而春开者也。他如蓄湖水惟谨,俾河水涓滴皆河有,束河水惟谨,俾河水涓滴皆漕用,吏胥之言不可惑。河水不必全戽,河亦不必全挑也。则府议台疏与部覆备矣。余无庸于言。

【作者介绍】

姜宝(1514～1593)　字廷善,明镇江府丹阳人。嘉靖三十二年(1553)进士,授编修。以不附严嵩出为四川提学佥事,再迁国子监祭酒，累官至礼部尚书。著有《周易传义补疑》、《春秋事义全考》、《姜凤阿文集》等。

【注释】

注一　建瓴：高屋建瓴的简称。形容居高临下的形势。

注二　玩弛：轻忽松懈。

注三　刍荛：割草打柴的人。《诗经·大雅·板》："先民有言，询及刍荛。"后多指草野鄙陋之人。

注四　令甲：第一道诏令；法令的第一篇。后用为法令的通称。

注五　究心：专心研究。

注六　函：涵洞。此句意谓闸板不可以置于有涵洞的地方。

注七　漏卮：底下有孔的酒器。此处指有漏洞。

注八　督理：监督治理；督率管理。

注九　贵显人：指居高位而名显于世的人。

注十　都水使：司掌水利河防、桥道舟车和券契量衡的官员。

京杭运河镇江段整治工程记

镇江段大运河，始凿于秦（公元前二一零年），成河于隋，（公元六一零年），系江南运河北上入江之咽喉。因丘陵起伏，坡陡弯急，长江变迁，流沙为虐，古虽"比年一小挑，三年一大挑"，仅丹阳陵口段就曾整治过二百一十余次，仍"官漕艰勤，舟楫不通"，历来是江南运河中著名的难工河段。建国以来经多次局部整治，然入江口门淤浅、辛丰多弯、陵口淤塌、航道浅窄、阻航依然。为建设南北水运主通道，经国家计委批准，镇江辖区四十二点六公里运河按底宽四十米、底高零米的四级航道标准，分七段三期进行整治。一九七六年至一九八零年整治江口段兴建谏壁船闸，打开了运河入江口门，其余六段航道整治工程自一九九零年二月陵口段开工至一九九七年九月全线告竣，计征地五千余亩，拆迁房屋九点五万平方米，挖土二千一百万立方米，修建护坡、驳岸八十四公里，改、新建桥梁十一座，复建年吞吐量一百万吨级的内河港口一座，两岸设置助航标志并广植树草。工程耗资四亿元。

本工程由江苏省交通厅主管，镇江市政府主事工程建设管理。工程实施招投标和施工监理，主要采取筑坝断航和大规模土方机械施工，应用井点排水和土工布等新技术、新材料，攻克技术难关，经广大工程建设者近八年艰苦卓绝的奋战和全市人民的大力支持，镇江段大运河得以全面建成竣工，旧貌变新颜。

为彰显伟业，昭示后人，特勒石为志。

镇江市人民政府　立

一九九七年十月

常州奔牛闸记

宋・陆游

岷山导江，行数千里，至广陵丹阳之间，是为南北之冲，皆疏河以通运饷。北为瓜洲闸，入淮汴以至河洛；南为京口闸，历吴中以达浙江。而京口之东有吕城闸，犹在丹阳境中。又东有奔牛闸，则隶常州武进县。以地势言之，自创为运河时，是三闸已具矣。盖无之，则水不能节；水不节，则朝溢暮涸，安在其为运也。苏翰林尝过奔牛，六月无水，有"仰视古堰"之叹，则水之枯涸固久，志概述本末而不能详也。

今知军州事赵侯善防字若川，以诸王孙（注一）来为郡，未满岁，政事为畿内最。考古以验今，约己以便人，裕民以束吏，不以难止，不以毁疑，不以费惧。於是郡之人佥以闸为请，侯慨然是其言。会知武进县丘君寿隽来白事，所陈利病益明。侯既以告於转运使，且亟以其役专畀之丘君。於是凡闸前後左右受水之地，悉伐石於小河元山。为无穷计，旧用木者皆易去之。凡用工二万二千，石二千六百，钱以缗计者八千,米以斛计者五百,皆有奇。又为屋以覆闸,皆宏杰牢坚。自鸠材至讫役,阅三时。其成之日,盖嘉泰三年(1203)八月乙巳也。明年正月丁卯,侯移书来请记。予谓方朝廷在故都时,实仰东南财赋,而吴中又为东南根柢(注二),语曰:"苏常熟,天下足",故此闸尤为国用所仰,迟速丰耗,天下休戚在焉。自天子驻跸临安,牧贡戎贽(注三),四方之赋输与邮置往来,军旅征戍,商贾贸迁者途出於此,居天下十七,其所系岂不愈重哉!虽然,犹未尽见也。

今天子忧勤恭俭,以抚四海,德教洋溢,如祖宗时。齐鲁燕晋秦雍之地,且尽归版图,则龙舟仗卫复溯淮汴以还故都,百司庶府,熊罴貔虎之师,翼卫以从。戈旗蔽天,舳舻相衔,然後知此闸之功,与赵侯为国长图远虑之意,不特为一时便利而已。

侯,吾甥也。请至四五不倦,故不以衰耄辞。

三月丙子,太中大夫充宝谟阁待制,

致仕山阴县开国子食邑五百户赐紫金鱼袋陆某记

【作者介绍】

陆游(1125~1210)　南宋大诗人。字务观,号放翁。越州山阴(今浙江绍兴)人。高宗绍兴二十三年(1153)进士第一,然殿试时为秦桧除名。孝宗即位,赐进士出身。曾任镇江、隆兴、夔州通判,后官至宝章阁待制。一生主张抗金,收复中原,诗篇充满爱国主义精神。著作有《剑南诗稿》、《渭南文集》、《老学庵笔记》等。

【注释】

注一　诸王孙:此指常州郡守赵若川,与皇室有血统关系,为赵宋王朝帝系旁支,故有此说。

注二　根柢:草木的根。

注三　牧贡戎贽:牧贡,牧民的贡品;戎,泛指西北的少数民族。贽,进见之礼。戎贽,西北少数民族进见皇帝的贡品。

常州开河记

宋·陆游

隋疏大堤,自今京口、毗陵、姑苏、嘉兴以抵于临安。初以备巡幸(注一),而后世因为漕运大利,故得不废。渠贯毗陵城中,徐行东注,独南水门受荆溪之水,为惠明河,釃(注二)为二股,皆汇于金斗门。

庆历中,太守国子博士李公余庆始疏顾塘河,益引惠明水注之漕渠。顾塘地势在漕渠后,故俗又谓之后河。崇宁初,太守给事中朱公彦复增浚之。方是时,毗陵多先生长者,以善俗进后学为职,故儒风蔚然为东南冠。及余公中、霍公端友,皆策名天下士第一,则说者遂归之后河曰:"是为东南文明之地。"邹忠公方居乡,士所尊事而化服者。忠公避不敢居,因以后河实之,而为作记。淳熙十四年,今太守林公下车(注三)逾年,既尊礼其诸老先生,延见其秀民(注四),所以表励风俗而激劝儒学者,日夜不敢少怠,弦歌之盛殆轶於承平时矣。而或以後河告者,亦不废也。

後河自崇宁後,不治者积数十年。中更兵乱,民积瓦砾,及治家弃滓(注五),故地益坚确。夏六月,林公乃搜闲卒,捐羡金,分命其属治之。不淹旬,渠复故道。袤若干,深若干,修若干。乃以书属予曰:愿记其事。予谓渠之兴,自为一郡之利,不必为士之举有司者设。然城南衣冠,以杜固凿而顿减,则后河成废与士之举有司者相为盛衰,亦自有理。太王迁岐,成王都洛,皆观川原(注六),咨卜筮,其由来盖尚矣。则林公兼取焉,顾不可哉! 士益勉之,以毋负公之意。公名祖洽,字子礼,明州鄞人,世以经行显云。渠成之岁,十二月二日记。

【注释】

注一　巡幸:皇帝巡游。

注二　釃:分流;疏导。《汉书·沟洫志》:"乃釃二渠以引其河。"

注三　下车:官员初到任称"下车"。

注四　秀民：德才优异的平民。《国语·齐语》："其秀民之能为士者，必足赖也。"

注五　弃滓：废弃的垃圾物。

注六　"太王迁岐"三句：指周朝祖先周太王迁居岐山、周成王迁都洛阳，都要观察山川平原地形，咨询巫师进行占卜后决定。

重建孟渎河闸记

明·杨荣

君子之立政，有可以益国而利民者，知无不为，为之有方，虽疲民力而民忘之劳，耗其财而民不自恤。苟或役民于非所当务，则怨谤随之，其能留声当时为利后世者几希。孔子曰："择可劳而劳之，又谁怨？"孟子曰："以佚道使民，虽劳不怨。"其信然矣乎！

工部侍郎庐陵周君忱，奉命巡抚苏常诸郡。常之武进，故有孟渎河闸，以通东南漕运及商贩运舟，且溉傍近田数千顷，岁久闸坏，公私病焉。常守莫君愚，图改作之，以役费繁重，弗敢专。谋于周君，议与克合，遂发往岁节省税赋浮费，以市财僦工，砻石姑苏洞庭山，而舟致之。郡民皆欢忻趋事，作于旧址之南丈余。其下先错列巨栈，贯以长松，而后填石焉。东西石甃，纵以丈计，为十有六；崇以丈计，为二百五。中广视纵当八之一。南北为雁翅状（注一）以杀水势，中夹木石凿以枘，悬板而上下之。经始于宣德八年九月，而毕工于是年之冬。用徒匠以日计，二万三千七百六十；木以株计，八千九百；石以丈计，三千五百；灰以斤计，二十二万；砖以片计，十有二万。始终董其役者，知县朱恕；效劳为多者，耆民恽昶。闸成而获利如故。

莫君以为苟无记，则后世莫知所自，遂因通判张龄来京请记于余。余述图志，两浙运河贯郡城，西行三十里，历奔牛、吕城二坝以达京口，舟行既艰，而河小不足以通巨舰。唐元和中，刺史孟简始令开北河，自奔牛北行七十里至河庄镇入扬子江，舟无巨细，皆得径达于江，而免过坝之劳。（此处旁有小注：此河通则漕舟出江者速，而运事及期,其所系非细故也。)第其水上引运河源远不能常续,下仰江潮去来不能常存,简于是置闸河庄,为之节制,使人以时启闭,其利益博。其惠之在人,可谓深且久矣。人以其姓名河,谓之孟渎,又谓之孟子故闸,亦以孟渎为称。闸废,民失其利,今得周、莫二君子,协谋而更置之。二君子之惠足以继简,而流于无穷,是可尚也。

【作者介绍】

杨荣(1371～1440)　明福建建安(今建瓯)人,初名子荣,字勉仁,建文进士。初任修撰,永乐时入文渊阁,以多谋能断,为成祖所重,多次随行北巡,升至文渊阁大学士。仁宗、宣宗两朝和英宗初年,都在朝辅政。英宗即位,与杨士奇、杨溥同辅朝政,并称“三杨”。后辞官归里,死于途中。著有《北征记》、《杨文敏集》。

【注释】

注一　雁翅状:闸口上下之八字墙,其形如雁展双翅成八字排开。

常州府重建黄田闸记

明·王直

水之有闸,所以时启闭、谨蓄泄,通舟楫之去来,资田畴之灌溉,其为利大矣！然唯仁民爱物之君子,斯能因其利而利之,不然则怠惰纵弛,苟目前之安,忽经久之利,其为民病,岂小哉？予于黄田闸之重建而知其用心之厚也。

常州江阴城北黄田港,引江潮贯城中,而出于南门,凡二十里。会夏港之蔡泾以达于运河,实舟楫走集之地,附郭良田数千顷,皆赖其灌溉。港因潮之消长为浅深,长则溢,消则涸,溢则舟通而足以溉田,涸则田不得受利而舟胶,且败者有矣(注一)。唐长庆中,李德裕(注二)观察浙西,始建闸于城北,潮长即启以行舟,消即闭以蓄水,人赖其利。历岁滋久,缮治不继,日就颓毁。自洪武丙子(1396)以来,人失利也久矣,前之为郡县者数十人,莫有少慨于心者(注三)。

宣德中,工部郎中桂林莫侯愚,彼简拔(注四)来为郡,上赐玺书,俾典利除害。侯询知其事,叹曰:"此亦利害之大者也。今田利漕舟皆赖此,其可后乎?"然以始至不暇为。久之政通人和,即具奏其事。上命巡抚侍郎周忱(注五)经度之。周公庐陵人,忠以奉国,仁以惠民,而侯与之协议,重建于旧址南五丈许,以避水之冲。念役重费殷,不忍赋于下,公常广储蓄以备灾,度可支数十年。欲稍发所备米市材僦工,一切不以烦民,计其费以闻。诏可之。

乃命通判邵武张侯龄董其役,然诸调度皆出周公。买石洞庭山,砻琢(注六)而后致之。凡用石工五十人,木工十人,金工五人,土工十人,役夫二千五百人;石四万五千尺,木二万一千一百根,砖三十万一千个,石灰四千石,铁一万一千斤;食米二千九百石。经始于正统元年八月,而以其年十月成。自是岁获大穰(注七),舟行无害,耕夫揖徒(注八),商人估客,鼓舞而赞颂焉。郡中父老皆大喜曰:"兹闸之建,吾都襟抱严固(注九),风气完复,吾民其永有利哉!"

【作者介绍】

王直(1379~1462)　字行俭,号抑庵。明永乐年间进士,授修撰。历仕仁宗、宣宗,迁少詹事,兼侍读学士,在翰林二十余年。稽古代言编纂纪注之事,多出其手。英宗时官至吏部尚书,为当时名臣。卒谥文端,著有《抑庵集》。

【注释】

注一　败者有矣:意指河道和堤防有部分淤塞、衰败。

注二　李德裕(787~850):字文饶,赵郡(今河北赵县)人。李吉甫子。历任浙西观察使、西川节度使等职。唐武宗时居相位,力主削弱藩政,曾佐武宗讨平擅自袭任泽潞节度使的刘稹。著有《次柳氏旧闻》、《会昌一品集》。

注三　莫有少慨于心者:慨,感慨,慨叹。此句意谓很少有人慨叹这种现状的。

注四　简拔：选拔；选择。

注五　周忱(1381～1453)：明江西吉水人，字恂如，永乐进士。任刑部郎官多年。宣德五年(1430)，以工部右侍郎巡抚江南。曾多次亲自调查江南积欠赋税原因，革除积弊，使豪强不敢欠税，粮长不能中饱。又和苏州知府况钟奏请减免重赋。在此期间还疏浚吴淞江等，设济农仓防灾。在江南凡二十年。

注六　砻琢：磨炼。

注七　大穰：庄稼大丰收。

注八　揖徒：互相别离的人；旅行者。

注九　严固：严密牢固。

移建广济桥碑记

广济桥原跨城西古运河。明正德十二年(公元一五一七年)，江南巡抚周忱主建，为我市最古老之三孔石桥，因邻漕仓，俗称西仓桥。桥型古朴优美。今运河拓浚而孔狭窄，束水碍航，桥墩不固，不无倾圮之虞。为保护文物古迹，移桥舣舟亭半月岛间，融亭岛为一体，飞虹倒影，名园生辉。

爰立碑记，以志盛举。

常州市运河整治工程指挥部
常州市　文物管理委员会　立

一九八六年十二月

重建毗陵驿皇华亭碑记

常州汉称毗陵，隋设常州府，为江南重镇。隋王朝凿通南北运河，城西毗陵驿遂为交通咽喉，驿站设朝京门外文亨桥西北畔。清光绪武进阳湖县志载毗陵驿在武进西直厢西直街，此驿原在驿桥即天禧桥东，初名毗陵驿，宋改荆溪馆，元称水马站，明洪武年间移城外今址,复名毗陵驿驿站。临河处旧称大马头,建有皇华亭,亭畔即篦箕巷,亦称花市街,著名小说《红楼梦》第一二零回中所提毗陵驿即此地。后驿毁亭废,但遗址犹在。今逢盛世,整治运河,移建文亨桥,修篦箕巷。为昭存古驿址,重建此亭。是为记。

常州市运河整治工程指挥部
常州市 文物管理委员会
一九八七年十一月

京杭运河常州市区段整治(第一期)工程碑记

京杭运河全长一七九四公里,系世界人工运河之最。千百年来为我国南北水上大动脉。流贯常州市区,西起西涵洞,东至三号桥,长八点九二公里。沿河工商繁荣,人烟稠密,奈因年久失修,泥沙淤积,虽经多次疏浚未能根治。

一九八三年三月,经江苏省人民政府批准,按四级航道标准整治,由原二十五米左右拓宽至五十米,以利航运、旱涝灌排诸利,同步建设市政设施,改善环境。常州市运河整治工程指挥部专主其事,于一九八四年三月开工,共拆除房屋十六点五七万平方米,动迁居民二千九百八十二户,涉及工商企业一百三十五家,新建住房二十点七四万平方米,挖运土方一百九十万立方米,新建块石驳岸十五点九公里,港池停泊区九个,大小码头三十三座,改建西仓桥、朝阳桥、政成桥,移建文亨桥、广济桥,改造沿河道路四万平方米,恢复篦箕巷仿古建筑步行街,增辟半月岛等风景点八处。总耗资近亿元,其中政府拨款五千零十二点七万元,地方集资四千多万元。

经施工人员努力,全市人民支持,历经五载,工程告竣。谨记始末,勒石以志。

常州市人民政府
一九八九年五月

苏南运河常州段整治(第二期)工程碑记

京杭运河,举世闻名,历经春秋、隋、元、明各代开凿,规模浩大,为百舸争流之黄金水道。因年久失修,淤塞严重,八十年代起,国务院、江苏省人民政府决定对京杭运河苏南段进行全面整治。

常州段运河分两期整治,先期市区段八点九二公里,于一九八四年至一九八八年整治;二期县郊段,东西长为三十五点五七公里,于一九九三至一九九七年整治。两期共征地二千六百十六点八亩,拆迁房屋四十七点七万平方米,新建驳岸七十二点九九公里,开挖土方一千一百八十一点三万立方米,改建桥梁十六座,耗资七点一亿元,其中中央、省投资四点九亿元,地方投资二点二亿元。

本工程由省交通厅航道局主管,常州市交通局、市苏南运河整治工程指挥部组织实施。依靠各级政府大力支持,先后组织百余支施工队伍,三万名建设者历经九年艰辛奋战,圆满告竣。

整治后的运河底宽四十米,面宽五十至六十米,桥梁净空六至七米,净跨五十米,全线拓宽一倍,绿化成带,景色秀丽。

千古运河展新容,勒石纪念志始末。

常州市人民政府

一九九七年十月

重修清宁桥记

运河导江入京口,迤逦经毗陵驿至锡邑北塘,分数支,并汇于南塘阳春桥,与阳春桥相苴(注一)者,曰清宁桥。自桥南南下,汪洋浩衍,直达吴门。桥控常、镇两郡之水,为一要隘,各自供输,四方冠盖,行旅市舶,昼夜骈集,居民烟火万家,奔走络绎,胥赖以济。

桥建于前明万历间,国朝康熙八年重建,迄今百年余矣。石渐刓敝(注二),阶级不可辨,遇阴雨连绵或盛风雪,行者颠踣(注三)相随属。里中耆老见之恻然，具呈锡、金两邑侯，倡始捐修，好义者踊跃趋赴，经始于乾隆三十一年四月十六，五月十一日落成。甃石（注四）巩固，圯级（注五）如新，共费白金一百五十两零。

是役也，工不侈费，成不逾时，因念创始者非积以岁年，费数千金不办。及其未坏也，而赓续成之事，不劳而易集，则前人之功绩愈不可谖（注六）。而后之人倘徒知利涉，而积日玩愒（注七），不为弥缝，则淹久滋坏，前业终不可恃，此重修之举为不容缓也。

是岁七月朔，董斯役者，乞记重修之月□因，为志其颠末。诸好义者及氏名与捐数，咸列于右（略）

（清）进士出身诰授资政大夫、内阁学士
兼礼部侍郎、二甲传胪邹一桂　记

【作者介绍】

邹一桂（1686～1772）　无锡人，字原褒，号小山，一号二知，又号让卿，雍正进士。

【注释】

注一　相苴：苴，原指所垫的鞋垫或草席。相苴，喻相隔很近或贴近的意思。

注二　刓敝：因磨损而损坏。

注三　颠踣：跌倒。

注四　甃石：砌石；垒石为壁。此处指叠石为桥基。

注五　圯级：圯，古代方言，桥也。圯级，桥的台阶。

注六　谖：通“萱”，忘记。《诗经·卫风·淇奥》：“有匪君子，终不可谖兮。”萱，令人忘忧之草。此句当解作前人之功绩不可忘记。

注七　玩愒：“玩时愒日”的简称。意谓贪图安逸，旷废时日。

修建清名桥记

锡金为南北通衢，一水绕城，而上达毗陵，下接浒墅为运河。由城而南，跨运河者：曰塔桥、曰阳春桥，稍远为清宁桥，创建于明万历，重建于国朝康熙八年。

兹由道光三十年间，目睹此桥年远失修，仅欲倾颓。南里善士邀请恒善堂绅董、杜二公商议，协同设法倡捐集资重建，告竣于咸丰元年(1851)仲冬。

清宁俗呼清名，邑人敬避庙讳，徇俗而易今名，曾立碑记之。咸丰十年，粤逆(注一)窜扰，碑毁而桥亦中断。幸于同治二年冬(1863)，吾邑克复，流民归故土者，日益重构屋而居，渐通商贾，得复旧市。而一水之隔，设渡船以济，往来行人，终觉不便。于是邀集南里绅耆许祥华、杨廷萼、朱浩、祝恭、龚受祉、王文焕、沈文蕙、朱锡蕃、王世□、江咏、朱文钊、陈峻培、窦意□、刘长春、邹鹤皋等，合呈具禀两邑尊(注二)，筹捐重建，蒙批。重建此桥本两县久有此意，奈□无此款。一面照会恒善堂董吴汝渤、侯政、赵棨、高鹏协同南里善士，招集石行商贾，倡议筹捐两载有余，当即复禀两邑尊，购料兴工。蒙随出谕：此桥为运河要道，务望赶办。照会堂董经理杨廷萼、朱浩、陈峻培、朱锡蕃、□祖经督，始于同治七年三月，告成于八年十二月，共费钱肆千千余缗，从此得复旧观，以便行旅。立此碑记，以备后世稽考。

同治九年九月

(此碑现置于清名桥堍)

【注释】

注一　粤逆：清王朝对太平军的贬称。

注二　邑尊：旧时对县令的尊称。

京杭大运河无锡段整治记

京杭大运河，伟名五洲扬！

公元前十二世纪，泰伯率民凿伯渎，开无锡运河之始；公元前四八六年，吴王夫差命凿河，自苏州穿无锡至奔牛入江；秦时从镇江凿运道接古吴水;公元六零五年,隋炀帝命拓浚水道,南抵杭州;元代又打通山东会通河,直达北京。

无锡依运河之优,为唐以来水运集散地,明清时更以米市、丝市、布码头闻名遐迩。然自晚清以来,朝政日坠,河道失修,航运衰弱。

中华人民共和国成立后,政通人和,百废俱兴。修治运河,疏浚畅流。公元一九五八年始,全线疏淤,局部拓宽。又自黄埠墩,傍锡山,至下甸桥,辟新运河十一公里。随之市区段十四公里河道循国颁标准治理,公元一九八八年底臻于完善。公元一九九二年交通部、省交通厅规划,全面整治东、西段老运河,委交通局负责实施。沿线党政组织高度重视,广大群众积极支持。参战各方,全力以赴。五度春秋全线告捷。三次整治,历四十载,挖土一千三百万方,建桥二十一座,耗资近五亿元。至此,京杭大运河无锡段西自五牧入境,东迄五七大桥,全长四十公里,驳岸规整,绿树成荫,河宽六十至一百米,达四级航道标准。五百吨级船舶畅航无锡,十三省市船只往来不绝。古道新河齐秀,青山绿水交辉,工农商游共利,航运治水益彰。工程浩大,造福人民。是为记。

无锡市人民政府　立

一九九七年

姑苏驿记

元·方回

姑苏山在今吴县西三十里。昔吴王阖闾筑台于是山,高见三百里。隋平陈,置苏州。宋绍兴初,有旧姑苏馆在盘门内城上,其下有百花洲。州名用姑苏山之一字,台与馆用姑苏山名之二字,古迹所从来旧矣。旧姑苏馆,今改为驿,一新之者,嘉议大夫平江路总管真定董侯也。东南郡,苏杭第一。杭今设行省,南海百蛮之贡者,南方数百郡之求仕者,与夫工伎贸易之趋北者,今日杭而明日苏;天使之驰驲而来者(注一),北方中原之士大夫之仕于南者,东辽西域幽朔(注二)之浮淮越江者,今日苏而明日杭,是故,苏为孔道,陆骑水舫供给良难。

大德五年辛丑七月朔,淮浙闽海溢动百里,潮高数十丈,为患已甚,而苏之飓风尤恶,吹郡治离平地起,虚空而后堕,吴、长州县亦然。僧寺钟楼二十四,撤其楼、掷其钟。居民之高者咸不免,朝栋梁而夕瓦砾。太湖之水几入葑门,市井荒凉,传舍萧索(注三)。如是三阅月而董侯至,爰鸠百工,首新郡治,次新姑苏驿,曰馆曰驿曰站,以至鞍鞯舳舻,仆从烝徒之须,无一不饰,而百花洲过者翘首骇目,飞雪之棹、顺风之帆,睇眄于千里之外。橘柚汀洲,蒹葭浦屿,悉与众共之而弗靳(注四)。侯又开驿马大道,平广十余里,出城与盘门外桥相接,大书"姑苏驿"三字扁之。而他题颜皆侯老笔。昔晋文公崇大诸侯之馆,馆如公寝,是以为中夏盟主。无忘宾旅,古今重事。姑苏驿之新宜书。侯名章,字文卿,尝守当涂,博学,尤精于《春秋》云。

【作者介绍】

方回(1227～1304)　元代诗人。字万里,号虚谷。安徽歙县人。宋景定三年(1262)进士,宋末知严州。元兵至,迎降,官建德路总管,未几被罢黜,遂往来杭州、歙县之间,以遗民自比。著有《桐江集》、《瀛奎律髓》等。

【注释】

注一　驰驲:古代驿站专用的车。后来也用来指驿马。

注二　幽朔:指中国古代的幽州(即今北京市及所辖周围县市),朔州(今山西朔县一带)。

注三　传舍:古代供行人休息住宿的处所。如今之旅馆。

注四　弗靳:靳,此处作拒绝或阻拦解。弗靳,不予拒绝或阻止。

宝带桥记

明·陈循

苏州府城之南半舍,古运河之西,有桥曰宝带。运河自汉武帝时开,以通闽越贡赋,首尾亘震泽东壖百余里(注一),风涛冲激,不利舟楫。唐刺史王仲舒作塘障之河之西岸,今东南之要道是也。然湖之支流断堤而入吴淞江,以达于海,堤不可遏,此桥所为建也。仲舒鬻所束宝带以助工费,故因以名。元末修葺之功不继,桥遂坍没。自是,有司驾木以济行者,至今盖百有余岁。

正统七年,巡抚京畿工部左侍郎庐陵周公恂如戒有司,渐次节省在官浮费(注二),以备工材之用。又四年,为十一年秋,为桥长千二百二十五丈,洞其下,可渡舟楫者凡五十有三,而高其中之三,以通巨舰。用材为石二万二千六百丈,木四万二千五百株,灰二十四万三千六百斤,铁一万四百斤,米二千六百石。冬十一月落成。

斯桥之建,舟楫得往来之安,行旅无徒涉之患,商旅免盗贼之虞,郡邑省屡葺之苦,其于惠也孰大焉。

【作者介绍】

陈循(1385~1462)　字德遵,号芳洲,明代泰和(今属江西)人。永乐十三年(1415)进士第一,授翰林修撰。洪熙元年进侍读。宣德初授侍讲学士,正统年间进翰林学士,入文渊阁,典机务,累官至华盖殿大学士。英宗复位,杖百,戍铁岭卫,后上书自讼其冤,释为民,一年后卒。著有《芳洲集》、《东行百咏集句》等。

【注释】

注一　东壖:壖,空地;边缘余地。此指太湖东的边缘空地。

注二　浮费:不必要的开支。

浒墅关修堤记

明·申时行

国家以榷榷之利佐度支(注一),关有征、舟有筭(注二),司徒之属奉玺书从事焉。吴之浒墅,其一也。吴故东南都会,而浒墅绾毂(注三)其口。开临漕渠,有堤翼之,蜿蜒绵亘,四出九达,无论冠盖走集,商贾辐辏,而司农之粟,少府之钱,岁输以巨亿万计,舳舻相衔,邪许之声(注四)不绝。关之左右,皆名田上腴(注五),水至不害,其获自倍。餐飧租赋出其中，盖行旅所迹，岁漕所经，穑事所仰，赖是堤之重久矣。

比岁淫潦，水啮堤崩，徒涉既艰，沦胥日甚，一时行者负者，挽舟而过者，秉耒庤鎛而望岁者(注六)，皆颦蹙咨嗟，有司虽骇目疚心，而物力久虚，莫知为计。户部郎澶渊董君，以万历丙申来领榷务，既厘剔弊蠹，修举经呈，遐迩慕怀，至者襁属(注七)，逾年而税之溢于旧额者，三千金而羡。关吏请如故事，治橐中装，君叱之去，曰："奈何污我！"而议所以捐之，则以语兵备宪使曹君。曹君日："请捐之堤工，为民利可乎?"即输金府藏以待庀役。而曹君为闻之中丞、侍御两台，檄郡丞应侯、长洲令江侯董其事，乃发部民二百四十家，各率丁夫，具畚锸塞决补罅，培薄增卑，众志大和，并手皆作，自枫桥抵关二十里，所为堤丈二千六百有奇，如砥如庸(注八)，既崇既固，工始于某月日，讫于某月日，凡三阅月而告成。于是江侯来乞言，将石其工之始末以示永久。

昔在成周(注九)关市不征，泽梁无禁，其取诸民也廉。而至于遂径沟畛川涂浍道(注十)，遂人之所治，司险之所周知，无不犁然备饬者(注十一)，则安所措费而得是? 盖其时乡有委积(注十二)，野有聚粟，载师有园廛县稍之入(注十三)，均人有公旬之力政(注十四)，常以其不涸之财，有余之力，典事而劝工，故人不告劳，而国不知费，其丰豫若此。余尝闻父老言，周文襄(注十五)抚吴时，缮治津梁道途以数十百计，所在廪庾皆满，间以抵无年之租，熙熙乎若成周之盛世。

而今则有大异不然者，赋额日广，供亿日繁，重以灾沴荐臻(注十六)，督逋之檄(注十七)，旁午于道，闾阎如磬(注十八)，荟藏如洗(注十九)，有司至不能名一钱，甚则学宫颓圮，经岁而不得治，盖已窘矣。向征董君出其余税，捐以余堤，则病涉若潦，颦蹙咨嗟之民，庸有极乎? 盖江侯为余言，董君之司榷矣，度舟算缗，如式而止，皆躬自衡校，一不以假胥吏，税金镕销解运，综理精密，无敢有侗愓为奸利者。民间小艇,缘关往来,一无所呵禁,盖以其精明强察,烛奸杜欺,以其宽平和惠,怀远附近,其赢得过,当乃大胜于竞锱铢、析秋毫者,而米蘖之操(注二十),羔羊素丝之风(注二十一),又皭然自拔于脂膏之地,故能酌彼以注兹,推赢以济诎,上佐国家之急,而下以拯一方之艰危,跻之周行,贻以永利,其有造于吴,岂浅鲜哉!

【作者介绍】

申时行(1535~1614) 明代长洲(今苏州)人。字汝默,号瑶泉。嘉靖四十一年进士第一,以文字受到张居正的赏识。万历中继张四维为首辅,务为宽大,无所作为。时未立太子,郑贵妃有宠,生皇三子常洵,有夺嫡之意,时行屡请建储,不从。后为言官所论,求罢归里。谥文定。著有《赐闲堂集》等。《明史》有传。

【注释】

注一 辜榷之利佐度支:辜榷,搜刮聚敛意。辜榷之利,意谓从搜刮聚敛的财富中收税。佐度支,度支,规划计算;佐度支,帮助或协助规划计算。

注二 筭:计数的筹码。

注三 绾轂:控扼意。

注四 邪许之声:劳动的号子声。此处专指拉纤的号子声。

注五 上腴:最肥沃的土地。

注六 秉耒庤鎛而望岁者:秉耒,执耒;庤鎛,储备农具。此句意思是指渴望好收成的农民。

注七 裰属:像钱串一样连续不断。

注八 如砥如庸:砥,磨刀石;庸,城墙。此句意谓如磨刀石一般平整,如城墙一般坚固。

注九 成周:古地名,指西周的东都洛阳。此处代指周公辅成王的兴盛时代。

注十 畛川涂浍道:畛川涂,田间分界的河道;浍道,指田间的排水道。这一句的意思是说成周时代因国用富足,对那些小沟小河、田头界河之类的河道根本用不着去征税收款。

注十一　犁然备饬者：犁然，犹释然，自得貌；备饬，等待指令或者公文。此句的意思是说在成周时代，收税的人无不悠闲自得地在等待上面的指令或公文而无所事事。

注十二　乡有委积：委积，财货。此句意谓乡民富足，家有财货。

注十三　载师有园廛县稍之入：载师，官名，掌理土地赋役等事务。此句意谓载师执掌着园圃、集市和县城的税收。

注十四　均人有公旬之力政：均人，古官名，掌管土地赋役的官员；公旬，古代劳动人民每年为官府所承当的无偿劳动；力政，征用人力从事城垣道路的修筑。此句意谓均人有征召从事政府无偿劳役修筑城垣、道路的职责。

注十五　周文襄：指前面提到的周忱，他的谥号叫“文襄”，故称。

注十六　灾沴荐臻：灾沴，谓自然灾害；荐臻，连续到来，屡次降临。此句意谓自然灾害连续不断。

注十七　督逋之檄：逋，赋税；檄，公文。此句指督促征收赋税的公文。

注十八　闾阎如磐：闾阎，原指里巷，此处代指民间。此句意谓平民身上如压上了大石头。

注十九　荟藏如洗：荟藏，聚集藏匿的东西。此句意谓老百姓好容易收藏的东西都被拿得干干净净。

注二十　米蘖之操：如生芽的米麦般洁白的操守。

注二十一　羔羊素丝之风：像雪白的羊羔、纯白的丝绸一样的风格节操。

吴江县分水墩碑记

清·应宝时

太湖之水，皆由西北横穿运河以东南注于海。经流之大者为吴淞江,其首授湖水在吴江县,县之所由名也,地最洼。湖尾之北出胥口入运者,又自东北分注运河,与运河南来之水汇。汇而东南趋之港,曰分水港。港西受瓜泾桥出河之水,合运河南北之流,三派以入,而名曰分水者,因墩而名之也。

天下之合本以合其分,而不先分则无以为合,合众水以入一港,其势不能不互有强弱,此强而驶则彼弱而阻,必有受其患者矣。昔之浚是河者,留为墩以踞港口,使水之未入港者而不骤合,而得顺其遄流之性:及其合也,则已入于港,而流愈迅。此港所必有墩,墩所为以分水名,其功用亦因被于港,以见水不分则港亦终几于废矣。禹于河下流分为九而后合之,作者其或师其意也乎!惜入港数里后,水又由斜港入庞山湖以达黄浦,不能专注吴淞;吴淞东北诸水,亦多贯吴淞而南流入黄浦。黄浦日盛,吴淞日衰,青、娄惧潦,太、昭忧涸,则吴淞下流及东方诸渠之不治,非斯港所能为力者也。

岁庚午,大府以朝命修三吴水利,俾保时次第其事。举湖之娄港,河之桥窦、堤岸,与七浦、徐六泾诸河,浚之筑之修之作之,复大浚吴淞,以竟治湖之业。迨癸酉瓜泾桥成,乃刻石此墩,窃记所见于前人之意者如此。使后之览者,知吴淞所以导泄太湖者于兹港始,兹港所以合受三派而无强弱争轧,以得畅入者,兹墩分水之所为也。

因覆石以亭,俾无速泐(注一)。夫岂为北眄胥渎,而睐松陵,西望龙威马迹,揽湖山,数帆樯,流连光景之地云尔哉!

同治十二年七月既望　江苏按察使司应宝时　记

【作者介绍】

应宝时(生卒年不详)　清浙江永康人,字敏斋。道光二十四年(1844)举人,官至江苏按察使,署布政使。官苏松太道时,曾创建书院。工诗,注重诗律。著有《射雕馆集》。

【注释】

注一　俾无速泐:泐,风化。此句意谓不使其很快风化。

重修宝带桥记

宝带桥者，距苏城东南半舍，位古运河西侧，跨澹台湖之东口，乃贯通江浙陆路要衢，又为太湖入海通道也。其地河湖交汇，风浪险阻，不利舟楫。唐元和间，苏州刺史王仲舒始筑堤障之，为挽道驿路。又建长桥于其间，以利宣泄交通。仲舒并解其所御宝带以助其役，此桥名之所由来也。

宋绍定五年(1232)郡守邹应博重修。嗣后不继，遂有明初倾圮之患。有司架木以济行旅，而每有覆溺之虞。正统七年(1442)，庐陵周忱以工部右侍郎巡抚三吴，筹资重建。陈循《重修宝带桥记》述之甚详。清康熙九年(1670)大水冲激，破坏甚巨。越三年，巡抚马佑等重葺。道光十一年(1831)，林则徐再修。同治二年(1863)，英侵略军统带戈登率军攻宝带桥太平军营垒，为通其舰，拆毁桥之大孔，于是左右相倚二十五孔，随之连续坍圮，此千年之大劫也。十一年，工部局重修，于北堍构亭树碑，张树声撰文记其事，然颇多失实，不足稽考。抗战初，桥南六孔遭日机炸毁。及至建国前夕，千疮百痍，不堪入目矣！一九五六年公布为文物保护单位，市政府拨款抢修。一九八一年省府再投巨资，由吴县文管会主其事，全面整修，于是原貌得以恢复。

桥全长实测三百十七公尺，宽四公尺有奇，凡五十三孔，其中三孔跨度偏宽，净空略高，大小船只往来称便。构筑至巧，其榫铆拼接之拱石，可调整不平衡之压力；柔性薄型之桥墩，则为减轻桥身之重量；刚性之水盘石基，以防多孔连续坍塌，匠心独运焉。桥南石狮雄峙，惜桥北佚其一。北端屹立石塔，五级八面，塔座正方，雕琢精工，传为宋时故物；又一塔幢置于水盘石上，昔沉水底，七十年代由苏州博物馆打捞保存，今峙原处，以复旧观。吴中古长桥首推吴江之垂虹，久已倾圮。此桥历劫幸存，造型轻巧。似游龙浮水，若鳌背连云，极江南水乡之壮观。念昔人创建之力，看今朝修复之功，岂不懋欤？

（李嘉球　撰文）

【作者介绍】

李嘉球(1954～)　江苏苏州吴县人。地方文史专家、作家。曾任吴县市政协文史资料委员会主任，江苏省地方志学会理事兼副秘书长，吴县市政协委员。现供职于《苏州日报》，苏州市科学技术史学会理事、苏州市吴文化研究会理事。著有《苏州状元》、《苏州梨园》、《苏州名伶》等专著多种。本篇选自上海三联书店出版、苏州市旧城建设办公室编《苏州胜迹重修记》一书。

重修枫桥记

枫桥距阊门七里，为交通之孔道。桥为单孔石拱，跨度十一点五米，宽五点二米，形制古朴，为苏州名桥之一。

桥名枫，盖始见于唐襄州张继诗。继于役宿此，赋《枫桥夜泊》，抒发旅夜不眠之愁绪，融情入景，借景抒怀，两臻其妙。于是枫桥之名不胫而走。不徒脍炙于中土，抑且传诵于东瀛。枫桥与寒山寺相去一牛鸣地，更相得而益彰。慕而来访者，踵趾相接，四时不绝。文人墨客，探古寻幽，吟落月之霜钟，望江枫之渔火，名篇继起，代不乏人。据宋周道遵《豹隐纪谈》云："天平寺藏经，多唐人书，背有'封桥常住'朱印"，则桥原名'封'。南宋吴潜亦有"借问封桥桥畔人"之诗句，可资佐证。至王郇公居吴时，书张继诗作枫字，石刻流传，旧名反晦。此一吴地重要掌故，足资谈助者也。

桥毁于崇祯末，僧法华募捐修复。清代又经三度整修。建国后，苏州市人民政府于一九八四年斥资整修，旧貌新颜，诚为美事，爰撮始末，而为之记。

（钱太初　撰文）

【作者介绍】

钱太初(1906～2003)　名复,字太初,江苏苏州吴江人。书法家、篆刻家、诗人。早年师从近代国学大师金松岑。雅擅诗词,系江苏省诗词学会会员、苏州市沧浪诗社顾问。中国书法家协会会员,苏州市书协第一任会长。苏州市政协委员。著有《九成室印话》、《九成室印谱》、《论吴昌硕篆额》、《钱太初书法篆刻选》等。本篇选自上海三联书店出版、苏州市旧城建设办公室编《苏州胜迹重修记》一书。

重修江村桥记

寒山寺因唐张继《枫桥夜泊》诗知名于世,后之来游者,亦往往有诗,流连咏叹,多传世名作。然寺则屡见兴衰。开山有塔,旋即毁废,宋太平兴国初重建,元末又毁。至清咸丰大火,寺亦倾圮。

光绪三十二年,贵筑陈筱石抚苏,叹其荒芜,乃与僚属共谋修葺。因文征明书张继诗岁久漫漶,遂请曲园老人补书上石。碑阴有跋,对"江枫渔火"四字颇有可疑,谓"宋龚明之《中吴记闻》作'江枫渔火',宋人旧集可稽。且作诗附刻有'千金一字是江村'之句,始'江村'为桥名耶!"桥在枫桥之南,距寒山寺山门不足百步。张继晚泊枫桥,望江村渔火,相对无眠,作如是解,以见其诗心之缜密。惜建桥年代不详,未能定论。

自苏州列为文化名城开发旅游事业以来,国际友人来游者日众,而张继之诗,早已传诵东瀛,入学儿童,多能习诵,无不知寒山寺与枫桥。我苏州之胜迹,动海外来游者之欣慕,固足自豪,独江村桥近在寺前,名反不显。自寒山寺大修之后,市政府于一九八四年拨款整修是桥。桥为单孔石拱型,跨度十一米,宽三米,以花岗石砌筑,装点景观,为古刹增胜。

按《吴县志》载,明天启间,因周顺昌之被逮,抗击阉党五义士之为首者颜佩韦，即江村桥人也。桥之南旧有袁又恺之渔隐小圃。又恺为明代袁氏六骏之后，工诗文，好结客。春秋佳日，远方贤士，造访之舟，填塞于桥之南北。见王昶之《渔隐小圃记》。于是前有义士，继有名士，桥以人重，不可不记。又枫桥之西尚有听钟桥，今已不可踪迹，独江村桥附丽名刹，重现光仪，亦斯桥之幸也。

（王西野　撰文）

【作者介绍】

王西野　江苏江阴人。诗人、画家。苏州美专早期毕业生，光华大学文学士。兼擅诗书画及楹联。著有《霜桐野屋诗存》、《霜桐野屋书画》等。本篇选自上海三联书店出版、苏州市旧城建设办公室编《苏州胜迹重修记》一书。

重修觅渡桥记

运河自杭州北来，至苏城东南隅与外濠汇，折西而北，达胥门始分流。其汇流处曰赤门湾。水面开阔，一望渺弥，往来者皆觅舟以渡。舟人横暴，需索无厌，风晨雨夕，甚或颠舟越货，行旅苦之。元季昆山僧敬修尝身遭其厄，因发宏愿，倡修石桥，利济永久。乃集资庀财，兴工于大德二年十月，历时一年有半，大功告成。桥单孔石拱，长二十八丈四尺，高三丈六尺，广半其高，宛如卧波之长虹，掩映于半村半郭之间，壮丽雄伟，与吴门、宝带诸桥共为城郭增色。名曰“灭渡”，盖取僧人《涅槃经》“灭烦恼渡生死海”之义；或曰乃快意于灭舟人横暴之渡，其义亦通。一称觅渡，则志昔之艰辛，而喜今之坦夷也。

明正统间知府况钟重建，清同治间曾加整修。建国初，百废待兴，以桥适当通衢，且为吾吴胜迹，乃首加葺理。其后市容日盛，交通频繁。苏州市政府乃再拨巨款，于其旁另建新桥，以应需要，亦即所以护古桥也。史载：明万历间葛成率职工抗税，近世太平军阻击攻城之清军洋枪队，均在桥之上下，则斯桥又关乎历史之伟迹矣。不志沿革，则后人何以知缔构之艰，何以抒其思古爱护之情而振作其自强不息之志哉！

（杨德辉　撰文）

【作者介绍】

杨德辉　事迹不详。

重修横塘驿亭记

距苏州胥门外十里，有镇曰横塘，当横山之阳。盖太湖之水，自胥口、木渎流注至此，石湖之水亦与之合流，然后东入胥江，北达枫江，水势萦回，地居冲要。旧有驿亭，即在横塘古渡头也。宋贺铸《青玉案》词："凌波不过横塘路，但目送芳尘去。"范成大诗："年年送客横塘路，细雨垂杨系画船。"长亭短驿，为送别地由来久矣。

今之驿亭，为清同治十三年（1874）重修，有石刻亭联云："客到烹茶，旅舍权当东道；灯悬待月，邮亭远映胥江。"时横塘传驿之制已废，改为羁旅行人止息之所矣。一九五五年，苏州市文管会调查文物古迹，发现驿亭，时已残破倾颓，为保存江南古驿之遗址，曾两度重修。一九八二年公布为江苏省文物保护单位。老屋数椽，因微见著，弥可珍焉。

（王宗拭　撰文）

【作者介绍】

王宗拭（？～1999）　苏州画家、作家。知青出身，当过教师，后任《苏州杂志》编辑。编著有《苏州文库——拙政园》、《太湖诗词选》、《我说苏州》等。本篇选自上海三联书店出版、苏州市旧城建设办公室编《苏州胜迹重修记》一书。

京杭大运河苏州段整治工程记

京杭运河，黄金水道，连接华北华东诸水系，向为南北交通之主干。其江南一段，史称苏南运河，西北自望亭五七桥，东南至江浙交界处，全长八十一点七公里，是为大运河苏州段。

苏州久获运河之惠，田地肥沃，物产丰富，客商云集，街市繁荣。然自晚清以来，外患连绵，国力萎顿，河道失修以至舟楫难行，水运式微进而损及他业。

中华人民共和国建国之初，党和政府即行修治运河，全线疏淤，局部拓宽，畅其流而兴其航。公元一九八六年，国务院再作部署，全面整治苏南运河，列为国家重点工程。市委市政府，高度重视，精心筹划，交通部门，会同各方，同心戮力，广大群众，因公舍私，真诚相助，建设大军，挥汗洒血，奋勇拼搏。且于施工之时，严循蓝图，一丝不苟，确保工程质量，力避文物损失。历十番寒暑，经无数艰辛，耗巨资五点零亿。工程三期，业绩斐然，计开挖土方一千一百三十七万方，新建及维修驳岸一百五十七点五公里，改建桥梁一十九座，新增绿化带一百三十八公里。

而今，全段航道均达四级标准，五百吨级船舶畅通无阻。驳岸峻立，绿树掩映，玉带帆影，笛声相应；治水航运，相得益彰，工农商游，共利同荣。古运河，新风貌，如诗如画，诚可谓盛世之盛事！

苏州市人民政府　立

一九九七年十月一日

第三节　诗　　咏

京口埭夜行（注一）

孙　逖

孤帆渡绿氛，　寒浦落红曛（注二）

江树朝来出（注三），　渔歌夜渐闻。

南溟接潮水，　北斗近乡云（注四）。

行役从兹去(注五)，　归情入雁群。

【作者介绍】

孙逖(696～约761)　唐博州武水(今山东聊城)人。初任山阴尉，开元十年(722)，举贤良方正科，授左拾遗，迁中书舍人，官至刑部侍郎，终太子少詹事。少即能文，为诗冠绝当时，常在人口传诵。《全唐诗》存其诗一卷。著有《孙逖集》。

【注释】

注一　京口埭：在镇江城西北江边，古运河口入江处。孙逖写诗时，正为润州刺史齐浣撤闸置京口埭之时。

注二　"孤帆"、"寒浦"二句：首句谓帆船在一片绿色的氛围中前行。因江水、两岸苇柳都是绿的，故称"绿氛"。次句谓夕阳已经落到微有凉意的港汊、水湾里去了。红曛，夕阳。

注三　"江树"句：此句谓夜色已浓，江边的树木已模糊一片，需要到次日的黎明才能看清。

注四　"南溟"、"北斗"二句：首句指南边海上的潮水正在上涨；次句谓北斗星旁有故乡的云彩飘移。作者是北方人，故有此言。

注五　"行役"句：此句谓出行、劳作的人都要从这埭上通过，说明此埭之重要。

丁都护歌(注一)

李　白

云阳上征去(注二)，　两岸饶商贾。
吴牛喘月时(注三)，　拖船一何苦。
水浊不可饮，　壶浆半成土。
一唱都护歌，　心摧泪如雨。
万人凿盘石(注四)，　无由达江浒。
君看石芒砀，　掩泪悲千古(注五)。

【作者介绍】

李白(701～762)　唐诗人。字太白。祖籍据传为陇西成纪人,隋末随先人流寓中亚碎叶,幼时随父迁回蜀中,故实际生长的故乡是绵州昌隆青莲乡。李白大部分时间于漫游中度过,一度曾被召至长安,供奉翰林,因受权贵排挤,不久即弃官而去。"安史之乱"时,曾为永王李璘幕僚,璘败,受牵连流放夜郎,后遇赦东还,卒于安徽当涂。诗风雄奇豪放,语言清丽自然。著有《李太白集》。

【注释】

注一　丁都护歌:此歌原是乐府《清商曲·吴声歌》旧题。南北朝时南朝宋高祖刘裕的女婿徐逵之被鲁轨杀死,刘裕派府内直督护丁旿去料理丧事。徐的妻子向丁询问收理埋葬的情况。每问一声,叹一声"丁都护",声音哀楚。后人依声制曲,题为《丁都护歌》(一作《丁督护歌》)。此诗是李白天宝六年(747)游丹阳横山时所作。

注二　"云阳"句:云阳,今江苏丹阳县之古称。上征,起运。此句意谓将石头运往云阳去。

注三　吴牛喘月时:即天气炎热之时。吴牛,即水牛。水牛生长在江淮之间,性怕热,看见月亮就要发喘,误把月亮当作太阳了。

注四　盘石:大的文石。

注五　"石芒砀"二句,"芒砀",叠韵联绵词,大而多貌。诗人说,拖着那么大而多的石头,从运河运至江南作园宅的装饰品,遇着天旱水浅,拖船人是多么辛苦。此诗极写船民的苦难和诗人的同情。

枫桥夜泊

张　继

月落乌啼霜满天,　　江枫渔火对愁眠(注一)。
姑苏城外寒山寺(注二),　　夜半钟声到客船。

【作者介绍】

张继(？～约779)　唐诗人。字懿孙,襄州(今湖北襄樊)人。

天宝十二年(753)进士,安史乱起,避地吴越,大历初入京官侍御,后以检校祠部员外郎充转运判官,分掌财赋于洪州。诗多登临纪行之作,清新自然,不事雕琢。著有《张祠部诗集》。《枫桥夜泊》是其名篇。

【注释】

注一　江枫渔火:指苏州古运河上江桥和枫桥旁的渔火。

注二　寒山寺:在苏州古运河畔,梁天监时称枫桥寺,唐贞观时称寒山寺。

送从弟戴玄往苏州(注一)

张　籍

杨柳阊门路,　　悠悠水岸斜。
乘舟向山寺,　　著履到渔家。
夜月红柑树,　　秋风白藕花。
江天诗景好,　　回日莫令赊(注二)。

【作者介绍】

张籍(约766~约830)　唐诗人。字文昌,和州乌江(今安徽和县)人,一说吴郡人。贞元十五年(799)登进士第。元和初(806),调补太常寺太祝,转国子助教。十五年(820),为秘书郎,得韩愈荐,为国子博士,除水部员外郎,大和二年(828),迁国子司业。诗擅乐府,与王建齐名,称“张王乐府”。诗多反映社会人生之作,于下层人民疾苦尤为关怀。著有《张司业集》。

【注释】

注一　从弟:堂弟。

注二　赊:时间长久。此句意谓归来的时间不要太迟。

水夫谣(注一)

王　建

苦哉生长当驿边,　　　　官家使我牵驿船。

辛苦日多乐日少，　　　　　水宿沙行如海鸟。
逆风上水万斛重，　　　　　前驿迢迢后淼淼。
半夜缘堤雪和雨(注二)，　　受他驱遣还复去。
夜寒衣湿披短蓑，　　　　　臆穿足裂忍痛何(注三)。
到明辛苦无处说，　　　　　齐声腾踏牵船出。
一间茅屋何所直(注四)，　　父母之乡去不得。
我愿此水作平田，　　　　　长使水夫不怨天。

【作者介绍】

王建(766～约831后)　唐诗人。字仲初，颍川(今河南许昌)人。曾任县丞、侍御史等官，后任陕州司马。擅长于乐府，与张籍并称，世称“张王乐府”。其新题乐府善于以通俗语言叙写下层人民疾苦，质实真切，生动感人。著有《王司马集》。

【注释】

注一　水夫：此处指纤夫。此诗写纤夫在官家压迫和役使之下在河堤上牵驿船的痛苦生活，对不合理的劳役制度表示厌恶和反对。

注二　缘：同“沿”。

注三　臆：胸口。穿：破裂。

注四　直：同“值”。“何所直”，值什么钱。

登阊门闲望

白居易

阊门四望郁苍苍，　　　　　始觉州雄土俗强。
十万夫家供税课(注一)，　　五千子弟守封疆。
阖闾城碧铺秋草(注二)，　　乌鹊桥红带夕阳。
处处楼前飘管吹，　　　　　家家门外泊舟航。
云埋虎寺山藏色(注三)，　　月耀娃宫水放光(注四)。
曾赏钱塘兼茂苑(注五)，　　今来未敢苦夸张。

【作者介绍】

白居易(772～846)　唐诗人。字乐天,号香山居士,其先为太原人,后徙下邽(今陕西渭南)。贞元十六年(800)进士,补校书郎,迁左拾遗。后贬江州司马,累迁杭州、苏州刺史,又内召任太子宾客分司东都、太子少傅等职,以刑部尚书致仕。其诗深入浅出,平易通俗,"老妪都解"。著有《白氏长庆集》。

【注释】

注一　十万夫家:据唐代《元和郡县图志》记载,此时的苏州人口已达十万余户。

注二　阖闾城:即苏州古城。周敬王六年(前514),吴王阖闾命伍子胥筑城,立水陆城门八座,后称阖闾城。

注三　虎寺:指虎丘山上的虎丘寺。

注四　娃宫:指苏州木渎镇附近灵岩山上的馆娃宫,相传系吴王夫差为西施所建。

注五　茂苑:古苑名,又名长洲苑。故址在今吴县西南。

夜归丁卯村舍(注一)

许　浑

月凉风静夜,　归客泊岩前。
桥响犬遥吠,　庭空人散眠。
绿蒲低水槛,　红叶半江船。
自有还家计,　南湖二顷田。

【作者介绍】

许浑(约800～约858)　字用晦,唐润州丹阳人。大和六年(832)进士,官监察御史,后出为睦、郢二州刺史。其诗长于律体,多登临怀古之作。以缜密圆熟称。著有《丁卯集》(或题《许用晦文集》)传世。

【注释】

注一　丁卯村舍:在镇江市丹徒县南。晋元帝子裒镇广陵,运粮出京口,因运河水浅,奏请立埭,以丁卯日制可,遂名丁卯埭。其地亦随之名丁卯村。其村舍为诗人许浑的居家之地。其诗集称《丁卯集》。

题金陵渡(注一)

张　祜

金陵津渡小山楼,　　一宿行人自可愁。
潮落夜江斜月里,　　两三星火是瓜洲。

【作者介绍】

张祜(生卒年不详)　字承吉,河南南阳人。寓居苏州。元和、长庆中,为令狐楚所知。祜自书荐表,采所作诗三百首进献,希望能在中书门下供职,但为元稹所抑,遂失意而归,以处士终身,筑室卜隐于丹阳曲阿。其七绝成就较高。《全唐诗》存其诗一卷。

【注释】

注一　金陵渡:中晚唐诗人常指前润州为金陵,故金陵渡即京口古渡。位于今镇江江滨蒜山脚下。

送人游吴

杜荀鹤

君到姑苏见,　　人家尽枕河。
古宫闲地少,　　水港小桥多。
夜市卖菱藕,　　春船载绮罗。
遥知未眠月,　　乡思在渔歌。

【作者介绍】

杜荀鹤(846~907)　字彦之,自号九华山人,唐池州石埭(今属安徽)人。杜荀鹤功名蹭蹬,四十六岁才中进士,因时局混乱,一度在家闲居,做过从事等小官。后依附朱温(全忠),入梁,官翰林学士知制诰,寻卒。兼工书法,笔力遒健,有晋唐遗风。著有《唐风集》。

晚入盘门

范成大

人语嘲喧晚吹凉, 万窗灯火转河塘。
两行碧柳笼官渡, 一簇红楼压女墙(注一)。
何处采菱闻度曲, 谁家拜月认飘香。
轻裘骏马慵穿市, 困依蒲团入睡乡。

【作者介绍】

范成大(1126~1193) 南宋诗人。字致能,号石湖居士。苏州人。高宗绍兴二十四年(1154)进士。历任处州知府,知静江府兼广南西道安抚使、四川制置使、参知政事等职。曾使金,坚强不屈,几被杀。晚年退居故乡石湖。工诗词,多渴望国家统一和田园风光之作。著作有《石湖居士诗集》、《石湖词》、《桂海虞衡志》、《吴郡志》、《吴船录》等。

【注释】

注一 女墙:城墙上如锯齿状的短墙。

过吕城闸六首

杨万里

闸头洲子许团栾(注一), 古庙萧条暮雨寒。
榆柳千株无半叶, 冬青一树碧琅玕(注二)。

泊船到得暮钟时, 等待诸船不肯齐。
等得船齐方过闸, 又须五鼓到荆溪。

昨宵听尽棹讴声(注三)，　　愁里无眠达五更。
今夕雨寒泥又滑，　　作何计会速天明(注四)。

等到船齐闸欲开，　　船船捩舵整帆桅。
一船最后知何故，　　日许时间独不来。

才闻开闸总欢欣，　　第一纤夫有喜声。
只得片时天未黑，　　后来天黑也甘行。

道是行船也未行，　　老夫误喜可怜生(注五)。
要知开闸真消息，　　记取金钲第二声(注六)。

【作者介绍】

杨万里(1127～1206)　字廷秀，号诚斋，江西吉水人。南宋绍兴二十四年(1154)进士。孝宗初，知奉新县，召为国子监博士、太子侍读，以宝文阁待制致仕。谥文节。其诗与陆游、范成大、尤袤齐名，为“南宋四大家”之一。著有《诚斋集》。

【注释】

注一　团栾：团聚。此句意谓到了吕城闸边的河滩附近集中、会齐。

注二　碧琅玕：此句说冬青树如碧玉一般青翠。

注三　棹讴：船歌。

注四　计会：计虑；商量。此句意谓有什么打算到天亮时再商量。

注五　可怜生：生，词尾，无义。此句意谓诗人听到开闸非常高兴，但后来知道听错了，又觉得自己可笑。故此词在此处有哭笑不得的意思。

注六　金钲：古乐器，铙钹之属。用以号令指挥进退的敲击乐器。此处用以指挥关闸、放闸之用。

过奔牛闸

杨万里

春雨未多河未涨，　　闸官惜水如金样。
聚船久住下河湾，　　等待船行不教放。
忽然三板两板开，　　惊雷一声飞雪堆。
众船遏水水不去，　　船底怒涛跳出来。
下河半篙水欲满，　　上河两平势差缓。
一行二十四楼船，　　相随过闸如鱼贯。

秋日泊吴江

陈尧佐

平波渺渺烟苍苍，　　菰蒲才熟杨柳黄。
扁舟系岸不忍去，　　秋风斜日鲈鱼乡(注一)。

【作者介绍】

陈尧佐(963～1044)　宋阆中人，字希元，自号知余子。中进士第，累官至参知政事，同平章事，以太子太师致仕，卒谥文惠。善书法，工诗。有《愚丘集》、《遣兴集》、《潮阳编》等。

【注释】

注一　鲈鱼乡：松江、吴江一带自古即产鲈鱼，为当地名产。其形似鳜，四鳃，味鲜美。晋张翰吴郡人，为官洛阳，见秋风起，因想起家乡的莼菜羹、鲈鱼脍，便弃官归去。

垂虹亭(注一)

米　芾

断云一叶洞庭帆(注二)，　　玉破鲈鱼金破柑(注三)。
好作新诗寄桑苎(注四)，　　垂虹秋色满东南。

【作者介绍】

米芾(1051～1107)　一名黻,字元章,号鹿门居士、襄阳居士等,人称米南宫。世居太原(今属山西),迁襄阳(今属湖北)。后定居润州(今江苏镇江)。以太常博士出知无为军。召为书画博士,擢礼部员外郎,出知淮阳军。精鉴别,擅书画,为宋代四大书法家之一。著有《宝晋英光集》、《书史》等。

【注释】

注一　垂虹亭:始建于宋仁宗庆历八年(1048),在太湖东侧的吴江垂虹桥上。桥形环若半月,长若垂虹,甚为壮丽,历代诗人、词人多有吟咏。

注二　洞庭:此乃太湖之别名。

注三　"玉破鲈鱼"句:意谓鲈鱼若白玉雕成,柑桔似黄金铸就,言其色泽美丽。

注四　桑苎:桑树与苎麻。此处代指广植桑苎的故乡。

吴门道中(四首选一)

孙　觌

数家茅屋水边村,　　杨柳依依绿映门。
渡口唤船人独立,　　一蓑烟雨湿黄昏。

【作者介绍】

孙觌(1081～1169),宋文学家。字仲益,号鸿庆居士。晋陵(今江苏常州)人。徽宗大观三年(1109)进士。历官翰林学士、吏部、户部尚书,知庐州、临安诸郡。因专主和议,为时议所鄙。绍兴二十九年(1159)致仕。工诗文,有《鸿庆居士集》传世。

咏　垂　虹

萨都拉

插天蝃蝀势嵯峨(注一),　　截断吴江一幅罗(注二)。

江北江南连地脉，　　人来人往渡天河。
龙腰撑出渔舟去(注三)，　　鳌背高驰驷马过(注四)。
桥上青山桥下水，　　世人几曾见风波。

【作者介绍】

萨都拉(1308～?)　元代著名诗人。字天锡，号直斋，蒙古族人。居雁门，年弱冠登泰定四年(1327)进士。历官京口录事、燕南架阁官、闽海廉访知事、河北廉访经历等。性喜山水，后结庐安庆司空山太白台下，优游以终。诗笔清丽，长于抒情。著有《雁门集》。

【注释】

注一　蝃蝀：虹的别称。嵯峨：高峻貌。

注二　"截断"句：意谓将绫罗似的太湖与运河绿水一分为二。

注三　龙腰：指垂虹桥之中段通航处。

注四　"鳌背"句：指垂虹桥桥拱最高的地段。驷马，指驾一车之四匹马。多指显贵者所乘之车。

舟过吴江

李季和

十五女郎可怜生，　　牵挽百丈踏泥行。
洗脚上船歌《白苎》(注一)，　　春风吹过阖闾城。

【作者介绍】

李季和(生卒年不详)　名孝光，浙江乐清人。作品有《五峰集》。

【注释】

注一　《白苎》：乐府古吴舞曲名。始于魏晋南北朝。多以吴音歌之。

姑苏杂咏

唐　寅

长州茂苑古通津，　　风土清嘉百姓驯(注一)。
小巷十家三酒店，　　豪门五日一尝新。

市河到处堪摇橹，　　街巷通宵不绝人。
四百万粮通岁办，　　供输何处似吴民(注二)！

【作者介绍】

唐寅(1470～1524)　明代诗人、书画家。字伯虎，一字子畏，号六如居士、桃花庵主，江苏吴县(今苏州)人。工诗文，与祝允明、文征明、徐祯卿合称“吴中四才子”；善书画，与沈周、文征明、仇十州并称“明四家”。著作有《六如居士全集》。

【注释】

注一　“风土清嘉”句：清嘉，风土美好意。宋柳永《望海潮》词：“重湖叠巘清嘉，有三秋桂子，十里荷花。”驯，顺服。

注二　“四百万粮”二句：意谓苏州地区的人民每年要输送供给国家的粮食达四百万斤，这样的贡献是其他州郡难以比拟的。

宝　带　桥

文征明

云开霄汉远，　　春入五湖深。
天外虹飞彩，　　波心日泻金。
三江自襟带，　　双岛互浮沉。
十里吴塘近，　　归帆带暝阴。

【作者介绍】

文征明(1470～1559)　初名璧，以字行，后更字征仲，号衡山居士，长洲(今江苏苏州)人。以岁贡生荐试吏部，授翰林院待诏，后辞官归里。诗文书画皆工，而画尤著，为“吴门画派”代表人物之一。著有《甫田集》。

(南中吕)驻马听·阊门夜泊

陈所闻

风雨萧然，寒入姑苏夜泊船。市喧才寂，潮汐还生，钟韵俄传。

乌啼不管旅愁牵，梦回偏怪家山远。摇落江天，喜的是蓬窗曙色，透来一线。

【作者介绍】

陈所闻（生卒年不详）　明代戏曲作家。字荩卿，号萝月道人。上元（今江苏南京）人。嘉靖二十五年（1546）举人，任玉山知县。洞晓音律，善于词曲。卜居莫愁湖边，与诸文士流连诗酒。著有《狮吼记》、《种玉记》、《长生记》等戏曲八种，以及杂剧和散曲等多种。

吴江道中

谈　迁

迢递松陵北（注一），　秋声听不齐。
暗芦吹似雨，　繁蟹贱如泥。
震泽遥通市，　垂虹静过溪（注二）。
遥知枫落处，　何树可相携？

【作者介绍】

谈迁（1594～1657）　明清之际学者、诗人。初名以训，字观若，明亡后改名迁，字孺木，号枣林，浙江海宁人。明诸生，南明弘光朝，以人荐授中书，召入史馆，固辞不就。入清弃儒冠，抱遗民之痛，浪迹江湖。工诗，著有《枣林诗集》、《枣林杂俎》、《北游录》等。其史学著作《国榷》价值尤高。

【注释】

注一　迢递：连绵不绝貌。

注二　垂虹：指著名长桥垂虹桥。

捉船行

吴伟业

官差捉船为载兵，　大船买脱中船行。
中船芦港且潜避，　小船无知唱歌去。

郡符昨下吏如虎(注一)，　　快桨追风摇急橹。
村人露肘捉头来，　　背似土牛耐鞭苦。
苦辞船小要何用，　　争执汹汹路人拥。
前头船见不敢行，　　晓事篙师敛钱送。
船户家家坏十千(注二)，　　官司查点候如年。
发回仍索常行费，　　另派门摊云雇船。
君不见官舫巍峨无用处，　　打船插旗马头住(注三)。

【作者介绍】

吴伟业(1609～1672)　清代杰出诗人。字骏公，号梅村，江苏太仓人。明崇祯四年(1631)进士，授翰林院编修，迁东宫侍读、南京国子监司业。弘光朝拜少詹事，因与马士英、阮大铖不合而辞官归里。明亡后，为清廷所迫，出为秘书院侍讲、迁国子监祭酒，旋以丁母忧归。其诗激楚苍凉，与钱谦益、龚鼎孳被称“江左三大家”。著有《梅村集》及传奇杂剧数种。

【注释】

注一　郡符：郡太守的符玺。有时亦代指郡守本人。此处即是郡守亲自带差吏捉船敛钱。

注二　坏十千：坏，花费；耗费。此句谓船家每户都要花费十千钱才能放行。

注三　“马头住”句：马头，即码头。此句谓官府的巍峨大船却没有用处，只好停船插旗靠在码头旁闲在那里。

夜过丹阳(注一)

爱新觉罗·玄烨

锦缆徐牵夜未停，　　遥天烟霭淡疏星。
居人两岸明灯火，　　早是轻帆过驿亭。

【作者介绍】

爱新觉罗·玄烨(1654～1722)　即清圣祖，年号康熙，公元

1661～1722 年在位。先后平定三藩，定台湾，统一漠北、西藏地区，并确定了中俄之间的东部边界。在位期间停圈地、奖垦地，治黄河，兴水利，同时举博学鸿词，开馆修书，以网罗遗民文士，其文治武功为史家所称。著有《圣祖仁宗皇帝御制文集》。

【注释】

注一　夜过丹阳：康熙二十三年（1684）十月二十五日，康熙皇帝由镇江东南而行，于这天夜里水路过丹阳县、常州府、无锡县。

晚过吴江（注一）

爱新觉罗·玄烨

垂虹蜿蜒跨长波，　画戟牙樯薄暮过。
灯火千家明似昼，　好风好雨祝时和（注二）。

【注释】

注一　康熙二十八年（1689）二月初六日，皇帝驻跸吴江县龙王庙。这是康熙于此时写的诗。

注二　时和：天气和顺。

丹阳道中

朱彝尊

丹阳三里程，　两桨一舟行。
鸡犬家家静，　菰蒲岸岸生。
过桥斜照敛，　出郭小车鸣。
不比瓜洲渡，　波潮信宿惊（注一）。

【作者介绍】

朱彝尊（1629～1709）　清学者和诗人。字锡鬯，号竹垞，秀水（今浙江嘉兴）人。康熙十八年（1679）举博学鸿词，授检讨，寻入南书房，曾参加编纂《明史》。罢职后，殚心著述。学术淹博，工诗词古文，为浙西词派的创始者。著有《曝书亭集》。

【注释】

注一 信宿:连住两夜。此句意谓在瓜洲渡中乘舟,因浪涛汹涌两夜都睡不安稳。

民船运

沈德潜

天旱河流干, 粮船难运行。
官府日捉船, 挽漕输神京(注一)。
虎吏奉符帖(注二), 远近皆震惊。
商船敛钱送, 放之匿郊坰(注三)。
民船空两手, 点之充官丁。
大船几百斛, 中船百斛盈。
江干集万艘, 一一标旗旌。
五月发京口, 六月下淮城(注四)。
七月下黄流, 八月指济宁。
口粮半中饱, 枵腹难支撑(注五)。
黠者盗粮粒, 愚者时呼庚(注六)。
太仓急转输, 王事有期程。
运官肆榜笞, 牛羊役穷氓。
夜月照黄芦, 白浪闻哭声(注七)。
愿汝停哭声, 努力事远征。
大农有贤者, 惠汝如孩婴(注八)。

【作者介绍】

沈德潜(1673~1769) 清诗人。字确士,号归愚,江苏长洲(今苏州)人。乾隆年间进士,曾任内阁学士兼礼部侍郎。曾学诗于叶燮,诗主"格调说"。著有《沈归愚诗文全集》。编有《古诗源》、《清诗别裁》、《唐诗别裁》、《明诗别裁》等。

【注释】

注一　神京:指京城。

注二　“虎吏”句:虎吏,凶残如虎之差吏。符帖,公文。

注三　郊坰:泛指郊外。

注四　淮城:旧指苏北之淮安。为漕运总督驻节之地。

注五　枵腹:空腹。此处指饥饿的肚子。

注六　“呼庚”句:呼庚,乞粮的隐语。语本《左传·哀公十三年》:“吴申叔仪乞粮于公孙有山氏……对曰:梁则无矣,粗则有之。若登首山以呼曰:‘庚癸乎!’,则诺。”杜预注:军中不得出粮,故为私隐。庚,西方,主粮。癸,北方,主水。此句意谓蠢笨的人只好喊没粮吃,肚子饿了。

注七　白浪:此处代指水上。

注八　“大农”二句:大农,即大司农。古代管理粮农的高级官员。此二句意谓管粮农的大官中有好人,他会像母亲对待自己的孩子一样照顾你们。

京口和韬荒兄(注一)

查慎行

江树江云睥睨斜(注二),　　戍楼吹角又吹笳。
舳舻转粟三千里,　　灯火沿流一万家。
北府山川余霸气(注三),　　南徐风土杂惊沙(注四)。
伤心蔓草斜阳岸,　　独对遥天数落鸦。

【作者介绍】

查慎行(1650～1727)　清诗人。初名嗣琏,字夏重,后更此名,字悔余,号初白。浙江海宁人。康熙四十二年(1703)进士,官编修,充武英殿书局校勘,乞病归。雍正时,坐弟嗣庭得罪被逮,诏特许放归乡里。诗善用白描手法。著有《敬业堂集》。

【注释】

注一　京口,指今镇江市。东汉建安十四年(209),孙权自吴徙理丹徒,号曰京城。十六年迁都建业,以此建京口镇。韬荒,作者的族兄查容,字韬荒,工诗文,著有《尚志堂文集》、《浙江诗抄》等。

注二　睥睨:此处作城墙上的小墙解。

注三　"北府"句:此指与镇江隔江相望的扬州。东晋都建康,军府设在北面的广陵(今扬州),故称军府所在为北府。余霸气,意谓至今仍能感受到谢玄所率领的北府兵在肥水之战中战胜敌人的霸气。

注四　"南徐"句:南徐,即南徐州,指今镇江市。东晋太元九年(384),以京口为南徐州。杂惊沙,用"元嘉北伐"故事,意谓还带着当年令刘宋王朝为之震悚惊恐的北魏太武帝(拓跋焘)军兵临长江的尘沙。据《南史》卷二:宋文帝元嘉二十七年(450),命王玄谟为宁朔将军,大举北征被击败事。

临江仙·平望驿(注一)

查慎行

两岸菰蒲闻笑语,人家只隔轻烟。银鱼晓市上来鲜。一湖莺脰水(注二),双橹燕梢船(注三)。

屈指邮亭刚第一(注四),眼中长路三千。南风吹梦到江天。故乡桑苎外,无此好山川。

【注释】

注一　平望:镇名。始建于宋神宗绍熙年间。在今吴江松陵镇南二十公里,太浦河南、莺脰湖北,京杭大运河西岸。原名平川,清属苏州吴江县。

注二　莺脰:湖名,又名樱桃湖。在今吴江市松陵镇南二十公里,傍平望镇。扼苏浙内河航运之枢纽。因形似莺脰,故名。

注三　燕梢:犹燕尾。双橹划水,其状如燕尾分叉,故名。

注四　“邮亭”句:邮亭,驿馆。古时供投递文书者投宿之用。刚第一,意指已到了离开故乡浙江境的第一个地方。此是诗人沿运河入长江至贵州所作,故下句有“眼中长路三千”之语。

注五　桑苎:桑树和苎麻。此处代指故乡风物。

过宝带桥有咏(注一)

爱新觉罗・弘历

金阊清晓放舟行,　　宝带春风波漾轻。
五十三孔易疏泄(注二),　　涨痕犹见与桥平。

【作者介绍】

爱新觉罗・弘历(1711～1799)　清高宗,年号乾隆。1735年至1796年在位,先后平准噶尔及大、小和卓等割据势力。开馆纂修《四库全书》,并命撰《会典》、《一统志》、各省通志等。六次巡游江南,多经江南运河。

【注释】

注一　此诗作于乾隆二十七年(1762)。其时正在乾隆第三次南巡途中。

注二　“五十三孔”句:此指宝带桥的桥孔。

洞仙歌・忆蓉湖

杨芳灿

故乡云水,忆蓉湖佳绝。滑笏波光漾春色(注一)。何时归?计准小坐苔矶,衣尘浣,俯照明漪千尺。昨宵清梦好,柔橹咿哑,惊起轻鸥度环碧。略约夕阳钭(注二),穿过前湾林影外,烟岚层叠。有三两渔舟傍桃花,看网出银鳞,一罾红雪!

【作者介绍】

杨芳灿(1753～1816),清文学家。字才叔,一字香叔,号蓉裳,江苏金匮(今无锡)人。乾隆四十二年(1777)拔贡生。补伏羌知县,历官灵州知府、户部员外郎。与修《会典》。归后主讲衢杭、关中、锦江诸书院。工诗词古文及戏曲。著有《芙蓉山馆诗文抄》及《罗襦记》传奇等。

【注释】

注一　滑笏:水波动荡不定貌。

注二　略彴:小木桥。宋陆游《闭门》诗:"独木架成新略彴,一峰买得小嶙峋。"

丹徒河(注一)

彭兆荪

我昔乘舟京口驿,　　黑泥两岸如山立。
河身日狭地日高,　　水缩西风行不得。
朝廷帑金费千亿,　　年年畚锸劳民力。
可怜捞浅不捞深,　　仍使崩沙水中积。
焦山海门近咫尺,　　担夫何如投大泽!

【作者介绍】

彭兆荪(1768～1821)　清文学家。字湘涵,号甘亭,又号忏摩,江苏镇洋(今太仓)人。贡生。少随父官山西,年十五应乡试即有名,然事科举无所遇。后数十年客江淮间,以幕友为生。通考订校雠之学,工骈文,尤以诗名,诗多抑郁慷慨之辞。著有《小谟觞馆集》、《潘澜笔记》等。

【注释】

注一　丹徒河:丹徒经辛丰至丹阳间的河道。古称"丹徒水道"。因地处宁镇丘陵和茅山山脉之间,岗丘绵延,皆劈山切岭以成航道,故"运河之开凿愈深,则上之坍塌愈速。"所以崩沙淤积。此诗形象地描写出此段运河反复治沙和治坍的艰辛。

横 塘

姚承绪

在盘门西五里。有桥额曰“横塘古渡”，为游湖入山之路。

溟蒙春水横塘路，　　芳草凄迷绿未凋。
试唱望江南一曲，　　吴娘暮雨更潇潇(注一)。
画舫银灯碧玉箫，　　清游从此占河桥。
山光如黛波如镜，　　几度佳人倚短桡。

【作者介绍】

姚承绪(生卒年不详)　清代诗人。字缵宗，一字八愚，吴县(今江苏苏州)人。博学能文，尤致力于诗，吴中胜景题咏殆遍。著有《留耕堂诗集》。

【注释】

注一　“吴娘”句：吴娘，指古代吴地歌伎吴二娘。她作有《长相思》词，其中有句云：“巫山高，巫山低，暮雨潇潇郎不归，空房独守时。”

粮 船 行

姚　燮

粮船汹如虎，　　估船避如鼠(注一)。
粮船水夫缠青巾，　　上滩下滩挽长绳。
十十五五无留停，　　估船不敢鸣锣声。
催粮吏官坐当渡，　　皂隶挥鞭趱行路，
趱尔今朝入关去。
估船偶触粮船旁，　　旗丁一怒估船慌，
蛮拳如斗乌能当？　　愿输浊酒鸡鸭羊，
庙中罚祭金龙王(注二)。

【作者介绍】

姚燮(1805~1864) 清代文学家、画家。字梅伯,号复庄,又号大梅山民,浙江镇海人。道光十四年(1834)举人,屡应进士试不售,由誊录即选知县,未赴,以著作教授终身。学识渊博,于经史、地理、释道、戏曲、小说无不探究。尤精于诗,风格奇肆秾丽。亦工画,人物梅花最著名。著有《大梅山馆集》。

【注释】

注一 估船:商贾载货的船。

注二 金龙王:民间传说中的河神,俗称金龙四大王。清代重漕运,故沿河多奉祭之。

汛滥词纪水灾也

袁景澜

吴地卑湿,数有汛溢。嘉庆甲子以后,历道光癸未、壬寅、己酉,连年大水,湖波溢岸,田禾淹没,哀鹄遍野,用作是诗。

积阴天际疑黑雾, 白龙卷海入云去。
狂风吹雨倒地来, 十日五日雨不住。
初飘乱点既如注, 顷刻檐溜飞瀑布。
纵横床榻生青苔, 几个漏湿无干处。
疑是女娲补天补不牢, 石破迸落银河涛。
江水暴涨洪流翻, 千门万户皆波澜。
难兴徐垕筑堤役(注一), 鳞介入室民愁叹。
今朝看水水没路, 纷纷操筏迁家具。
明朝有水水及扉, 鸡犬上屋人登树。
争欲呼船来载人, 人多船少难安身。
老弱惊嗟妇子泣, 此时性命同轻尘。
田园四望化鱼国, 橧巢高结同尧民(注二)。
村庄更有萑苻起(注三), 官符火速平粜米。

贫家泛宅逐凫鸥，　　富室移居入城市。
昔年甲子逢水灾(注四)，　　数日汪洋即退回。
今日涨高过昔月，　　余波浊浪犹喧豗(注五)。
自古三吴夸水利，　　东海北江环郡地。
急须疏道继希文(注六)，　　茆河茜泾通流滞。
畎浍宣泄循禹功(注七)，　　蓄渟无使害三农。
吏治苟明六得失，　　委输何患溢娄松(注八)。
幸得遭逢天子圣，　　输粮下救哀鸿命。
四方安堵沈灾消，　　江湖依旧平如镜。

【作者介绍】

袁景澜(生卒年不详)　生于清嘉庆年间，同治年间尚在，年过七旬。字文绮，又名学澜。江苏吴县(今苏州)人。年少补诸生，但屡试不第，乃著书课子，暇与友朋觞咏。工诗文，其《南宋宫词百首》、《姑苏竹枝词百首》、《苏台揽胜百咏》为时传诵。所著《吴郡岁华记丽》以资料宏富称。

【注释】

注一　“难兴”句：徐厔，明代苏州通判，春雨病堤，徐厔即兴捍筑之役，为民称道。此句诗人慨叹没有这样的官员带领大家抗灾了。

注二　“橧巢”句：橧巢，用柴薪高高堆积编结起来的住处。此句意谓灾民们就像尧舜时代的居民一样，如鸟似的在高处搭起了窝巢。

注三　萑符：泽名。《左传·昭公二十年》：“郑国多盗，取人于萑符之泽。”后遂将盗贼出没之处称为萑符。此处指因水灾而有人乘机抢劫。

注四　“甲子”句：原注：谓嘉庆九年(1804)事。此年苏州一带亦曾发生水灾。

注五　喧豗：轰响声。

注六　希文：即宋范仲淹，字希文，善治水。

注七　畎浍：原指田间沟渠。此处泛指沟渠、河流。

注八　“六得失”二句：原注谓嘉靖三年(1524)，昆山人郏亶上言苏州水利，有六得六失。娄松，谓娄江和松江。

夜航船诗

袁景澜

长宵归客趁吴艭(注一)，　杂沓乡音聚短窗。
宛守庚申同不寐(注二)，　争歌子夜并无腔(注三)。
瑰奇互说黎丘鬼(注四)，　欢笑时惊断岸庞(注五)。
柔橹咿呕相酬答，　乌啼月落过寒江。

【注释】

注一　吴艭：艭，小船。吴艭，吴地的小船。

注二　“宛守庚申”句：庚申，下午三、四点钟的时候。此句意谓同船人都不睡觉，在一起闲聊，好像是在下午三、四点钟时光似的。

注三　“争歌”句：此句意谓虽时近子夜(夜里11点至凌晨1点)，船上人仍争先恐后地欢唱着，尽管歌声唱的并不动听。

注四　黎丘鬼：古代传说中出于黎丘的奇鬼，好为人子侄昆弟之状，以戏弄他人。语见《吕氏春秋·疑似》。

注五　“断岸庞”句：断岸，河岸绝壁。此句意谓船上夜间的欢笑声常将河岸上的夜行人惊吓。

廿七日过吴江县(注一)

日·竹添进一郎

长竿插在钓鱼矼(注二)，　映水鸬鹚立一双。
乱后荆榛锄未尽，　荒城残日过吴江。

【作者介绍】

竹添进一郎(1842～1917)　日本汉学家。名光鸿，字渐卿，号井井。日本肥后人。历任北京公使馆员，天津领事，朝鲜常驻公使等外交官职。主要著作有《栈云峡雨日记》、《左传会笺》、《毛诗会笺》和《论语会笺》等。

【注释】

注一　廿七日：1877年3月27日，作者从上海水路经苏南运河到苏州，途经吴江作此诗。此时正是清军与太平军战后不久，苏州吴江一带破坏严重，故诗人有“乱后荆榛”和“荒城残日”的描写。

注二　钓鱼矼：矼，石阶。钓鱼矼，水边用来钓鱼的石阶。

临江仙·古运河

沈　恪

李白昔闻《丁督护》，心摧雨泪横流。千年苦难满行舟，引吭哀朴野，喘月叹吴牛。

彩带运河千里曲，而今是处通幽。春歌取代纤夫愁，谪仙临岸立，斗酒放声讴。

【作者介绍】

沈恪（1936～ ）　镇江人。中华诗词学会会员。镇江诗词学会常务理事，镇江松梅诗社常务副社长、《多景诗报》编委。

浣溪沙·清名桥

朱培学

石础依然卧碧波，新霜不掩旧痕多。几多游客兴婆娑。

岁月无情随逝水，风光有意壮行歌，古桥伟岸致清和。

【作者介绍】

作者生平不详。此诗选自《古运河畔南长街》一书。原选自无锡《碧山吟草》诗集。

行香子·市桥听橹(注一)

俞　涌

烟雨空暝,岸曲流平。画屏中,一叶舟轻。橹柔波漾,风远箫清。过虹桥弯,星桥秀,月桥明。

香重蝶懒,柳暗蝉鸣。寻诗梦,倦倚芳亭。侬家软语,恰似娇莺。况市声喧,书声朗,笑声盈。

【作者介绍】

俞涌(1945～)　本名国卿,笔名西河生、肖霜、余隐,别名风满楼主人,江苏苏州人。当代词人、谜人、自由撰稿人。为中华诗词学会会员。苏州市民间文艺家协会副主席,苏州市灯谜协会会长。有苏州地方文史作品多种。

【注释】

注一　此诗选自《沧浪十八景图咏》。"市桥听橹",为今日沧浪区十八景之一。系颂赞苏州市河经近年来整修后,极显当日"绿浪东西南北水,红阑三百九十桥"场景之作。

古运河游春

韩永军

却待寻春春未醒,　　此间春色已撩人。
一堤新柳依风绿,　　两岸夭桃蘸水陈。
画舫曾歌笙管醉,　　漕船未歇纤篙频。
繁华不令随波去,　　河上清明历历真。

【作者介绍】

韩永军(1953～)　女,镇江人。镇江诗词协会副秘书长,镇江多景楼诗社理事。

第四节　名　　胜

西津渡古街

自古以来浩荡的大江即隔断了江苏南北的通连，为了交通，人们在镇江和扬州江岸设置渡口以互通往来，西津渡就是位于润州蒜山脚下的江南古渡。

早在唐代以前，镇扬之间就有渡口存在。西津渡东面有象山为屏障，可以挡住上溯的汹涌海潮，北面与古扬州邗沟相对，加之临江断矶绝壁，岸线比较稳定，渡江航线相应固定。为众熟知的“永嘉南渡”时期，北方大批流民渡江进入江南，几乎有一半是从这里渡江的。唐开元二十六年(738)，润州刺史齐浣开扬州伊娄河，江南船只从镇江蒜山京口埭下，直趋对岸瓜洲，水路既近且可免漂溺之患，西津古渡就显得更为重要。历代著名诗人于此多有题咏。其中最出名的莫过于北宋王安石的《泊船瓜洲》：“京口瓜洲一水间，钟山只隔数重山。春风又绿江南岸，明月何时照我还”一诗。这是熙宁八年(1075)王安石第二次拜相，奉诏进京，从京口西津渡舟次瓜洲的诗。诗人以“一水间”形容舟行迅疾，顷刻就到，确实能够反映西津渡与江北交通的便捷。元《至顺镇江志》中记载，在南宋乾道年间(1165～1173)，镇江郡守蔡洸就曾在渡口“置巨艘五”以便民往来。元延祐四年(1317)，又“增置渡船十五，仍官收船资，人三钱”，说明渡口非常繁忙。这期间之前有宋室南迁，之后有马可·波罗沿运河南下，他们都取道瓜洲至西津渡。所以《至顺镇江志》称西津渡“乃南北冲要之地，江浙闽海物资，悉由此以达京师，使命客旅，络绎往回，日不暇给”。清代以后江流发生变化，江南江岸淤涨，江岸逐渐北去，渡口亦随之下移，使得原先的西津古渡现在离江岸已长达300多米，古渡遂逐渐消亡。

虽然科技的进步和环境的变化已经淡化和削弱了古渡的功能，但原西津渡古街却得以保存下来，使我们迄今仍然可以窥见旧时古渡的风貌和文化。这条古街原系临江依险的蒜山东北峭壁开凿的栈道，上有"吴楚要津"题刻的券门。如今踏着五十三级石阶由东往西走，越过四道券门后就出现一道由高渐行渐低的古街道，踏着青石板上尚留有车辙的街道漫步，首先可以看到一座清代重建的待渡亭，亭只有一半，称为半亭，砌建在北向江岸的利群巷头。街道两侧，则是鳞次栉比的清代直至民国遗留下来的砖石小木楼，雕花的窗栏大部漆成朱红的颜色。仍能看到"民国元年春长安里"、"吉瑞里西街1914"、"德安里"等题额。据老人们回忆，从观音洞下行一直到现在的长江路，短短几百米的街道上曾有店铺百十家，既有供南来北往客人歇宿的客栈，也有供客人们饱餐或小酌的酒楼、为船民服务的木匠店、缆绳店等等，古渡旁不可缺少的救生会，甚至还保留着民国时期的警察局旧址，使人们得以了解彼时渡口社会行业的组成。修旧如旧的保护使西津渡古街呈现出一种质朴自然的本色。

在这条路的最高处，是全国既有的唯一一座元代过街石塔，由东向西的四个券门的题刻和一个香炉最真实地反映了由此渡江的旅客心态："同登觉路"、"共渡慈航"，行船走马三分险，何况要涉过大江？因此在铁香炉里烧灶香，祈求菩萨保佑航行安全是很正常的。而另两道券拱门的题额"层峦叠翠"和"飞阁流丹"，则是渡客对远山景色和西津渡古街上朱红小楼的赞美。

维护和修复的西津渡古街曾获联合国教科文组织2001年亚太地区文化遗产保护杰出项目奖。难怪英籍华人女作家韩素音曾这样赞美西津渡古街："漫步在这条古朴典雅的古街道上，仿佛是在一座天然历史博物馆内散步。这里才是镇江旅游的真正金矿。"而中国文物学会会长罗哲文先生则称誉这里为"中国古渡博物馆"。

齐梁陵口石刻

魏晋六朝是中国造型艺术特别兴旺发达的时期，如果说北方是以敦煌、龙门、云冈等石窟佛寺造像艺术擅长的话，那么南朝齐梁的陵墓石兽和砖画则是这个时代南方的代表作品，江南运河丹阳陵口附近的石兽又是目前帝陵石兽中保存最具代表性的器物之一。它们的创作和制造都出自当时一流的能工巧匠，在中国艺术史上具有非比寻常的价值。

从丹阳沿苏南运河东南行，在丹阳陵口镇东0.5公里的陵口，夹萧塘河（现称萧梁河）东西两岸，有一对大型的有角石兽，这就是有名的齐梁陵口石兽，距今已有1 500多年的历史了（见图12-1）。陵口齐梁石兽现在的位置并非原来的位置，迄今已被移动过两次。一次是在1965年拓宽苏南运河时，将石兽在原有位置上向北移动了450米；1977年在疏浚萧梁河时，又将其往西移了70米。它本来位

图12-1　陵口石兽（天禄）

于东南方向的大运河与北上三城巷的萧梁河的交界处,夹萧梁河的两岸而置。它与其他地点的萧梁石兽所置位置不同,其他石兽都是置于陵墓神道的两侧,唯独这两只石兽则是置于整个陵区的入口处,体型明显高大于其他地区的石兽。丹阳是六朝时期南朝齐、梁两代帝王的故里,出于中国人民“树高千丈,叶落归根”的传统习惯,以及当时萧梁王朝所占地域的位置,这些帝王死后大多归葬于丹阳,多达十二处,陵口就是其中之一。

陵口的一对石兽,右侧的独角石兽体长 3.95 米,残高 2.90 米,称为麒麟;左侧的双角石兽体长 4 米,腰围 3.90 米,高 3.6 米,称作“天禄”。镇江地区的齐梁石兽大多长在 2~3 米左右,唯独陵口石兽不同一般。这对石兽头部较大,脖颈较短,有一对小翅膀,身上布有上卷的图案化的花纹,腰部的体毛犹如云气,装饰性很强。之所以在此设石兽,史料上说这是因为梁高帝的建陵、梁武帝的修陵、梁简文帝的庄陵三陵以及可能是梁敬帝墓前石兽均在江南运河陵口段之北上支流萧梁河的萧港附近,距离陵口颇近。齐梁的皇帝和大臣谒陵大都从水路由秦淮河经破岗渎越过十余道埭堰到达丹阳,以避长江的风涛之险,再经苏南运河从陵口经萧梁河进入陵区,陵口是进入陵区的入口处,故有此称。陵口石兽可以说乃是由此进入陵区的重要标志物。研究六朝文化的专家们认为,陵口石兽是在侯景之乱被平定以后,梁简文帝的名誉得到恢复,人们期待着梁朝的复兴,因而修复了荒芜的帝陵,重新整治了萧梁河,并在陵口放置了石兽。毫无疑问,如此巨大沉重的石兽,重达 20 余吨,不依靠水运而想移动是非常困难的,正是江南运河和萧梁河提供了这种便利。人们甚至还认为,为了造陵和谒陵的需要,才开挖了萧梁河,它们之间可能有一种难以分割的联系。因此研究陵口石兽与江南运河彼时水运的关系,也是一个非常有趣的话题。

齐梁陵口石刻是中国美术史上罕见的瑰宝,也是扣系在江南运河纽带上的璀璨珍宝之一。它们由整块石头雕成,是彼时不知名的能工巧匠赋予了它们艺术的生命,作为整个六朝艺术的组成部分,石兽昂首挺胸,形态优美生动,雕刻精细而夸张。它继承了汉代圆雕、浮雕和线雕的混合手法,从粗简古朴向精湛秀美方向发展,形神兼备地表现了南方石刻的一种高贵而优雅的情调。因而得到了许多旅游者和国内外艺术家们的青睐和赞叹,纷纷前来观赏和研究。而今,陵口石刻和镇江地区的其他齐梁石刻一样得到了妥善的保护,它们不但是江苏省级文物保护单位,也是全国重点保护的文物单位。

舣 舟 亭

大运河从常州市城东一分为二:一支从市中心穿越弋桥、新芳桥蜿蜒而过,虽然现在已很少舟楫,但却是江南运河的最早河段。另一支为明万历九年(1581)知府穆炜重新开拓的由正流略向南拐,穿越怀德、广化、同济桥又东流合一的河道。20 世纪 80 年代运河整治,经裁弯取直致使两水分流相夹,形成一块半月岛,这就是现今建成的东坡公园,著名的舣舟亭所在地域(见图 12-2)。

图 12-2 常州舣舟亭

北宋杰出的大文学家苏轼(字东坡)对常州有着特殊的感情,他中年时候曾两次上书皇帝“乞居常州”,晚年当他拖着衰老之躯从海南岛北归时,依然选择常州作为终老之地,称常州为“此我里(故乡)!”且最后逝世于常州。据有关学者统计,苏轼曾 11 次来去常州,留下不少诗文和遗迹,但泊舟地点却大多无考,唯有宋神宗熙宁七年(1074)初,时任杭州通判的苏轼忽然接到上司的命令,要他在年前赶往常州、润州赈饥,因此他立即乘舟北上,出发时兴致颇高,但在路途中却感染风寒而生病,待他到达常州时,已是除夕之夜,乃泊舟常州城外。诗人独处无亲,加之身体有恙,心情未免伤感,乃作《除夜野宿常州城外》诗二首,其中一首这样写道:

行歌野哭两堪悲,　　远火低星渐向微。
病眼不眠非守岁,　　乡音无伴苦思归。
重衾脚冷知霜重,　　新沐头轻感发稀。
多谢残灯不嫌客,　　孤舟一夜许相依。

应该说,诗的基调有些低沉,熟知苏东坡生平的人知道他曾迭遭政敌打击,此时虽年近四十,依然官职卑微,年至除夕,病卧孤舟,诗人心境不佳是可以理解的。但低沉并不等于消沉,诗中最后两句感谢残灯为伴相依天明的情景说明诗人对新春和未来仍然抱着希望,人间仍然是温暖的。时至南宋,当朝廷为元祐党人平反昭雪之后,常州人民迅即在此建亭纪念苏轼,这就是舣舟亭的来历。虽然现今的舣舟亭已不是南宋原址,经明代万历年间常州运河改道和筑文成坝,亭址已稍作南移,但依然紧贴运河边,且因相继于此建文昌阁、观音殿和关王阁等建筑物,规模和范围都比原先扩大,新址的历史至少也已 400 多年了。

时至清代,康熙和乾隆两帝都是苏东坡诗文和书法的爱好者,他们在南巡途中,都曾登临舣舟亭。康熙第二次南巡时,曾在文成坝刻石勒铭,第五次南巡时,又于舣舟亭题写“坡仙遗范”的匾额。乾隆南巡时,舣舟亭一带已建有皇帝的行宫,乾隆曾三次驻跸于此,并从此处登舟或上岸，写下6块诗碑以记述他南巡的盛况和对苏轼的颂扬，总之，此后舣舟亭一带就成了人们瞻仰东坡遗迹和探寻康乾两皇帝南巡遗迹的风景胜地。

1954年，常州市政府在此重新建亭造园，称东郊公园。为了凸显苏轼的人文精神，1979年恢复舣舟亭原名。1985年，苏南运河于此处裁弯取直时，从东面仓前村改道，形成1.14平方公里的半月岛，中以晚步桥相连，使公园规模进一步扩大。20世纪90年代，此处复更名东坡公园，舣舟亭则成了公园的主景点。园内增设楼台亭阁或树石花草，多与苏轼或苏氏父子有关，如三苏苑、怀苏庭、仰苏阁、野宿亭、洗砚池、观苏堤等；有的则以他的遗闻轶事和诗文内容命名，如海棠坞，则是因为苏轼有咏海棠名句"只恐夜深花睡去，故烧高烛照红妆"，问月亭则因"明月几时有，把酒问青天"之名句而得名，喜雨亭则是取之苏轼散文名篇《喜雨亭记》。总之，东坡公园以大量的实物、景点、掌故再现了苏轼坎坷而坦荡的一生和他在中国文化史上多方面的卓越成就，是全国众多以东坡命名的旅游园林里最为丰富多彩的一处。

公园中尚有1997年建造的纪念改革开放以来，经过先后9年努力耗资7.10亿元开拓常州段运河的"银带亭"，时任国务院副总理的邹家华曾挥毫题写"银带苏南行，经济随河飞"的赞词。亭作重檐圆形，由六根圆柱拔地支撑，秀丽而厚重。

黄　埠　墩

在无锡市城北的古运河上，惠山寺唐泾的出口处，漂浮着一座美丽的圆形小岛，被称作黄埠墩，据说是当年战国四公子之一的春申君黄歇治理芙蓉湖保留的遗迹。黄埠墩是个神异奇特的岛屿，在它身上除了许多异闻轶事而外，据说它还有一种非同一般的神奇，即运河水再大它总能漂浮水上，而不被淹没，故而终年苍翠欲滴，景色如画。

素有“洪水淹不没,水枯不见底”的美誉。由此可知,它得名为“墩”,早期肯定地势要高于运河堤岸,自然不易被淹没。如果把运河比喻作绿色的飘带,黄埠墩无疑就是飘带上一颗璀璨的明珠(见图12-3)。

图12-3 无锡黄埠墩

黄埠墩面积不大,只有220平方米,石砌驳岸,四面环水。因地处江南运河的要道之地和河中高地,早在宋代之前,岛上已开始有建筑物,因而有“小金山”之称。宋德祐二年(1276)正月,元军围攻临安(今杭州),宋太后全氏和南宋恭帝命文天祥赴元营议和,被元军元帅伯颜扣留,并被押解北上。船经无锡,靠泊黄埠墩。文天祥想起十八年前偕弟文天璧自京口(今镇江)赴临安应殿试时,也曾夜泊于此,“感今抚昔,悲不自胜”,乃作《过无锡诗》一首:

金山冉冉波涛雨,　　锡水泯泯草木春。
二十年前曾去路,　　三千里外作行人。
英雄未死心先碎,　　父老相从鼻欲辛。
夜读程婴存赵事,　　一回惆怅一沾巾。

诗中诗人想起近二十年前与弟赴临安应试的情景，同时感慨而今国破家亡，身被羁押，要去三千里外的大都（今北京）作囚犯，心中十分悲愤。无锡人民听说文天祥押经此地，纷纷沿着运河尾随囚舟奔跑，以示敬意。诗中的“父老相从鼻欲辛”就是这一场景的现实写照。文天祥北行至京口后，在随从杜浒和当地人民的帮助下得以逃脱，从此进行了义无反顾艰苦卓绝的抗元之战，直到3年后于大都从容就义。这首诗已于1981年被立碑镌刻于黄埠墩“正气楼”的厅堂之中，成了无锡人民进行爱国主义教育最好的乡土教材。

时至明代，黄埠墩上建有寺庙，中楼建阁，四面皆窗。明代人王水积的《锡山景物略》中写道：“（黄埠墩上）旧建文昌阁、环翠楼、水月轩，垂杨掩映，不即不离。”建筑物相当紧凑，与周围景物结合得体而又宜人。夏秋临窗观月，凉风习习，波光粼粼，令人涤尽尘思。嘉靖时任南京右佥都御史的海瑞亦曾登临此岛，十分赞赏，特为环翠楼亲书“环玩临水第一楼”匾额，可见评价之高。进入清代，黄埠墩因为地处康熙、乾隆水路南巡之要道中流，故这两位皇帝都曾驻跸于此。康熙为黄埠墩亲题“兰若”（梵语寺院的音译）二字为匾额，乾隆仿乃祖风范，喻黄埠墩为海中“蓬莱”，且留有“遥观波影拥蓬莱”的诗句，形象地写出了黄埠墩的地理特色。咸丰年间，黄埠墩上的建筑毁于太平军与清兵的战火，同治年间重建。1921年又毁于火。1925年，邑人唐保谦捐资重建。墩中原悬有阎锡山所书“小金山”匾额，后为林森所书“圆通寺”匾额取代。民国16年（1927）又重建圆通寺和环翠楼。1958年岛上建筑物全被拆除，仅存一墩。

改革开放以后，黄埠墩恢复青春。先是于1981年将南门外张元庵戏台拆迁于此。为纪念民族英雄文天祥，建楼二层，将原楼名“环翠楼”改称“正气楼”。楼中刻有文天祥《正气歌》和《过无锡》诗全篇的碑刻。绕墩筑以花墙，设门于东南侧。楼为鱼龙吻脊，飞檐翘角，雕梁朱柱，葵花式花纹，富丽堂皇，颇具气势，登楼人临窗远眺，心胸为之一畅。1983年11月，无锡市人民政府公布黄埠墩为市级文物保护单位。而今，黄埠墩已成为人们夏秋纳凉与水中观月的最佳去处。

运河南长街

明代中叶，江南运河从常州流经无锡城时，从莲蓉桥开始，即分为两股：东线一股从莲蓉桥向东，经工运桥曲折南行，经亭子桥、槐古桥东西行，然后于南禅寺之南长桥与西线汇合；西线一股则从莲蓉桥折向西南行，经人民桥、西水墩，复又折而东南行，于南长桥同东线汇合，然后沿南长桥南下，直至利民桥，这一段从莲蓉桥直至利民桥的两股运河水流分开又汇合的河段是江南运河无锡段的古运河，两侧则是古驿道，亦是无锡运河中最具魅力的地带。特别是此段从南门外南禅寺至清名桥，长约 1.5 公里的地域，迄今还保存着 20 世纪 60 年代以前的沿河原生态风貌，吸引着海内外游人到此漫游观赏。

沿南门外顺着古运河边南行，于古运河畔南长街口北侧，最先映入眼帘的便是一座被寺院掩映了部分的高耸古塔，这就是被称南禅寺的寺院和妙光塔。妙光塔七层八角，巍峨高峻，古色古香，在阳光下闪射着五色宝光，气势非凡。这座古寺乃是杜牧诗“南朝四百八十寺，多少楼台烟雨中”的古寺之一，历史将近1500 年了。古刹初名护国寺，唐高宗咸亨年间改名灵山寺，后于唐武宗会昌年间被毁。宋仁宗天圣年间重建，赐名福圣禅院，俗称南禅寺。宋雍熙年间(984 ~987)，寺院和尚顺应本地百姓和运河客商要求，从制服梁溪水害的善良愿望出发，特募捐于南禅寺内造塔以抑制水患，宋徽宗赐塔名“妙光”。塔高 43.3 米，塔基为青石须弥座，为楼阁式砖木结构。每到夜晚，塔内即燃灯四照，“妙光”四射，与塔铃的叮咚作响，成为旧时无锡一道亮丽而又颇具禅意的风景。妙光塔建成后屡有兴废，大小修建不下十次，现在见到的妙光塔已是明代正德年间重建的了。清咸丰十年(1860)，南禅寺大殿毁于清兵与太平军的战火，塔亦残破,民国15年(1926)曾对塔予以重修,由无锡著名实业家荣宗敬、荣德生兄弟和唐申伯捐助。1980年5月,无锡市政府拨款对妙光塔全面整修,下增重檐,环以廊庑,经一年多的精心修缮,终于再现妙光塔"光连星斗,势接云霄"的雄姿。以后又相继重建天王殿、大雄宝殿和藏经阁,终于使一代禅院重光人间。

为了更好地繁荣无锡经济,挖掘商业、文化和旅游资源,借景兴市,20世纪90年代后期,无锡市政府对南禅寺周围地区进行了改造,使其成为集商贸、民俗、休闲、美食、娱乐和旅游文化为一体的市场。而今漫步南禅寺周围街区,扑面而来的是风味小吃市场、花鸟鱼虫市场、邮票钱币市场、古玩市场、书刊市场、工艺旅游品市场等,令人目迷五色、美不胜收。一到节假日,这里万头攒动、人山人海,如置身于庙会之中,人们各自寻觅自己的爱好与乐趣所在,任意吃、住、行、游、购、娱,尽情游乐,欲罢而不能,一派江南风情让人心醉神迷。

如果说,南禅寺文化市场是以商贸和休闲取胜的话,那么,当人们继续沿运河步向东南,走到古老石桥清名桥附近,这里呈现的一切就是以原生态运河的风貌见长了。清名桥跨古运河而建,始造于明万历年间,最初叫清宁桥。康熙八年(1669)重建。后因桥名"宁"字与道光皇帝名号旻宁相同,为避讳改称清名桥。咸丰年间又毁于战火,同治八年(1869)重建。全由花岗岩堆砌而成。因两岸地势有高低,故东西石级不等。圈洞两面的圈石上,各有题刻。整座桥造型古朴,稳固雄伟,保护完好,迄今保持着原有的风采,已成为无锡古运河上著名的景区之一。

更令人难忘的是,从南禅寺至清名桥的古运河两旁,还保留着长达600米的清代至民国的老民居,鳞次栉比,前街后河,每户人家沿河的后门都有砖石砌的码头,有的则直接将房屋半砌进河中,用石柱、砖墩或圆木支撑,成为典型的"水弄堂",枕河人家。而前街虽然街道狭窄拥挤,房屋和过街楼也矮小灰暗,但是石板和砖石铺砌的街道上,却见缝插针般的到处摆设着鱼虾、菱藕、蔬菜、稻米、水果、小吃等摊点和手工艺品作坊小店，以及无锡地方上的土特产品，依然释放着浓郁的江南水乡风情。

南长街是一条说不尽的街。清名桥南侧是伯渎河，一条有着3000多年历史的古河，跨过伯渎桥，可见到许多明代烧砖瓦的窑址，明嘉靖年间倭寇入侵，修筑城墙的用砖均取于此。直到上个世纪的1969年才结束烧窑的历史，而今还保存着20多座窑址和1座保存完好的窑业公所。回到南长街再走几步路，可以看到无锡道教协会所在地西水仙庙，这是明代为供奉抗元牺牲的文天祥部将麻士龙、尹玉两将军而立的神庙，早期称“双忠祠”。因为时至元明漕运多阻，船民祷祝于神庙，其患乃息，因此双忠祠又被称为水仙庙了。如今山门、二门、大殿、双忠祠正殿、蚕师殿、酒厅、茶厅、书厅等仍存，甚至还有一座古戏台供人们欣赏。

南长街运河段以其原汁原味的特色风貌，得到中国京杭大运河申遗专家们的褒奖，被视为原生态运河保护的典范。

七 里 山 塘

在苏州古城西北往虎丘方向，有一条河、街并行的街道，这就是有名的山塘街。它是吴中文化精粹的集中展示和形象代表，散发着明清以来苏州地区民俗风情的特有韵味，像一杯浓醇的美酒召唤和陶醉着无数游客(见图12-4)。

山塘街有着悠久的历史。早在中唐时代，大诗人白居易任苏州刺史时，看到当地群众游览虎丘，都是从田间小道和塘沼中穿行，为了便利交通，“始凿渠以通南北而达于运河”，这渠就是山塘河。同时沿河筑堤，既可免行人涉水之劳，亦可阻挡流潦的侵袭。人们为了纪念诗人的功绩，乃将这一条通往虎丘的山塘路，称作“白公堤”，亦就是后来的山塘街。山塘路从东向西，由阊门山塘桥蜿蜒至虎丘，全长约3 600米，相当于山塘河的长度，故称为“七里山塘”。山塘河有

图 12-4 苏州七里山塘

两处河道与运河相通:一是水从山塘中部彩云桥与半塘桥之间的野芳浜流出,折向西南以接运河,一是从山塘西北顶端入运河。因有活水流动,山塘河水常年保持着清澈与洁净。清代顾禄所著的《桐桥倚棹录》是一本专写山塘风物的名著,书中说"白公堤延亘七里,约三里半为半塘。"从半塘开始向虎丘,是山塘风光最美的地方。宋代诗人范成大曾作《半塘》诗,诗中有这样的丽句清词:"柳暗阊门逗晓开,半塘塘下越溪回。炊烟拥柁船船过,芳草缘堤步步来。"可见时至宋代,山塘从半塘向虎丘,已经成为游船如织,堤草如茵,杨柳依依,行人流连的绝佳去处了。

山塘街最热闹的时候是在明清。明代,白公堤曾因年久失修,堤岸多处崩坍,山水漫溢,行人不堪忍受。有一位名叫木铃的和尚目睹此景,决心化缘修堤。木铃的苦行感动了时任长洲县令的韩原善,他首先倡议捐出自已当月的薪俸,致使当地民众纷纷解囊,很快筹集了修堤的钱,使山塘街面目一新。自此之后,山塘街以半塘为界,半塘以东则为带有水城特色的街市,山塘河两岸房屋鳞次栉比,粉墙黛瓦,小桥流水,山塘街两侧商铺林立,各种特色商货琳琅满目,行人来去匆匆,热闹而具江南水乡风情。而半塘以西,"云霞水竹,畎亩陂地,塔影钟声与茅屋炊烟相映带","红栏碧树与绿波画舫相映发",则是充满山野之趣与江南园林相结合的风光。前人总结说,山塘之美,一美在白公堤,两旁前门临街,后门枕河。水里匆匆来去着画舫,衣香鬓影,笙歌丝弦。二美在多桥。一条山塘街,除了横跨山塘河的桥,如山塘桥、通贵桥、星桥、彩云桥、普济桥、便山桥、西山庙桥等等外,还有河岸两侧的桥,其中著名的如桐桥、半塘桥、青山桥、绿水桥、斟酌桥、广福桥、引善桥等等,可以数上一长串。平桥、拱桥,石桥、砖桥、木桥,形态与材质各异,不下二三十座。其中有些桥如彩云桥,不仅桥上风景优美,且年代久远,是宋朝天禧四年(1020)时造的桥。再如山塘之半的桐桥,桥史更早,原为木桥,宋代端平年间桥木易为石梁,到了明代,巡抚周忱和郡守况钟将桐桥加高加宽予以重建,后人仍不断增高扩宽,并于桥左建亭,直至清代嘉庆年间还在修建。顾禄的《桐桥倚棹录》的"桐桥"二字就是得名于此。三是美在多私家园墅和商家会馆。千百年来大批达官贵人、骚人墨客于此建豪宅、筑园林,因此颇多名人的别墅、故居与遗址。从唐代开始即史不绝书,著名的寓舍有一榭园、吟啸楼、萍香榭、得月楼、西溪别业、海涌山庄、塔影山馆、三径小隐、蒋氏塔影园等,名人则有茶圣陆羽、诗人李绅、文学家陆龟蒙、大书画家赵孟頫,明代大臣姚广孝、申时行,画家沈周、文学家归庄,名妓卞京玉、董小宛,词人陈鹏年、书法家蒋衡、红豆词人吴绮、诗人张问陶等都曾于此居住,留有遗址或传说。而商家会馆则有岭南会馆,全晋会馆,山东胶、青、莱州商人的东齐会馆,陕西商人的全秦会馆,东莞商人建造的宝安会馆,江西义宁商人的冈州会馆等。店铺则多酒楼、茶坊、鱼市、菱市、扇子铺、线带店、画铺、竹器店以及走街串巷卖绒花、拂尘、竹刻、塑真(捏像),孩童玩的耍货如泥塑美人、泥塑动物、雕花葫芦、竹藤花篮等当地土货担子。总之,随着季节的变化,清明踏青、端午竞渡、中秋赏月,山塘街不断变换着迷人的风貌，令游人目不暇接，流连忘返。大概是因为山塘街太富有浓郁的江南风情味了，乾隆皇帝对此情有独钟，他特地在北京颐和园里仿照山塘街的大体式样再建了一条街，取名“苏州街”，让宫中的嫔妃内监们也能领略江南市街的趣味，于此可见山塘街的独特魅力。

然而，山塘街的兴旺与热闹并没有持续长久，清咸丰十年(1860)四月初四，清溃兵二十余人，声称清提督马德昭要在此地扎营，便投掷炸药包，“山塘中市数处火起，南、北塘濠，上下塘处处燃烧，光焰蔽天”，“竟延烧三昼夜”，之后复遭土匪抢掠，山塘街的明清风貌至此一扫而光。诗人俞平伯曾有诗咏之曰：“山塘七里繁华梦，赢得姑苏一炬红”，就是关于此事的真实写照。此后到了 20 世纪“十年动乱”期间，拆寺院、毁会馆、废祠堂，砸石狮、碎石狸、坏牌坊、伐古树、私搭乱建，山塘街再一次遭受摧残，早已面目全非了。

进入 21 世纪之初，苏州市政府决心恢复山塘街原有风貌，并开始行动。2002 年 6 月 18 日，山塘历史文化保护区保护性修复工程拉开了序幕，2004 年 6 月，苏州市航道处花了 3 个月的时间率先完成山塘河的古驳岸修复工程和清淤工程，与此同时市政府又整修桥梁，增置石栏石凳，铺设石板路面，栽植花卉树木，修葺五人墓、葛贤墓，同时着手恢复山塘街的原有风貌，让一批老街的原有名人故居和会馆重现青春，对外开放。山塘河的画舫上，则安排一批极富苏州地方风味的名点食品，如松鹤楼的松鼠鳜鱼、五芳斋的蟹粉小笼、绿杨馄饨店的鸡丝馄饨、采芝斋的贝母糖等给游客品尝。每到节假日和夜晚，月傍柳梢，华灯初上，山塘河流光溢彩，桨声灯影，画舫里弦歌笑语，连绵不绝，山塘街上一片通明，中外慕名而来的游客熙来攘往，摩肩接踵，争购和观赏街上的地方特产和精美的地方工艺，聆听山塘书苑楼上苏州评弹的吴侬软语，无论是步行在石板街上还是于河中画舫临窗凭眺，无论是听到的还是看到的，乃至闻到的吃到的，到处都弥漫着深厚的吴文化的底蕴，洋溢着浓郁的吴中风情，让你徘徊惜别，不忍离去。

枫桥寒山寺景区

寒山寺是苏州著名的古刹,位于苏州阊门外七里江南运河畔的枫桥镇,据传最初创建于六朝梁天监年间(502～519),因与枫桥比邻,故称“枫桥寺”。唐贞观年间(627～649),天台高僧寒山、拾得曾栖居于此,又称“寒山寺”。宋太平兴国年间(976～983),节度使孙承佑于寺中建塔七层,故又称妙利普明塔院,或普明禅院,后曾多次或因火灾或因兵燹被毁,于明清时一再重建,一直到宣统三年(1911),江苏巡抚程德全、布政使陆钟琦犹在募修扩建,重构大殿,辅之以楼亭庑廊,规模宏大,殿阁巍峨,自古即为苏州著名的旅游胜地。中华人民共和国成立后,寒山寺经多次修葺,被列为江苏省重点文物保护单位。寺内有大雄宝殿、庑殿罗汉堂、藏经楼、寒拾殿、钟楼、枫江楼、雷钟阁、碑廊、钟房等主要建筑。庭院里还植有日本各界友好代表团赠送的樱花树、五叶松等名贵花木。寺内还以石刻和古钟闻名,内中岳飞《还我河山》题词、唐寅撰文并书写的《姑苏寒山寺化钟疏》碑、晚清著名学者俞樾补写的张继诗诗碑以及康有为所写寒山寺诗石刻等尤足珍贵,为书法爱好者们所珍视。每至元旦除夕,寒山寺一百零八下辞旧迎新的雄浑而响亮的钟声,被人们视为消灾祛难、国泰民安的祥音。图12-5为苏州枫桥寒山寺全景。

图12-5 苏州枫桥寒山寺全景

自从唐天宝年间(742～755)诗人张继写出那首脍炙人口的《枫桥夜泊》诗以后,枫桥随即誉满天下乃至海外。漫游苏州的人没有不到寒山寺和枫桥一览它们的风采的。枫桥实际上是一座江南水乡常见的半圆单孔石砌拱桥。始建于唐,明崇祯末和清乾隆三十五年均曾重修,现存的桥系清同治六年(1867)所建。据《豹隐丛谈》记载:"(枫桥)旧作封桥,后因唐张继诗相承作枫桥。今天平寺多藏唐人书,背有'封桥常住'字。"但是张继在写诗时,将"封"写成了"枫",后来沿袭下来,就变成"枫桥"了。枫桥自从隋炀帝开凿大运河后,"枕漕河,俯官道,南北舟车所从出",枫桥成了南北舟车交会之地,因而日益繁忙热闹起来。正是因为官商船舶于此停泊,故而商店林立,此处成了丝绸、布匹、米豆、茶、竹、木等手工艺品和农产品的集散地,同时还成了骚人墨客高咏歌吟的地方。

在枫桥的东堍有一座关隘,明嘉靖三十六年(1557),为了抗击倭寇的骚扰抢掠,曾在苏州三处地方设关建楼,其中一处即在此,称"铁铃关",其他两处已毁,唯铁铃关尚存。此关呈长方形,砖石结构,"周十三丈有奇,高三丈六尺有奇",当中三层敌楼,可供瞭望,楼壁上设孔,以便矢石、铳炮发射。原铁铃关因年久失修,1986 年苏州市政府拨款大修,恢复铁铃关原貌,使这座抗倭的雄关成为枫桥景区中不可分割的组成部分。

从 2002 年开始,寒山寺、枫桥、江村桥和铁铃关所在地的江枫洲辟为专门景区,供游人观赏。江枫洲现为新老运河之间的狭长小岛,靠枫桥、江村桥、渔隐桥与东南区的寒山寺通连。江枫洲占地 3.5 公顷,分为 3 个景区:北部为古镇街市,展示着颇具明清街市风貌的店铺和手工艺作坊,可让人领略二、三百年前此地老街区的原生态风情。中部集中反映苏州市的民俗风情,以渔隐村、听钟桥、江枫草堂和古戏台等以显示水乡特色。其中尤令人驻足流连的是"漕运展示馆",馆中通过图文并茂和漕船模型的样式,向人们介绍了中国漕运的历史、作用和演变,以及与运河的关系。南部则为生态植物园,芳草如茵,各种花木欣欣向荣,争奇斗艳,其中红枫为主要树种,呈现出枫桥特有的自然风光。而今枫桥寒山寺景区的整个面积已达10公顷,成为一个集古寺、古桥、古河、古镇、古关等“五古”为一体的规模较大、历史遗迹众多、吴地风味浓郁、文化内涵丰富、观赏趣味性较强的苏州独特旅游景区,是广大旅游者的向往之地。

新中国成立以来,苏州市委市政府不遗余力地保护着这些珍贵的名胜古迹。早在1954年,为避免大运河上的喧嚣对寒山寺造成影响,曾在寒山寺西开辟古运河西道,使古运河、新运河将寒山寺和江枫洲夹围成河中小岛,为沟通西岸,专门建造了一座横跨新运河的钢筋水泥结构的“枫江桥”以通往来。但进入新的世纪,因人、车流量剧增,枫江桥已成为交通要道上的“瓶颈”,必须扩建。为了减少寒山寺枫桥景区的喧嚣和改善交通条件,保护古寺和古桥,2002年苏州市政府经过反复论证,决定舍弃枫江桥,于此桥以南200米处重建“何山大桥”以替代原枫江桥,这一南移,不但使公路为之改道需耗费巨资,单是建造新桥时需拆除700米长的运河新建驳岸的直接经济损失,就超过了500万元。但由此却使枫桥寒山寺景区与市声脱离,变得更为静谧、紧凑和和谐,取得了文物保护和旅游效益的持久双赢。

盘门三景

盘门景区位于苏州古城西南隅,紧贴苏南运河,占地约20余公顷。它包括水陆城门、瑞光塔、吴门桥等著名景点,是国家和省市保护的重点文物单位(见图12-6)。

苏州古城有着悠久的历史,早在春秋时代,吴王阖闾即位后就命大臣伍子胥造苏州城郭,并辟有8个城门。原为版筑土城,五代时改为砖墙。而今城墙大多不存,8个城门亦多名存实亡,唯阊门、胥门、葑门及娄门和相门之间还有部分故城遗迹残存,其中尤以盘门遗址

图 12-6 苏州盘门三景

保护得最为完整。盘门门楼上起初刻木龙盘曲于其上,用来震慑越国,所以最初叫“蟠门”。后来又因为此门“水陆萦回,徘徊屈曲,故谓之盘”。因此又叫“盘门”了。在现存的城门中,唯有盘门保留了古时的原状,它有水旱两个城门,水门在南边,旱门在北边,并排于一线。这在全国现今尚存的城门中,水陆俱全,堪称绝无仅有。

盘门曾经过历代修缮。南宋宝庆三年(1227)秋大风雨,盘门楼门俱坏,于绍定二年(1229)重修,且“规制视旧有加”,说明规模较原来加大。现存的盘门系元至正十一年(1351)重建,后又经过明清多次续修。盘门因水陆二门并列,各有陆门和水闸门二道,在两道陆门之间有城闉(曲城)相连接,称为“瓮城”。瓮城实际上就是四面皆城墙的一方空地,来犯之敌如被诱入瓮城,来路迅即被城楼中凌空而下之门闸封死,后退不得,前进又被第二道陆门阻挡,城楼上矢石如雨而下,任你何等英雄,只有于瓮城中等待灭亡。盘门城楼的最高建筑物,称为“戍楼”,可供瞭望之需。盘门水门的位置恰好处于苏州古城城墙西南转角处，作为护城河的古运河由北而南，在此折而东流，并与西塘河等河流于此交汇形成较大水面，然后一支傍城墙东流，一支向东南流去。水门以花岗岩构筑，堆砌成券洞，可容两只小船并列交汇。水门内外两门均设有水闸，从城台上用绞关以司启闭，不仅战时可防敌水军攻击，平时亦可用于防洪和调节城内的水位。应该说，盘门中有关古代城楼攻防之术的设备设计是十分巧妙的。雉堞、女墙、绞关、漫道（上城之斜坡）无不齐备，所以意大利旅行家马可·波罗看到苏州城墙亦赞赏不已，称它是一道漂亮的大城。

明清以来的盘门曾毁于清兵与太平军之战，后经重修。此后于抗日战争时期又遭日军毁坏。现今的盘门为1986年苏州建城2500周年时重修。

在盘门水门之东南耸立着一座拱形的石桥，正好横跨于古运河与西塘河交汇的河面开阔处，这就是吴门桥。此桥最初建于宋绍定年间，原为三孔石桥。南宋定都杭州后，盘门成为进入苏州的正门和交通要道，有吴中门户之意，故将此桥称为吴门桥。此桥明清均曾加以修建，但桥型未改。后毁于清军与太平军的战乱，同治十一年（1872）桥经重建，成为南北向单孔石拱桥保存至今。吴门桥造型优美雄壮，结构精巧坚固，是苏州市现存最高的古桥。伫立桥上眺望，城楼耸峙，运河绵延，高塔凌空，令人心旷神怡。

在盘门城内还矗立着一座巍峨庄严的高塔，这就是著名的瑞光塔。三国吴赤乌四年（241），吴王孙权最初在这里建造了一座普济禅院，用以供养一位来自西域康居国名叫性康的和尚。后来孙权为报答母恩，在禅院中又特地造了一座高达13层的宝塔，此为该处建塔之始。北宋宣和年间，权臣朱勔嫌此塔太高，改建为7层，据说此塔改建后，塔体现五色祥光，因改塔名为“瑞光塔”，寺院亦改称“瑞光神寺”。此后瑞光塔迭遭磨难，曾多次遭焚毁重修或再建，仅清代康熙十四年（1675）、乾隆四年（1739）以及道光年间就曾3次重修。直至咸丰十年，因太平军与清兵战乱，寺院被毁，仅瑞光塔巍然独存，但已破损严重了。1978 年 4 月，于塔中发现一批晚唐、五代和北宋时的珍贵文物，其中“真珠舍利宝幢”定为国宝级文物。此塔的残破也引起人们的关注，苏州市政府乃于 1987 年进行加固和修复工作，历时 3 年有余，于 1990 年完成，瑞光塔得以再现古塔风采。瑞光塔为七级八面砖木结构楼阁式塔，通高 53.6 米，塔基为宋代须弥座式。瑞光塔具有极高的文物价值，它是我国北宋南方砖木混合结构楼阁式塔比较成熟时的代表作品，1988 年被公布为全国重点文物保护单位。在修塔的同时，还环绕古塔新建了仿古牌楼和塔院，以及四瑞堂、丽景楼、伍相祠、水上蓬莱等建筑，将瑞光塔衬托得更为美丽庄严、妩媚多姿。

盘门景区的再现使沉寂了一个多世纪的被称作“冷水盘门”的地域而今重见了游人如织、生机勃勃的画面，苏南运河边又多了一块古代文化与现代文明交相辉映的旅游胜地。

第五节 杂 记

奔牛镇的来历

奔牛镇位于丹阳和常州之间，苏南运河穿镇而过。因为这里恰好处于宁镇山脉与江南平原交接之处，河水落差较大，自古人们就在此立堰设闸，以防止水流下泄。所以历史上的奔牛堰闸很出名，设施也比较完备，过堰闸者多有记述。宋时日本僧人成寻于熙宁五年(1072)来华，由浙江入境去汴梁(今开封)，他于九月八日于奔牛堰住宿，九日卯时越堰，看到有五座绞关、十六头牛拉船过堰。南宋杰出诗人杨万里有《过奔牛闸》诗，诗中有“一行二十四楼船，相随过闸如鱼贯”的句子。可见奔牛河段堰闸的设施非寻常小闸可比。

“奔牛”是个奇特的镇名，何以以此为名？明代学者谢肇淛在他著名的笔记《五杂组·卷之四·地部二》中有这样一段有趣的记载:相传南北朝梁武帝时,有人在金陵石头城下挖地时,掘得一个和尚,这和尚闭着眼睛坐在土中。人们把这件事告诉梁武帝,梁武帝也说不出名堂,他就派人去问当时最有名气的和尚志公(即高僧保志),志公说:“这个和尚入定(谓佛教徒闭目养神,不生杂念,心定于一处)了,可叫人在他耳旁轻敲石磬,他就会出定醒过来。”皇帝就叫人如法炮制,和尚果然睁开了眼睛,问他情况,就是不回答。于是志公就走到他身边,说起他的前事。这和尚一看是志公,立即起身向南奔去,梁武帝派人追赶,追呀追的,一直追到江南丹阳常州之间,老孟河之侧,伏地化为牛,因称此地叫奔牛。

这当然是个荒诞不经的传说。还有的故事说,此牛并非凡牛,乃是一头金牛,齐梁时曾于此地筑金牛台,齐高祖萧道成和臣子萧顺之还共登金牛台。可惜今天已找不到一丝金牛台的遗迹了。在中国,人们常常把牛塑造成铜牛、铁牛,或者石牛,以作为镇水之物。例如黄河之滨,苏北高邮、邵伯运河之畔,即铸有铁牛祈求镇控洪水的狂暴。因此一只公牛狂奔到这个江南运河的必经之地而停,是不是给人以此地是筑堰建闸的最佳之地的启示呢?有一点是毫无疑问的,也正是因为此地从隋以后即是设堰建闸之地,水手船民和为船民服务的商店旅舍酒楼聚集于此,遂成为一方大镇。

话说毗陵驿

在常州篦箕巷西首、怀德桥堍的古运河边,有一座“大码头”的牌坊和一座皇华亭及一块高大的石碑。那就是当年毗陵驿的遗迹。常州早在西汉汉高祖直至西晋时期,即称毗陵,因此隋朝在贯通南北大运河之后,在这里始建常州驿站时,即称此驿为毗陵驿。最初驿站的原址并不在这里,明正德十四年(1519),才从附近迁到这里,即被称为朝京门外百步的现在位置,成为专供传递公文的差役和南来北往官员停船休息或换乘住宿的地方。到了清代乾隆年间，毗陵驿被称为皇华馆，乾隆皇帝曾经有3次从这里上岸入城。故毗陵驿一直是江南运河边最重要的驿站，不但规模大，而且功能齐全。据方志记载，时至清末，毗陵驿尚有木牌楼、驿头门、马王殿、挂号房、马棚、兽医棚、槽头棚等一系列建筑，另设驿马56匹、木船15艘、马夫34名、水夫82名。可见毗陵驿具备了水陆交通、邮政、旅舍等多种功能，是一座水陆兼备的堪与金陵驿相颉颃的大驿。1987年11月24日，曾于怀德桥东侧发现毗陵驿码头石碑，证明此驿位置是正确的。

毗陵驿所处的位置决定了这是一座繁忙的驿站。自隋炀帝贯通运河之后，运河的支流或河汊将附近各县的豆米聚集于此，故很快毗陵驿一带即成为豆米集散之地。时至唐代，毗陵驿又成为运送漕粮的大码头，江南贡赋大多要经过这里运往北方。清康熙十九年(1680)，江南巡抚英文颜在奏折中说："江南财赋甲于天下，苏、松、常征课尤冠于江南。"因此每到运粮季节，苏南运河毗陵驿一带帆樯林立，舟船密集，蔚为壮观。明清以来每年从这里经过或运送的漕粮都在百万石以上，毗陵驿的地位愈为凸显。此外，毗陵驿还是常州府贡品集中运送的处所，常州府被列为贡品的有苎麻、手巾、罗筛绢、孟河绉、龙凤细席、太湖白鱼、芙蓉湖玉爪蟹、香稻、细白粳米等，其中最出名的贡品是产于宜兴和浙江长兴交界山区的阳羡贡茶，还有与之配套用来烹茶的无锡惠山泉水。

毗陵驿所在地篦箕巷自古即是常州生产梳篦的地方。此巷最初叫花市街，是绢缎宫花的经销基地，这儿不但出售市民喜爱的各种绢花，还特制各种进贡朝廷的绢缎宫花，据说凡新考中的进士，头上插的绢花和琼林宴上放置的宫花，都是常州的产品。但花市街的宫花大多是摆放梳篦店里卖的，该巷实际上只生产梳篦，所以后来乾隆皇帝特赐名篦箕巷，因而声名大噪。凡过往官船过此，都要靠岸买些梳篦作为进贡朝廷的礼品，过往客商也都买些馈赠妻女或亲友以表心意。在北京的故宫博物院里，至今还可看到大太监李莲英为慈禧太后梳理头发所用的常州产象牙梳和黄杨梳。其时,篦箕巷的店面都是骑楼式建筑,挑梁伸出巷道,梁下挂着一盏盏大红宫灯,灯火彻夜不息,灯影倒映在运河里,波光闪耀,与船上的灯火互相辉映,十分迷人,被称为"篦梁灯火",是常州古时西郊八景之一。而今夜晚漫步篦箕巷,灯火景色超过往昔,常令游客驻足。图 12-7 为当今的篦箕灯火。

图 12-7　篦箕灯火

毗陵驿之所以声名远扬,还与《红楼梦》的揄扬有重要关系。该书中说,自贾宝玉中举心迷走失之后,众人皆不知下落,但第 120 回贾政在路途中无意碰到了贾宝玉,竟然是在毗陵驿。书中写道:

"一日,行到毗陵驿地方,那天乍寒下雪,泊在一个清净去处。贾政打发家人上岸投帖,辞谢朋友,总说即刻开船,都不敢劳动。船中只留一个小厮伺候,自己在船中写家书,先要打发人起早到家。写到宝玉的事,便停笔。抬头忽见船头上微微的雪影里面一个人,光着头,赤着脚,身上披着一领大红猩猩毡的斗篷,向贾政倒身下拜。贾政尚未认清,急忙出船,欲待扶住,问他是谁,那人已拜了四拜,站起来打了个问讯。贾政才要还揖,迎面一看不是别人,却是宝玉。贾政吃一大惊,忙问道:“可是宝玉么?”那人祇不言语,似喜似悲。贾政又问道:“你若是宝玉,如何这样打扮,跑到这里?”宝玉未及回答,只见船头上来了两人,一僧一道,夹着宝玉,说道:“俗缘已毕,还不快走!”说着,三人飘然登岸而去。贾政不顾地滑,即忙来赶,见那三人在前,那里赶得上? ……”

《红楼梦》作者为什么选择毗陵驿作为贾氏父子的会面之处?是因为毗陵驿为交通要道,来往人繁? 还是因为不远处有天宁古寺,系宝玉剃度之地? 这只有作者心里知道了。但不管怎么说,一部伟大的小说里提到毗陵驿,这无疑提高了毗陵驿的知名度,增加了毗陵驿的文化含量,是极为难得的旅游资源,值得好好开发。

注:引文引自上海古籍出版社三家评本《红楼梦》。

花石纲轶事

从唐代开始,滔滔大运河就成了历代王朝的生命线,无论是南方的漕粮、百货以及各种贡品,还是赴试的举子、述职的官员,都要依靠这条黄金水道北上长安、洛阳、开封,或者北京,没有这条运河的支撑,也就意味着王朝的衰败乃至灭亡。所以运河上帆樯林立,终年船只南来北去,相互交织,船歌与纤夫的号子响成一片,渔娘与商旅的笑声充溢河间。《清明上河图》这幅不朽的名画曾为这迷人的景色留下永远的记忆。

然而时至北宋末年,热闹而繁忙的大运河上却出现了一串不谐和的音符。这时候正是徽宗当政年间,徽宗赵佶虽是个杰出的画家,却也是中国历史上荒淫无道的昏君之一。尽管金兵虎视眈眈,不时进兵中原,农民起义频仍,国事败坏已极,他却全然不放在心上。崇宁四年(1105),他在东京(今河南开封)建起了“寿山艮岳”,于江南成立苏杭应奉局,找了个被权奸蔡京引见的苏州小混混,叫朱勔的负责其事,并将其官职提升为节度使,把他的3个儿子和几个弟弟都封了不小的官,人们称之为"一时轩裳之盛,未之有也"。朱勔凭借权力专门到普通百姓家里搜罗奇花异石,凡一石一木可获得徽宗欢心的,全被指名强取,他们不仅盗挖民间坟地上的巨树,还强进民宅,"领健卒直入其家,用黄表封识"(即以黄色帛布加封,作为皇帝所有的标志)。还要百姓替他护视,等待搬运。稍不谨慎,即扣以"大不恭"的罪名。大物件搬运时,径自破墙拆屋,直入民家,掠之而去。有时应奉局中人还借机以短少为由,进行讹诈。然后用船装运,沿大运河直送东京,置于艮岳之中,供皇帝个人观赏。这种船十条编为一组,称"花石纲",有时使用的役夫多至数千人,一块石头所需的费用达三十万贯。从此江南和沿河人民便遭了大灾。而朱勔的田产却因此"跨连郡邑,岁收租课十余万石,甲第名园半吴郡。"

江南的太湖石孔窍玲珑,千奇百怪,但有的体积很大,往往需要特制的大船装运。徽宗政和三年(1113)春,朱勔在太湖鼋山采石,发现一块奇特的太湖石,这块石头长四丈有余,宽有二丈多,长得玲珑剔透,上有窍穴千百,光滑莹润,确实非人工所能雕琢。这时苏州郡守宅后的池光亭台上有一棵桧树,世人相传是当年唐代诗人白居易手植,也长得夭矫屈曲,如巨龙盘折。朱勔一心想将此二物运往汴京。于是他花了价值八千缗的银子命工匠造了两艘大船,准备将奇石和桧树用二船一同运装。此时的大运河并没有如现在这般宽畅,底宽不过四、五丈而已,沿河闸坝就更窄了,装载花石纲的船只往往无法通过。朱勔和他的手下可不管沿河人民的死活,凡桥梁闸坝过不去的,他一律拆除或破坏,甚至拆去城郭也在所不惜。曾拆去汴京水门城墙,致使河水大量走泄。这两条大船在运河中所遇到的困难,更非一般花石纲船可比,特别是行经到常州、润州一带山间河道时,胶浅迟涩,举步维艰。朱勔怕船行甚慢遭皇帝责怪,不得不派人先绘图以进。这两条大船从春天起运,直至秋日才到汴京,沿河不知拆了多少桥梁,毁了多少堰闸,凿坏多少堤岸,运河被破坏得百孔千疮。与此同时,他大量派遣沿运河运粮的漕船运花石纲,致使漕粮无法按要求运达,东京军民因乏食而怨怒。太湖石进京后宠冠一时,宋徽宗特赐名“神运昭功敷庆万年之峰”,赐爵“盘固侯”,以金饰其赐字。且专门造一座高五十尺的亭子加以庇护,建三丈碑附于神运峰之东。朱勔也因之被宠爱有加,他的弟弟和侄儿居然结姻帝族,显官者日众。

如此倒行逆施注定是要遭惩罚和报应的。果然,靖康元年(1126)闰十一月,金兵攻汴京,大雪盈尺,天气奇寒,城中居民饥寒交迫,约有十万狂怒的人们纷纷推倒艮岳围墙奔进园中,任意砍伐,奇花异木、台榭宫室顷刻间化为柴薪,而官不能禁。徽钦二帝迅即沦为阶下囚被锁拿北上。而那块“神运昭功敷庆万年之峰”亦被金兵用车马拖运而去,陷入朔漠尘沙之中,最终不知下落。朱勔被放逐,后在流放地被遣使诛杀。朱勔在苏州的豪宅广厦、花园池阁,一夜间其亲属男女被悉数赶出,流落街头而无人愿意收留。花园中的牡丹昔日一枝值银三钱,并饰金为牌标其品种,开花时以彩锦为帘幕防其暴晒,今日尽被砍伐为薪。被朱勔葬以豪圹的老父遗体,也被百姓挖墓暴尸,以泄群愤。

水乡夜航船

苏南是名副其实的水乡,舟楫是最经济实用的交通工具。有一种傍晚装送旅客或货物,夜间航行,白天到达目的地的航船叫夜航船,是旧时江南城乡之间最常见的交通运输形式。多少年来这种航船为活跃城乡经济,便民往来发挥了非常重要的作用。

夜航船早已有之。唐代诗人皮日休就有咏夜航船的诗,其中有句说:“明朝有物充君信,携酒三瓶寄夜航。”意谓明天你就会收到我充作信件的东西,那是三瓶好酒,我已经送到夜行的船只上了。元朝著名的江南学者陶宗仪在他的笔记《南村辍耕录卷·十一·夜航船》中写道:“凡篙师于城埠市镇人烟凑集去处,招聚客旅,装载夜行者,谓之夜航船。太平之时，在处有之。"作者特别提出一个重要的条件，就是夜航船只有在太平时出现，如果适逢乱世，盗匪出没，这当然不可能。苏州作为江南的著名水乡，早就出现夜航船了，千百年来几乎未断。这已经成为水乡人们谋生的重要渠道之一。一本清代中叶专记苏州岁时风土的笔记《吴郡岁华记丽》中写道："吴中乡镇四布，往返郡城，商贩必觅航船以代步，日夜更番，迭相往返，夜航之设，固四时皆有之。"又说："夜航之中，行人拥挤，……其中间有豪客诙谐，笑谈风发，或唱无字曲，歌呼呜呜，声闻远岸，其情景亦有可纪者。"作者写夜航船虽人群拥挤，但人们相互谈笑，讲故事，唱俗曲，舱中就是一个俗世社会。近代著名的民主人士和学者黄炎培先生在他的自传体著作《八十年来》中，记载了他于 1890 年左右乘坐"黄昏开，清晨到"夜航船的情景，读来颇有兴味。书中写道：

"这种夜船颇不寂寞，船工两人，一面摇橹一面唱歌，一唱一和。现在还记得一首歌词是'栀子花开香又清，一根绳吊杀在后庭心。阿妈问我为啥寻短见？阿妈呀，十八岁无郎做啥人。'答答答，答铁答，两人一边唱，一边脚踏船板打着拍子。"

夜航船给黄老先生留下深刻的印象，那两个船工所唱的吴地情歌直至暮年他依然难忘。说明这种船在那个时代，自有他的魅力和难以替代的作用。

苏州的夜航船，最初并无固定航线，也无固定货源，更谈不上码头，有货有人就运送，但以运货为主。到了明末清初，夜航船开始客货并装，既装货，又带客。民国以后，开始定班定线，而且定开班时间，根据航线长短，运量多少，各航线分当日班、二日班、多日班、夜班等。后来逐渐称为航班船了。开船前，或吹海螺，或鸣镗锣，催客上船，所以又称镗锣船。抗日战争前夕，航班船所开航线近四十条，大都来往于市镇乡村，运河港汊，离城近的二三十里，远则上百里，每条航线有船一、二艘或二、三艘不等，总数将近二百余艘。他们大多是苏州、常熟一带的人，故称为苏常帮。1937 年苏州沦陷后，社会秩序混乱,不少船民弃运归农,航船渐由绍兴船民代之,一直到新中国建立,绍兴帮依然占主角地位。

航班船与一般木帆船并不完全相同,自有特点,它小巧灵活,操驾简便。一般在四、五吨至十几吨之间。船上有棚,船舱内两边安装有板凳,可供客人坐。行船除使用风帆外,还有两支橹。苏常船民的船大体相似,唯绍兴的航船自有其特色,船身狭长,船底削尖,菱形船头,瓦状船篷,橹特别多,一般三、四支,多的达五、六支,因此速度较快。航班船航行于苏南水乡市镇,以其鲜明的特色赢得了顾客。它有这样几个优点,所以为人称道:一是便利群众。载客,客人随叫随停,船可沿途停靠;运货,船工集采购、运输、销货于一身,店主要什么货,条子一写,过几天船工就会把货挑到店里。逢年过节,航班船还代人送礼,乡下送城上,城上送乡下,留个地址即可办到,非常方便。二是信誉极高。不管运季淡旺,不管客、物多少,按时开航,如期到达。农村常用的生活日用品如火柴、肥皂、煤油等,航班船从不脱运。船工到城中店里进货,资金不足,只要记个账,就能提货。同样,乡村小店也放心把现款交给船工托其代购。他们在经营上也有特色:一是自贩自运,船主辗转贩运,获利空间大,机会多;二是代购代运,船工既搞运输,又当采购,采购物件大小均可,适当收取手续费:三是货物专运,主要是承担运量较大的货物;四是客货兼运。

新中国成立后,航班船于20世纪的60年代后期渐被淘汰,但是他们的经营特色和优点并未过时,仍然值得人们思考与借鉴。

山塘竞渡与黄埠墩划龙船

无锡和苏州都是江南水乡的富庶之地,每到端午节于苏南运河中举行竞渡活动,堪称是节日活动中的高潮。人们都说龙舟竞渡是为了纪念诗人屈原,但江南却有人认为,此事“起于勾践,盖悯子胥之忠而作”,说是勾践出于对伍子胥忠贞被杀,尸首被投于河的怜悯而设。而清代学者周亮工则认为,这是"习水战报吴,托于嬉戏",意谓这项活动乃是江南太湖流域的人,以此练习水战以报效吴国,而托言游戏娱乐。两种说法未必无因,由此可知这是一项来源甚古且颇受市民欢迎的活动,还富有地域特色,它在娱乐人们身心的同时,可达到强身健体的作用,所以两千余年来盛行不衰。

苏州阊门、胥门、枫桥等地都有龙舟之设,龙舟的颜色各不相同,船上四周张着刺绣的华盖,插着七色彩虹一样的旗帜。在端午节期间,这些龙舟从各处齐聚于山塘水阔处,游客们多乘画舫,聚于龙舟四围。龙舟舱中敲着锣鼓,吹着笙箫,时而粗犷豪放,时而委婉清丽。龙舟两旁各设划手 8 人,共 16 名。一名水手执长篙站立船头,被称为"挡头篙"。船头上选漂亮的小男孩扮演小说戏曲上的故事,称"龙头太子"。船尾是翘起来的,有丈把高,上牵彩绳,选熟习水性的孩子抓着船尾彩绳在水面上做出各种惊险动作,有独占鳌头、童子拜观音、指日高升、杨妃春睡等诸种名目,曰"鸦稍"。此刻画舫窗帘全部打起,里面的人相继把空瓦罐掷于河塘水面,龙舟上的人便纷纷入水泅取,看谁在水中取得瓦罐最快最多为胜者,取罢受赏,称为"做胜会"。与此同时龙舟竞渡的组织者将五色彩旗插于画舫的船梁上,诸龙舟看彩旗所插之处,围绕彩旗或向左转弯或向右转弯,称为"打招"。一时水花飞溅,鼓乐齐鸣,划手们必须动作协调一致,龙舟在波涛中出没,显示出极高的驾船技巧。这时候山塘七里两岸人群拥挤,几无立足之地。河中船挤,看不到河水。但是有一种小船,使船如马,能在船缝中来往自如,为船上人采办所需的物品,果品酒席,很快就能办妥。塘岸上则到处摆开临时设置的桌摊、货架以及各种手工艺担子。其中最引人注目的就是现场做泥人,可以应客人需要,立时做成各色人物或花鸟鱼虫,"偃师百变,应指而走",熟练而迅速。这种集市有时可长达半月,称作"划龙船市"。直到太阳落山,人们并不完全散去,一时龙船、画舫万盏灯火齐明,烛焰如山,月波摇白,则称为"灯划龙船",又别具一种趣味。这种盛况大致盛行于清代嘉道年间。咸丰年间因太平军战事衰减,同治后又有所恢复。

无锡的龙舟竞渡时间没有苏州长,大多集中于端午节这一天。地点在黄埠墩一带,这里河面宽阔,是理想的竞渡之地。有趣的是无锡龙舟竞渡的举办者竟然是寺庙。因为寺庙每年都要举行一次庙会,庙会多由地方士绅、商民或善男信女们组织进行,有会首、执事、班口等人员专司其事,因此端午节的龙舟活动也就一并交给他们筹办了。参加赛龙舟的寺庙都是无锡著名寺院,如延圣殿、南水仙庙、张元庵等,再加上泗堡桥、船厂里、惠山浜等处的船民组织,计有14处,每处各出一龙船,划船人都是从数万搏击太湖风浪的渔民中选出来的高手。并且统一标准,规定龙船长约16米,阔约3米,船身浮出水面约1尺,龙头约七八尺,龙尾约一二丈,龙舟的着色各庙各不一样,但都必须装饰着金黄的纹路。船的中央设有彩楼三层,高约两三丈,为便于从桥下通过,顶层可以拆装。龙船上还设有一尊不大的神像,撑一把与龙舟颜色相同的旗伞。赛前龙船先要油漆,置神像于底层。船楼上张灯结彩,遍插旗帜。其中最大的是一面百脚旗,长两三丈,旗上有绳索滑车,可以上下左右飘动。船的两边各坐有一排划桨水手,一脚在船里,另一脚在船外。船尾自下而上坐着一组吹鼓手,最后面是舵手,操持着一柄像大关刀似的舵。在二层彩楼上,有一个手执令旗的人,是以庙神的名义来指挥划船的。吹鼓手们奏乐要听从他的指挥,水手与舵手则听着不同的鼓声指挥进退或左右旋转。在龙船的旁边还有数艘插着彩旗的划桨敞船,他们的作用是护卫龙船。另外还有一艘船头上标明谁家庙宇牌子的画舫,专门供水手们更衣、休息、换班之用。此刻三里桥至黄埠墩的两岸,早已被沿岸居民搭成看台,而富商、豪绅们则在黄埠墩的水月轩一带搭起彩台,可以一边看竞渡,一边饮酒作乐。当然也少不了一些著名歌妓的灯船于此凑热闹。

下午一时,一声炮响,龙舟竞渡开始。比赛时,每只龙船都是先奏一支将军令,喇叭声响彻云霄,紧接着金鼓齐鸣,众桨齐发,于是一艘艘龙船，浩浩荡荡，如飞箭离弦，直奔黄埠墩，运河上一时彩旗招展，欢声雷动。黄埠墩上的士绅、富商看到龙船近前，就将早已准备好的内装黄酒用泥土封固的坛子一个个抛入河中。龙舟上的水手们见到了，便立即跳下水去抓酒坛。抢到漂浮水上的酒坛，即可到黄埠墩向酒坛主人请赏，每一坛酒可以得到一桌菜。酒坛才被争先恐后抢捞完毕，灯船上的名妓豪客会将事先准备好了的活鸭，在鸭腿上划开表皮，塞进一些食盐，然后扔下河去。鸭子的创口进水后疼痛难忍，在水中到处乱窜。水手们就入水追逐，鸭子见到人来扑腾得更快，水面上浪花四溅，叫喊欢呼声响成一片。水手们捉住鸭子，就会游到灯船上请赏，名妓豪客们则将事先准备好的礼品相赠。这时两岸观众掌声如雷。获奖的龙船就在两面敞船的护卫下，对赏赐的主人行打招、打转、打戗的礼节。打招是向右或向左的转弯；打转是转圈子；打戗是把龙船划上一段，再后退一段，要三进三退。这是比较隆重的礼仪。谢赏的时候，从旗手到吹鼓手、水手、舵手都要做到密切合作。特别是舵手，既要机智勇敢，又要力气大，才能保证龙船的平稳。

在归去的路上，各龙船常常根据自身的特长，在船中或水上做出各种表演，以吸引游人。这可算是竞渡高潮后的余兴了。

吴江塘路古驳岸保护记

江南运河古驳岸是中国京杭运河建设史上宏伟罕见的工程之一。因为这一段驳岸乃是于水中筑堤，一面傍太湖，一面依运河，两面临水，日夜受到风涛的袭击与淘洗，一般土石难以持久，虽以竹条管束，仍易损坏。人们不得不采用更为坚固、稳实、沉重、耐久的材料来代替土石，于是一种全部利用平整巨石累叠起来作为驳岸的运堤就出现了。吴江塘路古驳岸就是其中最突出著名的一段。

吴江塘路早在唐代已经成形，但易土为石已至宋代。北宋治平、政和年间都曾“建苏州运河石塘”，南宋一直未曾间断。南宋嘉定五年(1212)，“知吴江县李桃修石塘”，以及后来绍定年间的吴江知县李椿年也重修塘路和桥梁。元代，吴江知州孙伯恭发现用来垒砌石塘的块石较小，易受水流冲毁，乃用巨石砌成两道石墙，中填小石以加固，并建百十个泄水孔以泄太湖之水。这样的石堤虽较前有进步，但因为数量少，工艺简单，仍挡不住湖水的冲击。事实教育了治水者，“必厚积之，乃能挡其势”，故元代的后继者建成长达一千八百丈的巨石石堤，其时正处于元至正年间，故称为“至正石塘”。明代充分认识到了石堤抗水的实力，不断扩大和延伸吴江塘路，其中尤以正统十年(1445)巡抚周忱修吴江石塘三十里和万历三十三年(1605)吴江知县刘时俊筑塘路六十五里为最。刘时俊的塘路皆用巨石，长阔四面如一，用巨石 8 万块，石皆 4 层，高 6.5 尺。这是吴江塘路历史上最为壮观宏伟的工程。此后多有加固和维修，但其规模都未能超过明代。吴江古塘路不但是运河史上人与洪水斗争的最好见证，也是苏南人民的伟大创造，其价值不可估量。

然而这一段久经历史风浪的古驳岸，经过千百年的风风雨雨，大多不存，时至 20 世纪 60 年代，仅剩下吴江县境内 1.3 公里的一段。即使这仅存的一段，却也经过了一场劫难，差一点完全被毁弃，在有心人的精心保护下，部分得以保存，使我们迄今仍可以看到几百年前巨石的风采和古驳岸的雄姿。事情得从头说起：

1967 年《人民日报》的一位记者来到吴江县委，将一封署名为“吴江一工人”的来信和编后待发的此信样稿请县委领导过目。来信反映了大运河吴江段古驳岸的残败情况，沿河的纤道和纤桥都遭到破坏，每到寒冬腊月，船民背纤不得不赤脚下河，因此信中呼吁说：“我是旧社会过来的人，看到现在的状况，呼吁政府有关部门抓紧修复。”记者在县航道站一位叫王鑫钰的技术员陪同下，驾小船沿河巡查，看到古驳岸年久失修，外墙倒坍在水里，内墙则半没在岸土之中，记者感慨不已。回到县委，有人想留下记者带来的信，查一查是谁写的,但被记者婉言谢绝。记者说:“此信虽然过激,但说得也有道理,当然也不能怪政府,想修复也没这么多钱呀。稿子我不发了,信你们也不要查了。这件事就到此为止吧。”稿子果然没发,然而古驳岸却难逃厄运,在“文化大革命”中,驳岸上凡有四旧之嫌的全被“砸烂”。当年垒成驳岸的许多巨石,不是被人拖去造屋,就是沿岸散落,或是坍沉在河水中。

20 世纪 70 年代末,苏州地区交通局重视大运河驳岸工程的修整工作。工匠们将吴江一带沿河残存的巨石收集起来,为方便施工,将其一一凿小。当凿到第 16 块时,被一位刚从部队转业到地方的交通局副局长兼航道管理处主任的孙文淇拦阻了。解放战争期间,他就懂得“保护文物”的道理,因此他一看就断定这些大青石都是古驳岸的遗存,老祖宗留下来的东西,凿一块就少一块,必须保护!因此他提出将这些巨石仍用在吴江古驳岸的整修上。在省、地、县交通部门和文管部门的支持下,孙文淇的提议得到了实施,使大运河古驳岸行将泯灭的危险得以化解。

有趣和奇巧的是,“修复古驳岸”的设计者竟然就是当年陪《人民日报》记者的王鑫钰,此刻他已是吴江县航道站的副站长了。在修筑工程中,王鑫钰发现,古驳岸的巨石是叠砌在平整密布的梅花桩之上。这些梅花桩居然能在水中支撑起如山般重的巨石驳岸而不见沉陷,如今千百年过去了,梅花桩依然完好如初,根根挺立,拔起来还很费事。如今修复的古驳岸依然屹立在梅花桩上。

修复古驳岸并不容易。首先,收集近两千块残存的巨石就很艰辛,一块巨石几吨重,散落在沿河各处,远的在几十里之外;岸上的则有许多埋在深土里。水里的,打捞起来很麻烦,浑身青苔,又重又滑。航道站的技术员想尽各种办法,才把水里的巨石一块块捞起来。

当我们走近吴江松陵镇附近的运河边,可见以巨石修复的一段驳岸,长为 1 316 米,古朴、凝重而又巍峨(见图 12-8)。它的价值远非以区区现存长度所能计算和掂量的。

图 12-8　吴江塘路古驳岸

漫话吴江水则碑

水则碑是我国古代用来记录水位变化的标尺，用以观测水位的高低涨落，多竖立在江河湖水之涯。直至 20 世纪 60 年代中叶，设立在吴江垂虹桥边的水则碑仍然保存完好。根据史书记载，宋代曾经在宣和二年（1120），“立浙西诸水则碑，凡各陂湖泾浜河渠，自来蓄水灌田通舟，官为核量丈尺、地名、四至，并镌之石。”因此可以得知，垂虹桥边水则的设立，当在其时。

吴江水则碑所在的垂虹桥，古时是太湖向吴淞江、娄江的泄水口门。垂虹桥始建于宋庆历八年（1048），原为木桥。桥身三起三伏，环如半月，垂若长虹，是当时江南第一长桥。建成后，即在桥的中心予以扩宽，筑一座正方形九脊飞檐的桥亭于其上，登亭四望，“万景在目”，因称其亭名“垂虹亭”。水则碑共两块，树于垂虹亭北侧的水中。桥的西侧系碧波万顷、烟波浩渺的太湖，水则碑一侧则面向吴淞江口门。

宋德祐时,长桥毁于兵燹,亭不复存。当年仍重建85孔木桥。元泰定二年(1325),又改建为62孔石桥,重建垂虹亭于中部大桥墩上。亭北下砌有石级,可供观测者上下,两水则碑分别嵌在石级左右的墩墙上,使碑桥结合为一体。右边的碑为直线刻纹,左边的碑为横线刻纹。明代以后,垂虹桥没有大的损毁和改建,因此水则碑得以长期保存下来。约在清乾隆十二年(1747)前,左侧的横线碑损毁,当时的吴江知县乃仿造原碑形状,重刻一块置于原处,被称为“横道”碑,以示不是原物。民国4年(1915)最后一次重修垂虹桥,长桥已剩44孔,其余部分已成陆地。1959年春垂虹亭坍毁。1967年5月2日傍晚,长桥西大孔及其西边紧连的两小孔相继倒塌,适值“文化大革命”动乱时期,未能及时修复。次年春,西大孔东边相连小孔亦相继倒塌。为了清理航道,除了东头四小孔外,桥基被全部拆除,垂虹亭下的石墩,也被拆除尽净,致使留存八百余年的吴江两块水则碑不知去向。

稍感幸慰的是早在1964年6月,水利电力部上海勘测设计院曾会同上海博物馆对吴江水则碑做过一次调查和高程测量。调查时,原右则碑仍直立垂虹亭北侧岸头的原处,碑顶较为平整,但碑面已有破碎裂缝数处,碑底部有较深的水痕侵蚀,碑身紧贴着桥身。此碑露出地面高度为1.86米(基础部分未挖掘),阔0.7米,厚0.5米。碑面刻有七月至十二月每月分三旬的细直线十八道,故又称“直道水则碑”,碑面并有“正德五年水至此”等字迹四处。如果以碑上“此”字底部为历史洪水的水痕,那么测得明正德五年(1510)及万历三十六年(1608)五月的洪水痕迹高程为4.30米和4.48米(以吴淞基面为准)。经专家们论证,此碑“六则”的高限为4.48米。

清代仿制的横道左则碑调查时已从原地坠落,乃是从桥下的水中捞起的。碑面字迹上部清晰,下部已经模糊,碑脚左侧部分已毁坏一角。因碑掉离原地,已无法直接靠墩实测。碑面分为七则,量得每则高差为0.25米,碑高1.87米,阔0.88米,厚0.18米。据《江苏省水利协会杂志》1919 年第七期记述，这一年此碑仍竖立在墩墙上，该年水位较高，所记为“七月最高水位去七则不远”（横道碑），经查该年吴江七月最高水位为 3.85 米，这个水位相当于直道碑四则的高程。上海设计院的专家们研究了这些数据，认为横道碑分则高程，与直道碑实测水痕推断的分则高程应低二则。之所以会如此，推测乾隆十二年仿制碑竖立时，碑基被埋低约二则所致。因此横道碑五则，相应直道碑仅为三则，余可类推。

一本古代记述吴江水利的专书《吴江水考》，曾对水则碑设置的目的和运用做了说明。关于横道碑，书中说：碑面刻横道七条，每条为一则，以下一道横刻纹为平水之衡。水在一则，田都不淹；水过二则，极低田淹；水过三则，稍低田淹；过四则，下中田淹；过五则，上中田淹；过六则，稍高田淹；过七则，极高田淹。若某年水至某则为灾，就在本则刻记某年洪水痕至此。如六则刻有“大宋绍熙五年（1194）水到此”，就是当年官员的记录。所以横道碑是历史洪水水痕的记录碑。如果当年发生水灾，官员无须至各处亲自查勘，只要一望水痕达至何处，就可以估算出本县被淹田地范围及面积。而直道碑，它是每旬水痕的记录碑。设有专人负责观测每旬洪水涨落到某则的水情向官府报告，并把洪水水痕发生的时间刻在水痕到达处，作为洪水大小的标准，亦可作为官府推断免税、减税或可征税等级的参考。据吴江老人们介绍，水则碑还是吴江的田地达到某则不受淹以划分土地上、中、下等级，作为买卖价格的依据，这应是水则碑的附带功能了。

作为中国古代水利设施发明创造之一的水则碑，尽管现在的作用已不比从前，但它曾经发挥的作用仍然值得我们珍视。

陈毅夜渡江南古运河

1938 年秋，正是日军侵华气焰嚣张之时，锦绣江南已经沦为日军铁蹄蹂躏之地，抗战军民化整为零，纷纷进入农村和山区，与日军打起了游击战。此时中国共产党领导的新四军,已于当年5月挺进到了茅山地区,并在那里建立了抗日根据地,骚扰和打击敌人,震慑敌人在华中的政治、军事中心南京,也严重威胁着敌人交通命脉京沪、沪杭铁路的安全。日军为保持交通的通行无阻,阻止抗日军民的活动,乃于公路、铁路和苏南运河两侧设立了大批据点,企图分割和封锁中国军民的反抗。与此同时,新四军则领导广大群众,针对日伪军的封锁,在铁道和运河两岸设立了许多交通站点,以保证抗日军民人员、物资的通行。日伪军集中兵力经常对沪宁铁路以南的茅山地区进行"扫荡",以消除心头之患。新四军第一支队司令员陈毅,在部署好反"扫荡"的准备后,带一个警卫排从茅山地区出发经过大运河和铁路转移到丹北,准备移师东进,开辟苏南、苏北革命根据地。

渡河地点选在丹阳的陵口镇。苏南运河从陵口穿过,这段运河刚好处于宁镇山脉之间,河面相对较窄,也比较隐蔽。这里驻有一个鬼子小队和伪军一个大队。平时他们白天出动,沿运河、铁路搜缴可用以渡河和破坏铁路的有关工具,并四处烧杀抢掠。一到天黑,他们就龟缩进碉堡,不准人再越过运河和铁路,否则格杀勿论。敌人还在碉堡上用探照灯向四周照射,一发现动静,立即向周围开枪射击。然而,这里早已设置了新四军的地下交通站,他们分别设在运河南面的大景甲和铁路北侧的徐庄。两个交通站统一由北站领导,并有一个排的武装秘密掩护。白天他们后撤隐藏起来,夜晚即悄悄接近铁路,迎接和护送新四军的来往人员。因此,表面看起来敌人封锁很严,但一到夜晚抗日军民往来依然自如。

运河上一览无余,没有桥也没有船。河面虽不宽阔,但至少也有20米宽,用什么渡河?这难不倒地下交通站的人员。两个站早已准备好3只特制的大圆盆,每盆可容3人,又准备了两只洗澡盆,每盆可容两人。平时这几个盆存放在附近农民家里,用东西遮挡,晚上需要时再抬出,置于运河边。这一次要渡河的人多,大景甲的3个大圆盆都事先抬出来置于运河边的隐蔽处。在渡口北面的河坡上,有一座大王庙,庙中的王道士是新四军的自己人。在寺庙的东墙脚下,有一根尺多高隐藏的木桩,河对岸也有一根同样隐藏的木桩。只待天黑,渡河行动开始,两岸之间的木桩上就会拉起一根结实的麻绳,人坐在木盆里,拉着绳子一两分钟即可到达对岸,这实在是敌人梦想不到的渡河妙法。

晚上十时左右,陈毅一行30余人迅速到了大王庙的河堤下。时近初秋,微风吹拂在河面上,略有丝丝凉意。四周一片静寂。陈毅向对岸仔细望去,看到了接应他的部队,还看到了新四军挺进纵队司令员管文蔚,双方挥手致意。3个木盆先后放下水去,陈毅和两个随行人员坐第一只木盆先过。陈毅蹲在木盆里,一位随行人员扶着横在两岸之间的绳索,一把把牵拉,木盆即向对岸平稳移动,约摸两分钟工夫,就渡过了苏南运河。

陈毅这天特意着了一身戎装,裹了绑腿,穿一双草鞋,腰束皮带,腰挂手枪。木盆一靠对岸,陈毅一步跳上岸去,与在岸边等候的管文蔚握了握手,笑着说:“这样有趣的渡船,真是一大创造,不用橹,不用桨,很快就能过河。”他回过头来,看着空盆飞快又被拉回到对岸,笑着说:“我们在敌人眼皮底下走过来,他们都不知道,这就是侵略者的悲哀。”说话间,第二只“船”很快又过来了。陈毅问管文蔚:“这样的渡点有几处?”管答:“有两处。”陈毅说,今后要多搞几个临时点,以防止这两个点遭到破坏。在这些点上要准备搭隐蔽的浮桥,以便大部队通过。

几分钟之后,队伍即渡过了运河,并迅速消失在苍茫的夜色中。敌人的探照灯横扫过来,河面上却只有河水在灯光下闪耀着粼粼波光。

大 事 记

先 秦

公元前 2100 年前

吴淞江、东江、娄江与太湖相沟通时,即奠定了苏南地区水系最初的格局。故战国时著作《禹贡》即有“三江既入,震泽底定”之说。震泽即太湖。

约公元前 11 世纪

周泰伯偕弟仲雍自岐山(今陕西)来到江南荆蛮之地,居梅里(今无锡梅村一带),自号“勾吴”。泰伯于吴地开渎,名“泰伯渎”,即今无锡市伯渎港。西起运河,东达蠡湖,入吴县界,长八十一里。

约公元前 5 ~6 世纪

古奄民在今常州湖塘镇附近,凿沟垒土为城,称“淹城”(今常州城南 9 公里)。1958 年在古淹城遗址内,发现用整段楠木火烤斧凿而成的独木舟 3 艘,最大者长 11 米、宽 0.9 米、底部内宽 0.56 米、深 0.42 米(此舟现存中国历史博物馆)。

周敬王六年(公元前 514)

吴王阖闾命伍子胥筑阖闾大城(即今苏州城),立水陆城门 8 座,沟通苏城内外河流,此为苏州城市水利开创之始。

吴王阖闾用伍子胥之谋伐楚而开凿胥溪,自苏州通太湖,经宜兴、溧阳、桐汭(今高淳)至安徽芜湖以达长江,全长 450 里。

周敬王七年(公元前 513)

伍子胥治吴，建船场，兴舟师，于今无锡附近的欐溪城设大型造船工场“船室”和一批中小船场“石塘”。造“三翼”、“艅艎”等战船，用于水战。大翼船长10丈，宽15尺，可载士卒90余人。

周敬王二十五年（公元前495）

吴王夫差欲北上争霸中原，开凿从苏州经望亭、无锡至常州奔牛达孟河入江的常州府运河。

周元王元年（公元前475）

越大夫范蠡伐吴，于苏州西北开漕河转馈。后人称为“蠡渎”或“蠡湖”，亦称“常昭漕河”。

秦庄襄王二年、楚考烈王十五年（公元前248）

楚春申君黄歇徙封于吴，建都城于故吴墟，治水松江，导流入海。又封闭苏州城的胥门水门和增辟葑门水门，整治城内部分水道。又治芙蓉湖，其故址位于今常州、无锡之间，周15 000顷。

秦　　汉

秦始皇二十六年（公元前221）

始皇帝“造通陵，南可通陵道至由拳塞”；“治陵水道到钱塘越地，通浙江”。

秦始皇三十七年（公元前210）

秦始皇“使赭衣徒三千凿京岘东南垄”，向西通润浦（即后之京口）入长江；又在云阳（今丹阳）凿北岗，“裁直道使曲，故名曲阿”。

汉建元元年至后元二年（公元前140～公元前87）

沿太湖东缘“开河通闽越贡赋，首尾亘震泽东壖百余里”。

吴赤乌八年（245）

孙权自京口迁都建邺后，遣校尉陈勋作屯田，发兵三万，开凿句容中道，称“破岗渎”，自小其至云阳城，以通吴会船舰。

两晋　南北朝

晋永兴二年(305)

陈敏据江东，令其弟陈谐作堰，阻遏马林溪成湖，以灌溉丹阳地区，名“练湖”，亦称“练塘”。晋时广 120 里，溉田数百顷，成为唐至明清利农济运的“水柜”。

永嘉年间(307～313)

北方士族流民为避战乱相率过江，徐州、兖州、幽州、青州、冀州、并州之民多侨居京口、吴郡、毗陵郡，即今苏南、浙江一带，是为“永嘉南渡”。对以后开发江南贡献甚大。

建武元年(317)

司马裒从广陵运粮至京口，因运河水浅，奏请在京口立埭，于丁卯日这一天批准，因此名“丁卯埭”。这是江南运河上最早建立的埭堰。

大兴三年(320)

晋陵内史张闿立曲阿新丰塘，溉田 800 余顷，每岁丰稔。计用工 211 420 工。次年又治芙蓉湖，泄湖水入五泻湖，注于太湖。

梁大同元年(535)

建新坊桥。此为常州现存最古老的石拱桥。

大同年间(535～546)

拓浚西溪，故改称梁溪。

隋　唐　五代

隋大业六年(610)

隋炀帝欲东巡会稽，敕穿江南河，自京口至余杭八百里，广十余丈，可通龙舟。

大业年间(605 ~617)

于运河中建梁溪桥和利津桥。

唐贞观二十一年(647)

八月　敕宋州刺史王波利等发江南十二州工人造大船数百艘,以征高丽。

麟德元年(664)

建洛社运河大桥于开利寺西。

开元二十五年(737)

朝廷颁行《水部式》,为中国第一部国家水利法典。现存《水部式》残卷共35条,2600余字,内容涉及农田水利管理,碾硙的设置及用水量的规定,堰闸和桥梁、渡口的管理和维修,渔业管理以及城市水道管理等。

开元二十六年(738)

润州刺史齐澣开瓜洲伊娄河(瓜洲运河),长25里,自此船只可从京口埭下(即大京口)直接渡江,从瓜洲入扬州官河。

至德元年(756)

置运河望亭堰闸。

永泰二年(766)

练湖淤涸,湖中筑埂为上下湖,渐被垦为农田。润州刺史韦损恢复下湖贮水,以利灌溉和漕运。

贞元八年(792)

苏州刺史于頔重修荻塘,开疏两岸沟渠,以利灌溉;又于塘上广植树木,以便牵挽。民颂其德,易名"頔塘"。

元和五年(810)

苏州刺史王仲舒沿太湖东缘运河西侧筑堤为路。时松陵南北皆水,无路抵郡,至是松陵以陆路始通。

元和十一年(816)

苏州刺史王仲舒为适应漕运需要,广驳纤道,于苏州东南运河西侧跨澹台湖之东口建桥，捐所束玉带为建桥之初资，元和十四年建成，桥长1 250尺，桥面宽1丈2尺余，多达53孔，名“宝带桥”。

宝历元年(825)

苏州刺史白居易沿虎丘山南麓凿渠筑堤，“以通南北，而达运河”，吴人谓之“白公堤”，后亦称七里山塘，山塘街为苏州最繁华热闹之地。有“七里山塘灯船夜”之美誉。

天祐元年(904)

为维护太湖地区河道通畅，置都水营田使，募卒七八千人，号曰“撩浅军”，专事治河筑堤。

宋　　代

天圣元年(1023)

苏州大水，毁坏太湖外塘。八月，诏两浙转运使徐奭、江淮发运使赵贺董其事。自市泾(今王江泾)以北，赤门(今苏州葑门)以南，筑石堤90里，建桥18座。次年四月塘成，复良田数千顷。

天圣四年(1026)

定江、淮制置发运司岁漕米课600万石。初，景德中岁不过450万石，其后益至650万石，故江、淮之间，谷常贵而民贫。至是，裁减之。

景祐元年(1034)

连年大水，良田多荒废。知苏州范仲淹督浚白茆、福山、黄泗、浒浦、茜泾、下张、七鸦等大浦，使诸水西南入吴淞江，东北入长江与海，并在福山建闸御潮。

庆历二年(1042)

知晋陵县许恢浚申港、藻子港、戚墅堰港。申港，凡30里；藻子港自江口浚之，凡40里；戚墅堰港自湖口浚之，凡90里。苏州通判李禹卿筑长堤界于太湖东缘南端，横贯50～60里。又浚润州漕河，因其后每年必干涸，乃于夹岗道置堰。

庆历八年(1048)

吴江知县李向建利往桥,又名垂虹桥,为石墩木桥,是当时国内南方最长的桥,以沟通松陵至平望陆道。

嘉祐四年(1059)

诏置苏州开江兵士,立吴江、常熟、昆山、城下四指挥,主事河道撩浅、岁修之责。

熙宁二年(1069)

三月甲申　先是凌民瞻建议废吕城堰,又望亭堰置闸而不用。及因浚河隳败古泾函、石闸、石础,河流益阻。

同年　王安石颁行《农田水利约束》(即农田利害条约),设三司条例司和各路农田水利官。鼓励开荒垦田,兴修水利。

熙宁八年(1075)

大旱,太湖涸。江南运河干涸,不通舟楫。无锡知县焦千之以梁溪水灌而通之。

元祐四年(1089)

于江南运河吕城段建上、下闸,用以引水和通航。同时修建奔牛闸。

绍圣至元符年间(1094~1100)

建京口闸,闸室南端为埭,北端为闸,可以引潮和通航。

元符二年(1099)

润州京口、常州奔牛澳闸毕工。先是,两浙转运判官曾孝蕴述实行澳闸之利,因命曾孝蕴兴修,并制定启闭日限规章。

崇宁元年(1102)

十二月　置提举淮浙澳闸司官一员,掌杭州至扬州瓜洲澳闸。凡常、润、杭、秀、扬州新旧等闸,通治之。

崇宁年间(1102~1106)

设苏杭造作局,朱勔搜罗奇花异石,以纲船运往汴京,称"花石纲"。沿运河闸石(室)、桥梁难以通过者辄遭破坏。

宣和二年(1120)

立浙西诸水则碑。吴江水则碑立于垂虹桥桥亭北侧之左右,左碑为横道碑,右碑为竖道碑,分别记录水位及观测时间。此碑为太湖及湖东地区最早的水文测量标志。

绍兴二年(1132)

移两浙市舶司于华亭(今松江县)。苏州、江阴亦相继设置市舶司管理外舶事务。

乾道年间(1165~1173)

镇江郡守知府蔡洸,在西津渡添置大渡船5艘,限定载客人数,并按顺序发船,因而减少"风溺"之患,是长江渡运之一大进步。

元　　代

至元十八年至三十年(1281~1293)

元世祖忽必烈修凿济州河、会通河和通惠河,京杭大运河(从大都至杭州)改道后全线贯通。

至元十九年(1282)

是年冬　初次经海道运漕粮4.6万石,从苏州太仓刘家港出发,于次年三月入天津河口,试运成功。

至元二十四年(1287)

苏州水灾,宣慰使朱清谕上户循娄江故道开浚,导水由刘家港入海,并通漕运。

天历年间(1328~1329)

复建京口、甘露、吕城等闸,引蓄江水调剂运河水量。

天历二年(1329)

吴江知州孙伯恭以巨石大修吴江塘路,并相其地势,凿水窦133个,以通太湖泄水。翌年塘成,长40余里。后于至正六年至七年(1346~1347)又续建加固,名至正石塘。

明 代

永乐元年(1403)

苏松水患,工部尚书夏原吉奉命治水。夏弃吴淞江下游易淤段不治,而浚吴淞江南北诸浦,导水入浏河出海,史称“掣淞入浏”。夏又于淀山湖、泖湖等众水汇集之处,开范家浜,上接大黄浦,导水向东出海;督浚白茆、福山、耿泾等入江港浦,导昆承、阳澄诸湖以及东北地区涝水入长江。

永乐三年(1405)

六月　郑和率将士2.7万人,分乘宝船和其他船舰共208艘,由太仓刘家港泛海,第一次出使西洋诸国。于永乐五年还朝。后又出使6次,为明代海外交往做出了巨大贡献。

正统元年(1436)

八月　巡抚侍郎周忱与常州知府莫愚重建江阴城北黄田港船闸,自此舟行往来无碍。

天顺二年(1458)

巡抚崔恭檄苏州知府姚堂、松江通判洪景德和有关县官员等大浚吴淞江,自苏州夏驾口,经上海白鹤汇、嘉定卞家渡至庄家沓出旧江,长13 701丈、底宽4丈。此为夏原吉治水50余年后的第一次复治吴淞江。

正德十四年(1519)

常州贯城运河改道城南渠(即今西水关至水门桥段)。

隆庆三年(1569)

佥都御史海瑞督治吴淞江下游段,并以余剩官银开白茆、刘家港、及湖浦泾溇。

万历三十六年至四十六年(1608~1618)

武进、丹阳段运河二至三岁必浚。

崇祯五、六年(1632～1633)

修筑练湖堤,置木闸于黄泥坝、陵口两处,浚九曲河以补练湖水之不足。

崇祯八至十年(1635～1637)

巡抚都御史张国维主持修葺吴江石塘全坍、半坍及续建工程共3 900 丈,并疏导长桥桥下出湖河流,重修至和塘长洲东境45 里石塘。

清　　代

顺治九、十年(1652～1653)

修练湖堤闸及黄金坝闸。

康熙二十三年(1684)

爱新觉罗・玄烨首次南巡,九月二十八日离京,由扬州渡长江进入苏南运河,乘舟经镇江、常州、无锡,十月二十六日至苏州后回銮。至康熙四十六年,先后6 次南巡,沿途多有诗词留题。

雍正五年(1727)

浚孟渎、德胜河,造犁船四领,混江龙四具。(犁船为清淤工具,混江龙为刷扫河底泥沙工具。)

乾隆十六年(1751)

爱新觉罗・弘历首次南巡。正月十三日乘舟从京师沿京杭运河出发。二月十六日渡江驻跸镇江金山江天寺行宫,二十一日抵苏州,三月初一日抵杭州。三月初八日于绍兴祭大禹陵后回銮。至乾隆四十九年共6 次南巡,皆从苏南运河经过。

道光六年(1826)

武进、阳湖两县派沙驳船320 艘,装运漕米9 万余石,首运上海,转海运解交天津。自此,苏州、常州、松江、镇江、太仓四府一州漕粮改由海运,租用沙船由上海港运天津成为定例。

咸丰十一年(1861)

镇江正式开埠,并设立镇江海关。次年,海关设理船厅。

同治二年(1863)

清军利用英国雇佣军镇压太平军。英军头目统带戈登率军攻苏州宝带桥太平军营垒,为通其舰,竟拆毁桥之大孔,使左右相倚之25孔随之连续坍圮。

同治十年(1871)

成立苏城水利局,总办苏属水利工程。是年,苏城水利局大兴水利,其中常镇运河自丹阳至丹徒闸60余里得到浚治。

同治十一年(1872)

祖籍浙江余姚的绅商魏昌寿邀集其同乡联合出资,创建镇江江船义渡局。

同治十二年(1873)

中国招商局镇江分局成立。七月十日晚,招商局轮船"永宁号"自上海起锚,首航长江申汉线,十一日到达镇江。这是停靠镇江的第一艘中国商轮。

光绪十年(1884)

清政府颁布《华商购买轮船章程》,放宽内港行轮禁令,沪、苏、杭地区内港小轮业开始出现。

光绪十四年(1888)

无锡成为江、浙两省办漕中心和江苏各县漕粮转运站,年吞吐量600万石左右,成为全国一大米市。

光绪二十一年(1895)

中日签订《马关条约》,增辟苏州等4处为通商口岸。次年,苏州正式开埠。

光绪二十四年(1898)

清政府新订《内河行轮章程》,同意将通商省份所有内河无论华洋航商均可行驶轮船。六月,镇江立生洋行首先开辟镇江至清江浦航线。

光绪二十七年(1901)

漕粮改征现银折色,延续近两千年的漕运制度宣告结束。

光绪二十八年(1902)

内河招商局上海总公司成立,在江苏的分支机构有苏州、无锡、常州、镇江、扬州、清江浦、溧阳、宜兴、江阴等处。

同年　常州木业垫资拓宽加深运河西大王庙西南岸,始泊木排。

光绪二十九年(1903)

常州邑人恽祖祁主持操办江南运河(武进、阳湖段)、南运河、孟河、德胜河、藻港河等5河浚浅工程,自光绪二十七年开始,历时3年全部完工。

光绪三十一年(1905)

上海公茂轮局开辟上海至苏州、无锡航线。上海招商局开辟无锡至镇江、苏州、上海的客货运输班轮,以及常州至溧阳、无锡至溧阳等航线。

光绪三十二年(1906)

十二月　江苏商船总会成立。

中 华 民 国

民国2年(1913)

8月　武进县知事公布限制驳岸码头侵占古河道办法。

民国3年(1914)

江苏巡按使韩国钧筹建江南水利,设江南水利局。

民国6年(1917)

吴桥建成通车。该桥位于苏南运河无锡蓉湖庄段,由源康丝厂厂董吴子敬于民国4年捐款3.2万元建造,上海承新铁厂承包,为无锡第一座钢铁结构的公路桥。

民国 9 年(1920)

设督办苏浙太湖水利工程局于苏州,同时组织苏浙水利联合会,筹措太湖水利。

民国 12 年(1923)

1 月　建立无锡运河水位站。

民国 14 年(1925)

太湖水利局修复瓜泾口分水石墩,分水济运。

民国 16 年(1927)

开练湖腹部东西向引河数条与运河相连。

民国 17 年(1928)

撤督办苏浙太湖水利工程局,改设太湖流域水利工程处。

民国 23 年(1934)

大旱,河道水浅,船舶停驶。江苏省建设厅举办工赈疏浚江南干河。宜溧运河和丹金溧漕河至 5 月中旬竣工,耗资 36.5 万元。镇武运河(由镇江小京口至无锡洛社)5 月竣工,完成土方 322 万立方米,总投工 168.11 万工日,实支经费 80 万元(包括黄田港)。

民国 24 年(1935)

2 月 16 日　疏浚运河武进段,5 月 28 日竣工。

3 月　疏浚锡澄运河长 26.8 公里,挖土 67.03 万立方米

5 月　浚治无锡县五牧至洛社段运河竣工,全长 5 里,挖土 1 万余立方米。

民国 25 年(1936)

新建孟河钢筋混凝土闸。

民国 27 年(1938)

苏南城镇相继沦陷。7 月,日伪成立江浙轮船公司,旋又成立上海内河汽船株式会社,次年,在苏州、无锡、常州、镇江、扬州、淮安及盐城设立出张所或支店。

民国 34 年(1945)

抗战胜利。国营招商局奉命成立航业接收委员会。分别接管日商、日伪船舶、趸船、仓库、码头和有关航运产业。苏南各地民营轮运业相继复业。

民国37年(1948)

1月5日　常州怀德桥开工修建,2月18日竣工。

民国38年(1949)

1月　中国人民解放军抵达长江北岸,国民党江防部队封锁长江江面,苏南至苏北各地轮船客班全部停航,邮路中断。

4月23日　凌晨,中国人民解放军侦察分队到达镇江。在侦察员的带领下,镇江联和轮船公司驾驶员夏阿毛率先驾轮至六圩迎接解放军渡江,镇江解放。同日,常州、无锡解放。27日晨6时,苏州解放。

4月24日　镇江市军管会接管旧长江航政局镇江办事处,成立镇江市军管会交通部航政管理处。无锡市军管会宣布成立临时船舶管理委员会,负责恢复无锡地区水上运输,组织支援解放上海的前线运输工作。

4月30日　苏南人民行政公署成立,设生产建设处,下辖建设、水利、农林、合作4科。

5月1日　中国人民解放军常州军事管制委员会生建处船舶管理处成立。同日,根据无锡市军事管制委员会临时船舶管理委员会的指示,中华、恒裕、新商、协兴等20家轮局联合组成西南线联合轮运局。这是无锡解放后最早恢复营运的客运轮局。

6月6日　公营苏南建华运输公司在无锡成立,下辖上海、镇江分公司,无锡、苏州、常州、南京营业处。

6月12日　苏南人民行政公署交通运输管理局在无锡成立,局长程飞白。

6月16日　无锡有27家轮运企业营运的无锡至上海、苏州、湖州、杭州、常州、口岸、溧阳、江阴、常熟等地航线相继恢复通航。

7月　苏南人民行政公署组织、调集无锡等市、县大型船舶500艘,船员1 500多人,支援解放定海的战斗。

中华人民共和国

1949年

10月1日　中华人民共和国成立。

10月20日　常州新闸桥改造工程开工,11月18日竣工。

12月5日　9时许,苏南建华运输公司无锡营业处“民主3号”轮附拖客驳,由常州运木材驶往南京途中,在瓜洲口遭国民党飞机扫射,4名船员罹难,4名船员负伤。

1950年

2月　苏南交通运输管理局动员组织519艘木船、3 200名船员承担支援解放舟山的运输任务。

4月　苏南各地航政办事处办理轮运局登记,统一整顿客货运航线。

6月8日　苏南人民行政公署交通运输管理局改为苏南人民行政公署交通处,代处长任重。

9月2日　苏南建华运输公司无锡营业处“民主3号”轮在执行军需航行任务时又遭国民党飞机轰炸,驾驶员和两名水手牺牲。司机夏根福积极护船,后被评为苏南区工业劳动模范。

1951年

1月2日　苏南行署交通处航务管理局成立。

1月　苏南行署交通处颁布《木帆船管理实施细则》。

1月　华东内河轮船公司成立,管辖上海、苏南、苏北、浙江等省(市、区)内河航运业务,原苏南建华运输公司改为华东内河轮船公司苏南区公司。

2月22日　无锡藕塘、西漳、洛社等区民工1.2万人,修筑皋桥到洛社段运河堤岸，全长 8.28 公里。

7 月　苏州市建立木帆船联营社 15 个，由分散经营走向有组织经营。

9 月 30 日　苏州市横跨运河的南门人民桥落成，全长 42.25 米，宽 6.71 米，5 孔，共投资 7.24 万元。

12 月 10 日　苏南运河常州市区段（西大王庙至白家桥）疏浚工程开工，全长 8.15 公里。常武民工 12 000 多人施工，次年 2 月 22 日竣工，交通部门投资 22.9 万元。

1952 年

2 月　江阴船闸开工建设。1953 年 6 月建成通航。

4 月 22 日　苏南行署交通处决定各专区和无锡市设航政管理处，各县设船舶管理所。苏州、常州航政管理处及船舶管理所已于 1951 年先期相继成立。

5 月　苏州市办理木帆船检丈登记工作，收航政规费、工本费，组织木帆船统一调配运输工具，收取 3% 管理费为航政事业收入。

9 月　无锡市政府为支持发展航运事业，由中国人民银行无锡市支行贷给无锡市船民协会 10.2 万元用于修理木帆船 457 艘，计 8 896吨位，同时添购船用防雨油布。

12 月　无锡市政府决定在无锡水上开展民主改革运动，整顿户口和进行船舶登记工作。

1953 年

1 月 1 日　苏南、苏北行政区及南京市合并，成立江苏省人民政府。下设交通厅，厅长寿松涛。

3 月 8 日　常州市民船登记工作结束。全市共有民船 1 688 艘，船民 7 951 人，建立 4 个船民委员会。

4 月 1 日　华东内河轮船公司撤销，原苏南、苏北区公司改为江苏省内河轮船公司。苏南地区设镇江、无锡分公司，苏州、常州支公司，上海办事处。

4 月　镇江市政府组织开展民船民主改革，共登记船舶 1 206 艘，船民 6 871 人。成立船民协会，会员 3 092 人；组织木船联运社，社员 570 人。

5 月 11 日　《江苏省民船联合运输社组织章程》和《民船联合运输社暂行组织通则》经江苏省人民政府批准公布施行。

7 月 1 日　江苏省交通厅航运管理局成立，下辖 8 个航运管理处，22 个航管所。

8 月 30 日　苏州市民船民主改革工作结束。计有运输船 1 142 艘、杂船 1 215 艘、渔船 1 135 艘、机动船 43 艘，共计 3 535 艘。直接参加民改运动的船民达 9 895 人，占水上人口 65%。

11 月 27 日　省人民政府颁布《江苏省船闸过闸费征收暂行办法》，规定省水利厅、省治淮指挥部管理的天生港、黄田港、武进小河、刘老涧、皂河、高良涧、淮阴、淮安、邵伯、仙女庙、泰州等 11 座船闸征收过闸费。

1954 年

春　镇江市水利部门对古运河丹徒节制闸进行整修，可通航 100 吨级船舶，年通过能力为 80 万吨。

7 月 22 日　江苏省交通厅决定将省内河轮船公司与省航运管理局合并（仍保留江苏省内河轮船公司名称），各地（市）设航运分局。

1955 年

1 月 6 日　连日大雪，天气奇寒，苏南运河、太湖冰冻，客货船舶断航，为苏锡常地区历史上罕见。

3 月 1 日　交通部部长章伯钧视察京杭运河，江苏省交通厅张镇、周赤民陪同乘船自邳县经淮阴、扬州、镇江、常州、无锡、苏州直至杭州，历时 28 天。重点研究运河建设规划问题。

8 月 4 日　江苏省人民委员会公布《江苏省内河航道维护暂行办法》，自 8 月 15 日起试行。

11月14日　常州市南运河石龙嘴至放鸭滩疏浚工程开工，翌年1月25日竣工。

冬　锡澄运河拓浚工程动工，由常熟、无锡、江阴、吴县等县组织民工施工。翌年春竣工，计完成土方275.4万立方米。

1956年

2月　江苏省交通厅颁发《江苏省民船运输合作社示范章程(草案)》。

3月　镇江船舶修造厂自行设计制造的江苏省第一艘铆结构钢质客轮成功下水，可载客308人。

4月30日　江苏省人民委员会公布《江苏省内河渡口管理暂行办法》。

5月1日　江苏省交通厅批准组建无锡船舶修造厂。

5月9日　经江苏省人民委员会批准，无锡市交通局、无锡市航政办事处、江苏省内河轮船公司无锡分公司、公私合营申锡轮运股份有限公司、公私合营无锡市轮运股份有限公司合并，成立江苏省无锡航运管理局，局长施因。

5月26日　锡澄运河疏浚工程竣工通航。这次大规模疏浚，共动用无锡、江阴、常熟、吴县、武进5县5万余民工，历时1个多月完成。

7月　全省开展水道全面普查，历时两月，完成资料整理综合工作。

8月1日　江苏省交通厅分设为交通厅和航运厅。各专区(市)亦先后分别成立航运管理局。

同年　无锡航运管理局在无锡市黄埠墩、清名桥、太保墩、北新桥设立4个检查站，负责船舶进出口的管理和维护水上交通秩序。

1957年

2月14日　因严寒冰冻，内河不能通航。无锡航运管理局组织200多名敲冰队员分赴各条客运航线，经过两天奋战，无锡至十一圩、杨舍、常熟、苏州、常州、江阴等航线通航，安全运送旅客 2 200 多人。

9 月 13 日　遵照江苏省人民委员会通知，全省设立江南（设在无锡）、运河（设在镇江）、里下河（设在盐城）和南京 4 个轮船区公司，由省统一经营。

12 月 4 日　镇江市区苏南运河京口闸工程动工兴建（原石浮桥拆除），最大可通航 60 吨级船舶，全年最大通过能力 35 万吨。次年 6 月竣工。

12 月 17 日　常州市运河白家桥至戚墅堰段疏浚工程动工，次年 3 月竣工。

1958 年

2 月 25 日　江苏省交通厅、航运厅合并为江苏省交通厅。

春　经交通部及省有关部门研究对苏南运河的整治，明确提出以航运、灌溉、排洪相结合；入江口门采用谏壁口镇武运河方案；规划在谏壁选址兴建船闸、水利节制闸和抽水站；常州、无锡、苏州市河段避开老城区、另开新运河等。

4 月　江苏省大运河工程指挥部成立。省交通厅厅长王治平、水利厅厅长陈克天分别任正、副指挥，交通厅崔可仁和水利厅孙翰堂担任总工程师。徐州、淮阴、扬州、镇江、苏州 5 个专区亦分别成立指挥部。在省政府领导下，全面进行运河江苏段规划治理工作。

9 月 1 日　江苏省人民委员会公布《江苏省内河航道维护暂行办法补充规定》。

9 月　江苏省运输委员会成立，省长惠浴宇任主任委员，交通厅厅长王治平、副厅长任重任副主任委员，下设江苏省运输指挥部，为办事机构。

11 月　镇江专区大运河指挥部动员镇江 6 万余民工，对谏壁至丹阳七里桥运河急弯进行裁切，并兴建谏壁节制闸。

同月　位于常熟市虞山南麓宝岩村的虞山船闸开工兴建。此闸是申张线(上海至张家港)航道上的内河船闸,1959 年 7 月建成通航。

同月　苏南运河常州市西至丹阳吕城段疏浚和拓宽工程开工,4 万多民工参加。

12 月 1 日　苏南运河无锡市区段改线工程开工。新运河西起双河尖,经锡山脚下,到下甸桥进入老运河止。开工不久,因劳动力不足而暂停。

1959 年

8 月 4 日　镇江谏壁节制闸竣工放水。该闸设有通航孔,苏南运河船舶改由谏壁节制闸通航孔进出口。

11 月　镇江专区再次动员组织 6 个县(市)3 万余民工,对徒阳运河续建工程施工,至次年 5 月竣工。

同年　苏州市拆除胥门碍航桥——大日晖桥。

1960 年

5 月 3 日　江苏省交通厅设置航运局,负责水上运输行政管理、港闸管理、航道养护、港航监督、沉船打捞以及企业经营等业务,局长施因。

11 月 12 日　中共江苏省委批准水利厅、交通厅党组《关于船闸管理问题的报告》,京杭运河江苏段沿线及内河部分船闸由交通部门管理。1961 年 1 月,水利厅、交通厅办理交接手续。

1961 年

11 月　苏州地区建立水上通讯网,在水利部门的支持下,从中旬起,每天提供全地区水位情报,并在胥口设立水文站,为航运船只服务。

同年　江苏省交通厅组建江苏省挖泥船队,队部设邳县。苏州、常州等市亦先后组建挖泥船队承担航道养护任务。

1962 年

1 月 1 日　按水系成立江苏省交通厅航运局无锡分局,接管苏、锡、常3市轮运公司货运部门,统一调度、管理苏南地区的货运业务。客运仍由地方公司经营管理。

6月　江苏省交通厅镇江、无锡等航道段相继成立。

7月　江苏省无锡航运局在西梁溪路21号设置船务电台,并在7个大型货运轮队上设置船舶电台。

10月　江苏省大运河工程指挥部机构撤销。

1963年

8月　江苏省交通厅工程局颁布《内河航标维护暂行管理办法》。

同月　苏州市设置胥门水上监督站,指挥辖区内运河水上交通。

12月6日　成立无锡市港航监督站,下设清明桥、三里桥两个检查站,实施船舶签证,加强港口管理。

1964年

11月17日　经江苏省人民委员会同意,无锡、常州、镇江等市港务管理处相继成立。

1965年

1月18日　江苏省交通厅决定,撤销省无锡、镇江航道段,将航道养护工作划交两市交通部门负责。

1965年6月　无锡市组织民力对梁溪河至下甸桥开而未通的新运河先按六级航道标准拓浚,至1967年完工。

12月9日　江苏省人民委员会公布《关于加强航道养护和管理工作的几项规定》。

同年冬　根据省交通厅的安排,丹阳县组织动员18个公社9千多民工,对七里桥口至吕城长17公里的陵口流沙河段进行整治。

1966年

2月1日　苏南运河常州市区段(西大王庙至三官塘,全长8 954.4米)疏浚工程开工,于当年3月31日竣工。

5月5日　华东区水泥船制造工艺交流会在无锡市召开,参加会议的有上海、浙江、福建、山东、江西、江苏47个造船和航运单位的代表。

8月16日　江苏省交通厅决定撤销江苏省航运管理局，成立江苏省航运公司。

11月　镇江专区组织丹徒、丹阳、金坛等3个县3万余民工，继续对徒阳运河进行拓浚，至次年3月基本竣工。

1967年

3月12日　江苏省交通厅机关实行军事管制，设军管组。1968年2月成立江苏省交通厅军事管制委员会。

1968年

11月　张家港船闸破土动工，1970年5月竣工通航。

1969年

4月　开通苏州吴江平望新运河，京杭运河苏南段改由江浙交界的鸭子坝入浙。

8月22日　苏州专区革命委员会决定成立苏州交通运输服务站，负责车船监理、运输计划平衡、公路航道交通管理、水利工程桥梁施工建设等。

9月　撤销江苏省交通厅军事管制委员会，成立江苏省革命委员会交通局。

9月　丹阳县动员6个公社的2.38万民工，对丹武交界处至吕城永丰电灌站5.5公里的运河突击施工，并拆除吕城镇束水的原泰定石拱桥，重建双曲拱桥1座。

1970年

6月　苏州市交通局革委会决定，从本月起实行船舶进口签证制度。

9月　江苏各地联合运输指挥部相继成立，实行铁路、公路、航运、港口和物资部门联合运输。

同年　苏州市建立葑门新港（港务六区），码头岸线长1 170米，占地面积62亩,年吞吐量52.2万吨。

1971年

5月 无锡船舶修造厂制成60吨水泥骨架钢丝网水泥货驳。

10月 根据省革委会和省交通局安排,镇江地区动员丹阳6万余民工对七里桥口至吕城永丰电灌站长11.75公里的陵口流沙河进行整治。

1972年

2月15日 苏州市人民桥东堍新建的客货站埠码头落成,苏州轮船公司由南新桥迁至新址办理客货运业务。

12月 武进县组织民工疏浚德胜河,突击一个月竣工。

1973年

6月 苏州市建造新觅渡桥,于次年完成。

12月4日 常州第一座钢筋混凝土桁架拱桥兰陵桥动工,次年4月,施工中使用桁架拱无支架吊装成功。

1974年

10月 无锡市红旗造船厂与工程兵技术装备研究所协作,承担六机部带式舟桥试制任务,于本月试制成功。经国务院、中央军委军工产品定型工作领导小组批准设计定型,命名为"74式重型舟桥",并于1978年12月荣获全国科学大会奖。

1975年

5月 撤销江苏省交通局革命委员会,成立江苏省交通局。周赤民任局长,施因、肖福、朱贤顺、于云汉任副局长。

12月 镇江地区动员丹徒县5个公社民工3 200人,对徒阳运河新丰铁路桥一段长530米的高岗急弯段拓浚裁弯,至次年4月竣工。

同年 镇江船舶修造厂设计制造的80立方米全液压绞吸式挖泥船,获国家优秀新产品金龙奖和江苏省优质产品奖。

1976年

2月19日　谏壁船闸开工建设,历时4年10个月,于1981年1月1日建成通航。自此,苏南运河改由谏壁船闸入江。

1976年6月　无锡市动员民工1.8万人,按四级航道标准开挖黄埠墩至梁溪河4.04公里新运河,新建锡山、梁溪两座大桥,至1983年完成。

同年　苏州市修建人民桥,于1977年完成。

1977年

3月1日　江苏省无锡轮船运输公司改名为江苏省江南航运公司。

3月　江苏省交通局颁发《江苏省内河航道里程表》作为水运运费统一结算依据。

1978年

10月4日　江苏省交通局公布《江苏省挂桨机船管理办法》。

11月12日　常州市、苏州市和镇江地区航政(航道)管理处相继成立。1983年市管县体制改革后,镇江、无锡相继改建为市航政管理处。

1979年

10月4日　江苏省革命委员会公布施行《江苏省公路、航道管理办法》和《运输市场管理试行办法》。

10月　交通部部长叶飞视察谏壁船闸工程,并研讨有关港口建设的规划意见。

11月　谏壁船闸管理所成立,隶属镇江地区航道管理处管辖。

12月　江苏省内河航道普查资料汇编完成。全省航道总里程为23 473公里,其中主要干线航道32条、3 319公里,一般干线航道68条、2 128公里,支线航道2 103条、18 026公里。

1980年

1月4日　江苏省计委、交通局、财政局和人民银行联合通知,颁布《江苏省航道养护费征收和使用规定》。

3月31日　江苏省交通局公布《江苏省航行安全十项禁令》。

4月23日　江苏省交通局更名为江苏省交通厅。厅长周赤民，副厅长施因、沈沛、肖福、朱贤顺、薛华、张明、张镇。

8月1日　江苏省交通厅颁发《江苏省水路货物运输规则实施细则》、《江苏省水路货物运输管理实施细则》。

1981年

2月27日　江南航运公司新建的"湖光"、"湖山"、"湖明"3艘游览客轮，从无锡横渡太湖到达杭州首次试航成功后，正式投入运营。

3月　国务院副总理万里率有关部委人员组团考察京杭运河江苏段，研讨发挥运河功能，分流北煤南运的规划意见。

同年　无锡市航政管理处从鼋头渚至浙江小梅口65公里太湖航线上，架设太阳能光源航标18座（湖面灯桩水标17座、鼋头渚灯塔1座），工程总投资15万元。

12月20日　苏州市在浒关竹青桥苏南运河和浒光运河交会口，设置船舶流量观测站，统计记录船舶运行密度。

1982年

3月13日　交通部1981年9月18日关于《京杭运河（济宁至杭州）续建工程计划任务书》的报告，经国家计委和有关部门研究，并报国务院批准，以计交[1982]171号文正式批复。同意运河续建工程的建设标准和徐州至扬州段的建设规模，"六五期间，先集中建设徐州至扬州段；镇江至杭州段的改建，由江苏、浙江两省根据地方财力的可能，分别自行安排建设，国家酌予补助。"

9月　江苏省京杭运河续建工程指挥部成立。周一峰副省长兼任指挥，周赤民为常务副指挥。1983年10月改由陈克天任指挥，杨大年为常务副指挥。

1983年

1月　苏州造船厂设计建造的200客位新型内河旅游钢质客轮

"虎丘号"下水使用。

10月3日　由江苏省船舶设计研究所设计,镇江船厂制造的"长江中下游短途双体客轮"下水。该轮总长50米,总宽13.1米,载客1 000人,航速19公里/小时。是江苏制造的最大的新型双体客轮。

12月14日　无锡市区运河上的吴桥拓宽工程竣工通车。拓宽后桥宽20米,长93米。

同年　省无锡船舶修造厂与美国合作制造的8英尺玻璃钢游艇首批打入国际市场。1983年获江苏省优秀新产品奖。1984年获国家经委新产品金龙奖。

1984年

4月　经省计委批准,苏南运河常州市区段西涵洞至三里桥8.92公里整治工程开工建设,至1989年5月竣工,经省市验收,工程质量优良。

7月　由中国船舶科学研究中心设计、无锡市红旗造船厂建造的"淮清号"水质监测船竣工交付使用。

8月　江南航运公司旅行服务社成立,拥有游轮、客驳、拖轮、旅游车等旅行运输工具,经营水上旅游线和水陆配套联游线8条。

9月　无锡市又组织民力对梁溪河至外贸仓库7.2公里新运河按四级航道标准拓浚,同时改建和新建红星桥、金匮桥、下甸桥和金城桥,新建锚地一处,于1988年5月竣工通航。至此苏南运河无锡市区段11.24公里按四级航道标准改线工程全部完成。

1985年

1月　江阴复线船闸工程动工建设,船闸主体工程由江苏省交通工程公司第二工程处承担施工任务。1989年1月20日顺利通过省计委组织的交工验收,放水通航。

5月　锡澄运河采用从日本引进的化纤膜袋(法布)护岸技术在南闸乡涂镇村东岸敷设5 126平方米,经验收合格。

1986 年

5 月 7 日　江苏省内河第一艘全卧客轮，苏州轮船公司的“沧浪号”在苏杭线上试航成功。

5 月 23 日 ~26 日　以杰克叶尼为团长的世界银行水运考察团一行 6 人，由交通部计划局史象太和世界银行驻北京总代表魏尼安德先生陪同，参观了苏南运河新安、望亭、浒墅关等航段，考察团对与中国合作开发运河很感兴趣。

12 月 6 日　国家标准《内河助航标志》颁布施行。苏州市航政处工程师瞿根生等参与编著。

12 月 25 日　具有 540 年历史的常州广济桥（西仓桥），移至舣舟亭公园按原样重建竣工，并恢复广济桥原名。

1987 年

春　武进奔牛新港正式动工兴建，占地 230 亩，设计泊位 16 个，靠泊能力 100 吨级，年吞吐能力 123 万吨。于 1989 年 6 月建成投产，总投资 1 500 万元。

4 月　苏南运河苏州市区段改道工程按四级航道标准开工建设，新开市河 9.3 公里，从横塘镇起绕开城区至宝带桥北堍与原运河相接。1992 年 7 月建成，7 月 15 日在横塘举行了通航典礼。

6 月 18 日　万吨级海洋救助打捞船“芝罘号”在镇江船舶修造厂建成下水。该船船体长 100 米，宽 27 米，型深 7.2 米，排水量 10 875吨。

8 月 22 日　《中华人民共和国航道管理条例》颁布实施。

9 月 25 日　苏州市政建设重点工程——新区狮山运河大桥破土动工，1990 年 9 月建成通车。

10 月 25 日　古运河三里亭按原样搬迁成功。该亭位于苏州浒墅关镇，始建于清乾隆年间。由于修建运河浒墅关段驳岸，将使三里亭突入河中，为保护文物古迹，由吴县航管站出资实施搬迁。

11 月 24 日　常州市怀德桥东侧 10 米处发现毗陵驿码头石碑，

碑长1.20米,宽0.75米。此碑立于清光绪元年(1875),证明驿站曾设此附近。

1988年

1月 我国自行设计制造的汽客两用“沪航11号”渡轮,在润州船厂建成交付使用。渡船长59米、宽13米、型深4.6米,可排放20辆5吨标准汽车,甲板上可同时渡载旅客434人。

1月 江苏省交通厅颁布《江苏省挂桨机船管理办法》。

2月12日 苏南运河浒墅关段船舶堵塞,断航历时12昼夜,被堵船舶16 000余艘,堵塞地段长达16公里。经积极疏导,于当日复航。

2月14日 常州市运河整治工程指挥部举行篦箕巷改造工程竣工典礼,该工程再现“文亨穿月”、“篦梁灯火”等景观。

7月23日 江苏省编委批复同意成立京杭运河江苏省交通厅航务管理局,与省交通厅航务局为两块牌子一套机构。

8月19日 江苏省人民政府颁布《关于加强水上交通安全管理的通知》和《关于贯彻执行中华人民共和国航道管理条例的通知》。

12月14日 苏南运河常州段政成桥以东河面自11月24日起2 000多艘船只受堵,继而政成桥以西河面亦发生堵塞,绵延20余公里,共有万艘船只受堵。经积极疏导,于当日复航。

1989年

6月4日 京杭大运河和钱塘江航道沟通工程完成。该工程自杭州艮山门港至东郊三堡入江,全长近7公里,能通行300吨级船舶,为五级航道,耗资近7亿元。

1990年

2月15日 苏南运河丹阳陵口段航道整治工程举行开工典礼。该河段从九曲河口至吕城砖瓦厂,共17公里,为历史上难工河段,按四级航道标准整治。这是江苏省首次利用世界银行贷款建设的内河航道工程项目,按菲迪克条款进行工程监理,于1992年4月顺利建成。1993 年 7 月通过省建委组织的竣工验收,工程质量评定为优良等级。同年获“茅以升家乡土木工程奖”,2005 年获交通部“优质工程奖”。

7 月　无锡市高桥至双河尖 2.84 公里运河按四级航道标准作应急工程进行拓浚,于 1991 年底竣工。

9 月 24 日　镇江船厂建成全回转、多用途港口作业拖轮,主机功率为 2 ×1 570 千瓦,推进器回旋范围为 360 度,可附帮 10 万吨级油轮。

1991 年

6 月　由江苏省船舶设计研究所设计、镇江船厂制造的国家重点推广项目 2 ×1 500 吨级顶推船组,满载 3 340 吨煤炭,在苏北运河实载试航成功。

6 月 10 日 ~7 月 20 日　江苏全省连降暴雨,遭遇百年来最大的洪水灾害。苏南运河苏州市河改道工程和丹阳陵口段整治工程因暴雨无法施工。交通战线职工积极投入抗洪救灾工作。

7 月 9 日　江泽民总书记等领导乘船视察太湖特大洪水灾情。经协调,太浦河首次开闸排泄太湖洪水。苏州市航道处 101 号航政艇顺利完成该次航行任务。

8 月　国家《内河通航标准》正式实施。

9 月 6 日　江南航运公司经营的无锡至后塍、无锡至杨舍的两条内河客运航线,经省交通厅运管局批准撤销。这是无锡地区内河客运最后一批被撤停的航线。

10 月 24 日　由香港太源造船公司委托苏州造船厂建造的3 000 吨级开底泥驳,沿苏南运河苏州段经淀山湖到达上海,创下苏南运河 3 000 吨级船舶的通航纪录。

11 月 15 日　江苏省政府在望虞河沙墩口举行望虞河工程开工典礼。

12 月 2 日　苏南运河常州段西起连江桥、东至戚墅堰机械厂 18

公里河面上,从 11 月下旬起有 4 000 多艘船只被堵塞,断航 9 天,经疏导恢复通航。

1992 年

4 月 12 日　交通部下达通知,同意江苏省"八五"期间按四级航道标准整治苏南运河,根据省财力的可能逐段进行整治,初步设计由省有关部门分段审批。

6 月 30 日　无锡市港务七区金匮新货场正式投产。该货场位于无锡新运河金匮桥两侧,占地 4 万平方米,有 3 个深水泊位,能停靠 200 吨级以上货船,总投资 1 000 万元。

8 月 20 日　按江苏省建设委员会、省交通厅对苏南运河整治工程高桥至五七桥段初步设计的批复,无锡市率先组织开工建设,正式拉开苏南运河全面整治的序幕。

8 月　中共江苏省交通厅党组决定,将苏南运河全面整治建设管理交由厅航道局和沿线 4 市交通航道部门承担。4 市为加强地方协调和领导工作,分别成立了工程建设领导小组,由一名副市长兼任组长,下设指挥部或办公室,其办事机构设在各市航道处。

10 月　中共江苏省委全委扩大会议决定将苏南运河全面整治工程列为江苏省"八五"跨"九五"交通基础设施建设六大重点工程之一,要求 1997 年底基本建成。

10 月 20 日　苏南运河镇江吕城段 2.78 公里航道全面整治工程开工建设,1994 年 7 月 30 日建成。

11 月 12 日　江苏省政府在吴江芦墟镇举行太浦河江苏段续建工程开工典礼。

12 月 31 日　经江苏省建委和省交通厅批准,无锡市吴桥改建工程开工,1994 年 12 月建成。

1993 年

2 月 11 日 ~22 日　常州市广化桥至连江桥、奔牛至九里的运河段和连江桥至安家舍的德胜河段,8 000 余艘船舶被堵档。

3 月 15 日　苏南运河苏州市浒关镇的北津桥开工建设。该桥由上海市城建学院设计研究院设计，浙江省湖州镇西桥梁工程公司承建，成功采用桥梁转体施工新工艺，不断航施工。该施工工艺后被应用到苏南运河云梨桥、坛丘桥和金牛大桥建设，取得良好的社会效益和经济效益，获得江苏省 1997 年科技进步三等奖。

3 月 24 日　交通部发布《中华人民共和国内河交通事故调查处理规则》，自 1993 年 7 月 1 日施行。

4 月　苏南运河苏州段全面整治工程首先在五七桥至横塘镇 24.26 公里开工建设，1995 年 12 月建成。

5 月 17 日　交通部发布《中华人民共和国船舶签证管理规则》，自 1993 年 7 月 1 日施行。

5 月 28 日　常州市区跨运河的同济立交桥开工建设，7 月 1 日老桥拆除，1994 年 6 月 1 日新桥建成通车。

8 月 10 日　望虞河与苏南运河交汇的望亭立交工程竣工，即日起开坝泄洪，省政府在现场举行通水典礼。

8 月 24 日　苏南运河常州东西两段共 35.57 公里航道全面整治工程开工建设，于 1997 年 9 月 30 日告竣。

10 月 23 日　江苏省交通厅发布《锡澄运河江阴段交通管制规定（试行）通知》。

1994 年

5 月　李鹏总理视察江苏时，明确指示“要重视发挥水运的优势和作用”。

6 月 2 日　中华人民共和国国务院令第 155 号发布《中华人民共和国船舶登记条例》，自 1995 年 1 月 1 日起执行。

6 月 14 日　江苏省人民政府令第 61 号发布《江苏省内河交通事故处理办法》，自 1995 年 9 月 1 日起施行。

8 月 10 日　江苏省人民政府苏政复（1994）51 号文《关于开征航道重点工程建设资金的批复》，决定全省从 1994 年 9 月 1 日起开征航道重点工程建设资金。1997 年底以前全额用于苏南运河整治工程建设。该项建设资金于 1999 年停征。

9 月 7 日　江苏省建设委员会、江苏省交通厅下达苏南运河整治工程概算调整的批复。其工程投资由 10.2 亿元调整为 15.024 2 亿元。

10 月　全国内河航道技术定级会议在南京召开。会议介绍江苏航道定级的做法，部署全国内河航道定级工作。江苏航道技术定级自 1992 年开始，1993 年在全国率先完成。其中二至四级航道 1993 年底经交通部批准，五至七级航道 1994 年初经省政府批准，等外级航道亦由省交通厅下达。

11 月 23 日　交通部黄镇东部长、李居昌副部长视察苏南运河吕城段航道整治工程。

1995 年

4 月 5 日 ~14 日　交通部副部长刘松金率部机关有关人员，对京杭运河山东、江苏、浙江段进行综合考察。5 月 11 日起对整治中的苏南运河进行考察，省交通厅厅长徐华强等陪同。

8 月 11 日　江苏省八届人大常委会第十六次会议通过的《江苏省内河交通管理条例》公布施行。

10 月 10 日　全国内河航运建设工作会议在南京召开。国务院副总理邹家华，国家计委副主任马凯、交通部部长黄镇东，国家经贸委、水利部、财政部、开发银行有关领导，以及全国 10 个省市的分管省、市长，25 个省的分管厅长等共 150 多名代表出席。会议交流了内河航运建设经验，研究确定全国航运建设规划，组织与会代表实地考察了苏南运河镇江段和苏州段整治工程，提出将苏南运河建成全国内河样板航道的要求。与会代表还赴京杭运河浙江段考察，会议于 10 月 13 日在杭州闭幕。

1996 年

5 月 16 日　苏南运河整治工程丹阳新港建成投产。设计年吞吐能力300万吨。

11月11日　江苏省交通厅、江苏省电力工业局、江苏省邮电管理局联合发布《江苏省架空电力、电信线跨河净高尺度》的通知。新规定自1996年12月1日起施行,原规定同时废止。

12月2日　江苏省建设委员会、省交通厅下达苏南运河护岸完善工程初步设计批复,决定增加苏南运河护岸完善工程投资4.012 5亿元,共砌筑护岸160.26公里。

12月8日　江苏省交通厅在镇江召开全面完成苏南运河整治工程动员大会,明确提出三大目标:1997年12月26日全面完成,工程质量达到部优标准,建成全国内河样板航道。

12月10日　交通部黄镇东部长在省交通厅厅长徐华强、无锡市副市长陈林荣的陪同下,乘船视察了无锡段运河整治工程。11日上午,在镇江市委书记方之焯陪同下,又视察了镇江越河口筑坝断航施工工地,并接受江苏电视台记者采访。

1997年

1月24日　省委书记陈焕友、常务副省长季允石、省委秘书长梁保华等,视察苏南运河无锡至苏州浒墅关段整治工程。下午又冒雪后严寒至镇江越河口工地视察并慰问工程建设者。

6月20日　望虞河常熟入江河口泵站工程通过试运行检验后,投入太湖地区抗旱,9台套泵机以200立方米/秒的流量,抽引长江水由望虞河向太湖补给水源。

8月底　苏南运河标志标牌工程全线完成安装,共布设指示、提示及专用3大类13种航道标牌、助航标志及安全标志1 309块。

9月11日　苏南运河镇江谏壁江口示位标工程通过江苏省航道局验收并正式投入使用。该标采用太阳能自动电源,信号为8秒4闪,灯塔分为5层,塔高13.8米。

9月23日~25日　江苏省交通厅组织对苏南运河四级航道整治工程进行500吨级船舶实载试航。

9月26日~27日　无锡、镇江市分别组织对辖区段苏南运河整治工程交工验收。无锡段航道2个、桥梁13个共15个单位工程，镇江段航道5个、桥梁5个共10个单位工程，全部达到四级航道标准，工程质量均被评定为优良等级。

10月5日~7日　由严恺、梁应辰院士为顾问、刘济舟院士为组长的12名航运、水利和桥梁专家组成的专家评议组，对苏南运河整治工程进行考察、评议，认为这是苏南运河历史上规模最大、标准最高、难度最大、效益最为显著的一次全面整治工程；总体设计合理，工程质量优良；总体上达到了国内领先水平，可以作为全国内河航道建设的样板。

10月9日~10日　常州、苏州市分别组织对辖区段苏南运河整治工程交工验收。常州段航道3个、桥梁9个共12个单位工程，苏州段航道3个、桥梁12个共15个单位工程，全部达四级航道标准，工程质量均被评定为优良等级。

10月12日　江苏省交通厅工程质量监督站下达苏南运河整治工程质量评定书，认定其13个航道单位工程、39个桥梁单位工程、1个标牌单位工程，共计53个单位工程均为优良级，优良率为100%。综合评定：苏南运河整治工程质量等级为优良级。

10月13日　江苏省交通厅组织对苏南运河整治工程交工验收，徐华强厅长任验收委员会主任委员。验收委员会通过了交工验收意见，认为整治工程全线达到国家四级航道标准，工程质量同意质监部门检测评定意见，为优良等级，并同意4市分段交工验收的意见，同意本工程交付使用。

同月　苏南运河可窥监控系统在苏州市区水运最繁忙区段28.8公里航线上建成并投入运行。该系统共有一个监控中心、两个分中心、4个监控点和8个采集点，采用微波传输方法。计投资280余万元。

10月26日　中共江苏省委、省政府在镇江市沿江公路南举行

"苏南运河四级航道通航典礼"大会。国务院副总理邹家华、省委书记陈焕友、省长郑斯林、交通部副部长李居昌以及部、省和沿线4市的有关领导出席。邹家华为通航典礼剪彩。江苏省委、省人民政府还表彰了为苏南运河整治工程建设作出贡献的13个有功单位、14名建设功臣;江苏省交通厅、江苏省人事厅表彰了苏南运河整治工程建设21个先进集体、77名先进个人。

1998年

2月15日　全国内河航道建设现场会在江苏召开。国务院副总理邹家华出席会议并做重要讲话,交通部黄镇东部长做工作报告。2月16日与会代表乘游艇视察苏南运河镇江市谏壁~丹阳段航道整治工程。随后会议代表赴沪乘机往广西参观考察。会议在南宁市闭幕。

4月14日　中共中央政治局常委、全国人大常委会委员长李鹏在省委书记陈焕友、省长郑斯林陪同下,乘艇视察苏南运河镇江谏壁~丹阳段航道整治工程。

9月10日~14日　交通部质监总站、江苏省交通厅工程质量监督站组织对苏南运河整治工程竣工验收质量鉴定。经综合评定,苏南运河整治工程质量鉴定为优良等级。

9月15日~18日　江苏省档案局、省交通厅组织对苏南运河整治工程档案资料管理工作进行验收。经综合评定,认为苏南运河整治工程共形成档案资料2 166卷,符合完整、准确、系统的验收标准,能够真实反映工程全貌,具备竣工档案验收的条件,并建议在全省交通重点工程中加以推广。

10月25日~26日　江苏省人民政府和交通部联合主持对苏南运河整治工程进行竣工验收,陈必亭副省长、交通部洪善祥副部长任验收委员会主任委员。验收委员会听取了工程建设、设计、施工、监理、质监等情况汇报,进行了现场和资料检查,认为该工程按批准设计规定内容和标准建成,同意质量监督部门所作鉴定意见,工程总体质量评定为优良等级，达到国内领先水平，可以作为全国内河航道工程建设的样板。该整治工程获交通部1999年度水运工程质量奖。

12月15日　申张线上的虞山复线船闸破土动工，2000年6月24日建成通航。2001年12月21日通过竣工验收。认为该闸运行情况良好，建筑物外形美观，各项技术指标符合设计和有关标准，资料齐全完整，工程质量等级鉴定为优良。

12月26日　苏南运河常州市区段怀德桥改扩建工程建成通车。该桥于年初开工建设，当年建成。

1999年

1月13日　苏南运河常州市区段广化桥拆除改建，当年12月26日建成通车。

6月3日　谏壁二线船闸开工建设。该闸是利用世界银行贷款实施京杭运河江苏段船闸扩容工程的第一个建设项目，于2001年12月通过交工验收，放水通航。2003年3月11日通过竣工验收，工程质量评定为优良等级。2005年1月谏壁二线船闸工程建设获2004年度国家优质工程银质奖。

7月1日　无锡市锡溧漕河和桥段航道整治工程开工，12月20日竣工。经省航道局组织验收，被评为优质工程。

7月9日　国务院副总理温家宝在省委书记陈焕友、省长季允石等领导陪同下，视察了江苏太湖流域汛情。

8月15日　苏申外港线（江苏段）按四级航道整治工程开工建设，2000年10月19日通过交工验收。从此，500吨级船舶可由苏南运河经苏申外港线直达上海。

9月2日　《江苏省苏南运河交通管理办法》经江苏省人民政府第30次常务会议审议通过，以省政府第160号令发布施行。

2000年

7月　为加快苏南干线航道网建设，江苏省交通厅、江苏省建设厅分别对申张线、锡溧漕河、丹金溧漕河、锡北线和芜太运河等5条航道7个航段15.467公里整治及59座桥梁改建工程设计方案做出批复,全部按五级航道标准进行整治和改建。当年9月全面开工,2001年底全部建成。

8月8日　交通部发布水运工程优秀咨询成果奖。由江苏省交通规划设计院为主,省交通厅综计处、航道局协作完成的《江苏省干线航道网建设规划研究》获2000年度交通部水运工程优秀咨询成果一等奖。该项目还获江苏省人民政府颁发的科技进步三等奖。

9月20日　苏申内港线江苏段航道整治工程开工建设。该整治工程于2003年1月通过省交通厅组织的交工验收,2005年4月15日通过江苏省发改委组织的竣工验收,工程质量均评定为优良等级。

12月1日　江苏省人民政府发布《关于加强太湖水域船舶污染防治工作的通知》。

2001年

4月29日　交通部在苏州召开京杭运河苏南段文明样板航道验收及命名会议。交通部副部长翁孟勇、江苏省副省长于广洲出席。京杭运河苏南段被命名为全国第一条文明样板航道,并予授牌。

5月25日　常州丹金溧漕河段航道严重堵塞,3 000多艘船只无法进出苏南运河。

9月28日　国家二类口岸无锡港开通,无锡国际集装箱内河支线通航,中国无锡外轮代理公司成立。庆典仪式在无锡举行。

11月9日　江苏省交通厅下发《关于加强太湖流域防治船舶污染工作的通知》,明确规定从2002年1月1日起水泥船禁止进入苏南运河,2005年全部退出江苏航运市场。

12月24日　《江苏省渡口管理办法》经江苏省人民政府批准,正式发布施行。

2002年

年初　常州市安排资金200万元,撤除苏南运河常州段的5个渡口,建造人行便桥4座,于9月26日全部建成。

5月　常澄高速公路大桥、常州大外环路大桥开工建设。常澄高速公路大桥跨312国道、苏南运河、沪宁铁路,桥长2.82公里,工程总投资1.6亿元。常州大外环路大桥跨苏南运河、沪宁铁路,桥梁全长1.15公里,工程总投资0.8亿元。两桥均于2003年10月9日合龙,于2005年建成通车。

6月20日　苏浏线青秋浦航道整治工程开工典礼在苏州工业园区举行。该航道段7.2公里,位于苏州工业园区,南与苏南运河、苏申外港线沟通,北经申张线、苏浏线与沿江港口及长江相连。按五级航道整治,于2003年7月建成。2005年按五级航道标准开工建设苏浏线唯亭至昆山段。

6月28日　国务院第355号令发布《中华人民共和国内河交通安全管理条例》,自2002年8月1日起施行。

8月　长湖申线江苏段整治工程开工。该工程西起江浙交界的南浔镇,东止吴江平望草塘口,全长22.55公里,按四级航道标准整治,于2005年6月完工,完成投资2.69亿元。同年9月20日通过省交通厅组织的交工验收,工程质量评定为优良等级。

2003年

1月27日~31日　苏州市新家桥处因拆桥断航41小时,2.6万艘船舶受堵。

4月中旬　京杭运河船型标准化推进工作小组在杭州召开第一次会议,要求苏浙两省加快淘汰挂桨机船的进度。并明确500吨级以上京杭运河标准化船型由江苏省负责研究开发,500吨级以下由浙江省负责开发。

5月17日　无锡市区拆除金城桥白天断航,加之黄沙运输船搁浅,受堵船舶3万余艘。

5月26日　芜申运河宜兴绕城段开工建设。芜申运河是跨越安徽、江苏、上海的省际航道,全长400多公里,江苏段全长139公里，其中宜兴市境内45.5公里。本期整治为13.1公里，按四级航道标准实施，工程投资6.2亿元。于2005年7月1日建成通航。

8月下旬　按第二次全国航道普查办公室统一部署，江苏省第二次内河航道普查工作全面结束。本次普查采用GPS等现代手段，历时6个月，共普查航道2.44万公里（其中等级航道7 136公里）、枢纽678座、桥梁1.65万座、架空电线3.3万道，健全了全省航道信息数据库。

9月1日～10日　鲁济宁驳915638船，重载煤炭550吨，因碰撞在苏州平望大桥处沉没，96小时才打捞出水，导致2万余艘船舶受堵。

9月30日　苏南运河无锡市区段蓉湖大桥顺利合龙。该桥为斜拉桥结构，于2002年10月开工，2004年1月1日竣工。

10月18日　苏南运河苏州市区段索山大桥建成通车。该桥为三跨自锚式悬索桥，全长378米，主跨90米。

11月23日　因高淳机3811轮与浙海盐02128轮在苏州长桥附近碰撞沉没，造成严重堵档，受堵船舶2.5万余艘，至11月27日始得复航。

12月　江苏省交通厅发布《关于进一步加强苏南运河通航秩序管理通告》，自即日起锡澄运河通航秩序管理亦参照此通告执行。

2004年

1月10日　常州市航道管理处被江苏省政府命名为“2001～2002年度省文明单位”。

1月24日　中共中央政治局常委、国务院副总理黄菊在交通部部长张春贤、国务院副秘书长尤权、国务院研究室副主任侯春云陪同下，到苏南运河望亭段视察，了解江苏干线航道网建设规划和苏南运河整治情况，提出要合理布局和综合利用长三角地区的航运优势。

2月1日　苏南运河镇江越河口段两公里原斜坡式护坡改为直立式驳岸，首期整治长度为0.85公里，由镇江市航道处承建，工程投资650万元。

2月18日~19日　江苏省政府会同交通部在南京联合召开《江苏省干线航道网规划》评审会。评审意见认为:江苏干线航道网布局规划基本合理,应突出长江干线和京杭运河的地位和作用,结合长江三角洲地区骨干航道网的规划和京杭运河船型标准化要求,进一步研究航道规划标准,做到协调发展。2005年8月,江苏省人民政府和交通部以苏政复75号文批复同意《江苏省干线航道网规划》,要求各级政府加大内河航道建设的投入力度,改善以长江干线、京杭运河为核心,三级及三级以上航道为主体,四级航道为补充的"两纵四横"、3 455公里高等级航道组成的干线航道网,全面提升江苏内河航道层次和水平。

3月9日　江苏省发展计划委员会组织召开《京杭运河常州市区段改线工程初步设计》审查会。省交通厅、建设厅、水利厅及常州市政府相关代表和交通部特邀代表参加,同意该设计通过审查。该改线段26.1公里,按四级航道标准施工(三级预留),工程总投资约31.5亿元。6月10日改线工程举行开工典礼。2007年年底建成通航。

4月10日　因鲁济宁0099、5832几个大型重载运输船队,超载超限,吃水3.3米,在常州奔牛段运河上搁浅,致使奔牛至政成桥段运河航道1.8万余艘船舶受堵,直至4月21日才疏通复航。自本年1月份以来,苏南运河先后发生4次严重堵档事故:1月1日至5日,谏壁船闸下游因正值枯水期,凌晨遇雾,船舶抢档过闸,造成船闸上下游5 000余艘船舶受堵;2月27日至3月8日,因山东运煤大型船队在常州奔牛搁浅,继而鲁济宁925重载运煤船队碰撞沉没,致使6 000余艘船舶受堵;3月14日至19日,因芜湖津安0179货船与高淳02894船舶在无锡下甸桥外贸仓库附近相撞沉没,继而盐机30688和皖湾址货1 760船队相继搁到沉船上,致使2万余艘船舶受堵。

9月1日　苏南运河横塘段亭子桥被船舶撞塌。

2005 年

1 月 1 日 《江苏省内河水域船舶污染防治条例》经江苏省第十届人大常委会第十次会议审议通过发布，即日起执行。该条例确立了“预防为主，防治结合和谁污染谁承担责任”的船舶污染防治基本原则。

3 月 16 日 交通部副部长翁孟勇在江苏省交通厅厅长潘永和、副厅长蒋华年等领导陪同下，实地视察苏南运河常州市区段改线工程和丹阳陵口段护坡损坏情况。

3 月 28 日 镇江市航道处利用运河枯水期，连续对苏南运河丹阳、丹徒段坍塌的混凝土护岸进行抢修，共打木桩 13 114 根，抛填编织袋填装黏土 4 054 立方米，维修护岸长度达 4 371 米。截止 2005 年末，镇江段混凝土预制块护坡坍塌损坏里程达 30.38 公里，占预制块护岸里程的 46.19%，其中 6 米平台以下坍塌长度为 17.744 公里，占到坍塌里程的 58.4%。

4 月 16 日 常州市政府特聘中国工程院院士范立础教授、东南大学邵荣光教授等 8 位专家，为常州市区段运河和 312 国道改线工程桥梁建设技术专家组成员，并颁发聘书。

5 月 16 日 江苏省交通厅、江苏海事局、省国防科工办、省海洋渔业局、省安全生产监督管理局等 5 厅局在南京联合召开全省低质量船舶专项治理工作动员大会。重点整治对象为：无工商营业执照，无船舶检验机构颁发的船厂生产技术条件认可证书，无固定厂址船台及相关造船设施从事船舶修造的船厂、造船点；本省滩涂造船厂（点）2002 年以来生产的所有营运船舶；在本省水域航行的 2002 年以来建造的外省籍低质量船舶；船长大于 60 米的海船和船长大于 50 米的内河营运船舶等等。此项治理由江苏省交通厅牵头，6 月 20 日起正式行动。

6 月 13 日 江苏省机构编制委员会以苏编[2005]10 号文下达《关于成立江苏省港口管理局等有关问题的通知》，明确成立江苏省港口管理局及有关机构、职责、人员编制等事项。

8月20日　《中华人民共和国防治船舶污染内河水域环境管理规定》,已于2005年6月20日交通部部务会议通过,即日予以公布,自2006年1月1日起施行。

9月26日　江苏省水上搜救中心内河分中心在南京成立,省交通厅厅长潘永和兼任指挥长。分中心成立后将加强基础建设,尽快建立和完善水上交通安全应急救援体系,重点提高搜救质量和装备水平,在重点湖区配置快速、抗风等级高的湖区搜救艇,在京杭运河干线航道配置功能齐全、马力较大的排档艇,在京杭运河重点航道逐步推广电视监控系统。

11月22日　即日起,镇江市地方海事局建立苏南运河镇江段水上交通安全电子监控系统。该系统采用自动切换红外摄像头、无线网络传输、远程控制、红外报警等高新技术,可对苏南运河镇江段全天候、全时段实施监控。

12月1日　当日零时起,江苏省交通厅航道局航道规费联网征收系统在全省307个征稽点实施计算机联网征收。

12月20日　江苏省科技查询咨询中心(国家一级科技查新单位)通过《国家科技成果数据库》、《中国成果大全数据库》及国内其他数据库查询后,确认由江苏省交通厅航道局组织常州市航道处等单位研制的《江苏省航政管理系统》,其内河航道数字巡航视频技术、用市话直接遥测内河航标(语音报数字)技术、不用建立基站用微机和小型机顶盒借助任何通信线路实现省市县航标网络管理技术、多功能遥测遥控航标灯技术,均为国内创新技术。

2006年

1月1日　根据交通部《京杭运河船型标准化示范工程行动方案》要求,即日起江苏省京杭运河苏南段、苏申外港线、苏申内港线全面禁止挂桨机船进入。

1月　江苏省交通厅航道局组织扬州市航道处等单位研制开发

的内河航道数字化测量船，通过省交通厅组织的科技成果鉴定。专家们一致认为，该测量船属于国内首创，填补了我国内河浅水区域地形、地貌全数字化测量空白，设计及技术性能指标达到国际先进水平，代表了今后国内内河测量船的发展方向。

3月　全国人大、全国政协两会召开期间，58位全国政协委员联名提交了《应高度重视京杭大运河的保护和启动“申遗”》的提案。

4月24日~25日　交通部副部长徐祖远率队来京杭运河江苏段视察。从徐州沿河而下，检查全线建设管理及通航情况。在运河两淮段、扬州壁虎河口段、丹阳陵口段和常州市区改线段作了重点检查。副省长仇和、省交通厅厅长潘永和等陪同。

5月17~19日　全国政协“大运河保护与申遗”考察团一行，先后到苏南运河镇江、常州、无锡、苏州段考察运河航道工程及相关历史文化遗迹，听取各地意见。全国政协副主席陈奎元等参加考察。

5月22日~24日　“京杭大运河保护与申遗研讨会”在杭州召开，沿河18个城市的市长或代表出席。会议通过了《京杭大运河保护与申遗杭州宣言》，进一步达成了京杭大运河保护和申遗工作的共识。

5月　国务院将京杭大运河列为全国重点文物保护单位。

6月20日　交通部发布《京杭运河通航管理办法》的通知，其目的是规范京杭运河船舶航行秩序，保证船舶航行安全。

6月22日　由江苏省交通厅组织的“运河之旅”采访报道活动，有人民日报驻江苏记者站、新华日报、中国交通报、扬子晚报等中央和地方20多名记者一起赴京杭运河江苏段实地采访。此次活动的主题是“落实科学发展观，加快航道事业发展，建设水运强省”。

11月3日　江苏省政府召开全省加快水运发展工作会议，总结交流经验，全面部署“十一五”和今后一段时期江苏省加快水运发展的各项工作任务。副省长仇和出席会议并讲话。省委书记李源潮、省长梁保华分别作批示。2007年8月10日江苏省人民政府以苏政发[2007]89 号文下发《关于加快水运发展的意见》。

11 月 20 日　交通部京杭运河船型标准化推进工作领导小组第四次会议在南京召开。交通部副部长徐祖远等领导和江苏、浙江、山东、安徽、河南、上海等省市交通部门负责人出席。

同日　交通部在南京召开内河水运建设示范工程推进工作会议。交通部副部长徐祖远出席会议并讲话。江苏、浙江、湖南、广东、黑龙江等 5 省水运发达地区交通水运部门领导和长江航道局领导出席会议。京杭运河常州市区段改线工程被列为交通部首批内河水运建设示范工程之一。

同日　从交通部召开的京杭运河船型标准化推进工作领导小组第四次会议获悉，江苏省船型标准化工程取得阶段性成果。江苏省共有钢质挂桨机船近 25 000 艘，占苏、鲁、豫、皖、浙、沪五省一市总数的 51%。2004 年至 2006 年 10 月底，已拆改挂桨机船 21 175 艘，发放政府补贴资金 6.38 亿元，新建符合主尺度系列标准的内河船舶 5 117 艘，计 841 897 总吨。

11 月 30 日　《江苏省航道管理条例》经江苏省第十届人民代表大会常务委员会第二十七次会议通过并予公布，自 2007 年 3 月 1 日起施行。2007 年 2 月 28 日，江苏省人大常委会召开《江苏省航道管理条例》新闻发布会，予以广泛宣传。

12 月 11 日 ~13 日　江苏省交通厅邀请交通部、东南大学、河海大学等 8 位专家组成专家组，由中国工程院院士梁应辰任组长，赴镇江、常州、无锡、苏州辖区的部分航道实地考察，并召开《苏南运河三级航道整治工程可行性研究报告》专家研讨会。专家组对《报告》内容及方案予以充分肯定，并提出有关建议。

同月　长江三角洲船舶"一卡通"工程在江苏省地方海事系统正式施行。镇江市地方海事局城区海事处在全省现场监督业务管理系统中成功使用第一张 IC 卡，读取了苏宿拖 108 船队运行的有关信息。

2007 年

3 月　在全国妇联召开的全国妇女“巾帼建功”第十六次会议上,谏壁船闸水上雷锋服务台被授予“全国巾帼文明岗”称号。

3 月 15 日 ~16 日　省发展和改革委员会在南京召开《苏南运河三级航道整治工程可行性研究报告》审查会。交通部规划司、水运司,省建设厅、交通厅、水利厅、国土资源厅,苏南运河沿线 4 市及所属区(市、县)发改委、规划局等相关部门共 100 余名代表和特邀专家参加会议,听取并审议江苏交通规划设计院有限公司对《工程可行性研究报告》的汇报,并形成苏、锡、常、镇 4 市审查会议纪要,原则同意《工程可行性研究报告》推荐的整治方案。

4 月　交通部以交水发[2007]187 号文下发《关于表彰“九五”和“十五”期间全国内河水运建设优秀项目与先进集体及先进个人的通报》,江苏省谏壁二线船闸、淮安三线船闸、解台二线船闸和航道部门丁志农、薛宏、葛光、宋端军、张兆波分别获得荣誉称号。

4 月 22 日　温家宝总理就进一步发挥京杭运河水运作用做出重要批示:“要把京杭运河综合治理特别是航道港口等基础设施建设列入议事日程,会同交通、水利、环保等部门以及有关地方,充分论证,抓紧制定规划,并按程序报批,以进一步发挥京杭运河水运作用。”

5 月 19 日 ~20 日　为落实温家宝总理关于京杭运河水运问题的重要批示,国家发改委张茅副主任带领发改委、交通部有关人员,现场考察京杭运河苏北段运行情况和常州市区段改线工程、镇江陵口段航道整治工程情况。江苏省副省长仇和、省发改委副主任林一峰、省交通厅副厅长杨根林等陪同考察。

6 月 1 日　由江苏省社科院承担的《京杭运河之历史与未来》课题研究报告通过专家评审。省交通厅厅长潘永和、省社科院院长宋林飞、省政协文史委主任黄玉生、省委政策研究室副主任范朝礼、省社科院副院长刘钰等应邀出席并参加评审。

6 月 27 日　以江苏省交通厅杨根林副厅长为团长的江苏交通代表团,应邀赴瑞典出席约塔运河 175 周年庆典活动。厅航道局董文虎局长和约塔运河总经理克雷斯·约兰·乌斯特伦共同签订协议书,京杭运河(江苏段)与瑞典约塔运河正式结为友好运河,将在多方面进行合作,加强人才和技术交流,探讨运河可持续发展战略,建设生态航道、资源节约型航道。

7 月 5 日　全国水运工作会议在北京召开。中共中央政治局委员、国务院副总理曾培炎批示指出:水运是国民经济重要的基础性和服务性产业,在新形势下要深入贯彻落实科学发展观,按照健全综合运输体系的要求,注重发挥水运占地少、污染小、成本低的优势,积极发展水路运输,加快推进我国水路交通现代化,为经济社会发展提供有效服务和有力保障。

7 月 11 日　交通部副部长黄先耀视察京杭运河常州市区段改线工程建设工地,对高标准建设国家水运主通道、综合利用土方、首创航道服务区、聘请国内桥梁技术专家对运河桥梁建设进行技术把关等表示充分肯定。省交通厅副厅长杨根林、常州市副市长孙国建陪同考察。

8 月 21 日 ~25 日　江苏省交通厅组织“黄金水道·新江苏”集中采访活动,有中国交通报、新华社、新华日报、扬子晚报等 12 家中央和省级以上媒体 16 名记者,深入苏南运河“四改三”丹阳陵口段、常州市南移改线段、无锡洛社段整治工程,以及芜太运河宜兴绕城段、连云港港疏港航道灌云段等重点工程工地做现场采访报道,旨在推进省政府《关于加快水运发展的意见》和《江苏省航道管理条例》的贯彻落实,宣传省委、省政府加快发展水运事业的战略思想和各级政府重视、支持水运发展的措施和经验,展望江苏航道事业发展的美好前景。

9 月 26 日 ~28 日　“2007 中国扬州世界运河名城博览会暨世界运河名城市长论谈”于扬州召开。会议由中国交通部、建设部、文化部、国家旅游局、国家文物局、联合国人居署、中国进出口银行、凤凰卫视等单位倡导和支持，扬州市人民政府、中国太平洋经济合作全国委员会承办。共有世界上13条运河的38座沿河城市长官或代表到会，京杭运河沿河24个城市市长或代表亦出席。会议通过了《世界运河城市可持续发展扬州宣言》，同时确定扬州为京杭大运河“申遗”牵头城市。文化部部长孙家正出席开幕式并在市长论谈会上致辞，江苏省委书记李源潮出席开幕式。

9月28日　全国人大内务司法委员会副主任委员黄镇东视察京杭运河常州市区段改线工程，对高标准建设新运河和土方综合利用给予高度评价。常州市副市长孙国建等陪同。

10月12日　江苏省发改委组织召开《苏南运河镇江段三级航道整治工程初步设计》审查会，交通部水运司，省建设厅、交通厅、水利厅，镇江市有关部门，设计、咨询等单位的代表及特邀专家50余人参加。通过评审，认为《初步设计》内容齐全，资料完整，分析论证较充分，总体技术方案合理可行，同意按三级航道标准升级整治。

11月8日　交通部水运交通基础设施安全隐患排查工作检查组，在蒋千总工程师率领下，对谏壁船闸基本建设程序、技术状况、船舶安全通行、船闸监控系统、启闭机设备、事故隐患、应急管理等情况进行逐一检查。认为谏壁船闸运营管理体系健全，安全监督主体明确，制度和责任落实，安全保障措施切实有效，应急预案体系健全，资料完善。

12月28日　经江苏省交通厅苏交计(2007)238号文批准，苏南运河三级航道整治工程无锡市洛社先导段开工建设。这是继本年6月镇江市陵口段和8月苏州市沧浪新城段先导开工以来的第3段。上述3段按三级航道标准共整治航道14.121公里，概算总投资为42 890万元，其中地方承担11 278万元。

附　录

江苏省苏南运河交通管理办法

(1999 年 9 月 2 日江苏省人民政府令第 160 号发布　根据 2004 年 6 月 29 日江苏省人民政府令第 23 号《江苏省人民政府关于修改〈江苏省盐业管理条例实施办法〉等二十件规章的决定》修正)。

第一章　总　则

第一条　为了加强苏南运河的交通管理,保障航道畅通和船舶航行安全,充分发挥苏南运河在国家水运主通道和经济建设中的作用,根据有关法律、法规,结合苏南运河实际,制定本办法。

第二条　苏南运河航道是指自镇江市谏壁口起,经常州市、无锡市、苏州市,至吴江市鸭子坝止的苏南运河内按照依法批准的航道等级标准所确定的通航水域。

在苏南运河航道内从事与交通有关活动的单位和个人必须遵守本办法。

在苏南运河航道内从事与河道有关活动的单位和个人必须遵守河道管理的有关法律、法规的规定。

第三条　省人民政府交通主管部门主管苏南运河的交通管理工作,苏南运河沿线设区的市、县(市)人民政府交通主管部门主管辖区内苏南运河的交通管理工作。交通主管部门的航道管理、港航监督、运输管理机构依法具体负责苏南运河航道、交通安全和运输管理工作。

省人民政府有关部门和苏南运河沿线各级地方人民政府应当依照法律、法规规定的职责，做好苏南运河的有关管理工作。

第四条　苏南运河航道、航道设施、交通安全标志，任何单位和个人不得损坏、破坏。

交通主管部门应当加强对苏南运河航道、航道设施、交通安全标志的维护和交通安全秩序、运输市场的管理，依法查处各种交通违法行为，保障设施完好，实现运输市场有序、航行安全畅通和航道标准化、美化。

第二章　航道管理

第五条　苏南运河沿线城镇规划建设涉及苏南运河的，应当与苏南运河航道规划相协调。

交通部门进行苏南运河航道整治，应当符合防洪安全要求，并事先征求水行政主管部门对有关设计和计划的意见。

第六条　在苏南运河上设置码头、取水口、排水口，应当符合防洪、通航要求和城镇规划以及其他有关技术规范。设置码头应当采用挖入式结构，其具体标准由省交通主管部门会同省水行政主管部门另行规定。

禁止占用锚地建设码头。

第七条　任何单位和个人不得占用航道进行装卸作业。

第八条　跨河的建（构）筑物应当符合苏南运河防洪、排涝、输水要求和通航技术标准，其跨河建（构）筑物通航净宽不得小于50米，净高不得小于7米，桥梁墩台的顶部应当设置在该航段最高通航水位以上或者设计河底高程以下（实际河底高程低于设计河底高程的，按实际河底高程计算）。

跨河缆线通航净高不得小于16.5米加缆线安全富裕高度，其架杆基座的位置自陆域与河口线的距离不得小于 15 米。

第九条 穿越航道的水下缆线、管道等过河设施,应当符合航道和水下缆线、管道施工技术规范要求,其设施顶部埋设深度应当在设计河底高程以下 2 米(实际河底高程低于设计河底高程的,按实际河底高程计算)。

第十条 跨河、过河设施应当按照有关规范和要求,由设施所有者或者经营者设置标志并予以维护。

第十一条 在苏南运河航道水域和坡肩外缘 10 米范围内禁止下列行为:

(一)在航道水域设置渔具、水上贮物场、寄泊站(区),种植水生作物;

(二)向水体排放、倾倒工业废渣、城市垃圾和其他废弃物、污染物,在水域清洗装贮油类或者有毒有害污染物的车船和容器;

(三)擅自挖土、取土;

(四)移运、涂改、损毁、遮挡助航导航标志和交通安全标志;

(五)利用航道两岸树木、护岸、栏杆、交通安全标志、助航导航设施带缆、抛锚;

(六)其他影响、损坏航道、航道设施、交通安全标志的行为。

第十二条 苏南运河两侧应当加强绿化、美化建设;在城镇等重点区域,沿岸应当建成绿化带、观光带或林业示范区。

临河的单位和个人所有或者使用的建筑物、场地和其他设施,有碍观瞻,影响河道环境美化的,应当采取清降、拆除、修缮、粉刷或者砌筑轻型围墙等相应措施。

第三章 交通安全管理

第十三条 船舶、排筏航行、停泊、作业,应当遵守交通安全标志标示的规定。未设置停泊标志的航段和水域,两岸可以各顺靠三档船舶。除交通安全标志另有特殊规定外，任何船舶、排筏不得顶靠停泊。

第十四条 船舶、排筏进入苏南运河航道，应当沿本船（筏）右舷一侧航道行驶。船舶对驶相遇，存在碰撞危险的，应当各自向右转向，互以左舷通过。

船舶在追越他船时，其他任何船舶不得追越上述船舶。

第十五条 船舶拖带航行，应当采用单排一列式，其拖带量每千瓦不得大于11吨，被拖带的船舶不得多于12艘。

机动船拖带的排筏宽度不得超过5米，长度不得超过220米，排筏进入城区航段，应当事先报经辖区港航监督机关批准，在核准的时间内通过。

第十六条 除在锚地和港池外，禁止船舶在航道内过驳作业。

第十七条 苏南运河在达到三级航道标准前，禁止超过500载重吨级的船舶进入苏南运河。

在苏南运河水位超过警戒水位期间，船舶应当减速航行，不得影响防洪设施的安全。

第十八条 在苏南运河上航行、停泊、作业的船舶、排筏，排放油污水、生活污水应当符合船舶污染物排放标准。机动船舶应当设置污水污物存贮装置和集油或者油水分离装置。

在苏南运河上航行、停泊、作业的机动船舶所产生的噪声，应当符合所经功能区的要求；达不到要求的，必须采取措施减轻污染，必要时安装消声装置。机动船舶在市区航道航行时，应当按照规定使用声响装置。

第四章 运输管理

第十九条 经营旅游和普通客运航线，应当经交通主管部门批准并按核定的航线、站点运行、停靠和上下旅客。

旅游和普通客运船舶应当符合治安安全条件,配备专职或者兼职治安保卫人员。旅客不得夹带易燃、易爆、放射性等危险物品。船容、船室应当整洁美观,设施设备完善舒适。

第二十条 在苏南运河沿线从事营业性港埠业务的,应当经交通主管部门批准。搬运装卸作业应当在交通主管部门核定的码头、港区内进行。

第二十一条 苏南运河的港口、码头应当设置污水污物处理设施。贮运危险物品的港口、码头、船舶应当符合国家有关安全规定,配置必要的安全防护设施。

第二十二条 交通主管部门应当会同有关部门加强对苏南运河沿线港口、码头、站场等货物集散地的货物集疏的监督管理,建立健全保障体系,保证运输效能的充分发挥。

第五章 罚 则

第二十三条 对违反本办法航道管理规定的,除法律、法规规定由其他行政主管部门处罚的外,由交通主管部门责令其改正、赔偿损失,并按照下列规定予以处罚:

(一)违反第六条、第七条、第八条、第九条、第十一条第(一)项规定,处以警告、1 000 元以上 5 000 元以下罚款;

(二)违反第十条、第十一条第(四)、(五)、(六)项规定,处以警告、500 元以上 2 000 元以下罚款。

第二十四条 对违反本办法交通安全管理规定的,由港航监督机关责令其改正,并按照下列规定予以处罚:

(一)违反第十七条第一款、第十八条第一款规定,处以 1 000 元以上 2 000 元以下罚款;

(二)违反第十四条规定,处以 200 元以上 1 000 元以下罚款;

(三)违反第十五条、第十六条、第十七条规定,处以 200 元以下罚款。

第二十五条　对违反本办法运输管理规定的，由交通主管部门责令其改正，并按照有关法律、法规的规定予以处罚。

第二十六条　违反本办法其他有关规定、法律、法规规定由水利、林业、环保、建设等行政主管部门处罚的，由其依照有关法律、法规处罚。

第二十七条　对违反治安管理的行为，由公安机关按照《中华人民共和国治安管理处罚条例》的规定处罚；构成犯罪的，提请司法机关依法追究刑事责任。

第二十八条　当事人对行政处罚决定不服的，可以依照有关法律、法规的规定申请复议或者向人民法院起诉。逾期不申请复议，也不起诉，又不履行处罚决定的，作出处罚决定的机关可以申请人民法院强制执行。

第六章　附　　则

第二十九条　本办法自发布之日起施行。

主要参考书目

尚书·禹贡

左传

史记

汉书

三国志

晋书

旧唐书

宋史

资治通鉴

太平御览

元史

明史

清史稿

吕氏春秋

越绝书·吴地传

吴中水利书

建康实录

通志

元和郡县图志

梦溪笔谈

农政全书

苏东坡奏议集

范文正公集

陆放翁集

吴中小志丛刊

明经世文编

陈伯玉文集

历代制度详说

乐全集

宋会要辑稿

嘉定镇江志

至顺镇江志

嘉定县黄渡续志

咸淳毗陵志

同治苏州府志

光绪无锡金匮县志

光绪丹徒县志

常州府志

光绪武进阳湖县志

梅村志

吴郡志

吴邑志

长洲县志

全唐诗

全宋诗

吴趋风土录

江苏省航运史

京杭运河工程史考

京杭运河(江苏)史料选编

唐宋船闸初探

黄河与运河的变迁

参天台五台山记

清经世文编
行水金鉴
江苏省通志稿(大事志)
桐桥倚棹录
吴郡岁华纪丽
钦定大清会典事例
海关贸易总册
清代漕运
京杭运河史
中国的运河
中国运河文化史
中国大运河史
镇江水利志
常州水利志稿
苏州水利志
江苏省综合经济志
江苏省纺织工业志
近代史研究

两宋经济重心的南移
中国古代经济重心南移和唐宋江南经济研究
江南市场史
苏州胜迹重修记
江阴港史
明清苏州山塘街河
苏州诗咏
古运河畔南长街
从考古资料看两汉时代的江苏经济
论两汉时期的火耕水耨与“千金之家”
江苏水利全书
中国实业志·江苏省
江苏省会辑要
中支的民船业
支那开港场志
镇江市志
常州市志
无锡市志
苏州市志
镇江年鉴
常州年鉴
无锡年鉴
苏州年鉴
中国太湖史
太湖水利史稿
太湖水利技术史
江苏治水回忆录
苏南运河三级航道整治工程可行性研究报告
苏南运河整治工程技术总结
苏南运河整治工程论文集
苏南运河掠影
镇江古今建筑
无锡旧影
放眼扬子江
金水道
无锡文史资料
江苏交通(杂志)
镇江指南

辍耕录·黄道婆

吴文化资源研究与开发

江苏省对外经济贸易志

中国水运(杂志)

水运工程(杂志)

武进指南

古河新篇

常州航道二十年

中国水运与管理(杂志)

后　记

本书是继1998年《京杭运河志》(苏北段)出版后,续编的京杭运河苏南段的志书。该书以文献、档案资料为基础,对京杭运河苏南段的演进治理和沿河城镇的兴起及经济文化发展的影响做了较为详细的阐述。

本志从2005年5月着手组织收集资料,在省交通厅航道局的关心支持下,组织8位离退休同志集体分工编写,历时3年有余,几经修改,并邀请有关专家学者评审,始定此稿。

本志各章初稿采取分章执笔。第一章运河的形成和变迁、第三章当代整治、第四章埭堰船闸由徐从法执笔;第二章自然地理、第九章运输、第十一章沿河经济由韩云辰执笔;第五章航道维护、第六章交通标志由薛连坤执笔;第七章跨河设施、第十章机构管理由张纪成执笔;第八章港口由束方崐执笔;第十二章运河文化和大事记由李保华执笔;综述由朱恩浩执笔。陆维让、张纪成、束方崐、朱恩浩统稿总其成。在编写过程中,集体研讨反复推敲,共同修改而成的志书。

本志在编写过程中,自始至终得到苏州、无锡、常州、镇江4市航道管理处,苏北航务管理处和扬州市航道管理处的大力支持。摄影家王虹军为本志搜集、整理并拍摄了部分图照。为和《京杭运河志》(苏北段)版式大体一致,特集赵朴初先生书法为本书书名题字。在此一并表示衷心感谢。

参加本志审稿的有关专家学者和老领导有:王文清、王建中、陈茂满、陈洪根、王啸今、周赤民、施因、蔡家范、周世忠、蒋华年等40余人。他们对本书逐章逐节认真把关,并提出许多具有真知灼见的建议。谨此统表真挚的谢忱。

由于编者学识所限,恳请读者和专家不吝指正。

编　者

2009年2月